제 2 판

경영학원론

이 한 재

MANAGEMENT

탑북스

제2판 머리말

본서가 출판 된지 불과 2여년밖에 지나지 않았지만 설명이 부족하거나 생략한 부분이 너무 많아 이를 보완할 필요가 있어 개정판을 출판하게 되었다.

본서가 출판되자 많은 분들로부터 격려의 말씀도 있었지만 한편으로는 부족한 부분이라든지 보완해야 되는 부분에 대해서도 많은 조언이 있었다. 하지만 글재주가 부족하여 마음만 앞섰지 제대로 이를 수용하지 못하였다.

또한 저술과 강의는 하늘과 땅만큼의 차이가 있어 강의를 함에 있어서는 대학교육의 목적은 지도자 양성에 있다는 점을 분명히 인식하고 이를 달성하기 위해 홍익인간 양성을 교육철학으로 하여 단순한 지식전달이 아닌 지식의 정신적 차원 내지 정신적 함의를 교육하고자 노력하였다. 그러나 글로서는 표현하는데 한계가 있어 본인의 의도가 제대로 전달되었는지 걱정이 앞선다.

개정판이 나오는데도 많은 분들의 도움이 있었다. 깊은 감사를 드린다. 특히 탑북스의 김광식 사장님과 정헌명 상무님, 편집과 꼼꼼히 교정을 봐 주신 분들께도 우선 지면을 통해 감사의 말씀을 올린다.

2014. 1. 15.
저자 씀

머 리 말

경영학원론은 그동안 강의를 해 오면서 작성했던 강의안과 본인의 여러 졸저들을 밑바탕으로 하고 선배제현들의 연구결과를 참고하여 저술하였다.

70년대 초 대학에서 처음으로 경영학을 접한지 벌써 사십 여 성상이 흘러갔다. 처음 경영학을 배울 당시는 국내 문헌이 부족하여 가끔 외국 저서를 이용하여 공부를 하였는데 학습의 어려움은 필설로는 다 표현하기 어려울 정도였다. 그 중에서 외국어도 외국어이지만 특히 경영의 개념을 이해하기가 무척이나 어려웠다. 왜냐하면 오늘날처럼 경제가 발전되어 기업이 지천에 널려있는 것도 아니고 또 다양한 목적을 수행하기 위한 비영리 기업들도 그 수가 매우 적었기 때문이다. 가끔 서울의 여러 대학에 재직 중인 교수님들을 모셔다가 특강도 들었는데 그분들의 첫 말씀은 언제나 "경영이란 매우 어려운 말입니다. 본인도 아직 정확히 잘 모르겠습니다."라고 하는 겸손의 말씀이었다. 지금도 그 말씀은 잘 이해가 되지 않지만 어쨌든 배우는 학생의 입장에서는 혼란만 가중될 뿐 이었다. 그러나 그 후 많은 선배제현들께서 연구들을 통해 정립한 훌륭한 이론들과 더불어 경영학을 이해하기 쉽게 우리말로 저술한 저서들을 세상에 내 놓으면서 경영학에 대한 이해의 폭이 커지고 나아가 많은 경영학 발전이 이루어졌다고 생각한다.

오늘날은 환경의 변화가 너무나 극심하다고 해도 지나치지 않을 것이다. 따라서 저서의 내용도 이에 부합하여야 한다고 생각한다. 그러나 문제는 환경변화를 어떻게 이해하고 적용할지 그리고 변화를 통해 기대하려는 바람직한 모습은 어떤 것인지, 이 모든 것이 사실은 매우 어려운 문제였다. 또 경영학원론은 경영학을 학습하는데 필요한 기본적이고 기초적인 지식과 이론을 제공하는 것이 근본적인 목적이기 때문에 이 또한 어려운 문제였다. 따라서 온고이지신(溫故而知新)하는 마음으로 부족하나마 아쉬움을 달래고 집필의 방향을 잡았다. 부디 경영학을 처음 배우는 사람들이 본 졸저를 통해 쉽게 경영학에 입문하여 기초를 다질 수 있는 계기가 되길 바란다.

본서의 부족한 부분이나 잘못된 부분은 본인의 책임이다. 앞으로 계속 수정하고 보완할 생각이다.

본서가 출판되기까지는 많은 분들의 도움이 있었다. 먼저 오늘의 나를 있게 해주신 여러 은사님들과 선배제현께 감사드린다. 그리고 조선대 경영학부의 선후배교수님들과 문은형 박사, 동아시아연구소의 안제욱 연구교수, 김오순 박사에게도 감사드린다. 끝으로 본서의 출판을 흔쾌히 맡아주신 탑북스의 김광식 사장님과 정헌명 상무님 그리고 여러 관계자님들께도 감사드리는 바이다.

2012. 1. 15.

저자 씀

차 례

제1장 경제생활과 기업

제1절 경제와 경제생활 19

제2절 국민경제와 기업 21

제2장 경 영

제1절 경영의 일반적 의의 27

1. 정태적(조직체) 개념 ······ 28
2. 동태적 개념 ······ 29

제2절 경영의 행동적 의의 29

1. 경영활동의 4대원칙 ······ 30
2. 경영활동(기업활동)의 종류 ······ 32
3. 경영활동(관리활동)의 단계 ······ 34
4. 관리활동과의 관계 ······ 38

제3절 경영학과 과학 39

1. 학문과 과학의 의의 ······ 39
2. 과학의 성립조건 ······ 39
3. 과학의 목적 ······ 41
4. 과학의 분류 ······ 41
5. 경영학의 성격 ······ 42

제3장 경영이론의 발전

제1절 경영학의 형성과 발전에 관한 개관 48

제2절 독일의 경영경제학 50

1. 경영경제학의 전사 50
2. 경영경제학의 발달 52

제3절 미국의 경영관리론 55

1. 고전이론시대(전통적 관리론시대) 56
2. 신고전이론시대(인간관계론적 관리론 및 조직론적 관리론시대) 66
3. 근대적 관리론시대 72

제4절 현대 경영이론 77

1. 계량적 경영학의 태동 77
2. 시스템적(체계론적) 사고 78
3. 상황적합적 사고(또는 상황이론) 80
4. Z 이론 82
5. 가치사슬 경영 85

제4장 경영자와 기업의 사회적 책임

제1절 경영자 89

1. 경영자의 의의 89
2. 경영자 성격의 변천 91
3. 경영자 혁명과 소유와 경영의 분리 93
4. 경영자의 역할 94
5. 경영자의 기능 97

제2절 기업(경영 또는 경영자)의 사회적 책임과 윤리경영 99

1. 사회적 책임의 정의 99
2. 기업의 사회적 책임의 이론적 근거 100

3. 사회적 책임의 반대론과 찬성론 ········ 101
4. Caroll의 사회적 책임모델 ········ 104
5. 사회적 책임의 내용 ········ 105
6. 기업윤리 ········ 109
제3절 기업가와 기업가정신 119
1. 기업가의 요건 ········ 119
2. 기업가정신 ········ 120

제5장 기 업

제1절 기업의 의의 127
제2절 기업의 형태 129
1. 기업형태의 구분 ········ 129
2. 개인기업과 공동기업 ········ 132
3. 주식회사 ········ 137
제3절 기업집중 143
1. 기업집중의 의의 ········ 143
2. 기업집중의 목적 ········ 143
3. 기업집중의 형태 ········ 144
4. 기업집중의 규제 및 제한 ········ 155
제4절 사회적 기업 157
1. 사회적 기업의 의의 ········ 158
2. 사회적 기업의 특징 ········ 159
3. 사회적 기업 종류 ········ 159
4. 육성 배경 ········ 161
5. 사회적 기업의 인증 요건 ········ 161
6. 예비사회적 기업 ········ 165

제6장 공 기 업

제1절 공기업의 의의 169

제2절 공기업의 설립목적 170

1. 공공정책상의 목적 ··· 170
2. 경제정책상의 목적 ··· 171
3. 사회정책상의 목적 ··· 171
4. 재정정책상의 목적 ··· 171
5. 기타의 목적 ··· 172

제3절 공기업의 형태와 종류 172

1. 공기업의 형태 ··· 172
2. 공기업의 종류 ··· 173

제4절 독립채산제(분권적 재무관리 원리) 176

1. 독립채산제의 의의 ··· 176
2. 독립채산제의 원칙 ··· 178

제5절 공기업의 장단점과 유사개념 178

1. 공기업의 장단점 ··· 178
2. 공기업과 유사개념의 구분 ··· 180

제7장 기업환경

제1절 기업환경의 의의와 중요성 185

1. 기업환경의 의의 ··· 185
2. 기업환경의 중요성 ··· 187

제2절 기업환경의 분류 188

1. 일반적 환경 ··· 189
2. 과업환경 ··· 214
3. 내부환경 ··· 218
4. 기업환경의 분석과 대응 ··· 220

제8장 계획화와 경영전략

제1절 계획수립 225

1. 계획수립의 의의 ········· 225
2. 계획수립의 중요성 ········· 226
3. 계획수립의 유형 ········· 227

제2절 계획화의 과정 231

1. 목적 및 목표의 설정 ········· 231
2. 자료들의 수집과 정리 ········· 231
3. 내부환경분석 ········· 231
4. 외부환경분석 ········· 232
5. 대체안(代替案, alternatives) 작성 ········· 232
6. 최적안의 선택 및 비상사태 발생 시의 대체안 마련 ········· 232
7. 주기적 성과평가와 적절한 수정활동(통제) ········· 232

제3절 경영전략 233

1. 경영전략의 의의와 의사결정 ········· 233
2. 경영전략의 중요성 ········· 234

제4절 경영전략의 유형과 전개 236

1. 경영전략의 유형 ········· 236
2. 전략계획의 수립과정 ········· 243
3. 경영전략의 실행 ········· 249
4. 전략의 통제와 평가 ········· 251

제9장 조직화와 조직구조

제1절 조직화의 의의와 과정 255

1. 조직화의 의의 ········· 255
2. 조직화의 과정 ········· 256

제2절 조직화의 방법 258

1. 직무전문화 ········ 258
2. 부문화 ········ 259
3. 의사소통 경로(보고관계)의 구축 ········ 261
4. 권한의 배분 ········ 262
5. 조정활동 ········ 264

제3절 조직화의 관점과 조직구조의 결정요인 266

1. 조직화에 대한 두 가지 관점 ········ 266
2. 조직구조의 결정요인 ········ 268

제4절 조직구조의 형태 272

1. 수직적 구조와 수평적 구조 ········ 273
2. 기본적 조직구조 ········ 275
3. 보강적 조직구조 ········ 277
4. 새로운 조직구조 ········ 284

제5절 조직변화와 조직개발 287

1. 조직변화 ········ 287
2. 조직개발 ········ 292

제10장 지 휘

제1절 동기부여 299

1. 동기부여의 의의와 과정 ········ 299
2. 동기부여에 대한 이론 ········ 302

제2절 권 력 316

1. 권력의 원천 ········ 316
2. 권력의 행사와 수용과정 ········ 320

제3절 리더십(Leadership : 지휘력, 지도력, 통솔력) 322

1. 리더십의 의의 ········ 322

2. 리더십의 성격 ······ 324
3. 리더십 이론 ······ 325
4. 전략적 리더십 ······ 341

제4절 임파워먼트 345
1. 임파워먼트의 의의 ······ 345
2. 임파워먼트의 효과 ······ 346
3. 임파워먼트의 장애요인과 촉진방안 ······ 346

제11장 의사결정이론

제1절 의사결정의 의의와 의사결정유형 353
1. 의사결정의 의의 ······ 353
2. 의사결정의 유형 ······ 354

제2절 의사결정의 모형 357
1. 합리적 경제인모형 또는 규범적 모형 ······ 357
2. 관리인모형 또는 만족모형 ······ 359

제3절 집단의사결정 359
1. 집단의사결정의 의의 ······ 359
2. 집단의사결정의 장단점 ······ 360
3. 집단의사결정기법 ······ 361

제12장 의사소통

제1절 의사소통의 의의와 중요성 367
1. 의사소통의 의의 ······ 367
2. 의사소통의 중요성 ······ 368
3. 의사소통의 기능 ······ 369
4. 의사소통의 유형 ······ 370

제2절 의사소통의 과정 372

제3절 의사소통의 장애요인과 극복방안 374

1. 의사소통의 장애요인 ········· 374
2. 극복방안 ········· 377

제13장 통 제

제1절 통제의 의의와 통제의 필요성 및 통제의 기능 381

1. 통제의 의의 ········· 381
2. 통제의 필요성 및 중요성 ········· 382
3. 통제의 기능 ········· 383

제2절 효율적인 통제시스템 384

1. 통제의 기본방침 ········· 384
2. 통제시스템의 요건 ········· 386

제3절 통제의 유형 387

1. 통제의 강조점에 따른 분류 ········· 387
2. 행위의 시간순서에 따른 분류 ········· 388

제4절 통제의 절차 389

1. 표준계획 설정 ········· 389
2. 성과측정 ········· 390
3. 차이분석 ········· 391
4. 평가 및 수정조치 ········· 392

제5절 경영통제의 기법과 분야 392

1. 전통적 경영통제기법 ········· 393
2. 현대적 경영통제기법 ········· 395
3. 경영통제의 분야 ········· 397
4. 통제의 부작용 ········· 405

제14장 경영혁신기법

1. 스피드경영 ········· 409
2. 학습조직 ········· 410
3. 종합적 품질관리 ········· 412
4. 리스트럭처링 ········· 413
5. 리엔지니어링 ········· 414
6. 다운사이징 ········· 416
7. 벤치마킹 ········· 417
8. 고객만족경영 ········· 418
9. 아웃소싱 ········· 419
10. 전략적 제휴 ········· 420
11. 6시그마 ········· 421
12. 지식경영 ········· 422
13. 블루오션 ········· 424

제15장 기업구조조정과 대리문제

제1절 기업구조조정 429
1. 구조조정의 분류 ········· 429
2. 구조조정의 내용 ········· 430
제2절 대리이론 434
1. 주식회사에서의 대리문제 ········· 434
2. 대리관계 ········· 435
3. 대리인문제와 대리인 비용 ········· 436
4. 대리문제의 해소방안 ········· 442
5. 발 전 ········· 444

참고문헌 445

부록 : 용어해설 447

찾아보기 521

제1장 경제생활과 기업

제1절 경제와 경제생활 _ 19
제2절 국민경제와 기업 _ 21

제1장 경제생활과 기업

제1절 경제와 경제생활

인간은 삶을 영위하면서 정치적 · 경제적 · 사회적 · 문화적 등 여러 분야에서 다양한 활동을 수행하고 있다. 그러나 그 중에서도 가장 기본적인 활동은 경제적 활동이라 할 수 있다. 왜냐하면 인간은 살기 위해서 여러 가지 재화(財貨, goods)와 용역(用役, service)을 이용하거나 소비하기 때문이다. 다시 말하면 인간이 생존을 하기 위해서는 무엇보다도 먹는 것, 마시는 것, 입는 것, 자는 것 등이 필수적인데 이를 충족시키기 위해서 재화와 용역이 필요하다.

고대에 있어 이를 최초로 설파한 사람은 관포지교(管鮑之交)로 유명한 중국 춘추시대 제나라의 재상인 관중(管仲)으로 그는 "창고가 차야 예절을 안다"라고 했다.[1)]

이렇게 보면 개인, 사회 그리고 국가적 차원에서 재화와 용역의 생산 및 분배 그리고 소비는 인류의 존속 · 발전에 직접적인 영향을 미치는 중요한 문제라 할 수 있다.

---

1) '금강산도 식후경'. '3일 굶어 이웃집 담 안 넘어 갈 놈 없다'라는 말도 있다.
관자(관중 : BC. ?~643)는 경제문제를 치국(治國)의 근본으로 생각했다. 즉, 위정자의 기본 역할은 백성들을 잘 먹고 잘 살게 하는 것이라고 생각했다. 그는 국가발전에 있어 민중의 중요성을 최초로 통찰한 사상가이며 정치가로 민중이 경제력과 군사력의 실질적 토대임을 인식하고 더불어 민중을 능동적인 정치적 주체로 이해하였다. 그는 민중들에게 삶의 조건을 충분히 제공해 줌으로써 민중의 자발적인 참여와 복종을 유도하고자 했다. 즉, 민중에게 물질적 토대를 마련해 준 다음에야 비로소 민중을 유기적으로 조직할 수 있는 이데올로기적(예 · 의 · 염치에 의한) 통치를 시행할 수 있다고 봄.

이처럼 재화와 용역이 생산되고 분배되며 소비되는 일련의 과정 또는 현상을 경제(經濟, economy)라고 한다.

한편 재화는 사람에게 효용(效用, utilities)을 가져다주는 실체적 물건으로 우리의 생존과 발전에 영향을 미치는 중요한 것이지만 그 수량이 제한되어 있거나 생산하는데 비용이 들기 때문에 이의 획득을 위해서는 식량이나 의복처럼 대가(代價)를 지불해야만 하는 것이 있는가 하면, 물과 공기처럼 그 부존량(賦存量)이 너무 많아서 대가 없이 자유로이 쓸 수 있는 것이 있다. 우리는 전자를 경제재(經濟財)라 하고 후자를 자유재(自由財)라 부른다.

인간의 욕망은 무한한데 그 욕망을 충족시켜줄 자원은 항상 부족한 것이 현실이다. 이처럼 사람의 욕망에 비해 자원이 상대적으로 부족한 현상을 자원의 희소성(資源의 稀少性)이라 한다. 과거 중국의 춘추전국시대에는 수없이 많은 제후국과 부족국가 그리고 성읍국가(城邑國家) 등이 난립하고 있었다. 그런데 이처럼 많은 나라들은 서로 평화롭게 공존하지 않고 거의 매일 매일을 전쟁을 하면서 지냈다. 전쟁의 이유는 다양하지만 그 중 가장 기본적이고 주된 이유는 대부분이 경제적 원인이라는 것이다. 즉, 영토를 넓히고 인간 노동력을 확보함으로써 부족한 재화와 용역의 생산량을 증가시켜 경제적으로 풍요로운 생활을 누리고자 하였던 것이다. 이와 같은 현상은 오늘날도 예외는 아니다. 그래서 오늘날 대부분의 전쟁은 자원전쟁의 성격이 강하다.

이처럼 경제문제의 가장 근본적인 원인은 자원의 유한성 또는 자원의 희소성에 있다.

자유재냐 경제재냐 하는 구분은 절대적인 것이 아니라 상대적인 것이다. 따라서 현재는 자유재이지만 장래 경제재가 될 재화도 있다.[2)]

여기서 우리는 자유재가 경제재로 변환하는 과정에서 이익 – 구체적으로는 부가가치(附加價値)를 획득할 수 있는 기회가 존재한다는 것을 명심하고 이 기회를 구체화 시켜 이익(부가가치)을 창출해야 한다.

이것이 기업경영학을 배우는 진정한 목적이라 할 수 있다.

또 용역은 인간노력의 생산물로 서비스라고도 하는데 재화가 유형임에 반해 용역은 무형의 재화로 높은 부가가치를 창출할 수 있는 경제재의 성격이 강하다.

---

2) 노상채, 속담속의 경제학, 글누림출판사, 2008, p. 21.

부가가치세법에서는 재화를 재산적 가치가 있는 모든 유체물(有體物)과 무체물(無體物)을 말하는 것으로 유체물에는 상품 · 제품 · 원료 등과 같은 판매하기 위하여 보유하고 있는 일반 회계학상의 재고자산뿐만 아니라 기계 · 건물과 같은 사업활동을 영위하기 위하여 장기간 보유하고 있는 고정자산을 포함한 기타 모든 유형적 물건을 포함하며, 무체물에는 동력 · 열과 기타 관리할 수 있는 자연력 및 권리 등으로서 유체물 이외의 모든 물질을 포함한다[3]고 하여 용역을 재화 속에 포함시키고 있다.

제2절 국민경제와 기업

나라단위의 경제를 국가경제 또는 국민경제라고 하는데 국민경제는 소비경제주체인 가계와 재정, 그리고 생산경제주체인 기업으로 구성되어 있다.

이 중 재정은 기업과 가계에 공적 용역을 제공하는 대신 세금을 걷어 국가의 존속과 발전을 위해 재화를 주로 소비하고, 가계는 기업에 봉사한 대가로 임금이나 보수 등을 받고(소득획득), 생계를 유지하기 위해 소득 중 일부는 현재 소비하고 일부는 미래 소비를 위해 저축을 한다. 이에 비해 생산경제주체인 기업은 국민경제에서 필요로 하는 재화와 용역을 생산하여 대가를 받고 분배 · 유통 · 이전하는 역할을 수행함으로서 부가가치를 창출하여 이익을 실현하고 있다.

이와 같은 생산경제주체의 역할은 국민경제 내에서 국민에게 필요한 재화와 용역의 생산이라는 점에서는 자본주의 경제체제(시장경제)와 공산주의 경제체제(계획경제)가 같지만 다음과 같은 점에서 차이가 있다.

첫째, 자본주의 경제체제는 시장경제를 바탕으로 사적소유(개인소유)가 인정된다. 따라서 생산경제주체는 기업이라 칭하는데 기업은 자기책임 하에 독자적으로 재화와 용역을 생산(부가가치생산)하여 대가를 받고 이를 소비자에게 판매함(기업의 1차적 목적)으로서 이익을 획득(기업의 부차적 목적이지만 기업경영의 동인) 한다.

둘째, 공산주의 경제체제는 시장경제와 사적소유를 불인정하고 있기 때문에 생

3) 부가가치세법 제1조 제2항 및 부가가치세법시행령 제1조.

산경제주체는 국가가 출자하여 소유하며, 국가의 생산계획과 지시에 의해 생산활동만 수행하고 생산물의 분배는 국가가 담당하고 있다(계획경제). 또 기업이라는 용어도 사용하지 않는다.

이와 같이 사적소유와 시장경제 그리고 기업의 존재 여부가 자본주의 경제체제와 공산주의 경제체제를 구분하는 기준이 된다.

또 기업은 이윤획득이라고 하는 자극제, 즉 동기부여로 인해 생산성이 높지만 공산주의 경제체제 하의 생산경제주체는 생산활동에 대한 보상 등과 같은 강한 동기부여가 없기 때문에 생산성이 갈수록 낮아져 국민들의 경제생활이 궁핍할 수밖에 없다. 이것이 오늘날 공산주의 국가들이 지구상에서 사라지게 된 이유이다.

중국은 중국식 사회주의란 표현을 쓰고 있는데 이것은 중국식 자본주의라는 의미이다. 즉, 중국은 국가의 존속·발전이라는 목적[4]을 지탱하고 있는 두 개의 큰 축이 있는데 그 한 축은 다민족 거대국가를 유지하기 위한 통제 조직체로서의 공산당과 다른 한 축은 시장경제이다.

결국 중국은 살기 위해서 공산주의의 계획경제에서 시장경제로 변신을 하게 되었다.

이와 같이 볼 때 기업이 존재하지 않는다면 우리 인류는 생존에 필요한 재화와 용역의 결핍으로 경제생활이 곤궁해질 것이며 이의 해소를 위해 끊임없이 분쟁과 전쟁이 발생하여 인류는 불행해질 것이다.

또 기업은 우리가 생계를 유지할 수 있도록 직업의 기회를 부여하고 있다.

이처럼 기업은 우리의 국민경제 내에서 매우 중요한 역할을 수행하고 있다.

그러나 기업은 재화와 용역을 생산·분배하기 위하여 생산에 필요한 원자재를 자연에서 채취하여야만 한다. 따라서 자연환경을 파괴하는 주범이 되기도 한다.

이런 문제를 해결하기 위해 기업은 윤리경영과 사회적 책임을 다해야 한다. 그래서 인류의 삶의 개선과 행복증진에 기여해야 한다. 그러나 가끔 일부의 기업들은 부도덕한 인간들처럼 반사회적 내지 반윤리적 행위를 함으로서 지탄을 받고 나아가 경영활동에 제약을 받거나 법적 처벌을 받아 지구상에서 설 땅을 잃게 되어 사라져야 할 운명에 처한 경우도 왕왕 있다.

그러나 이런 문제는 기업의 윤리에 관한 문제이지 기업의 존재 자체를 부정하는

4) 중국은 현대에 있어 개인들이 잘 삶으로서(小康) 국가가 부강해진다(大同)는 정치이념을 추구하고 있다.

것이 되어서는 안된다.

한편 기업은 본질적으로 생산기능을 수행하는데 생산이란 효용가치를 창출·부가하는 모든 활동을 말한다.

효용이란 재화와 용역을 이용하거나 소비함으로써 얻어지는 주관적인 만족도를 말하는데 경제학에서는 매우 중요한 개념 중 하나이다.

효용은 다음과 같이 6종류로 분류할 수 있다.[5)]

① **기초효용**(基礎效用)**의 창출·부가**
농림수산업, 광업

② **형태효용**(形態效用)**의 창출·부가**
제조업

③ **소유효용**(所有效用)**의 창출·부가**
상업(도매업, 소매업 등)

④ **시간효용**(時間效用)**의 창출·부가**
보관업

⑤ **장소효용**(場所效用)**의 창출·부가**
운송업

⑥ **심리효용**(心理效用)
이미지효용, 정보효용, 지각효용, 가치효용이라고도 하는데 신문·방송업, 통신업, 광고업, 정보처리업 등을 말한다.

이와 같은 기업의 특성을 살펴보면 다음과 같다.

첫째, 자본주의 체제에만 존재하는 생산경제주체이다.

둘째, 경영활동의 목적이 부가가치창출인 영리조직체이다.

셋째, 개인들이 출자하여 설립한 법인체이다.

넷째, 자기책임 하에 경영활동을 수행한다.

다섯째, 외부환경과 정보를 주고받는 개방 시스템이다.

여기서 부가가치란 기업이 일정기간의 생산·유통활동 중 새로이 부가(附加)하거나 창출한 가치를 말한다. 즉, 어떤 기업의 연간 생산액에서 생산에 소요된 원재

5) 김원수, 이론경영학, 경문사, 1994, p. 255.

료, 연료, 하청기업이 납품한 부품 따위 등 다른 기업의 생산물을 뺀 나머지 부분이 이 기업의 부가가치이다. 즉, 부가가치는 개개의 기업 또는 산업이 생산과정에서 새로이 부가한 가치를 말하는데 일반적으로 (판매액 − 외부구입비용 = 부가가치)로 나타내고 있다.

* **판매가격** = [원 · 재료비 및 연료비 등 타 기업의 생산비] + [인건비 + 판매 및 일반관리비(순금융비용 + 임차료 + 특허권사용료 등) + 감가상각비 + 조세공과 + (이익 + 경영시너지)]
* **부가가치** = [인건비 + 판매 및 일반관리비+ 감가상각비 + 조세공과 + (이익 + 경영시너지(기술 및 관리효과))]

이와 관련하여 다음과 같은 말이 있다.

"커피는 볶기 전까지는 우리에게 아무런 효용도 주지 않는다."

기업에 대한 보다 자세한 내용은 제5장에서 다룬다.

한편 국민경제 내에서는 재화의 생산 · 유통 · 소비가 꼬리를 물 듯 이어지며 순환하는데, 경제단위마다 생산 · 유통 · 소비의 순환과정을 흐르는 재화의 수량이나 금액을 경제규모라 한다.

보통 재화는 순환과정을 거치면서 수량과 금액이 커지는데 이를 경제성장이라 한다. 경제가 성장하면 재화가 전보다 더 많이 생산 · 유통 · 소비됨으로써 기업의 숫자나 일자리도 늘어 취직이 쉽게 이루어지고 따라서 사람들의 생활도 윤택해 진다. 반대로 경제규모가 줄어드는 것을 경제후퇴 또는 경제침체라고 하는데 경기가 침체에 빠지면 재화가 전보다 더 적게 생산 · 유통 · 소비됨으로써 기업의 숫자나 일자리도 줄게 되어 취직도 어렵게 되고 따라서 실업자의 수도 늘게 되어 사람들의 생활도 여유가 없어진다.

그러면 경기가 좋다 또는 나쁘다. 경제가 성장기에 있다 또는 침체기에 있다 등은 무엇을 보고 하는 이야기인가?

전문가들은 대체로 경제지표를 이용하여 이 문제를 판단하고 있다.

제2장 경 영

제1절 경영의 일반적 의의 _ 27
제2절 경영의 행동적 의의 _ 29
제3절 경영학과 과학 _ 39

제2장 경　영

제1절 경영의 일반적 의의

경영(經營, management)이란 용어는 일본인 학자들이 독일어의 배트립스 비르트샤프츠레러(Betriebswirtschaftslehre : 경영경제학)의 베트립스를 번역하여 만든 한자조어인데, 경영학의 학명은 1925년에 『경영경제학서론』이 출판됨으로써 쓰여 지기 시작하였다고 한다.[1)]

사실 오늘날 서구에서 생성되어 동양으로 전래된 대다수의 근대 학문들은 일본인 학자들에 의해 한자어로 번역되었고, 당시 일본인들에게 국가의 주권이 강제로 침탈당하고 있던 우리나라는 일본의 영향을 대부분 여과 없이 받아들일 수밖에 없었다. 따라서 오늘날 우리가 당연시 사용하고 있는 한자로 된 전문용어들 중에는 과거의 동양문헌이나 고전에서는 찾아볼 수 없는 것들이 많이 존재하고 있다. 이런 용어들은 근대 서양학문의 도입기에 일본인 학자들에 의해 만들어진 한자조어들이 대부분이다. 그러나 최근에는 우리식의 한자조어로 변환하는 작업들이 곳곳에 많이 눈에 띠고 있다.

한편, 영어의 'business, business administration' 또는 'management' 등은 우리말로 현재 '경영' 또는 '경영관리'로 번역되는데 미국에서는 그 의미를 별도로 구분하지 않고 사용하고 있다. 그 원인은 프랑스 사람인 페이욜의 「산업 및 일반관리」가 발표 된지 한참 지난 후에야 이것을 두 사람 각각이 영어로 번역하여 미국에 소개하였는데, 문제는 핵심 중요 단어를

1) 박수웅 외 2인, 현대경영학원론, 삼영사, 2002, p. 84.

서로 다르게 번역하여 소개하였던 것이다.[2] 즉, 페이욜의 의도는 "기업이 사용할 수 있는 모든 자원을 최대한 활용하게끔 노력함으로써 다시 말하면 여섯 가지 기본적 직능의 원활한 기능을 확보하도록 노력함으로써 기업을 목적실현의 방향으로 이끌어간다는 통합적 · 총체적 직능으로서 경영(management)의 개념을 확보하려 하였던 것"이다. 관리(administration)는 이들 기능 중 하나에 지나지 않는 것이다. 그러나 유감스럽게도 실제로는 스토즈의 번역서(경영을 administratin으로 관리를 management로 번역)가 통용되고 있는 것이다. 그리고 그런 오류가 경영과 관리의 개념상 차이가 아니라 단어의 의미상 문제로 보고 그냥 사용하고 있다.[3]

그런데 경영학은 그 특성상 독일 경영학과 미국 경영학의 양대 주류로 나누어 생성 · 발전하여 왔을 뿐만 아니라, 오늘날은 시대적 환경도 크게 변하였는데 이에 영향을 받아 경영도 크게 세 가지의 의미를 갖게 되었다.

1. 정태적(조직체) 개념

첫째, 경영은 영리법인인 기업을 의미한다. 이때의 기업은 자본주의 체제 하의 국민경제 내에서 생산경제 주체의 역할을 담당하고 있는 조직체로서 자기계산으로 자기책임 하에서 재화와 용역을 생산 · 판매하는 역할을 수행하는데 이것은 판매를 통해 얻어진 대가 속에 포함된 이익을 얻고자 하기 때문이다. 그런데 과거에는 기업을 소유단위로 보고 경영은 기업 내에 존재하는 생산단위 내지는 작업중심점으로 보는 시각도 있었지만, 둘째의 의미처럼 지금은 기업과 경영을 같이 보거나 경영을 상위개념으로 보는 것이 일반적인 견해이다.

둘째, 경영은 영리법인인 기업뿐만 아니라 비영리법인까지도 포함하는 모든 조직체를 의미하며, 이들은 경영체라고 하여 기업경영(체), 학교경영(체), 병원경영(체) 등으로 사용되고 있다. 따라서 경영의 원리를 밝히기 위해 먼저 기업경영을 연구대상으로 하였지만 이제는 기업경영의 연구에서 밝혀진 경영의 원리나 이론들이 모든 조직체에 보편타당하게 적용됨이 밝혀짐에 따라 경영의 개념이 모든 조직

2) 1930년 꾸부로(J.A.Coubrough)가 Industrial and general administration라는 서명으로 영역하였고, 1949년 스토즈(C.Storrs)는 Industrial and general management라는 서명으로 영역하였다. 일부 학자들은 꾸부로의 번역이 더 옳다고 주장함.

3) 김원수 · 박오수, 증보개정판 경영학사, 문음사, 2000, p. 362.

체로 확대되고 더불어 각각의 조직체는 특수경영형태로 이해하게 됐다. 이에 따르면 경영은 조직체를 의미하는데 기업경영이나 학교경영, 병원경영 등등은 특수경영으로 보는 것이다.

2. 동태적 개념

경영(Betrieb)이란 용어를 처음으로 사용한 사람은 베버(M. Weber)인데 그는 경영을 "일정한 종류의 지속적인 목적적 행위"로 정의하고 있다. 그러나 이 개념은 기업과의 관련 하에 구체적으로 파악된 것은 아니었다.[4] 또 페이욜(Henri Fayol, 1841~1925)은 1916년에 저술한 『산업 및 일반관리』(*Administration Industrielle et Générale*)에서 관리의 일반이론의 기본적 사고방법 및 개념까지도 언급을 하고 있는데, 그 서문에서 "관리란 산업, 상업, 정치, 종교 및 기타 모든 사업의 경영에 있어 중요한 역할을 수행하는 것"이라고 정의하고 있다.

이렇게 봤을 때 동태적 또는 행동적 개념에 의하면 인간이 주체가 되어 목적을 설정하고 이를 달성하기 위해서 조직을 이용하여 행하는 전술적 활동 모두를 의미하는데, 경영체 전체적 차원에서 행해지는 것을 경영활동이라 하고, 경영체 내의 부문적 차원에서 이루어지는 활동은 관리활동이라 하여 오늘날 한국에서는 경영활동과 관리활동을 구별하여 사용하고 있다.

제2절 경영의 행동적 의의

오늘날 경영의 개념은 ① 기업의 의미로 ② 조직체의 의미로 ③ 다음의 행동적 개념으로 서로 호환되어 사용되고 있다.

경영의 행동적(동태적) 의의에서는 "경영을 조직을 이용하여 수행하는 인간의 모든 의도적 활동(意圖的活動)"으로 정의한다. 여기서 의도적이란 말은 본능적에 대응되는 의미로, 어떤 일을 계획을 세워 실천하고자 하는 생각을 의미한다. 따라서

4) 김원수, 전게서, p. 184.

의도적 활동이란 인간이 목적을 설정하고 설정된 목적을 달성하고자 노력하는 활동으로 의식적(意識的) 또는 무의식적과는 그 의미가 다르다. 결국 이런 관점에서 경영은 (저절로 또는 있는 그대로, 항상심(恒常心) 등과 같은 개념을 갖고 있는) 자연에 반대되는 개념이 된다.

한편 "백지장도 맞들면 낫다."라는 속담처럼 일을 수행하는데 혼자서 하는 것보다는 둘 이상의 사람들이 서로 합심하여 일을 수행하면 소기의 목적을 보다 더 쉽게 달성할 수 있다. 이처럼 둘 이상의 사람들이 공통의 목적을 달성하기 위하여 유기적으로 힘을 합친 상태 또는 모습을 조직이라 한다. 그런데 바람직한 조직의 모습은 분업에 기초한 자주적 협동체의 모습이다.

또 "쉽다"라는 용어는 목적달성과 관련하여 "어렵다"라는 용어의 반대말로

첫째, 노력, 시간, 방법, 수단, 비용 등 자원의 경제적 희생이 적고

둘째, 목적을 달성하다라는 뜻으로 쓴다.

결론적으로 "경영이란 조직을 이용하여 인간이 의도적으로 행하는 합목적적(合目的的)이고 효율적(效率的)이며 적시적(適時的)인 활동을 말한다."라고 할 수 있다.

1. 경영활동의 4대원칙

경영활동은 인간의 의도적인 활동이기 때문에 이를 위해서는 필수적으로 인적·물적 자원의 합리적 활용과 목적의 달성이 요구된다. 그런데 자원은 필요할 때는 언제나 합목적적으로 활용하여 높은 성과를 달성할 수 있어야 함에도 불구하고 자원의 희소성 때문에 제약을 받게 되어 이를 활용하는데 보편타당한 어떤 기준이나 원칙이 필요하게 된다.

경영활동에 있어 가장 기본적이고 중심이 되는 4대원칙으로

① 조직화의 원칙

② 효과성의 원칙

③ 효율성의 원칙

④ 적시성의 원칙이 있다.

1) 조직화(組織化, organizing) 원칙

조직화 원칙은 분업을 통한 유기적 협동체인 조직을 구성하여 경영활동이 이루어져야함을 말한다. 즉, 조직화는 경영활동의 바탕으로서 조직화가 이루어져야만 효과성의 원칙, 효율성의 원칙 그리고 적시성의 원칙을 쉽게 만족시킬 수 있다.

2) 효과성(效果性, effectiveness) 원칙

효과성 원칙은 달성하고자하는 목적과 이루어진 성과, 즉 활동결과와의 비율관계(성과/목표)를 말하며 합목적성원칙 또는 목적지향성원칙이라고도 한다. 예를 들면 강을 건너기 위해 다리를 건설한다고 했을 때 강 중간까지 건설되었다면 약 50%완성되었다(공정률 50%)라고 표현할 수 있고 전체 공정이 완료되어 다리가 완성되었다면 100%완성됨(공정률 100%, 즉 완공)이라고 하는 것 등이다.

3) 효율성(效率性, efficiency) 원칙

효율성 원칙은 성과 내지 활동결과와 이를 얻기 위해 희생된 자원과의 비율관계를 말하는데 경제성 원칙 또는 능률이라고도 한다. 효율성 원칙의 관계식은 산출/투입 또는 산출량/투입량인데 구체적으로는 생산성(생산량/투입량×100), 수익성(이익/자본×100) 등으로 측정된다. 위의 다리를 예로 들면 공정률 50%일 때 효율성이 10% 또는 효율성이 30%라고 표현하는 것 등이다. 여기서는 효율성이 높은 30%가 바람직하다고 할 수 있다. 그러나 여기서는 둘 중 하나의 선택이기 때문에 30%가 더 효율적이지만 현실세계 특히 기업에 있어서 효율성 30%는 기업패망의 지름길이 되니까 노력해서 높은 효율성(예를 들면 95% 이상 등)을 확보해야 한다. 한국기업의 해외건설 신화는 공기단축(높은 효과성)과 더불어 낮은 입찰가(높은 효율성구현)에 있었다.

현실적으로 효과성 원칙과 효율성 원칙은 상충적 내지 배타적인 경우가 자주 발생하기 때문에 경영자가 이 원칙을 적용할 때는 심사숙고하여 신중히 판단해야 한다.

4) 적시성(適時性, timeliness) 원칙

적시성 원칙은 어떤 일이나 활동이 때와 장소 및 순서에 맞게 이루어져야 함을 의미한다. 때란 시점 및 시간(기간)을 의미하고 장소란 어디서를, 그리고 순서란 해야 할 일의 선(先)·후(後)를 말하는데, ① 급(急, 급한 것) ② 중(重, 중요한 것) ③완(緩, 천천히 해도 되는 것) ④경(輕, 중요도가 떨어지는 것)의 차례대로 이 원칙에 맞추어 행해야 한다는 것을 의미한다. 이처럼 적시성 원칙은 목적달성을 위해 활동에 적합한 장소에서 그리고 일의 순서는 먼저 완급을 살피고 다음 경중을 따져서 효과성과 효율성을 극대화시키는 시점(時點)에 맞춰 활동 내지 실행을 해야 함을 의미한다. "영웅이 시대를 만드느냐 아니면 시대가 영웅을 만드느냐"하는 유명한 역사적인 질문이 있다. 이것 역시 때와 장소의 중요성을 함축하고 있다.

조직화의 원칙, 효과성 원칙, 효율성 원칙 그리고 적시성의 원칙은 경영활동을 하는데 있어 나침반 내지는 등대불과 같은 존재로서 항상 염두에 두고 적용해야하는 매우 중요하고도 기본적인 원칙이다.

2. 경영활동(기업활동)의 종류

경영체는 그 자신의 설립목적을 달성하고자 경영활동을 수행한다. 경영체의 설립목적이 다양하듯이 목적달성을 위한 경영활동도 다양하지만 대부분의 경영체들이 수행하는 기본적인 활동 또는 기본적 기능은 다음과 같다.

① 인사적 활동
② 재무적 활동
③ 상사적 활동 또는 영업적 활동
④ 기술적 활동
⑤ 보전적 활동
⑥ 정보적 활동
⑦ 회계적 활동
⑧ 관리적 활동 등이 있다.

이와 같은 8개의 기본기능(활동)들은 각각이 제 역할을 수행하고 있지만 경영체 전체적인 차원에서 보면 경영체의 목적달성을 수행하는 하나의 통일된 융합활동이 되도록 해야 한다. 이것이 경영활동이다.

1) 인사적 활동(人事的 活動)

경영활동에 필요한 인재를 선발하거나 또는 사람을 교육을 시켜서 경영체에 필요한 인재로 육성하고 적재적소에 배치하여 업무를 수행하도록 하는 등 인재의 채용, 교육 및 육성, 활용 등에 관한 활동을 말한다.

2) 재무적 활동(財務的 活動)

경영활동에 필요한 자금의 조달과 운용에 관한 활동을 말한다.

3) 상사적 활동(商事的 活動) 또는 영업적 활동(營業的 活動)

경영활동에 필요한 자산의 매입과 매각 그리고 상품(제품)의 매매와 관련된 활동을 말한다.

4) 기술적 활동(技術的 活動)

효용의 창출, 즉 생산과 관련된 활동으로 기술개발, 공정개발, 제품개발과 제품생산 등을 말한다.

5) 보전적 활동(保全的 活動)

인적·물적 자원을 다음 활동단계에서 즉시 사용할 수 있는 상태로 유지·정리·정돈·보전하는 것 등을 말한다. 즉, 기계장치 등 설비의 멸실, 훼손, 고장 등을 방지하고 자원을 준비하여 바로 사용할 수 있도록 하는 것을 말한다. 사람에 대해서는 건강관리와 여가활동 등을 포함하고 있다.

6) 정보적 활동(情報的 活動)

경영활동에 필요한 자료의 수집, 정리, 분석 그리고 가공을 통한 정보화와 조직 내 의사소통 경로의 확보를 말한다.

7) 회계적 활동(會計的 活動)

대차대조표에 관한 사항과 손익계산서에 관한 사항 등 재무제표와 관련된 사항의 기록과 작성, 회계정보 제공, 경제계산 등을 말한다.

8) 관리적 활동(管理的 活動)

관리적 활동은 일반적으로는 보전적 활동의 의미로 쓰이지만 경영학적으로는 PDS(Plan, Do, See), 즉 ① 계획활동, ② 실천 또는 지휘활동, ③ 확인 또는 통제활동의 3단계로 이루어지는데 마지막 단계(③ 확인 또는 통제활동)의 끝에서 정보가 환류(還流, feed back)되는 순환과정을 말한다. 여기서 중요한 것은 관리적 활동은 다른 7가지의 기본적인 경영활동에 공통적으로 적용되는 윤활유 같은 활동, 즉 틀이라는 점이다.

첫째 단계인 계획활동에서는

① 목적 및 목표설정을 출발점으로 하여

② 이를 위한 구체적인 실행계획으로의 전술을 수립하고

③ 조직화와 충원이 이루어져야 하며

④ 마지막으로 예산을 편성하는 것으로 구성되어 있다.

둘째 단계인 실천 또는 지휘활동에서는 의사결정, 의사소통, 동기부여의 방법과 기법, 지휘 또는 명령의 방법과 기법, 경영철학 등이 중심이 된다. 이 단계에서는 지도자의 자질과 역할이 매우 중요하다. 왜냐하면 경영활동의 성패는 궁극적으로 경영자의 리더십에 달려있기 때문이다.

마지막 단계인 확인 또는 통제활동에서는 차이분석을 통하여 편차를 수정하는 활동과 감찰활동이 중심이 된다.

마지막 단계 후 지금까지의 정보가 첫째단계인 계획으로 환류되는 순환과정이다. 환류, 즉 피드백이란 어떤 원인에 의해 나타난 결과가 다시 원인에 작용해 그 결과를 줄이거나 늘리는 자동조절원리나 장치를 말한다. 환류는 경영활동의 각 단계에서 얻어진 가종 정보들을 다시 시작단계인 계획부뉴에 집적시켜 새로운 사업에서 보다 발전되고 유용한 경영활동을 할 수 있도록 한다.

3. 경영활동(관리활동)의 단계

경영활동은 조직을 이용하여 수행하는 인간의 모든 의도적 활동이기 때문에 경영활동은 조직 전체적 차원에서 이루어지는 관리활동이다. 즉, 조직 전체적인 차원에서 독자적으로 계획, 실천(지휘), 확인(통제) 그리고 환류라는 활동순서 내지 단계를 갖는다. 이처럼 조직 전체적인 차원에서의 독립적으로 수행하는 관리활동은 경영활동이라 하고, 조직체 내에서 경영활동을 구성하는 각 기본적 기능(활동)들이 각자의 역할들을 충분히 다할 수 있도록 그리고 경영체의 목적달성을 위해서 서로 융합되어 하나의 독립되고 통일된 활동이 되도록 각 기능에 녹아들어 틀이 됨으로서 윤활유 같은 역할을 수행할 때는 관리활동이라 구별하여 일컫는다.

1) 계획단계

계획단계는 경영활동(관리활동)의 출발점으로 목적이나 목표를 설정하고 설정된 목적이나 목표를 달성하기 위해 가장 좋은 방안을 찾는 활동으로 '누가, 언제, 어디서, 무엇을, 어떻게, 왜'라고 하는 육하원칙에 입각한 해답이다. 즉, 목적이나 목표를 효과적이고 효율적으로 달성하기 위한 최적의 수단, 도구, 방법, 절차 등이 고려되어야 하고 이를 실행하기 위해서는 조직화와 충원이 이루어져야 한다. 그리고 마지막으로 계획의 종착역은 예산편성이다. 따라서 예산이 편성되지 않은 계획은 미완성계획이다.

계획에는 전략적 계획, 전술적 계획 그리고 업무적 계획이 있다.

(1) 전략적 계획

전략적 계획은 조직의 존속, 발전에 직·간접적인 영향을 미치는 환경적 요인을 감안하여 수립하는, 그리고 가장 근본적이며 뼈대가 되는 장기계획으로 목적, 이념, 방침, 사업분야, 조직구조, 인적·물적 자원(성격, 조달, 활용 등을 포함한)의 배분계획, 규정 및 규칙의 제정 등을 포함한다.

(2) 전술적 계획

전술적 계획은 전략적 계획을 수행하기 위한 실천계획으로 수단, 방법, 도구, 절차, 예산편성 등의 내용을 포함한다.

(3) 업무적 계획

업무적 계획은 일상적인 업무를 수행하는데 필요한 계획을 말한다.

2) 지휘 및 실천단계

다음은 계획을 실천하는 단계로 조직은 무생물이기 때문에 스스로 활동을 할 수 없고, 인간이 조직에 있는 직책을 맡아서 업무를 수행한다. 따라서 인간은 조직의 핵심이라 할 수 있다. 이 처럼 지휘 및 실천단계에서는 인적・물적 자원의 준비, 동기부여와 통솔력 발휘에 활용하기 위한 인적 자원의 성격파악, 훈련과 인재의 배치 그리고 조직목표와 관련된 개인의 목표를 설정한 후 전술적 계획에 입각하여 업무를 수행한다. 특히 지도자의 지휘능력(지도력)은 조직의 성패를 좌지우지한다.

3) 확인・감독 또는 통제단계

마지막 확인단계는 계획과 실천의 차이 여부와 경영활동의 결과 등을 분석하여 원인을 규명하고 수정활동을 수행하는 단계이다.

이 단계에서는

① 계획과 실천과의 괴리여부 확인 및 수정활동 확보
② 계획단계의 문제점 분석과 해법도출
③ 실천단계의 문제점 분석과 해법도출
④ 상규적 통제체계 확보
⑤ 통제도구, 수단, 방법확보
⑥ 결과에 대한 신상필벌 등이 이루어진다.

4) 환류

이처럼 경영활동은 계획, 실천, 확인 그리고 환류라는 순환구조로 되어 있는데 이를 정리하면 다음과 같다. 단, 각 활동영역은 약간의 중복이 이루어지는 경우도 있다. 즉, 계획단계에서도 지휘와 통제가 동시에 작동되는데 다만 계획이 중심일 따름이다. 실천단계도 계획과 통제가 동시에 작동되는데 지휘가 중심일 따름이다. 이렇게 보면 PDS활동은 삼위일체(三位一體)로 단계별 중심점이 강조될 따름이다.

첫째 단계는 목적설정으로 무엇을 할 것인지 또는 어디로 가야 하는지와 관련된 것으로 다음 단계인 수단 또는 방법 등과 밀접한 관계를 갖고 있는데 이는 목적이 계층성(hierarchy)을 갖기 때문이다. 즉, 하나의 목적은 그 밑에 여러 가지의 수단과 방법을 거느리며, 동시에 상위의 여러 가지 목적들의 수단과 방법이 되는데 이를 수단–목적의 연쇄(means–ends chain)라 한다. 그런데 하나의 목적이 설정되고 그 밑에 수단의 하향적 계열이 정립되면 이런 수단들을 단순히 목적에 종속된 수단들로 보지 않고 가장 낮은 차원에 있는 수단, 즉 최일선의 목적 그 자체를 최고의 목적인 양 인식하여 이를 달성하고자 행동하게 되는데 이를 목적변생의 원리라 한다.[5)]

둘째는 조직화 및 충원으로 이는 경영목적을 달성하기 위해서 자원들을 효과적이고 효율적으로 활용할 수 있도록, 또 맡은 바 역할을 제대로 수행할 수 있도록 분업을 통한 협동체계의 틀을 구상하여 이 조직 속에서 경영활동에 필요한 인적·물적 자원을 배치하는 것을 말한다. 특히, 조직화는 경영활동의 뼈대가 되는 조직을 만드는 것인데 이는 경영의 고유영역에 속하는 기본적이고 전략적인 활동이다. 조직은 주로 초기단계에서는 지도자(경영자)가 리더십을 발휘하기 쉽도록 간편하고 융통성과 기동성이 있게 설립되어 운영되나 세월이 흘러 수명이 길어지게 되면 조직이 방만하고 비대하게 되며 더불어 무사안일주의에 빠져 창의성과 기동성이 줄어들게 된다. 이때는 조직개혁 내지 조직개발을 필요로 한다.

셋째 단계는 목적을 달성하기 위한 구체적인 실천계획인 전술계획의 수립단계로 방침, 도구, 수단, 방법, 절차, 예산편성 등에 대하여 구체적이며 실현 가능토록 수립한다. 즉, 방침에서 고객 또는 소비자 및 구성원에 대한 경영체 또는 경영자의 관점을 명확히 밝힌 다음 목적달성 방안을 모색하여 이를 구체적으로 기술(記述)하는 것으로 어떠한 방법과 절차를 통해 목적을 달성할 것인지 등이 포함된다. 특히, 예산편성은 계획의 마지막 단계로 계획을 수립할 때는 반듯이 포함시켜야 하는 중요한 항목으로 목적달성에 필요한 자금을 정확히 예측하여 이의 조달과 운용에 대한 계획이 현실적이고 실현가능 하도록 수립되어야 만이 계획수립이 완성됐다고 할 수 있다.

넷째 단계는 실천 및 지휘 단계로 경영자는 이렇게 만들어진 조직을 이용하여 경영활동을 수행하게 되는데, 조직체는 비록 권리, 의무의 주체이긴 하지만 무생물이기 때문에 스스로는 법률적인 활동을 하지 못하고 실제로 조직 내에서 어떤 역할을 담당하고 있는 구성원이 조직을 대신하여 권리·의무 활동을 하고 있기 때문

5) 김원수, 전게서, p. 264.

에 경영자는 먼저 구성원 개개인의 활동들이 조직체의 목적과 합목적적이 되도록 하여야 하고 나아가 전 구성원이 일사불란하게 움직이게끔 동기부여와 리더십을 발휘하여 통솔하여야 한다.

다섯째는 확인과 감독 및 통제의 단계로 경영활동을 수행하는 과정 중에서 발생될 수 있거나 또는 발생된 계획과 실천과의 괴리 등과 같은 문제점들에 대해서는 지속적인 분석·검토와 수정작업을 통해 합목적적 활동을 유지하고 또, 조직구성원들이 합목적적 활동을 할 수 있도록 조직의 규범과 질서의 유지를 통해 쾌적한 근무환경을 조성하며, 더불어 이런 활동들이 일상적이고 반복적이 되도록 조직화해야 한다. 즉, 조직을 설계할 때 통제체계(통제시스템)도 동시에 고려하여야 한다.

여섯째, 마지막 단계인 환류, 즉 피드백은 경영활동의 각 단계에서 얻어진 각종 정보들을 다시 시작단계인 계획부문에 집적시켜 새로운 사업에서 보다 발전되고 유용한 경영활동을 할 수 있도록 하는 것을 의미하는데 이것 역시 자동적으로 작용될 수 있도록 조직화 되어야 한다.

4. 관리활동과의 관계

경영활동과 호환되어 빈번히 사용되고 있는 용어에 경영관리활동이 있다. 이들 용어들은 서로 비슷한 의미로 사용되지만 엄밀한 의미에서 양자는 차이가 있다. 즉, 경영활동의 원칙에 입각한 의도적이고 인위적인 활동이라는 측면에서는 양자가 모두 동일하나 경영활동은 조직체 또는 경영체계[6]의 존속, 발전과 직·간접적인 관계를 맺고 있는 환경과 관련하여 그들 전체적인 차원에서 이루어지는 총체적 활동이고, 관리활동은 조직체나 경영체계 내부의 하위단위인 각 부문에서 수행되는 부문활동을 지칭한다. 즉, 경영관리는 조직 내 각 부무의 목적달성을 위해 계획(plan), 실천(do), 확인(see) 그리고 환류(feedback)라는 골격을 가진 순환적 과정으로 이루어져 있다. 우리는 이것을 관리의 순환과정이라 하여 간단히 PDS라 한다.

관리활동은 일반적인 의미로는 보전적 활동의 의미로 쓰이고 있다.

---

6) 목적을 설정하고 이를 달성하기 위해서 행하는 전술적 활동 등 모두를 포함한 경영활동의 체계를 의미함.

제3절 경영학과 과학

1. 학문과 과학의 의의

학문이란 인류가 오랜 세월동안 경험과 사고(思考)에 의해 쌓아온 지식을 정리하여 통일한 체계로 광의로는 과학은 물론 철학, 종교, 예술 등에 관한 지식의 체계도 포함된다. 즉, 학문이란 과학을 포함한 모든 분야에 있어서 축적된 지식의 체계 또는 체계화된 지식을 의미한다.

과학은 경험을 통해 특수한 대상에 관해 얻은 법칙이나 원리를 객관화하고 보편화한 지식의 체계로 이론성 내지 합리성과 실증성을 갖추고 있어야 한다. 즉, 광의로는 학문과 같은 뜻이고 협의로는 철학 이외의 학문을 총칭하거나 또는 자연과학을 말한다.

한편 인간은 지적탐구활동을 하는데 지적탐구활동은 학습활동과 연구활동이 있다. 학습활동은 남은 아는데 나만 모르기 때문에 하는 지적탐구활동을 말하고, 연구활동은 나도 모르고 남도 모르는 것을 탐구하는 지적탐구활동을 말한다.

2. 과학의 성립조건

과학이 성립되기 위해서는 다음의 세 가지 조건을 충족시켜야 한다.[7)]

첫째, 명확한 연구대상 또는 연구주제가 있어야 한다.

둘째, 균제성(均齊性) 또는 일양성(一樣性) 및 규칙성(規則性)의 존재로 이는 같은 모양의 반복적이고 규칙적인 현상이 존재해야 한다는 것을 의미하는데 이러한 규칙성은 과학이 밝히고자 하는 연구목적이 된다. 만약 규칙성이 없다면 체계적인 지식이 축적될 수 없어 과학이 될 수 없다.

셋째, 과학적 방법에 의한 검증이 가능해야 한다. 여기서 과학적 방법이란 과학

7) 상게서, pp. 66~68.

적 인식에 도달하는데 필요한 연구방법으로 간(상호)주관적 확인(間主觀的確認, intersubjective certifiability)의 생각을 바탕으로 대상을 아는 방법을 말한다. 위키백과사전에 의하면 과학적 방법[8]은 현상을 연구하고, 새로운 지식을 구축하거나, 이전의 지식들을 모아 통합할 때 사용되는 기법으로 경험과 측정에 근거한 증거를 사용하여 현상의 원리를 밝히는 과정이다. 옥스퍼드 영어 사전은 과학적 방법을 다음과 같이 설명한다. 17세기 이후 자연과학에 의해 정형화된 계획적인 관찰, 측정, 실험, 일반화, 시험 및 가설의 변경 등의 과정으로 이루어진 방법을 말한다라고 설명하고 있다.

과학적 연구방법은 경험적인 귀납법(귀납적 추론방법)과 이론적인 연역법(연역적 추론방법), 직관적 방법, 몽상적 방법이 있는데 이 중 귀납법과 연역법이 널리 사용되고 있는데 특히 귀납법이 주로 많이 사용되고 있다.[9]

- 귀납법(歸納法, inductive method)은 경험의 세계에서 관찰된 사실들이 모두 공통적인 유형으로 전개되는 것을 발견하여 이들 유형들을 객관적인 수준에서 증명하게 되는 것을 말한다. 즉, 특수한 사실을 전제로 하여 일반적인 진리 또는 원리로서 결론을 내리는 방법인데, 구체적인 경험적 현상을 관찰, 측정하여 여기서 발견된 사실로부터 일반화된 결론이나 일반적 원리를 도출하는 연구방법이다.

- 연역법(演繹法, deductive)은 가설–조작화–관찰–검증을 거치는 방법이다. 즉, 일반적 원리로부터 구체적인 사실을 이끌어내는 방법을 말한다.

---

8) 과학적 방법은 귀납적이며 경험적인 진리를 추구한다. 따라서 과학적 방법으로 얻어진 지식은 철학, 종교, 수학 등 다른 영역에서 다루는 진리와 뚜렷이 구별된다. 과학적 방법은 하나로 정형화되어 있지는 않기 때문에 여러 과학 분야에서 다양한 과정이 사용된다. 그러나 현상을 설명하는 가설을 수립하고, 이 가설에 의한 예측이 들어맞는지를 검증하기 위해 실험을 설계한다는 점은 공통적이다. 과학적 방법에 의해 설계된 실험은 어떠한 실험자가 하여도 실수나 혼동이 없이 재현될 수 있도록 각 단계를 구체적으로 제시하여야 한다. 실험을 통해 수립된 가설은 다시 독립적인 다수의 실험을 통해 시종일관 그 결과가 같음을 검증받아야 한다. 과학계의 동료평가를 통해 검증된 가설은 해당 분야의 이론으로 받아들이게 된다. 새롭게 검증된 가설은 이론을 이루고, 이론에 따라 또 다시 새로운 가설이 만들어질 수 있다.
과학적 방법을 따르는 여러 과학분야는 결과에 대한 설명에 편견이 개입하는 것을 줄이기 위해 가능한 객관적이고자 한다. 과학적 문서는 모든 데이터, 연구와 실험 방법 등을 기록하고, 이를 공개하여 다른 과학자들로 하여금 검증할 수 있는 기회를 제공하여야 한다. 흔히 '전면 공개'라 불리는 이러한 관행에 따라 공표된 데이터는 다른 실험자가 신뢰도를 평가할 수 있다.

9) 김원수, 입문경영학원론, 경문사, 1992, pp. 19~21.

3. 과학의 목적

과학의 목적은 어떤 특정 현상을 이해, 설명, 예측, 제어하기 위한 이론과 법칙의 발견 내지 창출에 있다. 다시 말하면 과학의 목적은 이론과 법칙의 발견 내지 창출에 있는데 이는 궁극적으로 어떤 특정 현상을 이해하고 설명하고 예측하며 제어하는데 있음을 뜻한다. 그리고 이런 것을 가능하게 하는 근본은 암기에 있다.

4. 과학의 분류

과학은 형식과학과 경험과학으로 대별된다. 여기서 형식과학은 수학이나 논리학처럼 머릿속에서 사유(思惟)를 통해 현상을 인식하고 이것을 체계화시킨 지식군(知識群)을 그리고 경험과학은 현실세계에 존재하는 대상을 오감을 통해 인식한 지식들의 체계라 할 수 있다.

경험과학은 다시 자연현상을 대상으로 하는지 아니면 사회현상을 대상으로 하는지 또는 인류의 정신문화적 소산을 대상으로 하는지에 따라 자연과학, 사회과학, 인문과학으로 분류한다.

[그림 2-1]은 과학의 분류를 보여주고 있다.

그림 2-1. 과학의 분류

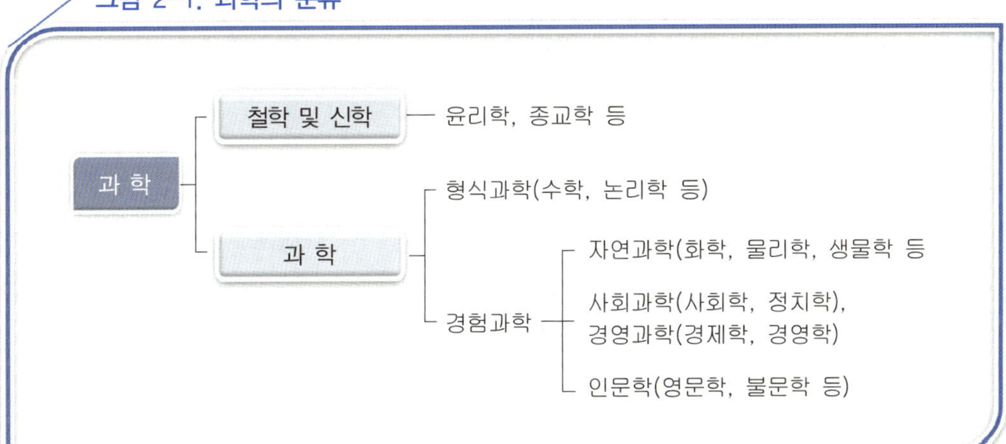

이렇게 볼 때 경영학의 위치는 다음과 같다.

- 과학 > 경험과학 > 사회과학 > 경제과학 > 경영학
- 경제학은 경영학과 치환(置換)된다.

5. 경영학의 성격

1) 경영학의 성격

경영학의 연구대상은 경영 내지 경영현상이다. 그런데 경영학의 성격에 대해서는 독일에서 경영학이 체계화 되는 1911년경부터 논란이 있어왔다. 처음에는 경영경제학(경영학의 독일식 명칭, 미국식 명칭은 경영관리학)이 과학인가 아니면 기술인가로부터 출발하였다. 그러나 많은 학자들의 논쟁에도 불구하고 평행선을 달리게 되어 결국 과학론과 기술론으로의 이중적 성격을 인정받게 되었다. 또 이후 과학으로서 경영경제학이 순수과학이어야 하는지 아니면 응용과학이어야 하는지에 대해서도 같은 과정을 밟게 되었는데 이것도 이론(순수)과학과 실천(응용)과학으로의 성격을 갖는 양생적 학문이라고 결론지었다.

2) 경영학의 체계

경영학의 체계는 학파에 따라서, 또는 국가에 따라서 연구방법이 다르기 때문에 경영학의 체계와 그 구성내용도 상이하게 된다.

먼저 경영학의 체계는 그 연구대상 분야, 인식방법, 인식내용 등을 기준으로 하여 나누어 볼 수 있다.[10)]

(1) 연구대상 분야에 따른 체계

모든 경영, 즉 경영일반에 공통된 경영현상을 연구대상으로 삼는 경영학을 일반경영학 또는 경영학 총론이라고 하며, 이에 대해 어느 특정 업종에 속하는 기업경영에 특유한 경영현상을 연구대상으로 삼는 경영학을 특수경영학이라 한다. 농업경영학, 공업경영학, 상업경영학, 기업경영학 등이 곧 특수경영학이다.

---

10) 배수진 외 2인, 신경영학의 이해, 두양사, 2006, pp. 33~34.

(2) 인식방법에 따른 체계

일반적으로 사회과학의 인식방법론적인 체계가 역사, 이론 및 정책의 3부문으로 구성되듯이 경영학도 그 인식방법을 기준으로 다음의 세 가지로 나누어진다.

① **경영사(기업사)**

기업경영을 역사적 측면에서 고찰하려는 것이다. 즉, 기업의 생성과정 및 동태적 변천과정을 기술한다.

② **경영이론(기업이론)**

이론적 측면에서 기업경영을 밝히려는 것이다. 즉, 가치판단론적인 입장을 떠나 순수이론적 입장에서 기업경영의 성격, 구조, 내용 나아가서는 특질, 원리, 원칙 등을 구명 · 정립하려는 것이다.

③ **경영정책(기업정책)**

실천론적 및 가치판단론적인 측면에서 기업경영을 고찰하려는 것이다. 즉, 기업경영의 목적설정 및 방향제시에 관련된 합목적성을 구명하려는 것이다.

(3) 인식내용에 따른 체계

경영학은 또한 그것이 인식하고자 하는 내용이 무엇이냐에 따라서 아래에 예시하는 바와 같은 각론이 형성된다.

① **경영학방법론**

경영학의 본질, 경영학의 체계, 경영학의 인접과학 또는 그것의 연구방법 등과 같은 기본 개념적인 여러 문제를 다룬다.

② **기업환경론**

기업과 상호의존적 관계에 있는 제반환경에 대해 고찰하려는 것이다.

③ **기업형태론**

기업은 출자관계, 즉 자본의 제공자가 누구냐에 따라서 그 법제면에서의 형태가 여러 가지로 달라지기 마련인데, 이러한 기업의 형태에 대해 고찰하려는 것이 곧 기업형태론이다.

④ **기업성장론**

기업은 여하히 창설되며 또한 어떠한 과정을 거쳐 성장, 발전해 나가게 되는가에 관하여 고찰하려는 것이다.

⑤ **경영주체론(경영자론)**

소유와 경영이 분리된 현대경영에 있어서 경영자가 수행하는 기능은 무엇이며 경영자로서의 자질은 어떠한 것인지 등에 관하여 고찰하려는 것이다.

⑥ **경영관리론**

기업은 경영자의 관리활동에 의해서 비로소 활성화 되는데, 경영자의 제반 관리활동을 과정적으로 고찰하려는 것이다.

⑦ **부문관리론(기능론)**

인사관리, 생산관리, 재무관리, 마케팅관리 등과 같이 각 부문별 기능을 관리적 측면에서 고찰하려는 것이다.

재무관리의 예를 들면 재무관리 = 재무학 + 경영관리학

한편 경영학의 체계는 〈표 2-1〉과 같이 정리할 수 있다.[11)]

〈표 2-1〉 경영학의 체계

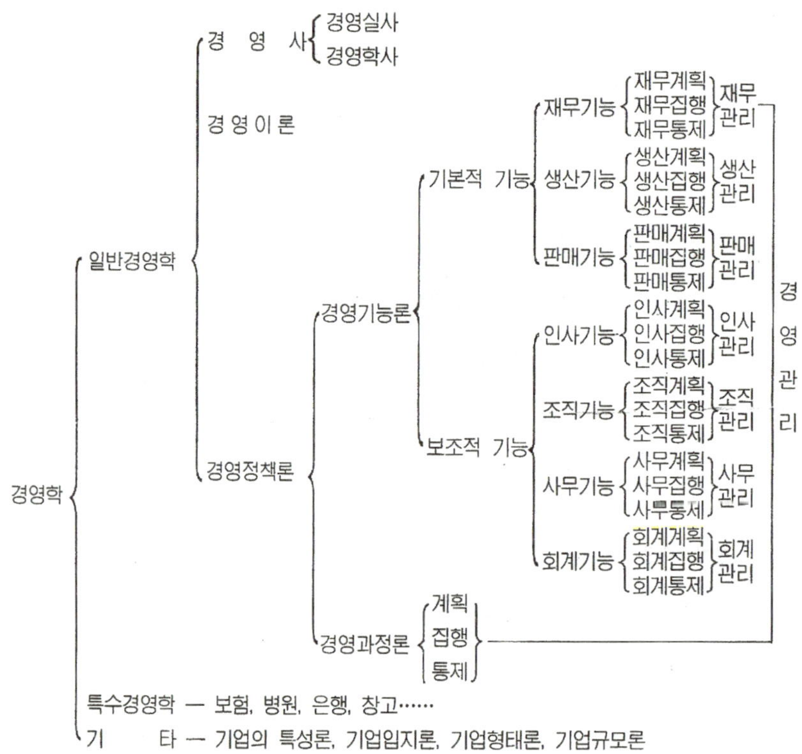

11) 김석회, 21세기 교양경영학, 무역경영사, 2005, p. 34.

제3장 경영이론의 발전

제1절 경영학의 형성과 발전에 관한 개관 _ 48

제2절 독일의 경영경제학 _ 50

제3절 미국의 경영관리론 _ 55

제4절 현대 경영이론 _ 77

제3장 경영이론의 발전

경영학은 그 특성상 독일 경영학과 미국 경영학의 양대 주류로 나누어 생성·발전하여 왔으며, 또 경영학의 연구대상에 대하여도 많은 연구와 논쟁이 있어 왔다.[1] 그러나 오늘날은 경영학의 연구대상을 경영으로 규정하고 대신 경영은 크게 세 가지의 의미를 갖게 되었음은 앞에서 언급한 바 있다.

경영의 세 가지 의미는

첫째, 정태적(조직체) 개념으로

① 경영은 영리법인인 기업을 의미한다.

② 경영은 영리법인인 기업뿐만 아니라 비영리법인까지도 포함하는 모든 조직체를 의미하며, 이들은 경영체라고 하여 기업경영(체), 학교경영(체), 병원경영(체) 등으로 사용되고 있다.

둘째, 동태적 또는 행동적 개념으로 ③ '경영을 조직을 이용하여 수행하는 인간의 모든 의도적 활동'으로 정의한다. 이때 경영체 전체적 차원에서 행해지는 것을 경영활동이라 하고, 조직 내의 부문적 차원에서 이루어지는 활동은 관리활동이라 하여 오늘날 한국에서는 경영활동과 관리활동을 구별하여 사용하고 있는 것이 일반적 이다.

이와 같은 경영의 정의에 따른다면 경영 내지 경영학의 역사도 달라지게 된다.

가. ①에 따르면 상업 내지 무역거래에 그 기원을 찾아야 한다.

나. ②와 ③에 따르면 인류가 탄생하여 인식능력이 발달함에 따라 생존을 위해 본능적이 아닌 의도적으로 조직화된 씨족집단을 만들어 삶을

1) 김원수, 전게서 제4장에서 散見.

유지하는데서 부터 출발하여 점차 국가를 만들고 군대를 운영하는 것 등과 각종 종교집단들의 생성 · 발전 등처럼 최초로 조직화가 이루어진 시점부터 경영학의 역사를 살펴봐야 한다.[2)]

이 장에서는 ①에 입각하여 살펴보도록 한다.[3)]

제1절 경영학의 형성과 발전에 관한 개관

고대 경영학의 흔적은 B.C. 5000년경으로 거슬러 올라간다. 고대 수메르 사람들은 정부와 상업적 활동으로 경영을 활용했던 기록이 남아 있다. 그 이후 이집트 피라미드의 건설이나, 로마제국의 번영, 그리고 14세기 이탈리아 베니스의 상업적 성공에 경영이 중요한 요인으로 등장하게 된다.

경영에 관한 가장 획기적인 전환점은 18세기의 산업혁명으로 볼 수 있다. 산업혁명은 거대한 사회적 변화를 야기했고, 섬유재 등 소비재의 제조에 중요한 도약의 계기가 되었다.

산업의 변화나 혁명은 노동의 분업과 전문화된 과업을 통해 효과적인 생산을 해야 한다는 아담 스미스(Adam Smith, 1723~1790)에 의해서 가속화 된다. 아담 스미스는 그의 유명한 저서 『국부론(國富論)』에서 분업의 이점을 언급했으며, 시장에서 '보이지 않는 손'에 의한 자유방임을 강조하였다. 국부론은 영국의 고전파 경제학의 시조인 아담 스미스가 1776년에 발간한 주요 저서인 『국가의 부(富)의 성질과 원인에 관한 고찰(考察)』 5편의 약칭이다. 그는 10년에 걸쳐 완성한 이 책에서 "부의 원천은 노동이며, 부의 증진은 노동생산력의 개선으로 이루어진다."고 주장하고, 생산의 기초를 분업에 두었다. 그는 분업과 이에 수반하는 기계의 채용을 위해서는 자본의 축적이 필요하며, 자유경쟁에 의해서 자본축적을 꾀하는 것이 국부 증진의 정도(正道)라고 역설하였다.

산업혁명으로 신학과 군사학이 지배했던 사회는 과학과 산업이 지배하는 사회로

2) 서인덕 · 김윤상, 현대경영학, 문영사, 2004, pp. 83~94와 임창희, 조직행동, 비앤엠북스, 2012, pp. 4~29를 참조할 것.

3) 김종재 외 3인, 경영의 이해, 박영사, 2009, pp. 23~40에서 散見.

전환되게 된다. 생산성이 낮고 성장률이 정체된 전 산업사회를 고도의 생산성과 경제성장률을 지닌 사회로 전환시키는 경제적 변화도 수반되었다.

생산양식과 관련하여 보면, 가내생산에서 공장제 생산으로의 변화를 야기했고, 따라서 분업을 통한 생산이 등장하게 되었고, 생산성과 이윤의 극대화가 분업을 통해 이루어지게 된다. 자연히 초기 경영학의 최대의 관심사는 혁신적인 능률의 개선을 통한 이윤의 극대화였다. 노동력의 착취, 인간의 기계화, 통제 등과 같은 비인간적인 요인들이 동시에 발생되게 되고, 그 와중에서 경영학이 태동되었다.

이와 같은 경향은 20세기 테일러(Frederick W. Taylor, 1856~1915)에 의해서 발전되면서 고전적 경영학이 성립된 계기가 되었다. 또한 포드(Henry Ford, 1863~1947)를 비롯한 여러 학자들은 현대 경제의 뚜렷한 특징으로 대량생산을 꼽고 있다. 특히 포드는 근대적 대량생산 방식에 의해 자동차를 대중화 하였고, 조립라인 방식에 의해 자동차를 생산하는 포드시스템을 확립하였다.

그 이후 과학과 경영은 급속하고 지속적인 발전을 거듭하고 있다. 보편적 원리의 추구에 초점을 둔 고전적 경영 접근방식, 인간의 욕구에 관심을 두고 있는 행동과학적 접근방식, 문제해결을 위해 수학적 기법을 적용하고 있는 계량적 경영 접근방식, 조직을 시스템적 관점으로 인식하고 있는 시스템적 접근방식, 그리고 역동적이고 복잡한 환경을 적절히 고려하고 있는 상황적합적 사고방식 등이 새로운 시대에 기업의 성과와 기업활동의 질적인 측면에서 연달아 등장하게 된다.

경영학은 미국중심의 경영학과 독일중심의 경영학으로 크게 대별된다. 미국경영학은 실용적이며 실무중심인데 반해, 독일경영학은 이론적, 방법론적, 학자 위주로 발전하였으며 미국경영학보다 오랜 역사를 갖고 있다.

독일경영학은 14~16세기 이탈리아에서 생성된 상업학이 독일에서 정착하여 경영경제학(Betriebswirtschaftslehre)으로 발달한 것이다.

미국경영학은 기업을 주된 연구대상으로 삼는 경영관리(Business Administration, Business Management)라는 점에서 독일의 경영경제학과는 다르다. 이처럼 미국경영학과 독일경영학은 발달과정에서 각기 독자적인 성격을 지녀왔지만 오늘날에는 서로 영향을 주고받아 점차 동류화 하는 현상을 보이고 있다.

우리나라의 경영학은 일제 하에서 독일의 영향을 받았으나, 해방 이후 미군정의 영향을 받은 이후 거의 미국경영학에 영향을 받았다고 해도 과언이 아니다. 이는 경영학교재의 명칭이 '경영경제학'에서 '경영학'으로 변경된 것에서도 알 수 있다.

제2절 독일의 경영경제학

근대 독일에서의 경영학은 문헌사적으로 상업학으로부터 출발하였다. 그런데 산업혁명 후 국민경제를 구성하는 개별경제로 그 연구대상을 확대하였는데 여기서 개별경제는 자본주의 체제 하의 국민경제 내에서 재정을 제외한 기타의 개별경제를 말한다. 특히, 오늘날 기업으로 통칭되는 생산 및 분배의 역할을 담당하고 있는 경제주체와 이와 관련된 현상을 연구대상으로 하는 학문으로 발전하여 초기에는 개별경제학 또는 사경제학 등의 명칭을 사용하다가 1920년경 경영경제학으로 그 명칭이 통일되었다.

경영경제학은 주로 독일어권에서 발전했던 경영학이다. 경영의 경제적 측면을 개별경제적 관점에서 고찰한다는 신칸트학파의 인식론에서 출발하여 경영학이라는 명칭을 사용하지 않고 경영경제학이라고 한다.

1. 경영경제학의 전사

문헌사적으로 보면 독일 경영경제학의 전사(前史)는 크게 4기로 구분한다.

1) 제1기는 17세기 이전으로 체계적 연구 이전의 선험시대로 공개되지 않은 기록들이 비전으로 전해지는 시기이다. 수기 형태의 청사진 가운데 공개된 최초의 것으로는 플로렌즈(Florenz)의 상인인 페고로티(F. B. Pegolotti)가 1335년에서 1345년까지 여러 나라의 상거래 관습과 도량형, 화폐, 관세 등에 관해 쓴 기록을 들 수 있다.

인쇄된 최초의 책자로는 1494년 베니스의 루카파치오리(Lucapacioli)가 쓴 『산술 · 기하 · 비례』이며 이는 복식부기원리의 창시로 평가받고 있다.

특히 이 시기에 주목되는 상업경영에 관한 최초의 저서로는 상업학의 금자탑이라 할 수 있는 1675년에 발간된 프랑스인 사바리(J. Savary, 1622~1690)의 『완전한 상인』을 들 수 있다. 이는 상업학의 학문적 체계화를 이루는 데 기여하였는데 독일에서 오랜 기간 영향을 미치면서 독일 경영경제학을 성립시키는 출발점이 된다. 독일에 『완전한 상인』을 소개한 사람은 독일 최초의 상업학의 건설자로 평가받는 마르페거(P. J. Marpeger, 1656~1730)이다.

2) 제2기는 관방학에 의한 사경제학의 출발이다. 관방학은 17~18세기 독일에서 발달한 학문체계로 관방학파는 경제 · 행정 · 재정 등에 걸친 관료통치, 기술론적인 학문의 체계화, 영방(領邦)의 정치적 · 경제적 통일, 군주의 부강, 국고의 충실을 지향하였다. 따라서 관방학은 경영정책, 재정학 및 사경제학이 그 핵심을 이룬다.

상업경영을 체계화하는데 큰 공헌을 한 관방학자는 루도비치(C. G. Ludovici, 1707~1778)와 로이크스(J. M. Leuchs, 1763~1836) 등을 들 수 있다. 특히 루도비치는 독일에서 가장 완벽한 상인사전으로 평가받는 『상인대학(1752~1758)』을 저술하였는데 사바리의 「완전한 상인」의 실천 · 경험적 체계를 논리적으로 체계화하여 이론화를 시도한 최초의 학자이다. 그리고 로이크스는 『완전한 상업학』을 출판하여 상업학 자체를 사적 상업학과 국가 상업학으로 체계화하는 데 기여하였다. 사적 상업학은 개별기업의 입장에서 본 상업조직체에 관한 일체의 이론과 실제를 다루며, 국가 상업학은 시장, 수송수단, 금융기관 등 상업정책의 내용에 중점을 두었다.

3) 제3기는 19세기 실천적 상업학의 쇠퇴기에 해당한다. 1898년 라이프치히(Leipzig)에 독일 최초의 상과대학이 설립되기 전까지 스미스의 자유경제사상의 영향을 받은 국민경제학이 대학에서 중요한 학문영역으로 발전되었다. 당시 학문적으로 귀중한 문헌들이 되긴 했지만 당시 일반 상인들의 요구는 상업의 과학적 연구보다는 오히려 실천적 상업에 관심을 두어 19세기말까지 상업학은 퇴보의 과정을 거치게 된다.

이의 원인을 살펴보면

첫째, 산업혁명의 여파로 매매중심의 상업학에서 생산중심의 공업학으로 관심이 집중되었다.

둘째, 관방학이 경제학으로 흡수되고 있었던 시대적 상황에서 상업학은 상대적으로 소홀이 취급될 수밖에 없었다.

셋째, 상업교육기관이 개점휴업 상태였다.

4) 제4기는 새로운 상업학의 성립기이다. 독일은 영국보다 늦은 19세기 말엽 산업혁명이 완료되어 공업국가로서 발돋움하게 된다. 이에 따라 유능한 경영자들이 필요로 해지면서 1895년 독일 상업교육협회가 창립되고, 상과대학 설립운동이 활발하게 전개되었다. 이에 따라 1898년 라이프찌히에 상과대학이 설립되고 같은 해에 쾰른(Koln), 아헨(Aachen), 빈(Wien), 갈렌(St.Gallen)에 상과대학이 설립되었으며 이후 1919년까지 상과대학 설립 붐이 일어 곳곳에서 문을 열었다.

이에 따라 상과대학의 교육체계화가 요청되었는데 이에 부응한 것이 1903년 독일상업교육협회의 현상논문으로 당선된 스위스 사람인 곰베르그(L. Gomberg)의 「상업경영학과 개별경제학」이었다. 이 논문은 상업경영론에만 그치지 않고 이를 포함하는 개별경제 활동의 여러 관계의 법칙을 규명하려고 하였다.

곰베르그는 오늘날의 경영경제학이라는 학명으로서 (국민)경제학에 대응시킨다는 의미에서 처음으로 개별경제학이라는 호칭을 사용하였는데, 이 개별경제학은 다시 상업경영학과 공업경영학으로 나누어진다. 그는 산업혁명 이후의 경영활동은 여러 가지의 생산기술의 발달에 따라서 상업활동만으로는 포괄할 수 없는 시대가 왔다고 하면서 이제부터의 경영활동은 상업경영활동과 공업경영활동의 융합에 의해 이루어져야한다고 봤다. 즉, 전체경제를 연구하는 학문은 경제학이며 개별경제학은 글자그대로 개별경제학이 연구대상으로서 상업경영학과 공업경영학의 양대 산맥으로 구성되어 있다고 주장하였다.

곰베르그는 또 개별경제학의 핵심은 계산제도에 있다고 주장하였는데 계산제도란 부기와 원가계산 등 경영(개별경제)에 있어서 일체의 계산에 관한 이론과 실제, 즉 오늘날의 회계학을 일컫는데 이러한 계산제도가 경영의 인과연구, 즉 경영활동의 원인(비용)과 결과(손익)을 측정하는 기준이 된다고 본 것이다.

2. 경영경제학의 발달

1) 사경제학 연구(私經濟學 研究)

곰베르그의 논문 발표 이후 독일에서는 많은 교수와 학자들에 의해 상업학이 근대적 경영경제학으로 체계화가 시도되었다. 1910년 헬라우어(J. Hellauer)의 「세계 상업학의 체계」, 쉬르(J. F. Schür)의 「일반 상업경영학」 등이 발표되었고 이로부터 상과대학 중심 교과목이 상업경영으로 변화하기 시작하였다. 특히 쉬르는 상업학에 속해있던 계정론 위주의 교과목을 탈피하면서, 상업을 국민경제의 중요한 기능으로 이해하고 이윤의 획득은 2차적 개념으로 규정하였다. 이에 따라 상업학이 과학적 방법으로 연구되기 시작했고 과학적으로 종합된 상업경영학을 체계화하는 데 큰 공헌을 했다.

이처럼 상업경영학으로 출발한 이론적 기반은 과학화・체계화를 시도하기 위해서는 사경제학으로 다루어져야 한다는 주장이 제기되었기 때문이다. 1912년 웨이어만(M. R. Weyermann)과 셰니츠(H. Schönitz)는 「과학적 사경제학의 기본과 체계 및 대학에서의 교육」을 발표하여 국민경제학의 연구에 대해 국민경제적 관점과 사경제적 관점의 차이를 설명하였다.

더욱이 상과대학의 설립에 따라 발달된 상업경영학이 상업분야를 연구하는 데 충분하였으나 공업의 발전과 더불어 금융자본주의 시대의 진전에 따라 공업경영과 금융경영의 연구가 필요하게 되자 상업경영학보다 사경제학이라는 표현을 선호하게 되었다.

웨이어만과 셰니츠는 사경제학이란 국민경제의 한 분파로서 사적이고 자립적인 경제주체가 일정한 수익획득에 힘쓰는 활동내용을 사경제의 입장에서 개개 경제주체별로 구분하여 고찰하는 것이 바람직하다고 하였다.

2) 방법논쟁

한편 사경제학을 이윤추구학으로 낙인찍었던 브렌타노(L. Brentano)의 「사경제학과 국민경제학」 이후 이에 자극을 받은 사경제학자들 간에 사경제학의 과학성 문제를 둘러싼 방법논쟁이 1912년부터 제2차 세계대전 종료 때까지 벌어지게 된다. 이러한 방법논쟁은 독일 경영경제학의 형성과 큰 관련성을 갖는다고 할 것이다.

① 제1차 방법논쟁은 1912년경 웨이어만과 셰니츠에 의해 유발되어 슈말렌바하(E. Schmalenbach)와 논쟁이 벌어진 것인데 이때의 논쟁은 "과학론인가 기술론인가?"였다.

② 제2차 방법논쟁은 1928년 리거(W. Rieger)의 「사경제학 입문」이 계기가 되어 슈말렌바하와 논쟁이 있었는데, 이때는 "이론과학인가 응용과학인가?"를 놓고 벌어진 것이다. 이때까지 많은 논쟁을 진행되는 가운데 사경제학은 사

적 기업가의 영리경제라는 측면이 강해서 사기업과 공기업을 포괄하는 모든 기업을 연구대상으로 할 수 있는 학문적 명칭으로서 1920년 경영경제학의 개념이 도입되기에 이른다.

③ 제3차 방법논쟁은 구텐베르그(E. Gutenberg)와 멜레로비쯔(K. Mellerowitz)에 의해 생산요소들의 최적 결합관계라는 방법론적 이론 연구와 경험론적 가설에 귀납적으로 도달한다는 실천적 이론의 주장으로 이어지고 있다.

3) 최근의 독일 경영경제학

경영경제학의 큰 특징은 자본문제를 중심으로 기업활동에 대해 접근하고 있다는 것이다. 당시 제1차 세계대전 이후 독일 내 모든 산업분야에서 악성 인플레이션이 극심해지면서 기업경영의 실질이익이 아닌 명목이익만 늘어 기업자본의 형성과 유지에 어려움을 겪었던 것이다. 다시 말해 경영경제학은 인플레이션을 배경으로 건전한 자본유지와 이에 수반되는 경영비용의 절감문제를 해소하기 위해 경영계산적 사고를 중요시했던 것이다. 따라서 자연스럽게 경영경제학은 경영자본의 연구를 중심으로 하는 이론적 체계화가 역점분야로 발전하게 되었다.

제2차 세계대전 이후 경험학파인 슈말렌바하와 규범학파인 니클리쉬(H. Nicklisch)는 독일의 경영학을 체계적으로 발전시키는 데 결정적인 공헌을 하였다. 니클리쉬는 독일 자본주의의 발전상황을 가장 잘 반영하였고, 슈말렌바하는 제2차 세계대전 후 동태 대차대조표론의 연구를 발전시키고 멜레로비쯔에 의해 계승되어 현재의 경영경제학의 주류를 이루고 있다. 특히 멜레로비쯔는 원가계산론과 비용론 등을 사고하는 방법으로서 경영경제학에 계산적 사고, 조직적 사고, 공동경제적 사고의 개념을 도입하였다. 뿐만 아니라 경영을 실천적 도구로 파악하여 실천적 이론과학으로 정립하여 이론과 실제의 양생적 성격을 갖는 개념으로 설명하였다.

또한 구텐베르그는 기업의 연구대상을 기업의 자본과 비용에 한정시키지 않고 생산, 판매, 가격, 재무문제를 이론적으로 발전시켰으며 순수이론적인 연구방법을 택하였다. 특히 구텐베르그는 독일의 경영경제학에 미국의 경영관리적 기능을 도입하여 업무에 대한 계획 및 조직을 꾀하고 기업의 목표달성을 활성화 하려 했다. 이는 근대경제학의 분석도구를 사용하였는데 전통적인 독일의 국민경제학이 아니라 미국의 수리적 방법을 도입하기도 했다.

이같이 구텐베르그는 방법론적인 현대경제이론의 분석도구의 도입을 주장하는 반면, 멜레로비쯔는 기술론을 고집하여 실천적 경영학을 주장하였다. 따라서 오늘날 독일의 경영경제학은 구텐베르그의 이론적 경영경제학과 멜레로비쯔의 실천적 경영경제학이 주류를 이루는 2대 조류가 되었다.

최근에는 학스(K. Hax), 코지울(B. Kosiol), 비트만(W. Wittmann), 알바흐(H. Albach) 등에 의해 미국의 관리적 사고를 적극적으로 도입하여 논리 실증적인 의사결정론적 경영경제학으로 발전되고 있다. 이같이 독일의 경영경제학은 전통을 그대로 이어받으면서 시스템적 접근, 행동과학적 접근, 계량분석 접근과 정보이론 등의 현대적 기법을 도입하여 통일적인 이론화를 추진하고 있다.

제3절 미국의 경영관리론

미국은 1812년 대영전쟁을 계기로 섬유공업을 중심으로 한 산업혁명을 거쳐 비약적인 공업화를 전개하여, 신규시장의 개척을 유발하고 대량생산의 가능성을 확대하였다. 또한 대량생산을 위한 기계화가 일찍부터 도입되면서 남북전쟁 이후 생산현장에서의 여러 가지 문제해결을 위한 필요성 때문에 1880년에 미국기계기사협회가 설립되었고, 자극적 임금제도를 중심으로 한 체계적 관리가 진행되면서 능률증진운동을 기반으로 미국 경영관리학이 싹트기 시작했다.

미국의 경영관리학은 대체로 관리방법의 합리화를 중심과제로 하는 이른바 기술학적 성격이 두드러진다. 미국에서는 경영의 문제를 실천론적·방법론적으로 연구한 결과 각론적 부분에서 큰 성과를 올렸다.

독일경영경제학과 비교해 볼 때 미국경영관리학의 특징은

① 공장관리나 생산관리의 형태로 전개된 경영관리학이다.
② 미국의 경영학은 청교도적인 개척자정신의 색채가 강하다.
③ 독일경영학이 이론적인 데 비해 미국경영학은 실용주의에 바탕을 둔 실천적, 응용과학적 성격이 강한 경영학이다.
④ 독일경영학이 자본과 노동의 결합관계, 자본의 운동과정 및 그 법칙 등을 주

연구 대상으로 하는 데 비해 미국은 경영 주체로서의 인간에 의해 수행되는 관리기능 및 관리과정을 중심 연구대상으로 하는 관리학이다.

이 같은 특징을 지닌 미국의 경영관리학은 그 특징에 따라 문헌사적으로 분류하면 크게 고전이론시대(또는 전통적 관리론시대), 신고전이론시대(또는 인간관계론적 관리론 및 조직론적 관리론 시대), 근대적 관리론시대 등 3기로 나눌 수 있다.

1. 고전이론시대(전통적 관리론시대)

경영의 고전적 관점은 19세기에서 20세기 초에 걸쳐 형성되었다. 이 관점은 대규모적이고, 복잡해진 조직을 운영할 수 있도록 공장시스템과 현대 기업의 관리원칙을 제시하고 있다. 고전이론은 테일러(F. W. Taylor)의 과학적 관리법과 페이욜(H. Fayol)의 일반관리이론(또는 관리과정론), 베버(M. Weber)의 관료제이론 등으로 대별할 수 있다.

1) 테일러의 과학적 관리법(scientific management, 테일러 시스템, 과업관리)

(1) 과학적 관리법의 의의

19세기 후반, 생산현장에서는 새로운 기술에 대한 대규모의 투자를 했음에도 불구하고 작업자들에 의한 증가된 생산성을 달성할 수 없었다. 이로 인해 20세기가 시작될 무렵 기업의 생산성 향상에 더 많은 관심을 기울이게 되었다.

그 선두주자는 1911년 『과학적 관리의 원칙』(*The Principal of Scientific Management*)을 저술한 테일러(F. W. Taylor, 1856~1915)이다. 테일러의 이론은 기업이라는 실체 속의 생산현장에서 작업능률을 올려 생산성 향상을 이루려는 작업관리 내지 현장관리가 중심이 되어 있다.

테일러는 주로 공장과 작업장을 대상으로 근로자의 생산성과 효율을 극대화 시키기 위해 과학적 관리기법을 전개함으로써 이를 통해 기업은 노무비 절감과 고임금의 지급이 가능하게 되었다. 그러면서 그는 관리의 주된 목적은 노사의 최대번영과 종업원의 최대번영을 만들어내는 데 있다고 하였다.

여기서 최대번영은 넓은 의미로 사용되는 데 기업에게는 높은 배당과 함께 사업의 각 부문을 최고도로 발달시켜 영구한 번영을 추구하는 것이며, 종업원에게는 높은 임금뿐만이 아니라 각 구성원을 최대능률의 상태로 개발하며 능력이 허용하는 한 최고급의 일을 할 수 있도록 부여하는 것을 의미한다. 이는 그동안 테일러의 과학적 관리법이 단순히 고임금을 지급하기 위한 지나친 과업중심의 이론이 아니라는 점을 알려준다.

(2) 과학적 관리법의 내용

테일러는 관리의 이념으로 노동자에게는 높은 임금을, 자본가에게는 높은 이윤을 제공하자는 '고임금, 저노무비'를 제시하고 이를 달성하기 위해 시간연구와 동작연구를 실시하고 이를 통해 과업을 설정하여 관리를 함으로서 주먹구구식의 관리방식을 탈피하고, 과학적 방법을 통한 생산성 향상을 꾀하게 되었다

① **차별성과급제도**(differential piece-rate system)
테일러는 시간연구와 동작연구를 통해 숙련된 노동자가 하루에 할 수 있는 작업의 양을 과업으로 설정하였다. 그리고 임금산정의 기본이 되는 임률에 대해 높은 임률과 낮은 임률의 두 가지를 정하여 두고, 과업을 달성하였을 때는 높은 임률을 적용하고, 실패하였을 때는 낮은 임률을 적용하여 임금을 산출하는 차별성과급제를 도입하였다.

② **작업지도표제도**(instruction card system)
당시는 근로자들이 대부분 미숙련자들이었기 때문에 이들이 작업에 익숙해지도록 작업을 분담하여 관리하는 직능적 일선감독자들은 작업방법에 관한 중요사항을 작업지도카드에 기록하여 지시하고, 작업지도카드에 의하여 과업을 관리하고 통제하였다.

③ **기획부제도**(planning department system)
테일러는 작업자가 작업계획이나 준비작업에 투입되는 것을 지양하여 관리(계획)와 작업을 명확히 구분하고자 기획부를 설치하여 기획부에서 생산공정 및 작업에 관한 계획 및 준비를 하게하고 작업자는 생산작업에만 종사하도록 하였다.

다시 말하면 공장은 경영자나 공장장 또는 직장이라는 사람이나, 단일의 직위에 의해서 관리되는 것이 아니라 여기서 말한 기획부에 의해서 관리되어야

한다는 것이다. 여기서 기획이란 계획을 수립하는 과정 내지 활동을 말한다.

④ **직능별 감독제도**(functional foremanship system)

작업조건에 관한 준비나 작업방법을 작업자에게 지도하는 책임을 감독자인 직장(職長, foreman, supervisor)에게 분담시키기 위해 전문분야별, 즉 직능별(기능별) 책임자가 작업에 대하여 분업적 지도를 하게 한 것을 말한다. (그러나 이 조직체계는 한 사람의 작업자 위에 여러 명의 감독자가 배치되어 있어서 작업문제 해소에는 도움이 됐을런지는 몰라도 "사공이 많으면 배가 산으로 간다."라는 속담처럼 명령일원화의 원칙에 위배되어 정상적인 조직으로서는 채택하기 곤란하다고 할 수 있다.)

과학적 관리에 대한 테일러의 연구는 간트(H. L. Gantt), 에머슨(H. Emerson) 등 후속 연구자들에 의해서 계승·발전하게 되었다. 특히 길브레드 부부(Frank and Lillian Gilbreth, 1868~1924, 1878~1972)는 관리수단으로서 동작연구를 강조하였다. 그들이 벽돌공을 대상으로 한 연구에서, 벽돌공의 동작의 횟수를 감소시킨 결과, 3배의 생산성이 증가되었다. 길브레드 부부의 이러한 연구들은 현대 작업장에서도 여전히 활용되고 있는 모든 기법들, 즉 식무 단순화, 작업 표준화, 그리고 성과급제 등의 발전에 기초를 확립하는 계기가 되었다.

이후 과학적 관리법은 제1차 세계대전의 발발로 군수산업에 요원의 불길처럼 빠르게 확산되어 갔다.

(3) 과학적 관리법의 비판

한편 과학적 관리법은 근로자를 돈만 많이 주면 열심히 일하는 '경제인 가설'에 입각하여 봄(인간보다는 작업중심연구)으로서 이는 후일 노동조합의 비난의 대상이 되어 산업공학으로 명칭을 변경하였으며, 또한 조직의 전체적 측면에서 관리가 아니라 작업현장 관리에 중점을 두고 있다.

2) 포드시스템(ford system, 동시관리, management by synchronization)

포드 자동차회사의 창시자인 포드(Henry Ford)는 기업을 하나의 사회봉사기관으로 보고, 근로자에게 고임금을 지급하면서도 소비자가 싼 가격으로 자동차를 살 수 있도록 자동차 가격을 낮추는 "고임금, 저가격"을 이념으로 하였다.

테일러 시스템을 바탕으로 개발된 포드시스템은 능률향상을 시간연구나 성과통제같은 인위적인 방식에만 의존하는 것이 아니라, 자동적인 기계의 움직임을 종합적으로 연구함으로서 능률향상과 직결된 이동조립선(conveyor system)에 의한 일관작업방식을 고안하였다. 즉, 정지조립작업은 부품 및 재료의 운반, 공구의 준비와 처리에 불필요한 동작이 가해져 많은 노동량이 소모되기 때문에 불필요한 노동량을 최소한도로 줄이고 노동량을 유효적절하게 활용하기 위해 컨베이어에 의한 일관생산방식을 도입한 것이다.

또 대량생산에 의한 비용감소효과를 실현하기 위하여 제품의 표준화, 부품의 규격화. 기계나 공구의 특수화. 작업의 단순화을 제시했는데 이는 오늘날의 대량생산원칙인 3S, 즉 표준화(Standardization), 단순화(Simplification), 전문화(Specialization)로 발전되어 왔다.

3) 페이욜의 일반관리이론(또는 관리과정론)

고전이론의 두 번째는 관리적 경영(administrative management) 접근방식이다. 테일러의 과학적 관리법이 생산현장의 노동자에게 연구의 초점을 두었다면, 일반관리이론은 기업 전체의 입장에서 활동하는 기업(경영)활동과 부문활동(기능)의 하나의 요소로서 각 부문활동에 공통적으로 적용되는 관리에 연구의 초점을 두고 있다.

한편 관리과정론은 오늘날 미국경영학의 주류를 이루고 있다.[4)]

관리과정에 새로운 시각을 제시한 프랑스인 페이욜(Henri Fayol, 1841~1925)은 1916년에 저술한 『산업 및 일반관리』(*Administration Industrielle et Générale*)에서 관리자의 관리 원칙을 제시하고 있다. 또한 관리의 일반이론의 기본적 사고방법 및 개념까지지도 언급을 하고 있는데, 그 서문에서 "관리란 산업, 상업, 정치, 종교 및 기타, 모든 사업의 경영에 있어 중요한 역할을 수행하는 것"이라고 정의하고 있다.

한편 그는 경영활동과 관리활동을 최초로 구별하였는데 기업에는 그 규모나 산업의 종류에 관계없이 어떠한 기업(경영)이든 '경영의 활동(또는 기업활동)'에는 다음과 같은 6가지의 활동 또는 기능이 있다고 보았다.

4) 1930년 J . A. Coubrough에 의해 그리고 1949년 C. Storrs에 의해 영역(英譯)되었다.

① 기술적 활동(생산, 제조, 가공)
② 상업적 활동(자산과 설비 및 원·재료의 구매, 판매, 교환)
③ 재무적 활동(자금의 조달과 운용)
④ 보전적 활동(자산 및 종업원의 보전, 보호와 예방적 활동)
⑤ 회계적 활동(재산목록과 재무제표의 작성, 원가계산 등)
⑥ 관리적 활동(계획, 조직, 명령, 조정, 통제)

이 중 ⑥을 제외한 다섯 가지는 전문적 기능이라 하며, 여기서 중요한 것은 관리적 활동으로 설명된 '계획하고, 조직하며, 지휘하고, 조정하고, 통제하는 것'으로 오늘날 경영관리 원칙의 골격을 이루게 되는 경영관리 5요소이다. 그런데 관리활동은 환류(feedback)에 의해 순환하며 전진하는 순환적 과정으로 되어 있다.

관리의 5요소는 다음과 같다.

- **계획** : 미래에 대한 탐색과 활동계획의 수립
- **조직** : 기업의 물질적 및 사회적 조직의 구성
- **명령** : 종업원에 대한 지휘기능
- **조정** : 모든 활동과 노력을 결합·통일·조화시킴
- **통제** : 이미 확정된 규정이나 기준·명령에 따르도록 감시

그런데 그는 관리하는 것(administration)과 경영하는 것(gouvernement)을 구별하고 후자는 여섯 가지 직능이 합리적으로 진행되도록 확보하는 것이지만 전자는 여섯 가지 직능 중의 하나에 지나지 않는다고 하였다. 그러나 이 직능은 최고경영자의 역할이 바로 이것뿐인 것처럼 생각할 정도로 큰 비중을 접한다고 하였다. 이것이 곧 관리직능론이다.[5] 또한 페이욜은 이러한 6가지의 경영(기업)활동을 뒷받침하고, 관리활동을 수행함에 있어서 따라야 할 일반적인 규율을 다음과 같은 14가지 원칙으로 제시하였다.

① 분업의 원칙
② 권한과 책임의 원칙
③ 규율의 원칙

5) 김원수 외 1인, 전게서, pp. 357~358.

④ 명령일원화의 원칙
⑤ 지휘통일의 원칙
⑥ 개인의 이익이 전체의 이익에 종속되어야 한다.
⑦ 보상의 원칙
⑧ 집권화의 원칙
⑨ 연결계층의 원칙
⑩ 질서의 원칙
⑪ 공정성의 원칙
⑫ 고용안정의 원칙
⑬ 창의력 개발의 원칙
⑭ 단결의 원칙 등이다.

그러나 그가 제시한 원칙들 중에는 서로 중복되거나 상충이 되는 원칙들이 있지만 경영 학상 최초로 관리원칙을 제시하였다는데 큰 의미가 있다.

이 중 몇 가지를 설명하면 다음과 같다.

① **분업의 원칙**(division of work)
일반관리이론의 첫째 원칙은 분업의 원칙이다. 페이욜은 조직의 성장과 발전에 가장 기본적인 것을 노동의 전문화로 보고 아담 스미스(Adam Smith)의 분업의 원칙을 조직체에 적용하였다. 이는 조직체 내의 업무를 세분화 하고, 구성원 각자에게 세분화 된 직무를 배정함으로써 조직의 능률과 생산성이 향상되고 따라서 사회도 발전할 수 있다는 것을 강조하였다.

② **연결계층의 원칙**(scalar chain principle)
연결계층의 원칙은 조직체는 위에서 아래까지 구성원 모두가 수직적 권한으로 연결되어 계층구조를 형성해야 하고, 상하로 연결된 계층구조에 따라서 권한이 발휘되고 정보가 흐름으로써 의사결정이 질서있게 행해질 수 있다는 것이다. 그러나 조직체에서 이와 같은 수직적 연결계층에 의하여 의사결정이 이루어진다면 시간이 많이 걸리고 따라서 의사결정이 많이 지연될 수 있으므로, 페이욜은 같은 지위계층에서 일하는 구성원들 사이에는 수직적인 계층경로를 거치지 않고 상사의 양해를 얻어서 업무를 처리할 수 있는 지름길 원리

(gangplank principle)도 제시하였다.

③ **명령일원화의 원칙**(unity of command principle)

조직 내의 각 구성원은 반드시 단 한 사람의 직속상사로부터 명령과 지시를 받아야 한다는 것이다. 만약 구성원이 상위계층의 여러 사람으로부터 명령을 받게 된다면 권한체계에 혼동이 있을 수 있고 따라서 조직의 질서가 유지될 수 없기 때문에 각 구성원은 단지 한 사람의 상사만을 가져야 한다고 페이욜은 주장하였다.

④ **권한과 책임의 원칙**(authority and responsibility principle)

직무에는 권한이 부여되어 상위계층은 하위계층에 대하여 명령과 지시의 권한이 있고 하위계층으로부터 복종을 요구할 수 있다. 권한에는 반드시 책임이 수반되어 권한과 책임 간에는 균형관계(commensurability)가 성립됨으로써 많은 권한이 부여되면 책임 도 그만큼 커져야 된다는 것이 권한과 책임의 원리이다.

⑤ **집권화의 원칙**(centralization principle)

페이욜은 하위계층에 부여되는 권한이 제한되어 하위계층의 중요성이 감소되는 상태를 집권화라고 부르면서, 관리자는 조직의 질서와 성과를 목적으로 적절한 집권화 체계를 형성해야 한다는 것이 집권화의 원칙이다. 어느 정도의 집권화가 필요한지에 대해서는 관리자 자신의 성격, 관리자에 대한 부하의 의존도, 조직과 과업의 기본성격 등 조직체의 여러 가지 요소에 의하여 집권화의 정도가 결정되어야 한다고 주장하고 있다.

⑥ **지휘 통일의 원칙**(unity of direction principle)

조직 내의 업무는 통일된 명령과 지시에 의하여 수행되어야 한다. 따라서 통일된 명령계통과 통일된 계획에 의하여 모든 업무활동이 수행되어야 한다는 것이 지휘통일의 원칙이다.

⑦ **질서의 원칙**(order principle)

조직체의 자원은 질서정연하게 정돈되어야 하고, 특히 구성원의 경우에는 각자의 직무내용이 분명히 설정되어 상호간의 연결이 잘 되어야 하고, 이것이 조직도표에 표시되어 모든 활동이 질서있게 전개되어야 한다는 것이 질서의 원칙이다.

페이욜의 『산업 및 일반관리』(*Administration Industrielle et Générale*)는 1929년에 라이네케에 의해 독일어로 번역되었다. 그리고 1930년에는 꾸부로(J. A. Coubrough)에 의해 최초로 영역되고, 1949년에 스토즈(C. Storrs)에 의해 다시 영역되어 런던의 피트만사에 의해 출판되기까지 미국에 잘 알려지지 않았다. 그런데 이 두 가지의 영역본은 원본의 administration을 하나는 그대로 administration, 다른 하나는 management로 번역하였다. 페이욜의 의도는 "기업이 사용할 수 있는 모든 자원을 최대한 활용하게끔 노력함으로써, 다시 말하면 여섯 가지 기본적 직능의 원활한 기능을 확보하도록 노력함으로써 기업을 목적실현의 방향으로 이끌어 간다는 통합적·총체적인 직능으로서 경영의 개념을 확보하려 하였던 것"이다. 관리는 이들 기능 중 하나에 지나지 않는 것이다. 그러나 유감스럽게도 스토즈의 번역서가 페이욜의 표준적인 번역서로 통용되고 있는 것이다. 즉, 경영은 management로 관리는 administration으로 표현함이 올바르나 지금은 스토즈의 표현대로 경영을administration, 관리를 management로 표현하는 것이 일반화 되어 있다.[6] 한편 현대 경영학의 대가로 추앙받고 있는 드러커는 경영이나 관리나 경영학이나 표현에 있어 모두 Management를 사용하자고 주장하였다.

4) 베버의 관료제이론

관료제(bureaucracy)이론은 19세기 말경에 독일의 사회학자인 베버(Max Weber, 1864~1920)에 의하여 발표[7]되었으나, 1947년에 와서야 미국을 비롯한 다른 나라에 널리 알려지게 되었다. 관료제이론은 베버의 독일 정부관료제에 관한 연구에 근거를 두고 붙여진 이름이다.

관료제이론은 합리적 관점에서 공식조직, 특히 대규모조직을 관료제로 보는 베버의 구조적 입장과 정치권력의 관계를 통해서 보는 라스키(H. Laski)의 기능적 입장, 그리고 구조적인 면과 기능적인 면을 아울러 보려 하는 리그스(F. Riggs)의 입장 등으로 크게 나눌 수 있다. 그러나 대부분 대규모 조직에서 관료제성을 찾아보려 하는 것이 공통된 현상이며, 일반적으로 이 개념의 기원을 베버에서 찾고 있다.

---

6) 상게서, p. 362

7) Max Weber, The Theory of Social and Economic Organization, Trans. by A. M. Henderson and t. Parsons(New York, Free Press, 1947)

베버는 사회의 발전과 성장은 사회의 구성원들과 사회 내 조직의 합리적 사고에 의하여 좌우된다고 믿고 조직의 합리적인 운영방안을 제시하였는데, 그가 제시한 이상적인 조직 형태를 관료제 조직이라 하며 관료제 조직은 합리적 의사결정을 하기 때문에 이 조직이 많아질수록 사회는 보다 발전할 걸로 생각했다.

고전이론인 과학적 관리법과 관료제이론이 모두 조직의 합리적 모델을 추구한 것이지만, 테일러는 조직구성원을 단순한 경제적 동기에 의해 행동하는 생산도구로 보는 데 반해 베버는 개인의 동기나 인간관계를 배제하고 공식의 조직구조를 대상으로 관료제성을 찾으려 한데서 차이점이 있다.

베버는 관료제 조직이란 기계와 같이 설계되고 운영되는 조직으로서 산업사회의 기계화와 어떤 심각한 관련성이 있다고 하였다.

관료제 조직은 현재까지 공기업과 사기업을 불문하고 그 잔재를 엿볼 수 있다. 특히 대부분의 공기업에서는 관료제의 특징들이 조직을 움직이는 중요한 요소로 현존하고 있다. 사기업 역시 많이 희석되기는 했지만, 사기업의 조직적 모태가 되는 관료제 조직은 전문화 된 직무, 규칙에 따른 직무기능, 명확한 권한, 계층에 따른 관리, 문서주의와 같은 특징을 가지고 있으며, 조직체경영에 중요한 관점과 개념을 제시하고 있어서 근대에 와서도 경영조직 연구에 많은 영향을 주고 있다.

관료제이론의 주요 내용을 요약하면 다음과 같다.

① 합법적인 직무배정과 직무수행

관료제이론의 첫째 원리는 조직구성원의 직무에 관한 것이다. 구성원 각자의 직무는 조직의 규정에 의하여 합법적으로 설정되어야 하고 이에 따라 권한과 책임 그리고 임무가 분명히 주어져야 하며, 이와 같이 배정된 직무는 그대로 정확히 수행되어야 한다는 것이다. 따라서 베버는 조직체의 각 구성원들이 배정된 직무를 정확히 수행하고 조직의 규율을 잘 지키도록 하기 위하여 이에 대한 상벌의 권한이 상위관리자에게 주어져야 한다고 하였다.

② 직무의 전문성과 능력에 의한 계약고용

조직의 효율성을 높이기 위하여 직무는 되도록 분업화 되고 최소의 단위로 세분화 되어 전문성을 가져야 한다. 그리고 전문화 된 직무내용을 중심으로 객관적인 능력과 자격에 의하여 계약고용이나 승진이 이루어져야 한다. 따라서 개인의 욕망이나 관심 등 개인적인 사정은 조직의 목적에 관련되어서는 안되며, 단지 직무에서 요구되는 능력에 의해서만 인원이 선발되어야 한다는 것이다.

③ **계층에 의한 관리**

전문화 된 직무는 여러 계층으로 구성되어 계층에 따라 권한과 책임이 뚜렷하게 부여됨으로써 상하간의 통솔과 복종관계가 성립되어야 한다. 따라서 이 계층을 통하여 상급자의 권한이 발휘되고 하급자의 복종이 기대되는 동시에 하급자는 계층을 따라 상급자에게 주어진 임무를 수행할 의무를 지게 된다.

④ **규칙과 문서에 의한 경영관리**

조직경영의 공정성을 기하기 위하여 조직구성원 각자의 권한과 책임 그리고 경영관리에 관한 규정과 규칙(rules and regulations)을 자세히 명시하여 문서화 하고, 이 규정과 규칙에 따라 조직경영이 이루어지고 결과가 문서화 되어야 한다. 이에 따라 개인의 임의 적인 의사결정을 방지하고, 공정하고 일관성 있는 조직경영이 이루어질 수 있는 것이다.

⑤ **경력의 보장**

조직에 종사하는 것은 직업(vocation)으로서 평생 동안 일할 수 있는 직업의 안정이 보장되어야 한다. 따라서 뚜렷한 객관적 이유가 없이는 임의적인 해고는 있을 수 없고, 설정된 규정과 규칙에 의하여 맡은 임무를 성실히 수행하여 조직에서 기대하는 효과를 달성함으로써 경제적 보상과 안정된 직업 등 좋은 혜택을 받을 수 있다. 또 이러한 혜택이 관료제 조직에서 원하는 조직구성원의 행동을 유인할 수 있게 된다.

이와 같은 관료제이론은 근본적으로 권한구조에 관한 이론에 기초를 두고 있는데, 베버는 권한의 유형을 카리스마[8]적 권한, 전통적 권한, 합법적 권한으로 분류하고 합법적 권한에 기초를 둔 관료제 모형이 근대 사회의 대규모 조직을 설명하는 데 가장 적합한 것이라고 하였다.

---

8) 원래는 종교적으로 예언이나 기적을 나타낼 수 있는 초능력을 의미하였는데 베버는 이 말의 원뜻을 확대하여 사회과학의 개념으로 확립시켰다. 즉, 보통의 인간과는 다른 초자연적·초인간적 재능이나 힘을 이렇게 불러 그 말에 대한 절대적 신앙을 근거로 맺어지는 지배와 복종의 관계를 카리스마적 지배라고 이름하여 지배형태의 하나로 만들었다. 그것은 법률에 따른 지배(합법적 지배)나 관습에 따른 지배(전통적 지배)와는 달리 어디까지나 카리스마의 소유자에 대한 개인적인 절대적 신앙을 바탕으로 하고 있다. 그러나 지금은 사람들을 휘어잡는 능력이나 자질 또는 지도력으로 이해하고 있다.

그러나 관료제이론은 조직구조가 기계적이고 경직성을 띠어 비인격적인 행동패턴을 형성한다는 단점을 안고 있다. 베버 자신도 이러한 관료제의 성격이 비인간적 사회를 만들어낸다는 점을 인식하여 인간을 쇠울타리에 가두어 놓는다고 보았다. 현대에 와서도 학자들 사이에서 관료제 조직에 대한 찬반양론이 팽팽하다. 그러나 관료제 조직의 여러 단점에도 불구하고 본질적으로 모든 조직은 관료제 조직의 특성에 입각하여 조직을 설계할 수밖에 없다는 데에는 이론이 없다.

〈표 3-1〉은 고전 경영이론의 특징을 요약한 것이다.

〈표 3-1〉 고전 경영이론의 특징

	과학적 관리법	관료제이론	경영관리이론
특징	일상화와 규칙의 훈련, 유일 최선의 관리 방법, 금전적 동기부여	규칙, 비인간성, 분업, 계층적 구조, 권한구조, 장기고용계약, 합리성	경영기능의 정의, 분업, 계층적 구조, 권한구조, 공정성
초점	근 로 자	전 체 조 직	경 영 자
장점	생산성, 효율성	일관성, 효율성	명료성 구조, 규칙
단점	근로자의 사회적, 심리적 욕구무시	경직성, 의사결정지연	환경요인 고려 제외, 지나친 경영자행동 강조

자료: D.Hellriegel, S.Jackson and J.Slocum, Jr., Management, 10th ed., Thomson Publishing, 2005, p. 46. 유필화 외 4인(2010), 「글로벌시대의 경영학」. 오래, p. 53에서 재인용.

2. 신고전이론시대(인간관계론적 관리론 및 조직론적 관리론시대)

1) 인간관계론적 관리론

경영학의 고전이론이 기계론적 접근으로 인간의 인격성을 간과하고, 조직의 생산성이나 능률에 치우친 비판이 제기되면서, 새로운 경영이론의 사조가 일어나기 시작했다. 1920년대에 접어들면서, 작업장에서의 인간적 관점에 관한 강조가 논의되기 시작하였고, 특히 테일러리즘을 입증하기 위해 1924년부터 8년 동안 실시한 호손실험(Hawthorne experiment)은 행동론적 경영이론을 체계화하는데 단서를 제공하였다.

(1) 호손 연구

호손 연구는 미국의 웨스턴 전기회사(현재는 Lucent Technologies사)의 미국 시카고 교외에 소재한 호손 공장에서 1924년 11월부터 시작하였으나 본격적으로는 1927년 4월부터 1932년 5월까지 록펠러재단의 지원 아래 메이요(E. Mayo, 1880~1949) 교수를 중심으로 뢰스리스버거(F. J. Roethlisberger)와 호만스(G. C. Homans) 등이 참여한 하버드 대학의 산업조사부에 의해 노동자의 작업능률과 그것에 영향을 미치는 객관적 및 주관적인 제 조건과의 관계를 연구하려 한 대규모적인 조사와 실험을 지칭하는 것이다.[9] 이 실험은 양키시티조사(Yankee city research)[10]와 더불어 인간관계의 2대 조사로 손꼽히며 인간관계론이 발전하게 된 계기가 되었다.

● 호손 실험의 내용

호손 실험의 주요한 내용을 요약하면 다음과 같다.[11]

① **조명 실험**(illumination experiment, 1924. 11~1927. 4)
이 실험은 조명의 질과 양이 노동자의 능률에 미치는 관계를 알아보려고 하였는데, 결과는 예상과 반대로 조명도, 임금지급방법, 휴식시간 등이 작업능률에 별다른 영향을 미치지 않는 것으로 나타났다.

② **계전기 조립작업 실험**(relay assembly test, 1927. 4~1929. 6)
6명의 여공을 대상으로 종래의 작업능률 향상에 도움이 된다고 생각되는 조건들(예를 들면 작업시간의 단축, 휴식시간의 합리적 배정, 간식의 제공, 임금제도, 작업환경의 개선 등)에 대하여 실험해 보았으나 결과는 조명실험과 마찬가지로 이들 조건과 생산성 향상과는 관계가 없었다. 따라서 이 결과 종업원의 사기나 부하에 대한 감독방법, 인간관계 등의 심리적 조건이 생산성 향상에 영향을 미친다는 결론을 얻어내게 되었다.

---

9) 1924년 National Academy of Science의 National Research Council이 조사를 시작하였으나 1927년까지 조사결과는 원인을 알 수 없는 생산성 향상으로 난관에 부딪치게 되었다. 그래서 1927년에 메이요(G. E. Mayo) 교수를 초빙하게 된 것이다.

10) 양키시티란 미국의 뉴 잉글란드 지방에 위치한 작은 도시의 가칭이며, 여기서 시카고 대학의 인류학자인 워너(M .L. Warner)를 중심으로 한 연구진에 의해 1930-1935년간에 걸쳐 인간관계론적 조사가 실시되었다.

11) 이에 대한 자세한 내용은 다니엘 렌(양창삼 역), 현대경영학사, 민영사, 1987를 참조할 것.

③ **면접 조사**(interviewing program, 1928. 9~1930. 5)
종업원들의 불만에 대한 면접조사를 실시한 결과, 물리적 조건이 근로자의 생산성에 영향을 미친다는 종래의 학설과는 달리 작업장의 사회적 조건과 근로자의 심리적 조건이 근로자의 태도와 생산성에 영향을 미친다는 결론을 얻었다.

④ **뱅크배선작업 관찰**(bank wring observation, 1931. 11-1932. 5)
이는 생산 현장에 있어서 비공식조직이 구성원들의 집단행동에 어떠한 영향을 미치는 지를 조사하기 위한 실험인데, 그 결과, 회사가 정한 공식조직과는 별도로 자연발생적으로 형성된 비공식조직의 존재를 알게 되었고 더불어 비공식조직이 구성원들의 생산성 향상에 큰 영향을 미친다는 것도 알게 되었다.

호손 실험은 노동자의 작업능률과 그것에 영향을 미치는 객관적·주관적인 제 조건과의 관계를 규명하려고 한 대규모적인 조사와 실험을 총칭한다.

호손 실험에서 초기의 관심은 과학적 관리법(테일러리즘)에 초점을 두고 있었다. 하지만 이와 같은 실험들은 결국 실패로 끝나고, 철수할 무렵의 실험에서 놀랍게도 실험집단이나 통제집단 모두에서 실험 목적과는 무관한 실험에서 생산성이 연속적으로 향상되는 예기치 못한 결과가 나타났다. 이로 인해 비공식조직의 존재확인과 '인간의 심리적 요인'(psychological factors, 감정이나 태도 등)이 생산성을 증대시키는데 더 중요하다는 점을 발견하게 되었고, 또 연구진들은 작업자들의 행동이 관찰되거나 특별한 관심의 대상이 되면, 또는 경영자들이 자신들의 복지에 신경을 쓰고 있다고 생각하면 생산성은 작업조건의 변화와 상관없이 증가한다는 사실도 발견하였는데 이를 호손 효과(Hawthorne effect)라고 한다.

이후 연구들에서도 종업원의 생산성이나 작업능률을 좌우하는 것은 물적 요인이라기보다는 인적 요인에 있다는 점을 밝혀냈으며, 이때부터 인간관계의 연구가 활발하게 진행되었다. 특히 작업장에서의 종업원간의 상호작용(개인의 사회적 관계)이나 비공식집단이 근로자의 태도와 행동을 형성하는데 중요한 역할을 한다는 사실을 지적하였다.

● 호손 실험의 비판

호손 연구를 계기로 인간관계론이 주목을 모으고 산업현장에서 널리 활용되었으며 인접학문에 커다란 충격을 주었다. 그러나 인간관계론에 대한 비판도 여러 측면에서 제기되고 있다.

첫째, 인간관계론은 인간 특히 개인과 인간관계의 측면만 중시하고 그것이 조직목표의 효율적 달성과 어떻게 연결되었는가를 간과하고 있다.

둘째, 비공식조직에만 관심을 집중한 나머지 공식조직의 역할을 간과해버린 점도 지적되었다.

셋째, 인간관계론에서는 경제적 보상의 효과를 경시함으로써 경제적 유인과정을 간과하였다.

넷째, 노동조합의 역할을 무시하였다. 특히 메이요는 적절한 인간관계만 이루어진다면 노조는 불필요하게 된다는 입장을 보여 주고 있다.

● 호손 연구의 영향

이러한 많은 비판에도 불구하고 호손 연구는 여러 학문분야에 광범위한 영향을 주어 학문의 발전에 공헌하였다. 거시적 방향으로는 조직의 문제를 보다 폭 넓은 시각에서 해결하려는 산업사회학 등에 영향을 주었으며 미시적 방향으로는 인간의 행동에 대한 이해를 깊게 하려는 산업심리학, 조직행동론, 집단역학 등의 발전에 새로운 계기가 되었다.

호손 연구의 영향은 다음과 같이 정리할 수 있다.[12)]

가. 호손 연구는 인간이 조직에서 가장 중요한 요소 중의 하나라는 사실을 강조하였다. 즉, 조직에 있어서 인간행위를 이해하기 위해서는 과학적 관리에 의해 무시되었던 많은 요소, 즉 인간행위의 복잡성과 관련된 요소들에 대한 이해가 요구된다는 것이다.

나. 경제적 · 기술적 요인 외에도 개인과 집단의 사회적 · 심리적 요소가 조직성과에 막대한 영향을 미친다는 사실을 인식하게 되었다. 따라서 생산성 증가의 열쇠로 고전적 방법이 가졌던 임금, 노동시간 등 근로조건의 기술적, 경제적 관심으로부터 작업자간의 인간관계, 사기, 지휘방식, 태도, 감정과 같은 사회적 · 심리적 관심으로 경영자의 관심을 바꾸어 놓은 데 기여하였다.

다. 인간의 상호작용에 의하여 자연발생적으로 형성되는 비공식집단(informal group)의 중요성을 강조하고 비공식집단 내에 존재하는 독특한 규범이 작업자들의 실제 행동에 영향을 미친다는 점을 깨우쳐 주었다. 즉, 비공식조직을 지배하는 감정의 논리(logic of sentiments) 때문에 인간은 비합리적으로 행

12) 유필화 외 4인, 글로벌시대의 경영학, 오래, 2010, pp. 57~58.

동하게 된다는 것이다. 한편 개인은 비공식조직을 통하여 공식조직으로부터 받은 소외감을 극복하고 사회적 · 심리적 욕구를 만족시키게 된다는 것이다.

(2) 인간관계론

호손 실험 이후 메이요와 뢰스리스버거는 비공식 조직과 인간의 심리와 감정이 작업에 미치는 영향 등에 관해 연구를 계속하여 1933년 「The Human Problems of an Industrial Civilization」를 발표하였는데 여기서 그들은 "사람이란 임금과 같은 금전적인 조건뿐만 아니라 근무의욕이나 작업환경과 같은 심리적이며 사회적인 조건에 의해서도 그 행동이 영향을 받게 되는 다면적 존재"라고 주장하고 근로자상으로 '사회인 가설'을 제시하였다. 인간관계론은 작업보다는 인간을 중심으로 하는 연구로 후일 행동과학으로 발전하였다.

2) 조직론적 관리론

벨전화회사의 사장이며 록펠러재단 이사장이었던 바나드(Chester Irving Barnard)는 1938년 「경영자의 역할(기능)」(The Functions of the Executives)에서 협동체계로서의 공식조직에 대한 이론을 제시하는 한편 권한은 경영자의 직위보다는 그것을 받아들이려고 하는 근로자의 의지에 달려있다는 권한수용설을 주장하였다.

(1) 공식조직[13]의 정의

바나드는 먼저 공식조직의 정의를 분명히 하여 "조직이란 2인 또는 그 이상의 활동 또는 세력을 의식적으로 조정하는 체계"로 정의하고 모든 형태의 조직을 이 정의에 포함시켰다. 그리고 어느 경우의 조직에 있어서도 사람들의 활동을 조정하는 전문기능을 지닌 자를 '경영자'(Executive)라 했다.

(2) 공식조직의 성립조건

또 공식조직이 성립하기 위해서는 다음의 세 가지 요건을 충족시켜야 한다고 하

---

13) 공식조직이란 집단의 목적을 달성하려고 만든 인위적인 단체로 법률이나 정관 또는 조직도의 직제에 의해 형성되는 사람과 사람의 관계를 특징으로 하며, 정부, 기업, 노동조합, 병원, 학교, 군대, 교회 등이 있다. 반대 개념으로 비공식조직이 있는데 비공식조직 또는 자생집단(自生集團)은 취미 · 학연 · 지연 · 혈연 · 경력 등의 인연을 바탕으로 하여 자연발생적으로 발생한 집단을 말한다.

였다.

첫째, 구성원의 활동을 총괄할 공동의 목적이 있어야 한다.(共同目的)

둘째, 구성원의 조직에 대한 공헌의욕이 있어야 한다.(貢獻意慾)

셋째, 구성원 각각의 활동을 통일하기 위한 의사소통이 가능해야 한다.(意思疏通經路確保)

이러한 3요소의 단순한 집합을 단위조직이라 하며, 오늘날처럼 복잡한 조직에서는 조직의 존속·발전을 위해서 조직균형의 유지가 필요한데 이를 살펴보면 다음과 같다.

첫째, 대내적 균형은 유인 ≥ 공헌의 관계를 말한다. 유인은 보직임명, 권력배분, 보상, 휴가 등과 같이 조직이 조직구성원이 조직을 위해 봉사할 수 있도록 기본적으로 제공해야만 하는 정신적·물질적 요소를 말하는데 유인은 구성원이 조직과 동심일체(同心一體)가 되도록 하는 요인이 되어야 한다. 한편 공헌은 조직구성원이 조직을 위해 몸을 바쳐 일하고자 하는 정신 상태를 의미하는데 사명감을 필요로 한다.[14)]

둘째, 대외적 균형은 조직의 환경변화에 대한 적응을 말한다. 오늘날 환경은 조직의 존속·발전에 영향을 미치는 모든 요인으로 해석하는데 환경변화에 잘 대처하여야 만이 존속·발전이 가능하다. 특히 환경변화에 대해 두 가지 대처방법이 있는데 첫째는 적응을 잘하는 것이고 둘째는 환경변화가 나에게 유리하게 작용하도록 적극적으로 개입하는 것이다.

그런데 조직론적 관리론은 그 당시에는 새롭고 이해하기 어려운 이론이어서 별로 관심을 끌지 못하다가 1950년대에 와서야 비로소 세인의 주목을 끌게 되었다..

한편, 1978년도 노벨경제학상 수상자인 카네기 메론(Carnegy Meron) 대학의 사이먼(H.A. Simon) 교수는 의사결정론에 입각한 조직론을 제시하고 더불어 '만족화 원칙'에 입각하여 활동하는 '관리인 모델'을 제시했다.

14) 과거 동양 특히 한국은 공맹사상을 교육의 기본과정으로 학습시켜왔기 때문에 동방의 예의국가라는 소리를 들을 정도로 소속감도 강하고 질서의식도 높았다.

3. 근대적 관리론시대

미국의 경영학은 1950년대 이후 경영문제에 관한 제 개념, 이론 및 기법의 성격을 설명하기 위한 많은 접근방법들이 출현하였다. 이런 현상은 쿤쯔(H, Koontz)가 지적한 대로 이른바 '경영이론의 밀림'(management theory jungle)을 보여주고 있는데, 쿤쯔는 경영관리 이론의 통일화를 실현하기 위해 1964년에 『통일적 관리이론을 향하여』(*Toward a Unified Theory of Management*)를 발간하였다. 이에 대해 사이몬은 이들 학파는 연구의 분담을 의미할 뿐 밀림이 아니라고 반론하고 있다. 한편 밀림현상을 정리분류를 시도한 학자들로 쿤쯔 외에 매시(J. L. Massie), 해인스(W. W. Haynes), 하이드스(H. G. Hides), 드러커(P. F. Drucker) 등이 있다.

여기서는 이 시기를 대표하는 쿤쯔와 드러커에 대해 살펴보도록 한다.[15)]

1) 쿤쯔의 경영이론의 밀림

1950년대 이후 경영문제에 관한 제 개념, 이론 및 기법의 성격을 설명하기 위한 많은 접근방법들이 출현하여, 쿤쯔가 지적한 대로 이른바 '경영이론의 밀림'(management theory jungle)을 보여주고 있다,

오늘날 세계 경영학의 주류를 형성하고 있는 미국 경영학은 경영현상에 대한 개념정의나 용어, 원칙 및 기법에 관하여 너무나 많은 학파와 이론들이 난립하고 있어 이것이 오히려 경영문제에 접근하고 이해하는데 혼돈을 초래할 수 있다는 점이다. 쿤쯔가 이러한 현상을 '경영이론의 밀림'이라 했다는 것은 앞서 지적한 바 있거니와, 문제는 이러한 '밀림현상'이 앞으로 언제까지 지속될 것인가 하는 점이다. 따라서 쿤쯔가 지향하는 바는 혼란을 초래하는 수많은 학파와 용어, 개념 등을 어떻게 통합·조정함으로써 경영학의 발전에 기여할 수 있는가에 초점이 맞추어져 있다고 할 수 있다.

그러기 때문에 통일적인 접근방법의 검토, 통일적인 관리론의 모색, 용어통일의 가능성, 학자 상호간의 이해, 경영교육의 통일적인 의의의 탐색 등 미국 경영학의

15) 박상범 외 2인, 전게서, pp. 53~58에서 散見.

참된 발전을 위해서는 이제부터라도 그 어떤 통일이나 정리를 바탕으로 한 문제점의 공동해결이 매우 시급하다고 강조한다.

그가 1980년에 발표한 접근방법은 다음과 같이 11개로 분류하였다. 이 접근방법의 하나하나가 각각의 학파(school)를 형성하고 있다고 볼 수 있다.

(1) **경험적(사례)접근법**(the empirical or case approach)

이는 경영자의 실제 경험을 분석함으로써 가장 유효한 관리기법의 적용을 학습할 수 있다는 전제 하에 관리활동이나 방침을 사례연구에 의해서 검토한다는 데 그 특징이 있다.

(2) **인간상호간 접근법**(the interpersonal behavior approach)

이 접근법에서 관리활동이란 "사람들을 통해서 무엇인가를 하게 하는 활동"이므로 관리에 관한 연구는 인간 상호관계 지향적이어야 하며, 사회 · 심리적 존재로서의 개인의 행동이나 그 동기를 중요시한다.

(3) **집단행동 접근법**(the group behavior approach)

이 접근법은 집단으로서의 인간행동을 중시하여 사회심리학 · 사회학 · 인류학적 지식을 대집단의 행동특성에 관한 연구가 포함되어 그 연구대상이 다양화 되고 있으며 때로는 조직행동(organization behavior)이라 부르기도 한다.

(4) **협동사회시스템 접근법**(the cooperative social systems approach)

(2)와 (3)의 수정을 시도하면서 약간의 행동과학자들은 협동적 사회시스템연구에 초점을 맞추고 있다. 그 대표적인 사람은 앞에서 설명한 바나드이고, 그는 관리직능의 탐구에서 협동사회시스템의 작동와 유지를 중요하게 생각했으며, 이 방법이 확대된 것을 조직이론이라 부르게 되었다.

(5) **사회기술시스템 접근법**(the sociotechnical systems approach)

이 접근법은 관리의 모든 면을 포함하지는 못하나, 공장이나 사무소 등의 기술시스템이 인간활동과 긴밀히 결합된 장소를 중심으로 하고 있어 산업공학(indusrtial engineering)에 접근하려는 경향이라고 지적된다.

(6) 의사결정이론(the decision theory approach)

이는 경영자의 주된 임무를 의사결정이라고 인식하고 관리이론은 이 문제를 중심으로 구축된다는 신념에 기초를 두고 있다.

(7) 시스템적 접근법(the systems approach)

물리적 혹은 생물적 시스템에 관한 연구의 축적이 관리이론에 유효하게 될 것이라는 관점에서 출발하여 관리에 있어 여러 활동의 상호작용과 그 효과를 아는데 있어 유익하며 시스템 혹은 시스템적 사고는 관리자에 있어 결코 새로운 문제가 아니라는 것이다.

(8) 수리적 또는 경영과학적 접근법(the mathematical or management science approach)

관리활동을 수학적 모형 및 수학적 과정의 체계로서 이해하고자 하는 접근방법으로서, OR(operations research)연구자나 MS(management science)분석가가 이를 행한다.

(9) 컨틴전시 또는 상황적 접근법(the contingency or situational approach)

이는 경영자의 경영활동이 주어진 환경 내지 상황에 의존한다는 접근방법으로서, 경영자가 각 상황의 특징을 분석하여 자신의 의사결정에 반영해야 한다는 것을 중시하고 있다.

(10) 관리 역할적 접근방법(the management roles approach)

이는 새로운 접근방법으로 주목되고 있으며, 경영자의 현실적 행위를 관찰하고 경영자의 실제적인 활동과 역할이 무엇인지를 결론지으려는 접근법이다

(11) 운영적 관리법(the operational approach)

이는 관리활동의 능동적 실천을 가능하게 해주는 개념, 원리, 그리고 기법들을 실무에 적용함으로써 관리에 관한 적절한 지식을 얻으려 한다는 점에서 운영과학(operational science, 실천과학)적 특징을 지니고 있다.

쿤쯔의 이론이나 분류에 대한 주장에 대한 비판은 우선 밀림현상이 과연 존재하느냐 하는 점이다. 즉, 사이몬은 쿤쯔의 견해와는 달리 연구분업, 특히 연구방법적 분업의 진전 가운데에서 경영학의 발전을 찾고, 구태여 통일이론의 필요성을 고려하지 않는 입장을 보였다.

사이몬은 "문제에 따라서는 동일인이라 할지라도 여러 가지 어프로치를 하게 된다. 경영관리론의 정글은 존재하지 않는다, 각자 연구내용의 전문화를 전제로 한 정상적인 연구 분업이며 동일사업(경영학 연구)에의 참가자로서의 그 성과는 이론의 발전을 의미한다."라고 하였다.

2) 드러커의 21세기 경영철학

현대경영학의 아버지라고 불리며, 쿤쯔와 함께 50년대와 60년대, 그리고 70년대에 걸쳐 근대관리론의 주류를 이루는 학자에 드러커(Peter F. Drucker) 교수가 있다. 그는 이제까지 부분적이며 주관적인 관점에서의 관리론적인 견해와는 달리, 전체적이며 객관적인 관점에서 20세기의 기업경영이 택해야 할 미래상과 그러한 기업경영의 주체가 되는 경영자의 철학을 알기 쉽게 풀이해 나간 것이 특징이다.

우선 드러커의 매니지먼트(management)란 무엇인가에 대한 설명이다. 그는 그의 저서 『경영의 실천, 1934, *The Practice of Management*』과 『경영과업, 책임, 실천, 1973, *Management Tasks, Responsibilities, Practices*』에서 이 용어를 둘러싸고 이른바 '의미학상의 혼란'(semantic jungle)이 빚어지고 있는 것을 시인하면서도, 그는 그 용어를 다음처럼 한정시켜 의미를 부여하였다.

첫째, 매니지먼트는 하나의 학문(a discipline)이며, 또 적어도 학문이 될 수 있다. 그것은 상식은 아니다. 경험의 기호화도 아니다. 적어도 잠재적으로는 하나의 '조직적으로 체계화 된 지식'(an organized body of knowledge)이라는 것이다. 요컨대, 드러커에 의하면 매니지먼트는 '매니지먼트의 학'이라는 뜻이며, 그것이 곧 우리가 말하는 경영학이나 다름없다는 의미이다.

둘째, 매니지먼트는 경영학의 과제이며(management is tasks), 과제란 수행되려고 부과된 임무를 의미하고, 그것은 경영자가 수행해야 하는 일을 뜻한다. 그러나 대부분의 매니지먼트 관계의 저서들은 그러한 과제로서의 일을 단순히 경영자의 일, 즉 경영을 주로 내부로부터 관찰하는 입장에서의 경영자의 일에 대해서만 언급하기가 고작이지만, 경영을 먼저 외부로부터 관찰하는 입장에서의 일을 과제라 하며, 그것은 바로 사회적인 책임을 자각하는 바탕 위에서의 과제의 수행을 뜻한다는 것이다. 요컨대, 현대의 경영자는 어떤 과제를 수행하며 실현하기 위해서는 먼저 사회적인 책임을 다해야 한다는 것이다.

셋째, 그러므로 매니지먼트는 책임(management is responsibilities)일 수밖에 없으며, 경영이 대규모적인 사회적 존재가 될수록 그 책임은 커진다는 것이다.

마지막으로 매니지먼트는 실천이라고 주장하는 것이다. 즉, 매니지먼트의 본질은 아는 것이 아니라, 실행하는 것이다. 그 테스트는 논리가 아니라 성과이다. 그는 유일한 권위는 바로 성과(performance)라고 하며, 또 이렇게 주장한다. "학문으로서의 매니지먼트는 특히 경영자들이 실천하는 것을 의미한다. 그러나 매니지먼트의 기초(즉, 이론)를 이해하지 않고 기술(즉, 그 응용)만을 아는 사람은 매니저(manager)가 아니라 테크니션(technician)일뿐이다."

결국 그의 논술이나 논조는 이론과 실제, 실천과 기초의 통일을 의미한다고 볼 수 있어, 미국 경영학사상 새로운 관점에서의 통일이론의 하나나 다름없는 것이다. 비록 드러커가 단 한마디로 통일적인 경영이론이라는 말이나 뜻을 사용한 적은 없으나, 쿤쯔의 경우와는 달리 매니지먼트를 경영전체로 보고, 또 이를 역사적인 발전 가운데서 파악하면서 전개하는 그의 이론은 실질적으로는 통일이론의 전개라고 해도 과언은 아니다. 또 그의 경영이론은 앞으로의 미국 경영학을 위한 방향제시라고도 할 수 있으며, 더 나아가서는 21세기를 위한 경영철학이라고도 할 만하다.

이러한 드러커의 미래지향성은 70년대와 80년대에 잇달아 출판된 그의 저작물에서 미래의 경영관리사회에 있어서 더욱 부각되어질 커다란 문제로서, 이를테면 '연금사회'라거나 '고령화 사회'가 지적되며, 경영자의 사회적 책임의 역설과 함께 앞으로의 경영관리가 지향해야 할 방향이 제시된 대목은 미래지향성격인 드러커이 이른바 '21세기적 경영철학'의 대변이라 할 수 있다. 요컨대, 그의 미래전망에는 지식사회에 있어서의 경영자의 새로운 사회적 사명, 그 직무와 책임 등이 항상 다각적으로 포괄되어 있다는 점에서 드러커는 쿤쯔와 함께 근대관리론에 있어 미국 경영학의 양대 기수로서 적어도 아직까지는 그렇게 간주되고 있는 것이다.

제4절 현대 경영이론

경영학의 현대적 접근은 제2차 세계대전 전후로 볼 수 있다. 특히 현대 경영학의 접근방식들이 강조하고 있는 것은 모든 상황에서 보편적으로 적용되는 모델이나 이론은 존재하지 않는다는 점이다.

현대적 경영방식에 따르면 인간들은 복잡하고 가변적인 존재이다. 그들은 시시때때로 변할 수 있는 다양한 욕구를 가지고 있다. 또한 그들은 성장 가능한 능력과 재능을 소유하고 있다. 따라서 조직이나 경영자들은 다양한 경영전략들과 함께 인적 자원의 개별적 차별성에 대응해야 한다. 이러한 현대 경영학의 핵심은 조직의 시스템적 사고와 상황적합적 사고를 포함하고 있다.

1. 계량적 경영학의 태동

제2차 세계대전을 겪으면서 경영학에 대한 새로운 접근방법이 등장하게 되였는데 계량적 경영학이 그것이다. 이들은 어떻게 계량적 기법들이 조직의 의사결정을 증진시키는지에 대한 연구를 시행하였다. 경영학의 계량적 접근방식은 수학적 기법들이 경영의 의사결정과 문제해결에 유용하게 활용될 수 있다는 가정에 기초하고 있다. 오늘날 이러한 응용기법들은 컴퓨터 기술과 소프트웨어 프로그램에 의해 점점 더 발전하고 있다.

1) 경영과학

경영과학이라는 용어는 종종 경영문제들을 해결하기 위하여 수학적 기법들의 과학적 적용으로 묘사되어 사용되어진다. 즉, 경영문제를 수학적 모델을 통해서 분석하고 해답을 구하려는 접근방법을 경영과학(management science)이라고 한다.

경영과학의 전형적인 접근방식은 다음과 같은 절차에 따라 진행된다.

어떤 문제가 발생되면,

① 그것을 체계적으로 분석하고
② 적절한 수학적 모델과 산출방식을 적용시켜
③ 최적의 해결안이 도출된다.

이런 도출과정에서, 일반적으로 많은 경영과학의 기법들이 적용된다. 이러한 기법들에는, 선형계획법(linear programming), 대기행렬이론(queuing theory), 네트워크모델(network models), 모의실험(simulation), 정수계획법(integer programming) 등이 있다.

2) 계량적 분석

현재 경영과학, OR, 그리고 계량적 실무분석에 관한 대학 과정은 위와 같은 계량적 경영의 기초를 제공한다. 또한 계량경영은 재화나 서비스의 물질적인 생산품에 적용되기도 한다. 대부분의 경영과학 기법들은 매우 정교하기 때문에, 기업에서는 종종 경영자들이 효과적으로 기법들을 활용할 수 있도록 이 분야의 전문가들을 고용하고 있다.

하지만 소프트웨어의 발전은 이러한 기법들을 좀 더 손쉽게 활용하게 해주었다. 이러한 활용성은 작업장 전역으로 확대되었고, 각각의 기법의 유용성을 이해하는 것이 경영자들에게 훨씬 더 중요하게 되었다. 물론, 모든 경우에 있어서, 문제들에 대한 수학적 해결책들은 적절한 관리적 판단과 인간의 인식에 의해서 지원되어야 한다고 본다.

2. 시스템적(체계론적) 사고

원래 시스템 이론(Sytems Approach)은 생물학자인 버틀란피(L. V. Bertalanffy)가 동물들이 어떻게 먹이를 먹고, 어떻게 배설물을 발생시켜 균형상태를 유지하는가를 설명하기 위한 이론이 효시였는데 이를 경영학에 도입하여 유용하게 활용하고 있다.

시스템(체계)이란 특정 목적을 달성하기 위해서 여러 개의 독립인자가 상호간 의존적이고 영향을 미치는 유기적(有機的)인 관계를 유지하는 하나의 집합체를 말한다. 즉, 시스템이란 공동의 목표를 달성하기 위해서 함께 작용하는 상호 관련된 부분들의 조합이다. 따라서 시스템이론이란 조직의 부분적 이해보다는 부분들 간의 상호관련성 속에서 전체를 파악하려는 이론이다.

이 이론의 적용에 공헌한 초기의 학자는 바나드(1886~1961)였다. 바나드는 1938년 자신의 관리경험에 토대를 두고 저술한 『경영자의 역할』에서 조직을 협동체계로 묘사하고 있으며, 각 개인들의 조직에 대한 공헌이 공동의 목표를 위해 통합되어야 한다고 설명하고 있다, 또 조직 전체의 높은 성과는 각 하위시스템별로 과업이 만족스럽게 수행되고, 다른 하위시스템과의 통합이 실행될 때에만 발생된다고 하고 그것은 전적으로 최고경영자들의 몫이라 하였다.

시스템 이론은 오늘날까지도 경영이론과 실제에 지속적으로 영향을 미치고 있다.

1) 정의

시스템(체계)이란 기능을 수행하는 전체를 구성하는 상호 관련된 부분들의 체계화 되고 통합된 전체를 말한다. 즉, 시스템은 원소 및 원소들의 집합체인 부분 각각이 서로 유기적인 관계 하에 모여 복합적으로 구성된 하나의 완성된 모습을 의미하는 용어로 ~체, 체계, 조직 등의 용어로 번역되어 사용되기도 하지만 그냥 시스템이라고 사용하는 것이 일반적이다.

2) 특성

시스템은 다음과 같은 특성을 갖는다.

① **전체성**(wholeness)

전체성은 단순히 구성 요소와 부분들이 모여서 이루어진 집합체가 아니라 특성을 갖춘 독립된 완성체를 말한다.

② **계층성**(hierarchy)

계층성은 구성요인들 뿐만 아니라 시스템 자체도 위계질서 속에 있음을 뜻한다. 즉, 원소(element) < 부분 또는 하위 시스템(sub system) < 시스템 < 초(超)시스템(supra system)의 관계인데, 예를 들면 개인 < 가정 < 사회 < 국가 < 지구촌 < 태양계 < 은하계 < 성단 < 우주 < (우주를 포함하고 있는 supra system에 대해서는 아직 알려져 있지 않음.)의 관계이다.

③ **유기적 관련성**(interrelationship)

원소와 원소, 원소와 부분시스템 그리고 이들과 독립된 실체로서의 완성체와는 서로 어떤 유기적 관계를 맺고 작용하고 있음을 의미한다.

④ **울타리의 존재**(boundary)

시스템의 안과 밖을 구별해 주는 경계선을 말한다. 경계선은 명확할 수도 있지만 절충식으로 겹치는 부분이 될 수도 있다. 울타리의 존재 때문에 시스템이 독립된 실체가 될 수 있다.

3) 개방시스템과 폐쇄시스템

시스템끼리 서로 정보를 교환한다든지 의사소통이 이루어지고 있을 때 그 시스템을 개방시스템(open system)이라 하고, 그렇지 않고 정보교환이 이루어지지 않거나 아주 미미한 시스템을 폐쇄시스템(closed system)이라 한다.

3. 상황적합적 사고(또는 상황이론)

1) 상황이론(Contingency theory)의 의의

전통적인 경영이론들은 환경이나 조직의 조건에 관계없이 모든 조직에 공통적으로 유효한 조직관리의 원칙을 도출하려는데 초점을 맞추고 있는데 반하여 1960년대 초에 영국과 미국에서 시작된 상황이론은 환경 또는 상황요인을 조건변수로 하고 조직의 내부특성변수와 조직의 성과와의 관계를 특정화 하려는 이론이다.

즉, 상황이론은 조직성과에 영향을 미치는 유일한 최선의 방법은 존재하지 않으며, 그때그때 상황에 따라 다르게 대응해야 함을 강조하고 있다. 다시 말하면, 모든 상황에 적합한 유일한 최선의 방식(one best way)을 찾는 것은 불가능함을 나타내고 있다. 즉, 경영의 실제는 환경적 요구에 적절하게 대응해야 한다는 것이다.

상황이론은 학자에 따라 '컨틴전시이론(contingency theory)' 또는 '상황적합이론(situational theory)'이라고도 한다. 상황이론을 보다 일반적인 차원에서는 환경 또는 상황요인을 조건변수로 하고 조직의 내부 특성변수와 성과와의 관계를 특정화 하는 이론이라고 할 수 있다.

상황적합적 사고는 모든 관리기능에 확장해서 적용될 수 있다. 계획화, 조직화, 지휘화, 통제화 과정은 물론이고, 불확실한 환경 하에서 전략을 구축하는 데에도 현대 경영에서 활용하고 있다. 이를 통해 환경의 불확실성을 최소화 하고, 불확실성이 조직에 가져다 줄 충격을 최소화 할 수 있어야 한다.

2) 상황이론의 특징

상황이론의 기본적 특징은 다음과 같다.[16)]

(1) 객관적 결과의 중시

상황이론은 결과를 중시한다. 이러한 결과중시 지향성은 조직현상을 단순히 분석하는데 있지 않고 유효한 관리시스템이나 그 운영방안을 강구하는데 의의를 갖는다.

(2) 조직의 환경적응의 중시

상황이론은 조직과 환경 또는 기술과의 관계를 중시한다. 환경이나 기술 등의 상황요인과 조직특성의 적합성이 성과를 결정하는 상황이론의 기본적 사고는 조직이 보다 많은 성과를 지향하는 한 조직특성을 환경이나 기술에 적응시켜야만 하는 것이다.

(3) 조직을 분석단위로 하는 분석

상황이론은 행동주체로서의 조직 그 자체를 분석단위로 한다. 그리고 조직형태, 부문간의 세력관계, 관리체계의 구조적 특성과 조직에 대한 기능 및 역기능에 초점을 맞추고 있다. 따라서 상황이론은 조직의 구조적 특성과 그 기능에 주목하고 거기에 존재하는 객관적 법칙을 지향하는 것이다.

(4) 중범위이론의 지향

상황이론은 조직에 대한 실증분석, 특히 조직의 비교분석을 통한 경험적인 이론구축을 지향한다. 중범위이론은 극히 한정된 상황 하에서의 이론구축을 행하는 특수이론과 범위가 크고 일반적이긴 하지만 경험적 내용이 부족한 일반이론과 대비

16) 황복주 외 2인, 경영학원론, 두남, 2000, pp. 65~66.

되는 이론이다.

3) 상황이론의 비판

상황이론을 비판하는 사람들은 이 이론이 전혀 새로운 것이 아니라며 사람・과업・구조중심의 각종 이론을 엮어서 짠 조합이론일 뿐이라고 혹평하기도 한다. 그들은 경영원칙이 유연하게 적용되어야 한다는 말은 일찍이 페이욜도 지적한 것이었다고 주장한다. 또한 상황이론은 시스템이론에서 언급된 여러 요인들이 고려되지 않고 있으며, 이론적 틀이 제대로 성립되지 않고 있다는 비판도 받고 있다.[17]

4. Z 이론[18]

1) 오우치의 Z이론

1970년대에 일본의 자동차와 전자제품 등이 미국시장에 물밀 듯이 들어가자 미국의 기업들은 긴장하게 되었고, 일본을 이기자면 일본식 경영을 도입해야 한다고 생각하여 일본식 경영에 대하여 연구하기 시작했다.

이리하여 연구된 것이 1980년도 오우치(William G. Ouchi)의 Z이론(theory Z)이다.

Z이론은 미국식 기업의 장점과 일본식 기업의 장점을 통합한 새로운 이론이다.

2) Z 이론의 내용

이것은 일본식 경영이론(J이론)과 미국식 경영이론(A이론)을 비교하여 그 장점을 취합하여 제시한 이론으로 아래와 같이 J이론의 특징은 종신고용제도, 장기평가, 집단주의, 연공주의 등인데 반하여, A이론의 특징은 단기고용, 단기평가, 개인주의, 능력주의로 그 특징이 정반대의 성격을 띠고 있다. 그런데 고용기간과 경력의 특성과 같은 오우치가 거론하는 다른 요인들은 전통적인 미국식 관행과 일본식 관행을 조화시킨 것이다.

---

17) 김영규, 최신경영학원론, 박영사, 1996, p. 95.
18) 오석홍, 조직이론, 박영사, 2011, pp. 171~174에서 散見.

(1) 일본식 기업특성(J타입)

① 종신고용
② 집단의사결정
③ 집단책임
④ 장기적 평가 및 승진
⑤ 불명확한 통제기구
⑥ 경력의 비전문화
⑦ 사람으로서의 종업원에 대한 전반적 관심

(2) 미국식 기업특성(A타입)

① 단기고용
② 개인의사결정
③ 개인책임
④ 단기적 평가 및 승진
⑤ 명확한 통제기구
⑥ 경력의 전문화
⑦ 종업원으로서의 종업원에 대한 부분적 관심

(3) Z이론 기업(바람직한 기업경영 특성)

① 장기고용
② 모두가 참여하는 합의제 의사결정
③ 개인책임
④ 장기적 평가 및 승진
⑤ 공식적 조처의 비공식적, 불명확한 통제기구
⑥ 어느 정도 전문화된 경력
⑦ 가족을 포함한 전반적 관심

3) 결과

미국에서 일본경제를 극복하기 위하여 이런 일본식 경영(Z이론)을 도입하려 했으나, 문화의 차이, 생활양식 및 종교적인 배경 등의 차이로 인하여 제대로 도입되지는 못하고 실패하였다.

4) 기타 학자들의 Z이론

기타 룬드스텟과 로우리스가 Z이론을 제시하였지만 이들은 오우치의 Z이론과 전혀 차원이 다른 이론이다. 이들은 맥그리거의 X, Y이론의 비판적 내지 발전적 입장에서의 이론을 전개하고 있다.

(1) 룬드스텟의 Z이론

룬드스텟(Lundstedt)은 조직에 관한 여러 이론들이 지나친 단순화로 인해 오류를 범한다고 지적하면서 단순한 예로 맥그리거의 이론을 들었다. 즉, 룬드스텟은 맥그리거의 X, Y이론에 Z이론을 추가하여야 한다고 하였는데, X이론이 독재형 또는 권위형이고, Y이론이 민주형에 해당한다면 Z이론은 자유방임형 또는 비조직형에 해당한다고 하였다.

(2) 로우리스의 Z이론[19)]

X이론과 Y이론 이외에 제3의 관리이론을 탐색하면서 로우리스(David Lawless)도 그러한 제3의 이론에 Z이론이라는 이름을 달고 있다. 그러나 로우리스의 Z이론은 룬드스텟의 Z이론과 전혀 다르다.

로우리스의 주장을 보면 다음과 같다.

X이론이나 Y이론이 절대적인 적합성을 가진 것은 아니다. 때와 장소에 따라서, 그리고 조직의 특성에 따라서 그 적합성은 달라질 여지가 많다. 관리기능은 조직과 별개로 존재하는 것이 아니다. 관리는 조직의 기능이기 때문에 조직이 변동하면 관리전략도 변동해야 한다. 마찬가지로 조직이 다르면 관리의 전략도 달라져야 한다.

고정적이고 획일적인 관리전략의 절대성을 의심하는 것이 Z이론의 입장이다. Z이론은 변동하는 환경에 존재하는 조직과 집단 그리고 사람은 변동한다는 사실을 정확하게 파악하여 그에 대응하는 관리전략을 펴야 한다고 주장하는 이론이다. Z이론은 관리방식이 구체적인 조직의 형편에 적응해야 한다고 주장한다.

구체적인 조직 · 집단 및 개인의 고유한 필요를 정확하게 파악하여 거기에 융통성 있게 대응하는 것은 Z이론이 처방하는 이상이다. 이와 같은 이상을 실현하기는

---

19) 상게서, pp. 171~174.

어렵다. 그러나 정의 · 아름다움 등을 추구할 때와 마찬가지로 Z이론의 이상성취가 완벽하게 될 수 없음을 알면서도 우리는 그것을 추구해야만 한다. 그러한 이상의 실현이 하나의 가능성으로 존재한다는 것을 알고 그 실현을 위해 기꺼이 노력한다는 사실이 중요하다.

로우리스의 Z이론은 복잡한 인간모형의 가정에 입각한 관리전략의 처방이라고 할 수 있다.

5. 가치사슬 경영

가치사슬이란 맥킨지(McKinsey)컨설팅사가 개발한 Business System을 마이클 포터(Michael Porter) 교수가 훨씬 정교한 분석틀로 발전시킨 것이다. 포터에 따르면 가치사슬 기법은 기업의 전반적인 생산활동을 주 활동부문과 보조 활동부문으로 나누어서 기업이 구매 및 재고관리부터 시작하여 물류, 생산과정, 판매, A/S단계에 이르기 까지 각각의 부문에서 비용이 얼마나 들고 소비자들에게 부가가치를 창출하는지를 보다 정교하게 분석할 수 있게 해 준다고 한다.[20]

기업은 일반적으로 가치를 창출하는 여러 가지의 행위를 수행한다. 가치를 생성하는 주체인 기업은 가치사슬로 구성되어 있으며, 이를 통해 가치경영을 실현하게 된다. 가치사슬이란 원자재를 재화나 서비스로 전환하는 일련의 구체적인 연쇄활동을 의미한다. 가치사슬을 구성하는 주 활동의 모든 노력들은 전사적 품질관리(TQM, total quality management)를 통해 이루어진다.

이러한 가치사슬은 기업이 경쟁전략을 수립할 경우나 활동위주의 원가분석을 수행할 때 많이 사용된다.

오늘날 고객에 대한 가치의 제공이 기업의 입장에서는 중요한 문제이기 때문에 기업은 그들의 고객에게 양질의 재화나 서비스를 제공하는 능력, 즉 가치사슬에 의한 품질향상을 통해 경쟁우위를 점할 수 있다.

20) 장세진, 경영전략, 박영사, 2005, p. 163.

제4장 경영자와 기업의 사회적 책임

제1절 경영자 _ 89
제2절 기업(경영 또는 경영자)의 사회적 책임과 윤리경영 _ 99
제3절 기업가와 기업가정신 _ 119

제4장 경영자와 기업의 사회적 책임

제1절 경영자

1. 경영자의 의의

경영자란 조직을 이용하여 경영활동을 수행하는 사람이나 기관을 말한다. 다시 말하면 경영자란 경영목적을 수행하는데 적합한 조직을 만들고 인적 자원(지식, 기술, 노동력 등)과 물적 자원(자본, 공장, 사무실, 원・재료, 제품 등)을 이용하여 경영원칙을 준수하며 경영목적을 달성하고자 리더십(통솔력)을 발휘하는 자라 할 수 있다.

특히 여기서 강조되는 것은 경영자의 리더십이나 통솔력이다. 왜냐하면 조직의 존속과 발전은 일반적으로 좋은 제도를 바탕으로 경영자의 능력에 좌우되기 때문이다.

경영자란 말은 사용하는 사람에 따라 각각 그 내용・범위가 다를 경우가 많다. 따라서 경영자의 직능도 그러한 차이에 따라 각각 달리 규정된다. 우리나라에서 경영자란 곧 대주주나 소유경영자 또는 그와 동등한 권한을 갖는 사람들을 통칭해서 부르고 있으나, 미국에서는 우리나라에서 말하는 경영자와 관리자를 구별하는 보편적 용어가 없어 '매니지먼트'(management), '이그재큐티브'(executive), 또는 '매니저'(manager)란 말을 사용하고 있다. 따라서 우리나라에서 말하는 경영자란 적어도 미국의 최고경영층(top management zone)에 속하는 사람들을 지칭하는 것으로 이해된다.

또 관리자란 우리나라에서는 중간관리층에 속하는 사람들로서 미국에서 말하는 'middle management'를 의미한다고 볼 수 있다. 이는 미국에서 중간관리층이란 용어는 사용하면서도 관리자란 말을 분리해 사용하지 않는 사실로 미루어 보아 짐작할 수 있다.

우리나라에서 이와 같이 개념상 경영자와 관리자의 신분적인 격차를 인식하면서 부르게 된 원인은 경영이 관리의 상위개념으로 인식되어 온 데 있다고 하겠다.

한편 경영자는 권한과 책임이 분화되어 여러 계층의 경영자가 생겨나는 데 이를 경영관리 계층이라 하고 경영관리계층은 [그림 4-1]처럼 최고경영층, 중간관리층, 일선감독층으로 구성되어 있다.

그림 4-1. 경영자계층

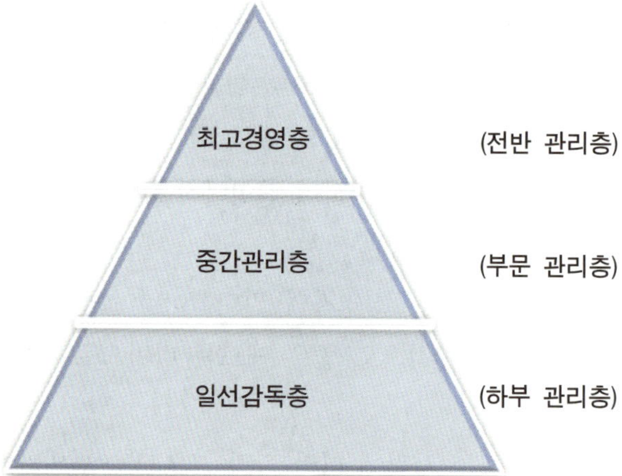

최고경영층은 전반관리층이라고도 하는데 기업의 장기적 목표와 전략 등을 결정하고 혁신기능과 함께 기업의 사회적 책임을 수행하는 경영층으로서 기업 전체에 장기적이며 전반적으로 영향을 미치는 의사결정을 주로 한다. 주식회사 형태에 있어서는 대표이사와 집행이사, 이사회 및 감사가 여기에 해당된다.

중간관리층은 부문관리층이라고도 하는데 최고경영층이 설정한 경영목표 및 전략과 정책 등을 집행하기 위해 전사적인 방침에 따라 기업 내에서 각 부문의 활동,

예를 들면 생산활동, 마케팅활동, 재무활동, 인사활동 및 구매활동 등과 같은 전술적(기능별) 활동을 수행한다.

일선감독층은 현장에서 실제로 작업을 하는 노동자나 일반 사무원을 직접 지휘·감독하고 자신에게 부여된 업무도 추진하는 경영층으로서 현장관리층 또는 하위관리층이라고도 한다.

경영자를 경영계층과 관련하여 보면

- 최고경영층에는 이사회를 구성하는 이사들 및 이들 중 업무를 담당하는 업무집행 이사인 경영자와 대표이사인 최고경영자가 있고,
- 중간관리층에는 각 부문의 장, 즉 부장, 차장, 과장이라는 중간관리자가 있으며,
- 일선감독층에는 계장, 대리, 반장, 십장, 팀장 등과 같은 일선감독자가 있다.

2. 경영자 성격의 변천

경영자의 성격은 소유와 경영의 분리과정을 통해 소유경영자, 고용경영자, 전문경영자로 변천하여 왔다.

1) 소유경영자

일반적으로 기업에 참여하기 위하여 자본을 납입한 주체를 자본가라 하는데 법률적으로는 사원(社員)이라 하며, 특히 주식회사의 출자자는 주주(株主, shareholders)라고 한다. 가족기업 또는 대기업이라 하더라도 많은 경우, 자본가들이 직접 자본을 출자할 뿐만 아니라 기업경영에 대한 책임을 지는 경영자가 되기도 한다. 이와 같이 자본가 또는 주주가 경영의 책임까지도 맡고 있을 때 이를 기업가(企業家, entrepreneur) 또는 사업가라 하며 소유경영자라고도 한다. 이들은 또한 기능자본가라고도 하는데 기업에 대하여 참여하는 기능이 경영면에까지 미치고 있는 것을 뜻한다. 이에 대하여 같은 자본가일지라도 경영에 그의 기능이 미치지 못하면 무기능자본가라 하여 기업가와 구별된다. 이들은 주로 이윤분배에만 관심이 있다.

이처럼 소유경영자인 기업가는 새로운 사업계획을 구상하고 경영의 모든 자원을

조달하여 기업을 직접 설립・운영하고 성장시켜가는 사람이다.

기업가(사업가)의 특성은 다음과 같다.

첫째, 이들은 기업의 모든 위험을 부담해야 하는 위험부담자이기 때문에 기업과 운명을 같이해야 하는 존재이며

둘째로 이들은 경영자로서의 자격을 구비하지 못하고도 경영을 수행하는 권리를 갖는다는 것을 들 수 있다.

초기의 기업들은 대개가 자본가인 동시에 경영자인 기업가들, 즉 소유경영자들에 의해서 경영권이 장악되었으며 오늘날에도 소규모의 기업이나 대부분 우리나라의 기업가들은 이 범주에 속한다.

2) 고용경영자

고용경영자는 기업규모가 확대되고 경영활동이 복잡성을 띠게 되면서 기업가 스스로 모든 경영기능을 감당할 수 없게 됨에 따라 기업가로부터 경영기능의 일부를 위임받아 수행하게 되는 전문경영자이나. 즉, 이들은 경영상 완전히 독립을 하지 못하고 소유경영자에 고용되어 그의 지시를 받고 위임된 일부 경영분야만 책임을 지는 경영자이다. 외견상으로는 독립된 경영담당자와 같아 보이지만 어디까지나 기업가의 지시를 받아 기업가의 이익을 위해 일한다.

3) 전문경영자

전문경영자란 경영의 규모가 커지고 복잡해짐에 따라 자본의 출자와는 관계없이 오로지 경영에 관한 지식, 기술 및 풍부한 경영정보 등과 같은 자질과 능력에 따라 영입되어 주주의 지시를 받지 않고 독립적으로 경영활동을 수행하는 경영자들을 말한다. 이들은 경영의 최고 방침을 정하며 경영체를 대표하는 자격을 지닌 대표이사 회장, 또는 대표이사 사장 등과 같은 최고위경영자를 말한다.

한편, 이들은 경영을 합리적으로 관리하는 지식과 기술을 바탕으로 경영관리를 자기의 직능으로 보고 이를 전문직업으로 하는 사람들이라는 측면에서는 고용경영자와 크게 다를 바 없으나 소유경영자의 존재가 부정된다는 점에서 독특하다. 다시 말하면 전문경영자는 직능면에서 독자성을 지닌 것으로 보며 모든 생산요소를 합

리적으로 결합시키고 혁신을 유발하며 경영방침을 자주적으로 수립해 나가는 사람이기 때문에 소유경영자의 지시에 의해 주어진 방침을 수행하는 자격밖에 지니지 못한 고용경영자와는 구별되어야 한다.

전문경영자는 자주적으로 경영발전을 계획하고 자본가를 포함한 모든 이해관계자 집단 간의 이해관계를 조정하는 조정자로서의 책임을 아울러 수행할 수 있어야 한다.

이와 같은 전문경영자는 일반적으로 다음과 같은 사회적 환경이 조성됨에 따라 출현하였다.

첫째, 신용제도의 확립과 자본의 집중이 고도화 됨에 따라 주식이 분산되어 소유자지배현상 이 후퇴하게 되었고, 더불어 주주의 권한이 축소되고 이사회의 권한이 강화됨에 따라 전문경영자가 필요하게 되었다.

둘째로 경영의 규모가 방대해짐에 따라 생산기술의 고도화를 비롯하여 관리의 복잡성이 증대되므로 능률적인 관리를 수행하기 위하여 고도의 지식과 기술을 지닌 전문경영자의 등장이 불가피해졌다.

3. 경영자 혁명과 소유와 경영의 분리

1) 소유와 경영의 분리 그리고 경영자 지배론

미국 제도학파의 수장인 베블렌(T. Veblen)은 기업을 되풀이되는 통일적이며 획일적인 경제적 실체로서 파악하고 이를 영구기업(going concern) 또는 계속기업이라 일컬었다. 기업은 기업의 소유자로서의 기업가와는 상관없이 영속성을 가지는 독립적 조직체이므로 장기적 안목에 의한 경영관리가 필수적인 것이다. 그러기 위해서는 먼저 기업의 소유자나 자본가가 스스로 경영을 담당·운영하기보다는 자기의 대표자, 즉 오늘날의 전문경영자를 선출해서 이를 전담하게 하는 일이 급선무이며, 또한 사실 그러한 경향이 점차로 확대되고 있다고 지적하였다.

자본과 경영의 분리의 진행경향을 예측한 것은 베블렌이 처음이었으나, 대기업에 있어서의 소유와 경영의 분리현상이 실태조사에 의해 실증된 것은 1930년대의 버얼리와 민즈(A.A. Berle & G.C. Means)에 이르러서였다. 그들은 연구결과로부터 전문적 경영자의 출현을 명백히 하였는데 이를 경영자 지배론이라 한다.

2) 경영자 혁명론

현실적으로 투자와 전혀 관계가 없는 전문경영자가 존재할 수 있느냐 하는데 대하여는 상당한 논의가 있어왔다. 하지만 점차 전문경영자의 필요성이 증대되고 그 수가 증가되어 사회적으로 큰 영향력을 갖게 되었음을 부인할 수 없다. 이 점에 착안하여 번햄(J. Burnham)은 1941년 그의 저서인 『경영자혁명』에서 앞으로 경영자가 지배계급으로서 군림 하게 되는 사회를 경영자사회라 규정하였다. 그는 제도적 관점보다는 오히려 사회학적 접근에 중점을 두어 이제까지는 자본가가 그 출자 지분에 따라 기업을 지배하고 나아가서 사회 전체에 중요한 영향력을 미치고 있었으나, 앞으로는 전문경영자가 경영에 관한 전문적 기술자로 등장하여 사회 가운데서 가장 중요한 지위를 차지하게 되고 궁극적으로 사회의 지배계급이 될 것이라고 예측을 하였다. 그는 전문경영자는 기업을 소유하지 않으나 소유물에의 접근이 가능하므로 생산수단의 주요한 지위를 차지할 수 있다고 주장한 것이다.

이렇게 해서 번햄은 이른바 자본가사회(capitalist society)에서 경영자사회(management society)로에의 전환을 예언하였기 때문에 이를 경영자 혁명론이라 부른다.

4. 경영자의 역할

1) 민쯔버그의 실증연구1)

민쯔버그는 5명의 사장을 대상으로 경영자 역할에 대한 실증연구를 수행하였다. 이에 따르면 경영자들은 의사결정에 관련된 정보를 세심하고 체계적으로 처리하는 사람이라는 기존의 경영자직무에 대한 관점과는 달리 다양하고, 비정형적이며, 단기차원의 의사결정을 한다고 한다. 특히 경영자 활동의 50%가 9분을 지속하지 못할 만큼 심사숙고할 수 있는 여건이 되지 못함을 발견하였다. 이와 같은 이유로 민쯔버그는 경영관리계층의 역할에 대한 전통적인 기능접근방법이 비현실적이라고 비판했다. 평범한 경영자들은 기능적 접근방법이 제시하는 것처럼 사려깊은 계획

1) H. Mintzberg, "The manager's job: Folklore and fact", Havard Business Review, July-August 1975, pp. 49~61.

수립자도 아니고, 교향악단 지휘자도 아니라고 보았다. 이에 민쯔버그는 기능개념이 경영자가 실제로 수행하는 것을 거의 설명하지 못하며, 기껏해야 애매모호한 목적을 제시하는데 기여할 뿐이라고 비판했다. 따라서 민쯔버그는 경영자들이 수행하는 주요 역할, 즉 경영자로서 마땅히 맡아서 해야 할 행동 또는 성격에 초점을 두고 경영자들의 직무를 연구하는 방법을 제시하였다.

2) 경영자의 역할 구분

민쯔버그는 모든 경영자들에게 공통적이라고 믿는 10개의 역할을 분리해 냈는데 이 역할들은 대인적, 정보적, 의사결정적 역할로 구분할 수 있다.

(1) 대인적 역할(interpersonal roles)

경영자는 공식적 권한과 직급상 높은 신분을 바탕으로 대인적 접촉 특히 동료 및 부하들과 접촉을 하게 되는데 이와 같이 경영자가 수행하는 대인적 역할은 외형적 대표자, 지도자, 연락자로서의 역할이다.

① 외형적 대표자(figurehead)로서의 역할은 방문객의 영접, 법적서류 서명 등 상징적인 대표자로서 법률적 내지 사교적 성질의 정형적 임무를 수행한다.

② 지도자(leader)로서의 역할은 직무가 적절히 수행되도록 종업원의 채용, 배치, 훈련, 동기부여와 활성화 등과 같은 종업원과 관련된 모든 활동을 수행한다.

③ 연락자(liaison)로서의 역할은 정보를 제공하는 정보제공자와 수평적 외부접촉을 통해 자기개발과 네트워크를 유지한다.

(2) 정보적 역할(informational roles)

모든 경영자는 주어진 과제와 관련된 정보를 받거나 수집하여 다양한 형태로 활용하는 정보의 중앙처리장치 역할을 한다. 경영자는 조직의 혈액이라고 할 수 있는 자금이나 정보와 관련된 활동을 수행한다는 점에서 중요하다. 이들이 수행하는 전형적인 정보적 역할은 모니터, 전파자, 대변인으로서의 역할이다.

① 모니터(monitor)로서의 역할은 조직과 환경의 이해를 도모하기 위해 다양하고 광범위하게 정보를 탐색(정기간행물 구독과 개인적 접촉유지)하여 경영활동을

수행하는 과정에서 유리하게 활용될 수 있는 정보를 꾸준히 탐색하는 신경망 센터로서 활동하는 것이다.

② 전파자(disseminator)로서의 역할은 외부 또는 종업원들로부터 받은 사실 또는 해석이 포함된 필요한 정보를 조직구성원에게 전달(정보를 중계하기 위한 모임 개최 등)해주는 역할을 한다.

③ 대변인(spokesperson)으로서의 역할은 조직의 계획, 정책, 행동, 결과 등 조직과 관련해 수집한 정보의 일부를 기업 외부의 사람들에게 전달(언론기관에 정보제공 등)해 주는 역할이다.

(3) 의사결정적 역할(decisional roles)

민쯔버그는 경영자들이 선택을 행하는 의사결정과 관련된 활동에 주목하였다. 왜냐하면 이와 같은 의사결정을 통해 전략이 형성되고, 행동으로 옮겨지기 때문이다. 의사결정적 역할은 기업가, 분쟁해결자, 자원배분자, 협상자로서의 역할 등 네 가지로 분류할 수 있다.

① 기업가로서의 역할은 기업성장과 발전을 위해 솔신수범하녀, 창의적 노력을 기울이는 활동을 말한다. 변화를 초래할 '개선 프로젝트'를 창조하고 기회포착을 위해 조직과 환경을 탐색(전략구성과 신규 계획개발 모임 개최 등)한다.

② 분쟁해결자(disturbance handler)의 역할은 파업, 고객파산, 계약위반 등 기업 내·외에서 발생하는 각종 애로사항에 대해 적극적인 해결방안을 모색하는 활동이다. 중요하고 예기치 못한 분쟁을 조정할 책임을 지게(분쟁과 위기를 포함한 활동 반성) 된 다.

③ 자원배분자(resource allocation)의 역할은 기업의 인적·물적·금전적 자원을 어떻게 그리고 누구에게 배분할 것인지를 결정하는 것을 말한다. 조직이 갖고 있는 모든 종류의 자원 배분에 책임(일정계획과 종업원 직무설계 등)이 있다.

④ 협상자(negotiation)의 역할은 조직에 유리한 결과가 나타나도록 공급업자와의 계약체결 또는 노동조합과의 견해차이 조정과 같은 활동을 말한다. 주요 협상시 조직을 대표하는 책임(노사협상에 참여 등)이 있다.

한편 민쯔버그의 역할 분류를 검증한 결과에 따르면 조직의 수준이나 형태와 상관없이 모든 경영자들이 유사한 역할을 수행함을 지지하고 있으나, 다양한 역할에 대한 비중은 경영계층별로 차이가 있다. 즉, 전파자, 외형적 대표자, 협상자, 연락자, 대변인의 역할은 상위 경영자층에서 더 중요하고, 지도자의 역할은 중간이나 상위경영자층보다 하위 감독자층에게 더 중요한 것으로 나타났다.

5. 경영자의 기능

경영자가 성공을 하기 위해서는 무수한 역할을 충족시키는 것은 물론 수많은 특별한 기능을 필요로 한다. 공인회계사, 변호사, 의사 등 전문가로 지칭되는 사람들이 특정 분야의 과제를 처리할 수 있는 능력을 소유하고 있는 것과 마찬가지로 전문경영자는 경영기능과 역할을 수행하기 위해 필요한 전문적 능력을 갖추어야 한다.

경영기능은 전문경영자로서 특정한 경영직무를 수행할 수 있는 기술과 능력을 의미한다. 즉, 경영기능은 경영자가 그 직무를 성공적으로 수행해 내기 위해 반드시 갖추어야 할 공통적인 기능을 의미한다.

한편, 성공한 경영자를 대상으로 그들이 지닌 경영기능을 찾아내려는 연구들이 이루어져 왔다. 그 가운데 대표적 학자인 카츠(Katz)는 경영자가 성공하기 위해서는 기술・인간・개념 등 세 가지 분야에 관한 기능을 갖추고 있어야 한다고 주장했는데, 이는 일명 경영자의 기능배합(skill mix)이라고도 불린다.[2] 다만 각 경영자가 속한 조직계층에 따라 각 기능의 상대적 중요성에는 차이가 있다.

1) 개념적 기능(conceptual skills)

경영자는 조직과 환경의 변화를 이해하고 조직의 각 부분들이 어떻게 조화를 이루어 가는지를 포착할 수 있는 정신적 능력이 있어야 한다. 이를 위해 필요한 개념적 기능은 추상적으로 사고할 수 있는 경영자의 능력에 의존한다. 즉, 개념적 기능은 기업 전체를 하나의 활동단위로 보고 각 문제를 전체상황과 관련시켜 파악하고 해결할 수 있는 의사결정 능력을 말한다. 특히 개념적 능력은 경영자들로 하여금 전략적으로 생각할 수 있도록 해주고, 미래의 청사진을 볼 수 있도록 해주며, 전체 기업에 미칠 광범위한 기초적 의사결정을 하도록 한다.

---

2) Robert L. Katz, "Skills of an effective administrator", Havard Business Review, September–October 1974, pp. 90~102.

2) 대인적 기능(interpersonal skills)

경영자는 조직의 내·외부에 있는 사람들과 접촉하는 데 상당한 시간을 사용하고 있다. 특히 경영자는 조직계층이 높아질수록 종업원과 동료는 물론 공급자, 고객, 투자자, 기타 조직 외부인들과 함께 일을 수행해야 한다. 따라서 경영자에게는 개인이든 집단이든 상대방과 의사소통하고 이해하며 동기를 부여하는 대인적 기능이 중요하다.

3) 기술적 기능(technical skills)

기술적 기능은 조직 내에서 이루어지는 특정한 작업을 수행하거나 이해하기 위해 필요한 기능으로 용구, 설비, 작업방법 및 특정의 일을 다루는 기법 등을 활용할 수 있는 능력이다. 특히 전문적 지식과 함께 실제 작업상황 하에서 경험을 획득하는 과정을 토대로 한 해당분야의 기술적 이해도는 물론 숙련도와 관련이 있는 기능이다.

지금까지 설명한 경영자의 기능 접근방법과 역할 접근방법은 경영개념을 설명하는데 매우 유용하다. 그렇다면 경영관리 계층의 역할과 기능의 개념간에는 어떠한 관계가 있는가? 먼저 경영기능은 경영자의 과업을 분류하는데 유용한 개념이다. 예를 들면, 경영자는 계획수립과 직원배치가 상이한 기법과 관점을 필요로 한다는 것을 인식하는 것이 중요하다. 그런데 비해 경영현장에서 관찰되고 있는 경영자 역할에 따르면 경영실천은 경영기능이 의미하는 것만큼 합리적이지 않고 체계적이지도 못함을 강조하고 있다. 따라서 계획, 지휘, 통제 등 각 경영기능 안에서 경영자의 역할들이 어떻게 작용하고 있는지를 설명함으로써 기능 접근방법과 역할 접근방법을 통합할 필요가 있다

[그림 4-2]는 지금까지 살펴본 경영자에게 요구되는 기능을 경영층의 유형과 결합하여 정리한 것이다.

그림 4-2. 경영자의 유형과 요구되는 기능

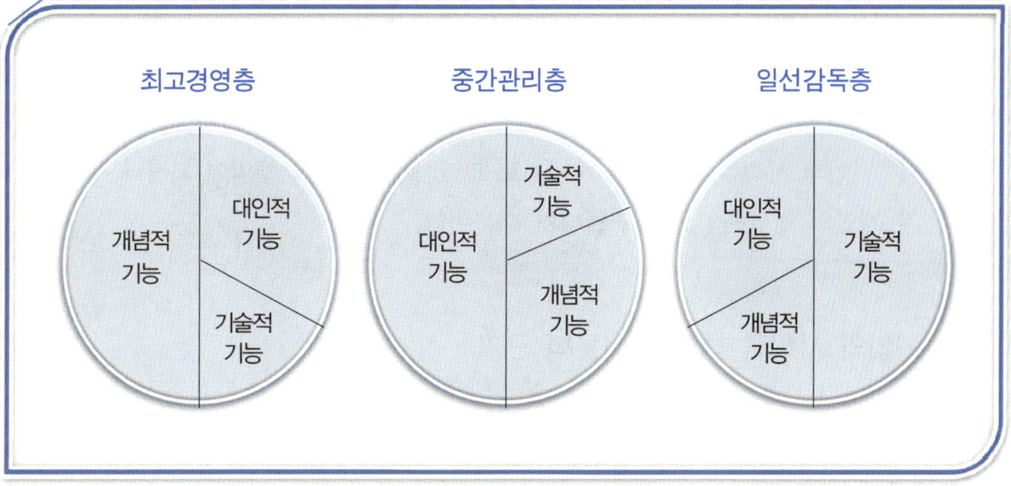

자료: Robert L. Kartz(1974), "Skills of an effective adminirator", *Harvard Business Review*, September–Octobor, pp. 90~102. 김종재 외 3인, 전게서, p. 22에서 재인용

제2절 기업(경영 또는 경영자)의 사회적 책임과 윤리경영

1. 사회적 책임의 정의

기업의 사회적 책임(CSR, corporate social responsibility)이란 기업이 사회의 목적이나 가치에 비추어 스스로 바람직한 정책을 세우고, 결정을 하며, 행동을 하는 것으로 정의할 수 있다.

오늘날의 기업은 자본주의체제 하에서 이윤을 지향하면서도 사회적 역할을 다하는 제도적 존재자가 되었다. 기업의 사회적 책임과 윤리는 다 같이 경영이념을 바탕으로 하여 전개되는 것으로 기업과 사회를 조화와 통합의 대상으로 파악할 때, 기업의 사회적 책임은 기업의 사회적 기능인 부(富)의 증대와 함께 고려되어야 한다.

현대사회의 주요한 사회적 제도로서 기업의 올바른 경영이념의 정립은 기업의 존재이유와 직결된다. 윤리적 타당성을 전제로 하지 않는 경영정책의 전개는 사회의 궁극적 목표인 '행복의 증진'을 초래하지 않는다는 점에서 사회적 존립기반을 상실하게 된다. 그러므로 기업의 책임이 문제가 될 때, 사회적 입장에서 그 책임을 갖는다는 인식이 우선 필요하다. 그렇지 않으면 기업활동은 원래 경제행위이므로 기업의 사회적 책임도 그 경제적 책임으로 귀결되는 것이 당연한 것처럼 생각되거나, 기업의 사회적 책임이라 하면서도 그 내용은 법률적 책임이 되거나, 또는 경영자 개인의 경영책임으로 귀결되기 때문이다.

2. 기업의 사회적 책임의 이론적 근거

기업의 경영자가 기업의 사회적 책임을 중요하게 고려해야 하는 이론적 근거로는 다음의 것들을 들 수 있다.

1) 시장의 불완전성과 시장 실패

시장의 불완전성 때문에 독점이나 과점 또는 동업자들끼리의 기업집중 현상이 나타나고, 시장의 자동조절기능이 약화되어 결과적으로 소비자에게 불이익한 결과가 나타난다는 것이다.

2) 외부불경제

외부불경제는 국민복지수준을 낮추는 작용을 한다. 시장경제 속에서 각 기업이 이윤의 극대화를 목표로 행동함으로써 시장 내부에서 해를 끼치는 경우도 있는데, 이것을 외부불경제(external diseconomies)라고 한다. 예를 들면, 기업의 행위가 지역사회 등 다른 경제체제에 대해서 불이익을 초래케 하는 현상 등이다. 이러한 외부불경제를 기업의 사회적 비용(social cost)으로서 파악하고, 이와 같은 사회적 비용을 기업의 비용에 포함시키도록 하는 것이 오늘날의 기업에게 부여된 주요 사회적 책임이 된다.

3) 최저시민권의 보장

국민의 최저권(national minimum)의 보장문제이다. 모든 사람이 하나의 시민으로서 최저임금과 여가·의료·녹지·교육·주택·도로·교통 등의 생활환경에 있어서 그 최저의 복지수준이 보장되어야 한다는 것으로, 이는 최저시민권(civil minimum)이라고도 할 수 있다. 기업의 경제활동은 모든 사람에게 이와 같은 최저생활을 확보하도록 운영되어야 한다는 데에 기업의 사회적 책임의 또 다른 근거가 있게 된다.

3. 사회적 책임의 반대론과 찬성론

기업의 어떠한 정책·결정·행동이 사회적 챙임을 수행하는 것인가에 대해서는 통일적 견해가 없다. 이에 대한 상반되는 두 견해를 살펴본다.

1) 반대론

(1) 이익책임경영

아담 스미스(Adam Smithdml)의 견해가 대표적인 견해로 최대이윤의 추구가 바로 기업인으로서의 사회적 책임을 수행하는 것이라고 하는 주장이다. 또 프리드먼(Milton Friedman)도 "기업의 사회적 책임은 이익을 올리는 것이다."라고 했는데 이 주장에 따르면, 기업의 본질적 사회적 책임이라는 것은 사회가 필요로 하는 용역이나 재화를 생산하고 분배한다고 하는 경제적 역할을 능률적으로 수행하는 것이 된다. 그리고 이윤은 기업이 경쟁회사들보다도 능률적으로 이 역할을 수행한 증거라는 것이다. 따라서 기업은 새삼스럽게 그 사회적인 책임을 의식하지 않아도 되고, 다만 최대이윤을 추구하고 있으면 자연히 사회적 책임을 수행한 것으로 된다. 이윤추구 이외의 사회관계에 관심을 기울이는 것은 오히려 본래의 사회적 책임을 소홀히 하는 것이 된다. 예컨대, 이윤축적의 과정에서 사회적인 문제가 일어나도 그것을 처리하는 것은 국가의 책임이고 기업이 알바가 아니라는 것이다.

(2) 자유기업체제의 방어

자유기업의 옹호자 하이에크(F.Von Hayek)는 기업에 대해 사회적 책임이 강요되고 국가에 의한 기업통제가 증대되면 결국 자유기업체제의 붕괴를 가져오고야 말 것이라고 지적했다. 하이에크는 기업이 추구해야 할 유일한 목적은 기업자본 출자자의 수탁자로서 장기 최대의 이윤을 달성하는 것이라고 하였다. 나아가 프리드먼은 자유사회의 존립을 위해서는 기업의 사회적 책임은 부정되어야 한다는 주장을 한다. 자유경제에서는 기업의 유일한 책임은 그 경기규칙 속에서의 이윤추구이며, 다만 사기나 부정수단이 아니라 공개적으로 자유로운 경쟁에 참가하는 공정한 경쟁만이 윤리적으로 요구되고 그 밖의 다른 사회적 책임은 짊어질 필요가 없다고 하였다.

2) 찬성론

(1) 기업의 윤리적 책임

기업의 사회적 책임을 적극적으로 강조하는 입장으로 먼저 기업의 윤리적 책임이 있다. 소수의 대기업이 시장을 지배하고 있는 경우, 대기업들은 시장에서 경쟁을 배제함으로써 초과이윤을 얻을 수가 있다. 따라서 경쟁조건을 유지하고 이윤과 능률의 연결을 확실하게 하기 위해 공정거래의 원칙을 지키도록 기업양심(corporate conscience)에 호소하게 된다. 이러한 양심적인 행동을 하는 것이 기업의 사회적인 책임이라고 하는 주장이다.

기업의 규모가 확대되면, 한 기업의 정책 · 결정 · 행동이 경제적 영역을 훨씬 넘어서 사회생활 전반에 큰 영향을 미치게 된다. 이와 같은 영향에 대해 기업의 책임을 묻는 여론이 점차 높아지게 된다. 그러나 기업은 자기의 사회적인 책임을 새로이 경제적 역할에 한정함으로써 추궁된 책임을 회피하려고 한다. 이렇게 여론을 무시하게 되면 국가가 나서서 경제활동에 개입하는 것이 필연적이다. 이와 같은 현실을 반영하여 기업이 경제적 · 기술적 측면만을 추구하는 경제학적 기업관의 적절성에 의문이 생기고, 기업이 사회의 일원이라는 사실의 재인식 위에 서서 기업이 가지는 여러 가지 사회적 관계를 모두 같은 비중으로 고려하려는 기업관이 나오게 된다. 나아가서 사회의 구성원, 그것은 가장 중요한 사회의 구성원으로서 기업은 사회의 발전과 향상에 적극적으로 공헌해야 한다고 하는 주장이 나오게 되었다.

(2) 기업의 장기적 이익추구를 위한 사회참여

기업의 사회적 책임을 주장하는 학자들, 예를 들면 메이요(E. Mayo), 드러커(P. F. Drucker), 벌리(A. Berle), 케인즈(J. M. Keynes) 등은 두 가지 기본적인 사항에 의견을 같이한다.

첫째는 산업사회는 주로 대기업의 등장과 함께 심각한 인간적, 사회적 문제에 직면해 있다는 점이다.

둘째는 경영자는 이러한 제반 문제들을 해결하거나 최소한 개선해 나아가야 할 책임이 있다는 점이다.

홈즈(S. L. Holmes)의 조사에 따르면 기업은 단기적 또는 장기적 이윤성이 없다 하더라도 사회적 문제를 해결하는 데 협력해야 하고, 경영자들도 기업의 사회참여를 바라고 있는 것으로 나타났다. 기업의 사회적 책임수행은 기업에 대한 사회적 기대에 부응함으로써 오히려 장기적 안목으로 보아 이익을 가져다준다. 그리고 사회적 책임에 관심을 표시하 는 기업들 가운데는 실용적인 면이 전혀 배제된 것은 아니다. 기업이 사회적 책임을 수행하면 할수록 앞으로 있을 정부의 간섭과 규제를 피할 수 있어 유익하다는 점, 그리고 일반 대중이나 정부가 기업에 기대하는 사회적 책임요구에 대해 적극 순응하는 것이 역행하는 것보다 낫다는 계산을 고려할 수 있다.

사회적 책임의 찬반양론을 요약하면 다음과 같다.

사회적 책임에 대한 긍정적 견해

① 기업은 여러 가지 문제들을 야기하기 때문에 스스로 그 문제를 해결한다.
② 기업들도 사회를 구성하는 구성원이기 때문에 기업행동에 대한 책임을 져야 한다.
③ 기업은 종종 문제를 해결하기 위해서 필요한 자원들을 획득해야 한다.
④ 기업은 정부와 국민과 함께 우리 사회의 동반자이다.

사회적 책임에 대한 부정적 견해

① 기업의 목적은 주주들의 이익을 창출하는 것이다.
② 사회적 책임에 대한 투자는 기업에게 보다 큰 권력을 갖게 한다.
③ 기업의 사회적 책임은 이해관계의 갈등을 야기할 잠재력이 있다.
④ 기업은 사회적 책임을 담당할 전문인력이 부족하다.

4. Caroll의 사회적 책임모델[3)]

캐롤(A. B. Carroll)은 기업의 사회적 책임을 그 성격에 따라서 경제적 책임, 법적 책임, 윤리적 책임 그리고 자율적 책임 등 4개로 구분하고 있는데, [그림 4-3]에서 하위에 속한 영역을 기본적인 것으로 상위에 위치할수록 고차원의 책임에 속한다는 이른바 피라미드식 모델을 제시하였다.

1) 경제적 책임(economic responsibility)

기업활동을 위한 각종 경영전략, 기술혁신, 인사정책, 이익 최적화를 위한 활동 등을 말한다. 이것은 기업의 이익을 위한 윤리적 이기주의론에 근거한 것인데, 주주와 이해관계자가 기업경영자에게 요구하는 책임이다,

2) 법적 책임(legal responsibility)

뇌물, 폐수방류, 가격담합 등이 여기에 속한다. 이 책임은 공리론에 입각한 행위인데 사회적 가치관의 최저 수준을 말하며 지키지 아니하면 처벌을 받는 강제적 책임이다.

3) 윤리적 책임(ethical responsibility)

환경보호, 인권존중, 신뢰, 투명한 거래, 정직한 판매활동 등 기업윤리에서 취급하는 문제들이 여기에 속한다. 이 책임은 의무론에 입각하여 사회의 보편적인 가치관에 합당하게 기업이 해주기를 사회가 기대하는 것으로, 의무적으로 강요하는 것은 아니지만 지키지 않으면 기업의 이미지에 해가 된다.

4) 자율적 책임(discretionary responsibility)

자율적 책임이란 기업이 순수하게 자발적으로 떠맡는 책임을 의미한다. 불우이

---

3) A. B. Caroll, "The Pyramid of Corporate Social Responsibility ; Toward the Moral Management of Organizational Stakeholders", Business Horizons, Vol. 34, No. 4, 1989, pp. 497~505. 조형래·안연식, 기업과 사회, 청목출판사, 2010, pp. 97~98 및 김종재 외 3인, 전게서, pp. 85~86에서 재인용.

웃 돕기, 장학금 지급, 사회봉사활동 등이 여기에 속한다. 이 책임은 정의론에 입각하여 사회적 약자를 돕자는 취지인데 사회의 이반적인 가치관에 따라서 기업이 그런 활동을 해 주기를 사회가 바라는 것이기는 하지만 기업이 반드시 지켜야 할 책임은 아니다.

그림 4-3. 기업의 사회적 책임에 관한 피라미드식 모델

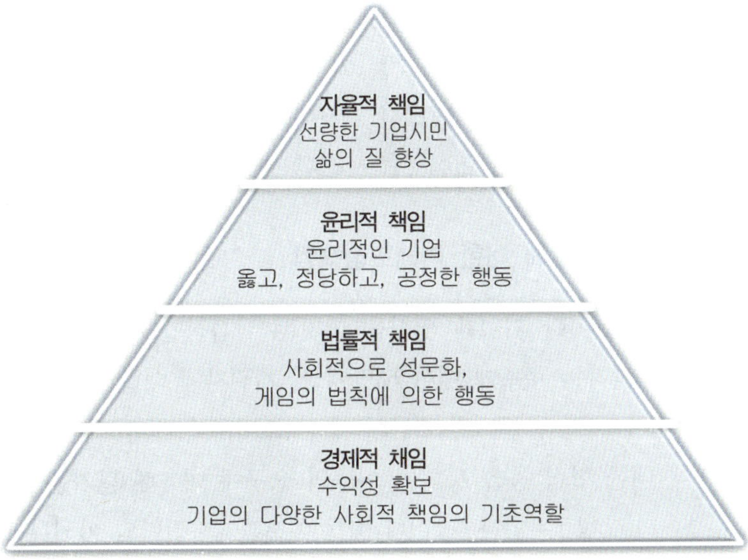

자료 : Caroll, 1989. 조형래 · 안연식, 기업과 사회, 청목출판사, 2010, p. 98에서 재인용.

5. 사회적 책임의 내용

경영자의 사회적 책임이란 그의 의사결정과정에서 모든 이해관계자집단에 끼치게 될 의사결정의 영향력을 고려하고, 그 이해관계자집단에게 최선의 결과가 주어질 수 있는 의사결정을 내리기 위한 노력이라고 할 수 있다. 이러한 사회적 책임은 두 가지 관점에서 접근이 가능하다. 그것은 우선 순수하게 전문경영자가 기업경영과정에서 반드시 지켜야 할 경영적 책임이다. 다음은 기업이라는 법인이 조직적으

로 수많은 이해관계자와 연관되어 지켜야 할 책임이다. 이와 관련하여 주요한 내용을 살펴보면 다음과 같다.

1) 기업의 유지 · 발전에 대한 책임

오늘날의 기업은 지배주주의 사적 소유물이라고 하기보다는 오히려 전체 사회를 구성하는 하나의 구성원으로서 존재하고 있다. 즉, 기업은 수많은 주주의 출자와 그 기업에서 생활의 원천을 구하는 많은 종업원과 많은 고객에 의하여 유지되고 있는 것이다. 그러므로 기업은 어느 한 개인의 것이 아니고 사회의 것이라고 할 수 있다. 만약 이와 같은 공공성을 갖는 기업이 계속기업(going concern)으로서 유지 · 발전될 수 없을 때, 다시 말해서 그것이 파산될 때 국민경제 전체에 대해서 갖게 되는 손실은 말할 것도 없이 크다.

2) 이해관계자집단에 대한 이해조정책임

이해관계자집단이란 기업에 영향을 미치는 직접적인 주요 환경요인을 말한다. 예를 들면, 경영자는 주주에 대한 배당지급, 채권자에 대한 확실한 원금과 이자의 지급, 노동자에 대한 좋은 노동조건의 제공, 소비자에 대한 제품과 서비스의 제공, 지역사회에 대한 협력 등을 통하여 이들의 요구에 대응해 나가는 것을 사회적 책임의 수행이라고 할 수 있다. 그러나 이들 이해관계자집단의 이해는 서로 상반되는 것이 많으며, 이들의 이해가 충돌될 때는 매우 복잡하고 곤란한 문제가 생기게 된다. 그러므로 이들 이해관계자집단의 이해조정문제가 경영자의 사회적 책임의 중요과제가 된다.

3) 경영후계자육성의 책임

기업이 계속기업으로서 성장 · 발전하기 위해서는 경영후계자를 적극적으로 육성하여야 한다. 내일의 기업경영을 담당할 유능한 경영자의 양성 없이는 기업성장을 기대할 수 없기 때문이다. 따라서 후계자의 양성문제는 오늘날의 경영자의 중요한 사회적 책임이다.

4) 지역사회 발전에 대한 책임

오늘날 경영자의 사회적 책임의 또 하나의 두드러진 현상은 지역사회 발전에 대한 책임이다. 종업원의 고용이나 복지의 향상을 통해 지역사회의 발전에 기여함은 물론이고 산업입지상 지역사회에 미치는 여러 가지의 산업공해, 예컨대 소음이나 대기오염, 농작물피해, 하천오염 등과 같은 피해가 생길 경우, 이에 대한 보상과 더불어 이를 방지하기 위하여 적극적인 노력을 하지 않으면 안된다. 특히 기업이 대규모화 하여 감에 따라 그러한 대규모 기업이 배출하는 오염물질 의 양이 자연의 정화능력을 초월해서 차츰 인간의 생활환경을 오염시키고 있으며, 이와 같은 현상은 점점 인간의 생존을 위협하기 시작함으로써 공해문제가 새로운 사회적 책임의 하나로 등장하게 된 것이다. 이러한 공해대책은 인도주의적인 입장에서도 강구되어야 함은 물론이다.

기업의 지역사회에 대한 책임은 지역경제의 공동개발에 보다 적극적으로 참여함으로써 지역주민의 고용을 증대시키고 소득수준을 향상시키며, 기업에서 얻게 된 성과를 지역에 재투자함으로써 지역의 발전을 도모해야 한다. 뿐만 아니라 지역의 문화시설에 대한 보다 적극적인 투자를 통해서 그것이 소속하고 있는 지역사회의 문화적 수준을 향상시킬 수 있어야 한다.

5) 정부에 대한 책임

현대 경영은 국가의 제 법규나 규제의 영역에서 벗어나는 경영활동은 생각할 수 없다. 또 국가의 법률에 의해 기업이 탄생했기 때문에 자연인과 동일선상에서 국민으로서의 의무를 다 해야 한다. 정부를 의식한다는 것은 곧 국민을 의식한다는 것이며 이것은 기업활동의 대전제이기도 하다. 거래와 관계되는 일체의 법규, 즉 민법이나 상법 등을 보다 잘 준수하고 정부가 행하는 일에 보다 적극적으로 협력할 수 있을 때 기업의 국민적 책임도 다하는 셈이 된다.

6) 사회적 책임의 법제화

이상과 같이 경영자의 사회적 책임의 수행은 기업윤리(business ethics)의 실천이라고 할 수 있다. 기업윤리는 경영자가 기업을 경영함에 있어서 따라야 하는 일종의 규범이다. 그것은 양심 및 도덕과 관련되는 것이며, 법률 이상의 내용을 가지게 된다. 경영자가 이러한 기업윤리에 따라 자율적으로 반성하고 규제한다면 정부에 의한 법률적 규제는 필요하지 않았을 것이다. 그러나 그동안 경영자들의 여러 가지 바람직하지 못한 사회적 행동 때문에 그들의 행위를 규제하기 위한 여러 가지 법률이 꾸준히 제정되어 오고 있다. 우리나라의 공정거래법은 기업 및 경영자의 사회적 책임을 규정한 일례라고 할 수 있다.

한편 김성수(2009)는 기업의 사회적 책임의 내용을 〈표 4-1〉과 같이 정리하고 있다.

〈표 4-1〉 기업의 사회적 책임의 내용

주 대상	구체적 사회적 책임 내용
소비자(고객)	1. 경영합리화, 기술혁신 노력, 저가격 안전공급 2. 상품정보의 정직성(품질표시, 사용법 등) 공개화 3. 제품의 수리, 교환, 아프터서비스, 보증서 첨부 4. 공해방지 5. 소비자(고객)만족을 위한 각종 이벤트 행사실시, 제품 세미나, 강연회, 고객과의 대화 등
종업원	1. 종업원의 급여, 승진, 인사평가 등 공정성 2. 고용안정의 계속성 노력 3. 노사화합, 여성근로자, 외국인노동자 차별대우 철폐 4. 노동재해 위험 예방, 안전사고 방지 5. 교육, 훈련의 강화(기술향상, 능력개발, 국내외 경제상황 등)
지역사회	1. 환경훼손의 신속 복원 2. 주기적 공해실태조사 및 결과발표(수질, 폐수, 대기, 토양오염, 소음, 진동, 일조방해, 지반침하, 식수부족 방지)노력 3. 자사제품 고정폐기물의 신속회수처리 4. 대·소 사고에 의한 피해 예방 5. 주민과의 대화 노력/ 지역사회 발전 지원(장학, 복지사업 등)
관계 협력기업	1. 하청기업에 대한 경영상, 재무상의 압박금지 2. 중소거래업자에 대한 경영상, 재무상 압박금지 3. 계열기업과의 경영애로사항 해결 노력
일반사회	1. 신기술 개발 2. 신제품 창조를 위한 연구소 설치 3. 자원, 에너지 절약에 솔선수범
투자자(주주)	1. 주주에게 안정 배당 2. 소액주주 보호 3. 자사증권 가격하락 방지 4. 주주총회의 영업보고서 성실보고, 구체화 등

자료 : 김성수, 21세기경영학원론, 삼영사, 2009. p. 142.

6. 기업윤리

기업의 도덕성과 사회적 책임은 기업의 CEO뿐만 아니라, 조직 내 모든 구성원들의 가장 우선적인 관심사가 되어야 한다. 대체적으로 폐쇄적인 사회, 그리고 전제적 통치체제 아래에서는 각종 비리가 성행하고 은폐되기 쉬우나, 민주개방시대나 정보화 사회에서는 그러한 은폐나 왜곡이 거의 불가능하게 된다.

따라서 현대 경영에서는 기업의 도덕성과 사회적 책임이 절실히 요청되고 있으며, 기업의 윤리성이나 도덕성의 정립이야말로 초일류기업의 성장조건으로 등장하고 있다.

1) 기업윤리

기업(경영)윤리는 기업(경영)의사결정의 도덕적 가치기준이며 경영행동의 옳고 그름에 대한 식별이다. 윤리란 법률적 합법성 기준, 전통문화 특성기준, 사회적 이념 및 가치관 기준 등에 비추어 볼 때 차이가 있으나 대체로 행동을 규정하는 옳고 정당한 것과 부정한 것과 그릇된 것을 판단하기 위한 원칙으로 옳고 정당함을 의미한다. 개인에게도 이러한 윤리가 요구되어지며, 기업의 경영에 있어서도 그 중요성이 부각되고 있다.

기업윤리는 종업원들이나 경영자들의 의사결정과 행동을 위한 지침이나 표준을 제공하고 있다. 윤리적 규범의 부재는 종종 적절한 도덕적 원칙들에 대한 공감대의 부재로 이어진다. 이럴 경우, 어떤 형태로든 기업의 반사회적 활동과 범법사실은 노출되기 마련이며, 따라서 기업은 막대한 타격을 받게 된다. 기업이 이러한 위험요소를 피할 수 있는 방법은 기업윤리를 재정립하는 일이며, 기업의 사회적 책임은 한 차원 높은 기업윤리관의 정립에 기초한다.

2) 기업의 윤리규범

기업은 의사결정시 윤리적 판단을 할 수 있는 적절한 기준을 제정할 필요가 있다. 이를 위해서 많은 기업들은 윤리규범을 개발하여 조직의 구성원들이나 관리자들의 의사결정에 영향을 미치고 있다.

윤리규범이란 다양한 기업의 경영활동 상황에서 조직구성원들의 바람직한 행동을 유인하기 위해서 체결된 기업윤리의 공식적인 진술서이다. 윤리규범은 특히 이해관계의 대립을 처리하는 방법들을 조직구성원들에게 제공하기 위해서, 그리고 경쟁자들과의 의사소통을 하는 과정에서 활용된다. 미국의 경우 대기업의 90% 이상 그리고 중소기업의 50% 정도가 윤리규범을 제정하고 있다.

3) 윤리경영의 배경

윤리경영은 더 이상 대기업이나 소수의 몇 개 기업에 한정된 문제라기보다는 현대 기업으로서 당연히 취해야 할 경영패러다임으로 등장하고 있다. 미국과 EU를 중심으로 하여 세계 각국은 정부나 기업이 중심이 되어 윤리경영을 위한 법적 · 제도적 장치를 만들어 나가고 있으며, 윤리경영의 수준을 평가하기 위한 지표를 개발하여 이를 근거로 개별기업의 윤리경영수준을 평가하고 있다.

우리나라 기업 역시 그와 같은 범주에서 크게 벗어날 수 없는데 이는 윤리경영과 관련된 내 · 외적 요구가 더욱 강화되고 있기 때문이다.

주요 내용을 살펴보면 다음과 같다.

(1) 윤리경영에 대한 국제적 압력강화

세계 각국은 국제상거래에 '공정하고 투명한 경쟁규칙'을 적용하기 위하여 국제경제기구인 WTO, OECD, ICC 등을 주축으로 '부패방지라운드'를 추진하고 있다. 더욱이 전세계경제가 디지털화 됨에 따라, 국경의 의미가 사라지고 있는 때에, 우리는 '윤리경영의 인식 강화'라는 국제적 추세로부터 자유로울 수 없고 우리 기업은 세계적 수준의 윤리경영을 실천할 것을 끊임없이 요구받게 될 것이다. 따라서 우리 기업들도 21세기 세계정상급 기업으로 도약하기 위해서 '윤리적 관행'을 최우선 가치로 삼고 모든 업무활동을 투명하고 공정하게 수행함은 물론 임직원의 윤리의식을 고취할 필요성이 절대적인 것이다.

(2) 시장과 사회적 요구 강화

투명성과 책임성, 공정성을 가지고 합리적으로 기업활동을 전개하는 추세가 강화되고 있다, 기업은 이윤을 획득하는 기관이다. 그러나 근본적으로 따져보면 사회적 합의에 의해서 발생한 기업은 시민사회에 공헌을 하지 않는다면 그 존재가치는 사라진다, 공헌의 결과는 경제적 가치 창출일 수도 있고 사회의 삶의 질 향상일 수도 있다. 이러한 인식 하에 기업의 사회적 책임이라는 개념이 발생되었고, 이에 따라 기업의 이윤획득활동에서 어디까지나 법의 테두리를 벗어나지 않아야 하며, 한 발 더 나아가서는 투명성과 책임성, 공정성을 가지고 합리적으로 기업활동을 전개하여야 한다. 그렇지 못한 기업은 점차 사회적으로 도태될 수밖에 없는 방향으로 시장이 변화하고 있다.

(3) 기업의 주요 전략으로서 가치 증대

기업윤리는 21세기에 기업성공의 필수조건뿐만 아니라 기업의 생존전략으로도 급부상하고 있다, 오늘날 기업은 이익만을 추구하려는 비윤리적 행위 때문에 비난을 받고 있다. 1997년 한국경제 위기 당시 기업의 연쇄도산사태가 발생하자, 그 배후에는 예외 없이 정경유착 및 부패 스캔들이 있었다, 그 당시 부정에 참여한 사람은 소수에 불과했지만 그 파급효과가 엄청나서 다수의 이해관계자에게 큰 타격을 입혔다. 이에 따라 기업의 부패문제가 단순히 한 기업에 국한되는 문제가 아니라 전 사회에 영향을 준다는 인식이 커지게 되었고, 비윤리적인 기업은 사회적으로 외면당하는 사회적 공감대가 형성되었다. 이러한 사회적 분위기를 인식한 기업은 기업관행을 개선하지 않고는 지속가능한 성장을 이 룰 수 없다는 결론에 이르게 되었다. 현재 윤리경영을 기업의 생존전략 나아가서는 기업경쟁력 요소로 인식하는 기업의 수가 점차 늘어나고 있다.

4) 한국기업의 윤리경영

1990년대 초반 우루과이 라운드(UR)에 의해 세계무역기구(WTO)가 설립되고, 1997년 그린라운드(GR)에 의해 국제무역에서 환경, 공해문제의 중요성이 강조되었으며, 최근에는 미국을 중심으로 비윤리적 기업의 제품(서비스)은 국제거래에서 규제하자는 윤리라운드(Ethics Round, ER)가 시작되고 있다.

또한 우리나라가 가입한 OECD에서는 1997년 “OECD국제상거래뇌물방지협약”을 통하여 국제상거래과정에서 뇌물을 범죄행위로 규정하고, 그와 같은 범죄에 연루된 직원과 법인의 형사처벌을 권고하고 있다.

특히 ‘록히드뇌물사건’ 이후 1977년 “해외부패방지법(the Foreign Corrupt Practices Act)”을 제정하여 국제간 거래에서 외국관리에게 뇌물제공을 엄격히 금지하고 있는 미국의 경우, 윤리경영에 대한 표준화의 움직임은 훨씬 구체적으로 전개되고 있다. 예컨대, 미국의 윤리임원협의회(EOA : Ethics Officer Association)에서는 2000년 이후 미국 국내산업 전체에 적용할 수 있는 가이드라인의 필요성이 제기됨에 따라 윤리경영제도표준안 제정안(BCMSS : Business Conduct Management System Standard)을 미국표준화기구(ANSI)에 제출하여 궁극적으로 국제표준화기구(ISO)의 표준안채택을 추진하고 있다.

(1) 윤리강령의 채택수준

이와 같은 국제적 상황에 비추어 볼 때 우리나라 기업의 윤리경영은 아직 여러 선진국 수준에는 미치지 못하고 있으나 최근 윤리경영의 중요성에 대한 인식과 제도의 정비 및 투자에 많은 노력을 기울고 있다. 예컨대, 1996년 2월 기업윤리헌장을 제정했던 전국경제인연합회가 2001년 조사한 결과에 따르면 500개 대상기업 중 45.2%가 윤리강령을 채택한 것으로 나타나 2000년의 21.8%보다 2배 이상 증가한 것으로 나타나고 있으나, 2003년의 조사결과에 따르면, 응답사 총 309개사(61.8%) 가운데 185개社(59.9%)가 윤리헌장을 보유하고 있는 것으로 나타나 해가 갈수록 윤리경영에 대한 인식이 개선되고 있는 것으로 나타나고 있다. 특히 30대 기업집단 소속 기업 91개사 중 85% 이상(79개사)이 윤리헌장을 제정한 것으로 나타나고 있는데 이처럼 윤리경영의 필요성이 매우 급속히 확산되고 있다.

(2) 윤리경영의 필요성과 분야

또한 윤리경영이 필요한 이유를 조사한 결과에 따르면 윤리경영이 '경영수익과 생존전략을 위해 필요하다'는 응답이 과거에 비하여 크게 증가한 반면, '사회적 책임'이나 '사회적 분위기' 때문에 필요하다고 응답하는 비중은 전년에 비해 감소한 것으로 나타나 윤리경영에 대해 소극적인 자세를 탈피해 적극적인 경영전략의 하나로 간주하는 현상이 점차 높아지고 있는 것으로 나타나고 있다.

또한 기업내부영역과 외부영역으로 구분하여 우리나라 윤리헌장제정 기업들이 가장 초점을 두고 있는 기업윤리영역을 조사한 결과에 따르면, 내부윤리측면으로는 내부규정준수(32.7%), 납품공급업자와의 관계(29.6%)에서의 윤리를 들고 있다. 한편 외부윤리 측면에서는 소비자와의 관계(35.3%), 사회봉사(27.0%), 환경(22.8%) 등이 중요한 항목으로 파악되고 있는 것으로 조사되었다.

이와 같은 결과는 우리나라의 기업들 가운데 많은 기업들이 기업윤리의 발전단계 중 제 3단계의 수준에 와 있으며, 앞으로 점차 그 이상의 단계로 발전되어 갈 것임을 암시하는 고무적인 결과라 할 수 있다. 그러나 아직까지도 일부 기업들이 비윤리경영 및 탈윤리경영을 통하여 소비자와 국민들을 우롱함으로써 결과적으로 기업에 대한 불신을 야기시키는 사례가 발견되는 것 또한 현실이다.

5) 기업윤리의 성공적 관리[4)]

기업윤리를 성공적으로 관리하기 위해서는 어떤 조건이 필요한가? 이종영(2011)은 기업윤리를 실천적 활동이라 보고 기업의 장기적 이익을 위하여 기업윤리가 경쟁력으로 활용될 수 있어야 한다는 전제 하에서 기업윤리의 성공적 관리를 위한 다음의 조건들을 제시하였다.

(1) 최고경영자의 확신

먼저 기업윤리는 기업의 발전을 위해서 필요하다는 것을 최고경영자가 확신해야 한다. 한 회사의 기업윤리 수준은 그 회사의 최고경영자의 윤리수준이 표준이 된다. 기업윤리 수준의 향상은 다음과 같은 이유로 기업경영에 필요하다.

① **시장경제체제의 유지 · 발전**

기업의 윤리수준 유지와 향상은 신용을 기초로 하는 시장경제체제의 유지와 발전을 위하여 필수적이다. 특히 인터넷 등 사이버 마케팅의 정착을 위해서는 기업윤리가 중요하다.

② **기업윤리는 새로운 강력한 경쟁력**

국제화, 자유화 시대에는 기업윤리가 국제거래에 있어서 강력한 경쟁력으로 부상하고 있다. 특히 기업윤리는 다른 기업이 쉽게 모방할 수 없는 '기업 차별화'의 수단이 된다. 기업윤리 수준이 높아야 수출에 유리하고, 자금조달비용이 적게 들고, 투자유치에 유리하다.

③ **기업의 장기적 이익**

기업윤리 수준의 향상은 기업의 장기적 이익에 도움이 된다. 기업 이미지가 향상되어 고객충성도가 높아지고, 자부심을 가진 종업원의 생산성과 작업능

---

4) 이종영, 기업윤리, 탑북스, 2011, p. 469.

률이 높아져서 기업 전체의 장기적인 이익증진에 기여한다.

④ **부가가치의 창조**

기업윤리 수준은 그 자체가 기업의 이미지와 고객의 신용도를 나타내고, 이것은 기업의 가치를 높여준다. 즉, 기업윤리의 유지·발전은 기업의 부가가치의 유지와 창조에 해당한다.

(2) 명확한 윤리강령과 구체적인 행동준칙

기업의 발전을 위해서 기업윤리 수준을 높이 유지해야 한다는 최고경영자의 의지가 기업윤리강령과 종업원의 행동강령의 형식으로 구체적으로 제시되어야 한다. 윤리강령과 종업원 행동준칙은 대외 홍보용이 아니고 대내 실천용이라야 하고, 그 취지와 내용이 전 종업원에게 철저히 이해되어야 한다. 그 강령과 행동준칙이 구체적인 실천용이 되려면 다음과 같은 내용이 포함되어야 한다.

① **정의론에 입각한 윤리성 판단기준**

윤리강령과 종업원 행동준칙에는 윤리성 판단기준을 분명히 해야 한다. 즉, 판단기준을 정의론에 두고, 회사의 단기적 이익보다도 윤리를 택해야 한다는 것을 명시해야 한다.

② **내부자신고의 의무화**

회사 내에 비윤리적인 행위가 생겼는데 내부적으로 고쳐지지 않을 경우에는 '내부자신고'를 권장할 뿐 아니라 '의무화' 하여야 한다. 특히 전자 메일의 발달에 따라서 내부자신고를 인위적으로 막을 수가 없다. 내부의 비윤리적인 행위를 외부에서 알기 전에 먼저 알려면 일반적인 보고체계 이외에 내부신고제도도 활용해야 한다. 그렇지 않으면 내부에서 알기 전에 외부에서 먼저 알 수가 있다. 내부자신고는 최고경영자가 비윤리적 행위를 감지하고 그 확대를 방지하는 효과적인 방법이다.

③ **행동강령 위배 시의 명백한 처벌규정**

윤리강령이나 종업원 행동준칙에는 위배하였을 때의 처벌규정이 명백하여야 한다. 특히 비윤리적·불법적 행위는 비록 회사를 위해서 했더라도 관련 종업원과 결재한 임원이 개인적으로 책임지도록 명시해야 한다.

④ **경영책임과 윤리책임의 분리**

회사의 업무관련 경영정책결정에 관한 책임과 불법, 비윤리적 결정에 관한 책임을 명확히 구분해야 한다. 경영정책 관련 사항은 경영자로서의 능력평가에 이용하고 그 결과는 회사 내에서 소화해야 한다. 그러나 불법적 행위나 비윤리적 행위는 경영자의 기능과는 관계없고 따라서 해당 개인이 직접 책임지도록 해야 한다. 그 의도가 회사의 이익을 위한 것이었느냐 또는 상사의 지시에 의해서였느냐는 전혀 고려의 대상이 되지 않아야 한다.

⑤ **범세계적 윤리강령**

국제화 시대의 기업의 윤리강령과 종업원 행동준칙은 현지국에 따라서 그 기본 내용이 다를 수 없다. 즉, 윤리강령과 적용할 종업원 행동준칙은 범세계적이라야 한다. 그러한 동일한 원칙이 다같이 적용된다는 것이 본국 및 현지국의 종업원에게 공개되고 인식되어야 한다.

(3) 이해관계자 원칙 존중

① **이해관계자의 이익 중시**

윤리적 문제해결의 기준은 이해관계자의 이익보호에 두어야 한다. 즉, 주주, 종업원 이외에도 회사외부의 고객, 경쟁자, 지역사회 등 이해관계자의 이익을 보호해야 한다.

② **장기적 관점**

회사의 이익은 장기적 관점에서 보아야 한다. 따라서 단기적 이익은 윤리수준의 유지를 위해서 때로는 희생도 필요하다.

③ **사전조치**

문제가 발생하면 사회적 비난을 받기 전에 미리 발표를 하고 책임 있는 조치를 하고 있다는 것을 알려야 한다. 위험을 감추다가 발각되면 피해가 훨씬 더 크지만 외부에 위험이 있다는 사실을 스스로 공개하고 조치를 취하면 신임을 얻게 된다.

④ **여론과 협력**

여론과 협력해야 한다. 현대와 같은 여론시대에 여론과 정면 대결하여 변명하고 반박해도 기업의 명예는 되찾아지지 않는다. 윤리적 사고가 생기면 여론을 오히려 적극적 으로 활용하여야 한다. 직접 잘못은 없어도 문제에 관련된 책임은 시인하고, 적극적으로 새로운 정보를 제공하여 사회적 혼란을 막고 고객에게 적절한 조치가 취해지고 있다는 것을 알리고 안심시켜야 한다.

(4) '착한 기업'의 기업문화화

기업윤리강령과 종업원의 행동준칙을 충분히 보급시켜서 기업윤리가 기업문화화해야 한다. 어떤 수단을 써서라도 경쟁에 이겨내는 '강한 기업'(Strong Company)보다는 사회와 같이 공존하는 '착한 기업'(Good Company)임을 자랑스럽게 생각하도록 해야 한다. '착한 기업'을 기업문화화 시키기 위해서는 다음 사항이 필요하다.

① **경영계획 속에 윤리포함**

기업의 경영계획 속에 윤리가 포함되어야 한다. 즉, 기업윤리 면에서의 회사의 목표를 세우고, 그것을 달성하기 위한 전략을 구상하고, 그 실천계획을 세우는 경영계획이 회사의 영업계획을 주도하여야 한다.

② **종업원의 업적평가기준에 윤리포함**

종업원의 업적, 특히 영업사원의 판매업적을 평가하는데 윤리를 평가기준에 포함시켜야 한다. 즉, 달성한 판매량만 평가할 것이 아니고, 동시에 그 판매량을 달성한 방법(판매의 '질')도 아울러 평가해야 한다.

③ **무리한 원가절감 요구나 가격 인하 회피**

납품업자에게 무리한 원가절감을 요구하면 비윤리를 초래하기 쉽다. 또 무리하게 가격을 인하하려면 모조·불량부품사용 등 문제가 발생할 수 있다.

④ **자원봉사활동의 장려**

사내 또는 사외에서의 자원봉사활동을 장려하는 것이 윤리적 기업문화정착에 효과적이다. 자원봉사활동은 종업원들의 마음을 순화하고 결속력을 굳히고 가치관을 높이므로서 기업문화 정착에 큰 역할을 한다. 사외에서의 자원봉사활동은 회사의 홍보에 도움이 되므로 영국의 'Body Shop'처럼 근무시간으로 간주해 주어야 한다.

⑤ **교육강화**

기업윤리 관련 사내교육을 강화해야 한다. 최고경영층, 관리층, 종업원층 등 각기 다른 층을 상대로 사례토론과 문제해결을 중심으로 한 교육이 효과적이다.

(5) 윤리관리의 제도화

윤리의 관리가 회사 내에 제도화 되어야 한다. 그것을 위해서는 다음 몇 가지 조치가 필요하다.

① **윤리위원회의 설치**

회사 내에 독립적인 '윤리위원회'가 설치되어야 한다. 윤리위원회는 독립적인 사외이사가 많이 참여한 이사회에서 선임되어야 하고, 사외이사가 위원장이 되는 것이 좋다.

② **'윤리실'과 '윤리담당임원'**

사장 직속으로 '윤리실'을 두고 사장이 임명한 '윤리담당임원'(Chief Business Ethics Officer)이 윤리실장이 되어야 한다. 윤리실의 임무는, ① 종업원에 대한 윤리관련 자문, ② 기업윤리 관련 내부자신고 접수 처리, ③ 윤리교육, ④ 정기적인 윤리 감사, ⑤ 기업윤리 관련 회사내·외, 국내·외의 정보와 자료 수집, ⑥ 기업윤리강령과 종업원 행동준칙의 개정건의 등이다.

(6) 평가와 개선

윤리관리제도와 그 원칙을 제공하는 윤리강령과 종업원 행동준칙은 환경의 변화에 따라서 바꾸어져야 한다.

① **윤리관리제도의 개선**

종업원과의 상담 및 윤리감사를 통해서 얻은 경험과 분석에 의하여 윤리프로그램 관 리제도를 개선하고 교육 프로그램의 내용을 개정해야 한다.

② **윤리강령과 종업원 행동준칙의 개정**

이러한 제도적 개선을 위하여 필요하면 윤리강령과 종업원 행동준칙을 개정해야 한다. 윤리강령과 행동준칙은 기업경영의 윤리적 환경 및 종업원의 윤리 프로그램 준수 정도에 따라서 필요한 개정을 할 수 있다.

'윤리 라운드'에 대비하는 기업이 윤리수준 향상을 위하여 상기 항목에 대한 기본적 생각이 확립되고 시행하기 위해서는 회사 내의 관리직 간부와 종업원들이 여기에 적극 참여하여야 한다. 이러한 동의를 이끌어내려면 많은 노력이 필요할 것이다.

〈표 4-2〉 윤리경영의 성공적 관리방법

기본원칙	구체적 내용
1. 최고경영자의 확신	1. 기업윤리는 시장경제 유지발전에 필요
	2. 기업윤리는 강력한 경쟁력
	3. 기업윤리는 기업의 장기적 이익
	4. 기업윤리는 부가가치를 창조
2. 명확한 윤리강령과 구체적 행동준칙	1. 정의론에 입각한 판단기준
	2. 내부신고의 의무화
	3. 행동강령 위배 시의 명확한 처벌규정
	4. 경영책임과 윤리책임의 분리
	5. 윤리강령은 범세계적이라야 함
3. 이해관계자 원칙 존중	1. 이해관계자의 이익 중시
	2. 장기적 관점에서 보아야 함
	3. 윤리적 사고는 사전 조치
	4. 여론과 협력
4. '착한 기업'의 기업문화화	1. 경영계획 속에 윤리 포함
	2. 종업원의 업적평가 기준에 윤리 포함
	3. 무리한 원가절감 요구나 가격인하 회피
	4. 자원봉사활동의 장려
	5. 교육강화
5. 윤리관리의 제도화	1. 윤리위원회의 설치
	2. '윤리실'과 '윤리담당임원'
6. 평가와 개선	1. 윤리관리제도의 개선
	2. 윤리강령과 종업원 행동준칙의 개정

자료 : 이종영, 기업윤리, 탑북스, 2011, p. 469.

제3절 기업가와 기업가정신

1. 기업가의 요건

1) 기업가의 개념과 역할

기업가란 기업책략을 가지고 이익이나 어떤 혜택을 얻을 목적으로 위험을 무릅쓰고 창업을 해서 경영을 하는 사람이다. 다시 말해서 기업가는 기업에 필요한 자본의 출자자인 동시에 경영활동에 참여하고, 거기에서 발생하는 결과(이익과 손실)에 대해 스스로 모든 책임을 지는 사람을 지칭하므로 전문경영자(expert manager)와 구별되는 것이다. 국가나 사회적으로 보면 이들의 열성적인 노력과 창의성에 의해 신제품이나 새로운 형태의 서비스가 출현하게 되고 그 결과 국가나 사회의 경제활동이 활력을 갖게됨으로 기업가는 국가나 사회발전의 동인이라고 할 수 있다.

기업경영은 다양한 내・외부 환경과 밀접한 관련을 맺고 있지만, 무엇보다도 경영자 개인에 의해 크게 영향을 받는다. 이와 같이 기업활동의 창시자요 경영자인 기업경영의 주체를 기업가, 사업가 또는 창업자라고 부른다.

기업가는 기업의 핵심이다. 따라서 기업가의 자질이나 능력은 기업의 성패에 중요한 요인이 되는데 한 조사에 의하면 기업의 성패를 좌우하는 70%는 기업가 자신에게 있다고 한다. 그러므로 능력이 있는 기업가는 그 기업의 절반 이상을 성공시키는 것과 다름없다고 하겠다. 유능한 사업가는 그 나름대로의 철학과 기업가정신(entrepreneurship)을 가지고 사업을 하는 사람들이다. 끊임없이 변하는 기업환경을 예의주시하고 자기에게 적합한 사업 조건과 기회를 포착하고자 혼신을 다하는 사람들이다. 따라서 기업을 해보려는 사람들은 기업가가 갖추어야 할 정신자세가 무엇인지 또 사업가로서의 자질이 있는지를 먼저 살펴보는 것이 무엇보다도 중요하다.

2) 기업가의 자질과 능력

정치가에게는 정치를 하기에 적합한 자질이 있어야 하는 것처럼 기업가에게도 기업과 함께 숨쉬며 삶의 보람을 찾는 기업가만의 독특한 과업추진능력과 자질을 겸비해야 한다. 그러나 기업가에게 요구되는 이러한 특성과 자질은 사람에 따라 다소의 개인차가 있기 마련이다. 선천적으로 타고난다고 하기도 하지만 후천적인 노력과 경험의 습득에 의해 기업가로서의 자질이 배양된다고 보는 것이 보다 더 설득력이 있는 주장이다.

기업가가 갖추어야 할 일반적인 능력으로는 추진력, 정신력, 인간관계 능력, 의사소통 능력, 그리고 기술적 지식 등 다섯 가지가 필요하다. 그리고 기업가가 갖추어야 할 추가적 능력으로는 의사결정 능력, 개념적 능력 등이 요구된다.

앞에서 설명한 능력을 갖춘 기업가라고 할지라도 실제 창업과 사업수행을 위해서는 창의력과 경영기술이 더 필요하다. 즉, 기업가는 창의력과 혁신성 그리고 경영기술과 노하우를 모두 겸비한 뛰어난 기업가정신을 갖춘 사람이어야 한다는 말이다. 반면에 창의력은 뛰어나지만 경영기술이 부족한 사람은 기업을 창업하여 돈을 벌기보다는 발명가의 길을 택할 것이다. 역으로 경영기술은 뛰어 나지만 창의력이 부족한 사람은 행정가나 관리자가 될 가능성이 높다. 한편 프로모터(promoter)는 이러한 두 가지 수단이 모두 부족해도 성공할 수 있다. 경영기술이나 창의력이 없어도 흥행과 관련된 나름대로의 노하우와 관련된 부문에 최소한의 전문적 능력으로도 성공할 수 있다.

2. 기업가정신

1) 기업가정신의 정의

경제학자인 슘페터는 기업가정신(entrepreneurship)을 '창조적 파괴'로 정의한 바 있다. 다시 말해 기업가란 새로운 상품, 시장 및 생산, 경영방식을 개발하는 존재라고 하였으며, 자본주의의 발전도 바로 이러한 혁신(innovation)을 추구하는 기업가정신에서 비롯된다고 주장하였다.

슘페터 교수 이외에도 기업가정신이라는 용어는 많은 학자들에 의해 사용되어

왔으나, 아직 공통된 정확한 정의는 없는 실정이다. 다만 지금까지 학자들이 내린 정의들을 검토할 때 크게 두 가지로 분류해 볼 수 있다.

첫째, 기능적 접근에 의한 정의로서 기업가정신의 경제적 기능에 초점을 맞추었다. 예를 들자면 18세기 캔틸톤(R. Cantilton)은 기업가정신을 불확실한 가격에 상품을 구입하여 불확실한 가격으로 판매하여 발생하는 위험의 부담으로 정의하였다. 19세기에 들어와 세이(J. B. Say)는 이 정의에 생산의 기능을 첨가하였다. 즉, 기업가는 자본가와 달리 생산의 기능을 담당함으로써 이윤을 창출한다고 하였다. 즉, 제품혁신, 생산 공정혁신, 시장혁신, 생산요소혁신, 조직혁신 등 다양한 혁신을 담당하여야 하는 것이 기업가의 핵심역할이라고 간주하였다.

둘째, 기업가의 개인특성으로써 기업가정신을 정의하였다. 이러한 정의는 개인 기업가의 사회・심리적 특성에 초점을 맞추었다. 예를 들자면 성취욕구, 자유실천 의지, 위험감수 성향 등 심리적 특성을 강조하기도 하였으며, 가정환경과 교육수준 등 사회적 배경요인을 중시하였다.

그런데 위의 두 가지 정의방법은 각기 장점과 단점을 모두 가지고 있으며 어느 한 접근 방법이 우월하다고 할 수 없다. 실제로 기업가정신을 기업가의 인간적 특성을 배제한 채 경제적 기능만으로 정의하기에는 많은 문제가 있다. 또한 기업가의 개인적 특성만으로 기업가정신을 이해하기에는 복잡한 현실을 충분히 설명하기 어렵다.

최근 이러한 문제점을 인식하여 보다 종합적으로 기업가정신을 설명하려는 시도가 있다. 예를 들자면 히스리치(Hisrich)와 브러시(Brush)는 “기업가정신이란 위험부담과 그에 상응하는 보상을 전제로 하여 가치있는 그 무엇을 새로이 창조하는 과정이다”라고 하였다. 또한 카오(Kao)는 “기업가정신이란 사업기회의 인지, 위험부담의 적절한 관리, 적절한 자원동원의 기술을 통하여 가치를 창출하려는 시도이다”며 ‘가치창조의 행동’을 정의하였고, 이장우 교수는 기업가정신을 “자원의 현실적 제약을 무릅쓰고 포착한 기회를 사업화 하려는 행위 또는 과정”이라고 정의하였다.

결국 기업가정신이란 “불확실한 미래 환경 속에서 기업을 창업하여 과감히 수익 창출에 대한 모험을 감행하고자 하는 마음자세 또는 정신”이라고 할 수 있다. 즉, 돈을 벌 수 있는 기회를 인식 내지 포착하여 이를 실현하고자 과감히 자기책임 하에 기업을 설립하고 경영에 대한 모험을 감행하고자 하는 마음자세 이다.

2) 기업가정신의 구성

기업가에게는 열정과 행동과 창조적 관심이 요구되며, 거기에는 도전도 있고 불확실과 계산된 위험부담도 있으며 위험의 최소화도 따라야 한다. 또한 예기치 못한 돌발사태로 인해 큰 재앙이 생길 수도 있다. 이러한 조건들을 다 충족하고 극복할 수 있어야 진정한 기업가로서의 정신을 가지고 있다고 말할 수 있다. 이러한 조건들을 정리하면 다음 4가지로 요약할 수 있다.

(1) 모험심(또는 위험부담)

마르코 폴로의 세계기행이나 현대인의 우주탐사 등이 실현된 이유는 그것이 모두 실패할 것을 두려워하지 않고 과감히 도전하는 인간의지의 실현이 있었기 때문일 것이다. 이와 같이 어떤 위험이 닥치더라도 두려워하지 않고 이에 맞서려는 모험심을 가지고 추진해 나가는 정신이 기업가정신이라고 할 수 있다.

(2) 개척정신(창조성)

기업의 세계에 있어서 새로운 세계를 찾아 나서는 개척자적 정신이 필수적이다. 비록 처음에는 개척하는 것이 힘들고 어렵고 불가능하게 보일지라도 무에서 유를 창조하는 창조정신이 기업가에게는 있어야 한다. 우리 인류에게 이러한 창조적 정신이 없었다면 우리 인간도 공룡처럼 어쩔 수 없이 지구상에서 사라지고 말았을 것이다. 따라서 창조성은 기업을 하는 사람뿐만 아니라 우리 인류가 모두 영원히 추구해 나가야 할 길이다.

(3) 독립성

독립성은 창조성과도 밀접한 관련이 있다. 사업 아이디어가 독창적일수록 부의 규모도 커진다고 할 수 있다. 새로운 신사업분야, 신개척분야가 새로운 시대에서 요구하는 신사업이다. 독창적인 내 사업을 내 스스로 하고 싶다는 마음이 근본적으로 모험심을 자극하게 되는 근본요인이 된다. 서울대 임지순 교수팀이 이룩한 세계 최초의 신소재 개발과 같은 독창적인 업적이 계속되는 한 우리나라의 장래는 밝다.

(4) 보상

기업가정신은 막대한 부 또는 명예, 권력 등을 획득할 수 있는 가능성이 있어야 한다. 만약 아무리 좋은 사업구상이라 할지라도 보상에 대한 기대효과가 별 것 아니라면 창업에 관심이 멀어 질 것이다.

이상에서 우리는 기업가정신이 갖추어야 할 조건들에 대하여 살펴보았다. 그러나 여기서 한 가지 유의할 점은 이러한 조건들이 따로 따로 존재하는 것이 아니라 전체적이고 통합된 영역으로 구성되어야 한다는 점이다. 그것은 기업이라고 하는 장(場)은 관리자나 창업자 한 사람만의 영역이 아니라 전체적으로 통합되어 형성되는 영역으로 흡사 조각그림을 짜 맞추어 전체를 그려내는 게임과 같은 것이다. 퍼즐을 해결해 가는 과정처럼 시행착오를 거치며 하나하나 목표를 완성시켜 가는 것과 같다. 따라서 기업가정신은 개념일 수도 있고, 기능일 수도 있으며 노하우일 수도 있고 기업가에게 필요한 정보나 태도, 그리고 대체안이나 자원이 될 수도 있는 것이다.

3) 기업가정신의 역할

기업가정신은 왜 필요한가? 실패할 위험이 큰 것을 굳이 왜 하려고 하는가? 거기에는 기업가정신만이 가질 수 있는 특별한 장점과 역할이 있기 때문이다.

(1) 기회의 활용

나에게 다가온 사업의 기회를 최대한 내 것으로 만들 수 있다는 점이다. 기업가가 모험을 하는 것은 가장 건설적인 방법으로 자기의 능력을 최대한 발휘하는 길을 효과적으로 선택하는 것이라고 할 수 있다. 또한 사업가들은 경제적인 부를 남들보다 더 향유하겠다는 열망에 불타는 사람들인 동시에 자기에게 다가온 기회를 그냥 흘려보내지 않는 꿈을 가진 사람들이다. 자기의 꿈을 실현하는 것은 인생의 가장 큰 매력이다.

(2) 보상제공

기업가정신은 기업가에게 돈을 벌 수 있게 한다. 그러기 위해서 기업가는 부자가 되고 싶은 열망을 가져야 한다. 부자가 되는 길도 여러 가지이겠지만 내 땀과 열정이 모아진 참다운 부자가 되는 길은 그만큼 성취감과 만족감을 더 느낄 수 있다. 자기 사업을 해서 노력한 만큼 부를 얻는다는 것은 성스러운 것이다.

(3) 독자적인 사업수행

남의 간섭을 받지 않고 독자적인 사업을 할 수 있다. 기업가는 자기가 하는 사업에 즐거움과 자기만족을 느끼며 살아가는 독립심이 강한 사람들이다. 혼자서 자기만의 독자적인 사업을 하고 싶은 사람들이 일구어 내는 길이 기업이다.

(4) 혁신과 도전의식 고취

새로운 사업기회에 도전하는 기업가에게 도전을 통해 재창조의 기쁨과 자신감을 길러준다. 사업가는 닥쳐오는 위험에 흥분의 도가니가 되어 그 위험을 맞이한다. 위험은 또다른 기회가 될 수 있다는 기대감이 발동하기 때문에 기업가는 다가오는 위험을 슬기롭게 그리고 신중하게 판단해서 위험에 적극적으로 대처한다. 그렇게 함으로써 그들에게는 새로운 경제적 파워를 갖게 해 주는 기회가 되기 때문이다.

제5장 기 업

제1절 기업의 의의 _ 127
제2절 기업의 형태 _ 129
제3절 기업집중 _ 143
제4절 사회적 기업 _ 157

제5장 기 업

제1절 기업의 의의

기업이란 시장경제 체제 하의 국민경제 내지 세계경제 속에서 생산경제주체로서 인간의 존속·발전에 필요한 재화와 용역에 대한 부가가치를 창출하여, 이를 실현하기 위해 대가를 받고 판매하는 사적 영리법인체를 말한다. 즉, 기업은 본질적으로 생산기능을 수행하는데, 생산이란 기초효용, 형태효용, 소유효용, 시간효용, 장소효용, 심리효용 등과 같은 효용가치를 창출·부가하는 모든 활동을 말하며, 이러한 생산은 사회가 요구하는 상품이나 서비스와 같은 생산자원을 얻으려고 산업자원 또는 기업자원을 다른 비율로 결합하여 변환하는 과정이다.

이를 나누어 살펴보면 다음과 같다.

1) 시장경제 체제 하에서

이는 기업이 자본주의 체제에만 존재함을 의미한다. 공산주의 체제에서 기업의 존재는 부정된다.

2) 국민경제 내지 세계경제 속에서 생산경제주체로서

이는 국민경제 내지 세계경제 속에서 필요로 하는 재화와 용역을 생산하는 생산경제주체로서 역할을 수행함을 말한다.

3) 재화와 용역에 대한 부가가치를 창출하여

이는 인류의 생존과 번영에 필요한 재화와 용역을 생산·분배하는데 있어, 기업 내에서 제반 기계장치, 노동, 기술, 관리, 혁신 등을 이용하여 외부에서 구입한 원·재료의 가치보다 더 큰 가치를 가진, 즉 부가가치를 생산해 냄을 뜻한다.

4) 이를 실현하기 위해

재화와 용역의 부가가치창출에 대해서는 경영계산, 즉 회계적 방법을 통해 구체적인 수치를 알 수 있다. 그러나 계산상 부가가치는 실현된 것이 아니라 단지 계산상 수치일 뿐이다. 따라서 이의 실현을 위해서는 판매가 이루어져야만 한다.

5) 대가를 받고 판매하는

부가가치의 실현을 위해서는 판매가 이루어져야만 하는데, 판매는 현금으로 이루어져야만 한다. 왜냐하면 외상판매는 현금유입이 이루어지지 않았기 때문에 창출된 부가가치가 실현됐다고 볼 수 없기 때문이다.

6) 사적(私的)

공적(公的)에 대한 대응개념으로 개인들을 의미하는데, 여기서는 개인들이 출자하여 기업을 설립함을 뜻한다. 물론 현대기업들 중에는 공기업이나 공사공동기업 같은 기업이 있으나 이는 특수한 경우이다.

7) 영리법인체

기업은 무생물이기 때문에 권리·의무의 주체가 될 수 없다. 따라서 우리나라 상법은 기업이 경영활동을 수행할 수 있도록 조건을 갖춘 기업에 한해서 법인격을 부여하여 권리·의무의 주체가 되도록 하고 있다. 또 당연히 상인이 되어 상행위를 수행함으로서 이익창출 활동을 할 수 있도록 하고 있는데 이를 여기서는 영리법인체라 표현한다. 단, 기업설립시 출자자수가 1인인 개인기업은 법인체에서 제외되는데, 개인기업은 출자자 자신이 상인으로 인정되기 때문이다.

이처럼 기업이란 자본주의 경제체제 내에서 인간의 존속·발전에 필요한 재화와 용역을 생산하여 대가를 받고 판매하여 이익을 창출하는 영리법인체를 말한다. 그런데 기업에 따라서는 기업활동 중 일부의 활동만 수행하면서 영리활동을 하는 경우도 있다. 즉, 생산활동만 한다거나 수집·저장만 한다거나 판매만 전담하는 활동을 사업으로 하는 경우도 있다.

현대적 기업관에서 기업을 '분업을 통한 협동적 생산실체'라고 보는 견해도 있는데, 이 견해는 국민경제 내의 생산경제주체에 대해 체제무관련적인 관점[1]에서 설명하고 있기 때문에 기업의 설명으로는 부적당한 것으로 본다. 한편 드러커는 기업을 고객, 즉 사회가 부(富)의 생산자원을 위탁한 사회적 제도체 내지 기관이라 했다.

제2절 기업의 형태

1. 기업형태의 구분

기업형태를 구분하는 데는 기업의 업종, 규모, 입지 등을 고려하여 살펴볼 수 있다. 즉, 다양한 기준에 따라 여러 가지 형태로 분류할 수 있다.

첫째, 규모에 따른 분류로 자본금, 매출액, 종업원의 수 등에 따라 대기업, 중견기업(中堅企業), 중소기업으로 구분할 수 있다. 그런데 규모에 따른 분류는 그 분류기준이 명확히 정해진 것이 아니라 대기업하면 '한국의 100대기업' 하듯이 막연히 자본금, 매출액, 종업원의 수 등이 아주 큰 기업을 말한다.[2]

중소기업도 여러 가지 법에서 여러 가지 기준으로 정의하고 있다.

「중소기업기본법 시행령」에서는 각 업종별로 규모기준을 규정하여 제조업은 상시근로자수 300인 미만이거나 자본금이 80억 원 이하인 경우, 광업·건설업·운송업은 상시근로자수 300인 미만이거나 자본금 30억 원 이하인 경우, 도소매·서비스업은 세부업종별로 상세하게 구분하여 상시근로자수 기준은 300인부터 50인까지, 매출액 기준은 300억 원부터 50억 원까지로 중소기업 범위를 규정하고 있다. 이와 같은 중소기업 규모기준은 앞으로 산업의 발달과 경제규모의 성장에 따라

1) 자본주의 경제체제와 공산주의 경제체제 양 체제에 공통적으로 적용된다는 의미.
2) 「자본시장과 금융투자업에 관한 법률」(줄여서 자통법 또는 자본시장법이라 함)에 의하면 상장기업들 중 상위 1위부터 100위까지를 대형주, 101위부터 300위까지를 중형주, 300위를 벗어난 나머지는 소형주로 분류하고 있다.

계속 바뀌게 될 가능성이 크다.[3)]

또 중견기업은 중소기업이라 하기에는 크고 대기업이라 하기에는 작은 대기업과 중소기업의 사이에 존재하는 규모의 기업을 말한다.

한편 대기업은 대규모의 생산자본과 판매조직을 갖추고 있어서 경제뿐만 아니라, 일국의 사회·문화에도 크게 영향력을 미치고 있다. 대기업의 거대한 자본력은 고도의 기술과 최신설비의 채용을 가능하게 하고, 또 그 최적규모의 실현으로 강한 경쟁력을 가진다. 이처럼 강한 경쟁력은 과점(寡占)이나 독점(獨占)으로 변질되어, 경쟁의 제한이나 배제를 가져올 수도 있다. 이때는 대기업이 경쟁이라고 하는 발전의 원동력을 저해하는 요인이 된다.

또한 대기업은 생산량·거래량·종업원 수가 많기 때문에 단지 경제면에서만이 아니고, 한 나라의 사회·문화 등 여러 분야에 대해서도 큰 영향력을 미친다. 따라서 오늘날 대기업의 존재는 사적(私的) 존재에서 점점 제도화 되어 사회성·공공성·공익성 등이 강력히 요구된다.

이 문제는 다음에 기업의 사회적 책임에서 다시 이야기 하도록 한다.

중소기업은 규모의 면에서는 열악하지만

1) 창업과 폐업이 쉽고
2) 적은 자본으로도 본인이 관심 또는 기술이 있는 분야에 쉽게 진출할 수 있으며
3) 주로 많은 노동력을 필요로 하는 노동집약적 산업이 대부분이기 때문에 고용 창출 효과가 매우 크다고 할 수 있다.
4) 경우에 따라서는 검증이 되지 않은 첨단기술의 사업성을 시험하는 무대도 된다. 즉, 요즈음 자주 입에 오르내리는 벤처 비즈니스라는 것은 이를 두고 하는 말이다.

따라서 중소기업은 규모의 면에서는 열악하지만 국민경제 내에서 차지하고 있는 비중이 높고 중요하기 때문에 모든 정부들이 지대한 관심을 갖고 육성하려는 분야이다.

둘째, 출자성격에 따른 분류이다. 기업 그러면 대부분 사기업을 의미하는데 사기업은 민간인들만이 출자하여 설립한 기업이며, 공기업은 국가나 지방자치단체 등이 자신들이 직접 수행하기 어려운 사업을 기업의 형태를 빌려 예산과 독립하여 수행하고자 출자하여 설립한 기업을 말하며, 공사공동기업은 개인과 국가나 지방자치단체 등이 함께 출자하여 설립한 기업을 말한다.

---

3) 2014년부터 중소기업을 오로지 매출액 기준으로 판단하는데, 중소기업은 매출액 1,500억원 이하로 하고 그 이상은 중견기업으로 분류한다고 발표.

셋째, 경제적 형태에 따른 분류이다. 출자자 수에 따라 단독출자의 개인기업과 2인 이상 출자의 공동기업으로 분류할 수 있고, 업종에 따라서는 농·수산업, 공업, 광업, 상업, 금융업, 통신업 등으로 분류하며, 기업의 설립과 권한, 책임관계에 따라 개인의 신용을 중심으로 한 인적 기업과 자본력을 중심으로 한 자본적 기업으로 설명할 수 있다.

넷째, 법률적 형태에 따른 분류이다. 기업이 소유자로부터 완전히 독립된 법인격(法人格)을 갖는가의 여부에 따라 개인상인(또는 개인기업)과 회사기업으로서의 공동기업이 있고, 기업가나 종업원의 책임의 유한성 여부, 자본조달 및 지분양도의 제한, 기업 내 기관(주주총회, 대표이사 및 이사회, 감사 또는 감사위원회)의 구분 여부에 따라 구별하고도 있다.

그림 5-1. 기업의 형태

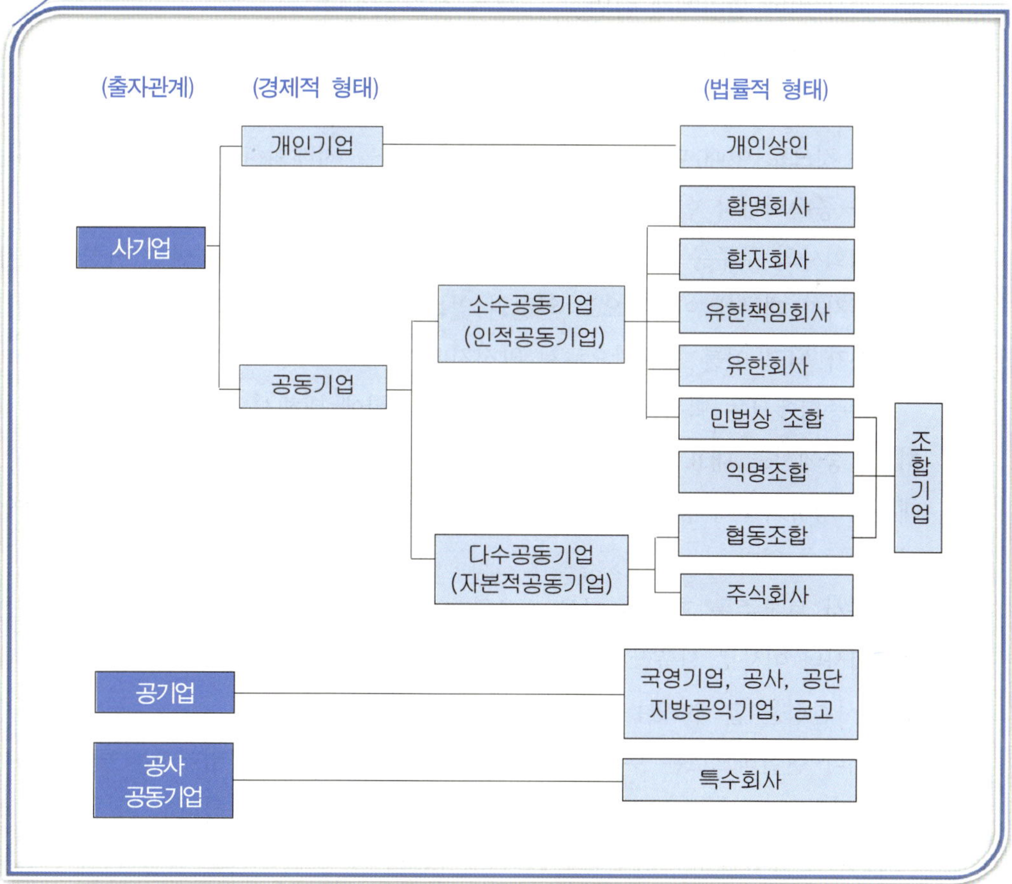

2. 개인기업과 공동기업

1) 개인기업

출자자가 1인인 단독사업체를 말한다. 가장 오랜 전통을 지닌 사기업으로서 역사적으로 볼 때 기업형태 중에서 가장 원시적이며 자연발생적인 형태이다. 즉, 출자(出資)·지배(支配)·경영(經營)의 세 가지 요소가 일치되어 있는 것이 특징이며, 가장 간단한 소유경영자의 전형적인 기업형태이다. 따라서 그 기업의 자산, 이익, 그리고 부채까지 전적으로 소유자에게 속한다. 이런 형태의 단독기업은 '생업' 또는 '가업(家業)'이라 말한다.

한편 출자란 사업을 영위하기 위한 자본인 금전 기타의 재산·신용·노무를 조합·회사 기타 법인에게 출연(出捐)하는 것을 말한다.

그리고 지배는 한 회사 또는 개인이 특정 회사가 발행한 의결권 있는 주식의 과반수 이상을 소유하거나 또는 다른 간접적인 방법으로 그 회사에 대하여 지배권을 가지는 것으로 이때 다른 회사를 지배하는 회사를 지배회사라고 하며 지배당하는 회사를 종속회사라 한다.

주식회사의 주주총회에서의 의사결정은 1주 1표제에 의한 과반수 찬성에 의해 이루어지기 때문에 이론적으로 의결권 있는 주식, 즉 보통주의 발행총수 + 1주가 과반수가 되고 이를 보유함으로서 완전지배가 가능하다.

주주총회에서는 회사의 여러 가지 중요한 사항에 대해서 의사결정을 하는데 특히 그 중에서도 대표이사를 포함한 이사회는 회사의 경영을 직접 담당하게 되기 때문에 이사회를 구성하는 이사를 선임하는 것은 주주들에 있어 제일 중요한 사안이라 할 수 있다.

따라서 보통주를 과반수 이상 소유하게 되면 자기에게 우호적인 전문경영자를 대표이사나 이사로 선출할 수 있다. 이처럼 과반수의 의결권을 보유하면 자기 뜻대로 의사결정을 할 수 있는데 이것을 지배라 한다.

그러나 현실적으로는 부재주주들의 존재 때문에 대기업에 있어서는 발행주식수의 3% 내지 8%정도의 주식을 소유하고 있으면 지배가 가능하다고 한다.

부재주주(不在株主, absentee ownership)란 경영에는 별로 관심이 적어 주주총회 등에는 참석하지 않고, 주가의 움직임만 관심을 가지는 투자자를 말한다.

또한 지배와 관련하여 최근에는 기업지배구조가 중요한 문제로 대두되고 있다. 기업지배구조(corporate governance)는 기업 경영에 직·간접적으로 참여하는 주주·경영진·근로자·채권자 등 다양한 이해관계자의 이익을 최소의 비용으로 극대화 하기 위해 이해관계를 조정하고 규율하는 제도적 장치와 운영기구를 말하는데, 기업의 소유구조뿐 아니라 주주의 권리·주주의 동등대우, 기업지배구조에서 이해관계자의 역할, 공시 및 투명성, 이사회의 책임 등을 포괄하고 있다. 기업지배구조의 유형으로는 미국, 영국 등 주식시장이 발달하여 주식회사를 주주의 사적 재산으로 인식하는 주주자본주의(shareholder capitalism)모델과 독일, 일본 등과 같이 주식시장이 발달하지 않아 주식회사를 주주, 경영자, 종업원, 채권자, 거래기업, 소비자, 정부 등 다양한 이해관계자로 구성되는 공공이익의 연합체로 인식하는 이해관계자자본주의(stakeholder capitalism)모델이 있다.[4]

마지막으로 경영은 회사의 최고경영층이 인적·물적 자원을 이용하여 회사의 기본적인 목적인 재화와 용역의 생산을 통해 부가가치를 창출하고 이윤을 획득해 나가는 과정을 말한다.

그런데 개인기업은 이와 같은 출자, 지배, 경영의 세 가지 요소가 일치되어 있는 것이 특징이다.

기업은 조직체인데 1인은 조직이 아니기 때문에 개인기업이란 말은 모순일 수도 있다. 그러나 기업은 개인기업이든 공동기업이든 영리의 실현을 위하여 다른 기업 및 일반 공중과 거래관계를 갖게 된다. 거래로 인하여 생기는 법률관계의 처리를 위하여 기업은 권리·의무의 주체를 필요로 하는데 이 법적인 주체가 상인(商人)인 것이다. 상인이란 형식적으로 기업과 관계가 있는 권리·의무의 귀속자를 말함으로 반드시 실질적으로 경영활동의 담당자가 되어야 하는 것은 아니다. 개인기업의 경우는 영업주가 상인이지만 공동기업인 회사는 법인격이 있기 때문에 회사 그 자체가 상인으로서 모든 권리·의무의 주체가 된다.

2001년에 개정된 상법에 따르면 주식회사의 발기인(發起人)의 수에 관한 요건을 철폐하였기 때문에 주식회사도 출자자가 1인이 될 수도 있다.[5] 그러나 주식회사는 출자자가 1인 이상의 여러 사람들로 구성될 수 있지만, 개인기업은 출자자가 1인

4) 유필화 외 4인, 전게서, p. 100.

5) 그러나 상장의 경우, 상장회사는 2년 연속 소액주주의 지분율이 10% 미만일 경우 상장폐지 된다. 즉, 주주가 1인일 경우에는 지분율이 100%가 된다. 이는 주식회사의 해산사유가 되지 않는다. 그러나 상장기업일 경우, 상장폐지사유가 된다.

이상이 되면 이제는 더 이상 개인기업이 될 수 없기 때문에 주식회사와 구별된다고 본다. 유한회사도 이와 같다.

2) 소수 공동기업

기업의 출자자를 법률관계에서는 사원(社員)이라고 부르는데, 일상생활에서 임금을 받고 회사에 근무하는 사람을 일컫는 종업원 성격의 사원과 구별해야 한다. 주식회사의 경우는 출자자인 사원을 주주(株主)라고 한다. 소수공동기업은 그 출자자의 수가 많지 않은 기업을 말한다. 따라서 출자자의 수가 상대적으로 많은 주식회사는 대표적 다수공동기업이라 할 수 있다.

(1) 합명회사(合名會社, partnership)

합명회사는 회사의 채무(債務)에 관해 직접(直接), 연대(連帶), 무한책임(無限責任)을 지는 2인 이상의 무한책임사원들로 구성되어 있다. 중세 이탈리아와 독일의 도시에서 행해졌던 공동상속에 의한 가족공동체인 소키에타스(societas)에서 유래하였다. 거래 상대방은 회사의 신인도(信認度)보다는 출자자인 사원 개인의 신용에 더 거래의 비중을 두고 있기 때문에 대표적인 인적 회사(人的會社)이다. 그리고 지분의 양도는 당사자간의 개인적인 계약에 의하여 이루어지나, 양도 당사자를 제외한 다른 사원 전원의 동의를 필요로 한다.

장점은 그 책임이 출자자 전원의 개인적 재산에까지 미치기 때문에 대외신용도가 높아지고, 또한 인사관리 면에서 서로 이해도와 친밀도가 높기 때문에 강한 단결력을 발휘할 수 있다. 그러나 단점은 무한책임이기 때문에 출자자를 폭넓게 모집할 수 없으며 많은 자본을 필요로 하는 대규모의 기업형태에는 부적합하다.

(2) 합자회사(合資會社, limited partnership)

합자회사는 기능자본가(機能資本家) 역할을 담당하는 1인 이상의 무한책임사원과 지분자본가(持分資本家) 역할을 담당하는 1인 이상의 유한책임사원(有限責任社員)으로 구성되어있다. 중세 이탈리아의 해상무역에서 발달한 코멘다(commenda)에서 유래하였다. 지분자본가는 회사의 경영에는 참여하지 않고 단지 기능자본가에 출자하고 경영성과의 분배에만 참여하는데, 이렇게 기업경영에 참여할 권리를 포기하는 대가로 책임의 유한성이 주어진다. 또 지분의 양도에 있어 무한책임사원의 지분의 양도는 총 사원의 동의를 필요하므로 유한책임사원의 동의도 필요하지만, 유한책임사원의 지분양도는 무한책임사원 전원의 동의만 있으면 된다.

장점은 합명회사에 자본적 결합성을 보완한 것으로 무한책임사원 이외에 유한책임사원과 같은 출자자를 폭넓게 구할 수 있는 여건을 마련해주고 있어 합명회사보다 자본결합력이 강하다. 단점은 지분의 유통성이 없어 자본의 교환이 거의 결핍되어 신용자본으로서 경제적 요건을 충분히 갖지 못한 것이다.

(3) 유한책임회사(有限責任會社, limited liability company)

회사에 대하여 출자금을 한도로 유한책임만을 지고 회사채권자에 대하여는 아무런 책임을 지지 않는 사원만으로 구성되는 회사를 말한다. 유한책임회사는 합명회사와 유한회사의 장점을 결합한 공동기업이라 할 수 있다.

유한책임회사는 최근 상법에서 도입된 제도이다.

(4) 유한회사(有限會社, private company)

유한회사는 상법상의 회사이다. 1892년 독일에서 주식회사의 장점을 따서 만든 회사형태로 50인 이하의 유한책임사원으로 구성되어 있다. 유한회사는 주식회사와는 달리 모집 설립은 인정되지 않고 사원이 되고자 하는 자는 모두 스스로 설립절차에 참가하도록 하였는데, 이 점은 주식회사의 발기설립과 비슷하다. 출자단위는 균일하게 하고 자본은 1,000만원을 최저액으로 한다. 지분의 양도는 사원총회의 특별결의를 필요로 하며 양도로 인하여 사원의 총 수가 50인을 초과하면 유증의 경우를 제외하고 그 양도는 효력이 없다. 그리고 이사가 회사의 업무집행 및 대표기관이 된다.

한편 이전의 상법은 사원이 1인이 될 때를 해산사유로 하고 있었으나, 2001년 개정 상법에서는 이를 제거하였다. 독일에서는 소수의 대형회사들만이 주식회사형태를 취하고 있고 중소기업 대부분은 유한회사형태를 이용하나, 우리나라에서는 유한회사가 극소수이고, 특기할 만한 것은 1998년의 "자산유동화에 관한 법률"에 의해 설립되는 유동화전문회사만은 유한회사이어야 한다는 점이다.

(5) 민법상의 조합과 익명조합

민법상의 조합은 민법의 규정에 따라 2인 이상의 당사자가 조합계약을 맺고 서로 출자하여 공동사업을 영위하는 형태이다. 출자한 재산은 조합의 공유이며 조합원은 원칙적으로 전원이 경영에 참가하는 무한책임이다. 이것은 합명회사와 비슷하나 법인격이 없고 법률상의 주체는 조합원 각자이다.

익명조합(匿名組合)이란 당사자의 일방이 상대방의 영업을 위하여 출자하고 상대방은 그 영업으로 인한 이익을 분배할 것을 약정하는 계약을 말한다. 익명조합의 목적은 익명조합이 영업자의 영업을 위하여 출자하고 영업자는 영업에서 얻은 이익을 분배하는 것이다. 영업자는 반드시 상인이어야 한다.

익명조합의 성질은 민법상 조합과의 차이, 소비대차와의 차이, 합작회사와의 차이를 들 수 있다.

① **민법상 조합과의 차이**

익명조합은 대외적으로는 영업자의 단독의 영업이고 익명조합원의 출자는 영업자의 재산에 귀속되므로 공동사업으로 볼 수 없으나 민법상의 조합은 조합원 전원의 공동사업이고 조합재산은 조합원 전원의 공유에 속한다. 또한 익명조합의 당사자는 영업자와 익명조합원 2인뿐이나 민법의 조합은 당사자의 수에 제한이 없다.

② **소비대차(消費貸借)와의 차이**

익명조합에 있어서는 영업성적에 따라 그 이익을 분배함을 요소로 하는데 대하여 소비대차에 있어서는 대주는 영업성적과는 관계없이 확정적인 이자를 받는 점에서 양자는 다르다.

③ **합자회사와의 차이**

익명조합의 영업의 주체는 영업자이고 익명조합원은 대외적으로 권리・의무를 가지지 못하나, 합자회사에 있어서는 법인의 회사가 권리・의무의 주체가 되고 합자회사의 사원도 회사의 구성원으로서 회사의 채권자에 대하여 출자액의 한도 내에서 변제책임을 부담한다. 또한 익명조합원은 영업에 관여하지 못하나 합자회사의 유한책임사원은 회사의 기본적 사항의 결정에 참여한다.

(6) 협동조합

협동조합은 주식회사와 같은 형태는 아니지만 다수공동기업의 형태를 갖추고 있다. 협동조합의 원류는 19세기 초 영국의 로버트 오웬(R, Owen)의 협동이념에서 찾는다. 오웬은 1844년 영국의 랭카셔의 로치데일(Rochdale)에 설립된 '공정개척자조합'이라는 소비조합의 운영시스템에서 그 운영지침을 찾을 수 있다.

협동조합은 다른 일반기업과 달리 다음과 같은 원칙에 따라 운영되고 있다.

첫째, 상호부조주의원칙

협동조합은 소비자·소생산자 등의 경제적 약자들이 협동하는 조합이며, 조합 자체의 영리보다는 조합원의 상호부조를 목적으로 한다.

둘째, 민주주의원칙

조합원의 임의가입 및 탈퇴가 인정되고 각 조합원은 출자액에 관계없이 평등한 1인 1표의 의결권이 부여된다.

셋째, 이용주의원칙

조합원들에 대한 편익의 제공과 이용을 목적으로 운영되며 조합에 잉여금이 발생한 경우 그 배분을 원칙적으로 이용도에 비례하여 행한다.

협동조합은 경제적 지위가 약한 농민, 중소상공업자, 소비자 등이 뜻을 모아 경제적 지위를 향상시키기 위해 공동으로 구입, 판매, 보관, 또는 금융 등의 사업을 위해 조직한 지역적 자유조합단체이다. 대기업의 경제적 독점이나 압박, 중간상인의 농간 등을 배제하는 것이 주된 목적이다. 협동조합은 자발적이고 민주적인 조직운영과 자율적인 경영이 이루어진다는 점에서 정부기업과는 다른 단체이며 영리를 도모하지 않는다는 점에서 주식회사, 노동조합, 소비자단체, 기업이익단체 등과도 다르다. 협동조합은 흔히 소비자협동조합, 생산자협동조합, 신용협동조합 등을 들 수 있다.

3. 주식회사

1) 주식회사의 의의

오늘날 자본주의 경제체제를 지탱하며 그 핵심체를 이루고 있는 것이 주식회사 형태의 기업이다. 주식회사란 자본이 주식으로 분할되어 주식의 인수를 통해 출자하거나 기발행주식을 취득함으로써 출자자인 주주가 되며 주주는 주식의 인수가액의 한도에서 출자의무를 질 뿐 회사채무에 대해서는 직접 책임을 지지 않는 유한

책임형태의 회사를 말한다.

자본금은 출자에 의해 이루어지는 일정한 기금으로서 회사재산을 확보하기 위한 기준이 되는 일정한 금액을 말하는데, 주식은 ① 자본금의 구성분자인 금액을 의미하고 ② 권리발생의 기초인 독립된 사원의 지위 또는 자격을 의미하며, 주주는 주식을 소유함으로서 자익권으로 이익배당청구권, 잔여재산분배청구권 등을 가지며 공익권으로 의결권, 대표소송제기권 등을 갖는다.

우리나라는 액면주 제도와 무액면주 제도 양자 중 어느 하나를 선택할 수 있도록 하고 있는데 무액면주 제도를 채택할 때는 액면주를 발행할 수 없도록 하고 있다. 액면주 제도를 채택할 경우 보통주의 금액은 100원 이상 균일하게 발행하도록 하고 있는데 주식발 행초과금은 자본준비금으로 적립하도록 하고 있다.

한편 최저자본금은 5,000만 원이었으나 2009년 개정상법에서는 규제완화의 차원에서 창업의 활성화를 도모하고 노우하우와 기술의 자본화를 촉진하기 위해서 이 제도를 폐지하였다.

주식회사의 기원은 레만(K. Lehmann)의 주장에 따라 1602년 네덜란드의 동인도회사에 두는 것이 일반적 통설이다. 동인도회사는 영국, 프랑스, 네덜란드 등이 동양에 대한 독점무역을 경영하기 위하여 동인도에 설립한 무역독점회사로 이 회사는 서유럽 식민제국의 경제적・정치적 활동기관으로, 상업자본의 집중형태를 이루었다. 즉, 동인도 무역에 참여한 회사들과 선박공유단체가 합동하는 형태로서 자본을 균등한 무기명 주식으로 분할하고 양도도 자유롭게 한 점이 근대주식회사와 같다.

주식회사는

① 자본의 증권화 제도
② 소유와 경영의 분리
③ 유한책임제도 등의 특성을 갖고 있기 때문에 오늘날 널리 선호되고 있는 회사형태이다.

상법에서는 주식회사는 사람과의 유대감은 전혀 없고 오로지 자본적 결합에 의해 회사가 이루어졌다 하여 대표적 물적 회사(物的會社)라 한다. 따라서 대표적 인적 회사는 합명회사이다.

〈표 5-1〉 주식회사의 특성

경제적 특성	법률적 특성
• 주주의 유한책임제도 • 증권제도(주식의 매매양도 가능) • 소유와 경영의 분리	• 강제법규성 • 공시주의 • 국가적 감독성

자료 : 김종재 외 3인, 전게서, p. 131.

2) 주식회사의 기관

회사는 그 자체의 의사(意思)와 행위(行爲)를 가지나, 실제로는 이를 수행할 능력이 없기 때문에 그 의사와 행위는 회사 조직상의 일정한 지위에 있는 자에 의해 결정되고 실천될 수밖에 없다. 이처럼 회사의 의사를 결정하고 행위를 실천하는 회사 조직상의 지위를 기관(機關)이라 한다. 주식회사의 기관으로는 ① 주주총회, ② 대표이사, ③ 이사회, ④ 그리고 감사기관인 감사 또는 감사위원회 등 4개의 기관이 있다.

(1) 주주총회

주주에 의해 구성되는 주식회사 최고의 의사결정기관으로 그 권한은 상법과 정관에 정해져 있다. 주로 정관의 변경, 해산, 합병 등의 중요한 사항이나 이사나 감사의 임면 및 승인에 관한 사항 등에 한정되어 있다. 주주총회는 재무제표 등의 승인과 이익배당에 관한 결의를 주목적으로 결산기마다 소집되는 정기총회와 필요에 따라 수시로 소집되는 임시총회가 있다. 그런데 주주총회는 회사 내부의 의사결정을 할 수 있을 뿐 대외적 집행은 행할 수 없으며, 그 권한은 시대의 변화와 함께 점차 축소되어 가고 있다. 그것은 일반주주가 총회를 통해 기업을 지휘・감독할 만큼 기업의 내용을 잘 알기가 힘들 뿐만 아니라 신속한 의사결정을 필요로 하는 기업활동에서 일일이 총회에 묻는다는 것은 효율적이지 못하기 때문에 이사회라는 법정기관을 인정하여 이사회의 권한을 확대하고 주주총회의 권한을 제한한 것이다.

(2) 이사회

이사회는 주식회사의 이사 전원으로 구성되는 회의체의 상설기관으로 법령 또는 정관에 의하여 주주총회의 권한으로 되어 있는 것을 제외한 나머지 회사의 업무집행에 관한 모든 사항을 결정할 수 있다.

주식회사는 주주총회와 이사회의 결의에 따라 그 집행에 관한 세부사항을 정하고 회사를 경영하며 회사를 대표하는 대표이사를 두고 있는데, 이사는 이사회의 구성원으로서 경영의사결정과 대표이사 등의 업무집행을 감독할 뿐 대표이사가 아니면 회사기관의 지위를 갖지 못한다. 다만 업무담당이사는 정관 기타의 내부규칙에 의하여 회사 내부의 업무집행을 담당할 수 있는 권리가 부여된다.

이사는 원칙적으로 3인 이상이어야 하지만 자본금 총액이 10억 원 미만인 기업은 1명 내지 2명으로 할 수 있다. 그리고 이사의 임기는 3년을 초과할 수 없다. 한편 상장회사는 자산규모 등을 고려하여 이사 총수의 4분지 1 이상을 사외이사로 하도록 하고, 최근 사업연도 말 현재의 자산총액이 2조원 이상인 상장회사는 3인 이상으로 하되 이사총수의 과반수가 되도록 하고 있다. 또 금융투자업의 경우 최근 사업연도 말 현재의 자산총액이 2조 원 미만인 경우 등을 제외하고 사외이사를 3인 이상 두어야 하며 사외이사는 이사총수의 2분의1 이상이되도록 하고 있다.

여기서 사외이사(社外理事)란 사내이사에 대응하는 개념으로서, 해당회사의 상무에 종사하지 아니하면서 보통의 이사와 동일한 직무권한을 가지고 동일한 의무와 책임을 부담하는 자를 말한다.

이사회는 주주총회의 소집, 대표이사의 선정 및 공동대표의 결정, 신주발행, 사채모집 등을 행한다.

(3) 대표이사

대표이사는 대내적으로 업무를 집행하고 대외적으로는 회사를 대표하는 주식회사의 필요상설기관이다. 대표이사는 과거에는 주로 주주총회에서 선임·해임하였으나 현재에 와서는 이사회에서 선임·해임하고 그 직무집행을 감독하는 것이 일반화 되어 있기 때문에 이사회의 하부기관이라 할 수 있다. 대표이사는 이사의 자격을 전제로 한다. 따라서 이사직을 상실하면 당연히 대표이사직을 잃게 되지만 대표이사직을 잃게 되었다고 이사직을 상실하지는 않는다.

(4) 감사 또는 감사위원회

감사는 회계 및 업무의 감사를 임무로 하는 주식회사의 필요적 상설기관이다. 주주는 총회에서 결산의 승인을 통하여 또는 소수주주권의 행사에 의하여 이사의 행위를 감독할 수 있지만, 이것만으로는 불충분하기 때문에 상설의 감독기관으로서 감사제도를 두고 있다. 다만 자본금이 10억 원 미만인 회사의 경우에는 감사를 선임하지 아니할 수 있다. 그러나 개정상법에 의하면 회사가 정관에 따라 감사위원회를 설치한 경우에는 감사를 둘 수 없다.

여기서 감사위원회는 "이사의 업무집행과 회계를 감사할 권한을 가진 이사회 내의 위원회의 하나로서 감사에 갈음하여 설치되는 필요상설기관"이다. 감사위원회의 위원은 3인 이상의 이사로 구성하여야 하는데 총 위원 중 사외이사의 비율이 3분의 2 이상이어야 한다.

감사위원회의 설치는 원칙적으로 임의사항이다. 그러나 예외조항으로 최근 사업연도 말 현재의 자산총액이 2조 원 이상인 상장회사는 감사위원회를 설치하여야 한다. 단, "부동산투자회사법"에 따른 부동산투자회사 등의 경우에는 이런 의무가 없다. 또 금융투자업자도 감사위원회를 설치하여야 한다. 단, 최근 사업연도 말 현재의 자산총액이 2조 원 미만인 금융투자업자 등은 제외한다.

그림 5-2. 주식회사의 기관

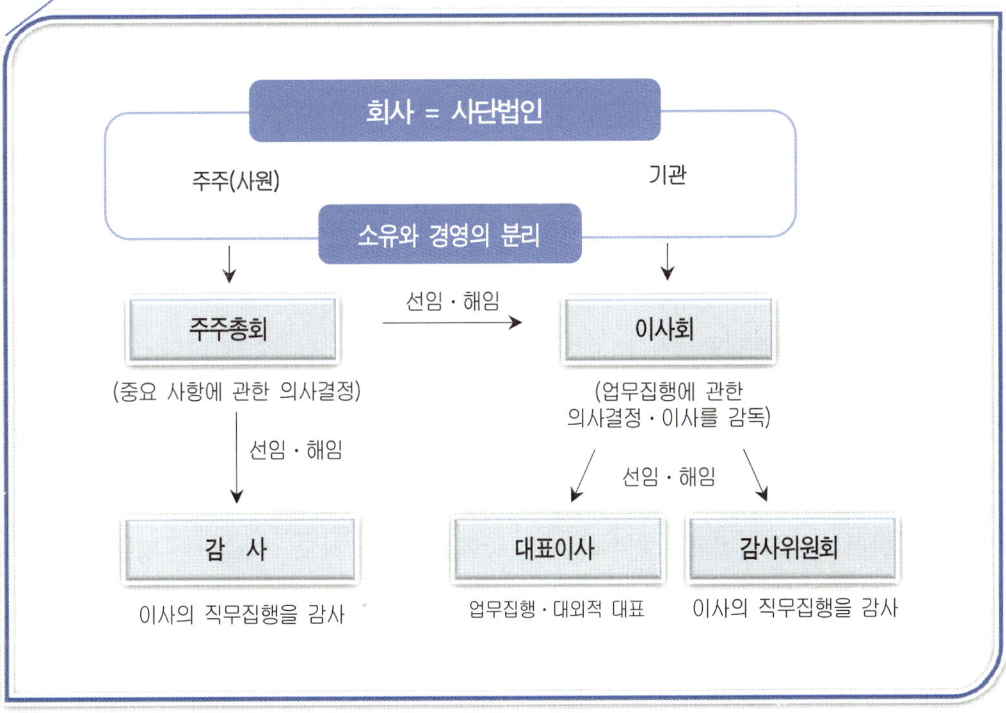

3) 자본의 3원칙과 수권자본제도

상법에서는 자본을 회사채권자를 보호하기 위한 최소한도의 담보액으로 보기 때문에 자본의 3원칙을 강조하고 있다.

(1) 자본의 3원칙

① 자본확정의 원칙

주식회사의 정관에 자본총액을 기재하여야 하고 회사설립 시에 그 자본의 전부에 해당하는 주식의 인수引受가 확정되어야 한다는 것을 말한다. 그럼에도 현행 상법에서는 수권자본제도를 채택하여 회사설립 시에 정관 상 수권 자본수의 1/4 이상만 발행하면 충분하도록 하여 엄격한 의미의 자본확정의 원칙은 적용하지 않고 있다.

② 자본유지의 원칙

주식회사는 그의 존속 중에 언제나 기업의 유지와 회사채권자 및 장래의 주식취득자의 보호를 위하여 회사의 자본에 상당하는 재산을 확보하고 있어야 한다는 원칙으로 자본충실의 원칙 또는 자본구속의 원칙이라고도 한다.

③ 자본불변의 원칙

일단 확정된 회사의 자본은 법으로 정한 엄격한 절차에 의하지 않고는 감소시킬 수 없는 것을 말한다. 단, 증자의 경우는 자본불변의 원칙이 적용되지 않는다.[6)]

(2) 수권자본제도

수권자본제도란 주식회사의 설립 시에 자본금의 전액에 해당하는 주식 전부의 발행을 요구하지 않고 회사가 발행할 주식총수의 1/4만 발행, 인수하여 회사를 설립한 뒤 나머지 주식은 필요에 따라 이사회결의로 발행하게 하는 자본제도를 말한다.

한편 자본시장법에서 인수라 함은 증권을 모집·사모·매출하는 경우 다음과 같은 행위를 하는 것을 말한다.

① 제3자에게 그 증권을 취득시킬 목적으로 그 증권의 전부 또는 일부를 취득하는 것.(총액인수)

---

6) 현실적으로 상법 상 상환주식의 발행이 허용됨에 따라 이익이 발생하면 상환주식을 소각할 수 있기 때문에 그만큼 자본이 감소한다.

② 그 증권의 전부 또는 일부에 대하여 이를 취득하는 자가 없을 때 그 나머지를 취득하는 것을 내용으로 하는 계약을 체결하는 것.(잔액인수)

제3절 기업집중

1. 기업집중의 의의

기업집중이란 2개 이상의 기업이 결합하여 보다 큰 기업으로 되는 것으로 기업결합 또는 자본집중이라고도 한다. 이 의미의 기업의 집중은 기업이 이익을 기업내부에 유보하여 크게 성장해 가는 자본집적과는 구별된다.

기업집중은 독점적 이익이나 기타 경영상 이익을 위하여 조직적 또는 자본적 결합이나 상호협약을 통하여 사업활동의 일부를 제휴 또는 공동으로 행하거나 그 전부를 통합하는 과정 및 형태이다.

오늘날 기업의 규모확대와 성장 및 국제화를 시도하는 과정에서 대두되었으며, 기업의 과당경쟁을 제한하거나 완화시키고, 합리적으로 시장을 지배할 수 있으며, 경영합리화를 통한 과잉공급이나 가격하락의 방지 등 여러 가지 장점들을 가지고 있다. 그러나 시장의 과점적 지배(寡占的支配), 규모의 경제에 따른 조직의 비대화, 재벌의 횡포 등 그 부작용도 만만치 않다.

2. 기업집중의 목적

1) 시장통제목적(기업상호 간의 경쟁제한 또는 배제)

기업의 규모가 확대되어 대량생산을 하게 되면 수요를 초과하는 과잉생산이 되기 쉬우므로 판매경쟁이 격화되고, 마침내는 출혈적 경쟁을 하게 되어 기업이 서로 피해를 입기 쉽다. 따라서 대규모기업들은 서로 협정을 맺고 불필요한 경쟁을 배제하고자 서로 집중・결합하게 되는 것이다.

주로 동종(同種) 또는 유사부문의 기업 간에 행하여지는데 이것을 횡단적 또는 수평적 결합이라 한다. 카르텔이나 트러스트 등은 이 목적으로 결합된다.

2) 경영합리화 목적(생산공정의 합리화)

원료공급기업과 가공 · 제조업 및 판매업의 기업결합이며, 이것을 종단적 또는 수직적 결합이라 한다. 산업형 콘체른 또는 콤비나트(kombinat)는 이 목적으로 형성된다.

예를 들면, 원료부문의 펄프회사와 가공부문의 제지회사가 합병하고 또한 종이 판매회사까지 흡수하는 경우라든가, 석유정제회사와 석유화학회사가 합병하는 경우 등이다. 이와같이 집중된 기업은 생산기술 상의 합리화에 의해 생산비의 절감을 꾀할 수 있을 뿐만 아니라 원료의 확보, 제품의 판매에 있어서도 유리한 결과를 가져 올 수 있다.

3) 금융적 목적(출자관계를 통한 타기업지배)

재벌 또는 금융기업이 출자관계(내지는 대부 등)를 통하여 다른 기업을 지배하려는 목적으로 기업을 결합하는 경우가 있다. 이와 같은 기업집중은 이종기업 간 또는 생산 · 유통단계상 무관한 기업 간에서도 행하여진다. 즉, 금융적 목적을 위한 결합으로서 금융자본의 지배(금융자본형 콘체른)라는 방식이다.

예를 들어, 은행 등의 금융기관이 공업회사 등에 장기대부를 하거나 주식보유를 통해 서로 결합관계를 갖게 됨으로써 기업지배를 하는 경우 등이다. 오늘날 이른바 재벌기업은 주로 이 형태의 기업결합이다.

3. 기업집중의 형태

기업집중의 기본형태로는 카르텔, 트러스트, 콘체른 등이 있고, 특수형태로는 컨글로메리트, 조인트벤처, 기업집단, 기업다각화, 기업계열화, 감량경영(디베스티쳐) 등이 있다.

1) 카르텔(cartel, 기업연합)

카르텔은 시장통제를 목적으로 동종 또는 유사업종 간에 협정을 통해 형성되는 기업집중 형태이다. 법률적으로나 경제적으로 자사의 독립성을 유지하면서 협정사항에 따라 결합하게 되므로, 기업의 자유성과 독립성을 유지하면서 결합한다는 장점이 있는 반면, 언제든지 임의로 탈퇴가 가능하기 때문에 결합력이 약하다는 단점이 있다. 협정에 가입하지 않은 기업을 아웃사이더(outsider)라 한다. 카르텔의 유형으로는 판매카르텔, 구매카르텔, 생산카르텔 등이 있는데, 이 중에서 고도로 발달된 판매카르텔을 신디케이트(syndicate)라 한다.

카르텔의 궁극적 목적은 시장가격의 유지 · 인상에 있으므로 보통 경기하향으로 시장가격이 하락하고 있을 경우 카르텔이 필요하게 된다. 이것을 '불황의 아들'이라고 하여 방위적 카르텔이라 한다. 다만 이 같은 방위적 카르텔이라 해도 독점적 결합이라는 성격을 띠고 있다. 자유경쟁에 의한 시장기구의 조절작용에 의하지 않고 인위적으로 가격을 조작하는 행위이며, 불황기가 지나 그 필요성이 없어져도 카르텔이 계속 항구화 될 우려가 있기 때문이다. 호황 시의 카르텔은 가격인상을 적극적으로 실시하는 것으로 '호황의 아들'이라 한다. 단지 카르텔이 불황 · 호황의 어느 시기에 많이 체결되는가는 한마디로 이야기할 수가 없다. 카르텔에 의하여 가격을 유지해야 하는 불황 시에는 카르텔에 의해서도 시장가격의 하락저지가 쉽지 않고, 그 반면 호황 시에는 가격인상이 쉬워 안정카르텔 등의 명목으로 협정을 체결하는 경우가 많기 때문이다.

2) 트러스트(trust, 기업합동 또는 기업합병)

트러스트는 기업 상호 간의 출자액을 결합하여 대자본을 기초로 하는 기업의 복합형태로 서 시장독점과 경영합리화를 위해 자본적으로나 법률적으로 각 기업체는 독립성을 완전히 상실하고 결합한 기업집중형태이다. 기업의 독립성을 상실한다는 점에서 트러스트는 카르텔보다 훨씬 강한 기업간 결합력과 시장독점력을 가지고 있다.

기업합병에는 합병대상 기업들이 서로 독립성을 잃고 하나의 새로운 기업으로 탄생하는 신설합병과 하나의 기업이 독립성을 유지하면서 다른 기업들을 흡수하여 이루어지는 흡수합병이 있다.

트러스트는 원래 '신탁'이라는 용어에서 유래된 것으로, 미국의 트러스트는 이러한 신탁제도에서 발달되었다. 트러스트의 종류로는 콘체른형 트러스트, 합병형 트러스트 등이 있다.

트러스트란 독점적 대기업을 형성하는 기업합동으로 미국의 독점기업형성역사에 근거하여 독점적 대기업을 가리키는 말로 전용되었다. 1879년 스탠더드 석유트러스트가 결성되어 트러스트증권과 교환하는데, 약 40개 석유회사의 의결권부주식이 록펠러를 비롯한 소수의 위탁자에게 맡겨졌다. 이로써 수탁자는 이들 수많은 석유회사의 임원선임과 경영관리를 통일적으로 할 수 있게 되있으며, 석유제품의 판매가격통제, 공급량 제한 등을 독점적으로 지배하였다.

3) 콘체른(concern, 기업연휴, 재벌)

콘체른이란 기업결합 가운데 서로 다른 업종에 속하는 다수의 기업들이 자본적으로 결합한 종합적인 기업그룹을 일컫는다. 즉, 콘체른은 일반적으로 거대기업이 여러 산업의 다수의 기업을 지배할 목적으로 형성되는 것이 보통이다.

콘체른이 형성되는 방식에는

1) 자본참가
2) 임원 파견 및 자본교환
3) 여러 기업이 계약에 의해 이익협동관계를 형성하는 이익공동체
4) 위탁경영과 경영임대차 등이 있다.

그러나 그 중에서 중요한 것은 자본참가이며, 이에는 보통 임원파견이나 겸임이 뒤따른다.

즉, 콘체른은 자본적인 결합체이기는 하지만 각 소속 기업은 법률상으로 독립된 법인기업적 형태를 유지하고 있고, 이를 주식소유, 융자, 인적 결합 등의 방법으로 통괄하고 있다. 그 통괄형태는 크게 지주회사 방식과 이익집단 방식 등 2종류로 나누어진다. 그리고 카르텔과 트러스트와는 달리 산업부문의 관련성에 관계없이 산업과 금융의 일체화에 의한 자본지배를 목적으로 기업 간 결합이 이루어진다.

콘체른은 동종 산업뿐만 아니라 이종산업까지 자본과 금융적으로 지배함으로써, 그 지배형태는 형식적으로는 지주회사로 보이지만, 실제적으로는 그 결합력이 가장 강한 고도의 기업지배 방법이다. 미국에서는 지주회사, 우리나라의 경우 재벌이 콘체른의 대표적 형태이다. 우리나라도 IMF시대 이후인 1999년 4월에 처음으로 기업

구조조정 및 외국인투자를 촉진하기 위해 지주회사제도가 도입되었고, 2001년 4월 우리금융지주회사를 시작으로 신한금융지주회사, 동원금융지주회사가 출범하였다.

지주회사(持株會社, holding company)란 자회사의 과반수의 주식 또는 지배에 필요한 비율의 주식을 취득함으로써 산하회사에 대한 기업지배권을 획득하는 기업집중형태인데 주로 증권대위(證券代位)방식을 이용한다. 증권대위란 주식 또는 회사채를 현실적인 자본수요에 충당하려는 것이 아니라, 다른 기업의 증권을 획득하여 자본참가를 함으로써 타 기업을 지배할 목적으로 발행하는 것을 말한다.

그림 5-3. 지주회사에 의한 콘체른 모형

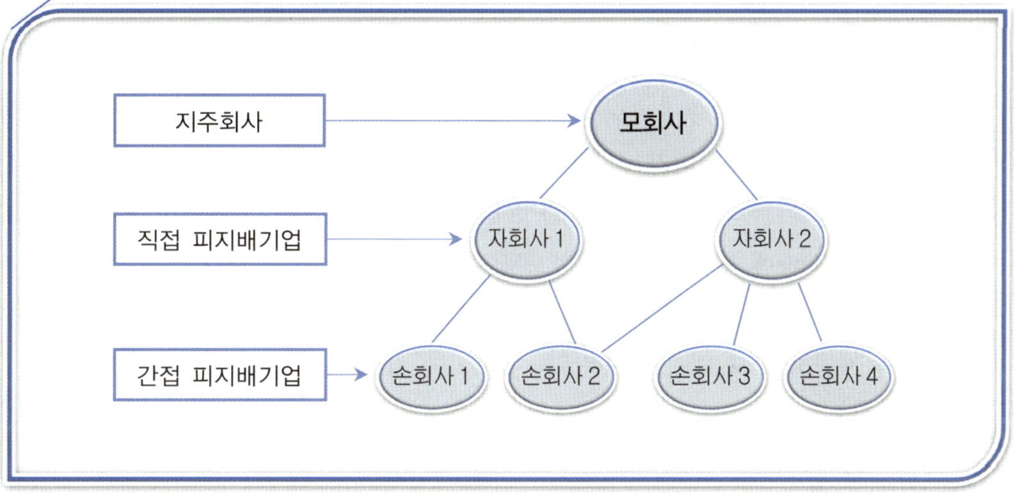

〈표 5-2〉 기업집중 형태의 비교

종류 / 구분	카르텔	트러스트	콘체른
명 칭	기업연합체	기업합동 · 합병	기업집단, 재벌
목 적	부당경쟁 배제 시장통제	경영합리화 실질적 시장독점	내부경영통제 이미지향상
독 립 성	각 가맹기업 개별 활동	법률적 · 경제적 기능 상실	법률적 유지, 경제력 상실
결 합 성	협정체제로 약하다	합동으로 강하다	경제적인 결합형태이다
존 속 성	협정기간 후 자동 해체	완전통일로 단일기업	자본적 지배체제
결합방법	동종의 수평적 결합	수평 · 수직적 결합	수평 · 수직 · 자본적 결합
구 속 력	협정조건에만 제한	완전 내부지배	경영활동 구속, 지휘
대표국가	독일	미국	독일

4) 컨글로메리트(conglomerate)

컨글로메리트는 합병 또는 매수에 의해서 상호 관련이 없는 이종기업을 결합하는 기업집중형태로서 1960년대부터 주로 미국에서 급속하게 발전되었다. 미국에서 1950년대 후반 클레이튼법 제7조의 개정에 따라 기업의 수평적·수직적 합병이 금지된 데 자극되어 이종기업 간의 합병으로 방향을 돌리게 됨으로써 새로운 형태의 방법으로 다각적 합병에 의한 이른바 컨글로메리트가 등장하게 되었다.

한편 클레이튼법(clayton act)이란 미국의 독점금지법으로 가격차별, 배타적 거래, 주식취득, 임원겸임 등을 제한하는 법이다.

5) 합작투자(joint venture)

조인트 벤처란 공동출자회사 또는 합작투자회사를 말하는 데 2명 이상의 투자자가 공동계산방식에 따라 손익을 분담한다는 조건으로 설립하는 과정에서 파생된 용어이다. 이는 기업의 국제화 과정에서 자본적으로 부족한 전망산업을 설립하고자 시도할 때에 외국의 자본가와 공동출자자가 되어 공동투자기업을 설립하는 것을 의미한다. 선진국이 후진국에게 개발된 기계나 기술을 제공하거나, 기술과 특허권을 제공하고 그 대가로 사용료(royalty)를 지급받는 것이 대표적인 조인트 벤처의 예이다.

6) 기업집단

(1) 기업집단의 의의

기업집단화(business grouping)란 생산관리적 측면에서 업무제휴, 기술원조 등의 제 수단을 통하여 경영상·기술상 공동이익을 추구하고자 상호 결합되는 것을 말한다. 이 경우 집단화의 대상이 되는 기업집단은 상호 독립성을 유지함으로써 지배와 종속의 관계를 떠나서 생산기술적 내지 경영기술적인 면에서 상호 간의 보완적 역할을 협조한다. 즉, 기업집단 내의 참가기업들은 인접한 입지조건 하에서 생산기술, 경영기술을 상호보완 활용함으로써 상호 경제적 이익을 추구하고자 하는 하나의 경영협력체를 이룩한다는 목적이므로, 통일적인 지배회사가 존재하지 않는다는 의미에서 콘체른의 기업집중 형태와는 구별되는데, 이의 대표적인 형태는 콤비나트와 공업단지가 있다.

(2) 콤비나트

① 콤비나트의 의의

콤비나트(kombinat 또는 combinat)는 기업집단의 대표적인 것으로서, 결합기업 또는 다각적 결합공장 혹은 공장집단이라는 뜻으로, 기술적인 관점에서 유기적으로 결합된 다수기업의 집단이다. 콤비나트는 특히 지역적 집단화의 특성을 가짐으로써, 일정지역 내에서 자원을 개발하고, 자원을 공동으로 이용하여 생산의 지역적 · 공간적 결합을 시도하는 것이므로, 생산기술적인 입장에서 유기적으로 결합되어 다각적으로 행하여 진다는 것에 그 특징이 있다. 콤비나트의 발전단계는 ① 원재료의 가공단계와 ② 폐기물 · 부산물의 처리 · 이용단계 ③ 그리고 원재료와 반제품에 이르기까지의 종합적 이용단계로 분류된다. 이 모든 단계를 거의 합친 오늘날의 전형인 석유화학을 중심으로 한 콤비나트를 일례로 들어보면, 다각적 종합공장으로서 동일지역에 있는 여러 종류의 기업이 생산기술적 관점에서 유기적으로 결합한 형태이다. 우리나라의 경우 울산석유화학단지와 여천석유화학공업단지가 그 좋은 예이다.

② 콤비나트의 장 · 단점

콤비나트의 장점은 자원의 다각적 · 효율적 이용, 원료확보, 에너지의 절약, 운반 및 수송비의 절약, 중간이윤의 배제 등을 기할 수 있다는 점에서 시너지 효과를 경영에 제한다.

이에 반해 각 참가기업의 공장건설이 동시에 이루어지지 않을 경우에는 종합적인 손실이 커지며, 또한 기업집단 내에서의 제품의 경합이 생겨 조업도의 안정이 곤란해지는 단점도 있다. 이러한 결함을 극복하기 위해서는 공동손익계산이나 합병의 촉진 등 통일적인 합리화 운영체제를 갖출 필요가 있으며, 또한 공동용역에 대해서는 공동출자 회사를 별도로 설립하여 그 효과를 얻으려고 하는 것이 일반적인 추세가 되고 있다.

그런데 콤비나트는 기술적 결합이 특정 지역에 거대한 공장집단으로서 실현되기 때문에 여천공단에서 발생한 것과 같이 이들 공장에서 배출되는 막대한 배출물, 산업폐기물에 의한 공해유발이 문제가 되고 있다. 따라서 지역개발, 이익의 지역환원 등의 긍정적인 면과 함께 공해 등의 사회문제가 콤비나트의 설치 · 유지 · 발전상 고려하지 않으면 안되는 중대한 과제가 되고 있다.

(3) 공업단지

① 공업단지의 의의

공업단지란 많은 공장들이 지역적으로 인접함으로써, 공해나 소음문제를 해소하고, 생산적 · 기술적인 협력체제를 유지하기 위해 일정 공업지역에 군집하는 것을 말한다.

우리나라에서도 창원공단, 구미공단, 반월공단, 구로공단 등과 같은 공업단지를 조성함으로써 공장을 유치하고 각종의 세제상 및 자금 지원상의 특혜를 주고 있다.

② 공업단지의 유형

가. 산지집단형

이는 산지에 있어서 중소기업의 협업화를 기하기 위해서 중소기업을 군집화 한 것으로서 이리의 보석공단 등이 있다.

나. 도시계획형

이는 도시계획의 일환책으로 많은 기업을 집단화 시키는 것으로 지방자치단체가 이를 시행하는 것으로서는 하남공단 등이 있다.

다. 하청계열형

이는 대기업에 계열화 되어 있는 다수의 중소기업을 하청공장으로 한곳에 집중시키는 것으로서 자동차의 경우는 경주공단, 전주공단 등이 이에 속한다.

라. 집단소개형

이는 중소기업 현대화 촉진책의 일환으로 이루어지는 것인데 일정지역 내의 동업자를 집단화 한 것으로서 염색공단, 출판공단, 도금공단 등이 이에 속한다.

7) 기업다각화

기업다각화(business diversification)는 회사가 생산하는 제품 및 서비스의 종류의 수나 회사가 활동하는 시장의 수를 늘리는 것을 말하는 것으로서 이는 매력있는 제품의 생산이나 수익성이 높은 새로운 사업에 진출함으로써 기업성장을 목적으로 한다. 다각화 전략으로는 단일계열 사업전략, 지배계열 사업전략, 관련계열 사업전략, 비관련계열 사업전략이 포함된다.

8) 기업계열화

(1) 기업계열화의 의의

기업 간의 복합관계는 대기업 간에만 일어나는 것이 아니고 대기업과 중소기업 간에도 나타난다. 이들이 종속관계를 유지하든, 그렇지 않든 간에 밀접한 관련성 하에서 거래관계가 형성되어 있는 경우에 이를 기업계열화라 한다. 우리나라 중소기업 계열화 촉진법에서는 계열화를 다음과 같이 정의하고 있다. 즉 "제조업자, 가공업자, 판매업자 또는 수리업자가 물품, 제품, 반제품, 부속품 및 원료의 제조, 가공 또는 수리를 중소기업자에게 위탁하고 이를 위탁받은 중소기업자가 전문적으로 물품 등을 제조하는 상호 분업적 협력관계를 이루는 형태"를 계열화라 한다.

(2) 기업계열화의 목적

기업계열화를 하는 목적 및 동기는 다음과 같다

① **판로의 확보 및 판매기술의 향상**

모회사는 자사제품이 판매망을 확보하게 되고 계열사는 모회사와의 거래를 통해 판매기법을 향상할 수 있는 이점이 있다.

② **생산기반의 확립과 조업의 안정**

모회사는 자체적으로 모든 부품 생산라인을 갖지 않고서도 제품생산계획, 조업의 안정화를 꾀할 수 있고, 계열사는 생산전문화, 조업안정화를 꾀할 수 있다.

③ **기술전수와 활용**

제품생산의 전문화를 통해 모회사의 우수기술을 지도받을 수 있고, 한편으로 계열사가 개발한 전문기술을 모회사가 활용할 수 있다

④ **기타**

제품계획, 마케팅계획의 합리화, 재고비용의 감축, 운전자본의 조달, 경영기법의 교육, 전수 등의 효과가 있다.

(3) 기업계열화의 형태

기업계열화의 형태는 다음 다섯 가지로 나눌 수 있다.

① **수직적 계열화**(vertical integration)

이것은 동종제품의 생산, 판매과정의 단계에 종사하는 각 기업을 집단화 하는 것이다.

② **수평적 계열화**(horizontal integration)

이것은 동일 생산단계에 종사하는 각 기업을 집단화 하는 경우를 말한다.

③ **분기적 계열화**(divergent integration)

이것은 같은 공정 또는 같은 원료에서 이종제품공정이 분기화 하는 기술적 연관조직을 갖는 계열화를 말한다. 섬유화학 공업분야에서 이런 계열화가 나타난다.

④ **집합적 계열화**(conberent integration)

이것은 이종원료, 상품, 이종공정으로부터 동일한 제품계열 또는 동일시장계열에 집약화 된 기술적인 조직을 갖는 계열화를 말한다.

완성차조립 기업은 수많은 중소부품 남품업체와 집합적 계열화 형태로 관계를 맺고 있다.

⑤ **사행적 계열화**(diagonal integration)

이것은 부산물을 가공하는 기업을 계열화 한다든가, 혹은 보조적 서비스를 행하는 기업을 계열화 하는 경우를 말한다.

9) 기업복합화

(1) 인수 · 합병(引受 · 合倂, M&A, mergers and acquisitions)

① **인수 · 합병의 개념**

기업을 확장하는 방법은 두 가지가 있다. 하나는 내적 확장인데 매출을 늘려서 자본투자를 증대시키거나 증권시장을 통해서 유상증자를 하는 것이 대표적이다. 다른 하나는 외적 확장인데 다른 기업을 사들이든지 아니면 두 개의 기업이 하나로 합치는 것이다. 전자를 인수라고 하고 후자를 합병이라 한다. 인수(acquisition)는 한 기업이 다른 기업의 자산을 사들이고 그 기업의 부채를 인수하는 것을 말한다, 이때 인수된 기업은 별개의 아이덴티티를 유지하는 경우도 있으나 대개는 유지하지 못하게 된다. 크라이슬러(Chrysler)가 아메리칸 모터스(American Motors)를 인수하고 지프(Jeep)생산라인은 그대로 유지시켜 놓았지만 아메리칸 모터스의 독자적인 아이덴티티는 상실되고 말았던 것이 좋은 예이다.

합병(merger)은 두 개의 기업을 통합하여 하나의 기업으로 만드는 과정을 말한다. 합병방법은 흡수합병과 신설합병이 있다. 흡수합병은 하나의 기업체계와 구도를 유지하면서 다른 기업을 사들이는 것이다. 신설합병은 두개의 기업이 각각 해체되고 새로운 기업으로 통합하는 것이다.

② 인수 · 합병의 유형

인수 · 합병은 다음의 네 가지 유형으로 분류할 수 있다.

(가) 수평적 인수 · 합병(horizontal acquisition)

한 기업이 동종산업에서 같은 내용의 사업을 하는 다른 기업을 인수 · 합병하는 경우이다. 크라이슬러가 아메리칸 모터스를 인수한 것이 좋은 예이다. 두 기업은 같은 제품으로 경쟁을 하였다.

(나) 수직적 인수 · 합병(vertical acquisition)

한 기업이 동종산업의 기업 중에서 생산제품이 다른 기업, 혹은 유통경로상의 다른 기업을 인수 · 합병하는 경우이다. 예를 들면 생산기업체가 그 기업에서 생산한 제품의 판매회사를 사들인다든지 혹은 원자재공급기업을 사들이는 것이다.

(다) 관련기업 인수 · 합병(congeneric acquisition)

한 기업이 산업은 다르지만 관련 있는 기업활동을 하는 다른 기업을 사들이는 것이다. 예를 들면 프루덴셜 인슈런스(prudential Insurance Co.)가 바체그룹(Bache Group)을 인수한 경우이다. 두 기업은 금융서비스를 취급하지만 직접적으로 경쟁관계는 아니었다. 합병으로 인해 프루덴셜 인슈런스의 금융서비스 영역이 확대되었다. 신한은행이 종금사를 인수하는 경우도 여기에 해당된다.

(라) 컨글로메레이트 인수 · 합병(conglomerate acquisition)

한 기업이 타 산업의 전혀 다른 사업활동을 하는 기업을 인수 · 합병하는 것을 말한다. 수평적 인수 · 합병 및 수직적 인수 · 합병이 금지된 이후 이업종 간의 합병으로 새로운 형태의 다각적 결합을 시도한 결과 1950년 후반에 미국에서 처음 나타난 것이다. 생산기술적으로나 대상시장의 면에서 전혀 관련이 없는 분야의 기업이 결합한 형태이다. GE가 주식 및 채권 판매회사를 인수한 것이 좋은 예이다.

(2) 인수 · 합병의 장단점

기업 인수 · 합병은 단지 기업의 소유권의 변화를 가져온다는 표면적인 현상에 그치는 것이 아니기 때문에 여러 측면에서 그 장점과 단점을 살펴볼 필요가 있다.

① 장점

(가) 영업활동에서 시너지효과를 얻을 수 있다. 즉, 시장점유율을 높이고 대형화를 통해 규모의 경제를 꾀할 수 있다.

(나) 재무측면에서 시너지효과를 얻을 수 있다. 즉, 금융기관이나 자산적 가치가 높은 회사를 인수함으로써 현금흐름을 원활하게 할 수 있다.

(다) 기업고유의 위험을 피할 수 있다. 즉, 사업다각화를 통하여 타 부문으로 진출할 수 있도록 해줌으로써 일종의 사업영역의 포트폴리오를 구축할 수 있다. 이를 통해 급변하는 기업환경 속에서 개별기업들이 한 부문에 매달림으로써 겪게 될지도 모를 위험을 적극적으로 회피할 수 있는 것이다.

(라) 기업과 경영진에게 물러설 창구를 열어줄 수 있다.
우리 기업풍토에서 부도라는 파국에 이르지 않고서는 회사를 매각하거나 정리하는 일은 쉽지 않다. 그러나 인수 · 합병에 의해 기업가치가 정점에 달했을 때 다른 경영주에 게 넘기고, 자신은 다른 기업을 창업할 수 있는 기회를 얻을 수 있다.

② 단점

인수 · 합병은 기업성장 전략의 하나임에는 틀림없지만 그 이면에는 현실적으로 다음과 같은 단점들로 해서 비판을 면치 못하고 있다.

(가) 기존의 기업들이 불의에 의해 타기업으로부터의 인수 · 합병을 당하지 않으려는데 너무 관심을 쏟은 나머지 신제품을 개발하여 새루운 시장을 개척하는데 소홀함으로 해서 자본투자를 기피하고 경영인재를 낭비하게 된다는 것이다.

(나) 대부분의 경우 인수 · 합병에 소요되는 자금을 차입하여 조달하게 되기 때문에 기업의 재무상태를 악화시킬 우려가 있다. 먼저 사고 나중에 갚자식의 경영철학이 초우량기업의 경영성과를 해치게 할 수도 있다. 예를 들면 CBS가 테드 터너(Tad Turner)로부터 적대적 인수 · 합병을 방어

하기 위하여 근 10억 달러의 자금을 동원하여 20퍼센트의 자사주식을 매입하였다. 이로 인해 CBS는 통렬한 구조조정을 단행하지 않으면 안되었다.

(다) 인수·합병의 여파로 종업원뿐만 아니라 그 가족 및 지역사회에 커다란 파탄을 초래할 수도 있다. 피합병된 기업이 다른 지역으로 이전되거나 매각처분된다면 지역사회에 경제적으로 큰 충격을 주게 될 것이다.

이상에서 인수·합병의 장점 및 단점, 즉 순기능과 역기능을 구체적으로 살펴보았다. 이를 다시 간결하게 요약하면 위 〈표 5-3〉과 같다.

〈표 5-3〉 인수·합병의 순기능과 역기능

순기능	역기능
경영효율성 제고 경영투명성 확보 시간과 비용절약	증권시장 질서교란 산업자원 왜곡사용 경영역량 분산

10) 감량경영

디베스티쳐(divestiture)란 수익성이 맞지 않고 경영성과가 부진한 생산라인을 매각하여 기업의 체질을 개선하려는 일종의 감량경영전략이다. 디베스티쳐는 크게 분리신설(spin-off)과 일부매각(sell-off)의 형태로 분류할 수 있다. 기업의 분리신설은 기업을 분할하여 각기 독립된 기업으로 신설하고 기존주주에게는 소유주식의 비율에 따라 신설된 각 기업의 주식을 발행하는 것을 말한다. 기업의 일부매각은 수익성이 낮은 기업의 일부를 분할하여 매각처분하는 것을 의미한다. 이는 기업의 수지를 개선시킴과 동시에 시장경쟁력을 강화시켜 적정규모의 투자효과를 높일 수 있다.

4. 기업집중의 규제 및 제한

1) 기업집중 규제의 의의

현대기업은 경영규모가 확대됨에 따라서 상호 간의 경쟁을 배제하고 제한하며 시장을 지배할 목적으로 기업집중을 하고 있다. 이러한 기업집중으로 기업이 대규모화 되어 생산비의 절감, 생산기술의 향상, 효율적인 유통 및 조직구조 그리고 자본의 유리한 이용이 이루어지는 등 경영상의 유리한 점도 확보할 수 있다.

그러나 기업집중은 필연적으로 독과점을 형성하게 되어 공정한 자유경쟁과 공공의 이익을 저해하고 중소기업 및 일반소비자에게 피해를 주게 된다. 이에 대해 각국 정부는 건전한 국민경제의 발전과 공정한 경쟁을 실현하기 위하여 기업집중과 이에 수반된 독과점을 저지하기 위한 정책을 수행하여 각종의 규제를 가하고 있다. 그러나 각국 정부의 독과점에 대한 제도적 규제에도 불구하고 기업규모의 거대화와 기업이윤의 저하로 개별기업들은 독과점을 위한 새로운 방책을 모색, 강구하고 있는 것이 현실이다.

이처럼 산업의 독과점화 경향은 모든 자본주의 국가에 있어서 일반적인 현상이지만 우리나라의 독과점은 그 생성배경이 다소 상이하다는 점에 커다란 문제점이 있다. 즉, 우리나라는 근대산업을 이식하는 개발초기에서 가용자본이나 물적・인적 자원이 한정되어 있기 때문에 이를 가장 효과적으로 활용하기 위해서 불균형개발론에 근거하여 대기업에 집중투자를 하는 개발정책을 채택함으로써 경쟁이란 과정을 거치지 않고 처음부터 독과점의 형태가 생성하게 되었다. 특히 산업화가 진행되는 과정에서 정부의 경제개발정책의 필요에 의해서 이러한 독과점 현상이 더욱 추진되었다.

그 결과, 우리나라의 주요 산업부문은 거의 전부가 독과점을 형성하고 있으며 이들은 정부의 세제, 금융상의 지원과 수입통제 및 수출증대를 위한 정책적 배려하에서 독점적 이윤을 추구하고 있어 기업풍토의 개선과 경제질서의 확립에 커다란 영향을 미치고 있다.

기업의 이러한 독과점적 행위는 기업결합이 병행되어 사실상 자유 경쟁체제를 문란케 하는 것이므로 세계 각국은 거의 모두 제도적 규제를 하고 있으며 특히 자본주의 경제의 중심이 되고 있는 선진 서구제국에서는 이에 대한 엄격한 규제가 이루어지고 있다.

2) 기업집중에 관한 법적 규제

미국에서는 일찍이 트러스트의 형성을 금지하는 셔만법(Sherman Antitrust Act)이 제정되어 불법적인 결합 또는 경쟁으로부터 거래 및 산업을 보호하는 법률이 마련되었으며, 1894년에는 수입무역에 있어서의 거래제한을 금지하기 위한 윌슨관세법(Wilson Tariff Act)이 제정되었다. 1914년에는 셔만법을 보완하기 위하여 클레이튼법(Clayton Act)과 연방거래위원회법(Federal Trade Commission Act)이 제정되어 독과점금지법의 확립을 보았다. 1950년에는 중소기업의 합병을 권장 · 조정하기 위한 반합병법(Anti Merger Act) 등이 제정되어 독과점 금지정책의 모국이 되었다.

우리나라에서는 1961년에 건전한 상거래의 질서를 유지하는 "부당경쟁방지법"이 제정되었으며, 1967년에는 "물가안정 및 공정거래에 관한 규칙"이 제정되었고, 1980년에는 "소비자 보호법"이 제정되었다.

1980년 12월에는 "독점규제 및 공정거래에 관한 법률"이 제정 되었는데, 이 법의 목적은 사업자의 시장지배적 지위의 남용과 과도한 경제력의 집중을 방지하고, 부당한 공동행위 및 불공정거래행위를 규제하여 공정하고 자유로운 경쟁을 촉진함으로써 창의적인 기업활동을 조장하고 소비자를 보호함과 아울러 국민경제의 균형있는 발전을 도모함에 있다.

이 법은 1990년 1월에 전면 개정하고 2009년 3월 25일과 2012년 3월 25일 일부 개정하여 오늘에 이르고 있는데 이 법은 시대의 변화에 따라 그에 걸맞게 계속 개정이 이루어지리라 생각된다.

제4절 사회적 기업[7)]

근래에 복지에 대한 관심이 증가함에 따라 복지지출에 대한 정부의 의지에 대해 많은 논란들이 있어 왔다. 과거 우리나라는 빈약한 산업구조를 극복하고 국가를 부강하게 하고자 대기업 위주의 성장전략을 추진하여 많은 성과를 거두었으나 고도성장의 그늘에 가려 겉으로 들어 나지 않은 어두운 면도 상당부분 있었던 것이 사실이다. 실업 및 빈곤 등으로 양산된 사회적 배제 문제가 곧 그것인데, 이러한 사회문제를 국가가 아닌 사회연대로 해결하고자 1970년대 말에 등장한 것이

7) 한국사회적기업진흥원(www.socialenterprise.or.kr)에서 발췌, 요약했음.

사회적 기업(social enterprise) 또는 사회적 협동조합(social co-operatives)이다.

1. 사회적 기업의 의의

사회적 기업이란 사회적 목적을 우선적으로 추구하면서 수익창출 등 영업활동을 수행하는 기업 및 조직을 말한다. 따라서 일반적인 기업이 국민경제에서 필요로 하는 재화와 용역을 생산·분배를 통해 부가가치를 창출하고 이익을 획득함을 목적으로 경영활동을 수행하는 것과 큰 차이가 있다.

사회적 기업은 일반적으로 빵을 팔기 위해 고용하는 것이 아니라 고용을 하기 위해 빵을 파는 기업으로 좋은 일을 하면서도 수익을 내는 기업으로 표현하고 있다.

우리나라에서는 2007년 7월에 사회적 기업 육성법이 시행되었는데 이 법에서는 사회적 기업을 취약계층에게 사회서비스 또는 일자리를 제공하여 지역주민의 삶의 질을 높이는 등의 사회적 목적을 추구하면서 재화 및 서비스의 생산·판매 등 영업활동을 수행하는 기업을 말한다(사회적 기업 육성법 제2조 1호)라고 정의하고 있다.

즉, 사회적 기업은

- 취약계층에게 사회서비스 또는 일자리를 제공하여 지역주민의 삶의 질을 높이는 등의 사회적 목적을 추구하면서 재회 및 서비스의 생산·판매 등 영업활동을 하는 기업
- 주주나 소유자를 위한 이윤 극대화를 추구하기 보다는 우선적으로 사회적 목적을 추구하면서 이를 위해 이윤을 사업 또는 지역공동체에 다시 투자하는 기입을 밀한다.

[그림 5-4]는 사회적 기업의 스펙트럼을 보여주고 있다.

그림 5-4. 사회적 기업의 스펙트럼

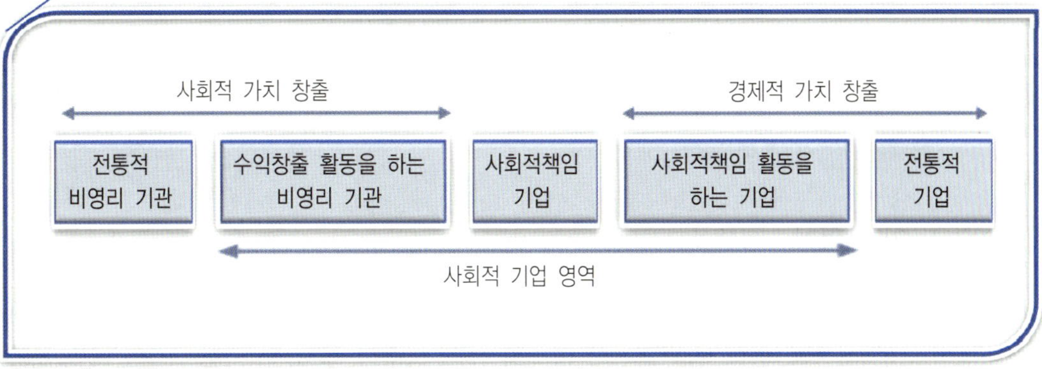

2. 사회적 기업의 특징

사회적 기업은 다음과 같은 특징을 갖고 있다.

- 사회적 목적추구 – 취약계층에게 일자리 또는 사회서비스제공(취약계층 : 저소득자, 고령자, 장애인, 성매매 피해자, 장기실업자, 경력단절여성 등)
- 지역사회 발전 및 공익 증진.
- 민주적 의사결정구조(서비스 수혜자, 근로자, 지역주민 등 이해관계자가 참여)
- 수익 및 이윤 발생 시 사회적 목적 실현을 위한 재투자(상법상 회사, 이윤 $\frac{2}{3}$ 이상)
- 조직형태는 비영리법인 · 단체, 조합, 상법상 회사 등 다양하게 인정
- 유급근로자를 고용.
- 영업활동을 통한 수입이 노무비(인건비)의 30% 이상.

3. 사회적 기업 종류

우리나라는 사회적 목적에 따라 사회적 기업을 5개형으로 분류하고 있다.

1) 일자리 제공형

조직의 주된 목적이 취약계층에게 일자리를 제공하는데 있다. 취약계층 고용비율이 30% 이상인 경우(2014년 1월부터 50% 이상) 해당.

2) 사회서비스 제공형

조직의 주된 목적이 취약계층에게 사회서비스를 제공하는 데 있다. 사회서비스를 제공받는 취약계층의 비율이 30% 이상인 경우(2014년 1월부터 50% 이상 : 사실관계 확인서류를 통해 확인) 해당.

3) 혼합형

일자리 제공형 + 사회서비스 제공형. 취약계층 고용비율이 20% 이상이고, 사회서비스를 제공받는 취약계층의 비율이 20% 이상인 경우(2014년부터 각각 30% 이상) 해당.

4) 지역사회 공헌형

지역사회 주민의 삶의 질 향상에 기여하는데 있다. 지역(고용노동부장관이 정책심의회의 심의를 거쳐 사회적 기업에 의한 지역사회공헌이 필요하다고 인정하는 지역)의 인적·물적자원을 활용하여 지역주민의 일자리를 늘리는 것으로서 해당조직의 전체 근로자 중 해당조직이 있는 지역에 거주하는 취약계층의 고용비율이나 해당조직으로부터 사회서비스를 제공받는 지역 취약 계층의 비율이 20% 이상인 경우(마을기업, CB, 어촌공동체회사 등) 해당.

5) 기타형

불특정다수를 대상으로 사업을 하기 때문에 취약계층 고용비율과 사회서비스 제공비율 등으로 사회적 목적의 실현여부를 판단하기 곤란한 사회적 기업이 해당.

한편 사회적 기업 육성을 통해 지속가능한 경제와 사회통합을 구현할 수 있다.

- **지속가능한 일자리 제공** : 취약 계층을 노동시장으로 통합, 보람되고 좋은 일자리 확대
- **지역사회 활성화** : 지역사회 통합, 사회적 투자확충을 통한 지역경제 발전
- **사회서비스 확충** : 새로운 공공서비스 수요 충족, 공공서비스 혁신
- **윤리적 시장 확산** : 기업의 사회공헌과 윤리적 경영문화 확산, 착한 소비문화 조성

4. 육성 배경

1997년 외환위기 이후 급속히 증가하는 실업률과 심화된 양극화 문제로 지속가능한 양질의 일자리 창출 노력이 요구되었고, 고령화와 저출산 문제, 전통가족구조의 해체 등으로 사회서비스에 대한 수요 증가로 사회서비스부문의 고용확대 필요성이 제기되었으며, 단순 이벤트성의 기부・후원을 지양하고 이익의 사회환원・나눔경영 등과 같은 기업의 사회적 책임과 사회공헌활동에 대한 관심이 증가함에 따라 사회적 기업에 대한 필요성이 높아졌다.

1) 우리나라의 사회적 기업의 배경과 개념

사회적 기업은 2007년 7월부터 시행되고 있는 사회적 기업 육성법에 의해 고용노동부장관의 인증을 받아야 하며, 2013년 7월 12일 현재 862개의 사회적 기업이 인증을 받고 있는데, 우리나라의 사회적 기업은 취약계층에 대한 일자리 문제해결과 사회서비스 수요에 대한 공급확대방안으로 시작했다.

2) 우리나라의 사회적기업의 시작

1990년대 초반 : 빈민지역을 중심으로 한 생산공동체운동, 노동자생산협동조합 등
1990년대 이후 : 장애인 재활 및 자립 사업
1996년 : 복지부의 자활사업
1997년 : 외환위기, 공공근로 시작
2000년 : 국민기초생활보장법 – (수급자/차상위자) 자활지원사업의 제도화
2003년 : 사회적일자리 사업 – 저소득소외계층 사회서비스 – 실업・양극화
2007년 : 사회적 기업육성법 제정, 1차 36개 인증

5. 사회적 기업의 인증 요건

1) 조직형태

법 제8조 1항 1호에 의해 사회적 기업으로 인증을 받기 위해서는 반드시 독립

된 조직형태를 갖추어야 한다.

① 민법상 법인 또는 조합, 상법상 회사
② [공익법인의 설립, 운영에 관한 법률] 제2조에 따른 공익법인 – 개인사업자는 인증불가
③ [비영리민간단체지원법] 제2조에 따른 비영리민간단체
④ [사회복지사업법] 제2조 제3호에 따른 사회복지법인
⑤ [소비자생활협동조합법] 제2조에 따른 생활협동조합
⑥ [협동조합기본법]에 따른 협동조합, 협동조합연합회, 사회적협동조합, 사회적협동조합연합회 – 공공기관 출연/출자 및 자치단체 출연의 경우 인증 불가
⑦ [그 밖에 다른 법률에 따른 비영리단체]

비영리법인과 단체가 조직의 목적 달성을 위한 수익사업을 별도의 사업단으로 하는 경우

- 모법인과 인사/회계/의사결정이 실질적으로 독립되어 자율적으로 운영되는 것이 객관적으로 확인될 경우 사회적 기업으로 인증 가능.
- 객관적 확인은 모법인의 정관, 모법인의 공증된 이사회 의사록, 사업단의 정관 등으로 확인.
- 법인내 사업단은 인증 신청시 2년 이내 분리독립계획서(독립 절차 및 추진일정)를 제출해야 함.

  ※ 영농조합 등 농업법인의 경우 상법상 법인의 인증기준을 준용한다.

2) 유급근로자 고용

사회적 기업으로 인증을 받기 위해서는 1인 이상의 유급근로자를 고용하여 재화와 서비스의 생산판매 등 영업활동을 수행해야 한다. 여기서 유급근로자란 사회적 기업 활동과 관계하여 고용된 근로자로 정규직 근로자뿐만 아니라 관련 사업을 수행하기 위해 고용된 비정규직(일용직/상용직)근로자, 파트타임 근로자 등을 모두 포함한다. 그러나 유급형태가 아닌 자원봉사자 등은 포함되지 않는다.

유급근로자는 적용 제외 대상이 아닌 한 4대 보험(국민건강보험, 연금보험, 고용보험, 산재보험)에 가입되어 있어야 하고, 최저임금법에서 정한 바에 따른 임금 이상을 지급 받아야 한다.

※ 인정가능 범위

① 월 60 시간미만의 단시간 근로자(4대 보험 일부 적용 제외), 노인장기요양법에 의한 요양보호사, 장애인근로사업장 소속 근로자(직업재활 프로그램 참여로 훈련수당 받는 장애인 제외), 사업주로부터 업무, 복무, 임금 등 직접 지도/감독을 받는 파견 형태의 근로자)

② 자활공동체, 비영리단체 등이 상법상 회사로 전환하면서 '일자리사업 참여자격에 문제생길 경우'에는 2주간 유예 후 전환 가능.

3) 사회적 목적 실현

사회적 기업으로 인증을 받기 위해서는 해당 기관의 근로자와 서비스 수혜자를 고려하여 상기의 5가지 사회적 목적 실현 유형들 중에서 하나의 유형에 부합되어야 한다.

취약계층에 대한 일자리 제공이나 사회서비스 제공 실적과 같은 사회적 목적 달성 여부의 판단은 영업활동을 통한 수입기간과 동일하게 6개월 동안의 사회적 목적 달성 실적을 제출해야 한다.

4) 이해관계자가 참여하는 의사결정 구조

사회적 기업으로 인증을 받기 위해서 해당 기관의 중요 회의체는 임원이나 이사 이외에 근로자대표, 서비스수혜자대표, 보호자대표, 후원자, 연계기업이나 연계지자체 담당자, 지역사회인사 등 다양한 이해관계자가 참여하는 의사결정구조를 갖춰야 한다.

〈표 5-4〉 이해관계자가 참여하는 의사결정 구조

이해관계자 참여 의사결정구조	총회 주주총회 이사회 운영위원회/운영협의회

※ 의사결정권이 없는 자문위원회의 경우 인정 안됨

5) 영업활동을 통한 수입

사회적 기업으로 인증을 받기 위해서는 인증신청일이 속하는 월의 직전 6개월 동안의 영업활동을 통한 수입총액이 총 노무비의 30% 이상이 되어야 한다.

6) 정관/규약

인증을 받기 위해서는 해당 기관의 정관이나 규약(법인 내 사업단의 경우 규약이나 운영 규정) 속에 사회적 기업에서 요구하는 법정 기재사항 10가지가 반드시 포함되어야 한다.

〈표 5-5〉 영업활동을 통한 수입의 인증요건

영업활동 관련 증빙서류	1. 목적 2. 사업내용 3. 명칭 4. 주된 사무소의 소재지	
	5. 기고나 및 재배구조의 형태와 운영 방식 및 중요 사항의 의사결정방식	이사회, 운영위원회, 총회, 주주총회
	6. 수익배분 및 재투자에 관한 사항	재정, 재산 및 회계 (수익사업, 잉여금 처분, 수익의 처분 및 관리), 이익배당, 수익나눔
	7. 출자 및 융자에 관한 사항	재산 및 회계, 재정, 주식, 사채, 출자와 적립금
	8. 종사자의 구성 및 임면에 관한 사항	회원(조합원), 조직과 임원(이사, 감사),사무처 사무국
	9. 해산 및 청산에 관한 사항 10. 기타 : 사회적기업의 지부, 재원조달, 회계에 관한 사항	

7) 이윤의 사회적 목적 재투자(상법상 회사)

사회적 기업으로 인증을 받기 위해서는 상법상 회사의 경우 해당 기관의 정관이나 규약 내에 이윤의 재투자와 관련해서 다음의 내용이 반드시 포함되어야 한다.

이윤의 재투자	회계연도별로 배분 가능한 이윤이 발생한 경우, 이윤의 3분의 2이상을 사회적 목적을 위해 재투자 한다.

정관상의 형식적 명기 뿐 아니라 주주동의서 작성 여부, 지난 회계연도 이윤 사용 및 재투자 내역을 종합적으로 평가하여 인증하는데, 사회적 기업으로 인증을 받기 위해서는 상법상 회사의 경우 해당 기관의 정관이나 규약 내에 '해산 및 청산에 관한 사항' 과 관련해서 다음의 내용이 반드시 포함되어야 한다.

해산 및 청산 시	배분 가능한 잔여 재산이 있을 경우 잔여 재산의 3분의 2 이상을 다른 사회적 기업 또는 공익적 기금 등에 기부하도록 한다.

- 조합원의 이익을 위해 설립된 영농조합, 농업회사, 협동조합 등도 상법상 회사에 준하여 동일하게 적용
- 이윤의 재투자 범위: 지역사회 환원, 설비재투자, 기술개발 등을 통한 사업확장을 통한 추가 인력 고용, 취약계층에 대한 봉급 인상으로 근로여건 개선(복지 강화), 직업훈련 프로그램 개발 등(이를 위한 적립금도 허용)

6. 예비사회적 기업

1) 지역형 예비사회적 기업

사회적 목적 실현, 영업활동을 통한 수익창출 등 사회적 기업 인증을 위한 최소한의 법적 요건을 갖추고 있으나 수익구조 등 일부 요건을 충족하지 못하고 있는 기관을 지방자치단체장이 지정하여 장차 요건을 보완하는 등 향후 사회적 기업 인증이 가능한 기관을 말한다.

2) 부처형 예비사회적 기업

사회적 목적 실현, 영업활동을 통한 수익창출 등 사회적 기업 인증을 위한 최소한의 요건을 갖추고 있는 기관으로서, 중앙부처장이 지정하여 장차 요건을 보완하는 등 사회적 기업 인증을 목적으로 하는 기관을 말한다.

3) 지원제도

- 경영컨설팅 지원

- 사업개발비 지원
- 일자리창출사업 인건비 지원
- 공공기관 우선구매 권고
- 기타 자치단체 및 부처별 정책에 따른 지원제도

〈표 5-6〉 사회적 기업과 예비사회적 기업의 차이점

구분	사회적 기업	예비사회적 기업
법률	사회적 기업 육성법	사회적 기업 육성 지원을 위한 조례·규칙
인증 요건	① 조직형태 ② 유급근로자 고용하여 영업활동을 수행할 것 ③ 사회적 목적 실현(취약계층 고용·사회서비스 제공 등) ④ 이해관계자가 참여하는 의사결정구조 ⑤ 영업활동을 통한 수입(매출액이 노무비의 30% 이상) ⑥ 정관·규약을 갖출 것 ⑦ (상법상회사의 경우) 이윤의 2/3이상 사회적 목적을 위해 재투자	① 조직형태 ② 유급근로자 고용하여 영업활동을 수행할 것 (매출규모 무관) ③ 사회적 목적 실현 (취약계층 고용·사회서비스 제공 등) ④ (상법상회사의 경우) 이윤의 2/3이상 사회적 목적을 위해 재투자
지원	① 경영컨설팅 ② 공공기간 우선구매 ③ 시설비 등 지원 ④ 세제 지원 ⑤ 사회보험료 지원 ⑥ 전문인력 채용 지원 ⑦ 인건비 지원 ⑧ 사업개발비 지원 ⑨ 모태펀드	① 경영컨설팅 ② 공공기간 우선구매 (기관별 차이 있음) ③ 인건비 지원 ④ 사업개발비 지원 ⑤ 모태펀드

제6장 공 기 업

제1절 공기업의 의의 _ 169

제2절 공기업의 설립목적 _ 170

제3절 공기업의 형태와 종류 _ 172

제4절 독립채산제(분권적 재무관리 원리) _ 176

제5절 공기업의 장단점과 유사개념 _ 178

제6장 공기업

제1절 공기업의 의의

공기업(公企業, public enterprise)이란 국가 또는 지방공공단체가 공익 내지 행정상의 목적으로 출자와 동시에 경영상의 책임을 지는 기업형태이다. 즉, 출자와 경영을 국가나 지방자치단체가 담당하는 기업이다. 공기업은 생산조직의 한 형태로서 중앙정부 또는 지방자치단체로부터 소유권에 기초한 통제 또는 지배를 받는 가운데 그 생산물을 판매하게 된다.

이러한 공기업의 설립배경을 보면 다음과 같다.

자본주의 경제사회의 발전에 따라 영리원칙에 입각한 사기업만으로는 경쟁이 곤란하거나 불가능한 분야가 생기게 되었다. 예를 들어 하수도, 도로 등의 분야이다. 뿐만 아니라 케인즈(Keynes)가 말한 유효수요의 부족으로 인한 국민경제의 경기후퇴를 되돌리기 위해서는 국가가 의식적으로 유효수요를 창출할 필요성이 나타난 것이다. 이에 따라 국가나 지방공공단체가 자본주의 경제체제의 보완책으로 비용충족의 원칙, 즉 공공성의 원칙에 따라 경영되는 공기업을 설립, 운영하는 것이 불가피하게 되었다.

일반적으로 공기업의 특성은 기업성(企業性)과 공익성(公益性)이라는 두 가지의 지배원리로 특징지어진다. 기업성이란 공기업이 정부가 출자하고 관리하는 사업을 수익주의에 충실한 사기업처럼 조직·운영하는 것을 말한다. 그런데 공기업이 이윤추구의 기업성에만 치중한다면 사기업과 다를 바가 없을 것이다. 따라서 공기업에게는 공익을 증진시키는 공익성이 요구된다.

이러한 공익성을 보장하기 위한 제도적 장치가 바로 민주적 · 공익적 통제이다. 다만 통제를 지나치게 강화하는 경우에는 자주성을 상실하게 되어 기업성을 저해하게 되므로 그 한계를 결정하는 것은 중요한 문제이다. 일반적으로 공익성의 통제는 공기업정책을 정부정책에 일치시키는 정도에 한정시키고, 공기업의 대내적 운영문제에 대하여 자주성을 보장해야 한다.

현대 국가에서는 최저의 국민경제생활을 국가가 보장하는 동시에 균형 있는 국민경제의 발전을 기하며 전체 국민의 공공복리를 증진시키기 위해 국가가 적극적으로 간섭하여 경제적 · 사회적 민주주의를 달성하려고 한다. 따라서 현대국가에서는 국가가 하는 경제적 역할이 커져 공기업이 존재하지 않는 국가는 거의 없게 되었다.

제2절 공기업의 설립목적

자유를 기반으로 하는 자본주의 사회에서 기업의 본래적인 형태는 사기업이다. 따라서 순수 고전적 자본주의 이념으로는 공유 · 공영의 공기업이란 있을 수 없다. 그러나 자본주의의 발전은 오늘날 자유방임 내지 자유경쟁을 원칙으로 하는 사기업만으로는 목적으로 하는 실효를 거두기가 곤란한 경제분야를 낳게 되었으며 또한 사기업의 모순을 보완하는 것으로서의 공기업의 존립이 요구되어 온 것이다.

이러한 공기업의 설립목적은 크게 ① 공공정책상 ② 경제정책상 ③ 사회정책상 ④ 재정정책상 ⑤ 기타 등으로 나눌 수 있다.

1. 공공정책상의 목적

공공정책상(公共政策上)의 목적은 공익목적을 달성하기 위하여 공기업을 설립하는 경우를 말한다. 우편 · 전신 · 전화 · 철도 · 전력 · 상수도 · 가스 · 도로 · 항만 등의 사업은 여타산업부문에 비하여 공익성이 강하며 그 사업 성질상 막대한 고정자본을 필요로 하며 독점적인 성질을 갖는 산업부문인 것이다. 이러한 산업부문은 그 공익성으로 보아 사기업의 독점 하에 방임하기가 곤란하며, 또한 약소한 민간자본으로는 설립에 애로가 있어 대자본 조달이 용이한 공기업 형태를 취하는 것이다. 그러나 오늘날은 민간자본이 충분히 발달되어 가고 있고, 또한 사기업일지라도 그 경영에 사회적 책임을 요구하게 되어 모든 사기업이 공익적 성격을 증가시켜가고 있음을 볼 때, 이러한 공익사업도 사기업 형태를 채용하되 국가가 통제하는 방식을 취함이 오히려 원칙적이며 장려되는 바라 하겠다.

2. 경제정책상의 목적

경제정책상(經濟政策上)의 목적은 국가가 국민경제의 안정・발전 및 산업의 육성・부흥을 도모하기 위하여 설립하는 경우이다. 즉, 국가의 경제정책수행 상 꼭 필요한 사업이나 사기업으로는 능히 신속한 설립이나 유효한 결과를 기대하기 곤란한 경우에 설립하는 공기업을 말한다. 이러한 목적으로 국가가 선도적으로 설립하는 철강산업 등과 같은 기간산업(基幹産業), 원자력산업, 전력산업, 국토개발산업, 도로산업, 항공산업 등이 이에 해당된다. 특히 자본주의의 초기단계에 있어서나 또는 민간자본의 축적이 미약한 후진국가에 있어서 혹은 전쟁・불황기에 있어서는 이러한 산업들은 공기업 형태로 설립되는 것이 요구된다.

3. 사회정책상의 목적

사회정책상(社會政策上)의 목적은 근로자의 생활안정, 불황 시의 실업자구제 등의 사회안정을 위한 정책적 목적에 의해서 공기업이 설립되는 경우이다. 즉, 불황 시의 실업자구제사업, 각종의 사회보험사업, 근로자를 위한 주택사업과 같은 사회정책의 실행기관으로서 공기업이 설립되는 경우를 말한다.

4. 재정정책상의 목적

재정정책상(財政政策上)의 목적은 국가가 재정적으로 필요한 자금을 조달하기 위하여 공기업을 설립하여 경영하는 경우를 말하며, 전매사업의 형태가 그것이다. 우리나라의 경우 연초(煙草), 염(鹽, 소금), 인삼(人蔘) 등의 전매사업이 그것이며 이들의 생산이나 판매 혹은 양자를 전부 독점하여 경영함으로써 재정수입을 확보하고자 하는 것이다. 즉, 이들은 재화의 생산과 판매 중 어느 것이나 한쪽을 독점하거나 혹은 양쪽을 전부 독점하여 될 수 있는 한 많은 재정수입을 획득하려고 한다. 그러나 이 전매이익은 세금과 같은 성질을 가지는 것이라고 할 수 있으며 공기업의 목적으로서는 예외적이라고 볼 수 있다.

5. 기타의 목적

이는 국가의 정치적, 문화적, 군사적 정책상 가장 필요로 하는 재화와 용역의 생산에 있어서 사기업으로는 그 실효를 기대하기 곤란한 경우에 설립하는 공기업이다. 예컨대 한국조폐공사, 군부에서 직영하는 각 공장 등은 국가 또는 공공단체가 직접 필요로 하는 물자와 용역을 생산하기 위하여 설립된 것이라 할 수 있다.

제3절 공기업의 형태와 종류

1. 공기업의 형태

공기업의 형태를 분류하는 입장은 일반적으로 세 가지로 구분할 수 있다.

첫째는 공기업의 주체가 누구냐 하는 주체의 소유관계에서 보는 입장이다. 공기업과 공기업화 되지 않은 공영사업과의 분류기준이다.

둘째는 기업목적이 어떠냐 하는 공공성의 유무에 의한 분류이다. 이는 공기업과 사기업의 분류기준이 되는 것이다.

셋째는 공기업의 조직형식이나 그 기구에 따라서 분류하려는 입장이다. 공기업의 조직형태는 우선 그것이 독립된 법인격을 갖느냐에 따라 행정기업과 법인기업으로 분류할 수 있다.

행정기업은 자주성의 유무 내지 그 정도에 따라서 순수행정기업과 비종속적 공기업(자주화 행정기업)으로 분류할 수 있다.

순수행정기업은 경영의 자주성이 전혀 없을 뿐만 아니라 독립된 재산도 없으며, 경영의 원칙에 비추어 볼 때 이를 기업으로 볼 것인가, 아니면 행정의 연장으로 볼 것이냐는 문제도 있게 된다.

법인체 기업은 국가 또는 지방자치단체와는 별개의 독립된 법인격을 형성함으로써 관리, 조직, 인사 및 노동관계에 대하여 경영자주성이 부여되는 공기업형태이다. 그것은 다시 주식자본조직을 갖지 않는 공공기업체형태와 회사형태로 분류된다. 또한 공공기업형태는 정부의 전액출자형태와 공사혼합 출자형태로 분류되고, 회사형태는 그 소유형태의 차이, 즉 정부전액 출자인가 또는 일부 출자인가에 따라서 공유회사와 공사공동기업으로 분류된다.

2. 공기업의 종류

공기업은 그 기준에 따라 여러 가지 형태로 분류할 수 있으나 공기업의 발전과 정상으로 보아 다음과 같이 분류함이 대표적이다.

1) 순수행정기업

순수행정기업은 행정기관의 일부분으로서 운영되는 공기업으로 순수관청기업이라고도 한다. 즉, 이는 일반 행정기관과 동일한 제약을 받고 인사·경영 등도 모두 공공단체에 종속되어 있는 공기업인 것이다. 따라서 기업의 내부조직은 국가 또는 공공단체의 공법조직의 일부이며, 또한 그 경영활동도 국가 또는 공공단체의 예산에 의하여 구속되며, 공무원에 의하여 집행되는 것이다. 이러한 점에서 보아 사업의 경영체라기보다는 행정기관의 일부분이라고 할 수 있는데, 우리나라의 철도산업, 전매산업, 체신산업 등이 이에 속한다.

국가 또는 공공단체의 일부분이라고 할 수 있을 만큼 예산, 법령, 공무원에 의한 집행 등 구속력이 큰 점으로 미루어 보아 경영의 자유재량의 여지가 없고, 사업경영의 활동면에서 민활하지 못하며 소극적으로 되기 쉬운 까닭에 경영의 유효한 성과를 거두기 힘들다.

2) 독립 공기업

독립 공기업은 순수행정기업이 공공단체의 공법조직으로부터 분리되어 독립채산성과 경영활동의 자유를 어느 정도 인정받은 공기업의 형태이다. 이는 자립화 관청기업 혹은 독립 관청기업이라고도 한다. 이것은 순수행정기업이 국가 또는 공공단체의 공법조직의 일부로 운영됨으로써 재정적 제약으로 말미암아 경제원칙에 입각한 경영활동을 영위하는데 여러 가지 장애를 받는가 하면 그 경영이 민활하지 못하고 소극적으로 되기 쉬운 단점을 지님으로 이를 제거할 수 있도록 특별회계제도 등에 의하여 일정한 제약 하에서나마 경영의 자주성을 가급적 발휘하려는 형태이다. 그러나 이것도 역시 순수행정기업보다는 일반 행정으로부터 많이 독립되어 있다고 할 수는 있으나 사업을 관청기구 내에서 운영하기 때문에 순수행정기업의 단점을 완전히 제거하지는 못한 것이다.

3) 공공기업체 형태

공공기업체 형태라 함은 공법인 또는 특수법인의 법인체를 채용하여 완전한 자주적 경영체로 운영되는 형태이다. 즉, 이는 공기업 경영의 독립화와 자주적 활동을 더 높이기 위하여 행정기구로부터 완전히 분리시켜 독립된 사업체로 한 것을 말한다. 특별법에 의하여 설립되는 이것은 완전한 자치권이 인정되고, 독립된 법인격이 부여되어 있는 공법상의 법인이다. 경영이 일반행정으로부터 분리되어 있으므로 국유이기는 하나 완전한 국유라고 할 수는 없으며 또한 사기업과도 다른 것이다. 즉, 이것은 독립공기업보다는 공공단체로부터의 독립성이 크지만 사법형태의 공기업에 비하면 관권의 간섭이 심한 것이다. 영국의 국영기업의 형태 또는 미국의 T.V.A(Tennessee Valley Authority)가 대표적 형태이며, 독일에서는 독립경제체의 공기업이라고 한다. 우리나라의 대한석탄공사, 한국조폐공사 등과 같은 공사라는 명칭으로 통용되는 것과 한국은행, 한국산업은행 등이 이 형태의 것들이다.

4) 사법형태의 공기업

사법형태(私法形態)의 공기업이라 함은 국가 또는 공공단체가 출자를 하여 설립되기는 하나 주식회사와 같은 사법상의 형태를 취하는 공기업이다. 따라서 일반의 주식회사와 같이 경영형태를 사기업적으로 할 수 있어서 이사회, 감사, 주주총회와 같은 기관을 가지며 사채도 발행할 수 있기 때문에 쉽게 자금조달도 할 수 있다. 이것은 국영사업의 능률화를 도모하기 위하여 그 형태를 사기업형태로 변경한 것이며, 국가가 그 소유관계를 지배하면서 사기업적인 경영성과를 얻기 위한 것이다. 우리나라에서는 대한철광개발주식회사, 인천중공업주식회사 등이 이 형태에 속한다.

5) 공사공동기업

사기업과 공기업의 결점을 배제하고 장점만을 취하려는 의도로 국가 또는 지방공공단체와 개인 또는 사적 단체가 공동출자하여 공동으로 경영하는 기업을 공사공동기업(mixed undertaking)이라 한다. 이것은 국가 또는 지방공공단체가 자본출자를 하지 않을지라도 개인과 더불어 기업경영에 참가하는 경우를 포함하지만 반대로 국가 또는 지방공공단체가 단지 출자만 하고 경영에 참가하지 않는 경우에는 공사공동기업이라 하지 않는다.

공사공동기업은 처음부터 이와 같은 형태로 설립되는 경우가 있지만, 때로는 기존의 사기업에 대하여 국가 또는 지방공공단체가 출자하여 경영지배에 참가하는 경우와, 반대로 공기업에 대하여 개인의 출자를 허락하는 경우 또는 기존의 공기업과 사기업이 합동으로 설립되는 경우 등이 있다.

공사공동기업이 취하는 기업형태는 주식회사형태와 영단 및 금고형태와 같은 특별법규에 의한 특수형태가 있다. 주식회사형태는 국가 또는 지방공공단체와 개인과의 공동출자라는 점에서 사기업으로서의 주식회사와는 다르지만, 주주총회를 통하여 중요사항을 결정한다는 점에서는 마찬가지이다. 이 경우에 있어서 일반적으로 국가 또는 지방공공단체가 자본금의 과반수를 출자하여 경영지배권을 장악하고 이사진의 임면권을 가지는 것이 보통이다. 국책회사의 대부분은 이 형태를 취하고 있다.

특별법규에 의한 특별형태를 취하는 기업은 정부출자 이외에 민간자본이 참가한다는 점에서 공사공동기업의 형태이지만 민간출자에 대해서는 주식회사의 주주와 같이 의결권을 부여하지 않고 이익배당의 제한, 잔여재산의 분배는 출자한도로 한정시키고 있다는 점에서 차이가 있다.

제4절 독립채산제(분권적 재무관리 원리)

1. 독립채산제의 의의

독립채산제(獨立採算制business accountability, bself-financing)란 분권화의 한 형태로서 독자의 수지계산제도를 말하는데 스스로의 이익책임을 갖는 자주적인 경영단위에 대하여 분권화를 하고 이익을 경영관리의 기준과 자원배분의 기준으로 하는 경영관리제도를 말한다.

독립채산제의 용어는 러시아어의 호즈라스초트(Khozraschet, 경제계산)에서 유래된 것이다. 1917년의 러시아혁명 후, 기업의 이윤계산을 부정하고 재화의 무상배급을 하였는데, 그 결과로 경제가 혼란에 빠지게 되고, 인플레이션에 의해 소비에트 경제는 위기에 직면하게 되었다. 1921년의 신경제정책(NEP)에 의해 독립채산제가 도입되어 기업의 지역적·횡단적 합동체로서 트러스트가 형성되었는데, 그것은 독립채산제의 단위가 되어 손익계산서와 대차대조표가 작성되었다. 뒤이어 산하의 각 기업이 독립채산제의 단위가 되고, 다시 기업을 구성하는 각 부문과 각 직장에까지 독립채산제가 실시되어 오늘날에 이르렀다.

사회주의 기업의 독립채산제는 기업의 분권관리제도이며 아울러 국민수지균형의 경제계산제도로서 사회주의 경제계획의 수행을 확보하기 위한 제도라는 특수한 성격을 띠고 있다.

자본주의 여러 나라에서는 국유기업과 민간기업의 양자에 독립채산제가 도입되고 있다. 영국은 제2차 세계대전 후에 석탄, 철도, 전력 등의 기초산업의 국유화를 행하였는데, 그 때 독립채산제에 의한 공사형태를 채용하였고, 미국에서는 루스벨트(F.D. Roosevelt) 대통령에 의하여 테네시 계곡개발공사(TVA) 후 이 제도가 실시되었다.

우리나라에서도 공기업의 경영개선을 위하여 철도, 우편사업 및 연초, 수도사업 등에서 독립채산제의 문제에 많은 관심을 갖게 되었다.

국유기업의 경우, 먼저 기업회계제도를 도입하여

① 수지균형의 원칙
② 이익금의 자주처분의 원칙
③ 자본의 자주조달(채권발행 등)의 원칙에 따라 운영되는 것이 특색이다.

민간기업에서는 환도 이후부터 사업부제도로서 독립채산제가 도입되어 부문의 분권적 이익관리제도로서 정착되어 가고 있다.

독립채산제의 단위인 각 사업부는

① 독자의 수지계산의 단위
② 독자의 이익책임 단위
③ 이익추구에 필요한 생산, 영업, 관리, 기술개발의 각 직능을 내부에 통합한 자립적인 경영단위
④ 분권관리의 단위가 그 특색이다.

더욱이 슈말렌바흐(E.Schmalenbach)는 독립채산제를 프레치알 렌쿵 – 가격적 관리제(Pretiale Lenkung)라 일컫는 것으로서도 알 수 있듯이 그것은 가격경제의 메커니즘을 기업내부에 도입하자는데 그 본질적 특질이 있다고 했다. 그 때문에 사업부문의 사내거래에는 사내대체가격(경쟁시가기준)을 적용하고 또 기피선언권의 원칙을 확립하여 각 사업부의 능률은 기업 내의 가격경제의 메커니즘으로 자동적으로 체크되는 것이 특색이다. 각 사업부는 기업 내의 가격경제의 메커니즘에 입각, 이익의 최대화를 꾀하는 것이 기업이익을 최대화가 되도록 하는 경영제도가 자본주의 체제 하의 민간기업의 독립채산제의 본질일 것이다.[1)]

이처럼 독립채산제는 공기업 경영의 독자적인 경영방식인데, 이는 공기업의 경영과 재정을 분리함으로써 공공단체와는 별개의 자주적 경영권을 유지토록 하는데 그 주요 목적이 있는데 오늘날에는 공기업경영의 주요 지도원리로서 채택되고 있다.

독립채산제는 한 마디로 공기업의 경영에 대한 분권화를 실행한 자주적 재무관리방식을 말한다. 공기업이 비록 국가나 지방자치단체 등에 의해서 투자되고 경영되며 지배된다 하더라고, 그 경영관리방식은 국가의 규제에서 벗어나 독자적인 재정적 자유를 가지고 책임있는 경영을 하려는 것을 말한다. 그렇게 함으로써 공기업 경영의 합리화와 경영능률을 확보할 수 있다.

---

1) 정수영, 경영학대사전, 박영사, 2000, pp. 1075~1076.

2. 독립채산제의 원칙

독립채산제에서 지켜야 할 제반원칙으로는 다음과 같은 것들이 있다.

1) 수지적합의 원칙

이는 공기업경영에서 발생한 모든 지출로서의 비용은 그 자체에서 거두어들인 공공요금, 즉 수입의 한계 내에서 충당되도록 함으로써 경영의 채산을 맞추는 원칙이다.

2) 자본의 자주적 조달의 원칙

이는 기업이 필요로 하는 자본을 조달할 경우 자본조달의 방법이나 조달시기 등의 결정에 자주성을 보장한다는 원칙이다. 뿐만 아니라 증자의 필요시 자주적인 자기 금융방식이나 자기책임 하의 외부금융형식으로 조달해야 하는 원칙을 말한다.

3) 이익의 자주적 처분의 원칙

이는 공기업이 획득하게 된 이익의 처분에 자주성을 부여함으로써 자본에 관한 자기충실의 원칙을 지킬 수 있도록 보장하는 원칙이다.

제5절 공기업의 장단점과 유사개념

1. 공기업의 장단점

공기업의 장점과 단점은 그 종류에 따라 다소 차이가 있으나 일반적으로 다음과 같이 설명할 수 있다.

우선 공기업의 장점은 다음 몇 가지를 들 수 있다.

① **금융능력의 유리성**

공공기업은 사기업에 비하며, 금융능력이 월등하게 유리한 입장에 있다. 자본을 증가할 필요가 있을 때는 공채발행을 통한 저리자금의 조달과 특혜금융 등을 쉽게 이용할 수 있다.

② **조달과 판매의 우선권**

필요한 원자재를 조달하는 데 있어서나, 생산물을 판매하는데 있어서 공기업은 사실상 우선권이 부여되어 있으므로 판매상 유리한 입장에 있다.

③ **조세, 기타 공과금 면제**

사기업은 조세, 기타의 공과금 부담으로 사업경영에 막대한 중압감을 느끼고 있으나, 공기업은 이런 조세의무가 없기 때문에 그만큼 사업경영에 유리한 입장에 놓여 있는 셈이다.

④ **재무상의 자주성**

독립채산제를 채택하여 재무상의 자주성을 기할 수 있다.

⑤ **시장개척의 용이성**

공기업은 국가 또는 지방공공단체의 주문에 우선권을 가지며 정부 또는 지방공공단체의 후원으로 인하여 판매시장이 넓고 개척이 용이하다.

또한 공기업의 단점도 몇 가지가 있다.

① **자유재량권의 결여**

공기업은 국가 및 공공단체의 법령이나 예산에 구속되어서 경영상의 자유재량이 결여된다. 따라서 사기업처럼 상황변화에 따라 기민하게 경영활동을 못하는 경우가 많다.

② **인사이동**

공기업의 조합원은 공무원에 의해 운영되고 있으므로 인사이동이 비교적 많고 장기적인 계획을 수립하여 이것을 계속적으로 집행하기가 어려우며 무사안일주의에 빠지기 쉽다.

③ **사무의 복잡**

공기업은 행정기관으로부터 감독을 받으며 경영상의 결과를 부단히 보고해야 하고 회계감사를 받기 위한 제반 사무가 복잡하게 된다.

이상에서 공기업의 장·단점을 살펴보았는데 사기업이 수익의 원칙을 따르는데 반해서 공익원칙을 따르는 공기업은 일종의 사업경영이면서도 행정적인 색채가 농후하여 일반 행정에 종속되고 있다는 특수성에 비추어 볼 때, 대체로 생산물에 대한 수요가 거의 일정하고 또 생산기술에도 빠른 발전과 변화가 없는 사업, 즉 철도·우편·수도·전기 등과 같이 신속한 판단과 기술상의 독창력을 크게 필요로 하지 않는 경영에 적합하며, 반면에 기술·가격·원가 등이 항상 변하는 사업에는 부적합하다고 하겠다.

2. 공기업과 유사개념의 구분

1) 공익사업

공익사업(公益事業, public utility)은 생산주체가 정부부문이든 민간부문이든지를 막론하고 생산되는 재화 또는 서비스가 국민생활에 필수불가결한 것으로 공공이익을 창출하는 사업을 지칭하는 것이다. 또한 공익사업은 일반적으로 독점성을 띠고 있는 경우가 많다. 따라서 공익사업은 공기업으로 운영하는 경우가 많으나 사기업분야에서 이를 담당할 수도 있다.

2) 정부재정지원기관

재정지원기관은 정부가 소유하거나 지배하는 공기업의 영역에 해당하지 않으며 단지, 정부가 보조금, 지원금 지급 등을 통해 보호 또는 지원해 주는 기관을 말한다.

3) 정부출연기관

정부가 소유하거나 출자하여 설립한 기관이라는 점에서는 양자가 동일하나 그러나 공기업은 시장성 또는 기업성을 확보하고 있으나, 정부출연기관은 시장성 또는 기업성을 배제하는 비영리공익법인이다.

4) 제3섹터

민관 공동출자사업을 말하는데, 민간부문이 가진 우수한 정보·기술과 풍부한 자본을 공공부문에 도입해 공동출자형식으로 행하는 지역개발사업을 말한다. 제3섹터란 이름은 공공 부문인 1섹터와 민간부문인 2섹터의 장점을 서로 혼합한 새로운 형태의 개발주체라고 해서 붙여진 것이다. 원래 제3섹터는 일본에서 가장 발달된 제도로 사회간접자본 정비의 긴급성, 사업의 효율화 및 민간자금의 활용이라는 기술적 관점에서 취해진 민관협조 사업방식의 총괄적인 개념이다. 우리나라의 경우 본격적인 지방자치제의 실시와 관련, 지방자치단체의 재정확충과 함께 지역경제 활성화의 필요성이 대두됨에 따라 1991년 처음으로 도입되었다. 현행 공기업법상 제3섹터 사업에 민(기업 · 개인)이 참여하는 경우 정부의 자본 출자한도가 50% 미만으로 제한되어 있으나, 정부가 민간기업을 사회간접자본시설의 투자에 참여시키기 위해 '민자유치촉진법안'의 제정에 나선 것은 제3섹터 방식을 원용한 것으로 해석할 수 있다.

제 7 장 기업환경

제1절 기업환경의 의의와 중요성 _ 185
제2절 기업환경의 분류 _ 188

제7장 기업환경

제1절 기업환경의 의의와 중요성

1. 기업환경의 의의

기업환경(business environment)이란 기업의 존속(생존)·발전(성장)에 영향을 미치는 모든 요인을 의미한다. 그러나 원래 환경은 기업(경영, 조직)을 둘러싸고 있는 울타리 밖의 모든 것, 즉 자연환경만을 의미했는데, 자연환경 이외에도 경영의 존속·발전에 직·간접적으로 영향을 미치는 요인들이 증가함에 따라 환경의 개념을 확대하여 사용하게 된 것이다. 그러나 아직도 언론이나 사회관계기관에서 다양한 용어와 개념으로 논의를 계속하고 있는데 〈표 7-1〉은 환경관련 중요용어의 정의를 요약한 것이다.

기업은 언제나 환경 속에서 생존하고 환경과 상호작용 하면서 성장·발전하게 된다. 현대 기업경영의 핵심은 환경적응의 문제라고 하리만큼 기업경영에 있어서 환경의 문제는 매우 중요하다.

일반적으로 환경은 외적 환경과 내적 환경으로 구분될 수 있는데, 외적 환경은 비록 간접적이기는 하나 내적 환경보다 기업에 미치는 영향이 훨씬 크고 중요하다. 경영자가 경영활동을 잘 수행하기 위해서는 기업은 개방시스템의 관점에서 환경의 주된 요인들의 변화를 추적하고 대응하여야 할뿐만 아니라 인적·물적 자원과 재무적 자원 및 정보 등과 같은 투입물에 대한 적절한 대응책을 개발하여야 한다.

따라서 기업이 환경변화에 능동적 · 창조적으로 적응하기 위해서는 무엇보다 기업경영활동의 측면에서 혁신적 기능을 지속적으로 수행해야 하는데 이를 위해서는 다음과 같은 기본적인 인식이 전제되어야 한다.

첫째, 환경적응과 내적인 혁신문제 그 자체를 경영 및 관리의 중심적 기능으로 인식해야 한다.

둘째, 기업 그 자체를 환경과의 상호작용을 거듭하는 하나의 생태적 시스템으로서 파악해야 한다. 그것은 마치 생물이 환경으로부터 자극을 받아 이에 순응하여 성장하는 생태적인 접근방법의 이론이 기업경영활동에도 적응되어야 하기 때문에 생물의 생태학적인 환경순응이론만으로는 그 설득력이 없고, 오히려 환경적응이론의 측면에서 기업환경 문제를 보는 것이 타당성이 있을 것이다.

〈표 7-1〉 환경관련 중요용어의 정의

용 어	정 의
환경 (environment)	광범위한 내부적·외부적 어떤 실체를 말하는 것으로서, 인류에 대한 환경은 살고, 일하며, 노는 외부적 공간과 천연자원, 그리고 내부의 육체적·정신적·정서적 상태를 포함한다.
부존능력 (carrying capacity)	미래에 적정한 자원사용량을 감축하지 않고도 특별한 시점에 특별한 장소에서 지속적으로 사용할 수 있는 자원의 양이나 강도를 말하는 것으로, 자원의 부존능력은 계속적인 사용에 대하여 한계를 갖는다.
엔트로피 (entropy)	에너지의 재생 불가능성을 나타내는 에너지 장애측정치로서, 에너지가 일단 사용됨으로써 품질이 낮아지는 경향을 말한다. 예를 들면, 전기는 일단 생산되어 소비되면 전기로서 재생될 수 없으며, 저장한다 하더라도 보다 적은 양이 가능할 수 있다.
생태계 (ecosystem)	특별한 장소에서 생물이나 무생물이 존재하는 것을 말하는 것으로, 이들은 흔히 다른 것들과 상호작용을 한다.
생태범위 (niche)	자연계에서 유기체가 생존하기 위해서 먹고, 조건화 하는 등의 역할수행을 말하는 것으로서, 서식지와 생태범위는 상관된 개념이다.
순환활동 (cycle)	물, 공기, 영양소(질소 · 인 · 유황 등)들이 환경을 통하여 계속적인 순환을 말하는 것으로서, 그러한 순환활동은 인간의 환경오염이나 자원고갈에 의하여 손상될 수 있다.
오염 (pollution)	변형과정을 통하여 생성된 원자재나 에너지가 특정한 시점에 특정한 장소에서 불필요하고 가치없는 것으로 지각되는 존재물을 말한다.
불개변성 (irreversibility)	환경조건을 어떤 기간 내에 이전의 상태로 회복시킬 수 없는 인간이나 자연의 무능력함을 말한다. 돌이킬 수 없는 인간의 환경관련 행동은 열대우림지대 또는 환경보전지역의 파괴이며 종(種)의 전멸이다.
지속가능성 (sustainability)	경제시스템이나 환경시스템이 장기간 생존하고 번영할 수 있는 능력에 관계되는 특성을 말한다.

자료: A. B. Carroll and A. k. Buchholtz, Business & Society: Ethics and Stakeholder Management, 5th ed., Thomson/South-Western, 2003, p. 409. 신철우, 경영과 사회, 삼영사, 2003, p. 318에서 재인용.

2. 기업환경의 중요성

전통적인 경영학에서는 기업내부의 경영합리화 문제만 주로 다루었기 때문에 환경문제는 거의 고려하지 않았다. 그러나 오늘날은 다음과 같은 측면에서 환경에 대한 이해와 예측이 매우 중요한 의의를 갖게 되었다.

① 기업의 대규모화로 인한 기업활동이 인간생활 전반에 미치는 영향력이 증대함에 따라 기업의 사회적 책임이 강조되었다.
② 기업의 경쟁격화와 환경조건의 급변에 따라 의사결정을 위한 환경변화의 예측과 대책수립이 곤란하게 되었다.
③ 현대기업이 환경을 중요시하는 이유는 기업경영에 어떤 영향을 미칠 수 있는 경영환경이 끊임없이 변화하기 때문이다. 환경이 안정되어 있을 때에는 기업은 환경을 무시하고, 기업자체 내에서만 최선을 다하면 되었다. 그러나 오늘날의 기업은 환경을 무시하고는 생존할 수가 없다. 특히 오늘날처럼 경제, 정치, 법률, 사회, 문화, 기술, 국제환경 등 거시적인 환경과 정부, 근로자, 소비자, 지역사회 등 여러 이해관계자 집단의 행동양식이 급격한 변화를 나타내고 있는 시기에는 이러한 경영환경의 변화는 기업의 생존과 성패를 좌우하는 결정적 요인으로 작용하고 있다.
④ 동태적 환경에 대하여 기업시스템으로 적응해 나가야 하기 때문에 환경에 대한 이해와 예측이 더욱 중요한 의의를 갖게 되었다. 즉, 최근에는 경영환경의 동태성으로 인하여 환경의 복잡성이 더욱 증대되어 기업은 자신에게 영향을 미칠 외부적 조건이 미래에 어떻게 나타날 것인가를 정확히 예측하기는 더욱 어려워진다.

이와 같은 환경의 동태성은 오늘날 더욱 증가하고 있는데, 그 요인은 세 가지 관점에서 설명할 수 있다.

첫째, 기업이 더욱 개방적이 되고 환경과의 상호관련성이 밀접해짐에 따라 경영환경의 범위가 계속해서 확장되어 가고 있다. 이에 따라 현대기업이 관심을 기울려야 할 환경의 범위는 매우 넓어지고 있다.

둘째, 경영환경의 범위가 확장되면서 그 구성요소가 다양화 되는 것과 함께 경영 환경요인들 간에도 서로 상호작용을 하게 되므로 그 복잡성은 더욱 증대하고 있다.

셋째, 현대 산업사회로 발전해 오면서 경영환경의 변화속도는 더욱 빨라지고 있다. 이에 따라 기업의 신속한 대응과 함께 미래 경영환경의 변화를 예측하고, 이에 미리 대응하는 예방적 활동이 요구되고 있다.

따라서 오늘날 기업은 주체성을 가지고 경영환경의 변화를 긍정적인 시각에서 수용하고 이에 적극적으로 대응하여 명확한 경영목표를 수립하여 목표달성을 위한 기회를 포착할 수 있는 능동적인 경영을 하여야 한다.

기업환경의 변화는 기업에게 위협이 될 수도 있고 반대로 성장을 위한 기회도 될 수 있다. 따라서 기업이 자신의 환경변화를 위협으로 인식하느냐 아니면 기회로 인식하느냐에 따라 기업이 자신의 기업내부 환경, 즉 강점과 약점을 얼마나 잘 파악하고 있으며 동시에 이에 대한 통제력을 어떻게 행사하느냐에 달려 있다.

제2절 기업환경의 분류

기업환경이란 광의로는 기업에 영향을 미치는 모든 요인과 기업활동에 영향을 미치는 모든 영역을 포함한 상황전체라고 정의되며, 협의로는 하나의 기업을 둘러싼 외계라고 해서 이른바 기업의 대경집단(對境集團)만을 그 대상으로 간주하기도 한다.

이 같은 기업환경을 분류하는 기준 및 방식은 다양하게 나타나고 있다.

첫째, 환경을 세 가지로 구분하는 입장이다.

① 거시적 환경, 중간적 환경, 미시적 환경

② 사회환경, 과업환경, 내적환경

③ 일반적 환경, 과업환경, 내적 환경

④ 원격환경, 산업환경, 운영적 환경

둘째, 환경을 두 가지로 구분하는 경우이다.

① 내적환경, 외적환경

② 1차적 환경, 2차적 환경

③ 직접적 환경, 간접적 환경

④ 일반적 환경, 과업환경

이와 같이 기업환경은 그 내용을 어떤 관점에서 보느냐에 따라 논자들 간에 다양하게 나타나고 있어 명확한 구분은 곤란하다.

그러나 일반적으로 기업환경은 크게 외부환경(일반적 환경과 과업환경을 포함)과 내부환경으로 구분하고 있다.

1. 일반적 환경

일반적 환경(general environment)이란 어떤 특정 조직에 대해서만 영향을 미치는 환경이 아니라 사회전체 속에 있는 모든 조직에 공통적인 내용과 정도로 영향을 미치는 환경이다.

오늘날 기업이 접하게 되는 일반적 환경으로서는

① 경제적 환경

② 기술적 환경

③ 정치적 · 법률적 환경

④ 사회적 · 문화적 환경

⑤ 자연적 환경

⑥ 지리적 환경

⑦ 국제적 환경

⑧ 우주공간적 환경 등이 있다.

1) 기업의 경제적 환경

(1) 경제적 환경의 의의

경제적 환경(economic environment)이란 기업활동에 직접적인 영향을 미치는 경제제도 전체를 의미한다. 기업환경이란 오직 경제적 환경뿐이라고 해도 과언이 아닐 정도로 경제적 환경은 기업환경 중에서 가장 중요한 위치를 차지하고 있다. 사실, 경영관리행위의 근원을 찾아보면 이는 경제문제의 처리에 있었고, 특히 과거를 거슬러 올라갈수록 기업의 목적은 경제적인 것이었음을 알 수 있다.

경제적 활동을 원활하게 하는 것이 기업유지에 있어서 필수적인 조건이 되는 데, 이 같은 경제적 활동은 외적인 집단과의 이해관계 속에서 이루어지므로 기업의 존속과 발전을 위해서는 기업과 이해관계자 집단과의 사이에 조직균형이 이루어져야 한다.

19세기의 자유주의 경제체제 하에서는 시장이라고 하는 한정된 환경만을 전제로 해서 기업활동이 가능하였으나, 1930년대의 세계경제공항 이후에는 정부, 노동조합, 출자자 및 소비자와 같은 여러 개의 이해를 달리하는 집단세력이 등장함으로써 형성된 하나의 개념인 이해자관계자 집단(Stakeholders Group)이 나타나게 되었다.

일반적으로 기업의 활동은 주주, 채권자, 재화 및 서비스의 공급자, 종업원 및 고객과의 사이에 상호적으로 파악할 수 있다. 그리고 이와 같은 기업을 둘러 싸고 있는 가업환경의 주체, 즉 이해자집단은 자본시장, 노동시장, 구매시장 및 판매시장을 각각 대표하고 있으며, 기업의 입장에서 볼 때 그것은 경제적 환경을 구성하고 있다고 볼 수 있다.

이렇게 보면 경제적 환경의 주축은 이와 같은 시장이라 할 수 있다. 기업이 이와 같은 시장을 경제환경의 중심으로 여기고 있는 이유는, 시장을 통해 생산에 필요한 제요소, 즉 원자재나 설비, 기계, 노동, 설비자금 및 운전자금 등을 조달하고 있으며 반대로 그들이 생산한 상품이나 서비스를 역시 이 시장을 통해 판매하고 있기 때문이다.

그리고 경제적 환경 중 시장이 가장 중요한 요인이기는 하나 그 밖에도 경제체제, 산업구조, 금융정책, 인플레이션, 경제성장, 수출입동향 등 그 종류가 다양하며 물가수준, 이자율, 증권시장의 동향, 환율, 선진국의 경기 등도 경제에 미치는 영향이 매우 크다고 할 수 있다.

(2) 인구와 국민소득

① 인구환경

시장은 사람과 구매력으로 구성되어진다. 인구는 구매력의 원천이다. 특히 인구는 경영자가 시장의 잠재력을 분석할 때 가장 먼저 고려하는 변수로서 목표시장에 따라 그 규모가 크게 다를 뿐만 아니라 소비재와 같이 인간의 기본생활을 유지하는데 필요한 필수품의 경우에는 인기가 많은 시장이 곧 유망시장이 될 수 있다. 그리고 인구의 지역별 분포와 연령별, 성별, 교육수준별, 직업별 등의 현황은 사업활동을 수행하고자 하는 기업가에는 많은 시사점을 제공할 뿐 아니라 각종 경영의사결정에도 중대한 영향을 미칠 수 있다. 더욱이 오늘날과 같이 지역경제통합이 지속화 되고 있는 국제적 상황 하에서는 개별 목표시장국의 인구뿐만 아니라 유럽연합(EU)이나 북미자유무역연합(NAFTA, North American Free Trade Association) 등과 같은 지역경제통합에 대한 인구파악도 국제경영활동을 수행하는 기업가에게는 중요한 정보가 될 수 있다. 한편, 세계인구는 폭발적으로 증가하고 있는데 1986년의 인구는 50억 명으로 매년1.6% 정도 증가하고 있다. 이러한 비율로 증가하면 21세기 초의 세계인구는 62억 명에 이르게 되는데 이러한 인구증가는 여러 국가들 사이에서 주요 관심사가 되고 있는데 그 이유를 보면 다음과 같다.

첫째, 인간생활을 지원할 수 있는 지구자원의 유한성 때문이다. 인구의 폭발적인 증가와 소비는 불충분한 원료공급, 중요 광산물의 고갈, 공해 및 생활의 질 저해 등을 초래할 수 있다.

둘째, 인구증가는 그것을 수용하기 어려운 국가에서 높게 나타나고 있다는 사실이다. 세계의 인구분포를 보면 후진국가 지역이 세계 인구의 76%를 점하고 있고, 또한 매년 2% 내외의 인구증가율을 보이고 있으며, 그리고 선진지역의 인구는 매년 0.6%에 지나지 않는다. 후진국에 있어서 사망률은 현대의학의 발달로 점차 낮아지고 있는데 반해 출생률은 안정적이다. 이러한 후진지역의 인구증가 추세는 어린이를 먹이고, 입히고, 교육하며 또한 생활수준을 향상하도록 하는 데는 많은 문제가 있으며 빈곤의 악순환을 더욱 조장하고 있다. 이러한 인구의 증가는 인간욕구의 증가를 의미하지만 구매력이 뒷받침되지 않는 한 시장확대로 연결되지는 못한다

② 출생률의 감소

인구의 증가에도 불구하고 인구의 증가율은 1950년대 이후 상당히 감소되고

있는 것이 세계적인 공통적인 추세이다. 이와 같은 출생률의 감소는 어떤 산업에는 위협이 되는 반면에 어떤 산업에는 호황을 누리게 한다. 예를 들어, 어린이용 화장품, 장난감, 의복, 가구 및 식품을 제조하는 기업들에게는 출생률의 감소가 기업경영을 어렵게 하는 환경요인이 되고 있지만, 호텔, 여행사, 식당과 같은 산업들은 어린애가 없는 젊은 부부들의 이용도가 높아지면서 이익을 보게 될 것이다.

③ GNP 규모

국민소득의 증가는 유효수요를 창출하여 기업으로 하여금 생산을 확대케 하고 시설확장과 기업성장을 촉진시킨다. 또한 생산시설의 확장은 고용창출과 소득의 증대를 가져와 국민경제의 성장을 가져오게 된다.

한편, 국민소득의 증가는 소비자들의 욕구를 증대시켜 여가생활용과 관련이 있는 레저산업의 급속한 성장을 촉진하기도 한다.

GNP규모는 국내에서 발생한 일정 기간 동안의 재화 및 서비스의 부가가치를 생산측면에서 포착한 총액으로서, 한 나라의 경제규모를 개략적으로 파악할 수 있는 좋은 지표가 된다. 일반적으로 한 나라 경제의 시장성을 평가할 때, 1인당 GNP가 개략적 지표로 사용되고 있지만 그것은 단지 전체인구를 고려한 평균치에 불과한 것일 뿐, 일국의 GNP가 전체적인 평균으로 하지 않는 한 시장성을 판단하는 지표로서는 한계가 있다. 더욱이 각국의 소득을 단일지표로 환산할 때 사용되는 환율의 적정성 그리고 인구가 적기 때문에 나타나게 되는 높은 1인당 GNP 등은 그 수치를 직접 비교하는 것은 별 의미가 없다.

한편, GNP규모도 일국의 경제규모를 전체적으로 파악할 수 있는 좋은 지표이기는 하지만, 이것은 극히 개략적인 수치에 불과하기 때문에, 단순히 GNP 규모만을 가지고 시장잠재력을 파악한다는 것은 별 의미가 없다. 따라서 GNP나 1인당 GNP는 여타 관련 자료와 상호 보완적으로 활용하는 것이 바람직하다고 할 수 있다.

(3) 부존자원의 부족과 편재성

부존자원도 기업의 중요한 경제적 환경을 구성하는 요인이 되는데 자원을 물, 공기, 빛 등과 같은 무한자원과 재생가능 유한자원 및 재생불능 유한자원으로 구분된다. 무한자원은 장기적으로는 위험을 예측하지만, 당장에는 큰 문제가 없다. 삼림, 식량 등과 같은 재생 가능한 유한자원은 인류가 현명하게 이것을 사용해야 하는데 목재회사는 토양보호와 미래의 수요에 충분히 대처할 수 있도록 식목사업에 충분한 노력을 기울여야 할 것이다. 식량공급도 경작 가능한 지역이 상대적으로 공정되어 있는 반면에, 도시지역은 계속적으로 농지를 잠식하고 있어 큰 문제가 되고 있다.

재생불가능한 자원인 석유, 석탄, 기타 광물과 같은 자원은 매우 심각한 문제가 되고 있는데, 백금, 아연, 금, 납은 현재 수요를 충족시키지 못하고 있는 실정이고 은, 주석, 우라늄은 금세기 말쯤에는 그 값이 아무리 비싸더라도 공급부족이 발생할 것으로 예상되고 있다. 현재의 소비비율이 계속된다면 2050년에는 더 많은 광물자원이 고갈되고 말 것이다. 이러한 현상은 점차 부족되어 가는 광물자원을 사용하는 기업에게는 심각한 원가상승요인이 될 뿐만 아니라 새로운 대체자원 및 공급원을 개발할 수 있는 기회가 되기도 한다. 예를 들어, 1970년에 배럴당 2.23달러에서 1982년 34달러로 치솟은 석유가격은 기업들로 하여금 대체에너지 연구에 박차를 가하게 하였다. 기업들로 하여금 태양열, 원자력, 풍력, 기타 에너지를 개발하기 위한 연구를 적극적으로 추진하게 만들었다.

또한 이와 같은 물질적 자원은 특정 지역에 지나치게 편재되어 있어 자원문제의 어려움이 가중되고 있다. 예를 들어, 원유의 세계매장량은 6,500억 배럴 정도인데 약 60% 이상이 사우디아라비아, 러시아 연방, 쿠웨이트, 이란, 이라크 등 5대 부존국이 점유하고 있고, 또 우라늄의 세계매장량은 2,400만 톤 정도인데 약 78% 정도가 미국, 호주, 남아프리카공화국, 캐나다, 니제르 등 5대 부존국에 매장되어 있는 실정이다. 그리고 철광석의 세계매장량은 905억 톤(금속량) 정도인데 약 76%가 러시아 연방, 브라질, 캐나다, 호주, 인도 등 5대 부존국에 매장되어 있고 향후 100년 정도면 고갈될 것으로 추정된다.

이와 같은 자원의 부족과 편재성의 문제는 특정 자원의 공급부족현상과 가격인상이라는 심각한 경제문제를 야기 시키면서 기업경영에 큰 영향을 미치게 된다.

(4) 산업구조

한 국가의 경제를 주도하는 산업이 무엇인가에 따라서 기업의 경영전략에 직접적으로 영향을 미치게 된다.

한 국가의 경제를 구성하는 산업의 종류와 산업의 구성비율을 산업구조라 하는데 클라크(G.G.Clark)는 3분법을 채용해서 1차 산업, 2차 산업, 3차 산업 등의 세 가지 산업군으로 구분하였다. 이러한 분류법은 오늘날에도 각국의 산업구조의 분석이나 국민소득 통계에도 이용되고 있고, 특히 국제적인 비교를 할 때 국가별 실태를 잘 파악할 수 있어 높이 평가되고 있다.

그러나 최근에는 무엇을 집약대상으로 하는가에 따라 산업구조를 지식집약산업(컴퓨터, 계기, 중기계), 자본 및 원자재집약산업(철강, 플라스틱, 섬유), 기계집약산업(기구, 소모성 전자제품), 비숙련 노동집약산업(옷, 신발, 장난감)으로 구분하여 설명하는데 지식집약산업이 금후의 성장산업으로 각광을 받을 것은 분명하다.

그리고 해외에 진출하고자 하는 기업이 투자대상국과 목표시장의 잠재력을 평가할 때는 그 나라의 산업별 구조와 변동추이를 면밀히 파악하는 것이 중요하다. 1995년 통계자료에 의하면 저개발국의 경우에는 농업, 수산업, 임업 등의 1차 산업이 전체 GNP의 60%정도를 차지하는데 반해, 선진국의 경우에는 그 수치가 10% 미만에 그치고 있다. 예를 들어, 국내총생산GDP에서 농업부문이 차지하고 있는 비중이 싱가포르나 홍콩은 0%, 쿠웨이트 1%, 미국 2% 등의 낮은 수치를 나타내고 있는데 반해 우간다와 같은 나라의 경우에는 60%나 된다. 한편, 우리나라의 경우에는 8%로 점차 선진국형에 근접하고 있는 것으로 파악되고 있다.

(5) 재정금융정책

정부의 재정금융정책도 기업의 중요한 경제적 환경을 구성하는 요인이 된다. 재정금융정책이란 정부가 재정금융을 방임하면 경제질서를 교란시키고 경제발전을 저해하기 쉬우므로 정부나 중앙은행이 통화나 신용에 대하여 여러 방법으로 조정하여 올바른 방향으로 인도하는 경제정책을 말한다. 이러한 재정금융정책은 후진국일수록 간섭과 규제가 심하고, 선진국에서는 대체로 시장의 자율적 기능에 맡긴다. 일반적으로 경기가 과열되면 정부는 재정지출을 축소시키고, 과세표준을 상향조정하며, 은행의 여신규모를 축소시켜 기업들의 신규투자 규모를 축소하도록 유도하게 된다. 반대로 경기가 좋지 않은 불황 시에는 재정지출을 확대하고, 기업의 투자규모를 확대시킨다. 이와 같이 재정금융정책은 국내 통화가치의 안정, 물가수준의 안정, 국제수지의 안정, 완전고용의 실현과 유지, 금융제도의 건전한 발전 등을 목적으로 실시하고 있다. 특히 금융정책에서는 금융의 대상, 종류에 따라 융자의 조건, 기간, 우선순위, 한도 등을 달리 정하고 자금을 선별적으로 통제하는 질적인 통제방법과 자금의 절대량, 즉 통화량을 통제・조정하는 양적인 통제방법(금리정책, 공개시장조작, 지급준비율 제도, 발행고조작 등)이 잇다.

이러한 재정금융정책은 기업의 자본조달과 운용에 크게 영향을 미치게 된다.

(6) 환 율

부존자원이 부족하여 수출입 의존도가 높고 대외교역이 국민경제에서 차지하는 비중이 높은 국가에서는 특히 환율이 국민경제에 미치는 영향이 매우 크다. 환율이 변동하면 수출입을 하는 기업은 물론이고 내수기업도 직・간접적인 영향을 받게 된다.

환율이란 자국의 화폐와 외국의 화폐와의 교환비율로서 환시세라고도 하는데 이는 자국의 통화로서 외국상품 및 용역을 구매할 수 있는 구매력으로 표시된다. 환율의 상승은 화폐의 가치가 상대적으로 하락한다는 것을 의미하기 때문에 수출하는 기업들에게는 유리하고, 수입을 하는 기업들에게는 불리하게 된다. 그러나 원자재를 수입해야 하기 때문에 환율의 상승이 어느 한 방향만으로 영향을 미친다고 할 수는 없다.

특히 최근 들어 기업의 국제화 수준이 높아지면서 모든 기업에서 환율에 대한 관심이 높게 나타나고 있다. 국제환시세를 올바르게 예측한다는 것은 기업의 경영성과를 높일 수 있는 중요한 요소로 작용하게 된다.

2) 기업의 기술적 환경

(1) 기술적 환경의 의의

기술적 환경은 지난 70여 년간 가장 급속한 변화를 일으키면서 기업의 흥망성쇠에 심각한 영향을 미치는 매우 중요한 환경요소가 되고 있다. 기업이 속해 있는 사회의 기술수준과 정보전달체제는 경영활동을 수행함에 있어 결정적인 영향을 미치는 요인이 되는데 현대의 급변하는 기술환경은 사회변화를 초래할 뿐만 아니라 가치관까지 변화시킨다. 이러한 기술은 자연과학적 기술뿐만 아니라 업무나 활동을 수행해 나가는 데 필요한 지식도 포함된다. 기술은 모든 환경요인 중에서 가장 동태적 성향을 띤 요인이므로 기업은 기술변화를 신속하게 파악하여 필요한 정보를 수집해서 지속적으로 적용하고 또 새로운 기술을 개발하여야 한다.

일반적으로 불확실하고 동태적인 기술적 환경 내에 있는 기업활동과 확실하고 안정적인 기술적 환경 내에 있는 기업활동과는 구조와 내부과정에 있어서 상당한 차이를 보이고 있다. 따라서 효율적인 기업의 목적달성을 위해서는 기술환경에 적합한 전략이나 전술로서 대응해 나가는 자세가 무엇보다도 필요하다.

이렇게 조직과 사회에 지대한 영향을 미치는 기술의 발전은 컴퓨터, 레이저 광선, 반도체, TV, 위성통신, 원자로 등에서 찾아볼 수 있는데 이 같은 분야에서의 기술의 변화는 최근 수십 년 사이에 급속도로 이루어져 왔다.

따라서 현대기업은 새로운 기술혁신의 과정과 기술전달의 과성이라는 두 가시 과정에 관심을 갖게 된다. 전자는 새로운 기술과 제품을 개발하기 위한 기초과학에 있어서의 노력과 관계되는 것으로 흔히 연구개발이라고 불리는 과정을 말하며, 후자는 과학을 실제로 유용하게 응용하는 것으로서 실험실로부터 새로운 기술을 시장으로 이동하는 것을 의미한다. 이와 같은 기술의 이동은 산업 내에서 그리고 산업 간에 이루어지고 있다.

이처럼 내부의 기술은 외부에 외부의 기술은 내부에 영향을 미치면서 기술환경은 기업과 더욱 밀접한 관련을 갖게 될 것이다.

(2) 기술변화 속도의 가속화와 기술혁신

오늘날 우리가 사용하고 있는 자동차, 비행기, 냉장고, TV, 라디오, 휴대폰, 에어컨, 항생제, 컴퓨터, 복사기, 전자시계, VTR, 인공위성, 워드프로세서 등 거의 모든 제품들은 100년 전만 해도 상상도 할 수 없는 제품들이었다.

엘빈 토플러(Alvin Toffler)는 미래의 충격에서 신기술의 발명 · 활용 · 확산에의 박차를 서술하였는데 오늘날 많은 아이디어가 연구되고, 새로운 아이디어와 이의 성공적인 실천사이에 나타나는 시간적 격차도 급격히 좁혀지고 있으며 도입기와 본격적인 생산 사이의 시간도 상당히 좁혀지고 있다.

오늘날의 기업은 기술혁신이 없이는 성장 · 발전할 수 없다. 특히 제조업의 경우 더욱 그러하다. 많은 과학자들은 제품과 생산공정을 혁신시킬 수 있는 새로운 기술개발을 위해 열심히 연구하고 있다. 가장 놀라운 연구분야는 생물공학, 전자공학, 로봇공학, 재료공학 등의 연구로서, 오늘날 과학자들은 항암치료제, 폐 · 간 치료제, 신경증 화학치료제, 태양에너지, 전기자동차, 가정용 로봇, 안전 유효한 피임약, 비만을 유발하지 않은 영약식에 대해 연구하고 있다. 그리고 이 밖에도 과학자들이 소형 비행자동차, 1인용 로켓벨트, 위성도시, 인간무성생식 등 꿈같은 제품에 투자하고 있다. 이러한 기술혁신을 위한 도전은 기술적이면서도 경제성이 대전제가 되고 있다.

〈표 7-2〉 미래의 성장산업 · 침체산업

고성장산업	중성장산업	저성장산업	침체산업
·정보기술 소프트웨어 ·컴퓨터 장비, 전자 ·첨단소재 소프트웨어 ·교육서비스 ·여행관광, 건강관리 ·의약품, 의학장비 ·환경 서비스 · 설비 ·텔레커뮤니케이션(통신장비) ·정보 서비스 생명공학 ·소프트웨어, 화학 ·오락 · 미디어	·자동차 · 부품 ·우편 · 화물운송 ·호텔 · 리조트 ·고무 · 플라스틱 제조 ·사진 · 과학기기 ·해상운송 · 수송기기 ·위생잡화 · 음료 ·장난감 · 스포츠용품 ·엔지니어링 · 건설 ·섬유 · 의류 ·중개업 ·유통 · 무역 ·광고 · 마케팅	·금융 ·산업 · 농업용기기 ·금속 · 금속제품 ·석유정제 ·과업 · 원유채굴 ·전기 · 가스공급 ·철도 ·담배 ·식품 ·가구 ·인쇄 · 출판	·유리 ·항공

자료 : 강신규 외, 경영학원론, 형설출판사, 2004, p. 209.

(3) 기술적 변화에 대한 규제

제품의 기능이 다양화 되고 복잡해짐에 따라 일반 대중은 안전성에 대한 보증을 요구하게 된다. 따라서 정부기관은 잠재적으로 불안전한 제품을 조사하고, 판매를 금지시킬 수 있는 권한을 확대하고 있다. 예를 들어 FDA는 새로운 의약품의 검사규정을 마련하였는데, 이로 인하여 연구비가 증대되고 제품 아이디어에서 도입기까지의 기간이 5년에서 약 9년간으로 연장되며 그리고 규제가 심하지 않은 나라에서 보다 의약품 연구의 질적 향상이 이루어지는 등의 결과를 가져 왔다. 또한 안전 및 건강을 위한 규제는 식품, 자동차, 의복, 전기제품 및 건축 분야에로 강화되었다. 따라서 경영자들은 신제품의 제안 · 개발 및 도입하는데 있어서 이러한 법규들을 인식해야 한다. 한편, 기술적 변화는 자연, 사생활, 단순성 및 인종 등을 위협하는 것으로서, 기술적 변화로 손해를 보는 사람들의 반대로 부딪히고 있다. 여러 집단들은 핵발전소, 고층건물의 건설은 물론 국립공원 속에서 휴양시설의 건설을 반대하고 있다. 그들은 새로운 기술이 상업화 되기 전에 이 새로운 기술에 대한 기술적 평가를 요구하고 있다.

3) 기업의 법률적 · 정치적 환경

(1) 법률적 · 정치적 환경의 의의

모든 기업은 법률적 · 정치적 환경 속에서 생존의 기회를 얻기 위하여 노력한다. 이 같은 노력은 선진국이나 후진국에서 볼 수 있는 공통된 현상인데, 특히 정치적 영향을 많이 받는 대기업은 법률적 · 정치적 환경변화에 능동적으로 대처하기도 한다. 법률의 제정, 개정 및 폐지는 물론 정권교체가 있을 때는 기업에 직 · 간접적인 영향을 미치기 때문에 법률적 · 정치적 환경은 기업의 주요 관심사가 아닐 수 없다. 따라서 기업은 법률적 · 정치적 환경변화에 적응 또는 대응할 수 있는 시스템을 구축해야 한다. 그렇지 않으면 심할 경우에는 기업의 존속에 위협을 받게 된다. 예를 들면, 세법이나 근로기준법이 개정되어도 기업의 손익에 큰 영향을 미칠 수 있는 것이다. 1980년대 초에 우리나라 5대 재벌그룹이었던 K그룹이 해체된 것은 정치적 소용돌이 속에서 적절하게 대응하지 못하였기 때문이라고 할 수 있다.

(2) 법률적 · 정치적 환경과 기업환경과의 관계

기업의 의사결정은 법률적 · 정치적 환경의 변화에 크게 영향을 받는다.

기업의 활동은 경제에 대한 정부의 규제, 정치적 이념, 정치적 안정성, 국제관계 등과 같은 환경과 기업의 활동을 규제하는 각종 법률에 의하여 크게 영향을 받게 되는데 여기서는 국제정치 환경과 관련 있는 몇 가지 중요 내용을 지적해 보기로 한다.

첫째, 오늘날 경제환경에 대한 규제자로서의 정부의 역할은 더욱 강화되고 있는 추세인데 정부는 경제를 계획하고 조세를 부과하며 화폐 · 금융정책 등의 각종 정책을 통하여 기업활동을 규제하지만, 특히 자국에 진출한 외국기업에 대해서는 차별적인 규제를 적용하려는 경향마저 강하게 나타나고 있다.

둘째, 정치적 이념을 달리하고 있는 국가에 진출하려는 기업은 그 나라에 대한 충분한 이해와 유연성을 지닐 수 있을 때 실리를 놓치지 않게 된다. 예를 들어 인도는 사회주의적 경향이 있고, 사우디아라비아나 쿠웨이트는 군주제도를 취하고 있다.

셋째, 해외에 진출하려는 기업은 무엇보다도 그 나라의 정치적 안정성을 충분히 고려하여야 한다. 정치적 안정성이 없으면 정부는 정책의 지속성과 일관성이 결여

되기 쉽고 진출기업이 희생당할 수 있기 때문이다. 진출국 정부의 정치이념, 국방정책, 외교정책, 인종, 종교 등의 이질성에서 오는 충돌사태 등에 대해서 현지국 정부가 갖는 태도 여하에 따라 진출국 기업을 대하는 현지국의 태도는 크게 달라진다. 따라서 기업이 특정 국가에 진출하려고 할 때는 진출대상국과 적대관계가 있는 나라들이 어떠한 반응이 보일 것인가를 특별히 고려해야 한다.

넷째, 기업활동과 관련된 법률에 관한 충분한 사전지식이 필요하다. 특히 외국과의 무역에 있어서는 제품의 품질, 규격 등에 관한 법률, 포장에 관한 법률, 소매가격의 유지를 규제하는 법률, 특허상품 및 판권 등에 관한 법률에 유의해야 한다. 한 조사보고에 의하면 우리나라 기업이 당하는 수출 크레임의 대부분은 법률지식의 부족에서 비롯되는 경우가 많다는 것이다.

다섯째, 국제 간 무역에 있어서 상사분쟁을 해결하여 주는 초국가적인 법률체계나 법정은 없다. WTO 하에서 WTO 회원국 간에 발생한 상사분쟁은 WTO 산하에 있는 분쟁해결기구(DSB)를 통하여 해결할 수 있는 방법이 있기는 하지만 비회원국과의 분쟁은 해결할 수 없다. 그리고 상사분쟁을 해결하기 위하여 소송을 제기하면 많은 시간과 경비가 소요될 뿐만 아니라 국제관계에서는 국정상의 차별우대를 받을 가능성도 높다. 그래서 국제상공회의소나 당사국의 중재위원회를 통한 중재의 방법을 많이 사용하게 되는데 이를 위해서 중재에 관한 조항을 계약체결시 분명히 해둘 필요가 있다.

(3) 기업활동을 규제하고 있는 법률

기업활동에 영향을 미치는 법률은 최근 수년간 꾸준히 증가하고 있으면 이러한 법률은 여러 가지 목적을 가지고 실시되고 있다.

첫째는 기업 상호 간의 부당한 경쟁을 방지하여 기업을 보호할 목적으로 국가는 법률로서의 부당한 경쟁을 정의하고 또한 방지하기 위한 각종 법률을 제정. 집행한다.

둘째는 불공정 기업행위로부터 소비자를 보호하기 위한 목적이다. 어떤 기업은 제품의 질을 나쁘게 하며, 광고를 통해 오도하거나 포장으로 소비자를 기만하여 가격을 미끼로 삼는다.

셋째는 자의적인 기업활동으로부터 기업의 보다 큰 이익을 보호하는 것이다.

오늘날의 경영자는 경쟁, 소비자 그리고 사회의 이익을 보호하는 주요 법률들에 대한 운영지식을 가져야 한다.

주요법률의 종류와 내용을 보면 다음과 같다.

① **물가안정 및 공정거래에 관한 법률**(1975)

이 법은 물가의 안정을 기하고, 공정하고 자유로운 경제질서를 확립함으로써 소비자의 권익을 보호하고 국민경제의 안정 및 발전에 기여할 목적으로 1975년 12월에 제정되었다. 정부는 불공정거래 행위를 지정하여 규제하고 있는데, 그 내용은 부당한 거래거절, 거래조건 등의 차별적 취급, 집단배척 및 집단적 차별 취급, 차별가격(지역별, 거래차별), 거래강제, 거래처의 제한, 매점매석, 허위·위장광고, 생산·출고의 조절 등이다.

② **독점규제 및 공정거래에 관한 법률**(1980)

이 법은 사업자의 시장지배적 지위의 남용과 과도한 경제력의 집중을 방지하고, 부당한 공정행위 및 불공정 거래행위를 규제하여 공정하고, 자유로운 경쟁을 촉진함으로써 소비자를 보호함과 동시에 국민경제의 균형적 발전을 목적으로 1980년 12월 31일 제정. 공포하였다. 그 내용을 보면, 시장지배적 지위의 남용 금지, 기업결합의 제한, 부당한 공동행위의 제한, 불공정거래행위의 금지, 사업자 단체의 금지행위, 국제계약의 체결제한 등을 들 수 있다. 한편 이 법은 1990년 1월 전면 개정하고 2009년 3월 25일 일부 개정하여 오늘에 이르고 있는데 이 법은 시대의 변화에 따라 그에 걸맞게 계속 개정이 이루어지리라 생각된다.

③ 이외에도 상법, 세법, 공해방지법, 품질규제법 등과 같은 법률과 정부의 각종 행정명령을 통해 기업활동을 규제하고 있다.

④ **독점금지법**(Anti Trust Act)

미국에서는 중소기업을 보호·육성하고, 노동자 및 일반 소비대중을 보호하기 위하여 여러 가지 법률을 제정하였는데, 그 중에서 셔먼법은 1980년 7월 2일 제정·공포된 최초의 독점금지법으로 불법적 거래를 제한하고, 독점으로부터 거래 및 상업을 보호하기 위한 법률이다. 이외에도 1914년에 제정된 연방거래위원회법과 클레이튼 법, 1963년에 제정된 로빈슨 법(Robinson patman Act), 1969년에 제정된 국가 환경정책법 등이 있다.

이와 같은 법률들은 초기에는 주로 경쟁을 보호하기 위한 것이었으나 후기에는 소비자보호를 다루는 법률이 대부분이었다.

경영자는 경영활동에 영향을 미치는 법규를 알아야 한다. 어떤 나라들은 강력하게 소비자보호 관련법규를 집행하고 있는데, 예를 들면 노르웨이는 콘테스트, 할증제 등과 같은 판매활동을 판매업자가 수행하는 경우, 부적절하고 불공정한 판매촉진행위로 단정하여 금지시키고 있는가 하면, 태국은 저소득 소비자들이 점포에서 경쟁적인 상표를 구입할 수 있도록 하기 위하여 저가격 상표를 시장화 하도록 하고 있다.

그런데 기업규제에 의해서 야기되는 모든 문제는 법규수준에 의한 비용이 법규준수에 의한 이익을 초과하는 경우, 어디까지 적용되어야 하는 것이다. 법은 항상 집행하는 책임에 의해서 정당하게 관리되지는 않는다. 즉, 법규는 합법적으로 사업하는 많은 기업을 제약하기도 하며, 또한 새로운 투자와 시장진출을 저해하고, 소비자의 비용부담을 증가시킨다. 각종 새로운 법규가 어떤 합리성을 가지고 있기는 하나, 전체적인 사항은 창의력을 약화시키며, 또한 경제성장을 지연시키는 데 영향을 미칠 수 있다는 사실을 유념해야 한다.

4) 사회적 · 문화적 환경

문화(文化)란 자연에 대비되는 용어로, 역사가 경과하면서 인간사회에 의해서 만들어진 것으로, 즉 사회에 의해서 만들어진 물질적 · 정신적으로 가치가 있는 것을 말하는데, 이것은 이것을 만들기 위해 사용되는 수단, 또 그것을 전하기 위한 수단도 포함된다. 다시 말하면 문화란 어떤 집단의 구성원이 지닌 사유(思惟), 정보교환, 행동, 생활 등 그 집단에서 습득하여 계승해 온 양식(樣式)을 말한다.

따라서 사회적 · 문화적 환경이란 사회나 집단을 구성하고 있는 개인이나 집단의 행동에 영향을 미치는 지식, 신념, 가치관, 생활양식, 전통, 관습, 규범, 사회제도 등을 말한다. 이러한 것들은 근본적으로 기업구성원의 행동이나 소비자의 행동규범에 영향을 미치게 된다. 사회적 · 문화적 환경이란 경제, 정치, 법적제도, 기술 등을 형성하는 것이므로 실제에 있어서 경제적, 정치적, 법적, 기술적 환경 등에 영향을 미치고 있다.

기업에 중요한 의미를 갖는 사회적 · 문화적 환경요인의 예를 들면 다음과 같다.

- 라이프스타일과 사회적 가치는 세월이 흐름에 따라 변하는 경향을 가지고 있다. 예를 들면, 공기와 수질오염에 대한 사회적 압력이라든가 생활의 질을

추구하는 본보기 등은 기업에게 새로운 도전이 되고 있다.

- 예전에는 한 가족이 3-4명의 자녀를 갖는 것이 당연한 것으로 생각되었지만, 오늘날 대부분 1-2명의 자녀만을 선호하고 있다. 이러한 가치관의 변화는 유아용품 회사에 큰 영향을 미친다.
- 옛날에는 은퇴한 사람, 독신자 등은 친척과 함께 살았으나 지금은 혼자 사는 추세이다. 이는 주방용품과 식품가공업자들에게 새로운 변수를 제공한다.
- 과거에는 주부가 주로 가정에 있었으나 현재는 대부분 직장을 가진다. 이는 방문판매업자들에게 큰 영향을 가져다준다. 이와 반면에 보모학교, 즉석식품, 외식산업 등에는 새로운 사업기회를 증가시킨다.

5) 지리적 환경

지리적 환경은 기업의 공장, 사무실 및 판매장 등의 입지를 결정할 때 고려하여야 하는 요인이다. 즉, 지리적 환경은 원자재의 조달, 시장과의 거리, 고객과의 접촉의 용의성, 기후, 용수 등의 자연적 요인을 말하며 기업은 이들 지리적 환경을 적절히 고려하여 기업목표를 달성하는데 유리한 지역조건이 되도록 신중히 검토하여야 한다.

지리적 환경은 때때로 공장이나 영업소를 다른 지역으로 옮기는 것도 포함되는데, 이는 인구, 일정, 소득인구, 원가의 절감, 생활의 질 등의 이유로 발생된다.

한편 지리적 환경에는 기업이 한 국가의 국경을 넘어 국제기업활동을 수행할 때 당면하는 국제적 환경도 포함하여 같이 고려하여야 한다. 세계경제의 블록화 및 환경은 과거에 비해 그 중요성이 크게 부각되고 있다. 또한 국제적 환경은 다양성과 특수성으로 인하여, 그 복잡성이 더욱 커지고 변화에 대한 예측도 한층 어려워지고 있다. 예를 들면, 세계의 상품시장의 소비패턴의 변화, 국제정치의 변동, 금융시장의 동향 등은 지금까지 국내시장을 중심으로 기업경영을 하던 때와는 달리 다국적화 하는 기업들에게는 더욱 중요한 경영환경으로서 인식되고 있다.

6) 국제적 환경

국제적 환경이란 국제적 관계의 변화, 각국의 정치 · 경제 · 사회 · 문화 · 법률 등 제도의 변화, 그리고 기술적 변화가 가져오는 환경요인을 가리킨다.

오늘날 경영자는 국내뿐만 아니라 국제를 무대로 경쟁하지 않으면 안된다. 그러기 위해서는 생활습관 및 거래관행이 나라에 따라서 차이가 난다는 점에 유의하는 것이 중요하다. 이를테면 동양에서는 미국에서보다 거래관계를 트는데 훨씬 시간이 더 걸린다. 일본에서는 기업접대가 경영자의 집에서는 결코 이루어지지 않는다. 음식점이나 호텔이 그러한 활동을 하기에 적합한 장소로 생각된다. 중국은 설날이나 국경일 등의 휴무일이 거의 보름 내지 한 달 가까이 지속된다. 또 저녁식사는 보통 몇 시간이나 지속된다. 술자리에서는 간빼이(乾杯, 건배)이라는 구호가 있으면 술잔을 남김없이 비워야 한다. 즉, 개인의 주량과는 관계가 없이 상대의 권작에 응해야 한다. 그렇지 못할 경우는 상담(商談, business)이 매우 어렵게 된다.

이와 같이 생활습관 및 거래관행이 나라에 따라 다르기는 하지만 세계시장은 거의 유사하다. 그 결과 국제시장에 대한 경영자의 접근방법에 있어서 점진적인 변화가 있어 왔다. 국제경영에 대한 표준접근방법을 다국적전략(multinational strategy)이라 하는데, 이러한 전략에 의해 제품은 특정의 해외시장에 적합하도록 설계 및 판매된다.

최근에 많은 기업들은 세계적 전략, 즉 전 세계시장에 대응하기 위한 표준화된 제도 및 마케팅 접근방법을 사용하는 전략을 채택하기 시작해 왔다. Toyota회사는 운전석의 위치를 제외하고는 본질적으로 똑같은 차를 만들어 내고 있고, Black & Decker사, Revlon사 및 Sony사는 세계적 전략을 사용하는 기업들의 대표적인 예이다.

오늘날은 거의 대부분의 나라들이 개방체제(open system)를 유지하고 있기 때문에 국가 간의 교류가 매우 활발히 이루어지고 있다. 그럼에도 불구하고 국제무역과 국가 간의 경제적 통합이 날로 증가하는 추세에 있는 것도 사실이다. 즉, 무역장벽을 철폐하고 시장의 완전개방을 추구하는 시대적 조류로서의 자유경제주의와는 달리 EU, NAFTA, ASEAN 및 한국과 칠레, 싱가폴, 인도, 미국 등과의 FTA와 같은 대륙별 · 지역별 경제블록(bloc)화 현상이 강화되어 국가 간 자본, 제품 및 서비스의 자유로운 이동이 제약받고 있다.

(1) 지역무역동맹[1)]

몇 년 전 까지만 해도 국제적 경쟁은 국가 간 경쟁이었다. 그러나 세계의 무역과

1) 오종석 · 조영복, 경영학원론, 탑북스, 2011, pp. 58~60.

경쟁은 지금 지역 간 무역협정이 늘어감에 따라 지역 간 경쟁으로 변화하고 있다. 원래 지역협정으로 대표되는 지역주의(regionalism)는 1960년대부터 국지적으로 등장하였으나 WTO 체제가 출범한 1990년대 들어와서는 범세계적으로 하나의 물결처럼 확산되기 시작하였다. 1990년대 들어와 지역협정이 증가하여 1995년 WTO 창설 이후 1999년 말까지 90여개의 자유무역협정이 신규 체결되었다. 이러한 현상은 1980년대 말 미국과 캐나다 간의 FTA 및 1994년 NAFTA 발족에 자극받은 것이 그 주된 원인으로 지적되고 있다.

이와 같이 지역경제의 통합이 가속화 된 주된 배경에는 경제통합(economic integration)이 역내 회원국들에게 무역창출을 비롯하여 투자유인 그리고 경제촉진을 통한 효율성 제고 등의 실질적 혜택을 가져다주기 때문이다.

① **유럽연합**

유럽연합(EU: European Union)은 1992년 2월 마스트리히트 조약에 의거하여 12개 국가-벨기에, 덴마크, 프랑스, 그리스, 아일랜드, 이탈리아, 룩셈부르크, 네덜란드, 포르투칼, 스페인, 영국, 그리고 독일-이 참가하는 경제무역체가 탄생된 후 1995년 오스트리아, 핀란드, 스웨덴이 참여하였으며, 2004년 10개국이 더 참여하였고 2007년 루마니아와 불가리아가 참여하였다. 이러한 발전과정을 거친 EU의 경제적 영향력은 지대하다. 인구만 해도 4억 5천만에 달한다. EU가 만들어지기 전 모든 국가들은 국경을 통제하였으며 세금과 정책이 서로 다르고 자국의 산업을 보호하고자 하였다. 그러나 지금은 하나의 시장이 형성되어 여행과 고용, 투자와 무역에 아무런 장벽이 없다. 유럽의 국가들을 이렇게 협력하게 된 동기는 미국과 일본의 강력한 시장경제력에 대항하기 위한 것이었다.

② **북미자유무역협정**

북미자유무역협정(NAFTA, North America Free Trade Agreement)은 1992년 미국, 캐나다, 멕시코가 체결한 자유무역협정이다. 이 협정으로 미국과 캐나다 그리고 멕시코는 관세와 무역장벽을 폐지하고 자유무역권을 형성하였다. 이렇게 함으로서 관세혜택을 북미산에만 국한하고 역내투자를 활성화 하였다. 1994년부터 발효된 이 협정으로 세계전체의 30%를 차지하는 최대의 지역경제권으로 발전하였다. 현재 캐나다와 멕시코는 미국의 최대 무역파트너 순위 1, 2위를 차지하고 있다.

이러한 형상은 다른 라틴 아메리카의 국가들에게도 영향을 미쳐 자유무역경제블록을 형성하게 되었다. 1994년 콜롬비아, 멕시코, 그리고 베네수엘라가 관세를 줄이는 경제협정을 체결하였다. 그리고 카리브해와 중남미지역의 34개 국가들도 미주자유무역지대(FTAA, Free Trade Area of the America)를 2005년 12월까지 창설하기로 합의하였으나, 브라질·아르헨티나·베네수엘라 등의 반대로 출범이 늦어지고 있다.

(2) 국제경제기구[2)]

세계경제가 확대되고 교류가 증가함에 따라 각국 경제의 세계적인 상호의존성이 증대되었다. 이에 선진국이 주체가 되어 각국의 공통적인 경제문제를 해결하기 위해 국제경제기구를 창설함으로써 세계경제와 기업활동에 커다란 영향을 주고 있다.

① WTO

세계무역기구(World Trade Organization)는 전세계 국가 간의 무역에 관한 규칙, 즉 다자간의 무역규범을 결정하고 국제교역 질서유지를 위한 국제기구이다. WTO는 GATT가 우루과이라운드협상(UR)을 통하여 대체된 것으로, GATT 체제에서 다루지 않았던 상품 및 서비스, 무역, 지적재산권 보호 등을 포함시켜 다자 간 무역질서 유지기능을 강화하였다.

WTO의 출범으로 공산품의 관세 및 비관세 무역장벽이 철폐되거나 크게 완화되고, 금융·통신·운송·건축 등 각종 서비스 교역이 자유화 됨으로써 각국의 대폭적인 시장개방이 이루어졌고, 지적재산권이 보호되고 거의 모든 무역활동에 국가간섭의 여지가 축소됨으로써 기업들이 세계시장에서 자유롭게 경쟁할 수 있는 '무한경쟁시대'를 도래시켰다. 따라서 기업들은 국내시장에서 한층 치열한 경쟁을 감수해야 하는 대신에, 해외시장에서는 보다 많은 사업기회를 갖게 되었다.

② IMF

국제통화기금(International Monetary Fund)은 연합국이 세계통화질서를 바로잡기 위해서 1944년 브레튼우즈 협정이 조인됨으로써 설립된 국제기구이다. IMF는 제2차 세계대전 이후 금본위화폐제도가 붕괴되고, 각국의 보호

---

2) 신철우, 경영과 사회, 삼영사, 2003, pp. 262~263 및 서민교 외 2인, 국제경제기구의 이해, 삼영사, 2006, pp. 118~142에서 散見

무역정책으로 환율이 불안하며 인플레이션의 진전으로 국제통화질서가 위기에 직면함에 따라, 이를 극복하기 위해 미국과 영국을 비롯한 서방 선진국들이 통화에 대한 국제협력 증진, 국제무역의 확대, 통화의 자유로운 교환, 고용수준의 증대, 생산자원의 개발 등을 목적으로 출발 하였다.

IMF의 기능으로는 각국의 환율제도의 운영과 정책에 대해 감시하고, SDR(특별인출권)의 창출, 기술지원, 국제수지 조정을 위한 신용제공 등이 있다.

③ OECD

미국은 제2차 세계대전 이후 유럽경제의 부흥을 위하여 마셜플랜(Marschall Plan)에 의해 대대적인 경제원조를 실시하였고, 마셜플랜의 지원기구로 1948년 OEEC(유럽경제협력기구)가 설립되었으나, 1961년에 발전적인 해체를 하고 OEEC 가맹국 18개국과 미국·캐나다·일본을 합쳐서 경제협력개발기구(Organization for Economic Cooperation and Development)가 발족하게 되었다.

OCED 목적은 ① 고용증대 및 생활수준의 향상, ② 개발도상국의 경제성장에 기여, ③ 다각적 무역확대에 기여 등으로 요약할 수 있다.

또한 OECD의 주요활동으로는 경영정책의 조정, 무역문제의 검토, 환경문제의 대처, 개발도상국의 원조 등을 전개하고 있다.

④ BIS

국제결제은행(Bank for International Settlements, BIS)은 1930년에 설립되었는데 스위스 바젤에 본부를 두고 있다. 설립목적은 국제은행 간의 협력을 증진하고 국제금융거래의 원활화를 위한 편의를 제공하며, 국제결제업무와 관련하여 수탁자 및 대리인으로서의 역할을 수행하는 것이다. 설립초기에는 독일의 전쟁배상금 지급문제를 해결하기 위해 활동했지만 시대적 상황의 변화에 맞춰 점차 중앙은행 간 협력체로서의 기능을 수행하게 됐다.
BIS는 여타 국제금융기구와는 다른 몇 가지의 특징을 가지고 있다.

첫째, BIS는 스위스 국내법에 의해 설립된 주식회사인 동시에 정부 간 협정에 의해 설립둘째, BIS의 설립은 각국 정부에 의해 이루어졌으나 실제 가입·출자·운영은 중앙은행에 의해 이루어지는 중앙은행 간 협력기구이다.

셋째, 최근 한국을 비롯한 일부 신흥개도국에 문호를 일부 개방했지만 BIS는 선진국, 특히 유럽국가 중앙은행을 중심으로 운영되어 온 다소 폐쇄적인 성격이 강한 기구이다.

BIS는 자기자본비율에 관한 국제통일규칙을 제정, 발표하여 시행해 오고 있는데 이는 모든 상업은행으로 하여금 은행자산에 위험가중치를 부여하여 산출한 위험가중자산(risk-weighted assets)의 최소 8%를 자기자본으로 보유하도록 할 것을 유도한 것이다.

우리나라에서는 BIS비율 8%를 외환위기 이후 금융기관의 건전성을 점검하는 핵심적인 지표로 사용하면서 주목을 받아 왔다. 즉, 어떤 은행이 구조조정의 대상이 될 것인가를 판단하는 기준으로 BIS기준 자기자본비율이 이용된 것이다. 한국에서는 최근 많은 수의 저축은행들이 BIS비율을 충족시키지 못해 폐쇄조치를 당했고, 앞으로도 많은 금융기관들이 BIS비율의 제한을 받을 전망이다.

미국발 세계금융위기도 서브프라임 모기지 론이 출발점이지만 각 금융기관들이 이와 관련된 금융투자상품을 자산에 편입하여 운용하다가 BIS비율 8%를 충족시키지 못하여 도산하거나 구제금융을 요청하게 되었던 것이다.

⑤ APEC

아시아 · 태평양경제협력체(Asia-Pacific Economic Cooperation)는 아시아 및 태평양 연안 국가들의 원활한 정책대화와 협의를 목적으로 설립된 경제협력체이다. 따라서 국제협정에 따라 설립된 정부 간 국제기구와는 달리 정부와 민간인이 자발적으로 참여하는 '느슨한 포럼' 형태를 띠고 있다.

APEC은 1989년 11월 6일 호주 캔버라에서 한국, 미국, 캐나다, 호주, 뉴질랜드, 일본 및 아세안 6개국 등 총 12개국이 참가한 제1차 APEC각료회의를 개최하면서 공식 출범하였다.

이러한 APEC의 특성으로는 다음과 같은 점을 들 수 있다.

첫째, APEC은 개방적 지역주의를 추구한다는 것이다. 기존의 지역통합은 역외국(域外國)에 대한 장벽을 높이지 않는 한 역내국에 대한 차별적 특혜를 부여할 수 있는 차별적 지역통합의 형태를 추구하지만 APEC은 역외국에 대한 배타적인 지역주의를 지양하고 WTO 체제에서 허용하는 무차별적 지역통합을 추구한다는 특징을 가지고 있다. 따라서 APEC이 추구하는 개방적 지역주의는 결국 지역주의와 다자주의가 조화가 되는 지역주의라고 볼 수 있는 것이다.

APEC이 개방적 지역주의를 실현하는 방법으로 제시하고 있는 방안은 다음과 같다.

가. 가능하고 최대한의 일방적 시장개방조치 실시

나. 역외국에 대한 무역장벽의 지속적 완화

다. 역내 자유화 조치의 혜택을 역외국에 대하여 상호주의에 입각하여 부어

라. APEC 회원국들은 개별적으로 역내 자유화 조치의 혜택을 역외국에 대하여 조건부 또는 무조건적으로 부여

둘째, APEC은 회원국간의 경제·사회·문화적 이질성을 극복하여 역내경제의 성장에 기여하며, 궁극적으로 경제공동체 형성을 추구한다는 것이다. APEC은 장기적으로 역내무역 및 투자의 자유화를 목표로 하며, 중단기적으로는 무역 활성화와 더불어 인적 자원, 기술, 관광, 통신 등의 분야에서 실질적인 경제협력을 증진시켜 아시아와 미주를 연결하는 경제공동체를 구축하는 것을 목표로 하는 것이다.

셋째, APEC은 진화적 과정에 있는 지역협력기구이다. APEC은 OECD나 WTO, EU 등과 같은 기존의 국제경제기구나 지역경제공동체와는 달리 형식적인 조직을 갖춘 기구로 출발하지 않았다. 즉, APEC은 창설당시 아·태 협력의 기본원칙에 대해서만 합의하였으며, 운용과정에서 필요에 따라 탄력적으로 제도를 확립하고 기구를 확대하고 있는 것이다. 현재 APEC은 회원국 주도로 각급회의를 운영함으로써 사무국의 역할을 최소화하며, 이러한 단계적 최소화를 통하여 협력분야를 확대함으로써 효율적인 조직운용을 추구하고 있다. 따라서 APEC은 진화적 발전과정을 거치고 있는 지역경제협력기구라고 할 수 있을 것이다.

넷째, APEC은 시장주도의 통합을 추구하는 기구이다. APEC의 지역통합은 아시아·태평양 지역의 다양성과 경제적 역동성(力動性)을 바탕으로 하여 시장통합을 추구하는 형태를 띠고 있다. 그래서 시장통합의 추진과정에서도 역내국의 다양성이 반영되어 무역과 투자자유화의 목표시한을 선진국과 개도국에 따라 달리 정하였고, 자유화 부문의 선택과 개방계획도 각국의 사정에

따라 신축적으로 정하게 되었던 것이다.

다섯째, APEC은 경제력에 있어서 상당한 격차를 가지고 있는 역내국가들의 상호보완성을 최대한 활용하여 이를 경제성장에 연결시키려는 통합형태이다. APEC은 미국・일본・캐나다의 자본과 기술, 중국・ASEAN의 풍부한 노동력과 자원, 그리고 ANIES의 역동성 등 경제성장에 필요한 제 요소를 고루 갖추고 있으므로 이들의 결합을 통하여 역내국의 경제성장을 추구하려는 통합이다.

여섯째, APEC은 WTO와의 조화를 추구한다. 사실 WTO의 출범은 세계경제의 블록화와 보호무역주의의 추세를 완화시키는 계기가 되었음은 분명하지만 지역주의의 확산에 대해서는 효과적으로 대처하지 못하였다. APEC은 지역주의의 일환으로 추구되고 있지만 개방적 지역주의를 추구함으로써 기존의 WTO의 정책을 적극적으로 지지하며 WTO와의 조화를 추구하고 있다.

일곱째,'APEC은 비즈니스다'(APEC means business)'라는 가치 아래 민간부문과의 파트너십 구축을 중요하게 여기는 경제협력체이다. APEC은 기업인 자문위원회(ABAC)와의 대화, 최고경영자회의(CEO summit) 등을 통해 민간부문과 정상간의 대화채널을 구축하고 지역차원의 민간기구(PECC, PBEC 등)와도 협력을 추구한다.

(3) 국제화 진전과 New Round[3)]

새로운 교역질서로서 GATT, UR, WTO, 환경문제와 무역을 연계시킨 GR(green round), 부당한 근로조건으로 생산된 상품교역을 규제하는 BR(blue round), 기술보호문제를 다루는 TR(technology round), 공정경쟁 구축을 위한 CR(competiton round), 기업윤리와 무역을 연계시키는 ER(ethics round), 뇌물 등 부패행위와 무역을 연계시키는 CorR(corruption round) 등과 같은 국제적인 규제를 따르지 않으면 기업이 세계화 시대에 적응할 수 없을 것이다.

3) 민경호, 신경영학, 무역경영사, 2005, p. 165.

〈표 7-3〉 국제화 진전과 New Round

New Round	내 용
GR(green round)	· 환경문제를 무역장벽에 연계시켜 환경상계관세부과나 수입제한 조치 · 우리나라는 철강 · 금속 · 석유화학 · 피혁 등 큰 피해
BR(blue round)	· 노동여건과 근로기준을 무역거래에 연계 · 최저임금 · 채불임금 · 부당노동행위 · 15세 이하 소년공의 불법노동행위 등
TR(technology round)	· 과학 · 기술정책 내용을 무역에 연계시킴 · 선진기술의 모방 · 도용 · 악용 · 남용 등 특허권 · 저작권 침해를 규제
CR(competition round)	· 경쟁정책과 공정거래의 보장을 무역거래에 연계시킴 · 독점과 과점체제의 남용과 오용을 규제
ER(ethics round)	· 비윤리적 기업의 제품이나 서비스를 국제거래에서 규제 · 2000년 국제공통의 기업윤리강령 발표 · 국제거래에서 제품의 품질(ISO 9000), 제품의 환경관리정도(ISO 14000) 수준정도로 윤리수준 강화
CorR(corruption round)	· 뇌물제공 등 부패행위를 시장질서의 파괴자로 간주 · 미국은 현지국에서는 문제가 되지 않아도 미국 국내법으로 처벌

7) 자연적 환경(natural environment)

(1) 자연적 환경의 의의

자연적 환경이란 기업을 둘러싸고 있는 자연자원은 물론 대기나 일기 및 기후 등과 같은 자연환경조건, 즉 실체적 환경과 생태적 환경을 말한다. 사실상 자연에 부존되어 있는 토지나 자연자원이 어떠냐 하는 것은 한 나라의 경제나 기업의 발전과 성장에 큰 영향을 미치는 것으로서, 자연적 환경의 구성 요소인 토지나 자연자원 등은 경제발전에 필요한 생산요소의 하나이다. 그런데 우리나라는 부존된 자연자원이 비교적 적어서 중요한 원자재는 물론 석유와 같은 에너지자원도 수입에 의존하고 있다.

한편 자연적 환경의 핵심은 자연보호와 공해문제 해결에 있다. 현대사회에서는 여러 가지 복합적인 요인에 의해 생태계의 균형이 파괴되면서 생태시스템과 관련된 새로운 문제영역들이 많이 등장하고 있다. 기업은 생태시스템을 구성하고 있는 하나의 하위시스템으로서 이러한 변화에 직 · 간접적으로 영향을 미치고 또 영향을 받고 있다.

이러한 환경오염과 생태적 균형의 문제는 경제성장 중심의 국가정책에 제동을 걸었으며 전 세계적인 입장에서 '하나뿐인 지구를 살리자.'라는 운동을 전개하게 되었다. 오존층파괴, 지구온난화, 탄산가스배출량 증가, 폐기물 격증 등 지구는 하루가 다르게 곪아가고 있는 것이다. 1972년 스톡홀름에서 유엔 인간회의가 열렸고, 로마클럽의 보고서 『성장의 한계』도 발간되었다. 그래서 1972년을 환경연대표의 원년으로 보고 있다. 로마클럽의 인사들은 성장보다는 '지구 전체의 균형'(global balance)에 경제의 가치와 목적이 주어져야 된다고 주장하면서 환경파괴의 심각성을 경고하고 있다.

1970년대 초반 이후 세계적으로 자원부족이 문제되기 시작하였는데, 이는 자원보유국의 자원민족주의에 의해 더욱 심화되었다. 이러한 면에서 여러 나라에서는 이러한 자연자원이 고갈되지 않고 보존되도록 힘쓰고 있고, 자국의 자연자원을 적극적으로 개발하고 있다. 이에 따라 종래 경제성의 관점에서 비용이 많이 들어 개발·활용되지 못하였던 국내자원을 개발하거나, 태양열 주택이나 파력발전(波力發電) 등과 같은 대체에너지자원의 개발이 이루어지고 있다.

그러나 오늘날 이러한 자연적 환경은 비단 경제적인 면에서만 기업과 관련을 가지는 것이 아니다. 경제의 성장에 따라 기술혁신이 이루어지고, 기업의 규모가 확대됨에 따라 종래에는 전혀 인식하지 못하였거나 혹은 간과되어 왔었던 자연적 환경의 오염이나 환경파괴가 가속적으로 이루어지고 있다는 사실을 알 수 있다.

사실상 기술이 크게 발전되어 경제가 발전되고 생활이 풍족해도 공해가 심하여 동식물이 제대로 자라지 못한다면 인류는 오래 가지 못할 것이다. 우리가 주식으로 하고 있는 쌀은 공기와 태양 및 물을 필요로 하고 흙 속에서 자연생성력에 의해 자라는 것이며, 유기적 생체는 태양으로부터 에너지를 얻고 공기와 물 및 흙 속에서 화합물을 얻어 활력 있게 자라는 것이다. 그러므로 이러한 자연적 환경인 대기나 호소. 하천 및 해수가 오염되고 지반이 침하하는 것과 같은 환경파괴가 계속된다면, 인류는 그들이 필요로 하는 식량이나 일광, 물 등을 얻을 수 없게 되어 생존의 위협을 받게 된다.

(2) 공해문제

이와 같은 자연환경이 파괴, 오염되는 현상을 공해(public nuisance)라 하는 데 미국에서는 환경파괴, 유엔에서는 환경오염이라 하고 있다.

기업과 밀접한 관련을 갖는 공해에는 다음과 같은 것이 있다.

① 대기오염(air pollution)
② 수질오염(water pollution)
③ 고체폐기물(solid wastes)
④ 소음오염(noise pollution)
⑤ 분진, 낙진(落塵), 먼지
⑥ 살충제(pesticide) 등
⑦ 식품오염(food pollution)

환경오염으로부터 비롯되게 된 공해는 그 발생의 원인으로서 인구의 증가와 산업구조의 변화, 그리고 환경파괴적 기술의 개발과 산업의 도시집중을 들 수 있다. 그렇다면 이러한 공해에 대한 책임은 누가 져야만 할 것인가? 물론 이에 대한 책임은 우리들 국민이나 기업 및 정부가 모두 어느 정도이건 함께 져야만 할 것이나, 기업이 가장 주된 책임을 져야 할 것은 당연하다. 그러므로 기업은 가능한 한 공해 방지에 힘쓰고 불가피하게 공해가 발생하면 그 피해를 보상하여 주도록 하여야만 한다.

(3) 환경보호에 관한 협약 및 규제[4)]

이렇게 공해를 중심으로 한 환경오염이 심화됨에 따라 전술한 바와 같이 공해 방지에 관한 역할을 기업에게만 맡기거나 소극적으로 보상을 받는 것에 그치지 않고 더 나아가 이의 개선을 촉구하는 압력이 여러 계층에서 가해지고 있다.

① 국제환경협약의 영향

WTO 등 국제기구에서의 논의와는 별개로 환경보전을 위해 환경파괴의 원인이 되는 생산, 소비, 교역활동을 규제하는 국제환경협약의 체결이 확산되고 있다(현재 150여개 국제환경협약 중 18개 협약이 무역규제조항을 포함). 이 중 현재 국내산업에 영향을 미치는 것과 향후 미칠 것으로 예상되는 협약은 몬트리올 의정서, 바젤협약, 기후변화협약, 생물다양성협약 등인데 구체적 사항은 <표 7-4>와 같다.

4) 강신규 외 4인, 경영학원론, 형설출판사, 2004, pp. 215~216.

〈표 7-4〉 국제환경협약의 국내산업에 대한 영향

관련협약	규제대상	국내산업에 대한 영향
몬트리올의정서	CFC, 할론, 메틸브로마이드 등	· 제조공정의 냉매, 세정제, 발포제로 CFC를 대량으로 사용하는 자동차, 전기, 냉동기기, 화학산업 에 영향 · 소화제인 할론, 살균제인 메틸브로마이드 등을 사용하는 관련산업의 원료수급 및 비용 증가 예상
기후변화협약	CO_2 등 온실가스	· 석탄, 석유 등 화석에너지 다소비업종인 철강, 석유화학산업 등에 많은 영향
바젤협약	47개 종 폐기물	· 재생용 플라스틱, 고무, 고철을 활용하는 산업에 영향
생물다양성협약	생물 · 유전자원	· 유전자원의 주권행사로 인해 유전자원 접근성 제약, 유전공학적 안전성에 의한 무역규제가 예상 · 농업, 축산업, 의약업 등에 영향
CITES	호골虎骨 서각犀角 웅담 사향 등	· 규제 동 · 식물을 약재로 사용하는 제약산업, 동물의 가죽을 이용한 피혁산업, 화훼농업 등에 영향

자료 : 박상범, 전게서, p. 221.

② 각국 환경규제와 국내산업

주요 선진국에서는 환경보전과 동시에 자국 내의 산업이익을 보호하기 위해 환경기준을 강화하여 기준에 미달되는 제품에 대한 일방적으로 수입을 규제하거나 새로운 의무를 부과시키는 사례가 늘어나고 있다.

〈표 7-5〉는 각국의 환경규제와 관련 국내산업을 나타내고 있다.

〈표 7-5〉 각국의 환경규제와 관련 국내산업

구분	시행국가	내 용	국내관련산업
자동차 배기가스 기준	EU, 미국	자동차배기가스의 배출기준을 강화하여 대기오염 방지	자동차
경고라벨 부착규칙	미국	오존층 파괴물질을 사용한 제품에 대한 CFC 경고 라벨 부착	반도체, 가전, 기계, 화학
포장쓰레기 규제법	독일	생산자의 직접회수 및 재생포장 전업종 재사용 쿼터설정 등을 통해 쓰레기 오염 방지	
에너지세/탄소세		유럽 각국 CO_2 배출량, 에너지 사용량에 일정률 세금을 부과, 에너지 사용 억제	철강,비철금속, 제지,자동차, 섬유, 화학
환경마크제	선진 각국	환경친화적 상품마크 부여, 구매 전업종 유도와 무공해 상품 개발 촉진	

- EU는 새로운 승용차 배기가스 기준을 시행하여 기준미달 시 승용차의 형식승인을 부여하지 않음
- 미국은 자국법에 의한 야생동물 비보호국가에 대한 무역제제조치로 직접적인 무역제한효과를 초래하고 있음
- 독일은 포장폐기물에 대한 재활용의무 강화
- 덴마크의 캔음료용기 사용금지조치
- EU의 세탁기, 세제, 페인트 등 환경마크제도는 사실상 무역재 제한효과를 초래할 가능성이 높다.

8) 우주공간적 환경

현재 태양계에 존재하고 있는 모든 것은 우주로부터 왔다고 한다. 그러나 우주는 너무나 크기 때문에 많은 수수께끼가 존재한다. 예를 들면, 생명체의 기원이라 든지 우주의 범위와 한계, 지구의 종말에 관한 것 등등. 그런데 정작 중요한 것은 이런 우주공간적 환경이 우리 모두의 존속·발전에 직·간접적으로 영향을 미치고 있다는 것이다. 즉, 태양폭풍의 영향, 중성미립자의 영향, 행성의 배열에 의한 영향, 혜성의 존재, 운석과 지구와의 충돌가능성 문제, 달과의 인력에 의한 조수간만차 문제, 군사적 또는 평화적 이용 목적의 인공위성 문제, 전자파 간섭의 문제 등 우리가 그동안 관심이 부족했던 이런 요인들이 갈수록 중요한 환경요인으로 작용하고 있다.

2. 과업환경

일반적 환경이 거의 모든 조직에 광범위하게 영향을 미치는 환경인 반면 과업환경(task environment)은 특정 조직의 활동과정에서 직접적으로 상호 작용하는 이해관계자(Stakeholders) 집단과의 관계라고 할 수 있다. 이해관계자란 용어가 처음으로 등장한 것은 1963년 스탠포드연구소(Staford Research Institute)의 내부보고서이며, 이 용어는 조직의 운영에 필수불가결한 집단들,즉 생존을 위해 대응해야 할 필요성이 있는 집단만을 의미하였다고 한다.[5)]

---

5) 여영현, "조직관리자의 이해관리자 인식과 경영활동 및 지배구조와의 상관성 실증분석 : 지방도시개발공사를 중심으로", 연세대학교 대학원, 연세대 박사학위 논문, 2002.

이해관계자 집단으로서의 기업의 과업환경으로는 ① 고객(소비자)이 제일 앞에 위치하고, ② 내부에는 종업원과 노동조합, 그리고 주주가 있고, ③ 외부로는 원·재료 공급자, 경쟁업자, 채권자, 언론기관, 시민·사회단체, 지역사회 등이 있으며, ④ 마지막으로 정부와 국제사회를 들 수 있다.

1) 고객/소비자(consumer)

오늘날 이해관계자 집단 가운데서 가장 큰 영향을 미치는 요인은 고객이라는 것이 지배적인 견해이다. 왜냐하면 고객이 없는 기업은 존재할 수 없기 때문이다. 과업환경으로서 소비자 환경의 중요성이 더욱 부각된 이유는 대량생산체제가 본격화되고 경쟁이 격화됨에 따라 상품시장의 성격이 판매자시장에서 구매자시장으로 변화하게 되었고, 상대적으로 소비자의 위상도 높아지게 되었기 때문이다.

이와 함께 최근 소비자주의의 대두로 소비자의 기본적 권리를 지키기 위해 소비자들의 조직화 된 운동이 점차 강화되어 가고, 정부도 소비자들의 권익을 보호하기 위한 많은 소비자 관련입법을 통하여 기업에 대해 여러 가지 제약을 가하는 등 더욱 그 영향력이 증대되고 있다.

2) 주주(stockholders, shareholders)

주주는 일찍부터 기업소유자로서 이해관계자 집단 가운데서 핵심집단을 이루어 왔다. 초기의 주식회사에서는 몇몇 주주들에 의해 기업활동이 좌우되어 주주는 곧 사용자집단으로 인식되었으나, 오늘날에는 소액주주들이 증가하게 되어 기존의 사용자집단의 의미보다는 기업경영에 영향을 미치고자 하는 중요한 과업환경으로 의의를 지니게 되었다. 또한 각종 연·기금들이 주주로 참여하게 됨에 따라 회사에 대한 주주들의 영향력이 더욱 커지게 되었다.

경영자는 양호한 경영성과를 이룩해야 한다. 그래서 주주에 대하여 만족할 만한 이익배당이 이루어지도록 해야 한다. 특히 오늘날은 경영참여에는 관심이 없고 주식투자수익률에만 매달리는 부재주주(不在株主, absent ownership)들의 존재가 큰 비중을 차지하고 있다. 이들의 관심은 매일 매일의 주가의 움직임에 있다. 따라서 경영자는 주가가 상승하도록 압력을 받는다.

주주는 회사의 좋은 지지자가 되고 또한 선전자도 될 수 있기 때문에 회사가 주주들과 좋은 PR관계를 유지한다면 주주는 회사를 신뢰하고 기업 이미지도 좋아지게 되는 것이다.

3) 종업원과 노동조합(employee & union)

기업의 의사결정에 대한 이해관계자 집단으로서 종업원이나 노동조합의 영향은 갈수록 증대해 가는 추세에 있다. 특히 노동조합 또는 근로자집단은 산업화가 진전되면서 필연적으로 발생하는 집단으로서 사용자집단과 함께 기업조직을 구성하는 주요 과업환경의 하나이다. 근로자는 경영에 필요한 핵심적인 자원을 제공한다. 즉, 근로자는 노동력, 기술력, 관리력 및 경영에 유용한 지식 및 지혜 등을 제공하고 있는데, 기업은 무생물이기 때문에 인간이 경영에 참여하지 않으면 아무런 활동도 할 수 없어 존재자체가 부정될 수 있다. 따라서 기업은 종업원이나 노동조합과 노사협조라는 이상적인 사고방식을 앞세워 바람직한 노사협력체제를 구축하도록 해야 한다.

4) 공급업자

이해관계자 집단으로서 거래처가 미치는 기업환경의 영향도 크다. 이때 거래처란 주로 원・재료나 부품의 공급자를 비롯하여 하청관계에 있는 관계자 전원을 의미한다. 특히 오늘날은 위탁처리(outsourcing)가 일반화 되어 감에 따라 아웃소싱 제공업체들도 공급업자에 포함시켜야 할 것이다.

공급업자는 납품시기, 품질, 납품단가 및 후속조치 등에서 이해관계가 크다. 일례로 최근 모 자동차 공장이 조업을 상당기간 중단한 적이 있는데 원인은 부품을 납품하던 중소기업이 파업을 하여 부품을 조달할 수 없어서 어쩔 수 없이 생산라인을 멈춰야 했던 것이다.

5) 금융업자(은행, 보험회사, 금융투자회사 등)

자본주의 경쟁체제 하에서 기업을 유지하고 활동하는데는 항상 재무적인 고려가 큰 비중을 차지하게 된다. 왜냐하면 자본주의 체제 하에서는 기업의 사적 소유를 전제로 하기 때문에 기업활동에 필요한 자금은 먼저 출자자(주식회사는 주주들)이 제공해야 한다. 그러나 출자자들이 동원할 수 있는 자금에는 한계가 있기 때문에 자기자본 이외에도 장·단기의 타인자본의 조달이 필요하게 되어 어떠한 형태로 든 금융기관에 의존하지 않을 수 없다.

또한 자금조달에 있어 직접금융형태가 일반화 됨에 따라 증권발행을 통한 자금조달은 간접발행이 중심이 되고 간접발행에 있어서는 인수단을 구성하는 금융업자/금융기관의 역할이 중요하게 되었다.

6) 지역사회(community)

기업과 지역사회 간에는 이중적 이해관계를 가지고 있다. 즉, 기업이 지역사회에 진출함으로써 지역사회의 소득의 증가와 고용의 실현이라는 긍정적 효과를 낳기도 하지만, 그 반면에 공해의 심각한 피해, 자연파괴, 지역사회의 전통문화의 파괴 및 위화감의 야기 등과 같은 부정적 효과를 지역사회에 가져오게 한다.

한편, 미국에서는 특히 기업의 지역사회 관계가 중요시되어 기업에 따라서는 별도의 지역사회담당 중역을 두고 있거나, 회사 목적으로서의 지역사회와 원만한 관계를 유지·형성하는 데 노력하고 있는 경우가 많다.

우리나라 기업의 경우, 지금까지 일반적으로 지역사회에 대한 인식이 높지 못해서 지역사회 문제가 의사결정 시 고려대상으로 등장하는 일은 드물었다. 그러나 최근 한국에서도 지역사회의 환경문제에 대한 관심고조와 지방자치체제 실시 등으로 지역주민들의 자치의식 및 구매력의식이 함양됨에 따라 지역사회는 기업의 사회적 책임과 관련하여 기업의 중요한 이해관계집단으로 등장하게 되었다.

7) 정부(government)

기업환경으로서 정부는 국가기관과 관련된 것 모두를 가리킨다고 할 수 있다. 어느 국가를 막론하고 기업의 의사결정에 대한 기업환경으로서 정부의 권력과 영향력은 막강하다. 때문에 경영자가 의사결정을 하는데 있어 정부의 역할을 도외시할 수 없다.

정부는 기업활동에 간접적으로 영향을 주기도 하지만 지원정책 또는 규제정책을 통해 직접적으로 개입하기도 한다. 예를 들면, 국민경제의 전체적인 관점에서 물가안정을 도모하기 위하여 가격결정에 직접적으로 개입하는 규제, 덤핑과 과다경쟁에 대한 규제, 경제력 집중의 방지, 불공정 거래행위의 제한, 임금인상률에 대한 규제, 특별소비세의 신설 등은 기업활동에 직·간접적으로 영향을 미치고 있다.

8) 기타

그 밖에 과업환경인 이해관계자 집단으로서 경쟁기업도 기업의 의사결정에 큰 영을 미친다. 또 중요한 과업환경으로 언론기관과 교육기관을 들 수 있다. 특히 대중매체산업의 성장과 사회에 미치는 영향력의 증대에 따라 언론기관과 기업의 관계는 날로 그 중요성을 더해 가고 있다. 또 산업협동의 대상이면서 주요 고객인 대학을 비롯한 각종 학교도 과업환경으로써 그 중요성이 매우 크다고 할 수 있다.

3. 내부환경

기업의 내부환경(internal environment)은 기업내부에 존재하는 여러 가지 강점과 약점으로서 내부적으로 통제 가능한 환경요인을 말한다. 기업은 내부환경을 조정함으로써 기회와 위협에 적절히 대처해 갈 수 있으며 이 같은 내부환경은 외부환경의 변화속도가 심할수록 그 영향을 크게 받는다.

내부환경을 결정해 주는 요인에는 재무·회계요인, 판매·유통요인, 생산·기술요인, 인사·노동조합 요인, 기업자원 및 기업자체 요인 등을 들 수 있다.

1) 재무·회계요인

기업활동의 근본이 되는 자금조달은 사회목적을 달성하기 위해 필요로 하는 자금을 획득하는 것이다. 기업자금의 조달에는 자금의 양과 질 및 그 조달방법을 결정하는 문제가 따른다. 만일 기업이 경쟁자보다 재무적인 측면에서 상대적인 강점을 가지고 있다면 그로 인하여 효과적으로 경쟁에 대처할 수 있고 또 경쟁에서 보다 유리한 입장에 있게 될 것이다.

재무와 회계면에서 강점요소

① 자금동원력

② 주식가격과 배당정책으로 인한 낮은 자본비용(경쟁자와 비교할 때)

③ 효과적인 재무구조(주가자금이 필요할 때 조달 할 수 있는 신축성)

④ 주주와 소유주와의 우호적 관계
⑤ 조세부담에 있어서의 유리한 조건
⑥ 재무계획, 운전자본, 자본예산의 능률
⑦ 원가, 예산, 이익계획, 감사과정 등 회계제도의 능률
⑧ 재고평가정책

2) 인사 · 노동조합 요인

인적 자원은 기업경영에 있어서 가장 기초가 되는 것이다. 기업은 곧 사람이기 때문에 유능한 인적 자원이 부족한 상태에서는 기업의 경영개선, 생산성제고, 품질개선 등을 기대할 수 없다.

기업은 유능한 관리자를 포함하여 모든 종업원의 능력과 자질을 향상시킴으로써 급속한 환경변화에 지혜롭게 대응해 나가야 한다. 또한 원만한 노사관계의 유지를 통하여 산업평화와 노사공동체 인식의 확대로 기업의 경쟁력 증대를 이룩할 수 있다.

인사 · 노동조합 면에서의 강점요소

① 자질이 좋은 종업원
② 최고경영자의 기능별 경험과 경력(대체되는 사람은 양성되고 책임을 맡을 준비가 되어 있는가?)
③ 노동조합과의 좋은 관계
④ 효과적인 인사정책: 증원, 평가, 승진, 훈련, 보상, 복리후생
⑤ 낮은 노무비(보상제도, 회전율, 결근률에 의하여 측정함.)

3) 생산 · 기술요인

생산관리 측면에서의 강점요소

① 경쟁자보다 낮은 총원가
② 시장수요에 맞은 높은 설비
③ 효율과 생산성이 높은 설비
④ 원료와 부품의 원가
⑤ 원료와 부품의 적절한 이용
⑥ 효율과 생산성이 높은 사무실

⑦ 효율과 생산성이 기계장치
⑧ 설비와 사무실의 전략적 위치
⑨ 효과적인 설계, 일정계획, 품질관리절차
⑩ 효과적인 설비보존 정책
⑪ 효과적인 재고관리 시스템
⑫ 효과적인 수직적 통합

4. 기업환경의 분석과 대응

1) 환경분석과 예측기법

기업이 경영전략을 전개하는데 있어 중요한 것은 기업환경의 각 구성요소들을 어떻게 분 석하고 평가해서 실제의 기업경영 전략에 적용할 것인가의 문제이다. 따라서 환경분석은 앞으로 다가 올 환경변화가 기업이 성장・발전할 수 있는 요인으로 작용할 것인지 않으면 존속까지도 위협할 요인으로 작용할 것인지를 파악하는데 있다. 환경분석과 예측을 하기 위해서는 관련자료나 정보를 수집하여 다양한 기법을 활용해야 한다.

2) 환경변화에 대한 기업의 대응

한편 현실적인 기업경영에 있어서 환경변화에 대한 기업의 대응은 크게 다음과 같은 4가지 형태로 구분할 수 있다.

① **무반응적 대응** : 환경이나 사회로부터 강력한 압력을 받더라고 자신들의 정책기조를 고집하고 끝까지 자신들의 정책변경을 거부하는 경우이다. (최하책, 最下策)
② **반응적 대응** : 외부로부터 강한 변화의 압력에 부딪치면 뒤늦게나마 환경변화에 대처하려고 노력하고 정책변경을 시도하는 경우이다. (중책, 中策)
③ **사전반응적 대응** : 환경변화를 미리 예측하고 한발 앞서 기업경영에 유리한 방향으로 이루어질 수 있도록 영향력을 행사하는 경우이다. (최상책, 最上策)
④ **상호작용적 대응** : 환경변화를 예측할 수 있을 때 기업은 이러한 환경변화에

조화할 수 있도록 자신의 목표나 정책기조를 미리 조정해 나가는 경우이다. (상책, 上策)

기업의 존속과 발전을 위해서는 환경을 이해하고 환경에 적응하거나 이를 이용하여야 한다. 경영전략은 환경과 관련하여 수립한 가장 중요하고 기본적인 장기계획임을 명심하여야 한다.

제8장 계획화와 경영전략

제1절 계획수립 _ 225
제2절 계획화의 과정 _ 231
제3절 경영전략 _ 233
제4절 경영전략의 유형과 전개 _ 236

제8장 계획화와 경영전략

관리직능은 PDS, 즉 계획화, 실천(지휘, 명령 등), 확인의 3단계를 거쳐 피드백 되는 순환과정으로 이루어진다. 물론 학자들에 따라서는 계획 · 조직 · 충원 · 지휘 · 조정 · 통제 등처럼 관리요소들을 다양하게 제시하기도 한다. 여기서는 관리직능의 출발점인 계획화와 경영전략에 대해 살펴보도록 한다.

제1절 계획수립

1. 계획수립의 의의

모든 경영자는 기업을 운영해 나가는데 있어 기업이 위급한 상황에 처해 있든, 아니면 현재 성장일로를 걷고 있든 일련의 관리과정을 수행한다. 즉, 기업이 달성하고자 하는 목표를 설정하고, 그러한 목표를 달성하기 위한 계획을 수립하며, 목표달성이 효과적으로 이루어질 수 있는 조직구조를 갖춤과 아울러 기업구성원들이 담당할 역할을 구체화 시켜야 한다. 또한 조직구조와 역할에 적합한 사람들을 선발하고, 현재의 인력을 교육시켜 적재적소의 배치를 실시하여야 하며, 그들에 대해 적절한 보상을 제공하고, 배치된 인력 및 선발된 사람들이 조직의 목표달성을 위해 공헌하고 기여할 수 있도록, 그들에게 회사의 목표를 인식시키고 지도 · 감독한다. 그리고 맨 마지막으로는 계획한 목표와 실제성과가 일치될 수 있도록 자원을 통제하고, 만약 차이가 존재한다거나 잘못된 방향으로 나아가고 있을 경우에는 목표추구활동에서 벗어나지 못하도록 이를 시정하여 줄 수 있어야 한다.

이와 같이 주어진 환경적 여건 하에서 기업의 목표달성을 위해서 단계별로 활동해 나가는 과정을 관리과정이라 하며, 관리과정 상의 맨 처음 단계에 해당하는 계획화(planning)는 조직의 목표를 설정하고 그와 같은 목표를 달성하기 위한 구체적인 방법(전술)을 결정하는 과정으로 정의할 수 있다. 즉, 이러한 정의와 같이 계획화에는 조직이 달성하고자 하는 적절한 목표의 수립과 그와 같은 목표의 달성을 위한 구체적 활동방법과 시간적 계획 등이 포함된다. 따라서 계획화는 끊임없이 변화하는 환경적 여건 하에서 조직이 설정한 목표를 향해 조직이 나아갈 수 있도록 하는 지속적인 기능이며, 그와 같은 목표에 도달하기 위해 요구되는 조직의 행동양식을 구체화 시키는 과정인 것이다.

2. 계획수립의 중요성

계획화가 효과적으로 이루어졌다 할지라도 그것이 곧 조직목표가 성공적으로 달성될 수 있다는 것을 보장하는 것은 아니다. 그러나 개인이나 조직을 떠나 어떠한 경우에서든 달성하고자 하는 목표가 있다면, 그와 같은 목표를 어떻게 달성할 것인지에 대한 계획수립의 과정이 있는 것과 없는 것은 큰 차이가 날 수밖에 없다. 예컨대, 우리가 집을 한 채 짓겠다고 하는 목표를 지니고 있다면, 계획화는 그와 같은 집을 어떻게 건축하겠다고 하는 설계도나 청사진과 같은 것이다. 도달하고자 하는 목표와 미래지향적인 사고에서 체계적으로 수립된 계획화는 집이 완성되어 가는 과정에서 원래 목표로 하였던 것과 차이는 없는지, 차이가 발생한다면 그와 같은 차이의 원인이 무엇이며, 어떻게 행동방향을 수정해야 할 것인지를 알 수 있도록 한다.

보다 구체적으로 계획화의 중요성을 정리하면 다음과 같다.

첫째, 미래의 불확실성에 대한 준비

계획화는 미래의 불확실성에 따른 변화가능성에 대해 효과적인 대처가 가능하도록 한다. 계획수립에 있어서의 중요한 문제는 미래에 대한 추측과 가능한 변화의 양상에 대한 다양한 정보를 수집하는 것이다. 그와 같은 정보는 조직이 목표달성을 위해 어떠한 방향으로 움직여야 할 것인지를 결정하는데 중요한 지침이 된다. 따라서 미래의 상황에 대한 일정한 가정을 기초로 계획이 수립되므로 계획화는 이러한 상황에 변화가 발생하였을 때 계획의 수정을 통해 변화에 신속히 적응하는 것이 가능하도록 한다. 미래의 불확실성 때문에 계획이 쓸모없다고 생각할 수 있으나 오히려 불확실성 때문에 계획화가 필요한 것이다.

둘째, 목표지향적(효과적)인 행동의 기초제공

목표지향적 행동을 통하여 조직 내의 다양한 부문들의 활동을 하나로 통합시킬 수 있는 기초를 제공한다. 계획을 수립하는 가장 일차적인 목적은 조직이 달성하고자 하는 목표를 효과적으로 달성할 수 있는 방법과 방향을 구체화 시키고 달성시간을 확정하기 위한 것이다. 따라서 조직의 목표가 일단 결정되면 계획화의 과정은 그와 같은 목표를 달성하기 위한 방법을 개발하는 것이 중심이 된다는 점에서 모든 의사결정은 그것이 목표와 얼마만큼의 유관성을 지니고 있으며, 목표달성에 얼마나 공헌할 수 있는가의 기준에 따라 이루어질 수밖에 없다.

셋째, 효율적인 조직운영의 기반제공

경제성 원리에 따라 낭비요소를 제거토록 함으로써 보다 효율적인 조직운영이 가능해진다. 계획화는 비생산적이거나 비경제적인 노력들을 배제함으로써 경제성과 유효성을 높일 수 있도록 한다. 계획화는 조직이 보유한 인적 자원과 설비 등의 여러 생산요소를 잘 활용하여 가능한 한 낮은 비용으로 최대의 성과를 확보할 수 있도록 한다.

넷째, 체계적, 합리적 통제활동의 기반제공

체계적이고 합리적인 통제활동이 가능하도록 한다. 계획화와 통제는 동전의 양면과 같다고 할 수 있다. 앞서 밝힌 것과 같이 계획을 수립하는 가장 일차적인 이유는 목표를 효과적으로 달성하는데 있다는 점에서, 경영자는 지속적으로 계획한 목표와 실제성과가 일치될 수 있도록 자원을 통제하고, 만약 차이가 존재한다거나 잘못된 방향으로 나아가고 있을 경우에는 목표추구활동에서 벗어나지 못하도록 이를 시정하여 줄 수 있어야 한다. 따라서 통제활동을 위해서는 그와 같은 통제의 기준과 지침이 먼저 존재해야 할 것이며, 그와 같은 기준이 곧 계획인 것이다.

3. 계획수립의 유형

목표가 하나라고 하여 그것이 곧 계획도 하나라는 것을 의미하는 것은 아니다.

조직이 궁극적으로 달성하고자 하는 목표는 하나라 할지라도 그와 같은 목표를 성취하는데 필요한 계획은 시간적 범위, 계획의 성격, 계획의 목적 등에 따라 매우 다양하게 구분되어질 수 있다. 마치 건축물 하나를 완성하는데 필요한 설계도가 토목, 건축, 실내디자인, 전기, 도장 등에 따라 다양하게 요구되듯이 계획 또한 다양하게 구분되어질 수 있다.

1) 장기계획과 단기계획

계획은 시간적 차원에 따라 장기계획과 중기계획, 그리고 단기계획으로 구분되어진다. 통상 장기계획은 5년 이상의 기간을 요구하는 계획을, 중기계획은 1년 이상 5년 사이의 계획을, 그리고 단기계획은 1년 이하의 계획을 의미한다. 그러나 이것은 어디까지나 계획화의 기간을 시간적 범위에 따라 구분한 것일 뿐, 그 기준도 절대적인 것은 아니다. 보다 중요한 것은 시간적 범위에 따라 계획을 구분하였을 때 그 속성이 크게 다르다는 점을 알아두는 것이다.

통상적으로 장기계획은 조직의 궁극적인 목표 및 조직의 전략적 계획과 밀접한 관련을 지니고 있으며, 시간적 범위가 길다는 점에서 장기적인 환경예측 및 환경변화추이 등에 대한 체계적인 정보를 필요로 한다. 따라서 장기계획은 조직경영에 있어 미래에 발생할 것으로 예측되는 여러 상황에 조직이 어떻게 대처할 것인가를 결정하는데 유용하다. 장기계획의 예로는 미래성장모델, 다각화 계획, 흡수합병, 자금조달계획, 기술혁신계획 등과 같이 조직의 장기적인 존속발전과 밀접한 관계를 지닌 계획 등을 들 수 있다.

일반적으로 장기계획은 기업조직에 있어서의 최고경영층에 의해 그 방향과 중심적인 과업이 설정되는 반면, 하위경영층은 그와 같은 조직의 장기적 계획과 목표의 효과적인 실행을 위한 단기계획의 수립과 실행의 주체가 된다. 따라서 계획화 과정에서 무엇보다 중요한 것은 조직 내의 모든 부문과 구성원들이 조직의 장기적인 목표와 그와 같은 목표에 도달하기 위하여 수립된 장기계획의 기본방향을 충분히 인지하고 조직 내에서 수립되는 중·단기 계획과 조직구성원에 의해 이루어지는 모든 활동이 장기적인 목표와 계획에 일치될 수 있도록 하는 것이다.

목표와 계획 상의 통합된 계층적 체계가 없다면 나침반이 없이 항해하는 것과 같아서 조직은 미래의 불확실성에 효과적으로 대처할 수 없게 될 뿐 아니라 조직구성원간의 갈등으로 조직목표의 달성은 어려워지게 된다.

2) 전략적 계획과 운영(전술적)계획

조직 내에서 수립되는 계획은 시간적 차원에서뿐만 아니라 계획의 범위(scope)에 따라 다르게 구분되어질 수 있다.

전략적 계획은 조직 전체적 차원에서 환경과 관련된 장기적이며 기본적인 계획이다. 즉, 환경변화와 관련된 계획으로서 목적과 목표를 결정하고 그와 같은 목적과 목표달성에 요구되는 조직구조 및 조직 내의 자원의 효과적인 배분과 행동방향을 결정하는 것이라 할 수 있다. 따라서 그와 같은 전략적 계획에 기초하여 보다 구체적인 하위계획인 전술적 계획, 즉 정책, 방침 내지 지침, 수단, 방법, 도구, 절차와 규정, 예산안 등과 관련된 계획이 수립된다. 전략적 계획의 중요성과 수립과정에 대해서는 다음에 보다 구체적으로 살펴볼 것이다.

이에 비하여 운영계획은 전략적 계획과 목표를 실행하고 달성하기 위하여 조직 내의 특정한 부서나 부문차원에서 이루어져야 할 것으로 요구되는 계획을 의미한다. 즉, 전략적 계획이나 목표가 수립되면, 그와 같은 계획과 목표의 효과적인 달성을 위하여 이루어지는 생산부서의 생산계획이나 설비계획, 인사부서의 인적자원계획, 판매부서의 마케팅계획, 재무부서의 자금운영계획 등이 부서차원에서 구체화 될 수 있어야 하며, 그와 같은 계획들이 운영계획을 구성한다.

3) 상설계획과 단일계획

조직 내에서의 계획은 정책(policies), 규칙(rules), 절차(procedures)와 같이 반복적으로 사용되는 상설계획(standing plans)과 예산, 프로젝트와 같이 독특하고 비 반복적인 업무를 처리하기 위한 단일계획(single-use plans)으로도 구분된다.

상설계획은 조직에서 상황발생의 시기와 조건에 상관없이 통일되고 일관성 있는 방향으로 문제를 해결할 수 있는 일종의 지침과 같은 역할을 수행한다. 그 대표적인 예가 정책으로 조직이 수립하는 정책은 특정한 상황 하에서 조직이 어떠한 의사결정과 행동을 취할 것인지에 대한 광범위한 지침과 같다. 예컨대, 기업의 고용정책은 그 회사에서 결원이나 인력충원이 요청될 경우 어떠한 절차와 방법에 따라 그와 같은 요구를 해결할 것인지를 반영하는 지침과 같아서, 현업부서에서는 그와 같은 절차와 방법에 따라 문제를 해결할 수 있을 것이다. 또한 규칙과 절차 또한 상설계획의 범주에 속하는 것으로서 정책이 보다 광범위하고 포괄적인 내용을 담고 있다면, 규칙과 절차는 특정한 상황에서 취할 수 있는 보다 구체적인 행동의 방향을 명시한 것이다. 따라서 많은 경우 조직 내에서는 이를 '규정집' 또는 '업무매뉴얼' 등과 같은 형태도 문서화 함으로써 조직구성원의 업무처리방향에 일관성 있는 지침을 제공한다.

반면 예산(budgets), 프로젝트(project) 등은 단일계획의 대표적인 유형이다. 예산은 특정한 프로그램이나 프로젝트, 조직 내의 각 부문에 할당된 자원이나 자금을 목록화 한 재무적 계획이라 할 수 있다. 또한 프로젝트는 특정한 과업을 달성하기 위한 단일계획으로서 조직에서는 프로젝트 과업을 수행하기 위한 별도의 수행팀을 구성하기도 한다.

지금까지 살펴본 계획의 유형들은 실로 다양하지만 하나의 계층적 구조로 쉽게 체계화 시킬 수 있다. 조직이 궁극적으로 도달하고자 하는 목표에 따라 전략적 계획이 수립되며, 이를 보다 구체화 시킨 것이 전술 또는 운영계획이다. 또 전술 또는 운영계획은 반복성과 비반복성의 여부에 따라 보다 세부적인 계획들로 구체화 될 수 있다.

그림 8-1. 계획의 계층적 구조

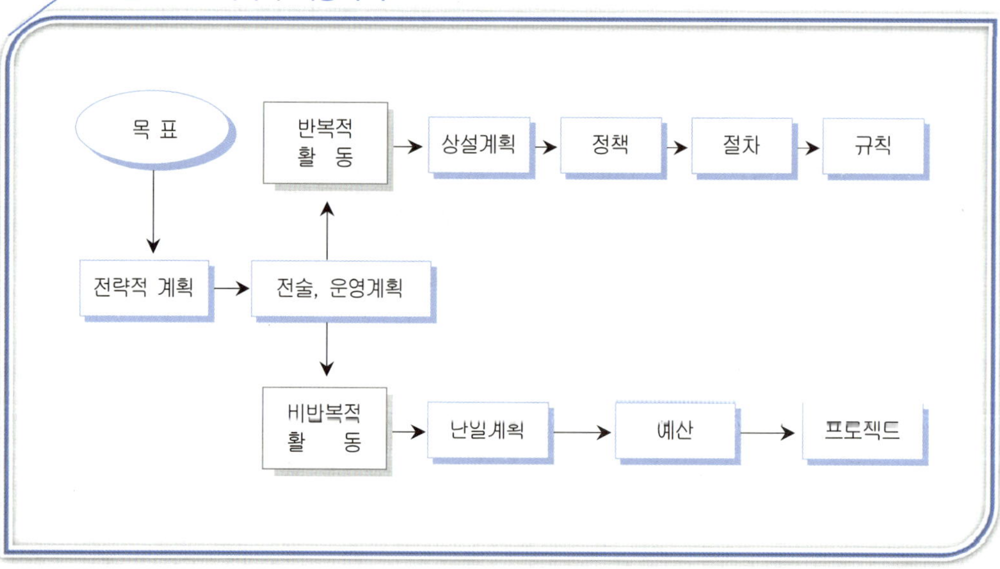

제2절 계획화의 과정

계획화의 과정은 크게 다음과 같은 일곱 가지 단계로 구분할 수 있다.

1. 목적 및 목표의 설정

계획화의 맨 처음의 단계는 조직이 도달하고자 하는 목적 및 목표를 분명히 하는 것이다. 목적 및 목표는 개인이나 조직이 추구하는 궁극적인 도달점을 의미하며, 인간이나 조직의 행동에 의미와 가치를 부여하는 기준이 된다. 또한 목적 및 목표는 계획수립의 기초가 되며, 통제의 기준이 된다.

2. 자료들의 수집과 정리

계획화의 두 번째 단계는 해당 자료들의 수집과 정리이다. 이를 통해 내부환경분석과 외부환경분석이 가능하도록 충분한 자료들이 수집되고 정리되어야 한다.

3. 내부환경분석

세 번째의 단계는 조직이 달성하고자 하는 목표가 설정되면 달성하고자 하는 목표에 비추어 현재 조직의 역량이 어느 상태에 있는지를 분석한다. 즉, 조직의 강·약점을 분석하여 이를 통해 목표달성을 위한 구체적인 수단, 도구, 절차, 방법, 행동방향 등을 설정하고 조직의 역량을 하나의 방향으로 일관성 있게 몰아 나아갈 수 있는 기초를 마련하게 된다.

4. 외부환경분석

네 번째의 단계에서는 미래의 상황에 대한 분석과 예측단계로서 조직의 목표와 관련하여 앞으로 발생할 수 있는 사건들, 즉 위협과 기회를 분석하고 예측한다.

5. 대체안(代替案, alternatives) 작성

다섯 번째의 단계에서는 대체안을 작성한다. 대체안은 세 번째 단계와 네 번째 단계처럼 자료들의 합목적적인 분석과 가공 등을 통해 작성된다.

6. 최적안의 선택 및 비상사태 발생 시의 대체안 마련

마지막 단계로 목표달성을 위하여 조직이 선택 가능한 행동대체안들을 분석하고 그와 같은 대체안 가운데 최적의 대체안을 선택하는 과정(의사결정)이 요구된다. 따라서 이 단계에서는 목표달성을 위하여 조직이 나아가는 단계별로 이루어져야 할 결과들이 구체적으로 명확화 될 수 있어야 한다.

이때 특히 고려해야 할 점은 제1안(최적안)이 선택되어 실행되어 지는 과정에서 예기치 않은 불상사(예를 들면 실행 중인 계획의 포기 등)가 발생했을 경우의 해결책(대체안)이 반듯이 마련되어 있어야 한다는 것이다.

7. 주기적 성과평가와 적절한 수정활동(통제)

이 단계는 통제단계로 목표달성을 위한 실제 행동을 취하고 궁극적인 목표에 비추어 그와 같은 행동들의 성과를 면밀히 분석할 수 있어야 한다. 즉, 결과를 분석하고 만약 기대되는 결과가 나타나지 못하였을 경우 목표달성을 위한 행동을 수정하고 계획을 바꾸는 과정까지 요구된다.

제3절 경영전략

1. 경영전략의 의의와 의사결정

1) 경영전략의 의의

경영전략(management strategy)이란 기업의 존속·발전에 영향을 미치는 환경변화와 관련된 가장 중요한 계획으로 기본적이며 장기적인 계획의 형태를 띠고 있다. 다시 말하면 기업이 시장경쟁에서 승리하고, 다른 기업보다 유리한 상황에서 지속적으로 경쟁적 우위를 확보하기 위하여 세우는 장기계획 및 정책들을 말하는 것이다.

경영전략은 기업과 변화하는 환경 사이의 적응패턴이다. 따라서 경영계획 상의 여러 가지 목적을 달성하기 위해 기업이 지닌 자원을 조직화 하고 활용하는 것을 의미한다. 챈들러(Alfred D. Chandler)에 따르면 "경영전략이란 기업의 기본적인 장기목표 및 목적을 결정하고, 이에 필요한 활동방향과 자원을 합리적으로 배분하는 것"이라고 하였다. 경영전략은 기업의 모든 부문을 포함하는 총체적 계획이며, 기업의 강점과 환경의 도전을 소화시켜 모든 부문과 모든 측면에 포함된 조화가 이루어진 계획이다.

기업에 있어서의 전략개념의 도입은 기업의 생존이라는 기본적인 본능적 욕망과, 성장이라는 인위적 목표를 달성하기 위해 보다 장기적인 방향에서 기업의 목표를 명확화 하고 이를 달성하기 위한 세부적인 하위전략들을 세우는 과정인 것이다. 특히 환경변화의 속도가 가속화 되어갈 뿐 아니라, 변화의 방향에 대한 예측이 어렵고, 또 다양한 방향으로의 변화가능성 때문에 오늘날 전략적 경영의 개념은 더욱 중요시되고 있다.

원래 전략은 어느 부족이 다른 부족의 식량터 또는 사냥터를 장악하려는 시도에서 찾아볼 수 있으며 자연히 전쟁과 밀접한 관계가 있다. 결국 이는 적자생존, 약육강식의 생태계에서의 일반법칙이 기업에도 적용될 수 있기 때문에 한정된 자원적 여건 하에서 다른 기업보다 비교우위를 지니기 위한 몸부림이라고도 할 수 있다.

2) 전략과 의사결정

엔소프(I. Ansoff)는 기업의 의사결정을 크게 3가지로 나누어 전략적 의사결정(strategic decision), 관리적 의사결정(administrative decision), 운영적 의사결정(operating decision)으로 구분하면서 기업과 환경과의 관계를 확립하는 결정이 전략적 의사결정이라고 제시하고 있다. 즉, 전략은 조직 또는 기업과 연관된 내·외부 환경의 특성과 밀접한 관계를 지니고 있는 것이다.

그러나 문제는 최근에 와서는 이러한 환경적 요인들이 독자적으로 전개되기보다는 상호관련성을 지니고 상호 복합적으로 전개되며, 그 전개양상이 매우 복잡하고 불확실하며 가변적이라는데 있다. 이는 환경에 대한 분석과 대응이 점차 어려워져 가고 있음을 의미하는 것이지만, 보다 중요한 것은 어떠한 방식으로든 경영환경의 변화를 예측하고 변화의 방향에 맞추어 조직을 이끌어 나가기 위한 경영전략이 요구된다는 점이다. 결국 전략경영의 과정은 환경에 대한 분석으로부터 시작하여 환경에 대한 적응 또는 대응으로 끝나게 된다.

따라서 기업의 경영전략을 수립하려고 할 경우 몇 가지 구성요소와 관련하여 규정할 필요가 있다. 앤소프가 말하는 전략적 구성요소는 제품시장전략이라는 한정된 경영전략을 중심으로 제품·시장분야, 성장요소, 경쟁상의 이점, 시너지(synergy) 등으로 구분한다. 호퍼와 쉔델(Hofer & Schendel)은 자원전개를 중심으로 전략은 활동의 범위와 영역, 그 기업 고유의 능력, 경쟁상의 이점, 시너지효과 등으로 정의했다.

2. 경영전략의 중요성

최근 경영전략이 중요성이 강조되는 이유를 환경적 차원에서 구체적으로 살펴보면 다음과 같다.

첫째, 시장환경의 변화를 들 수 있다. 즉, 소비자의 기호가 다양해지고 개성화되며 또한 빠르게 변화함에 따라 제품의 라이프사이클이 급격하게 단축되고 있다. 소비자의 기호가 급격히 변화하고 다양해짐으로써 과거 기업의 전통적인 현금창출 역할을 하였던 사업 및 제품들이 앞으로 그 역할을 계속할 것으로 믿기에는 많은 불확실성이 존재한다. 따라서 앞으로의 고객기호의 변화추세 등 전체적인 시장변화의 흐름을 예측·분석하여 여기에 적합한 방향으로 자원을 재분배하여 사업 및 제품의 구조조정이 중·장기 관점에서 전략방향으로 제시되어야만 계속적인 성장과 발전을 기대할 수 있게 되었다.

둘째, 시장의 경쟁환경이 과거와는 다른 패턴으로 변화하고 있다는 점이다. 유통시장의 대외개방 및 신규진입에 대한 정부의 규제완화로 양적·질적인 측면에서 경쟁의 양상이 과거에 비하여 훨씬 심화된 형태로 전개되고 있다. 즉, 양적인 측면에서 경쟁의 정도가 심화되었을 뿐 아니라 경쟁구조의 측면에서 과거의 브랜드 간의 경쟁에서 이제는 제품 간 경쟁의 양상으로 변하고 있다. 또한 위협의 교환이란 측면에서 경쟁이 관련산업으로 확산되는 경향도 나타나고 있다. 이에 따라 경쟁브랜드 간의 경쟁을 기본가정으로 하여 수립한 경영전략들은 이제 더 이상 맞지 않게 되었다. 따라서 새로운 경쟁환경의 예상 하에서 잠재적 경쟁업체, 대체제품업체, 제품의 수요자 또는 공급자 위치에서 시장에 새로이 신규진입이 예상되는 업체에 대한 분석 등 산업의 경쟁구조를 종합적으로 분석하고 이것을 토대로 하여 지속적인 경쟁우위능력을 개발하고 유지할 수 있는 경쟁전략, 즉 전략경영계획수립의 필요성이 높아지고 있다.

셋째, 정부정책의 변화 또는 전략경영의 필요성을 증대시키고 있다. 최근 정부정책의 흐름은 시장경제에의 개입을 최소화 하면서 민간기업의 자율적 의사결정을 존중하고, 기업의 전문화를 유도하여 대기업의 시장지배력을 축소하고, 시장의 공정한 게임의 규칙을 정하여 기업 간 경쟁을 촉진하면서 불공정거래를 배제하는 것과 같은 세 가지 방향으로 진행되고 있다. 이와 같은 정부정책의 주된 흐름을 앞으로도 계속될 것으로 예상되며 점차 그 정도가 더해질 것이다. 지금까지 우리 기업들은 기본적으로 정부의 거시적인 산업정책에 의존하여 기업의 중장기적인 경영계획을 수립했지만, 이와 같은 정부의 정책방향은 앞으로는 기업 스스로 자신이 나아갈 방향을 결정하지 않으면 안되도록 만들고 있다. 또한 지금까지는 어떤 분야에 진입하더라도 정부의 국내시장 보호정책으로 인하여 최소한 현상유지는 가능한 이익수준이 보장되었지만, 앞으로는 이와 같은 확장위주의 사업다각화는 불가능해질 것이다. 결과적으로 정부정책의 변화는 기업에 기존사업구조의 재조정, 경쟁우위역량의 개발 및 유지를 위한 장기적인 청사진을 필요로 하게 하며, 이 같은 측면에서 중장기 전략경영계획에 대한 관심이 급격히 높아지고 있다.

제4절 경영전략의 유형과 전개

1. 경영전략의 유형

1) 전략의 범위에 따른 분류

전략의 범위에 따라 경영전략은 크게 기업전략, 사업전략, 기능전략으로 나눌 수 있다.

(1) 기업전략

기업수준에서의 전략(corporate strategy)은 기업이 유지하고자 하는 사업유형을 구체화 시키는데 있어 전체 조직에 초점을 맞춘 것이다. 즉, 기업 전체의 차원에서 사업의 범위를 정하고 보유한 자원을 어떻게 배치할 것인지 등을 결정하는 것이다. 현재의 주력사업 영역에 대한 평가결과와 장기적인 수익성모델에 기초하여 성장·확장할 것인가, 안정을 추구하며 기업을 정리할 것인가, 축소·탈퇴할 것인가를 결정하게 된다.

기업수준의 전략유형으로 헬리에겔과 슬로쿰(D. Hellriegel and J. W. Slocum, jr., 1996)은 성장전략과 방어전략을 유필화 등[1)]은 성장전략, 안정전략, 축소전략, 혼합전략을 제시하고 있다.

(2) 사업전략

사업전략(business strategy)은 특정 시장에서 경쟁하기 위한 최적의 전략으로 제품이나 서비스제공 상의 경쟁적 우위를 확보하기 위한 방법이다. 예컨대, 현재의 사업영역에서 시장점유율을 지속적으로 확보·유지하고 경쟁자와의 경쟁에서 대처하기 위하여 어떠한 전략을 수립해야 할 것인지 결정하는 것 등이다. 사업전략에는 ① 원가우위 전략, ② 차별화 전략, ③ 집중화 전략이 있다.

---

1) 유필화 외 4인, 전게서, pp. 314~317.

(3) 기능전략

기능적 전략(functional strategy)은 사업전략을 구체화 하고 재무, 생산, 인적자원관리, 마케팅, 회계 등과 같이 기업 내의 기능적 영역에서 개발하고 관리하는 전략을 의미한다. 예컨대, 자사의 공장을 이용하는 대신 외주를 통하여 부품이나 반제품을 생산토록 하기 위한 생산부문의 전략, 유능한 인적 자원의 확보와 유지를 위한 인적자원개발전략 등이 기능적 전략에 속한다.

2) 전략수립의 영향에 따른 분류

조직외부의 환경적 조건이 제공하는 기회와 위협요인에 대하여 자사가 지니고 있는 내부적인 강점과 약점의 분석을 통하여 조직은 어떠한 전략적 움직임을 취할 것인지를 결정할 수 있어야 한다. 하나의 경영전략이 수립되었다 할지라도 그것이 완전하다거나 절대 불변적인 것은 아니다. 이는 최근의 경제 · 기술 · 정치 · 사회적 환경의 변화가 얼마나 빠른가를 생각해볼 때 쉽게 가름할 수 있는 일이다. 따라서 조직이 변화하는 환경적 상황에 보조를 맞추어가기 위해서 전략은 계속적으로 수정되고 변화될 수 있어야 한다.

경영전략수립과정에서는 다양한 접근법과 모형이 제시되고 있지만, 여기에서는 일반전략모형(본원적 전략모형)과 BCG 매트릭스에 대해 알아본다. 마이클 포터(Michael E, Porter) 교수가 제시하는 본원적 전략모형은 사업수준에서 전략수립에 유용한 시사점을 제공하는 반면, BCG 매트릭스는 기업수준에서 경영전략 수립에 유용성을 제공한다.

(1) 본원적 전략모형(포터의 산업분석 모형)

본원적 전략모형은 포터 교수(1980)가 사업수준의 경쟁우위전략으로 제시한 모형이다. 포터 교수는 기업은 산업 내의 경쟁적인 압력의 강약에 민감해야 하는데 산업 내의 경쟁정도는 다음의 5가지 요인에 의해 결정된다는 것이다.

① **산업경쟁**(industry competitions) - 산업 내 기업 간의 경쟁의 강도
② **새로운 진입자**(new entrants) - 시장으로 진입하고자 하는 새로운 경쟁자의 위협
③ **공급자** - 공급자의 교섭력

④ **고객** – 고객의 교섭력
⑤ **대체품** – 대체가능한 상품이나 서비스의 위협

여기서 산업은 '유사한 제품이나 서비스를 제공하는 일단의 기업집단'으로 정의되는데 포터 교수는 이와 같은 요인들을 '산업구조'(industry structure)로 명명하고, 성공적인 전략의 수립은 이와 같은 경쟁적 환경요인에 대한 명확한 이해가 선행되어야 한다는 점을 강조하였다. 아울러 포터 교수는 사업수준에서의 전략적 결정은 시장의 규모, 경쟁적 우위의 원천이라는 두 가지의 기본적인 요인에 의해 이끌어질 수 있다고 제시하고 이에 따른 전략의 유형을 원가우위 전략, 차별화 전략, 집중화 전략의 3가지로 구분하였다.

첫째, 원가우위 전략이란 자사상품이 경쟁기업의 같은 품질의 상품과 비교하여 가격상 우위를 목표로 하는 전략을 의미한다. 따라서 원가우위전략을 추구하는 기업은 가능한 모든 방법을 동원하여 경쟁기업보다 낮은 원가로 제품이나 서비스를 생산함으로써 경쟁사에 비하여 원가우위를 확보하는 것이다. 원가우위전략을 성공시키려면 유리한 상황에 맞는 전략을 수립하여야 하는데 상대적으로 높은 시장점유율과 원가절감시설 등이 요구된다.

둘째, 차별화 전략으로 기업이 제공하는 제품 또는 서비스에 있어서 경쟁사의 제품 또는 서비스와는 달리 확실히 구분되는 독특한 그 무엇인가를 제공하는 것을 의미한다. 이러한 차별화는 고객이 비싼 가격을 지불하더라도 구입하고자 하는 특이성이 있어야 가능하다.

차별화 전략에 고려할 사항으로는 크게 마케팅믹스 중 제품, 판매촉진, 유통, 서비스를 들 수 있다.

① **제품차별화 전략**

품질, 가격, 효용 면에서 경쟁기업보다 우위를 지녀 고부가가치를 가지는 제품을 생산하거나 그 제품을 개선 또는 새로운 기능을 추가한 제품을 만들 수 있는 능력으로, 원가우위뿐만 아니라 확고한 기업지위를 유지할 수 있는 원천이 된다.

예컨대, 과거 프린터는 프린터로서의 단일 기능만을 지니고 있었기 때문에 다수의 경쟁업체와 크게 차별화 시키기 어려웠으나, 최근에는 프린터, 팩스,

스캔, 복사가 가능한 복합기능의 프린터가 시장점유율을 높여가고 있는 것도 차별화 전략의 시도결과라 할 수 있다.

② **광고차별화 전략**

판매촉진, 광고전략도 제품의 존재와 가치를 정확하게 전달하여 소비자의 인식 속에 깊이 침투하는 전략이나, 단순히 알리는 것 이상으로 기업 이미지를 심는 중요한 수단이 된다.

③ **유통 및 서비스 차별화 전략**

효과적인 유통경로의 선택은 원가절감에 절대적이며, 차별화 된 서비스는 제품의 라이프사이클의 연장에 결정적인 요인이 된다. 보다 빠르게, 보다 정확하게 소비자에게 제공되는 제품이 다른 경쟁사의 제품보다 차별화 될 수 있을 것이다.

셋째, 집중화 전략은 특정 구매집단이나 특정 제품 또는 지역적으로 한정된 시장만을 대상으로 집중적인 목표로 삼는 전략이다. 따라서 산업전체가 아니라 특정 시장영역을 대상으로 한다는 점에서 원가우위전략이나 차별화 전략과는 그 성격이 다르다. 그러므로 집중화 전략의 요체는 고객들이 독특한 요구를 가지고 있는 시장에서의 적소를 선택하는 것이다. 적소는 지리적 영역, 제품사용에 있어서의 특정 요구, 고객유형 등에 의해 정의될 수 있다. 집중화 전략은 특별한 시장영역에 독특한 제품을 제공하는 집중화 된 차별화 전략과 아울러 특별한 시장영역에 한정하여 저가격을 추구하는 집중화 된 원가우위전략으로 구분할 수 있다.

포터의 경영전략은 각각의 사업들이 세 가지 전략 중 단 하나만을 선택해야 한다는데 비판을 받고 있다. 왜냐하면 실제로 기업들은 한 가지 이상의 전략을 사용하고 있기 때문이다.

(2) BCG 매트릭스

BCG 매트릭스는 1970년대 초반에 미국의 경영자문회사인 보스톤 컨설팅 그룹(BCG, boston consulting group)이 다양한 사업을 전개하는 대기업들을 위하여 전략수립을 위한 모델로 개발한 것으로 [그림 8-2]와 같다. BCG 매트릭스에 따른 포트폴리오 전략은 사업 활동이 다각화 되어 있거나 제품계열이 다각화 되어 있는 기업경영의 경우에 유용한 모형이다.

BCG 매트릭스는 대기업이 취급하고 있는 여러 가지의 사업을 전략적 사업단위

(SBU: strategic business unit)라고 표현한다. 각 사업단위는 자체적인 사업목적과 경쟁상대를 지니며 독립적으로 경영되고 평가된다. 따라서 전체로서의 기업은 이와 같은 SBU의 집합이라고 할 수 있다.

BCG 매트릭스의 전략형성은 기본적으로 시장성장률(market growth rate)과 시장점유율(market share)을 기반으로 형성된다. 즉, 어떤 기업이 경영활동을 전개할 때는 시장성장률과 시장점유율에 따른 각각의 위치에 따라 실시하는 전략의 유형은 달라져야 한다는 것이다. 시장성장률은 사업단위가 목표로 하고 있는 시장의 규모가 매년 성장하고 있는 정도를 표시한다. 이에 비하여 시장점유율은 전체 시장규모에서 차지하는 판매액의 비율을 나타내는 것으로 사업단위의 상대적 힘을 나타낸다.

그림 8-2. BCG 매트릭스

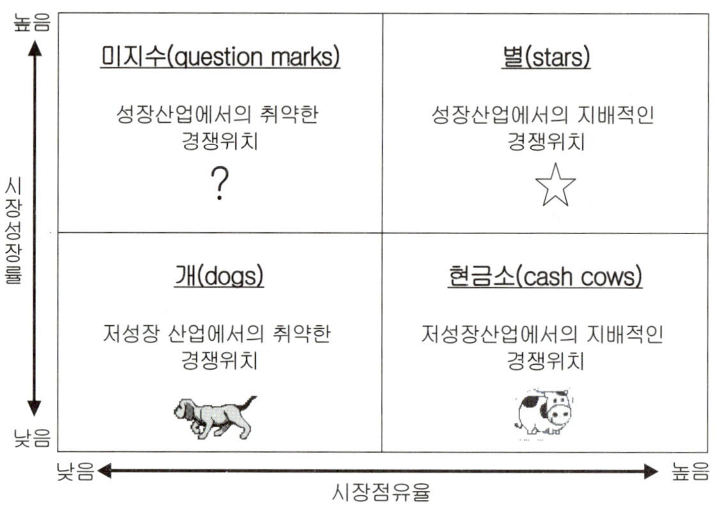

BCG는 이와 같은 기준에 따라 형성되는 4개의 창에 재미있는 이름을 붙여 표시하고 있는데 각각의 내용을 간단히 정리하면 다음과 같다.

① **현금소**(cash cows)

현금소에 속하는 SBU는 시장성장률은 낮으나 시장점유율이 큰 위치에 있다. 따라서 성장속도가 느리기 때문에 새로운 투자를 위한 자금수요는 크지 않은 반면 높은 시장점유율에 따른 이익이 꾸준히 창출되는 영역이라 할 수 있다. 마치 젖소의 젖을 짜면 우유가 계속 나오듯이 기업에 유동자금을 지속적으로 공급해주는 젖줄과 같은 사업단위라 할 수 있다.

② **별**(stars)

시장성장률과 시장점유율이 모두 높아 떠오르는 별처럼 반짝이며 기업에 희망을 주는 사업단위이다. 그러나 반면에 계속적으로 유동자금을 투입해야 할 필요 또한 있다. 이는 성장률이 높다는 것은 일반적으로 시장에서 혁신이 지속적으로 발생하고 있는 단계로서 기술개발, 생산시설의 확충, 시장개척 등에 많은 투자가 필요하기 때문이다.

③ **개**(dogs)

이 영역은 시장성장률과 시장점유율이 모두 낮은 사업단위이다. 즉, 시장성장률이 낮기 때문에 큰 장래성도 없으며, 시장점유율 또한 낮아 기업에 필요한 자금을 공급해줄 능력 또한 부족한 사업영역이라 할 수 있다. 따라서 이 영역에 속하는 사업단위는 철수 또는 처분하는 것이 가장 합리적인 전략이라 할 수 있다.

④ **미지수**(question marks)

이 영역은 시장성장률은 높지만 시장점유율은 낮은 영역에 속하는 사업단위이다. 시장 성장률이 높기 때문에 투자의 가치는 있으나 반면 낮은 시장점유율로 인하여 장래성이 불분명한 그야말로 미지수인 사업영역이라 할 수 있다. 따라서 지속적인 투자를 통하여 시장점유율을 높여갈 것인지를 신중하게 고려하여야 한다.

한편 제품의 수명주기(PLC, product life cycle)는 도입기, 성장기, 성숙기, 그리고 쇠퇴기로 구분할 수 있는데 도입기는 신제품의 장래가 불투명한 때로 여론선도자들(opinion leaders)에 의해 장래가 결정된다. 도입기에서 살아남으면 성장기로 이행되는데 이때는 관망을 하고 있던 여타의 경쟁기업들이 우후죽순처럼 시장에 참여하는 단계로 수요가 꾸준히 증가함에 따라서 기계설비도 늘리는 등 투자지출이 증대한다. 다음은 성숙기로 시장은 포화상태가 되어 신규투자는 사라지고 매출만 꾸준히 지속된다. 마지막 쇠퇴기는 기존제품을 대체할 신제품이 시장에 도입되어 성공을 거둠으로서 시작된다. 이때는 신규투자도 없고 매출도 대폭감소하게 되어 시장에서 철수를 해야 할 때이다.

제품의 수명주기와 BCG 매트릭스를 대비해보면 다음과 같은 관계가 성립한다.

① **현금소**(cash cows) – 성숙기
② **별**(stars) – 성장기
③ **개**(dogs) – 쇠퇴기
④ **미지수**(question marks) – 도입기

(3) GE 비즈니스 스크린

BCG 매트릭스는 이해하기도 쉽고 사용하기도 쉬운 반면에, 시장점유율과 성장률만으로 전략의 범위를 한정하고 있다는 비판을 받기도 하였다. 그러나 실제 사업이 영위되는 시장의 상황은 단순히 두 가지의 기준에 의해 전략의 방향을 결정할 만큼 그렇게 단순하지 않게 전개된다. 이러한 면에서 [그림 8-3]과 같은 GE 비즈니스 스크린(GE business screen)은 그와 같은 문제에 대한 대안으로서 개발된 것이다.

그림 8-3. GE 비즈니스 스크린

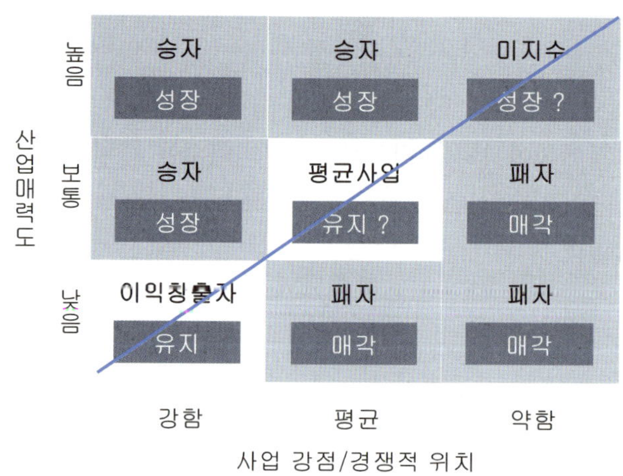

GE 비즈니스 스크린에 있어서 가장 핵심적인 차원은 사업의 강점(strength)과 산업의 매력도(attractivenes)라는 개념이다. 각각의 영역은 SWOT분석과 같이 복수의 요인에 의해 분석된다. 산업매력도는 시장의 크기와 성장, 자본요구, 경쟁강도의 차원에서 고려된다. 사업의 강점 또는 경쟁적 위치는 시장점유율뿐만 아니라 기술적 우위, 제품의 질, 운영비, 가격경쟁력 등과 같은 요인들에 의해서도 평가된다. 그 결과 9가지 셀로 구성된 매트릭스가 형성되고 각각의 셀은 ① 승자(winner), ② 미지수(question mark), ③ 평균사업(average business), ④ 이익창출자(profit producers), ⑤ 패자(loser) 등으로 명명되고, 그에 따라 각각의 사업단위를 분류할 수 있다. 승자와 미지수영역에 있어서의 성장을 위해서는 투자를 지속하고, 평균사업이나 이익창출자에 해당하는 영역은 유지하거나 안정화 시키는 반면, 패자의 영역은 철수나 매각이 권고되는 전략의 방향이 될 수 있을 것이다.

2. 전략계획의 수립과정

어떤 조직에서건 조직의 성장과 발전을 위해서는 중장기적인 차원에서 미래의 청사진을 그려보고, 조직과 연관된 환경 하에서 조직이 어떻게 운영되어져야 할 것인지를 설계하는 것은 매우 중요한 일이다. 특히 최근과 같이 기업을 둘러싼 외적 환경의 변화가 예측하기 어려울 정도로 다양한 상황 하에서는 가능한 미래의 변화양상을 미리 예측하고 그에 맞추어 기업의 사업영역과 제품 및 서비스공급영역에서의 경쟁적 우위확보전략을 수립하는 것은 경영자의 가장 일차적인 임무라 할 것이다.

전략계획의 수립과정은 ① 사명의 설정, ② 조직목표의 개발, ③ 조직의 내·외부 환경분석, ④ 전략적 대체안 작성(경영전략수립), ⑤ 전술적 대체안 수립으로 구성되어 있고, ⑥ 전략실행, ⑦ 통제와 평가, ⑧ 피드백으로 완성된다.

1) 사명(使命, mission)과 조직목적의 설정

전략계획의 수립과정은 조직의 사명을 설정하고 이를 보다 명확히 구체화 시키는 것으로부터 출발한다. 사명이란 조직의 기본목적, 존재이유, 철학, 이념, 가치관, 기업정신 등을 포괄하는 개념으로 조직이 현재 추구하고 있는 목적의 총합을 말한다.[2] 즉, 사명은 우리 조직이 왜 존재하는가, 우리의 고객은 누구인가, 우리는 고객에게 무엇을 제공하고자 하는가? 등과 같은 기본적인 문제로서 조직의 존재이유를 의미한다. 예컨대 자동차회사는 자동차를 만들기 위하여 존재하며, 컴퓨터회사는 컴퓨터를 만들기 위하여 존재한다고 할 것이다.

그러나 단순히 자동차를 만들고, 컴퓨터를 만들기 위한 것이 조직이 존재하는 본질적인 이유가 될 수는 없다. 중요한 것은 그와 같은 과정을 통하여 조직이 사회에 궁극적으로 기여하고자 하는 것이 무엇인가 하는 것이다. 예컨대 자동차회사는 단순히 자동차를 만드는 것이 존재의 목적이 아니라 안전한 환경 하에서 보나 쾌적하고 신속한 이동의 편리성을 제공하는데 있으며, 컴퓨터회사는 컴퓨터를 제조하는 것이 아니라 컴퓨터를 통하여 사무환경의 개선과 생산성의 향상을 가능토록 하는데 존재의 목적이 있는 것과 같다.

우수한 조직은 명확한 사명을 지니고 있으며 분명한 전략적 의도 하에 조직이 지닌 자원을 활용하는 경향이 있다. 또한 우수한 사명은 조직이 궁극적으로 추구하는 방향을 제시하는 가이드라인으로서의 역할을 함으로써 조직구성원들이 조직의 존재목적에 대한 공유의식을 가지고 자신들의 영역에서 최선을 다할 수 있도록 하는 원동력이 된다.

2) 조직목표의 개발

조직의 사명이 결정되면, 전략수립을 위한 두 번째의 단계는 그와 같은 사명을 어떻게 달성할 것인지에 대한 구체적인 방법을 설정하는 것이며, 이를 위해서는 조직목표의 개발이 요구된다. 이는 앞서 제시한 것과 같이 조직의 사명은 조직존재의 정당성을 제공하기 위한 이념적 기초를 제공할 뿐 구체적으로 그와 같은 조직의 사명을 어떻게 달성할 것인지에 대한 방법은 제공하지 못하기 때문이다. 따라서 목표는 조직의 사명을 달성하기 위한 명확하고 구체화 된 표현이라 할 수 있다.

목표는 조직이 어떠한 방향으로 나가야 하는지에 대한 구체적인 나침반으로서의 역할을 할뿐 아니라, 조직이 달성한 성과의 평가를 위한 구체적인 기준을 제공하고, 조직구성원에 대해서는 동기부여의 수단이 된다.

목표는 다음과 같은 조건을 충족시킬 수 있어야 할 것이다.

---

2) 신철우, 경영학원론, 삼영사, 2005, p. 221.

첫째, 목표는 측정 가능하여야 한다.
둘째, 목표는 현실적으로 달성 가능하여야 한다.
셋째, 목표는 조직구성원에게 수용될 수 있어야 한다.
넷째, 목표는 일관성을 지닐 수 있어야 한다.

일반적으로 기업이 추구하는 목표는 기간을 기준으로 장기목표와 단기목표, 그리고 계량화 가능성을 기준으로 양적 목표와 질적 목표로 구분되어진다. 장기목표는 적어도 10년 정도의 목표로서 거시적인 목표라 할 수 있으며, 시장점유율의 확대를 위한 장기 활동목표, 신제품의 개발을 위한 연구 개발목표, 새로운 사업영역으로 확장하기 위한 전략적 목표 등이 그 예가 될 수 있다. 이에 비해 단기목표는 보통 1년 정도의 회계기준을 기준으로 수립하는 목표이다.

한편 양적 목표는 시장점유율 35%로 확대와 같이 목표를 구체적인 수치로 표현한 것이며, 질적 목표는 구체적인 수치로 표현하기 어려운 목표로서 기업이미지 제고, 고객과의 관계개선 등이 질적 목표의 예가 된다.

3) 자료들의 수집과 정리

전략수립을 위한 세 번째 단계는 해당 자료들의 수집과 정리이다. 이를 통해 내·외부 환경분석이 가능하도록 충분한 자료들이 수집되고 정리되어야 한다.

4) 조직의 내·외부 환경분석(SWOT분석)

전략적 계획수립의 세 번째 단계는 다른 경쟁조직과 비교하여 자사가 지니고 있는 강점과 약점을 분석하고, 아울러 기업을 둘러싸고 있는 환경적 조건이 제공하는 기회와 위협요인을 분석하는 것이다. 이는 조직 내외의 환경적 요인들은 조직의 목표를 달성하는데 있어 중요한 영향을 지니고 있기 때문이다. "적과 나를 알고 싸우면 지지 않는다.(지피지기면 백전불태, 知彼知己면 百戰不殆)"라고 손자병법에서 제시한 문구를 우리들이 통상적으로 자주 인용하는데 이 말은 곧 전략수립의 과정에서도 매우 중요한 의미를 제공하고 있다. 즉, 격변하는 환경 특히 경쟁에 대처하기 위해 자기조직이 지니고 있는 강·약점을 외부환경이 제공하는 위협 및 기회요인과 더불어 파악하는 것이야말로 적을 알고 나를 아는 길이기 때문이다.

조직 내·외의 환경분석과 관련하여 가장 널리 알려지고 일반적으로 제시되고 있는 분석기법으로 SWOT분석(Strengths, Weaknesses, Opportunities, and Threats Analysis)을 들 수 있다. SWOT분석은 조직의 외부환경이 제공하는 기회와 위협요인과 관련하여 조직내부의 강점과 약점을 인식할 수 있도록 하는 전략적 계획수립을 위한 도구이다.

SWOT분석의 첫 번째 과정은 조직이 지닌 자원과 능력 상의 핵심적 우위요소를 찾아내기 위한 체계적인 분석으로부터 출발한다. 핵심적 우위요소란 현재의 조직이 다른 조직과 비교하여 지니고 있는 경쟁우위가 무엇인가를 의미하는 것으로서 다른 조직이 쉽사리 모방할 수 없는 경쟁우위요소로서 자사만이 지니고 있는 특별한 지식이나 경험, 우수한 기술력, 독특한 제조기술, 경쟁력 있는 물류시스템 등이 그 예가 될 수 있다.

따라서 "우리 회사가 무엇을 잘하고 무엇을 못하는가?"라는 단순한 질문보다는 경쟁자와 비교하여 무엇을 잘하고 못하는가와 같이 항상 외부 경쟁자집단과 비교하여 지니는 강점과 약점을 파악하는 것이 중요하다. 만약 우리 회사가 아무리 든든한 자금력과 마케팅능력을 지니고 있다할지라도 다른 경쟁기업 또한 충분한 자금조달능력과 마케팅능력을 지니고 있다면 그것은 경쟁적 우위를 차지하기 위한 수단이 될 수 없다.

SWOT분석을 위한 두 번째의 과정은 자사와 관련된 주요 외부환경이 제공하는 기회와 위협요인을 분석하는 것이다. '위기가 곧 새로운 기회'라고 하듯 조직을 둘러싸고 진행되는 외부환경은 조직에 위협요인을 제공함과 아울러 조직성장을 위한 새로운 가치창출의 기회를 같이 제공한다. 따라서 조직의 입장에서는 기술, 정부, 사회구조, 인구동향, 세계경제, 자연환경 등과 같은 거시환경에 대한 분석과 아울러 주요공급자, 경쟁자, 고객 등을 포함하는 산업환경 분석을 실시할 필요가 있다. 새로운 시장, 경제의 호황, 경쟁자의 약세, 기술의 진보는 새로운 기회창출의 요인이 될 수 있는 반면, 새로운 경쟁기업의 시장진입, 고객의 취향변화, 수요의 감소, 새로운 규제발효 등과 같은 요인은 조직의 변화를 요구하는 위협요인으로 작용할 것이다. 조직을 둘러싼 외부환경이 비교적 안정적이고 예측 가능한 여건이라면 보다 장기적인 차원에서 성공적인 수행이 가능한 좋은 전략의 수립이 비교적 용이한 반면, 매우 역동적인 요인들로 구성된 불안전한 환경 하에서는 시간에 따라 탄력적으로 변화할 수 있는 보다 유연한 전략수립이 요구된다. 따라서 이상과 같은 전략적 경영과정이 효과적으로 수행되기 위해서는 명확한 SWOT분석과 아울러 기업전체가 전략의 테두리 안에서 기업행동을 전개해 나갈 수 있는 체계가 갖추어져야 한다는 것이 전략의 유효성을 결정하는데 있어서 무엇보다 중요한 결정요인이다.

〈표 8-1〉은 SWOT 매트릭스를 이용하여 현재의 경영환경을 분석하고 미래의 환경변화 추세를 예측하여 사업의 성공(기회 · 위협) 여부를 판단할 수 있고, 또한 자사가 보유하고 있는 조직 상의 강 · 약점과 연계하여 분석함으로써 모색할 수 있는 4개의 전략방안을 제시하고 있다.

(1) WT전략(내부약점 · 외부위협)

위협과 약점을 최소화 하기 위한 전략이다. 예를 들면, 합작투자나 회사를 축소하거나 경우에 따라서는 청산까지 해야 한다.

(2) WO전략(내부약점 · 외부기회)

약점을 최소화하는 대신에 기회를 극대화 하려는 전략을 말한다. 그러므로 약점분야를 보완하여 강점으로 전환하기 위해서는 외부로부터 유리한 기술이나 인적자원을 도입하는 우회전략을 활용할 수도 있다.

(3) ST전략(내부강점 · 외부위협)

조직 내부의 강점으로 외부환경 속에 있는 위협에 대응하는 전략이다. 이 전략의 목적은 내부의 강점을 극대화 하고, 반면 외부의 위협을 최소화 하는 전략이다.

(4) SO전략(내부강점 · 외부기회)

외부의 기회를 이용하기 위해 내부강점을 사용할 수 있을 때 가장 바람직한 전략이다. 실제 매트릭스상의 모든 위치에서 이러한 위치로 옮기는 것이 거의 모든 기업의 목표이다.

〈표 8-1〉 전략형성을 위한 SWOT 매트릭스

내부요인 / 외부요인		내부강점(S) 관리 · 운영 · 재정 · 마케팅 · R&D · 엔지니어링 등 분야에서의 강점	내부약점(W) 관리 · 운영 · 재정 · 마케팅 · R&D · 엔지니어링 등 분야에서의 약점
외부기회(O)	현재 및 미래의 경제적 여건, 정치 및 사회적 변화, 신제품 및 서비스 기술에 대해 기회	SO전략 (Maxi-Maxi)	WO전략 (Mini-Maxi)
		조직 내의 강점과 외부의 기회를 이용하는 가장 성공할 수 있는 전략, 확대전략	외부기회의 강점을 살리고 내부의 약점을 극복하기 위한 개발전략, 우회전략
외부위협(T)	에너지 부족, 경쟁 등의 외부위기분야에서의 위험	ST전략 (Maxi-Mini)	WT전략 (Mini-Mini)
		위협을 피하고 대처하기 위한 내부적인 강점을 사용하는 전략, 안정적 성장전략	식감전략 · 청산 · 합작투자 전략

자료 : 박상범 외 2인, 전게서, p. 321.

5) 자료의 분석, 가공을 통한 대체안 작성

(1) 전략적 대체안 작성(경영전략수립)

SWOT, BCG Matrix, GE Business screen 등의 분석을 통해 합당한 경영전략을 수립할 수 있다.

이때의 경영전략은 기업차원에서는 성장전략, 안정전략, 축소전략, 혼합전략 등이 있고 사업차원 에는 원가우위 전략, 차별화 전략, 집중화 전략 등이 있다.

(2) 전술적 대체안 수립

전술적 계획은 전략적 계획을 실행하기 위한 구체적인 실천계획이다. 즉, 누가, 무엇을, 언제, 어디서 어떻게, 왜라는 육하원칙에 입각하여 실행에 대한 사항을 명확하고 상세히 결정하는데 그 내용은

① 조직의 전략적 목표를 수행하기 위해서 필요한 특정 수단의 선택

② 현재의 업무상황을 개선하기 위해서 필요한 행동과정의 결정

③ 개개 전략부문 · 사업에 필요한 예산의 책정 등 이다.

(3) 비상계획 수립

대체안 작성 시 항상 고려해야 할 점은 제1안(최적안)이 선택되어 실행되어지는 과정에서 예기치 않은 불상사가 발생했을 경우의 해결책이 반듯이 마련되어 있어야 한다는 것이다.

3. 경영전략의 실행

전략의 유형에 따라 기업의 전략이 개발되면 그 이후의 단계는 그와 같은 전략을 효과적으로 실행할 수 있는 전술계획 또는 운영계획을 보다 구체화 하는 과정이 따르게 된다. 일반적으로 전략계획은 최고경영층에 의해 수립되는 반면, 전술계획이나 운영계획은 조직 내의 다양한 부문에서 조직의 전략을 가장 효과적으로 실행시킬 수 있는 방향으로 보다 구체화 하여 수립되는데 이때 강조되는 것이 핵심역량(core competence)의 구축이다.

프라할라드(C. K. Prahalad)와 함멜(G. Hamel)[3]은 "핵심역량이란 고객에게 가치를 높이거나 그 가치가 전달되는 과정을 더 효율적으로 할 수 있는 특정한 방법의 능력을 나타내며, 또한 이러한 능력은 기업이 신규사업으로 진출할 수 있는 능력이 된다."고 정의하였고, 장세진은 핵심역량을 기업의 여러 가지 경영자원 중 경쟁기업에 비하여 훨씬 우월한 능력, 즉 경쟁우위를 가져다주는 기업의 능력이라 하였으며, 김언수(2007)는 핵심역량이란 기업이 소비자들에게 특별한 효용을 제공할 수 있게 하는 기술이나 지식의 묶음으로 정의하고 있다.

한편 유필화 등[4]은 핵심역량을 경쟁자에 비해 훨씬 뛰어난 힘을 발휘할 수 있게 해주는 기업 특유의 총체적인 능력, 기술, 조직, 문화를 의미한다고 했다. 그리고 핵심역량 경영을 기업이 스스로의 핵심역량을 발견하여 그것을 활용·육성하거나 또는 기존의 핵심역량에 새로운 기술·제품·서비스 등을 접목시켜 새 성장분야로 다각화 하는 등 핵심역량을 기업경영의 초점으로 하는 경영방식으로 정의하고 있다. 또한 기업이 장기적으로 살아남고 번영하려면 반드시 하나 이상의 핵심역량을

3) C. K. Prahalad and G. Hamel, "The Core Competences of the Corporation", Harvard Business Review, May-Jun 1990, pp. 79~91. 장세진, 글로벌시대의 경영전략, 박영사, 2005, p. 157에서 재인용.

4) 유필화 외 4인, 전게서, pp. 394~395.

갖추어야 하는데 핵심역량 개념에 관해 알아두어야 하는 주요 내용들을 다음과 같이 제시하고 있다.

- 핵심역량은 제품이나 기능이 아닌 능력이나 지식의 집합이다.
- 핵심역량은 최종제품에 대해 고객들이 느끼는 편익을 늘려야 한다.
- 핵심역량은 경쟁자들이 흉내 내기가 어려워야 한다.
- 기업은 지나치게 여러 종류의 핵심역량을 갖추려고 하면 안된다. 즉, 힘을 분산하지 말고 소수의 정선된 핵심역량만을 확보하는 것이 좋다.
- 기업은 핵심역량을 갖춘 분야에서 경쟁자들을 압도할 수 있어야 한다.
- 기업의 핵심역량은 조직 내부에 뿌리를 내려야 한다. 즉, 핵심역량이 어느 한두 사람만의 전유물이 되어서는 곤란하고 다른 사람들도 공유할 수 있어야 한다. 또한 몇몇 사람이 회사를 떠난다고 해서 그들과 함께 핵심역량도 잃어버리는 일이 있어서는 안되며 반드시 핵심역량을 조직 내에 이식해야 한다.
- 현대의 핵심역량은 앞으로 새로운 분야에 진출할 수 있는 가능성을 제공해 줄 수 있다.
- 기업은 정상적인 사업활동을 하는 과정에서 핵심역량을 확보하게 되는데 한번 얻은 핵심역량은 시간이 지나면서 지속적으로 축적된다. 축적된 핵심역량이 다음 사업 프로젝트를 수행하는 데 기초가 됨은 말할 것도 없다.

결국 핵심역량은 여타 경쟁기업에 비해서 지속적으로 경쟁우위를 확보해 나가는 능력으로서 모든 경영체가 전략계획(경영전략)을 성공적으로 수행하기 위해 갖추어야 할 필수적 요인이라 할 수 있다.

일본의 전국시대에 오다 노부나가라는 애송이 무장(城主)이 있었는데 그는 그때까지 다른 무장들이 생각하지 못했던 다른 부대보다 더 긴 장창으로 무장한 군대와 서양에서 유입된 총으로 무장된 군대를 만들어 선두에서 일약 두각을 나타내디니 급기야는 무력으로 일본에서 제일인자가 되었고 이를 발판으로 그의 부하였던 토요도미 히데요시는 그의 사후에 일본을 통일하였다.

여기서 오다 노부나가는 다른 부대보다 더 긴 장창으로 무장한 군대와 서양에서 유입된 총으로 무장된 군대를 핵심역량으로 해서 성공한 사례라 할 수 있다.

4. 전략의 통제와 평가

전략평가는 경영전략 자체나 전략의 실행과정에서 발생한 문제점들을 파악하고 이를 분석하여 수정활동을 하고 다음의 전략 수립과 전략수행에 이를 반영하여 지속적으로 차질이 발생하지 않도록 하는데 목적이 있다. 특히 내·외부 환경분석과 평가는 수시로 이루어져야 한다.

제 9 장 조직화와 조직구조

제1절 조직화의 의의와 과정 _ 255
제2절 조직화의 방법 _ 258
제3절 조직화의 관점과 조직구조의 결정요인 _ 266
제4절 조직구조의 형태 _ 272
제5절 조직변화와 조직개발 _ 287

제9장 조직화와 조직구조

제1절 조직화의 의의와 과정

1. 조직화의 의의

앞서 계획화의 과정을 통해 기업이 달성하고자 하는 목표, 목표달성에 영향을 미칠 가능성이 있는 환경적 제약 및 기회, 목표의 달성을 위한 절차가 분명히 되면, 그 다음으로는 그러한 계획을 효과적으로 달성하는데 필요한 직무의 내용을 명확히 하고, 아울러 직무수행에 필요한 권한과 직위 및 책임을 기준으로 체계를 갖출 필요가 있다. 이러한 과정을 조직구조의 설계(구축) 또는 조직화라 한다.

여기서 직무란 각 직위에 배정된 업무, 즉 일을 말하는데, 직무에는 그 수행과 관련하여 권한, 책임, 의무가 주어진다. 이와 같은 권한, 책임, 의무의 3자는 모두 같은 중요도를 갖는다 하여 이를 직무의 삼면등가(三面等價)의 법칙이라 하는데 여기서 의무는 사명감 또는 직업정신을 의미한다.

그림 9-1. 직무의 삼면등가 법칙

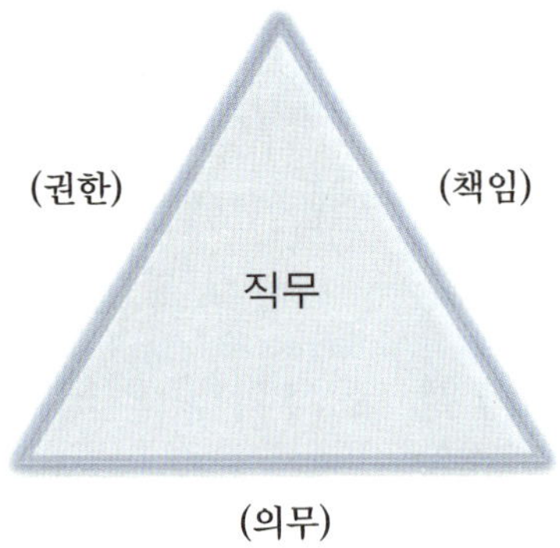

한편 조직화기능에는 일반적으로 다음과 같은 세 가지의 활동과 관계된 기능이 포함된다.

첫째, 계획된 목표를 달성하는데 필요한 구체적인 활동을 확정한다.

둘째, 그러한 활동들을 관련성이 있는 것끼리 묶어 일정한 테두리 하에서 구조화(부문화) 시킨다.

셋째, 구조화 된 활동을 일정한 직위에 할당하고 그 직위간의 책임・권한관계를 확정한다.

결과적으로 잘 이루어진 조직화는 다음과 같은 결과를 이끌게 된다.

첫째, '누가 무엇을 해야 하는가?'가 명확히 된다.

둘째, '누가 누구에게 책임을 지는가?'가 명확히 된다.

셋째, 의사소통의 통로가 분명해진다.

넷째, 복석하는 사업에 대한 사원의 배분이 분명해 진다.

2. 조직화의 과정

조직화는 조직의 목표를 가장 효과적으로 달성할 수 있는 조직의 체계를 갖추어 가는 과정인 만큼 경영자에게 요구되는 가장 중요한 역할 중의 하나이다. 따라서 경영자는 어떠한 조직구조를 갖추는 것이 조직목표달성에 가장 효과적인가를 고려하는 과정에서 기본적으로 두 가지 측면에서 중요한 의사결정을 하여야 한다.

첫째는 조직의 목표달성에 필요한 전체업무를 어떠한 원칙과 방법에 의해 분할할 것인가를 결정하여야 한다. 일이 체계적으로 나누어지지 못할 경우 조직구성원들은 역할모호성과 역할갈등을 겪게 되며, 조직 내에서의 업무의 흐름이 체계적이지 못하게 되어 조직 내에서의 갈등과 업무달성을 어렵게 하는 원인이 된다.

둘째, 나름대로의 원칙과 기준에 의해 나누어진 업무들 간의 관계를 효과적으로 조정하여 조직목표를 달성할 수 있도록 효과적으로 결합시킬 수 있어야 한다.

이와 같은 조직화의 과정을 보다 구체적으로 살펴보면 다음과 같다.

1) 조직목표달성을 위한 전체업무의 명확화

조직은 공동의 목적을 달성하기 위하여 의도적으로 정립화 된 구조에 따라 구성원들이 상호 작용하는 인간의 집단이라고 할 수 있다. 따라서 조직은 어떠한 형태로든 목적을 지니고 있다. 따라서 이를 달성하기 위해서 요구되는 조직전체의 업무들이 무엇인가 명확히 파악할 수 있어야 한다.

2) 업무의 논리적 분할과 세분화

조직이 필요시 되는 가장 기본적인 이유는 어느 한 개인이나 소수의 힘에 의해 조직의 목적을 이루어내기 어렵기 때문이다. 따라서 조직의 목적이 어느 한 개인에 의해 달성될 수는 없다. 따라서 전체 업무가 개인이나 집단이 맡아 적절히 수행될 수 있도록 논리적이고 관리 가능한 방법으로 구체적인 세부업무들로 나누어질 수 있어야 한다. 이것이 분업이다.

3) 기준과 원칙에 따른 부문화

다음은 조직구성원들을 그들이 맡은 업무의 성격에 따라 집단화 한다.

조직의 규모가 커지게 되면 많은 구성원들이 참여하여 조직의 목표달성을 위해 노력하게 된다. 따라서 조직이 보다 효과적으로 운영되기 위해서는 구성원들이 맡은 업무가 유사하거나 관계가 깊은 사람들을 집단화 하여 관리하여야 한다. 이를 부문화라 한다.

4) 직무의 조직목표 지향성

조직구성원들에 의해 수행된 일들이 조직목표에 부합될 수 있도록 조정한다. 각 구성원들이나 부서들이 각기 맡은 업무를 수행하면서 자신들의 업무나 부서의 목표에 집착하여 되면 조직전체의 업무는 간과될 수 있을 뿐 아니라, 부서 간·개인 간 갈등이 발생하기 쉽다. 따라서 조직구성원들이 조직의 목표를 위하여 노력하고 비효율적이며 조직 전체의 목표에 부합하지 않은 행위나 갈등이 발생하지 않도록 적절한 조정이 필요하게 된다.

5) 지속적 평가와 수정

마지막으로 조직의 효과성을 관찰하고 효과성의 유지와 증진을 위해 필요한 수정을 한다. 조직화는 지속적인 과정으로 앞서 제시한 모든 단계에 대해 장기적인 평가가 요구된다. 조직이 성장하고 상황의 변화에 맞추어 적절히 적응하기 위해서는 조직화 과정에 내려진 의사결정의 효과에 항상 주의를 기울여 조직이 효과적으로 운영될 수 있도록 하여야 한다.

제2절 조직화의 방법

1. 직무전문화

조직화의 첫 번째 단계는 소위 분업이라 부르는 직무전문화(job specialization)이다. 직무전문화는 말 그대로 조직의 전체적인 과업을 보다 작은 요소로 분할하고 나누는 것을 의미한다. 직무전문화에 따른 일의 분할은 생산성의 향상과 밀접한 관련이 있다. 이는 우선 전체적인 과업을 어느 한 사람이 도맡아서 하는 것보다 사람들로 하여금 전문화 된 영역에서 특정 과업만을 담당하도록 하는 것이 생산성의 향상을 가져오기 때문이다. 또한 과업을 보다 세분화 할수록 사람들이 특정 과업에 대한 숙련을 쉽게 쌓을 수 있을 뿐만 아니라 세분된 과업에 도움이 될 수 있는 전문화된 작업도구를 개발하기도 용이해진다. 뿐만 아니라 직무세분화에 따라 다양한 직무들이 만들어져 사람들이 자신에게 맞는 업무를 쉽게 찾을 수 있으며, 필요한 기능의 습득에 필요한 훈련비용이 적게 드는 장점도 발생한다.

그러나 지나친 직무전문화는 현대 산업사회에서의 인간성 소외를 중심으로 하여 지루함, 피로, 스트레스, 생산성저하, 품질저하, 이직률 및 결근율의 증가 등과 같은 다양한 문제들을 야기시키는 원인이 되기도 한다. 따라서 조직 내의 직무를 설계할 때 직무전문화의 원칙이 무시될 수 는 없지만, 그에 따른 부작용도 충분히 고려하여야 한다.

2. 부문화

부문화(departmentalization)는 직무전문화에 따라 나누어진 직무들을 다시 일정한 논리적 배열에 따라 집단화 하는 과정을 의미한다. 즉, 조직의 규모가 커져 많은 일들이 나누어져 여러 구성원들에 의해 처리되면 이를 보다 효과적으로 관리하기 위하여 서로 유사하거나 논리적으로 관련이 있는 업무나 작업 활동들을 집단화하는 과정이 요구되는데 이를 부문화라 한다. 조직의 규모가 작을 경우에는 한 사람의 경영자가 모든 작업과 작업자를 감독하는 것이 가능하지만, 조직의 규모가 커지게 되면 그와 같은 일이 사실상 불가능해지게 된다. 부문화에는 다음과 같은 몇 가지의 방법이 있다.

1) 기능적 부문화

기능적 부문화(functional departmentalization)는 가장 일반적이면서도 보편적인 부분화의 방법이다. 즉, 기능적 부문화는 유사하거나 같은 작업활동들을 포함하는 직무들을 중심으로 집단화 하는 것이다. 예컨대 경영자의 하부조직으로 생산부, 판매부, 관리부 등과 같이 유사한 업무를 묶어 집단화 시키는 방법을 들 수 있다.

중소조직에서 가장 일반적으로 발견되는 기능적 부문화는

첫째, 부서 관리자가 해당영역의 한정된 범위의 기능에만 숙달되어도 부서 구성원들을 효과적으로 관리할 수 있으며

둘째 각각의 부서 내에서의 조정활동이 보다 용이하다는 장점이 있다.

그러나 조직의 규모가 커지게 되면 기능적 부문화는 몇 가지 한계점을 지니게 된다.

첫째, 각 부서에서의 문제해결이나 의사결정상황이 발생할 경우 부문별 관리자는 상위층의 경영자에게 보고하여 문제를 해결해야 되기 때문에 의사결정속도가 늦어지고 관료화되기 쉽다.

둘째, 부서 내의 종업원들은 자신이 속한 부서 내에의 한정된 영역에만 전문화 됨으로써 조직전체에 대한 통찰력을 상실하기 쉬우며

셋째, 부서간의 갈등이 발생하기 쉽다.

2) 제품별 부문화

제품별 부문화(product departmentalization)는 기능적 부문화와 달리 제품이나 제품군을 중심으로 부문화 하는 것을 의미한다. 예컨대 기업이 다양한 속성을 지닌 복수의 제품을 생산하고 판매할 경우 각각의 제품군을 중심으로 조직을 부문화 할 경우가 이에 해당한다.

제품별 부문화의 경우 제품을 생산하는데 필요한 생산, 판매, 연구개발 등 여러 기능이 한 부서 내에 속하는 조직구조를 지닌다는 점이 특징이다. 따라서 이와 같은 유형의 부문화는 조직이 생산하는 제품들이 각각의 특성이 있어 독특한 기술이나 마케팅방법이 요구되는 경우에 적합하다. 제품별 부문화의 경우 다음에 살펴볼 지역별 부문화와 같이 대부분의 경우 각 부문이 독립채산제로 운영되기 때문에 부문 간의 경쟁과 책임경영이 이루어져 경영성과를 제고할 수 있다는 장점을 지니고 있다.

반면에 제품별 부문화의 경우 각 부문에서는 자신들의 제품이나 제품군에만 지나치게 관심을 집중시키게 되어 조직전체차원에서의 효율성을 떨어뜨릴 수 있을 뿐 아니라, 각각의 제품부문에서 마케팅, 생산, 연구개발, 관리영역 등과 같은 기능적 영역을 지니게 됨으로써 조직전체차원에서 관리비용이 증가하게 된다는 문제도 지니게 된다.

3) 지역별 부문화

지역별 부문화(location departmentalization)는 지리적 영역이나 지역을 중심

으로 직무를 집단화 하는 방법으로 특정지역 내에서 발생하는 모든 업무나 작업활동들이 한 부서 내에서 이루어질 수 있도록 조직을 설계하는 것을 의미한다. 예컨대 은행이나 보험회사에서 나타나는 충청지역본부, 호남지역본부 등과 같은 형태는 지역별 부문화의 한 예로 볼 수 있다. 지역별 부문화를 취할 경우 조직은 다양한 지역 내의 특정고객이나 환경적 특성에 탄력적으로 대응할 수 있다는 장점을 지닐 수 있지만, 조직 전체의 한정된 자원에 대한 지역부분 간의 갈등이 발생하기 쉽고 지역이 산재하여 있을 경우 보다 많은 관리스텝이 필요해진다는 단점도 지니고 있다.

3. 의사소통 경로(보고관계)의 구축

조직화에 있어 세 번째 단계는 각각의 직위간의 의사소통 경로(보고관계)를 명확히 하는 것이다. 여기서 직위(position)는 각 구성원들에게 할당된 과업의 집합을 의미한다. 즉, 각 조직의 구성원이 맡고 있는 여러 과업이 합쳐져서 하나의 직위가 된다. 따라서 직위와 구성원의 수는 일대일(1:1)의 대응관계가 있다. 이것은 명령일원화의 원칙과 계층구조의 원칙을 명확히 해 준다.

1) 명령일원화의 원칙

명령일원화(unity of command)의 원칙은 부하는 직속의 상하관계에 따라 1인의 상사로부터만 명령을 받고 명확한 보고관계를 지닐 수 있도록 하여야 한다는 것을 의미한다. 다수의 상사와 다수의 부하간의 명령과 보고의 관계가 이루어질 경우 책임의 일원화도 기할 수 없고, 조직은 혼란과 갈등에 빠지기 쉽다. 따라서 체계 있는 조직운영이 이루어지기 위해서는 명령일원화의 체계가 유지될 수 있는 조직시스템을 갖출 필요가 있다.

2) 계층구조의 원칙

계층구조의 원칙을 통해 조직은 공식적 의사소통체계를 명확히 함으로써 명령과 그 수용에 대한 혼선을 막고, 감독의 범위를 분명히 할 수 있게 된다. 고전적 조직론에 있어서는 일반적으로 피라미드형 계층구조를 원칙으로 제시하고 있다. 특히,

감독의 범위라는 문제는 계층구조의 원칙의 핵심을 이루는데, 이는 한 사람의 관리자가 능률적이고 효과적으로 통제할 수 있는 부하직원의 수가 과연 어느 정도가 효율적인가를 의미한다. 한편으로는 이를 관리의 폭(span of management) 또는 통제의 폭(span of control)이라고도 하는데, 그 범위에 대해서는 의견의 일치를 보지 못하고 있다.

조직의 능률을 높이기 위해서는 조직의 계층구조를 가능한 축소시켜야 한다는 견해가 있는데, 이를 계층단축화의 원칙(principle of scalarship)이라고 한다.

결론적으로 통제의 폭이 어느 정도가 가장 적정한가는 명확치 않으며 실제 계층구조의 원칙을 따를 때 중요한 것은 가능한 한 관계의 수가 아니라 실제적인 관계의 수라 할 것이다.

4. 권한의 배분

직위간의 권한을 어떻게 배분할 것인지를 결정하는 것 또한 조직화의 과정에서 반드시 고려해야 할 중요한 부분이다.

권한(authority)은 조직에 의해 합법적으로 부여된 공식적인 힘(power)으로 직무수행의 근거가 되며 권한이 생기면 책임이 동시에 부여된다. 권한과 관련해서는 조직화 과정에서 다음과 같은 부분이 강조되고 있다.

1) 권한과 책임의 원칙

이는 조직에서 각 구성원의 책임과 권한의 상호관계를 직무에 따라 명확히 규정하여야 한다는 것을 의미한다. 이는 각 조직구성원에게 직위에 따른 직무가 할당되면 이러한 직무를 수행할 수 있는 권한이 주어져야 하고 권한행사의 결과에 대한 책임도 함께 수반되어야 한다는 것이다. 이 원칙은 조직의 고전적 원칙으로 조직에 명확한 질서와 체계를 부여하고 모든 직무를 통일적으로 수행하기 위해서는 가장 중요시되었던 원칙이다.

2) 권한위양의 원칙

권한위양의 원칙은 직무에 따라 그에 맞는 권한을 부여하는 것을 의미한다. 따라서 이를 통해 합법적 권력을 소유한 사람은 상급자의 승인이 없이 결정권을 행사할 수 있으며, 하급자에 대해서도 영향력을 행사할 수 있다. 현대기업에 있어서도 권한위양의 원칙은 매우 중요한 원칙으로 수용되는데, 이는 기업의 규모가 확대됨에 따라 최고경영자 한 사람이 모든 권한을 독점하기 어렵게 되고, 기업환경이 점차 복잡·다양·가변성을 띠게 됨에 따라 그에 대처할 수 있는 전문관리자의 육성이 절실해지기 때문이다. 또한 권한이 많이 위양될수록, 그에 따른 책임도 증가되기 때문에 직무에서의 무사안일주의와 관료주의를 제거하고 동료들과의 경쟁풍토를 조성시킬 수 있는 장점도 있다.

3) 분권화와 집권화

권한이 한 개인으로부터 타인에게 위양될 수 있는 것과 마찬가지로 조직 또한 조직 내의 다양한 직위와 부서와 권한의 배분방식을 개발할 수 있다. 분권적 조직은 조직전반에 걸쳐 중간계층과 하위수준의 경영자에게 의사결정권한과 힘이 체계적으로 위양되는 형태를 지니는 반면, 집권적 조직은 상위계층의 경영자에게 대부분의 의사결정권한과 힘이 체계적으로 집중되는 형태를 지니게 된다.

그러나 분권화와 집권화의 개념은 서로 다른 선상에서 형성되는 개념이라기보다는 하나의 연속선상에서 파악하는 것이 중요하다. 즉, 하나의 연속선상에서 양쪽의 극단에 지극히 집권적이거나 지극히 분권적인 조직형태가 존재한다고 볼 때 대부분의 조직은 그와 같은 일련의 선상에서 어딘가에 존재하게 된다. 극도로 분권적이나 극도로 집권적인 조직은 없으며, 어떤 조직은 분권적 조직에 가까운 반면 어떤 조직은 집권적 조직에 가까운 형태를 지니는 것이다.

조직의 집권화와 분권화의 수준에는 다양한 요인이 영향을 미칠 수 있다. 그 중의 하나가 조직의 환경으로 일반적으로 조직을 둘러싸고 있는 환경이 불확실하고 복잡한 경향을 지닐수록 분권화의 경향은 높아진다. 또한 조직의 역사 또한 분권화와 집권화의 수준에 영향을 미칠 수 있으며, 의사결정이 많은 위험성과 비용 하에서 이루어지는 조직일수록 집권화되는 경향을 보인다. 따라서 집권적 조직과 분권적 조직 중 어떤 조직이 성공적인가 하는 것은 때때로 무의미할 수도 있다.

5. 조정활동

1) 조정의 의의

조직화에 있어 마지막으로 중요한 요소는 조정(coordination)이다. 앞서 직무전문화를 다루면서 우리는 가능한 세분화 된 단위로 직무를 분리하는 대신 부문화를 통하여 그와 같은 직무를 다시 부문이나 부서로 통합시킬 필요가 있음을 살펴보았다

직무전문화와 부문화가 달성되면 그 다음으로는 조직의 목표달성을 위하여 각 부문들의 활동을 체계적으로 연계시키는 작업이 요구되는데, 이와 같은 조직 내의 다양한 부문들의 활동을 연계시키는 과정을 조정이라 한다.

조정은 조직 내에 존재하는 하위부문들이 취하는 목표가 궁극적으로 조직이 달성하고자 하는 조직유효성(조직의 합목적성)을 따르기보다는 능률의 원칙을 따르기 때문에 발생한다. 예컨대, 하나의 기업 내에서도 생산부서는 최소한의 원가비용으로 많은 제품을 생산함으로써 생산성을 향상시키는데 일차적인 부문의 목적이 있는 반면, 판매부서의 경우에는 제품의 품질과 가격, 재고관리, 물류·유통체계의 혁신 등이 보다 중요한 부서운영의 목적이 될 것이다. 따라서 조직 내의 하위부문간에는 항상 갈등과 마찰이 존재하는데 이를 조직 전체의 유효성의 차원에서 조정하고 견제해 나가는 것이 조정의 원칙이다.

2) 조정의 필요성

앞서 조직에 있어 조정기능이 필요한 이유를 간단히 살펴보았지만 조정기능은 그 외에도 다양한 이유를 지니고 있다.

첫째는 각 부서나 구성원들이 담당하는 업무간의 상호의존 때문이다. 오늘날 조직에서 이루어지는 대부분의 업무들은 상호간에 밀접한 관계를 지니고 있다. 일의 분할에 의해 나누어져 처리되는 업무들의 결과는 다른 업무의 처리에 중요한 영형을 미칠 수 있기 때문에 각각의 업무간의 적절한 조정이 요된다. 따라서 만약 업무들 간의 독립성이 유지되는 상황에서는 조정의 필요성은 상당부분 줄어들 수밖에 없을 것이다.

조정이 필요한 두 번째의 이유는 이질성 때문이다. 조직의 규모가 커지게 되면

그에 따라 신설되는 부서나 작업집단들이 나름대로의 목표, 관점 그리고 업무처리 방식을 지니게 됨으로서 그들 간에 이질화 현상이 나타나게 되면 이것이 심해지면 조직 내에서 갈등으로 발전하고 결국 조직의 목표달성은 어렵게 된다. 따라서 다른 부서나 작업집단들이 담당하여 처리하는 업무나 그 결과는 조직의 목표차원에서 적절히 조정되어질 필요가 있다.

또한 조직 내의 각 구성원이나 각 부서나 업무를 처리하는 과정에서 필요한 정보를 서로 교환할 필요성이 증대한다는 점도 조정이 필요한 중요한 이유이다.

3) 조정의 방법

조직의 조정능력을 높이기 위해서는 여러 가지 방법이 사용될 수 있다. 가장 우선적인 방법으로는 조직의 계층구조를 이용하는 방법을 들 수 있다. 즉, 상호의존적인 부서와 작업단위에 대해 책임을 지지는 한 사람의 관리자를 둠으로써 부서간의 조정기능을 수행할 수 있도록 할 수 있다. 또한 규칙과 절차를 이용하여 조정기능을 발휘할 수도 있다. 즉, 업무처리와 여러 가지 작업 활동과정에서 따라야 하는 규칙이나 절차를 구축하고 이를 통하여 조정이 이루어질 수 있도록 할 수 있다.

그러나 이와 같은 조정기법은 조직의 규모가 작고 단순할 때는 효과적일 수 있으나 조직의 규모가 커져 구조가 복합해지게 되면 조정기능의 발휘에 어려움이 따른다.

따라서 이때에는 수직적 정보체계와 수평적 관계향상을 통하여 조정기능을 향상시킬 수 있다, 수직적 정보체계는 조직 내의 상하 간에 정보의 흐름이 원활하게 이루어질 수 있도록 하기 위한 것으로 최근 정보통신기술의 발전에 따라 더욱 발전하는 경영정보시스템, 전자결재, 지식정보시스템 등을 그 예로 들 수 있다.

한편 수평적 관계향상을 위해서는 동일한 문제나 상황을 처리해야 할 사람들 간에 직접적인 접촉을 권장하는 방법이 이용된다. 다른 방법으로는 경계역할을 만들어 내는 것인데, 부서 간에 직접적인 접촉이 요구되는 경우가 늘어나면 두 부서의 업무에 어느 정도 익숙한 사람을 두고 그 사람으로 하여금 두 부서의 연결기능을 전담시키는 방법을 이용할 수 있다. 청와대와 정당간의 연결기능을 담당하는 정무수석 등도 그 일례가 될 것이다. 이외에도 특정한 문제해결을 위하여 다양한 부서의 구성원들을 포함하는 위원회나 테스크포스 등도 조직의 수평적 관계향상을 위한 방법이다.

제3절 조직화의 관점과 조직구조의 결정요인

1. 조직화에 대한 두 가지 관점

조직화에 최선의 방법이 있는가? 이와 같은 질문에 답하기 위해서는 우선 조직화에 대한 크게 두 가지 관점에서의 견해를 살펴볼 필요가 있다.

1) 전통적 관점

고전적 관리론자들은 모든 상황에 적용 가능한 조직화를 위한 유일하면서도 최선의 방침이 될 수 있는 규칙이나 가이드라인을 찾고자 다양한 노력을 하여 왔다. 예컨대 과학적 관리법을 주장한 테일러(F. W. Taylor), 페이욜(H. Fayol)과 어윅(L. F. Urwick)과 같은 고전적 관리론자, 베버(J. Weber)와 같은 관료제의 옹호자들은 조직화에는 하나의 보편적이면서도 최선의 방법이 있다는 믿음을 지니고 있었다.

예컨대 베버는 관료제(bureaucracy)를 가장 논리적이며 합리적이고 효율적인 조직구조로 제시하고 이상적인 관료제 조직을 만들기 위한 5가지 원칙을 다음과 같이 제시하였다.

첫째, 조직 내의 업무들은 명확하게 나누어져야 하며 각각의 직위에는 전문가가 로 충원되어야 한다.

둘째, 조직은 조직구성원들이 과업을 처리할 때 따를 수 있는 일관성 있는 일련의 규칙을 개발하여야 한다.

셋째, 조직은 최고경영층으로부터 일선 근로자에게까지 효과적으로 전달될 수 있는 명령체계를 형성하기 위하여 조직 내에 직위의 계층을 만들어야 한다.

넷째, 경영자들은 개인적 감정이 개입되지 않도록 경영활동을 하여야 하며, 특히 경영자자신과 부하 간에 적절한 사회적 거리를 두어야 한다.

다섯째, 조직 내에서의 채용과 승진은 기술적 숙련에 기초하여 이루어져야 하며, 종업원들은 부당한 해고로부터 보호되어야 한다.

이들의 조직에 대한 관점은 약간의 차이가 있으나 조직화에 대한 전통적 관점에는 조직을 바라보는데 있어 두 가지의 기본적이 가정을 존재하고 있다.

첫째, 조직을 합리적이고 경제적인 실체로서 인식함으로써 조직은 경제적으로 가능한 가장 효율적인 방법으로 특정한 목표를 달성하기 위하여 창조된다.
둘째, 조직은 기본적으로 폐쇄시스템(closed system)이다.

그런데 폐쇄시스템은 개방시스템에 비하여 두 가지의 특징을 지니고 있다.

첫째, 시스템과 시스템의 경계에 걸친 환경과 어떠한 교환관계도 존재하지 않는다.
둘째, 따라서 그와 같은 시스템은 완벽히 결정론적이거나 예측가능하다는 점이다. 즉, 폐쇄시스템에 있어서는 최초의 조건이 알려져 있고 투입된 자극에 대해서는 그에 따른 최종적인 결과를 확신성을 가지고 예측가능하다. 따라서 고전적 조직이론가들은 이와 같은 폐쇄시스템의 시각에서 조직에 대한 자신들의 논리와 주장을 전개하여 왔다. 그 결과는 조직구조에 대한 강조와 아울러 자신들의 논리에 영향을 미칠 수 있는 외부환경으로부터의 어떠한 간섭도 포함시키지 않는 방향으로 조직화의 견해를 전개하는 것으로 나타났다.

2) 현대적 관점

그러나 앞서 다루어온 조직의 목표, 환경, 전략, 사회적 책임 등의 개념은 모두 오늘날의 기업조직이 폐쇄시스템이 아닌 개방시스템이라는 시각에서 출발한 것임을 분명히 할 필요가 있다. 만약 조직이 개방시스템이 아닌 폐쇄시스템이라고 본다면 투입에 대한 결과를 결정론적으로 단정지을 수 있는 상황에서 굳이 전략을 수립할 필요도 없을 것이며, 조직의 환경의 분석하고 기업의 사회적 책임을 강조할 필요조차 없을 것이다.
특히 챈들러(A.Chandler)는 일찍이 듀퐁(Du Pont), 시어즈(Sears), 엑손(Exxon), GM(General Motors)사 등과 같은 거대기업들을 대상으로 연구한 결과를 바탕으로 조직의 전략이 조직구조를 결정짓는 선행요인이라는 점을 최초로 공식화하였다. 이는 조직은 조직의 환경 → 전략의 방향 → 조직구조의 결정으로 연결되는 개방시스템의 특성을 지니고 있음을 의미하는 것이다.

3) 두 가지 시각의 통합

따라서 조직화에 대한 두 가지 관점에 기초하여 조직의 구조를 결정하는데 최선의 방법이 있는가? 라는 질문에 대해서는 두 가지의 상이한 시각 하에서의 접근이 가능할 것이다.

고전적 관리의 관점에서는 가능한 한 최대의 경영통제가 가능한 방향으로서의 조직을 설계하여야 할 것이다. 즉, 이는 시스템 내에서의 문제나 교란을 최소화 할 수 있도록 규칙과 통제를 강화하고, 가능한 한 공식적 구조에 의존하도록 조직구조를 설계하며, 조직구성원의 개인적 자유재량권 또한 가능한 한 축소하여야 할 것이다.

이에 비하여 조직화에 대한 개방시스템의 관점에서는 무엇보다 외부환경의 변화를 수용하고 그에 효과적으로 적응하는 능력을 조직이 갖출 수 있도록 조직구조를 설계하는 것이 중요하다. 이를 위해서는 가능한 한 규칙과 통제보다는 환경에 대한 조직의 탄력적 대응이 가능하도록 자유재량권을 확대시키고, 의사결정자의 책임과 의지에 따른 문제해결이 가능토록 조직구조를 설계할 수 있도록 하여야 할 것이다. 또한 공식적인 조직구조뿐만 아니라 비공식적 조직구조까지도 조직화의 중요한 고려대상이 된다.

결론적으로 조직화에 있어서 최선의 방법이란 없으며 조직구조에 영향을 미치는 다양한 요인과 조직이 처한 상황에 따라 지속적으로 변화해 가는 유기체적 존재로서 조직을 인식할 필요가 있다.

2. 조직구조의 결정요인

조직구조의 결정에는 ① 기술 ② 조직규모 ③ 환경 ④ 조직구성원(또는 인적자원) ⑤ 전략 등의 5요인이 영향을 미친다.

1) 기술

기술(technology)은 조직이 투입요소를 산출물로 변화시키는 과정에서 활용하는 제 방법을 의미한다. 기술이 조직구조에 영향을 미치는 요인으로 보는 가장 대표적인 특성은 일상성의 정도(degree of routineness)때문이다. 예컨대, 자동차의 조립라인에서 사용되는 기술은 극히 반복적이고 단순성이 높기 때문에 그러한 기술을 채택하는 조직의 경우에는 작업집단의 수를 줄일 수 있어 조직구조의 복잡성이 줄어들게 될 수 있는 여지가 많은 반면, 반면 NASA의 우주왕복선 개발, 연구소의 연구활동 등과 같이 채택된 기술이 비일상적일수록 전문성과 복잡도가 증가하게 되어 수직적 분화를 심화시키게 되는 원인이 된다.

1960년대 초반 영국의 경영학자 우드워드(Joan Woodward)는 100여개의 영국 제조업체를 대상으로 한 기술과 조직구조와의 관계에 대한 연구를 통하여 기술적 특성이 조직구조와 밀접한 관계를 지니고 있기 때문에 이들 간의 관계를 적절히 결합시킬 수 있도록 조직설계가 이루어져야 그 조직은 높은 수준의 효과성이나 생산성을 올릴 수 있다는 것을 발견하였다.

기술적 특성과 조직구조의 특성 간의 관계를 살펴보면 단위생산이나 공정생산의 경우와 같이 기술이 복잡해지면 경영자의 계층과 수가 많아지게 된다. 이는 일선근로자들의 생산활동에 복잡한 기술을 사용하여 경영자들의 직접적인 감독이나 조정의 필요성이 높아지기 때문이다. 그리고 대량생산기술을 사용하는 경우에는 다른 형태의 기술을 사용하는 경우보다 하위경영자들이 감독해야 할 근로자의 수가 많아진다. 이는 기계화나 자동화에 따라 대량생산기술이 사용되면 생산현장의 근로자들이 비교적 단순한 업무를 반복적으로 처리하여 하위경영자들의 감독이 비교적 덜 요구되기 때문이다.

기술적 특성이 조직구조에 미치는 다른 영향은 기술이 복잡할수록 생산과 직접 관련이 없는 업무량이 늘어나 비생산직 근로자의 비율이 높아진다는 것이다. 이와 같은 관계를 요약하면 〈표 9-1〉과 같다.[1)]

〈표 9-1〉 기술적 특성과 조직설계와의 관계

기술적 특성		조직설계요인		
기술유형	기술적 복잡성	경영자의 수와 계층	관리의 폭	비생산직 근로자의 비율
단위생산기술	높음	많음	좁음	큼
대량생산기술	낮음	적음	넓음	낮음
공정생산기술	높음	많음	좁음	큼

자료 : 서성무 · 이지우, 경영학원론, 형설출판사, 1995, p. 152.

1) 서성무 · 이지우, 경영학원론, 형설출판사, 1995, p. 152.

2) 조직규모

일반적으로 조직의 규모란 조직구성원의 총수를 의미한다. 상식적으로 생각하여도 규모가 조직의 구조에 영향을 미치는 것은 당연할 것이다, 예컨대 수십만의 군인을 거느린 군대와 아무리 매출액이 많다 해도 수십 명의 종업원들로 구성된 중소기업의 조직구조는 전자의 쪽이 훨씬 복잡할 수밖에 없다.

조직규모가 직접적으로 조직설계에 미치는 영향을 살펴보면 우선 규모가 클수록 조직 안에 있는 직무들이 전문화 되는 정도가 높아진다. 규모가 커지는 가장 큰 이유는 업무량이 늘어나기 때문인데 늘어난 업무를 효과적으로 처리하기 위해 보다 많은 직무를 전문화 시키게 된다. 그리고 규모가 커지면 더 많은 사람들이 다양한 업무를 처리하게 되어 이를 효과적으로 관리하고 조정하기 위해 업무처리절차, 규칙, 규율 등이 표준화 되는 정도가 높아질 것이다.

권한의 분배정도 역시 규모에 따라 달라지는데, 규모가 클수록 몇 사람이 모든 의사결정을 도맡아 할 수 없게 되어 권한이 분산되는 정도는 커진다.

또한 기술적 특성이 조직구조에 미치는 영향도 조직의 규모에 따라 달라진다. 규모가 작은 조직의 경우 그 조직이 생산기술을 중심으로 짜여지기 때문에 조직의 기술적 특성이 조직설계에 상대적으로 큰 영향을 미치게 된다. 반면 규모가 큰 조직에서는 조직설계가 조직의 기술적 특성 이외의 요인에 의해 영향을 받을 가능성이 커지게 된다. 따라서 기술적 특성이 조직설계에 미치는 영향은 상대적으로 적어지게 된다.

3) 환경

환경에 대한 적응여부가 조직의 생존력에 영향을 미친다는 측면에서 환경과 조직구조와의 관계는 쉽사리 추정할 수 있다. 그 대표적인 연구가 번스(T. Burns)와 스토커(G. M. Stalker, 1961)의 연구이다. 그들은 미국 내의 20개의 기업을 대상으로 조직의 구조와 환경과의 관계에 대한 조사를 실시하였다. 대상기업들은 자체적으로 안정적 환경과 역동적 환경을 지니고 있다고 인정된 기업들이었다. 조사의 초기에 연구자들이 인식한 것은 각 기업들이 생산활동에 중점을 두는 기계적 시스템과 환경의 변화에 대한 적응에 중점을 두는 유기적 시스템으로 구분될 수 있다는 것이었으며 결과적으로 역동적 환경에 있어서 능력을 발휘하는 기업의 특성은 보다 유기적이었으며, 비교적 안정적 산업에 있어서 능력을 발휘하는 기업은 보다 기계적인 조직구조를 지니고 있다는 사실이었는데, 그들이 제시한 두 가지 유형에 따른 특성은 [그림 9-2]와 같다.

유기적 조직에 있어서는 보다 넓은 관리적 통제의 범위, 업무간의 높은 상호의존성, 공식적 절차에 대한 비교적 낮은 관심, 수평적 의사소통, 중간관리자들에 의한 보다 많은 의사결정 등의 특성을 보임으로서 비교적 덜 관료적이고 비구조화된 조직의 형태를 지니고 있었으나, 이에 비하여 생산활동에 중점을 둔 기계적 조직에 있어서는 거의 그 반대적 특성을 보임으로서 보다 관료적이고 구조화 된 조직형태를 지니고 있는 것으로 나타났다. 따라서 이들의 연구결과는 비교적 안정된 환경 하에서 운영되는 효과적인 기업군들은 역동적 환경 하에서의 기업보다 훨씬 고도로 구조화되어있다는 사실에서 가장 유효한 관리적 형태의 설계보다는 경영관리시스템이 조직이 직면하는 업무에 대한 요구와 환경에 따라 상황적이어야 한다는 것이다.

그림 9-2. 유기적 조직구조와 기계적 조직구조

기계적 조직		유기적 조직
집권화	권 한	분권화
많 음	규칙과 절차	적 음
좁 음	통제의 범위	넓 음
전문화	과 업	공 유
적 음	팀, 테스크포스	많 음
공식적	조 정	비공식적

4) 조직구성원(인적자원)

조직구성원을 조직구조의 결정변수로 보는 것은 조직 구성원들 간의 권력이나 정략 등과 같은 정치적 변수들이 조직구조에 영향을 미친다고 보기 때문이다. 이러한 정치학적 접근을 주장하는 사람들은 조직구조는 조직 내에서 서로 자기의 이익을 많이 차지하려는 내부구성원들의 권력투쟁의 결과이며, 조직에서 권력을 지니고 있는 사람들이 자신의 통제권을 행사하기 쉬운 방식으로 조직구조를 결정하게 된다고 본다.

5) 전략

챈들러(A.D.Chandler)는 1962년에 미국 내 100여개 기업을 대상으로 한 연구에서 이미 "조직구조는 전략을 따르게 된다."는 결론을 제시한 바 있다. 챈들러에 따르면 대부분의 기업이 창업초기에는 단일제품 또는 제품계열에서 출발하기 때문에 이러한 상태에서의 전략은 단순성을 띠게 되고 결과적으로 조직구조도 느슨하면서도 복잡성과 공식화의 정도는 낮게 되는 반면, 기업이 성장함에 따라 전략은 더욱 확대되고 복잡성을 띠게 되는데, 이는 생산하는 제품계열이 많아지고 활동내용도 확대됨에 따라 업무내용이 증가되고 단위부서 간의 상호의존성이 증대되므로 조직구조 또한 이에 맞추어 재설계 된다고 주장하였다.

제4절 조직구조의 형태

오늘날 기업조직은 대개 복잡한 구조를 이루고 있는데 이러한 구조적인 복잡성은 기본적으로 인간능력의 한계에서 유래되는데 수직적으로는 다수의 경영계층을 형성하고 수평적으로는 많은 조직단위가 편성되는 데에 있다. 이렇게 수직적 · 수평적으로 형성된 각 조직계층 및 각 조직단위에서는 당연히 전문화의 원칙에 따라 제각기 고유한 이질적인 활동이 수행됨으로써 경영조직의 구조 자체가 더욱 복잡해진다. 이렇게 보면 경영조직은 기업의 여러 가지 활동을 어떻게 분화하며 이를 어떻게 분담시키느냐를 문제로 삼는 하나의 관계라 할 수 있다. 또 경영조직의 구조상 형태는 수직적 분화이건 수평적 분화이건 직계조직과 기능조직이라는 기본조직형태로 형성되며, 그 혼합형태로 보강조직형태가 뒤따르는 것이 일반적이다.[2)]

1. 수직적 구조와 수평적 구조

1) 수직적 구조

경영조직의 수직적 구조란 경영조직의 형성을 계층적인 기능분화의 관점에서 파악한 개념으로 경영조직의 계층수를 의미하는데 계층수가 많을수록 수직적 분화의 정도가 높다는 것을 나타낸다. 여기서 계층이란 상사와 부하의 역할이 상·하의 계층에 따라 차례로 배열되는 역할체제를 말한다. 수직적 분화는 수평적 분화와 깊은 관련성이 있는데 수평적 분화의 정도가 높으면 높을수록 이에 따라 수직적 분화의 정도가 높아질 수 있다. 따라서 대규모 기업에서는 조직의 계층 수가 8~12개 정도인데 이는 대기업의 조직이 수평적 분화의 정도가 높다는 것을 간접적으로 시사하고 있는 것이고 중소기업의 경우 계층 수가 대기업에 비해 적은데 이는 대기업에 비해 수평적 분화가 낮다는 것을 보여준다.[3)]

오늘날은 일반적으로 경영계층을 그 역할에 따라 최고경영층(top management zone), 중간관리층(middle management zone), 일선감독층(또는 하위 관리층, low management zone)으로 구분하고 있다.

2) 수평적 구조

경영조직의 수평적 구조란 수행해야 할 업무를 비교적 유사한 활동단위부서로 설정하여 수평적으로 형성되는 데에 그 특징이 있다.

경영조직의 수직적 구조로 조직단위형성의 기본적인 구조는 보통 기능별, 제품별, 지역별, 고객별의 4가지 조직구조가 일반적이다.

(1) 기능별 조직구조

기능별 조직구조는 수행해야 할 일을 그 성질에 따라 분류함으로써 조직단위를

2) 한희영, 개정판 경영학총론, 다산출판사, 1987, pp. 498~499.
3) 유필화 외 4인, 전게서, pp. 342~343.

형성하고자 하는 것인데 보통은 여러 경영활동 가운데서 같은 종류의 관련업무를 하나로 집약함으로써 형성된다. 예를 들면 생산기능을 담당하는 제조부문, 마케팅 부문, 재무부문 등이 그것이다.

가장 단순한 조직이라도 기본기능에는 다양한 하위기능을 포함하고 있다. 한편 기능별 조직구조의 특징은 기능별 전문화에 의해 각 기능을 동일 종류별로 집약시킴으로써 각 기능수행에 필요한 전문지식과 기술 등을 충분히 활용할 수 있다는 점이다. 그러나 관리활동에 따른 전문화는 이루기 어렵기 때문에 단일제품이나 서비스를 생산 · 판매하는 소규모 기업에 적합하다고 할 수 있다.

(2) 제품별 조직구조

제품별 조직구조는 생산 또는 판매하는 주력제품의 수가 여러 가지일 때 제품별로 조직단위를 형성하는 것이다. 이때는 무엇보다도 각 제품에 관한 전문적인 지식과 기능을 충분히 활용할 수 있기 때문에 제품다양화 정책을 실시할 수 있다는 장점이 있다. 그러나 기능이 중복될 가능성도 높다.

(3) 지역별 조직구조

지역별 조직구조는 기업에서 수행되는 여러 가지 활동들을 지역별로 단위화 하여 하나의 경영자에게 귀속시키는 형태로 그다지 일반화 된 조직단위의 형성기준은 아니지만 기업의 주업무가 지리적으로 광범위하게 널려 있을 때 유용한 조직구조이다.

(4) 고객별 조직구조

이는 서로 다른 욕구나 구매력을 지닌 고객의 종류에 따라 조직단위를 형성하는 것이다.

예를 들면 백화점조직에 있어서 매장의 구성이라든지 일선 은행에 있어서의 고객별 업무의 편성 등이 있다.[4)]

4) 한희영, 상게서, p. 506.

2. 기본적 조직구조

기본적 조직구조에는 직계조직과 기능조직이 있다.

1) 직계조직[직선식 조직, 계선조직, Line조직 또는 계서제(階序制, hierarchy)라고도 함]

직계조직은 [그림 9-3]과 같이 권한과 명령관계가 직선적으로 구축되는 가장 단순한 조직형태이다. 각 조직구성원은 1인의 직속상사의 지휘명령에 따라 활동하며 또 그 상사에 대해서만 책임을 지는 조직이다. 즉, 1인의 직속상사에 대하여 지휘와 감독을 받는 계층화에 의한 수직적 관계에 중점을 두는 단순한 조직형태이다. 이는 군대조직에 있어 상관과 병사와의 지휘명령의 종속관계와 같은 것이라 하여 군대식 조직이라고도 한다.

대부분의 조직이 생성초기에는 이와 같은 조직구조를 택하는데, 이는 가장 단순하고 편성하기 쉽다는 이유 이외에도 다음과 같은 장점이 있기 때문이다.

첫째 책임과 권한을 명확히 이해할 수 있고, 신속한 결정으로 빠를 조치를 취할 수 있다.

둘째 조직이 비교적 안정되어 있으므로, 여러 규정을 이행하기 쉽고 통솔이 비교적 용이하다.

셋째, 개인적 지도가 쉽기 때문에 작업교육과 숙련이 용이하다.

반면 직계조직은 다음과 같은 문제점도 발생하기 쉽다.

첫째, 각 부문의 독립성이 강해 인접 부문과의 유기적 조정이 어렵고, 갈등과 혼란을 야기할 우려가 있다.

둘째, 유능한 직계관리자가 조직을 떠났을 경우 바로 대처가 어렵다.

셋째, 관리, 감독자의 독단적 처사에 의한 폐해가 있을 수 있다.

그림 9-3. 직계조직

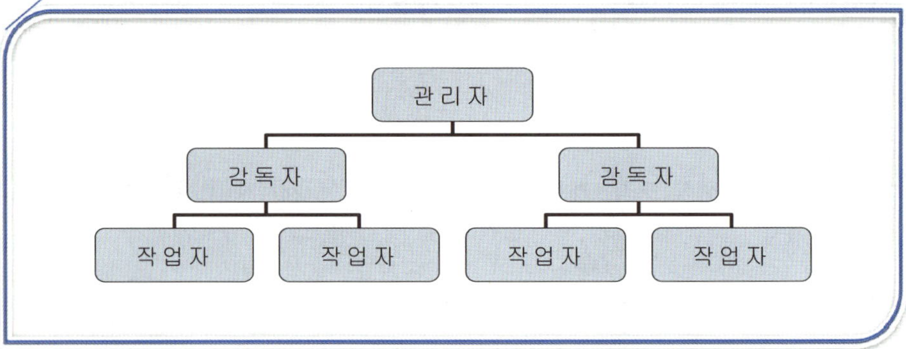

2) 기능조직(또는 직능식 직장조직)

기능조직은 라인조직이 지니는 단점인 전문화의 결여를 시정하기 위해 테일러가 제시한 조직형태이다. 따라서 기능조직을 따를 경우 관리자가 담당하는 일을 전문화하고 부문마다 다른 관리자를 둠으로써 작업자들을 전문적으로 지휘 · 감독할 수 있게 된다. 즉, [그림 9-4]의 그림과 같이 한 사람의 만능반장이 아니라, 여러 명의 기능적 반장에 의해 관리가 이루어지므로 이를 직능식 직장조직이라고도 한다. 따라서 이 경우에는 관리의 전문화는 꾀해질 수 있는 대신 작업자가 수명의 관리자에 의해 동시에 지휘감독을 받으므로 혼선이 야기되기 쉽고, 관리자간 세력다툼이나 책임전가가 야기되는 단점이 있다.

그림 9-4. 기능조직

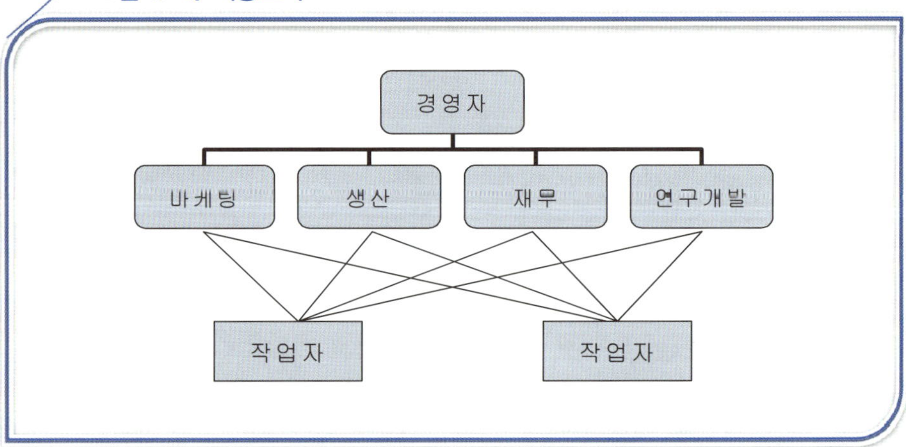

따라서 조직성격상 명령일원화의 원칙이 적용되지 않아 조직전체를 체계적으로 지휘·감독할 수 없기 때문에 오늘날에는 널리 사용되지 않는다.

3. 보강적 조직구조

1) 직계참모조직(line and staff organization)

(1) 직계참모조직의 의의

직계참모조직은 에머슨(H. Emerson)에 의해서 제창된 관리조직으로 기능별 조직의 전문화의 원칙과 라인조직의 명령일원화의 원칙을 결부시켜 경영의 대규모화, 즉 경영관리기능의 복잡화에 대응할 수 있도록 만들어진 오늘날 가장 보편화된 조직형태이다. 조직의 목표달성에 직접적인 책임을 지는 기본적인 기능은 라인이 담당하고 스탭(참모)은 라인에 조언과 권고를 해 주는 보조적 기능을 수행한다.

조직의 규모가 커지고 제품의 수가 많아지면 기존의 라인기능만으로는 업무수행이 불가능해지기 때문에 라인업무를 지원할 수 있도록 조정실, 경영기획실, 비서실, 연구소 등과 같은 스탭부서를 두기도 한다.

일반적으로 제조업의 경우 조직표 상에서 원재료 등의 구매를 담당하는 구매부문, 제품을 제조하는 생산부문, 제품을 판매하는 영업부문 등처럼 기업의 목적을 달성하는데 직접적으로 관여하는 부문을 라인이라 한다. 즉, 라인은 기업목적에 직접적으로 관련되는 기간적 집행업무를 수행하고, 포괄적 결정과 명령의 권한을 가지는 직위 또는 부문을 말하고, 총무, 경리, 인사, 감사 등처럼 라인조직의 업무가 원활히 이루어 질 수 있도록 지원하거나 협력 또는 조언을 하는 부문을 스탭부문(참모부서)이라고 한다. 즉, 스탭부문은 라인부문에 대해 조언이나 지원의 형태로 관여하지 지휘·명령의 권한은 없다.

라인&스탭 조직은 전문적 지식과 기술을 가진 스탭의 도움으로 효과적인 경영활동이 가능하고 신속한 의사결정과 집행이 가능하다는 장점을 갖는 반면 라인과 스탭 간에 권한 문제로 갈등과 혼란을 빚는 경우가 있다는 단점을 갖는다.[5)]

5) 유필화 외 4인, 전게서, pp. 354~355.

(2) 스탭(참모)의 종류

스탭은 맡은 바 업무의 성격이나 내용에 따라 또는 조직상의 위치에 따라 여러 가지로 나누어지는데 여기서는 스탭이 수행하는 업무내용에 따라 개인스탭, 전문스탭 및 관리스탭으로 나누어 살펴본다.[6]

① **개인스탭**

개인스탭(personal staff)이란 경영관리자의 직무행사를 돕기 위해 경영관리자에게 조언 및 조력을 제공하는 보좌직위, 즉 보조자로서, 그것의 특징은 한 사람의 관리자에게만 봉사한다는 데 있다. 개인스탭은 특정 경영자의 업무전반에 걸쳐 보좌하게 되므로 조언하고 조력하는 분야는 전문적인 분야라기보다는 일반적이고 종합적인 것이 되며, 그 범위도 다방면에 걸친다.

개인스탭에는 라인보조자와 스탭보조자가 있다.

- 라인보조자란 부사장, 부공장장, 부・차장, 과장대리와 같은 명칭으로 불리는 직위를 말한다. 이들은 상위자의 업무전반에 걸쳐 보좌할 뿐만 아니라 상위자의 부재시에는 그의 업무를 대행하며, 상위자의 권한 중 일부를 위임받아 평소에도 직접적인 직능을 수행한다. 이처럼 라인 보조자는 스탭 업무와 라인업무를 함께 수행한다는 점에 특색이 있다.
- 스탭어시스턴트는 사장보좌, 부장보좌를 말하는데 일반적으로 비서(secretary)명칭으로 사용되는 경우가 더 흔하다. 조직 상 지위는 그 책임자의 두 계층 아래에 속하는 자로서 상위자를 보좌하는 데 그치고 어떠한 결정권이나 명령권도 없다. 따라서 상사의 부재시에도 대리권이 없다.

② **전문스탭**

전문스탭(specialized staff)은 개인스탭과는 달리 어느 특정의 경영자나 관리자만을 위해서가 아니라 라인 또는 다른 스탭부문에 대하여 그 전문적 직능에 속하는 사항에 관해 조언 및 조력을 제공하는 권한과 책임을 가지고 있는 스탭을 말한다.

전문스탭부문은 경영활동의 요소적 분화에 의해서 형성된 부문으로 총무부, 경리부, 기술부, 인사부, 홍보부 등이 이에 속한다.

한편 스탭의 권한이란 직능적, 전문적 능률화를 촉진하기 위하여 생성된 것

6) 조희영, 경영학원론, 민영사, 1996, pp. 262~264에서 散見.

으로 명령, 지휘의 권한은 없고 조언, 조력의 권한과 경우에 따라서 직능적 권한을 가질 뿐이다.

- 직능적 권한(functional authority)

  직능적 권한은 전문적 권한 또는 기능적 권한이라고도 하는데 스탭이 전문적 사항에 대하여 직능적 지시와 직능적 통제를 할 수 있는 권한을 말한다. 즉, 전문적 사항에 관한 결정, 지시의 권한으로서 스탭이 당해 전문적 사항에 대하여 결정하고, 이것을 타부문에 대하여 지시할 수 있는 관계를 성립시키는 것이다.

- 조언권한

  이것은 조언, 상담, 원조, 지도 및 권고를 제공하는 권한이다.

- 조력권한

  조력권한이란 전문스탭이 다른 부문을 위하여 작업적 성격의 서비스를 행사하는 권한이다. 예를 들어 생산통제의 스탭이 생산감독자 및 직장을 위해 생산에 대한 일정을 수립하는 것 등이다.

③ **전반관리스탭**

전반관리스탭은 제너럴스탭(general staff)이라고도 하는데 최고경영층에 대하여 경영과 관리 전반에 걸쳐 필요한 사항을 조언과 조력을 한다. 즉, 여기서는 모든 스탭기능, 즉 자문적 · 통제적 및 계획적 스탭기능의 전부를 완전히 통일화 · 조직화 하여 그 스탭활동을 통합 · 조정한다. 따라서 제너럴스탭의 일은 그 명칭이 표시하는 바와 같이 전반적이라고 하는데 특징이 있다. 그런데 제너럴 스탭이란 원래 군대에서 생긴 용어이다. 그 용어가 오늘날에는 최고경영층의 관리스탭을 지칭하는 어휘로서 전용되어 기업의 새로운 스탭부문으로서 등장하게 되었다. 이와 같은 이유로 관리스탭은 톱 매니지먼트의 집행책임자인 사장 혹은 그 수행기관 및 최고경영집행기관의 제너럴스탭으로 편성하게 되었다. 이것은 보통 사장실, 기획실, 통제실 또는 관리본부라고 하는 등의 명칭으로 불린다.

그림 9-5. 라인 앤드 스탭조직

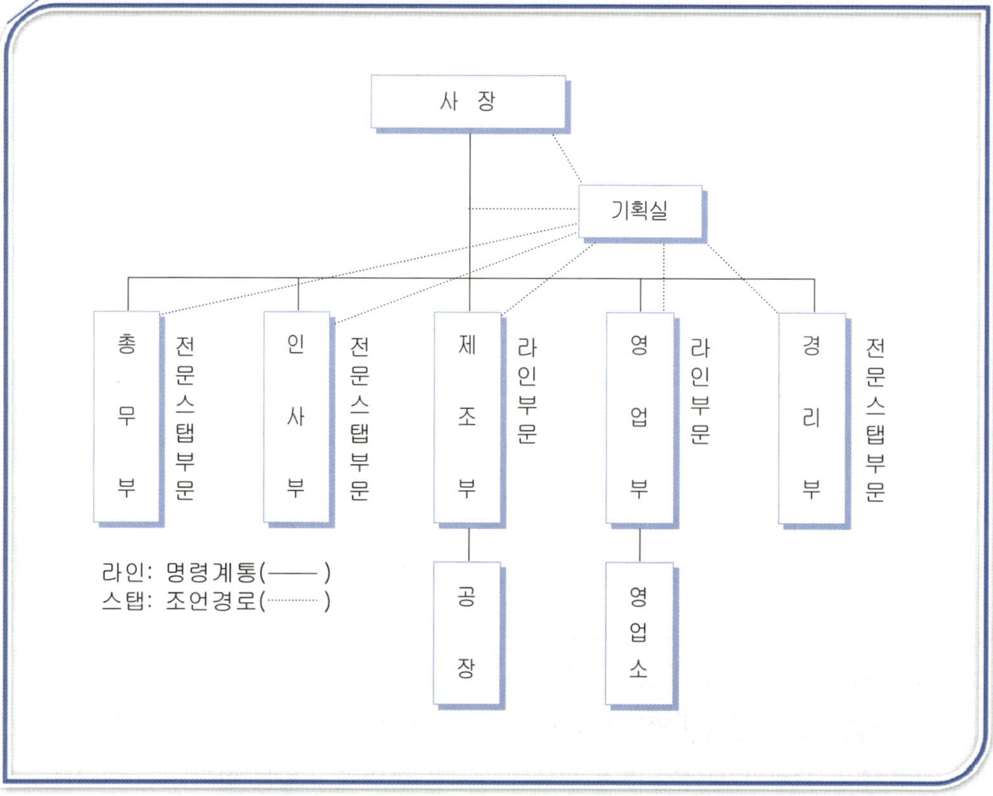

자료 : 박상범 외 2인, 전게서, p. 346.

2) 위원회 조직

위원회 조직은 경영정책의 결정이나 특정한 과제의 합리적인 해결을 목적으로 각 부문에서 여러 사람을 선출하여 구성하는 보강적 구조의 한 변형형태로 일명 회의제도 또는 회의식 조직이라고도 부른다. 이 조직은 여타 조직들이 각 계통 간 또는 부문 상호 간에 의견이 일치 되지 않아 불화나 마찰이 있기 쉬운데 이런 결함을 보완하고자 관련된 사람들이 민주주의식으로 의사결정을 하고 집행해가는 조직으로 위원회에서 결정된 내용은 스탭의 경우처럼 조언적 성격을 띠는 것이 일반적이다.

3) 사업부제 조직

앞서 조직화의 본질에서 부문화를 설명하며, 부문화의 방법에는 기능, 제품, 지역 등의 기준을 사용할 수 있음을 알 수 있었다. 이와 같은 원리를 조직형태에 적용하여 나타난 조직이 사업부제 조직이다.

즉, 기업의 경영활동을 제품별·지역별 또는 고객별로 분화한 후, 사업부의 책임자(소위 사업본부장)에게 해당 사업부문의 모든 권한과 책임을 위양함으로써 자주적인 운영이 이루어지도록 하는 형태를 사업부제 조직이라 한다. 이러한 형태의 조직구조는 급성장전략과 다각화 전략을 추구하는 기업이나 서로 다른 별개의 제품 라인을 가진 기업에 유리하다.

그림 9-6. 사업부제 조직의 예

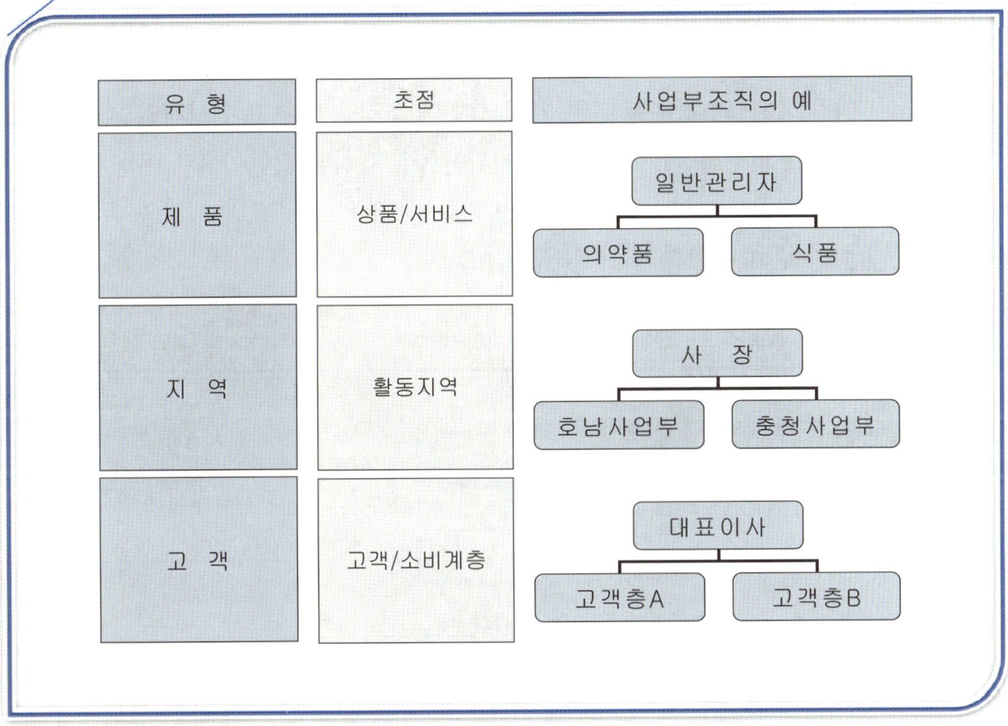

4) 프로젝트조직

프로젝트(project)조직은 하나의 명확한 조직구조로 가시화되기 보다는 기업이 직면한 특수한 여건 하에서 형성되는 일시적인 조직형태로 TF팀 (task force team)조직이라고도 한다.

기업이 직면한 특수한 여건에는

① 과업이 특수성과 복잡성을 지닐 때
② 그 문제를 해결하기 위해서 종업원들의 높은 기술이 요구될 때
③ 프로젝트의 완성일자가 엄수되어야 할 때
④ 비용의 제약이 중요한 변수로 작용할 경우 등을 들 수 있다.

예컨대, 생산라인에서 지금까지 겪어보지 못한 생소한 문제가 발생한 경우 이를 해결하기 위해 연구소직원, 기술담당자, 품질관리자, 구매담당자 등이 모여 프로젝트팀을 구성한다던가, 신제품을 개발하기 위해 연구개발부서, 생산부서, 품질관리부서, 마케팅부서 등에서 전문인력을 차출하여 구성하는 경우가 이에 해당된다.

위원회조직과는 다음과 같은 점에서 차이가 있다.

① 위원회조직의 경우는 부문 간의 협조와 조정을 이루고 전사적인 차원에서 효과적인 의사결정을 하기 위해 계획적으로 구성된 집단이므로 어느 정도 상시성을 지니는 반면, 프로젝트팀의 경우는 해당프로젝트의 해결을 위해 일시적으로 모이는 만큼 일과성을 지닌다.

그림 9-7. 프로젝트 조직

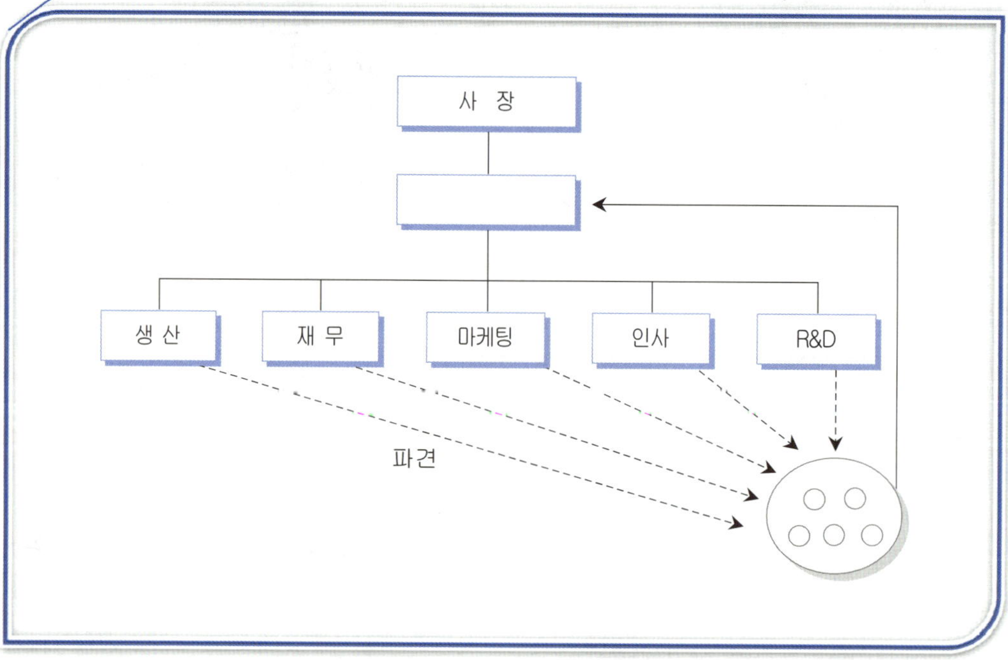

자료 : 유필화 외 4인, 전게서, p. 356.

② 위원회조직의 경우는 원래의 소속부서에서 자신이 책임진 업무를 수행하면서 당면문제를 해결하기 위해 모이지만, 프로젝트팀의 경우는 소속부서에서 완전히 벗어나 업무를 수행하다가 업무가 종료되면 소속부서로 복귀한다.

5) 행렬조직

행렬조직 또는 매트릭스(matrix) 조직은 프로젝트조직과 기능별 조직이 결합하여 생겨난 형태이다. 즉, 조직이 전문적 기술을 필요로 하고 제품라인의 혁신을 계속적으로 추구하여야만 하는 불확실한 환경 하에 있을 경우에는 각 기능활동과 제품라인을 동일한 비중 하에서 관리할 필요가 있는데, 이러한 요건 하에서 생겨난 것이 행렬조직이다. 예컨대, 한쪽에는 생산, 재무, 마케팅, 인사 등과 같은 기능별 또는 업무별 부문이 있고, 또 한쪽에는 프로젝트별 또는 지역별 부문이 있어서 이들이 바둑판처럼 엮어서 만든 조직이다.

그림 9-8. 매트릭스 조직

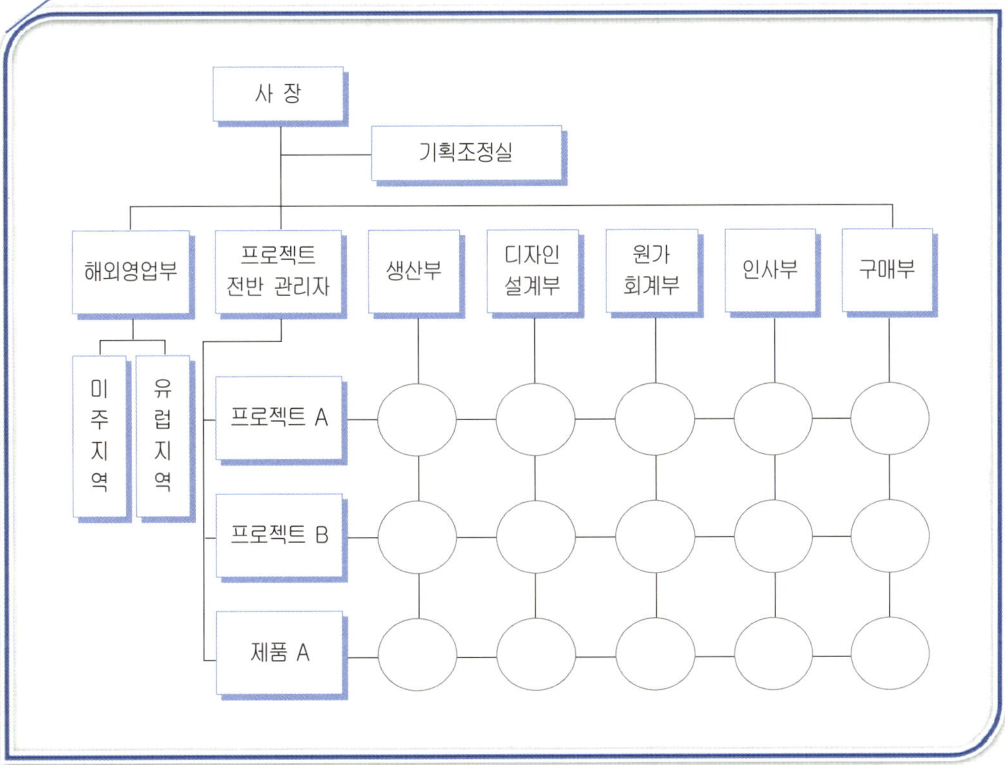

자료 : 상게서, p. 35

따라서 행렬조직은 프로젝트조직과는 달리 영구적인 조직형태이다. 행렬조직에 있어서는 기능적 조직의 장점, 즉 전문화의 이점을 유지하면서 환경변화와 소비자의 욕구에 민감히 대응할 수 있다는 장점이 있으나, 한 사람의 구성원이 프로젝트 관리자와 기능관리자 두 사람으로부터 동시에 통제 받는 결과가 되어 그에 따른 혼선이 야기될 수 있다.

4. 새로운 조직구조

시장의 다변화 및 고객수요의 다양화, 시장에서의 기업 간의 경쟁심화, 기업의 국제화 등 다양한 기업 내·외적 환경의 변화는 전통적 조직구조만으로 기업의 성장을 추구하기에 어렵게 만들고 있다. 따라서 그와 같은 다양한 조직 내·외부의 환경변화에 맞추어 경영자들은 지속적으로 새로운 조직구조를 탐색하고 변화할 필요성을 요구받고 있다. 그에 따라 수직적이고 통제중심적인 과거의 전통적인 조직구조는 오늘날 유효성이 감소하고 있으며, 시장의 상황은 기업으로 하여금 보다 수평적이고 덜 계층적이며, 보다 많은 권한위양과 보다 탄력적인 변화가 가능한 조직을 요구하고 있다. 팀 조직과 네트워크조직이 그 대표적인 예이다.

1) 팀제 조직(Team)

글로벌 경영환경 하에서는 단순한 라인 앤드 스텝(line and staff)조직을 구성하여 기업을 경영하게 되면 급격하게 변화하는 환경의 변화에 능동적이고 유연하게 대응하기 어려워진다. 이에 따라 기업들은 의사결정구조를 보다 단순하게 단축시키고 급속히 변화하는 기술혁신을 보다 신속히 수용할 수 있는 조직체계를 갖출 필요가 있다. 이러한 필요에 부응하는 가장 보편적인 조직구조 중의 하나가 팀제 조직이다.

팀제란 작업활동을 조직화 하는 하나의 수단으로 각 부서간 장벽을 허물고 의사결정을 팀 자체적으로 결정하는 권한을 가지고 업무를 팀 내에서 완성되도록 하는 책임을 전적으로 팀이 지는 체계이다.[7]

전통적인 기능조직과 팀제의 특성은 〈표 9-2〉와 같이 비교할 수 있다.

---

7) 유필화 외 4인, 전게서, p. 361.

〈표 9-2〉 기능조직과 팀 조직의 특성

구 분	기능조직	팀 조직
조직구조	• 계층적/개인	• 수평적/팀
직 무	• 단일 업무	• 전체업무, 다수업무
목 표	• 상명하달	• 자기설정
지시전달	• 상명하복, 지시, 품의	• 상호충고, 전달, 토론
보 상	• 개인주의, 연공주의	• 팀, 능력위주
책 임	• 개인책임	• 공동책임
평 가	• 조직에 대한 기여도	• 팀의 목표달성도
업무통제	• 관리자가 계획/통제	• 팀 전체의 계획/통제

전통적인 기능조직은 위와 같은 조직특성으로 인하여 숫적 과부하에 따른 문제, 업무와 인력요건의 불일치, 업무세분에 따른 과업불균형, 부문 간 지역주의발생, 부문 간 담당과업 불균형, 조직운영의 경직성, 인재의 효율적 활용상의 한계 등과 같은 문제점들이 나타나기도 한다.

따라서 그와 같은 문제를 해결하고 조직을 보다 역동적이고 과업 중심적으로 설계함으로써 탄력적인 조직운영을 꾀하는 조직구조가 팀제 조직이다. 팀 조직 하에서는 [그림 9-3]과 같이 직계식으로 서열화 되어 있던 조직구조가 팀장을 중심으로 수평적 조직으로 전환되며, 명확하게 개개인에게 주어진 업무의 범위 또한 팀으로 확산되어지는 특징을 지니게 된다. 팀장은 팀의 대표자이자 팀의 지원자, 팀의 책임자로서 업무의 분배, 역할배분, 인사권과 결재권을 지니고 팀원의 육성 및 평가의 역할을 수행하는 반면, 팀원은 팀 내의 전문가, 팀의 활력소, 팀 내 실무자로서 스스로 목표를 설정하고 할당된 과업의 수행하며 자신의 능력개발과 업무상의 권한행사의 역할을 수행하게 된다.

팀제 조직은 다음과 같은 장점이 있다.

첫째, 팀 구성원에 대한 동기부여가 잘 되며, 신속한 의사결정을 할 수 있다.
둘째, 업무결과와 성과에 대한 평가가 쉽다.
셋째, 업무추진에 있어 부서간의 장벽을 없앨 수 있다.

한편, 팀 조직에는 업무단위형 팀조직과 프로젝트형 팀조직이 있다.

업무단위형 팀조직은 업무를 일정한 기준으로 세분화 하여 작은 단위를 하나의 팀으로 형성하는 것을 의미한다. 이러한 업무단위형 팀조직은 사업부제 조직 내에서 작은 단위로 형성되어 지속적으로 운영되어 나가는 것이 일반적이다.

이에 비하여 프로젝트형팀 조직은 테스크포스 조직이라고도 불리는데, 어떤 구체적인 사업을 다루기 위해 만들어져 운영되다가 그 문제가 해결되면 임무가 완수되어 해체되어 본래의 조직으로 환원되는 조직을 말한다.

2) 네트워크조직

최근에는 디지털 경영환경의 출현과 인터넷망의 급속한 확산으로 인하여 망형태의 조직구조가 나타나고 있다. 급변하는 경쟁환경으로 그 동안 비대해진 조직구조로는 더 이상 경쟁환경을 극복하기 쉽지 않게 됨에 따라 조직을 슬림화 시켜 유연하게 경영황경에 대처하기 위해 아웃소싱한다던가 전략적 제휴를 하는데 필요한 조직형태가 바로 네트워크조직이다. 이러한 네트워크조직은 조직의 경계가 약하기 때문에 환경변화에 유연하게 적응할 수 있는 무경계 조직구조라고 볼 수 있으며 개방형시스템의 성격을 갖는다.

[그림 9-9]는 네트워크조직의 사례를 보여주고 있다. 그림에 나타난 조직의 경우 인터넷이나 우편주문에 의해 가구를 판매하고 있다. 본사에는 소수의 상시근로자만 근무하며, 이들은 고객들로부터 주문을 받아 처리하는 업무만을 담당한다. 가구

그림 9-9. 네트워크조직의 예

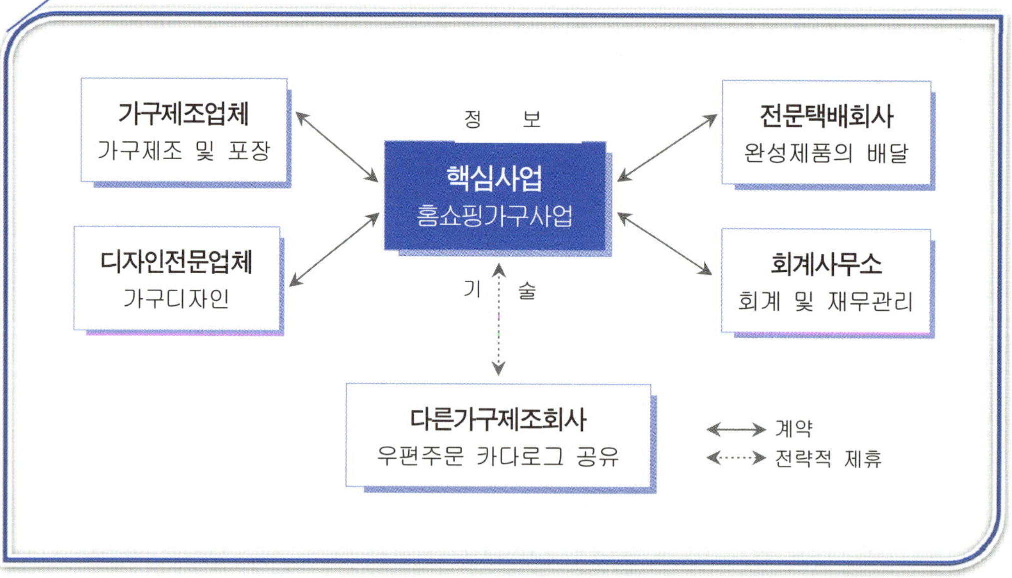

디자인과 관련된 부분은 디자인전문회사와 컴퓨터 네트워킹을 통하여 연결되어 있으며, 제품의 생산과 포장 또한 아웃소싱을 통하여 이루어지고, 생산된 제품의 배달 또는 전문택배회사를 통해 이루어진다. 심지어 회계처리와 재무관리 또한 보다 기술적 전문성을 지니고 있는 기업외부의 회계사무소를 통해 이루어지며, 제품 카달로그의 경우 다른 종류의 가구를 판매하는 가구회사와의 전략적 제휴를 통해 디자인되고 인쇄되어 고객에게 배포되어지고 있다.

제5절 조직변화와 조직개발

1. 조직변화

일단 하나의 조직구조를 채택하였다고 해서 그러한 조직구조가 영원히 지속될 수는 없다. 현재의 시점에서 가장 적합한 것으로 보이는 조직구조도 앞서 살펴본 것과 같이 조직구조 형성에 영향을 미치는 다양한 요인에 의해 끊임없이 변화되어 나간다. 최근 수년간 우리나라 기업에 유행처럼 변화했던 다운사이징, 네트워크조직, 팀제조직 등은 조직은 환경변화에 맞추어 가장 조직유효성을 높일 수 있는 방향으로 지속적으로 변화한다는 것을 보여주고 있다.

그러나 다른 조직에서 채택한 조직구조가 상당한 효과를 지니고 있다고 하여 그와 같은 형태가 자사의 조직에도 동일한 효과를 제공할 것이라고 확언하기는 어렵다. 유사업종이라 할지라도 시장에서의 위치, 조직의 규모, 채택한 전략 등에 따라 조직구조는 달라질 수 있다. 또한 새로운 조직구조를 추진할 경우 이미 기존의 조직구조 하에서 안정을 누리던 조직구성원들의 반발로부터, 기존에 잘 연결되던 내부조직들을 일시에 파괴하지 않으면 안될 수도 있다. 수년 전 우리나라의 대기업 총수는 "마누라를 빼고는 다 바꾸어야 한다."며 변화의 중요성을 강조한 바 있다.

따라서 어차피 환경변화에 따라 조직의 구조 자체도 탄력성을 지녀야 한다면, 문제는 그러한 조직변화가 부작용을 최대한으로 억제하면서 기대효과를 극대화 시킬 수 있도록 계획적인 조직변화가 이루어져야 할 것이다. 그러나 현실적으로 보았을 때 조직변화가 이론처럼 계획적으로, 민첩하게 이루어지는 경우를 발견하기는 매우 어렵다. 즉, 환경 및 전략의 변화가 있은 후 한참 뒤에야 어쩔 수 없이 변화하지 않으면 안될 시점에 와서야 변화가 이루어지는 경우가 많다. 이러한 상황에 이르러서 이루어지는 조직변화는 부분적이고 점진적이라기보다는 급진적이고 대폭적인 성격을 띠게 되는데, 이러한 현상을 조직변화에 대한 양자론적 관점(Quantum View)라고 한다.

이와 같이 조직변화는 매우 복잡한 경영현상일 수밖에 없다. 따라서 경영자는 그야말로 마술과 같이 계획화 된 방향으로 조직변화를 추구하고 그와 같은 과정에서 조직구성원들의 저항을 최소화 시키기 위해서는 효과적인 조직변화의 단계를 인식할 필요가 있다.

1) 조직변화과정의 단계

(1) 루윈의 모형

유명한 조직이론가인 루윈(Kurt Lewin)은 모든 조직변화에 대한 긍정적인 행동을 조성하는데 있어서 조직개발은 다음의 세 가지의 단계를 필요로 한다고 주장했다.

첫 번째 단계는 해빙(unfreezing)의 단계이다. 이는 변화에 대한 필요성을 명확히 하여 조직구성원들로 하여금 변화를 인식·수용토록 하는 단계이다.

두 번째 단계는 변화 그 자체의 단계이다. 이는 숙련된 변화담당자가 동일화와 내면화의 과정을 통하여 새로운 가치·태도·행동을 형성시키는 단계이다. 이 단계에서 조직구성원은 변화담당자의 가치·태도·행동을 받아들이고 내면화 함으로써 자신의 성과와 유효성을 높일 수 있다.

세 번째 단계는 새로운 행동을 재동결 또는 강화(reinforcing)하는 단계이다. 이는 새로운 행동양상을 지지 또는 강화체계에 의해 동결하여 새로운 규범으로 정착시키는 단계이다. 즉, 일정한 시간이 지난 후에도 과거의 행동양상으로 되돌아가지 못하도록 하여 새로운 행동양상에 안정성을 부여할 수 있다.

(2) 포괄적 접근모형

조직변화에 대한 포괄적 접근모형에서는 시스템적인 관점에서 성공적인 변화를 이끌 수 있는 특정한 단계들을 체계적으로 제시한다. [그림 9-10]에서는 그와 같은 관점에서 확장된 모형을 보여주고 있다.

그림 9-10. 변화에 대한 포괄적 접근모형

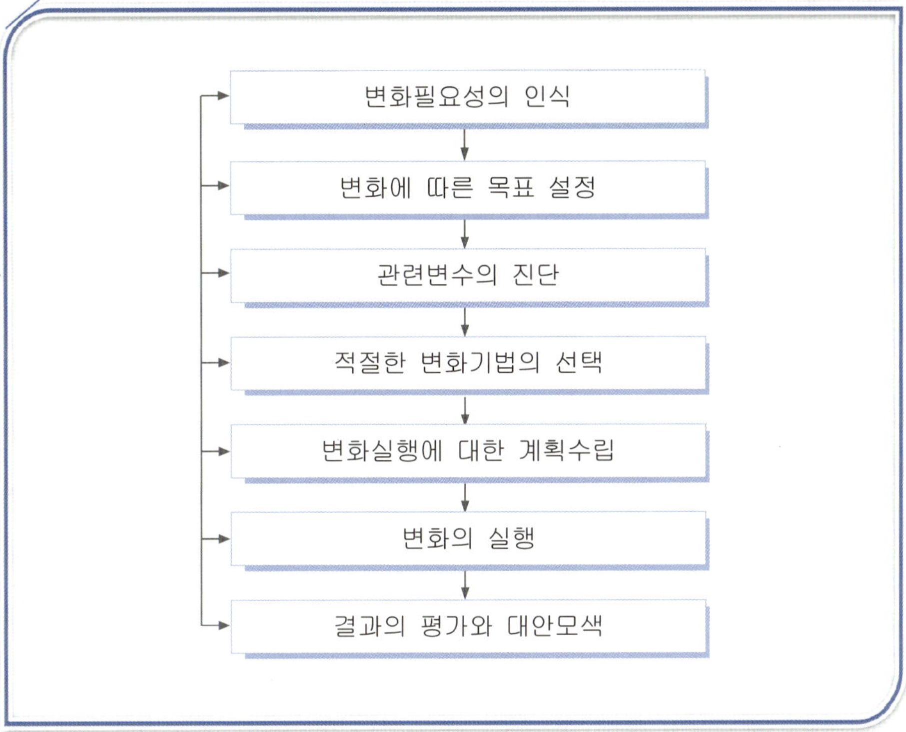

첫 번째 단계는 변화의 필요성을 인식하는 단계이다. 변화의 필요성은 종업원의 불평과 불만, 생산성의 감소, 종업원들의 이직, 판매감소, 노사분규 등 다양한 요인에 의해 인식될 수 있다.

두 번째 단계는 일단 변화의 필요성이 인식되면 경영자는 변화에 따른 목표를 구체화할 수 있어야 한다. 예를 들어 시장점유율의 확대, 새로운 시장에의 성공적 진입, 종업원들의 도덕성회복, 노사갈등의 종식, 새로운 투자기회의 인식 등과 같은 것들은 모두 그와 같은 목표가 된다.

세 번째의 과정은 변화의 필요성을 야기한 근본적인 원인이 무엇인지 진단하는 것이다. 예컨대, 종업원들의 이직은 낮은 임금, 열악한 근무환경, 상사와의 갈등, 종업원들의 불만족 등에 기인할 수 있다. 따라서 종업원들의 이직이 조직변화의 필요성을 가져왔지만, 경영자들은 올바른 변화를 위해서는 근본적인 원인을 이해하여야 한다.

네 번째의 단계는 의도한 목표를 달성할 수 있는 변화기법을 선택하는 것이다.

만약 종업원들의 이직이 낮은 임금에 의한 것이라면, 새로운 보상시스템이 요구될 것이며, 상사와의 갈등이 문제라면 다양한 대인관계개선기법이 선택될 수 있다.

다섯 번째 단계에서는 적절한 기법이 선택되면 그에 대한 실행계획이 수립되어져야 한다. 그와 같은 과정에서는 종업원들의 참여수준을 어느 정도로 할 것인지, 기간은 어느 정도로 할 것인지, 비용은 어느 정도 소요되는지를 명확히 하여야 한다.

마지막으로 변화가 계획과 같이 실행되면 그 결과 또한 평가되어야 한다. 예를 들어 조직변화가 종업원들의 이직감소를 가져오기를 기대하였다면, 경영자들은 그에 따른 효과가 어느 정도나 되는지를 분명히 검토할 수 있어야 하며, 만약 기대한 성과가 나타나지 않고 종업원들의 이직이 여전히 높게 나타난다면 또 다른 변화를 추구하여야 할 것이다.

2) 변화에 대한 저항과 관리

조직변화는 환경의 발전적 요인에 의한 변화이거나 또는 상황의 악화로 인한 변화이건 간에, 이를 추진하는 과정에서 조직구성원으로부터 많은 저항을 받을 수 있다. 따라서 조직에서 요구하는 변화가 계획한데로 효율적으로 이루어지지 못하는 경우가 많이 있는데, 일반적으로 변화라는 것은 조직구성원의 안정된 직무와 지위 및 환경을 위협하는 요소로 지각됨으로써 흔히 그들의 저항을 유발하게 된다. 그 내용을 구체적으로 살펴보면 다음과 같다.

(1) 불안

어떠한 사람이든 일단 특정한 환경상황에서 오랫동안 안주하게 되면 편안함을 느끼는 것은 당연하다. 따라서 그에게 갑작스런 변화의 흐름이 닥치게 되면 안정감을 잃게 되고 불확실성의 증가에 대해 효과적으로 대처하기 어렵게 된다.

(2) 사회적 손실

조직변화에 따른 저항은 사회적 손실의 가능성에서도 찾아볼 수 있다. 특히 강한 권한을 소유하였거나 비공식집단의 경우에는 변화에 따른 집단구성원의 이동으로 인하여 집단응집력이 약화될 수 있으며, 집단구성원이 조직사회 내에서 차지하고 있는 위치를 붕괴시키게 되고, 하위에 있던 사람이 갑작스럽게 상당한 권력을 지니게 되는 등 여러 요인으로 인하여 그 때까지 유지되어 오던 사회적 질서를 와

해시키는 결과를 야기하게 된다.

(3) 경제적 손실

경제적 손실에 대한 불안은 기술적 환경에 따른 조직의 변화과정에서 쉽게 찾아 볼 수 있다. 조직에서는 기술적 환경의 변화에 따른 순수한 적응의 방향에서 조직 구조의 개편과 인사이동을 실시함에도 그러한 변화는 조직구성원에게 잠재적 고용 불안감을 느끼도록 할 수 있다.

(4) 기존 시스템 변화에서 오는 불안감

어떠한 변화이든 그러한 변화는 지금까지 수행해오던 작업방법이나 형태의 변화를 극복하기 마련이다. 새로운 기술이나 기계의 도입은 조직구성원들로 하여금 새로운 직업정보나 기술을 학습하고 이를 위해서 정신적・육체적 에너지의 투입이 요구되는 것은 당연하다. 따라서 지금까지 습관적으로 자신의 업무를 처리해오던 사람도 그러한 요구에 적응하기 위해서는 상당한 어려움을 지니게 되고 이는 불편한 태도의 표현으로 나타나게 된다.

(5) 통제에 대한 불안

환경변화에 따른 조직변화는 우선적으로 조직구성원의 역량을 그러한 적응과정에 몰입하도록 요구함으로써 개인의 독립성과 영향력을 감소시키게 된다. 따라서 이러한 상황은 조직구성원으로 하여금 자신이 조직이 요구하는 데로 따라갈 수밖에 없는 통제상황이 되는데 따르는 불만을 지니게 하고 그에 대한 저항은 비순응적 태도로 나타난다.

(6) 노조의 반대

환경 및 조직적 변화로부터 발생하는 위협적 요소들은 노조의 상대적인 영향력을 상당부분 축소시켜 왔다. 특히 기업이 원가의 효율을 강조함에 따라 노조는 자신들의 필요성을 정당화 시켜야 한다는 압박감을 강하게 느끼게 된다. 따라서 노동조합의 생존을 위해서는 노조가 노조구성원들과 기업에 노조 및 기업목표 양자를 달성하는데 영향력을 지니고 있음을 보여주어야 하는데, 이러한 상황에서 조직변화에 대한 참요는 그러한 과정에 그들 자신들을 위한 역할을 만들어낼 수 있는 기반을 마련하도록 한다.

3) 저항의 관리

앞서 조직변화에 따르는 저항의 형태를 몇 가지 유형으로 구분하여 살펴보았다. 이러한 저항에도 불구하고 조직변화는 환경적응과 조직생존을 위하여 반드시 이루어져야 한다. 따라서 그러한 저항을 어떻게 효과적으로 관리할 수 있는가 하는 점은 경영자의 중요한 역할중의 하나이다.

조직변화에 대한 저항을 관리하는 방법에는 다음과 같은 것이 있다.

① 변화에 대한 교육을 실시하고 활발한 의사소통과 참여를 통하여 변화의 필요성을 인식시킨다.
② 변화담당자는 변화대상자에게 계획을 설명하고 변화과정에 이들을 참여시킴으로써 변화에 대한 저항을 미리 예방한다.
③ 변화과정을 쉽게 하고 변화대상자들을 훈련을 통해 지원한다.
④ 변화대상자들에게 사전에 변화에 대하여 협상을 하고 동의를 구한다.
⑤ 변화에 대해 저항하지 못하도록 조작을 실시한다.
⑥ 명시적이거나 암시적인 위협을 가함으로써 강제로 변화계획에 따르도록 한다.

2. 조직개발

1) 조직개발의 의의

조직개발은 행동과학적 지식을 이용하여 조직문화를 보다 효과적으로 진단하고 관리함으로써 조직의 문제해결능력을 향상시키기 위한 최고경영자에 의해 지지된 전체적이며 장기적인 노력이다.[8]앞서 살펴본 조직변화부분을 살펴볼 경우 조직변화가 얼마나 어렵고 복잡한 과정인가를 알 수 있다. 따라서 기업은 조직변화를 하지 않으면 안되는 실질적 문제에 직면해서야 이를 서두르기보다는, 평소에 조직자체의 분위기를 유기적 존재로 준비시켜 놓음으로써 환경변화에 대해서 탄력적으로 대응할 수 있도록 할 필요가 있는데 이를 위해 이루어지는 과정이 조직개발이다.

한편 비어(Michael Beer)는 조직개발을

8) 김영규, 전게서, 박영사, 1996, p. 245.

① 조직구조, 과정, 사람들, 그리고 문화 사이의 조화를 증진시키고
② 새롭고 창조적인 조직적 해결방법을 개발시키고
③ 조직의 자기혁신능력의 개발을 목표로 하는 자료수집, 문제의 진단, 활동계획, 평가에 이르는 광범위한 시스템과정이라고 정의하고 있다.[9)]

전형적으로 조직개발은 행동과학이론과 연구조사, 그리고 여러 기술 등을 이용하고 있고, 조직구성원과 변화담당자들의 공동노력을 통해 발생한다.

그리고 조직개발은 조직을 개발시킴으로써 조직의 건강을 유지하도록 하기 위하여 심리학, 사회학, 인류학, 사회심리학 등과 같은 여러 행동과학의 개념을 방법론을 이용하려는 시도라 할 수 있다. 또한 그 이름이 의미하듯이 조직개발은 전체조직의 성장 및 개발과 관련이 있다. 오늘날 끊임없이 일어나고 있는 광범위한 사회적·기술적 변화에 대처하기 위해 조직들은 지속적으로 현재 조직이 처해있는 상황, 조직의 목표, 그 목표에 도달하는 방법을 재평가하도록 요구받고 있다.

조직개발에 관한 이론과 실천에서는 몇 가지의 매우 중요한 가정을 전제로 하고 있다.

첫째, 조직구성원들은 성장하고 능력을 개발하고자 하는 욕구를 지니고 있으며
둘째, 조직구성원들은 조직 내의 타인들에 의해 중요한 존재로 받아들여지고자 하는 강한 욕구를 지니고 있다는 점이다.

따라서 조직의 변화를 다루는 경영자들은

① 의식적으로 변화의 필요성을 언급하고
② 성과기준과 개선에 대한 우선권을 확립하기 위한 명확한 과정과 절차를 개발하며
③ 그 조직에 관련된 자료를 수집하고
④ 체계적이고 적절한 피드백을 촉진시킴으로써
⑤ 변화과정에서 참여자들에 대한 적절한 인센티브를 고안하고 실행할 수 있어야 한다.

9) Michael Beer, "The Technology of Organization Developement", in Marvin D. Dunnette, ed., Handbook of Industrial and Organizational Psychology(Rand McNally, 1976.

2) 조직개발의 기법

조직구성원들의 성과와 대인관계, 팀들의 성과와 팀 간의 관계, 그리고 조직 전체의 유효성을 향상시키기 위하여 변화담당자는 조직개발의 기법들을 활용해야 하는데, 조직개발을 위한 대표적인 기법으로는 다음과 같은 것들이 있다.

(1) 진단활동

의사들이 환자의 현재의 상태를 진단하는 것과 마찬가지로, 조직개발을 위한 진단활동은 조직의 현 상태를 진단하는 것을 의미한다. 이와 같은 진단활동을 위하여 경영자들은 설문지, 의견 및 태도조사, 면접, 관찰 등의 기법을 통하여 조직의 다양한 특성들을 평가할 수 있다.

(2) 팀 구축

팀 구축은 가장 보편적으로 활용되는 조직개발기법으로 조직 내의 다양한 작업집단을 개선하고 그 유효성을 증대시키는데 목적이 있다. 즉, 조직의 공식적인 업무를 수행하는 작업집단의 구성원들이 협조적인 관계를 형성하고 임무수행의 효율화를 도모할 수 있도록 하려는 것이 팀 구축법의 목표이다. 팀 구축은 팀웍을 개선하는 방법에 초점을 둔 것으로 일정의 실험실훈련의 변형된 형태이다.

팀 구축의 장점은 전통적인 팀웍의 장점과 유사하다. 즉, 이 과정은 개방적이고 참여적인 분위기 하에서 팀 노력을 창출할 수 있다. 또 의사소통과 문제해결이 개선될 수 있으며, 개별구성원들은 심리적인 성장을 경험하고 인간관계기술을 개선시킬 수 있다.

(3) 조사피드백

조사피드백에서는 각각의 종업원들은 직무만족과 감독스타일과 같은 부분에 대한 지각이나 태도를 측정하고자 고안된 설문지에 응답하고 그 결과를 피드백 받는다. 피드백대상에는 상사 또는 물론 포함된다. 이를 통하여 상사는 자신의 부하들이 자신을 어떻게 바라보는지를 알 수 있게 됨으로써 자신의 행동을 변화시킬 수 있는 기회를 가질 수 있다. 피드백이 이루어진 후에는 결과를 평가하고 건설적인 변화를 제시할 수 있는 집담회 등이 이루어지기도 한다.

(4) 3자조정법

3자조정법(third-party peacemaking)의 목적은 갈등과정을 조사하고 갈등의 원인을 진단하며 제3자의 조정을 통하여 갈등을 해결하도록 도와주는데 있다. 3자조정법은 개인뿐만 아니라 집단 또는 조직에도 적용될 수 있다.

(5) 과정상담법

과정상담법(process consultation techniques)은 외부관리자의 도움으로 집단 내 부서나 집단 간에 발생하는 과정을 개선하려는 기법이다. 과정상담자는 현대조직들이 당면하고 있는 문제들을 진단하고 해결하는데 있어서 큰 도움이 될 수 있다는 것이 이 기법의 주요 가정이다. 과정상담자는 정상적인 작업의 흐름, 회합의 진행, 집단성원 사이의 공식적 · 비공식적인 접촉에서 발생하는 다양한 인간활동과 같은 과정을 주로 관심을 갖고 있다. 구체적으로는 의사전달, 집단구성원의 기능적 역할, 집단적 의사결정과 문제해결, 집단규범과 성장, 리더십과 권한, 집단 간 과정과 같은 부분이 있다.

(6) 감수성훈련

감수성훈련(sensitivity training)은 조직개발기법으로 자주 활용되는 방법으로 T그룹훈련이라고도 한다. 이 훈련은 서로 알지 못하는 수십 명의 참가자들을 모든 관계집단에서 분리시켜 소위 '문화의 고도(孤島)'라고 하는 사회적 고립조건 하에서 여러 주 동안 생활하도록 함으로써 그 동안 자기가 타인에게 어떠한 영향을 미치고 있으며, 또 자기가 타인으로부터 어떻게 인지되고 있는가? 등을 감지하는 능력을 개발시키는데 중점을 둔 훈련방법이다.

(7) 코칭과 카운셀링

코칭(coaching)과 카운슬링(counseling)은 개개인에게 비평가적인 피드백을 제공한다. 즉, 코칭과 카운셀링 기법의 목적은 타인들이 자신을 어떻게 바라보는지에 대한 보다 나은 감각을 개발하고 자신들의 작업관련 목표를 달성하기 위하여 타인들을 도와줄 수 있는 행동을 개발하는데 있다. 따라서 이 기법은 현재의 시점보다는 미래시점에서의 성과를 향상시키는데 초점이 있다.

제10장 지　　휘

제1절 동기부여 _ 299
제2절 권　력 _ 316
제3절 리더십(Leadership : 지휘력, 지도력, 통솔력) _ 322
제4절 임파워먼트 _ 345

제10장 지 휘

지휘는 기업(경영)의 목적과 목표를 달성하기 위해 주어진 상황에서 조직 구성원들을 동기부여 시켜 실제로 성과를 달성하도록 영향을 미치는 과정 내지 활동을 말한다. 본장에서는 동기부여와 리더십(통솔력)에 대해 살펴보도록 한다.

제1절 동기부여

1. 동기부여의 의의와 과정

1) 동기부여의 의의

인간의 행동이 왜 일어나는지에 대한 이해는 인간의 본성이 무엇인가에 대한 이해와 함께 조직관리자가 이해하여야 할 가장 중요한 과제 중의 하나라 할 수 있다. 행동이란 일반적으로 목표지향적이어서 무의식적으로 발생하는 몸동작에서부터 조직 내에서 조직구성원이 행하는 모든 행동은 그 목표와 동기가 있기 마련이다. 즉, 인간은 대부분 무엇인가 달성하고자 하는 욕구(needs)에 의해서 동기가 유발되고 그것을 해소하지 못할 경우 심리적 긴장이 나타나기 때문에 일정한 욕구해소를 위한 행동을 통해 욕구를 해소하고 목표를 달성하고자 하는 것이 일반적으로 받아들여지고 있다.

우리는 주변에서 자녀들이 공부하도록 하기 위해 부모들이 다양한 시도를 하는 것을 쉽게 발견할 수 있다. 그와 같은 시도에는 칭찬이나 선물 사주기 등과 같은 긍정적 강화부터 시작하여 심지어 체벌까지 동원된다. 그러나 누구나 동의하는 것과 같이 가장 중요한 것은 자기 자신이 필요성을 느끼는 것, 즉 스스로 공부를 해야 한다는 욕구가 발생하는 것이 학습의 성과를 높이고 지속력을 지니도록 하는 중요한 선행요인이다. 고시공부를 하는 사람 가운데 부모님이 해라해서 하는 사람은 거의 없다.

이러한 상황은 기업조직에 있어서도 마찬가지이다. 기업에 있어서도 물질적 보상을 제공한다거나 정신적 체벌을 가한다고 해서 그 사람이 조직의 목표에 공헌할 수 있는 행동을 지속적으로 발휘하리라고 보기는 어렵다.

따라서 조직목표에 공헌하기 위한 자발적인 노력이 중요하며, 경영자는 이를 사방전후에서 밀어주고 끌어주기 위한 적절한 조치를 취하여야 하는데, 이를 동기부여(動機附與, motivation)라 한다.

동기란 개인의 행동을 어떤 목적을 위한 방향으로 작동시키는 내적 심리상태를 말한다. 따라서 동기부여(또는 동기유발)란 구성원들이 조직의 목적달성을 위해 적극적으로 일을 하고자 하는 의욕을 적극적이며 지속적으로 북돋우는 경영자(관리자)의 노력 및 활동이라고 할 수 있다.

동기부여의 중요성을 언급하는데 있어 성과는 다음과 같이 공식화 되어진다.

$$\text{성과} = f(\text{능력} \times \text{동기부여})$$

능력은 목표와 관련된 과업을 수행할 수 있는 종업원의 능력을 의미한다. 따라서 이와 같은 공식에 따를 경우 만약 종업원들의 능력이 부족하다면 높은 성과를 기대하기는 어려울 것이다. 그러나 종업원이 매우 유능하다 할지라도 성과를 이끌기 위해서는 종업원이 높은 수준의 성과를 달성하기를 기대하여야만 할 것이다. 즉, 높은 수준의 동기부여가 요구되는 것이다.

2) 동기부여의 과정

동기부여 과정은 [그림 10-1]과 같이 종업원의 욕구를 인식하는 것으로부터 시작된다.

그림 10-1. 동기부여 과정상의 핵심단계

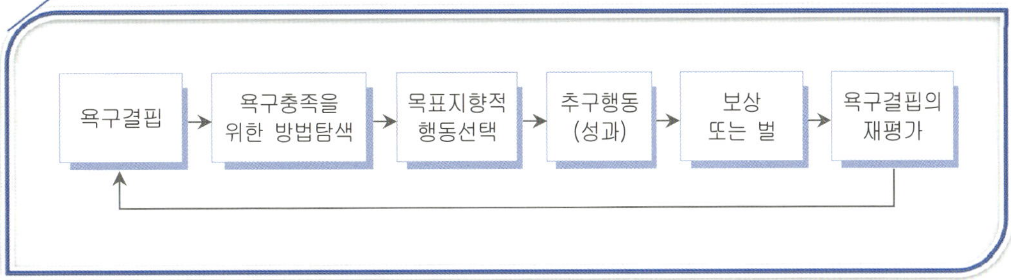

자료 : J. L. Gibson, J. M. Ivancevich and J. H. Donelly, Jr., Organizations: Behavior, Structure, Process, 4th ed.(Plano, Texas: Business Publications Inc., 1982), p. 80. 김종재 외 3인, 전게서, p. 220.

욕구는 어느 한 사람이 특정한 시점에 경험하고 있는 결핍감(또는 불균형상태)을 의미한다. 그와 같은 결핍감은 심리적인 것일 수도, 육체적인 것일 수도 있으며, 사회적인 것일 수도 있다. 따라서 앞서 제시한 것과 같이 그와 같은 욕구는 개인의 심리적인 긴장을 야기하며, 사람들은 그와 같은 긴장을 해소하기 위한 노력을 시도하게 된다.

동기부여는 목표지향적이다. 목표는 개인이 확보하고자 하는 특정한 결과로서 종업원들의 목표는 추진력이 되고 목표달성을 통하여 욕구는 현저히 감소될 수 있다. 따라서 종업원들은 자신들의 목표를 달성하기 위한 행동을 추구하며 이를 통하여 자신이 기대하는 바람직한 보상을 얻을 수 있으며, 심리적 긴장과 욕구 미충족이 해소된다. 또한 일단 종업원들이 어떠한 형태로든 보상을 받았을 때 그들은 자신들의 욕구를 재평가하게 된다.

경영자가 동기를 부여하는데 있어 제일 먼저 종업원의 욕구를 파악해야 하는데 이와 같은 욕구는 종업원들이 의식을 하고 있는 것이 대부분이지만 의식을 못하고 잠재되어 있는 것들도 있다. 잠재적 욕구는 평생가도 죽을 때까지 표출되지 않고 사라질 수도 있지만 유능한 경영자나 관리자는 필요하다면 잠재적 욕구까지도 자극하여 종업원을 동기부여 시킨다. 이것은 소비자들의 소비욕구를 의도적으로 자극하여 매출을 증대시키는 전략과도 같다. 더불어 이런 현상은 우리들이 신바람 난다라고 표현하는 그런 상태가 된다.

3) 동기부여의 요인[1)]

종업원의 주요 동기부여 요인을 열거하면 다음과 같다.

(1) 경제적 요인

바람직한 급여의 제공(good pay)

(2) 관심을 끄어 주는 인간적 요인

훌륭한 동료관계와 상하관계에 기초한 효과적 사회관계 유지

(3) 흥미있는 직업

보람을 느낄 수 있고 흥미로운 직무(interesting work) 여건의 조성

(4) 자주적인 근로분위기의 조성

참여경영으로 부하들의 자주성을 길러주는 경영시스템의 확보

(5) 명예, 위신, 개인적인 권력을 행사할 기회

개인적 성장을 도모해 주는 지도자십 전개

(6) 성취와 인정

성취욕구를 조장시켜줄 수 있는 경영체제의 도입

(7) 소망스러운 작업조건

작업환경 조건개선과 경영생태 여건조성

2. 동기부여에 대한 이론

동기부여에 대한 이론은 그 발달과정을 중심으로 크게 내용이론과 과정이론, 그리고 강화이론으로 구분할 수 있다.

---

1) 김석회, 전게서, 2005, pp. 405~406.

내용이론은 주로 인간을 동기부여시키는 것이 무엇인가에 대해 관심을 지니고 있는 반면, 과정이론에서는 동기부여의 과정을 분석하고 동기부여에 영향을 미치는 여러 변수 간의 상호관계의 분석에 관심을 갖는다. 그리고 강화이론은 개인을 행동을 그의 결과로 설명하는 이론이다.

1) 동기부여에 대한 내용이론

동기부여의 내용이론에서는 어떠한 요인이 인간의 행동을 불러일으키고, 유지시키며, 또 행동을 하지 않게 하는지에 대한 초점을 두고 있다. 대표적인 이론으로는 매슬로우(A. H. Maslow)의 욕구 5단계설, 앨더퍼(C. P. Alderfer)의 ERG이론, 허즈버그(F. Herzberg)의 2요인이론(two factor theory), 맥클리랜드(D. C. McClelland)의 성취동기이론(achievement motivation theory) 등이 있다.

(1) 매슬로우의 욕구단계이론(needs hierarchy theory)

미국의 심리학자 매슬로우(Abraham H. Maslow, 1908~1970)는 인간의 욕구에 관한 연구를 통해 인간관계를 설명하고 있는데 그는 욕구란 인간이 충족하고 싶어하는 생리학적이고 심리학적인 결핍이고 따라서 욕구는 인간의 작업태도와 행동에 영향을 미친다고 하였다.

또 매슬로우는 인간의 욕구를 5단계로 분류하고, 욕구는 순차적으로 가장 저차원적 욕구로부터 가장 고차원적 욕구로 서열화 되어 있으며 이전 단계의 욕구가 충족되어야만 그 다음 단계의 욕구가 의식을 지배하여 동기유발을 하게 된다고 주장한다. 더 나아가 인간의 이러한 욕구만족 순서는 변할 수 있으며 경우에 따라서는 좀 더 높은 목표를 충족시키려고 기본적 욕구까지도 무시될 수 있고, 또한 욕구의 출현과 소멸은 결핍과 충족의 과정을 통해 나타나고 "결핍된 욕구는 개인의 의식을 지배한다."라고 설명하고 있다.

욕구 5단계의 내용

욕구 5단계는 결핍욕구(생리적욕구, 안전욕구, 사회적욕구)과 성장욕구(존경욕구, 자아실현욕구)로 구분된다. 이 중에서 자아실현욕구는 결핍과 충족의 원리로서는 설명될 수 없으며, 자아실현욕구는 만족하면 할수록 그 강도가 더욱 커지게 된다. 따라서 자아실현욕구의 완전한 만족은 없다는 것이다.

① **생리적 욕구**(physiological needs)

생리적 욕구는 삶 그 자체를 유지하기 위한 기초적인 인간의 욕구이다. 따라서 이는 가장 저차원적인 욕구로 호흡 · 의 · 식 · 주 · 휴식 · 성욕 · 배설 등이 여기에 속한다.

② **안전의 욕구**(safety and security needs)

안전의 욕구는 외부의 물리적 위협이나 위험과 심리적 공포로부터 탈피하거나 보호를 받고자 하는 욕구를 말한다.

③ **사회적 욕구**(social needs)

사회적 욕구는 소속감과 애정욕구(belongingingness and love needs)라고도 하는데, 다른 사람과 사랑을 나누고 우정을 나누며 또 다른 사림들과 함께 어울려서 생활하고 싶어 하는 욕구를 말한다.

④ **자존의 욕구**(ego and esteem needs)

자존의 욕구는 타인으로부터 존경을 받고 싶어 하는 고차원적인 욕구로서 자존심과 성취욕, 능력욕, 독립욕, 명예욕 등을 말한다. 자존의 욕구는 결핍시 신경과민 · 무기력 · 열등감 등에 빠진다고 한다.

⑤ **자아실현의 욕구**(self-actualization needs)

자아실현의 욕구는 가장 고차원적인 욕구로 개인의 잠재능력을 최대한 실현한다거나 개인이 도덕이나 윤리을 바탕으로 지고지상한 목적이나 목표를 설정하여 이를 달성함으로서 인간으로 태어나서 느끼는 뿌듯한 자부감이나 성취감을 얻고자 하는 욕구를 말한다. 매슬로우는 자아실현의 욕구를 "인간이 될 수 있는 가능한 모든 것이 되어 보려는 욕망"으로 정의하였다.

인간관계적 사고와 동일하게 매슬로우의 욕구단계이론은 경영자들이 조직구성원들의 욕구를 만족시켜 줌으로써 보다 나은 생산성을 달성할 수 있음을 암시하고 있다.

(2) 맥그리거의 X · Y이론

1960년 맥그리거(Douglas M. McGregor, 1906~1964)는 호손연구와 매슬로우의 욕구단계이론을 기반으로 하여 새로운 이론을 전개하였다. 맥그리거는 경영자들이 인간에 대하여 지니고 있는 가정을 두 가지 범주로 나누어 X이론적 인간관과 Y이론적 인간관으로 구분하고 있다.

X이론적 인간관은 인간의 부정적 측면을 강조하는 이론이다. 인간들은 일하는 것을 싫어하며, 야망이 없고, 책임지기를 싫어하며, 변화에 저항하고, 통제받기를 좋아한다는 가정을 통해 조직의 요구에 인간을 얽매어 놓는 전통적 경영이념으로 규정짓고 있다. 따라서 X이론은 대부분 관리자들이 명령체계에 의해 관리를 하고, 저차원적 욕구충족에 의한 동기유발을 통해 인간을 움직이게 된다는 것이다.

반면 Y이론적 인간관은 인간의 긍정적 측면을 강조하는 이론이다. 인간들은 조건만 주어지면 기꺼이 일을 즐기면서 할 수 있고, 자율적이며 창의적이고, 자기통제(self-control)와 자기감독(self-direction)이 가능하며, 자기가 수행한 업무에 책임감을 가지려 한다. 이는 인간을 수동적인 존재보다는 능동적인 존재로 인식하는 경향이 강함을 나타내는 것으로, 급속히 진행된 산업화 과정에 부합한 인간관으로 제시되었다.

Y이론은 매슬로우의 이론에 입각한 고차원적 성장욕구 충족과 관련이 있으며, X이론보다 Y이론이 더 적절하다고 맥그리거는 주장하였다. 즉, 인간의 고차원적인 욕구가 충족되기 위해서는 조직목적과 개인의 이익이 통합되는 상황을 만드는 데 있다고 주장하며, 개인과 조직의 통합화야말로 그가 주장하는 동기부여이론의 골자로서 통합이론을 내세웠다.

〈표 10-1〉 X · Y이론의 가설

X이론	Y이론
1. 일이란 원래 대부분의 사람에게 있어서 하기 싫은 것이다.	1. 일이란 작업조건만 잘 정비되면 놀이를 하거나 쉬는 것과 같이 극히 자연스러운 것이다.
2. 대부분의 사람들은 야망이 없고 책임지기를 싫어하며 지휘받기 를 좋아한다.	2. 조직목표를 달성하는 데는 자기통제가 불가결하다.
3. 대다수의 사람들이 조직문제를 해결하는 데 창의력을 발휘하지 못한다.	3. 조직문제를 해결하기 위한 창의력은 누구에게나 있다.
4. 동기부여는 생리적 욕구나 안전 욕구의 계층에서만 가능하다.	4. 동기부여는 생리적 · 안전욕구의 계층에서는 물론이고 상위계층의 욕구에서도 가능하다.
5. 대다수의 사람들은 엄격히 통제 되어야 하고, 조직목표를 달성하기 위해서는 강제되어야 한다.	5. 사람은 적절하게 동기가 부여되면 일에 자율적이고 창의적이다.

자료 : 임창희, 조직행동, 비앤엠북스, 2012, p. 211 도표 참조

그러나 아직은 바람직한 통합화의 이론이 완벽하게 구비되어 있지 않는 실정이므로, 앞으로 연구가 계속 이루어져야 할 것이다.[2)]

(3) 아지리스의 성숙 · 미성숙 이론

아지리스(C. Argyris, 1923~)는 매슬로우와 맥그리거에 의해 발전된 인간의 본성에 대한 연구를 한층 더 진일보시켰다. 그는 성숙한 인간과 미성숙한 인간은 서로 다른 태도와 행동을 갖게 된다고 주장하면서 그의 저서 『조직과 퍼스낼리티에서』 X이론적 인간관을 미성숙한 유아적 인간관으로 규정하고 X이론으로부터 Y이론으로의 연속적 발전에 대하여 건전한 성인으로 성장해 가는 인간의 성숙 과정이라고 설명하고 있다. 또한 통제를 지나치게 강조하는 조직(예, 관료제)은 조직의 구성원을 미성숙한 인간으로 취급하는 것과 같다고 하였다. 이는 종업원들이 그들의 작업 환경에 대해 자발적 통제가 거의 불가능하기 때문에 조직의 구성원들은 수동적이고, 의존적인 성향을 일으킬 수밖에 없다고 우려를 나타내고 있다.

〈표 10-2〉 아지리스의 성숙미성숙 인간의 특징

미성숙한 인간(X이론적 인간관)	성숙한 인간(Y이론적 인간관)
• 수동적 활동 • 의존적 상황 • 단순한 행동 • 산만하고 얕은 관심 • 단기적 전망 • 종속적 지위에 만족 • 자아의식의 결여	• 적극적 활동 • 독립적 상황 • 복잡한 행동 • 깊고 강한 관심 • 장기적 전망 • 대등 혹은 우월적 지위에 만족 • 자아의 의식 및 통제

(4) 앨더퍼의 ERG이론

앨더퍼(Clayton P. Alderfer)는 매슬로우의 이론이 지닌 이론적인 한계를 극복하고자 실제 조직에 대한 현장조사를 통해 요인분석을 해본 결과 인간의 욕구는 존재욕구, 관계욕구, 성장욕구로 구분할 수 있음을 제시하였다.

① **존재욕구**(E : existence needs)

존재욕구는 매슬로우의 이론에 비추어 볼 때 생리적 욕구와 안전욕구에 해당

2) 박상범 외 2인, 전게서, p. 44.

하는 욕구로서 이 욕구가 충족되지 못하면 인간의 생존이 위협받게 된다.

② **관계욕구**(R : relation needs)

관계욕구는 인간이 인간답게 살기 위해서 타인과의 관계를 유지하고자 하는 욕구로서 매슬로우의 이론에서는 소속 및 애정의 욕구에 해당된다.

③ **성장욕구**(G : growth needs)

성장요구는 개인의 성장을 위해 한 사람이 투여하는 노력과 관련된 모든 욕구라 할 수 있으며, 매슬로우의 이론에서는 자존의 욕구 및 자아실현의 욕구가 이에 해당된다.

ERG의 기본원리는 만족-진행의 원리와 좌절-퇴행의 원리이다.[3)]

첫째, 존재욕구가 충족되지 않을 때, 존재욕구의 강도가 더 커지는 경우이다. 예를 들어 배고플 때, 음식냄새는 더욱 더 배를 고프게 만드는 경우이다.

둘째, 관계욕구가 충족되지 않을 때, 존재욕구가 동기를 유발케 하는 경우이다. 예를 들어, 일의 특성상 원만한 대인관계가 차단될 때, 종업원들은 더 높은 보수나 혜택을 요구한다.

셋째, 존재욕구가 만족되었을 때, 관계욕구가 지배하게 된다는 것이다. 예를 들어, 급여나 혜택을 많이 받는 사람들이 서로 어울리기를 좋아하는 현상은 여기에 해당된다.

넷째, 관계욕구나 성장욕구가 충족됨으로써 성장을 위한 욕구가 증가되는 경우이다.

이와 같이 ERG이론은 인간의 행동을 설명하는데 있어 매슬로우의 단계이론에 비하여 보다 탄력적이며 욕구구조에 있어 개인적 차이를 인정하고 있다.

(5) 허쯔버그의 2요인 이론(dual factor theory)[4)]

허쯔버그(Frederick Herzberg)는 매슬로우의 연구를 확대하여 동기-위생이론

---

3) 정동섭 외 3인, 조직행동의 이해, 탑북스, 2011, pp. 208~209.

4) 허쯔버그는 모든 모티베이션 관련요인들을 불만요인(위생요인:extrinsic hygiene factors, job environment, dissatisfactors)과 만족요인(동기요인:intrinsic motivators, growth factors, satisfactors)으로 분류하여 두 개의 요인이 있다고 보고, 불만제거를 목적으로 할 때와 동기부여를 목적으로 할 때에 관리해야 할 요소가 다르다고 주장함. 정동섭 외 3인, 상게서, pp. 2011~213에서 散見.

(motivation–hygiene theory)의 구체적인 내용을 전개하였다. 그는 1959년 미국 피츠버그 지방의 11개 산업체에서 선정한 약 200여명의 기술자들과 회계사들에 대한 연구를 토대로 인간에게는 상호 독립적인 두 가지의 욕구범주가 있음을 제시했는데 그것이 아담적 욕구와 아브라함적 욕구이다.

- 아담적 욕구(위생요인)라고 하는 것은 불쾌한 것을 회피하고자 하는 욕구로써 이것이 충족되지 못할 경우에는 불만족을 느끼지만, 충족되었다고 해서 만족을 느끼지는 못한다는 것이다. 따라서 아담적 욕구를 불만족 요인이라 하는데 불만족요인은 개인의 욕구를 충족시키는데 있어 주로 개인의 불만족을 방지해 주는 효과가 있는 것으로 기업의 정책과 관리, 감독, 작업조건, 동료와의 관계, 부하와의 관계 지위, 안전, 개인생활 등 주로 직무의 환경과 관련된 요인들을 말한다.
- 이에 비해 아브라함적 욕구(동기요인)는 정신적인 성장을 통해 자신의 잠재능력을 키워 나가고자 하는 욕구로써 이것이 충족되지 못할 경우에도 불만은 없지만, 충족될 경우에는 만족을 느끼게 된다. 예컨대 평소 도전적이고 책임감 있는 일을 해보고자 하는 욕구가 있는 사람이 현재 자기가 많은 직무 내에서 도전감과 책임감을 느낄 수 없다고 해서 그것이 불만족을 느끼게 하지는 않지만, 정작 그러한 일을 맡고 나서부터는 만족을 느끼게 되고 일에 대해 적극적이게 될 것이다. 아브라함적 욕구는 직무에 대한 만족을 결정하는데 영향을 미치는 요인들로서 만족요인이라고 부르는데 성취감, 인정, 책임감, 성장과 발전, 직무 그 자체 등을 들 수 있다.

후에 허쯔버그는 자신의 논리에 대한 추가적인 연구를 통해서 아담적 욕구의 대부분이 작업환경에 관한 것이고 직무상의 불만족을 예방하는 기능을 담당하고 있기 때문에 이를 위생요인(hygiene factors)이라 하고, 아브라함적 욕구는 사람들로 하여금 업무수행을 보다 효과적으로 수행할 수 있도록 동기부여하는 효과가 있기 때문에 이를 동기요인(motivation factors)이라 명명하였다.

결론적으로 허쯔버그는 이러함에도 불구하고 대부분의 조직체들이 지금까지 위생요인에 의해 종업원들을 동기부여시키고자 노력해 왔음을 주장하고, 보다 종업원들에게 심리적인 성장기회를 제공하는 직무충실화에 많은 신경을 써야 할 것임을 지적하였다.

(6) 성취동기모형(학습된 욕구에 관한 이론)

맥클리랜드(David C. McClelland)는 인간의 욕구를 사회문화적으로 학습되는 것이라고 규정하고 작업상황과 관련된 동기를 성취욕구, 권력욕구, 친교욕구로 제시하였다. 매슬로우가 인간의 욕구단계가 5가지 과정을 거친다고 보는 반면, 맥클레란드의 시각 하에서는 개인의 행동에 영향을 미칠 수 있는 욕구들의 서열이 개인마다 다르다고 주장한 것이 특징이다.

- **성취욕구**(need for achievement)는 복잡한 과제의 숙달, 문제의 해결 등을 위해 무엇인가를 더 잘하려는 욕구이다. 성취욕구가 강한 사람은 일에 대한 책임을 지는 것, 달성가능하고 도전적인 목표를 추구하는 것, 그리고 자기 업무수행에 대한 환류를 받는 것을 원한다.
- **친화욕구**(need for affiliation)는 귀속욕구라고도 하는데 다른 사람들과 따뜻하고 우호적인 관계를 만들고 유지하려는 욕구이다. 이 욕구가 강한 사람은 대인관계와 의사전달의 기회를 중요시한다.
- **권력욕구**(need for power)는 다른 사람들을 통제하고 그들의 행동에 영향을 미치거나 그들을 책임지려는 욕구이다. 권력욕구가 강한 사람은 다른 사람들에게 영향을 미치고 사람들의 관심을 끌고 인정을 받는 것을 중요시한다.

맥클리랜드는 욕구는 문화를 반영하며 사람들이 삶의 경험을 통해 욕구를 배운다고 보기 때문에 교육훈련을 통한 욕구의 개선을 강조한다. 그리하여 사람들의 욕구를 측정해서 그것을 조직의 목표와 양립할 수 있도록 만들기 위해 훈련시켜야 한다고 처방한다.

맥클리랜드는 성취동기가 큰 사람들이 좋아하는 상황들을 다음과 같이 정리하고 있다.

첫째, 성취동기가 큰 사람들은 자기 스스로 성과목표를 정하기를 좋아한다.

둘째, 성취동기가 큰 사람들은 아주 쉽거나 아주 어려운 목표는 피하며 난이도와 위험이 중간적인 목표로서 노력하면 달성할 수 있겠다고 생각하는 것을 선호한다.

셋째, 성취동기가 큰 사람들은 업무수행에 관한 즉각적이고 효율적인 lemqor(환류)를 선호한다.

넷째, 성취동기가 큰 사람들은 문제해결에 대한 책임지기를 좋아한다.

또 그는 조직의 차원을 넘어 성취동기이론을 국가성장과 관련시킴으로서 이 이론의 적용범위를 확대시켰다. 그는 경제성장과 국민의 평균적인 성취동기수준과의 관련성을 조사한 결과, 성취동기가 높은 나라는 경제적으로 높은 성장을 하고 있는 반면에 성취동기 낮은 나라는 경제성장이 저조하다는 결론을 얻었다.[5)]

지금까지 살펴본 이론들은 인간의 욕구가 무엇인지에 초점을 맞추고 있다는 공통점이 있으며, 제시하고 있는 욕구의 내용은 개념상의 차이에도 불구하고 실제로는 상당한 공통점을 지니고 있다. [그림 10-2]는 그와 같은 관계를 보여주고 있다.

그림 10-2. 내용이론 간의 관계

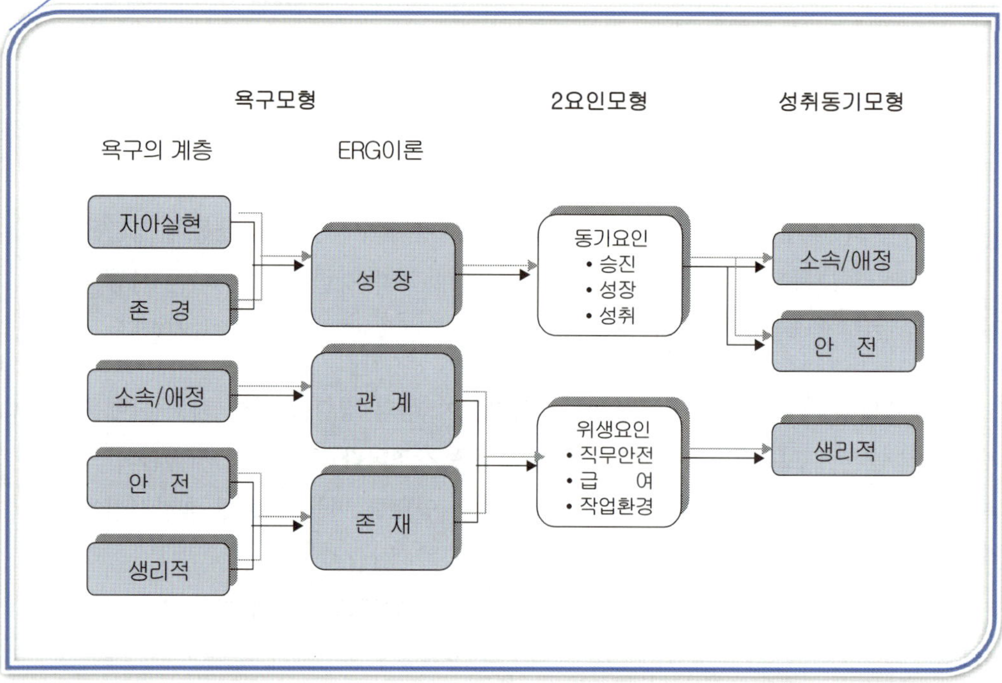

사료: D. Hellrigel, J. W. Slocum, JR., & R. W. Woodman, Organizational Behavior, South-Western College Publishing, 2001, p145. 김종재 외 3인, 전게서, p. 223에서 재인용

5) 상게서, p. 210.

2) 동기부여에 대한 과정이론

과정이론에서는 개인의 동기부여의 과정을 분석하고 동기부여에 영향을 미치는 여러 변수간의 상호관계의 분석에 주안점을 두고 있다. 공정성이론(equity theory), 목표설정이론(goal-setting theory), 기대이론(expectancy theory) 등이 과정이론의 대표적인 이론이다.

(1) 공정성이론(equity theory)

공정성이론은 아담스(J. S. Adams)에 의해 1963년에 발표된 이론으로 개인의 욕구에 초점을 맞추기 보다는 사회적 교환관계에서 얻어진 결과에 의한 정서적 및 행동반경에 관심을 갖는다.

직장생활에서 종업원들은 자신의 직무에 대한 투입과 산출을 타인의 그것과 비교하게 된다. 비교의 결과 자신의 투입과 산출의 비율이 다른 사람의 그것과 동일하다면 공정성이 유지되고 그렇지 않을 경우에는 불공정성이 유발된다. 이런 경우 다른 사람보다 과대보상을 받으면 죄책감을 느끼고, 과소보상을 받으면 긴장하게 된다고 한다. 특히 불공정성에 대한 관심은 대단하며 인간은 불공정성을 인식하면 이를 수정하려고 노력하는 소위 공정성회복과정을 일으키게 되는데 이를 공정성이론이라 한다.

따라서 불만을 느끼는 경우에는 자신의 보상수준이 다른 사람보다 작다고 생각하여 기업에 대한 노력의 수준을 낮추던가 또는 보상의 수준을 높여 줄 것을 요구한다. 반면에 죄의식을 느끼는 경우에는 자산의 보상수준이 타인보다 높다고 생각하면서 노력의 수준을 높이던가 자신의 노력에 대한 인식을 확대하는 방향으로 변경시켜 공정성을 유지하려 한다.

따라서 이 이론은 모든 종업원들이 임금에 대한 공정성을 인지하면서 직무수행에 임할 수 있도록 한다는 의미에서 보상수준의 산정에 기초를 제공하며, 개별적 성과의 정확한 평가의 중요성을 강조한다. 또 종업원의 노력의 대가로 기업에서 제공하는 임금에 대하여 공정성이 보장될 수 있도록 인사관리의 기본방침이 확정되고, 기업의 제반 인사정책이 수립될 필요성이 있음을 알 수 있게 한다.

이와 같은 공정성이론은 추후 조직공정성(organizational justice)에 대한 연구과정에서 분배공정성(distributive justice), 절차공정성(procedural justice), 상

호작용공정성(interactional justice)으로 더욱 확장·발전되는 기초를 제공하였다.

분배공정성에서는 보상결과에 대한 조직구성원들의 공정성지각에 초점을 맞추는 반면, 절차공정성에서는 그와 같은 보상결정이나 의사결정과정상의 공정성지각에 초점을 두고 있다. 이는 결과의 공정성문제가 특정한 의사결정결과나 상황에 따른 일시적인 것일 수 있다는 점에서 모든 상황에 따른 의사결정의 공정성유지를 위해서는 의사결정방법과 절차에 있어서의 공정성유지가 중요하다고 보기 때문이다.

또한 의사결정과정에서의 사회적 상황(social context) 또는 상호작용과정에서의 비공식적 측면이 공정성지각에 중요한 역할을 하는 것으로 나타나고 있다. 그 대표적인 사례가 상호작용적 공정성으로 이는 의사결정을 위한 절차나 제도의 실행과정에서 사람들이 경험하는 대인적 처우의 질에 대한 개개인의 평가를 의미한다.

(2) 기대이론(expectancy theory)

기대이론은 개인이 다양한 행동대안 가운데 자신의 효용을 극대화 하는 행동대안을 선택하는 과정을 설명한 이론이다. 기대이론에 대한 초기의 연구결과는 브룸(V. H. Vroom)에 의해 이루어 졌는데 그는 개인의 노력의 결과는 확보되어지는 보상과 함수관계를 맺고 있기는 하지만 그러한 노력 결정에는 기대감과 수단성 같은 두 가지 중요한 요인들이 작용을 하게 된다고 보았다.

① 기대감이란 일정한 노력을 기울이면 일정한 수준의 성과를 거둘 수 있으리라는 가능성에 대한 주관적 확률과 관련된 믿음을 의미한다.
② 앞서의 기대감이 노력과 성과 간의 관련성문제였던 것에 비해 수단성은 성과와 보상 간의 관련성이라 할 수 있다.

또한 어떤 것을 하고자 하는 노력의 동기유발은 다음과 같은 세 가지 인식에 의해 결정된다고 보았다.

① 노력을 하면 성과가 꼭 따른다는 인식
② 성과에는 보상이 수반된다는 인식
③ 보상은 개인에게 가치가 있다는 인식

이러한 브룸의 이론은 차후 포터와 로울러(L. W. Poter & E. E. Lawler)에 의해 더욱 발전되는데, 그들은 브룸의 이론을 확장하여 단순하게 성과와 동기부여를 연결시키는 데 그치지 않고 여러 변수들을 첨가하여 독자적인 이론 전개를 시도하였다.

[그림 10-3]은 이들이 전개한 기대이론의 기본모형을 나타내 주고 있는데, 이 모형에 따르면 어떠한 이유로도 노력이 단독적으로는 성과를 이끌 수 없으며, 또 능력과 특성 및 역할지각 등이 노력과 성과 간의 관계에 어떻게 영향을 미치는지를 설명할 수 있다. 또한 이들의 모델에서는 성과가 곧바로 만족을 이끄는 것은 아니며, 성과에 뒤따르는 보상 및 그것이 자신에게 지각되는 공정성이 만족의 수준을 결정하게 된다는 것을 제시하고 있다.

그림 10-3. 기대이론의 기본적인 개념

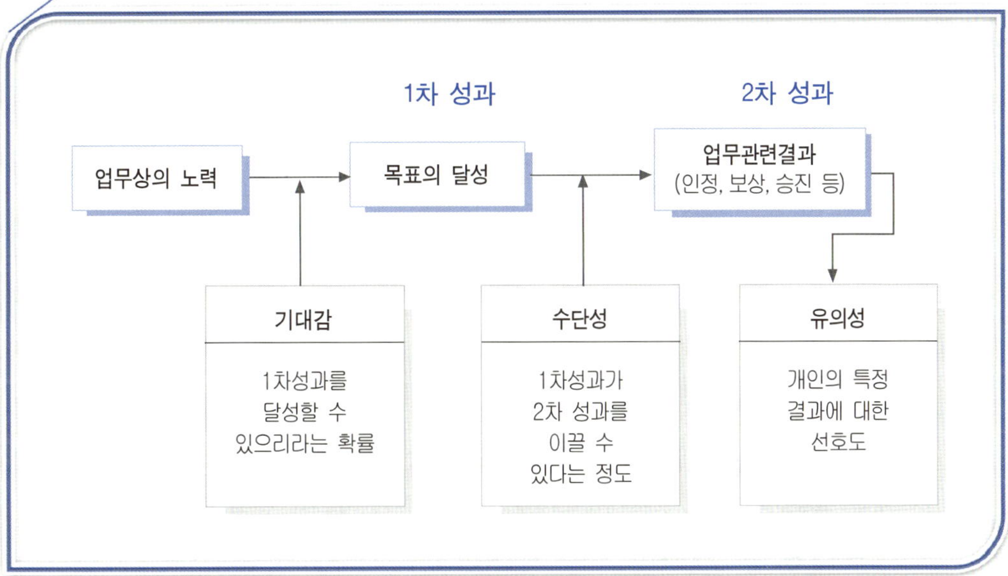

(3) 목표설정이론(goal-setting theory)

목표설정이론은 록크(E. Locke)에 의해 발표된 이론으로 개인의 목표달성 의지가 동기부여에 있어 중요한 요인이라는 것이다.

목표설정이론에서는 명확하고 도전감을 불러일으킬 수 있는 목표가 성과에 미친 영향에 대하여 주목할 만한 결론을 제시하고 있다. 즉, 보다 명확한 목표일수록 성과를 증진시키며, 만약 받아들여지기만 한다면 달성하기 어려운 목표일수록 달성하기 쉬운 목표에 비하여 보다 높은 성과를 가져온다는 것이다.

목표설정이론를 구성하는 기본적인 요소는 목표의 난이도, 목표의 수용도, 성과의 피드백으로 구성된다. 목표의 난이도는 목표달성에 내재된 어려움의 정도를 의미하며, 목표의 수용도는 사람들이 의식적으로 목표를 이해하고 그와 같은 목표에 동의하는 정도를 의미한다. 성과의 피드백은 과거의 성과에 대한 질적・양적 정보로서 목표달성을 위하여 현재까지 어느 정도의 진전이 있었는지를 제시해주는 것을 의미한다.

만약 종업원이 자신의 목표를 설정하는데 직접 참여할 기회를 갖게 되는 것과 상사가 직접 목표를 부과하는 것과 어떤 것이 목표의 달성정도를 높여줄 것인지에 대해서는 여러 가지 견해가 있다. 그러나 분명한 것은 참여는 목표의 수용도를 높여준다는 것이다. 일반적으로 사람들은 달성하기 어려운 목표일수록 이를 수용하지 않으려는 경향이 있지만, 종업원이 자신의 목표설정에 직접 참여하게 되는 경우에는 상사에 의해 일방적으로 목표가 주어지는 경우보다 달성하기 어려운 목표라 할지라도 수용할 가능성이 더욱 높아진다. 이는 사람들이 자신이 참여한 의사결정의 결과에 훨씬 더 헌신적이기 때문이다. 즉, 목표설정에의 참여여부가 달성하기 어려운 목표라 할지라도 수용도를 높이고 적극적인 실행가능성을 훨씬 높여주는 것이다. 이와 같은 목표설정이론은 기업현장에서 목표에 의한 관리(MBO, Management By Objectives)를 실행하는데 주요 이론적 근거로 자주 발견된다.

3) 강화이론(强化理論, reinforcement theory)

강화이론은 긍정적인 결과를 가져오는 행동은 강화하고 계속 반복할 필요가 있지만 부정적인 결과를 가져오는 행동은 근절해야 한다는 이론이다. 강화이론은 스키너(B. F. Skinner, 1954)에 의해 처음 제시되었는데 강화이론은 효과의 법칙(Law of Effect)에 의해 설명되고 있다. 효과의 법칙은 즐겁고, 긍정적인 효과를 가져오는 행동은 좀 더 반복적이 될 수 있고, 즐겁지 못하고, 부정적인 결과를 가져오는 행동은 덜 반복적이 되어야 한다는 것이다. 강화과정은 결과에 의하여 추구되는 행동・반응을 위한 자극인 것이다. 따라서 보상이 있는 결과를 발견하게 될 경우, 미래에 자극이 생기면 그러한 행동을 좀 더 반복적으로 하게 되고, 반대로 보상이 없으면 미래에 자극이 발생하여도 행동은 덜 반복적이게 된다.[6] 즉, 긍정적 결과나 보상이 뒤따르는 행동은 더욱 자주 나타나는 반면, 부정적 결과나 보상이 뒤따

6) 김영규, 전게서, p. 285.

르는 행동이 발생할 가능성은 줄어든다. 이와 같이 강화는 특정한 행동에 뒤따르는 결과를 변화시킴으로써 행동을 변화시키는 과정이다.

강화이론에 기초하여 특정한 행동을 강화시키는 방법으로는 크게 적극적 강화, 부정적 강화, 소멸과 처벌 등 4가지 방법이 제시되고 있다.

① 적극적 강화란 즐겁고 바람직한 결과를 가져오는 행동을 계속하도록 칭찬, 애정, 승급, 상패, 근로시간 단축, 금전제공 등을 어떤 특정 기대행위가 발생할 경우마다 제공하는 것을 의미하는데, 경우에 따라 개인적 욕구차로 동기유발 요인이 될 수도 있고 그렇지 않을 경우도 있다.

② 부정적 강화란 적극적 강화처럼 보상을 이용하여 요구되는 행동을 이끌어 내는 것이 아니라 불쾌한 자극을 제거해 줌으로써 행동을 강화시키는 것을 말한다.

부정적 강화에는 도피학습과 회피학습이 있다.

- 도피학습이란 성과를 올림으로써 현재의 불편한 자극을 받는 상태, 즉 벌칙을 벗어날 수 있는 것을 말하며
- 회피학습은 과거의 학습된 행동으로 미루어 어떤 행동의 결과가 불편한 자극을 줄 것을 미리 대비하여 그 행위를 피하는 것을 말한다.

③ 소멸이란 보상에 의해 지속되던 행동이 보상이 사라짐으로 인해 행동의 반복 가능성이 줄어들거나 사라지는 것을 말하며

④ 바람직스럽지 못한 행동은 처벌에 의해서도 효과적으로 제거될 수 있다.

그러나 실제로는 특정한 행동에 대해서 그때마다 보상을 제공하는 것은 매우 어려운 일이다. 따라서 실제상황에 있어서는 모든 반응에 대하여 보상이 주어질 때보다, 그런 반응 중 어떤 특정한 반응에 대해서만 강화가 이루어지게 되면 그때 학습된 행동이 오히려 오래 지속될 수 있다.

이와 같이 행동에 대한 강화가 일정한 형태를 두고 이루어지도록 하기 위한 방안을 강화일정(schedule of reinforcement)이라 한다. 강화일정은 시간에 기초하는 고정간격법과 변화간격법 그리고 정확한 반응 수에 기초한 고정비율법과 변동비율법이 있다.

제2절 권 력[7)]

권력(power)은 타인의 행동에 영향을 미칠 수 있는 능력을 의미한다. 즉, 남을 복종시키거나 지배할 수 있는 공인된 권리와 힘으로 특히 국가나 정부가 국민에 대하여 가지고 있는 강제력을 이른다. 권력은 개인뿐만 아니라 집단, 팀, 부서, 조직, 국가 등 다양한 수준에서 나타난다. 예를 들어, 대기업의 기획조정실이나 구조조정본부 등과 같이 조직 내의 특정 부서를 지칭하여 "막강한 권력을 지니고 있다."라고 하는 것은 그 부서가 다른 팀의 부서에 속하는 사람들의 행동에 영향력을 지니고 있기 때문이다.

권력과 비슷하지만 다른 개념으로 권한(authority)이 있다. 권한은 직무의 수행과 직접적인 관계가 있는 것으로 조직에 의해 공식적으로 부여되고, 조직구성원들에 의해 올바르고 적절한 것으로 수용되는 합법적인 권력을 의미한다. 그 대표적인 사례가 상사와 부하 간의 관계이다. 조직은 특정한 활동이나 기능에 대한 책임을 가지는 개인, 팀, 부서나 부문으로 체계화되는 공식적인 권한구조를 지니고 있다. 어느 한 사람이 조직에 들어가게 되었을 때, 일반적으로 그는 권한체계를 합법적인 것으로 수용한다. 즉, 종업원들은 정책을 설정하고 방향을 제시하는 상사의 권한을 당연한 것으로 받아들인다. 그와 같은 지시가 합리적이고 직무와 관련성을 지니는 한 종업원들은 상사의 지시를 수용한다.

1. 권력의 원천

일반적으로 조직 내에서 발생하는 권력의 원천은 [그림 10-4]와 같이 대인적 원천과 구조적 원천으로 구분할 수 있다.

7) 김종재 외 3인, 전게서, pp. 228~233.

그림 10-4. 조직 내의 권력의 원천

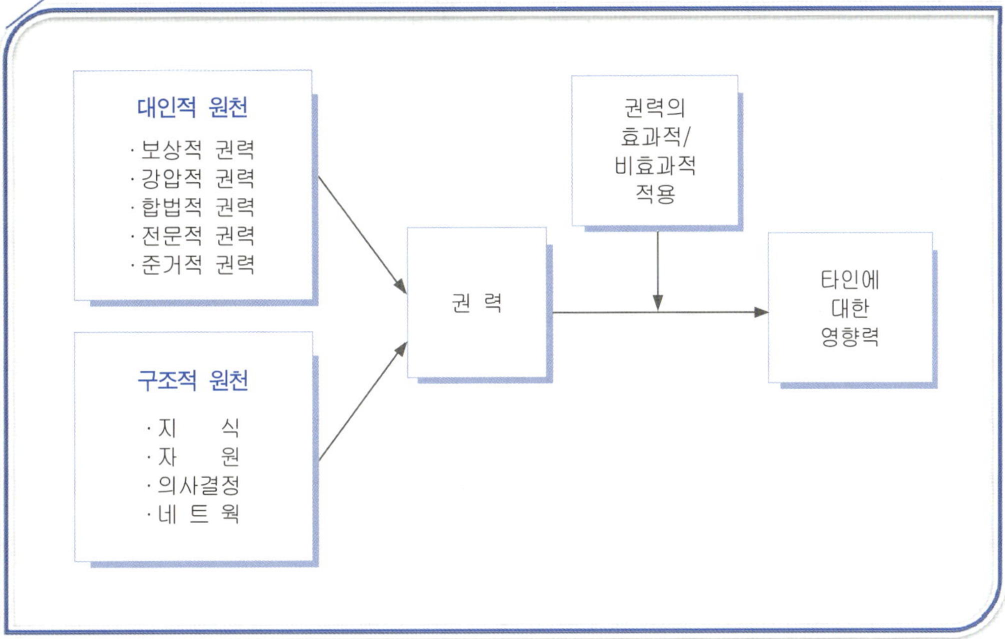

1) 대인적 원천

(1) 보상적 권력(reward power)

이 권력의 원천은 다른 사람에게 보상할 능력이나 자원을 가졌느냐에 달려있다. 관리자는 급료인상, 승진, 작업할당, 새로운 직무 등의 현재적 보상능력은 물론 잠재적 보상능력도 가지고 있어야 한다. 강화요법적 용어로는 적극적 보강제를 다루는 권력을 관리자가 가져야 한다는 것을 의미한다. 이러한 권력의 원천에는 그 권력의 수령자가 열쇠임에 주의할 필요가 있다. 만일 관리자가 그가 생각한 것(책임증가가 따른 승진)을 그 부하에게 적용했을 때 분명히 보상이긴 하지만, 그 부하가 그것을 보상으로 생각하지 않았을 때(승진보다 안정이나 가족의 의무를 더 중요하게 생각하면)는 그 가치가 없는 것과 마찬가지이다. 또한 관리자가 그의 부하에게 보상을 생각하지 않았지만(고질적인 불만을 조용히 듣기만 해주고), 그 부하가 그것을(자기의 불만을 들어주는 관심을 가진 관리자) 보상으로 생각한다면, 그 관리자가 보상권력을 가지고 있다고 할 수 있을 것이다. 또한 관리자가 나누어 줄 보상은 가지고 있지 않지만(최고경영자에게 그를 승진시켜야 한다고 말할 수는 있어도 실제로는 할 수 없는) 부하가 그런 능력을 가지고 있다고 느낀다면 실제로 보상권력을 가지고 있다고 할 수 있을 것이다.

(2) 강압적 권력(coercive power)

이 권력의 원천은 두려움과 관련되는 것이다. 강압적 권력을 가진 사람은 다른 사람을 처벌할 수 있는 위협적인 능력을 가진 사람이다. 이 권력형태는 권력은 좋은 것이라는 견해와는 상반되는 권력형태이다. 부하를 해고하거나 강등시킬 수 있고 급료도 삭감시킬 수 있는 강압적 권력을 가지고 종업원을 위협하는 권력인데 강화요법적 용어로, 이것은 부정적 강화(처벌위주, 억압적 통제)목적의 권력을 의미한다. 기대이론 용어로는 만약 권력자의 말을 듣지 않으면 처벌을 받을 거라는 기대심리에서 생기는 권력을 의미한다. 조직의 규정 · 방향 · 방침을 따르지 않으면 처벌이 뒤따른다는 두려움을 느끼게 하는 권력을 의미한다. 이러한 두려움은 시간에 맞춰 일하고, 현장에 감독자가 돌아다니면 바쁘게 일하는 두려움이다. 조직에서의 대개의 조직행동은 보상권력보다는 강압적 권력으로 설명될 수 있는 부분들이다.

(3) 합법적 권력(legitimate power)

이 권력의 원천은 합법적 권리를 부여함으로써 내면화 된 가치와 관련된 권력이다. 다른 사람들은 그 권력을 받아들일 의무가 있다고 생각한다. 이 권력은 흔히 권한으로 인식되기도 하며, 합법성을 부여받은 사람은 보상과 처벌도 할 수 있는 위치에 있다고 인식된다. 합법적 권력은 그 사람의 역할이나 지위에 의존한다는 점에서 다름 권력과 다르다. 예컨대 타이틀(기업가 또는 의사)이나 지위(기관장 또는 부장)를 통해 합법성을 획득하는 권력이다. 사회 · 문화적 규범이나 조직의 의사결정은 모두 합법적이다. 사회에서는 나이든 사람이 젊은 사람보다 더 합법적이며, 조직에서는 상위직의 관리자가 하위직의 관리자보다 합법적이라는 개념이다. 이런 논리는 조직의 기능부서에도 존재하며, 노조에서도 노조간부의 합법성이 존재한다. 사회구조로부터 합법적 권력을 가질 수 있다. 어떤 사회에는 그 사회의 룰에 따라 사회계층이 존재하는 경우도 있다. 조직이나 가정도 합법적 권력구조를 가질 수 있다.

(4) 준거적 권력(referent power)

이 권력유형은 결과와 관계없이 권력자와 동일시되기를 원하는 권력유형이다. 관리자가 매력적이고 힘이 있으며, 멋있는 개성을 가지고 있다고 믿는 권력이다. 광고주가 영화배우나 스포츠선수를 광고(testimonial advertising)로 활용할 때

이 권력의 장점을 살리는 것이 된다. 시점과 시기는 준거적 권력에서 중요한 의미를 가진다. 계절성 프로선수(야구선수는 여름과 초가을, 축구선수는 가을과 초겨울, 농구선수는 겨울과 초봄)는 그들이 활동하고 있을 때, 즉 대중의 인식도가 높을 때 광고를 함으로써 준거적 권력이 획득될 수 있는 것이다. 따라서 시즌이 끝나면 이러한 이미지는 곧 잊혀지게 되고 준거적 권력도 함께 사라지는 것이다.

(5) 전문적 권력(expert power)

이 권력은 권력추구자의 지식이나 전문기술 정도에 따라 좌우된다. 전문가는 어떤 영역 안에서만 지식이나 지명도가 인정되는 사람이다. 모든 권력의 원천이 목표인지도(target's perception)에 의존하고는 있지만, 이 전문적 권력은 더 의존적이다. 전문적 권력의 신뢰성은 자격증이다. 또한 외교문제에서도 전문적 권력은 중요한 역할을 한다.

현대조직이 점차 복잡하고 특수화 되어 가기 때문에 이 전문적 권력이 더욱 중요해지고 있다. 일반적으로 기업에 노하우가 빠를수록 지식과 권력의 갭이 더 커지게 된다. 기업이 생존하기 위해서는 지식권력을 가진 사람과 지위권력을 가진 사람이 공존해야 한다.

2) 구조적 원천

(1) 지식

기업조직은 제품과 서비스를 생산하기 위하여 지식을 활용하여야만 하며, 최근 이의 중요성은 더욱 높아지고 있다. 따라서 조직의 목표달성에 핵심적인 지식을 소유하고 있는 개인이나 팀 또는 부서는 권력을 지닐 수밖에 없다. 또한 조직 내의 특정한 문제나 활동에 대한 정보나 조직의 환경에 대한 정보를 지닐 수 있는 경우에도 권력은 발생한다.

(2) 자원

조직의 성장과 발전을 위해서 조직은 인적 자원, 자금, 장비, 물자, 공급업자, 물자 등과 같은 다양한 자원을 필요로 한다. 그러나 기업의 성공에 필요한 특정 자원의 중요성이나 자원확보 상의 어려움은 기업에 따라 다를 수밖에 없다. 어떠한 자원이 가장 중요한지는 조직의 목표, 경제적 상황, 생산하는 제품이나 서비스의 종류에 따라 다르지만, 기업생존과 성장에 필수적인 특정 자원이나 확보상의 어려움이 있는 자원을 제공할 수 있는 개인이나 팀 또는 부서는 권력을 지니게 된다.

(3) 의사결정

조직 내에서의 의사결정은 조직 내의 수많은 개인, 집단 또는 팀의 참가에 의해 이루어지며, 그 결과는 조직 내의 구성원, 집단, 팀의 활동에 중요한 영향을 미친다. 따라서 조직 내의 의사결정과정에 영향을 미칠 수 있는 정도에 따라 개개인이나 집단, 팀이 지니게 되는 권력의 수준은 달라질 것이다. 목표의 개발, 목표달성을 위한 대안의 개발 및 선택, 목표달성을 위한 조직의 결정 등과 같은 영역에서 어느 정도의 영향력을 지닐 수 있는지에 따라 권력의 수준은 달라진다.

(4) 네트워크

조직 내의 구조적 권력의 수준은 앞서 살펴본 지식이나 정보, 자원, 의사결정상의 영향력의 수준의 의해서뿐만 아니라, 과업수행을 위해 요구되는 협력을 확보하는 능력에 의해서도 달라진다. 예컨대, 목표달성이나 과업수행을 위하여 조직 내의 유능한 개인이나 부서와의 연계관계를 구축하고 있는 경영자나 부서는 그렇지 못한 경우에 비하여 보다 강한 권력을 지니게 된다. 물론 상사와 부하 간의 수직적 관계라는 전통적인 연계관계도 권력의 중요한 측면이 될 수 있으나 조직의 내·외적 네트웍에 의한 수평적 연계는 권력수준의 차별성을 야기 시키는 중요한 요인이다.

2. 권력의 행사와 수용과정

권력자가 다양한 권력원천을 사용할 때 권력수용자에게 영향을 미치는 과정에는 복종·동일시·내면화의 세 가지 과정이 있다.

1) 복종(compliance)

권력행사자가 의도한 대로 권력수용자에게 영향을 미치는 경우를 복종의 과정이라 할 수 있다. 이러한 복종은 그렇게 함으로써 자기에게 돌아오게 될 보상에 대한 기대와 그렇게 하지 않았을 때 받게 될 처벌의 두려움에서 발생한다. 이러한 복종을 성공적으로 유도하기 위해서는 보상을 할 수 있는 충분한 능력을 가지고 있어야 하며, 권력수용자의 행동을 충분히 관찰하고 평가할 수 있는 직위에 있어야 한다. 즉, 권력수용자의 복종상태를 관찰하여 보상이나 처벌을 할 수 있어야 함을 의미한다.

2) 동일시(identification)

다른 사람의 지시를 기꺼이 수행하는 것은 그 사람이나 집단과 밀접한 관계를 유지하려고 하기 때문에 발생하는 것이다. 권력행사자에게 많은 매력을 느끼고 그와의 관계를 유지하는 것에 높은 가치를 부여하고 스스로 그에게 영향을 받기를 원하기 때문이며, 이럴 경우 권력수용자는 권력행사자와의 동일시과정에 의해 권력이 이전된다고 할 수 있다. 이러한 권력수용자는 다른 것에는 관심이 없고 다만 권력행사자와 좋은 관계를 유지하는 것에만 만족하고 높은 가치를 부여하게 된다.

현대기업에서는 신입사원 훈련과정에 동일시 과정(mentoring)을 설치하여 신입사원이 조기에 친숙한 행동을 하게 하거나 기존사원과 단기간 내에 동일한 행동을 하도록 유도하고 있다. 즉, 신입사원에게 선배사원을 관찰하고 상호접촉을 할 수 있도록 공식경로는 물론이고 비공식경로까지도 마련해 줌으로써 그들이 관리기술을 조속히 배워 동일한 행동을 할 수 있도록 유도하려는 것이다. 결국 이러한 과정을 통해 신입사원에게 선배사원과의 친밀성을 유지함은 물론 자기의 경력방향을 알게 하고, 기업의 철학을 체득하게 하면 조직의 업무수행에 자신감을 부여하려는 것이다.

3) 내면화(internalization)

권력수용자는 권력행사자의 행위가 자기의 가치관과 일치하면 그것을 받아들이고 내면화하게 된다. 별도의 보상을 기대하지 않고 스스로의 내면적 보상을 받아들임으로써, 자기의 욕구가 충족되고 도덕적 판단의 기준이 설정되는 것이다.

제3절 리더십(Leadership : 지휘력, 지도력, 통솔력)

1. 리더십의 의의

리더십이란 용어는 우리말의 지휘력, 지도력, 통솔력 등에 해당된다고 할 수 있는데 우리말로 정확히 표현할 수 있는 어휘가 없어서 보편적으로 그대로 사용하고 있다.

조직이 존재하는 궁극적인 목적은 개인으로는 달성하기 어려운 목표를 조직구성원의 협력과 노력에 의하여 효율적으로 달성하고자 하는데 있다. 조직은 다수의 개인들 또는 그들로 구성된 많은 작은 집단들이 모여서 형성된 구성체라 할 수 있다. 따라서 조직의 구성요소인 개인 또는 집단들의 상호작용과 협력적 활동이 없이 조직의 목표가 효율적으로 달성되기는 어려울 것이다.

이러한 면에서 조직 내에 속한 다수의 구성요소들 간의 상호작용과 협력활동을 주도하고 구성원들의 노력과 활동을 조직의 목표달성의 부분으로 유인하는 리더십 또는 통솔력이야말로 많은 연구와 논의가 되어 왔던 부분이다.

특히 최근에는 조직환경이 더욱 복잡해지고 가변성을 띠고 있을 뿐만 아니라, 조직구성원의 가치관의 변화, 조직에 대한 조직구성원의 기대의 다양화 등과 같은 여러 가지 원인으로 인하여 조직목표달성에 대한 지도자의 역할이 더욱 중요시되고 있다.

리더십은 조직의 목적을 달성하기 위하여 한 개인이 집단구성원의 행동에 영향을 미치는 과정을 말한다.(Leadership is a process whereby an individual influences a group of individuals to achieve a common goals)[8] 다시 말하면 리더십은 참신한 생각과 청사진을 개발하고, 그와 같은 참신한 생각과 청사진을 지지하는 가치에 의해 생활하며, 타인들로 하여금 자신들의 행동에 그와 같은 참신한 생각과 청사진이 스며들 수 있도록 영향력을 미치고, 인적 및 기타 자원에 관한 어려운 의사결정을 시행하는 과정이라 할 수 있다.

리더십과 관련하여 지금까지 이루어진 다양한 연구의 결과에 비추어 볼 때 일관성 있게 유지되어 온 하나의 실마리는 사회적 영향력의 개념이라고 할 수 있다.

---

8) P. G. Northouse/김남현, 리더십 제4판, 경문사 2009. p. 6.

리더십은 권력을 휘두른다거나 권한을 행사하는 것과는 분명히 구분되어야 할 개념이다.

유클(G. Yukl)은 이와 같은 리더십의 개념화를 용이하게 하는 개념적 모형을 [그림 10-5]와 같이 제시하고 있다. 물론 이와 같은 유클의 모형은 리더십에 대해 지금까지 이루어진 다양한 이론들과 모형이 통합되어진 것이다.

[그림 10-5]에 따를 경우 리더십은 지도자의 일정한 특질이나 특성이 효과적인 리더십의 기초가 됨을 제시하고 있으며, 이와 같은 특성들은 다양한 관리적 행동이나 역할을 수행하기 위한 능력에 영향을 미치는 것으로 나타나고 있다. 또한 다양한 상황적 변수가 리더십의 효과에 영향을 미치게 되는데, 리더십은 결과 지향적인 것이라는 점에서 상황변수의 중요성이 강조되고 있다.

그림 10-5. 리더십에 대한 개념적 모형

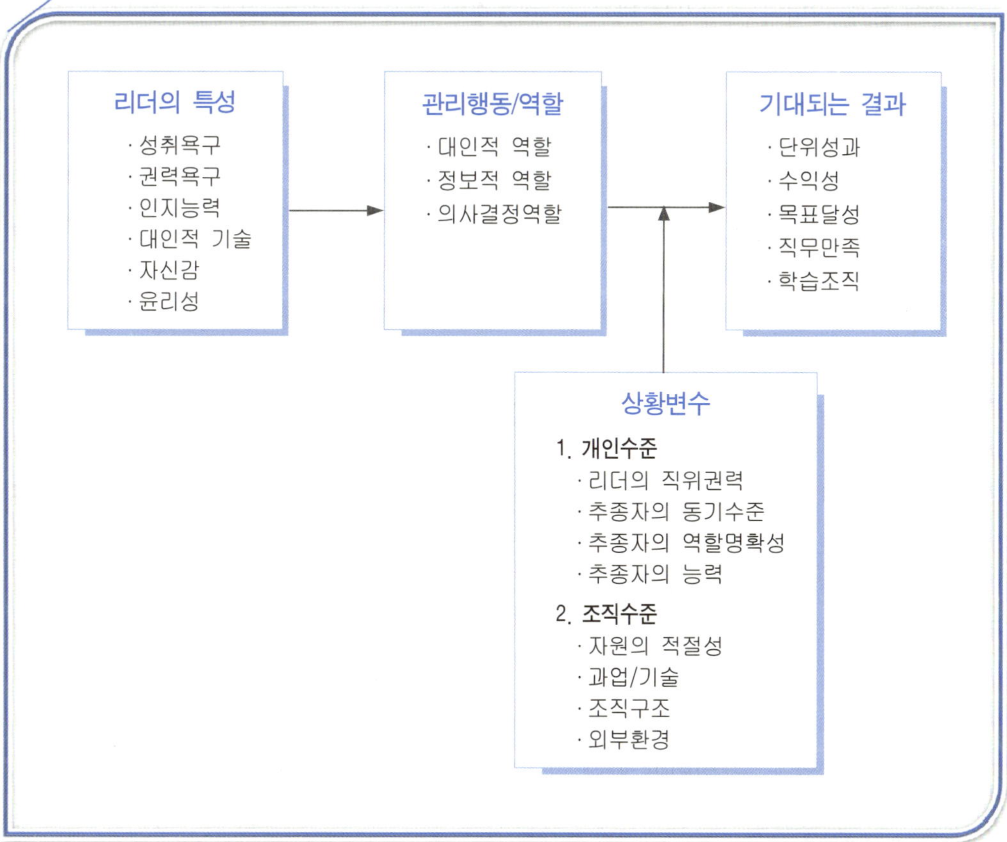

자료: G.Yukl, "Managerial Leadership : A Review of Theory and Research", Journal of Management, June, 1989, p. 274. 상게서, p. 234에서 재인용.

2. 리더십의 성격

리더십이란 단순한 일방적인 행동이 아니라, 많은 지휘(leading)와 추종(following) 행동의 흐름이다. 따라서 리더십은 다음과 같은 특성을 갖는다.[9)]

첫째, 리더십은 자발적인 추종을 전제로 한다 그러한 의미에서 리더십과 헤드십(headship)은 구별된다. 소위 회장, 사장, 부장 같은 우두머리(head)의 직위에 있다고 해서 모두 리더가 되는 것은 아니며, 사장의 명령을 하급자가 따르고 행동한다고 해서 그 사람이 반드시 리더십이 있다고 말할 수는 없다. 부하들이 존경심에서 사장 개인을 자발적을 추종하는 것인지 아니면 단순히 명령을 수행하는 것인지는 구별해야 한다.

둘째 리더와 경영자는 다르다. 효율적인 리더라고 해서 유능한 경영자를 의미하는 것은 아니며, 경영자라고 해서 리더십이 자동적으로 이루어지는 것도 아니다. 따라서 모든 경영자가 리더는 아닌 것이다. 예를 들면 Herman Miller, Federal Express, General Mills 회사와 같은 많은 기업에 있어서 작업팀 구성원은 그들 자신의 리더를 선출하게 되는데, 그들은 리더십 역할을 수행하는 팀의 리더이지 결코 경영자는 아닌 것이다.

셋째, 모든 수준의 경영자는 리더십 역할을 수행해야 한다. 리더와 경영자가 반드시 같은 개념이 아니듯이 리더십 활동과 경영활동이 서로 구분되고 있을지라도, 리더십 활동이 경영자의 중요한 역할이 되는 것은 사실이다.

따라서 리더는 다음과 같은 세 가지 조건을 갖추어야 훌륭한 리더라고 할 수 있다.

① 비전이 있어야 한다. 즉, 조직이 가야 할 방향을 다른 사람보다 더 정확히 알고 이를 제시할 수 있어야 한다.
② 조직구성원으로부터 인간적인 신뢰를 얻을 수 있어야 한다.
③ 충성과 지지가 있어야 한다. 즉, 구성원들의 열성과 행동으로 전폭적인 지지를 얻을 수 있어야 한다.

9) 신철우, 전게서, p. 384.

3. 리더십 이론

경영사적으로 보았을 때 서구에서 리더십에 대한 연구가 본격화 된 것은 1940년대부터라고 할 수 있는데 지금까지 매우 다양한 연구가 이루어져 왔다. 리더십에 대한 다양한 이론이나 연구가 기본적으로 추구하는 바는 리더십의 본질과 리더십의 행사결과에 포함될 수 있는 다양한 요인들을 설명하고자 하는데 있다. 이러한 면에서 보았을 때 어떠한 이론들이 다른 이론에 비하여 보다 실제적이라든가, 쓸모없는 것이라든가 하는 결론을 쉽사리 유도하기는 어려운 것이 사실이다. 이는 리더십에 관한 지금까지 연구의 흐름이 시대적 상황과 밀접한 연관성을 지니고 있을 뿐만 아니라, 연구의 축적과 비판, 새로운 시도 등의 연속적인 과정에 의하여 보다 세련된 형태로 다듬어지거나 새로운 이론을 창출하는 결과를 가져왔다고 볼 수 있기 때문이다.

따라서 리더십과 관련된 다양한 연구의 흐름을 어떤 규범적인 틀에 맞추어 정리하기란 대단히 어려운 일이지만, 대부분의 리더십연구는 크게 특성론적 접근, 행위론적 접근, 상황적응론적 접근 등의 세 가지 차원에서 분석되어질 수 있다.

1) 특성론적 접근

1930년대부터 1950년대에 이르는 리더십 초기연구의 대부분은 지도자의 개인적 자질과 특성을 개발하는데 초점이 맞추어 졌는데, 만약 지도자가 그의 추종자들과는 다른 천부적인 재능을 부여받는 것이라면 그와 같은 자질을 인식할 수 있다는 가정이 리더십에 대한 특성이론(trait theory)을 출발시키는 계기가 되었다. 특성이론에 따를 경우 이러한 특성을 지닌 사람은 상황에 관계없이 훌륭한 지도자가 될 수 있으며, 이러한 특성을 지니지 않은 사람은 결코 지도자가 될 수 없다는 전제가 깔려있다.

특성연구의 대가인 스톡딜(R. M. Stogdill)은 1948년 이후에 발표한 논문에서 지도자의 특성을 다음과 같이 여섯 가지의 범주로 구분하였다.

① **신체적 특성 :** 체중, 연령, 신장, 외모 등

② **사회적 배경 :** 교육, 사회적 지위, 기동성 등

③ **지능 :** 판단력, 결단력, 언변 등
④ **성격 :** 자신감, 진취성, 지배성, 적응성 등
⑤ **과업관련 특성 :** 주도성, 책임감, 성취욕구, 안전욕구 등
⑥ **사회적 특성 :** 협동성, 인간관계 능력, 통합력, 감독능력 등

또한 스톡딜은 한 개인이 어떤 특성(traits)을 소유하고 있기 때문만으로 지도자가 되는 것이 아니기 때문에 오히려 지도자가 가지고 있는 특성들은 그 지도자가 활동하고 있는 상황에 적합하여야 한다고 강조했다.[10)]

지도자에 대한 특성접근법은 다음과 같은 몇 가지 한계점을 노출시키고 있다.[11)]

첫째, 연구가 계속 진행됨에 따라 리더(지도자)의 특성에 대한 학자마다의 견해가 다른 동시에 특성의 수가 무제한 증가하였다. 따라서 리더(지도자)가 구비해야 할 공통의 특성을 일반화 하기가 어렵다. 예컨대 판매부서의 성공적 리더(지도자)의 성격적 특성은 사교적이며, 위험을 선호하고, 충동적이며, 과시적이며, 자기중심적이다. 그러나 이러한 성격은 우수한 스포츠팀의 코치나 감독에게서 찾아볼 수 없다. 오히려 그들은 확신에 차 있고, 권력지향적이며, 애타적인 성격을 지닌 경우가 많다.

둘째, 리더(지도자)의 특성과 리더십의 유효성 간의 관계에 대해 각 연구마다 일관성 있는 결과가 나타나지 않았다. 따라서 리더십의 성과에 대한 각 특성의 예측성이 의문시되었다. 리더십의 특성 요인은 부하들이나 추종자들에게 영향을 미치는 데 있어서 단편적으로 작용하기보다 복합적으로 작용하는 경우가 대부분이다.

셋째, 리더십을 설명함에 있어 개인적 특성만으로는 설득력이 부족함이 밝혀지게 되었다. 리더십의 특성이론은 유능한 리더(지도자)가 그들의 직무를 수행함에 있어 실제로 무슨 일을 하는지 파악하는 데 용이하지 않다. 이를 위해서는 유능한 리더(지도자)와 무능한 리더(지도자)를 오랜 동안 관찰할 필요가 있다.

그리하여 연구자들은 ① 리더십과정에서 실제로 표출되는 리더(지도자)의 행동과, ② 리더십의 성과에 영향을 미치는 상황이 리더십의 설명에 더 적절하다는 주장을 제기하였다. 이러한 주장의 배경에는 리더(지도자)의 능력이 선천적 요인보다 후천적인 학습·경험을 통해 개발될 수 있다는 행태학파나 리더십의 유효성이 상황에 따라 다를 것이라는 상황조건이론이 대두된 때문이다.

---

10) P. G. Northouse, 김남현 역, 전게서, p. 26.
11) 김영규, 전게서, pp. 303~304.

이처럼 20세기 중반에 와서 특성연구는 리더십 특성의 보편성에 의문을 제기했던 연구들에 의해 도전을 받게 되어 위축되게 되었다. 그러나 특성연구의 흐름은 처음에는 위인의 자질을 확인하는 것을 강조하는 것으로 시작되었고 지도자의 행동스타일의 연구로 바뀌었다가 최근에 와서는 효과적인 리더십에 대한 영향을 미치는 개인 특성의 중요한 역할을 다시 강조하는 방향으로 되돌아오고 있다.

2) 행위론적 접근

행위론적 접근에서는 특성이론의 문제와 한계를 극복하기 위해서 지도자의 개인 특성보다는 지도자의 실제 행동에 초점을 두고 접근한 이론으로서 타인들에 대해 효과적으로 영향을 미치는 소위 리더십 스타일이라고 하는 행위유형을 찾아내고자 하는 방향으로 연구의 초점을 두었다. 즉, 리더십이란 기본적으로 일반적인 두 가지 행동으로 이루어져 있는데, 리더십 행동이란 과업행동(task behavior)과 관계성 행동(relationship behavior)을 말한다. 이 중 과업행동은 목표달성을 촉진하는 행동이고, 관계성 행동이란 하위자들이 서로 간에 좋은 인간관계를 가지고 잘 지내도록 도와주며 일터에서 만족을 느끼도록 도와주는 행동이다. 그런데 리더십 유형에 대한 연구의 주요 목적은 지도자가 어떻게 하면 이들 두 가지 유형의 행동을 조합하여 하위자들의 과업목표를 위한 노력에 영향을 미칠 것인가를 설명하는데 있다.[12)]

이들에 대한 대표적인 연구들로는 아이오와(Iowa) 대학모형, 리커트(R. Likert) 등을 중심으로 한 미시간 대학의 연구팀에 의해 이루어진 리더십스타일 연구(직무중심-종업원중심), 스톡딜(R. Stogdill) 및 플래쉬맨(E. A. Fleishman) 등을 중심으로 이루어진 오하이오 주립대학의 리더십 유형연구(구조주도-배려), 블레이크(R. R. Blake)와 모우톤(J. S. Mouton) 등에 의한 관리격자(Managerial Grid)이론 등이 있다.

(1) 아이오와 대학모형(Iowa 대학 아동복지연구소의 실험)

집단역학으로 유명한 Iowa 대학의 르윈(Kurt Lewin)의 지도 하에 립피트와 화이트(R. Lippitt and R. K. White)는 지도자의 행동유형을 전제형(autocratic type) · 민주형(democratic type) · 자유방임형(laissez-faire type)으로 구분하였

---

12) P. G. Northouse, 김남현 역, 전게서, p. 93.

다.[13] 그리고 10대 어린이 5명씩으로 클럽을 구성하여 리더십유형의 변화에 따른 소년들의 행동반응을 실험하여 다음의 결과를 얻었다.

민주형 지도자는 그룹에 의한 의사결정을 하며, 그룹이 작업방법을 선택하도록 하고, 총체적 목표를 알게 하며, 격려의 수단으로서 자신의 견해를 피력한다. 따라서 집단구성원의 연대감, 작업에 대한 흥미, 작업의 만족도가 높았고, 집단작업에의 적극적인 참여 및 작업성과도 좋았다. 한편 전제형 지도자는 일방적으로 결정을 내리며, 작업방법을 지시하고, 꼭 필요한 부분의 목표만을 부하가 알도록 하며, 종종 벌로서 부하를 다스리는 경향이 있다. 따라서 작업성과는 민주형지도자의 집단성과와 그다지 차이는 없었으나 집단구성원의 연대감과 협력은 가장 낮고 지도자에 대한 불만은 동료사회에서 약자를 괴롭히는 결과를 보였다. 그리고 이런 경향은 지도자의 부재시에 현저하게 나타났다. 또한 자유방임형 지도자는 그룹들에게 완벽한 자유를 주고 그들 스스로가 문제를 해결하도록 하는 특징이 있다.

이 실험에서 리더십 유형의 차이가 집단에 영향을 미치고 있다는 것이 명백하게 되었다. 또 라토나(S. C. Latona)의 조사연구에 따르면 리더십의 유형과 생산성의 관계는 민주형 리더십이 가장 생산적이라고 하고, 로젠바움(L. L. Rosenbaum)은 위기적 상황에서는 전제형 리더십이 종업원의 사기와 생산성을 더 높여 주었다고 보고하고 있다.[14]

(2) 미시간(Michigan) 대학모형

르윈 등에 의해 강조된 민주적 리더십 스타일의 유용성에 입각하여 리커트를 비롯한 Michigan 대학의 학자들은 다른 연구방법을 채택하였다. 르윈 등의 방법이 지도자를 먼저 교육시킨 후 집단에 투입한 결과를 추적한 것임에 반해서, Michigan 대학 팀의 방법은 기업・군대・정부기관으로부터 유능한 리더(지도자)와 무능한 리더(지도자)를 먼저 선택한 후 이들이 어떻게 행동하는가를 분석하였다. 이 조사에 적용된 효과적 리더십의 측정기준은 노동시간단위당 생산성, 조직구성원의 직무만족도, 결근율 및 이직률, 비용의 크기, 그리고 종업원과 경영자의 동기부여의 정도 등이었다.

---

13) K. Lewin and R. Lippit, "An Experimental Approach to the Study of Autocracy and Democracy: A Preliminary Note", *Sociometry*, vol. 1,1938, pp. 292~300. 정수영, 신경영학원론 제8전정판, 박영사, 1997, p. 523에서 재인용.

14) 신철우, 전게서, p. 390.

지도자와 부하들에 대한 인터뷰와 설문조사를 통하여, Michigan 대학의 학자들은 종업원지향(employee orientation)과 생산지향(production orientation)이라고 지칭되는 두 가지 형태의 지휘유형을 확인하였다.[15)]

종업원지향은 종업원들에 대하여 좋은 인간관계를 강조하는 지도자들의 행동을 말한다. 종업원지향의 지도자들은 인간으로서의 종업원들에 대한 관심이 크고, 그들의 개성을 가치 있게 여기며, 종업원 개개인의 욕구에 특별한 관심을 보인다. 또 종업원지향의 지도자들은 그들의 의사결정역할을 과감하게 종업원들에게 위양하여 종업원들이 만족감을 느끼도록 도와주어야 한다는 신념을 갖고 있으며 부하직원들의 진급 · 성장 그리고 성취감에 깊은 관심을 표명한다. 이와 같은 지도자 밑에서는 집단(group)의 형성과 발전이 쉽게 이루어진다.

생산지향의 지도자는 직무의 기술적 측면과 생산측면을 강조하는데 종업원들을 조직목표를 달성하기 위한 도구로 보았다. 따라서 부하들이 예시된 절차에 따라 직무를 수행하도록 깊이 간여한다. 또 추종자들의 행동과 작업에 영향을 미치기 위하여 강압적 · 보상적 · 합법적 권력을 사용하기도 한다. 사람들에 대한 지나친 관심은 경영자들이 감당할 수 없는 불필요한 사치품으로 간주되었다.

Michigan대학모형의 한계점은 그것이 직무와 사람이라는 단지 두 기지 측면의 리더십을 강조하였을 뿐 어떤 유형의 리더십이 가장 효과적이라는 것은 보여주지 못했다는 것이다. 또한 종업원 지향의 지휘유형을 선택한 지도자조차 그것의 진정한 의미를 '종업원에게 잘 대해주라'라고만 알고 있을 뿐 진정으로 강조되어야 할 '높은 직무목표의 설정'의 의미를 망각하기 쉬운 단점이 있다.

(3) 오하이오(Ohio) 주립대학모형

Ohio 주립대학에서는 1945년부터 리더십에 관한 연구가 시작되었는데, 핼핀과 위너(A. W. Halpin and B. J. Winer)는 지도자행동기술질문표(leader behavior description questionnaire : LBDQ)를 개발하여 민간인과 군인들을 대상으로 그들의 감독자의 행동을 기술하게 하였다.

인자분석의 결과 배려, 감수성, 생산중시, 구조주도의 4인자가 추출되었고 그 중에서 구조주도와 인간배려의 두 인자로 지도자 행동의 83%가 설명될 수 있다고

15) Rensis Likert, *New Patterns of Management*, New York: McGraw-Hill, 1961. 김영규, 전게서, pp. 305~307에서 재인용.

주장하였다.[16]

여기서 구조주도(initiating structure)행동은 기본적으로 과업행동인데 지도자 자신과 작업집단의 성원과의 관계를 형성하고 뚜렷한 조직의 양상, 의사소통의 경로, 절차방법을 확인하려고 노력하는 지도자의 행동을 말하고, 배려(consideration)행동은 기본적으로 관계성 행동인데 지도자와 집단구성원과의 우정 · 상호신뢰 · 존경 · 온정을 나타내는 행동을 말한다.

Ohio 주립대학의 연구팀은 구조주도형 스타일과 인간배려형 스타일의 두 개의 스타일 요소의 상호 결합을 [그림 10-6]과 같은 사분위도(四分位圖)로 나타내고 있다.[17]

그림 10-6. 배려형구조주도형 리더십의 4분위도

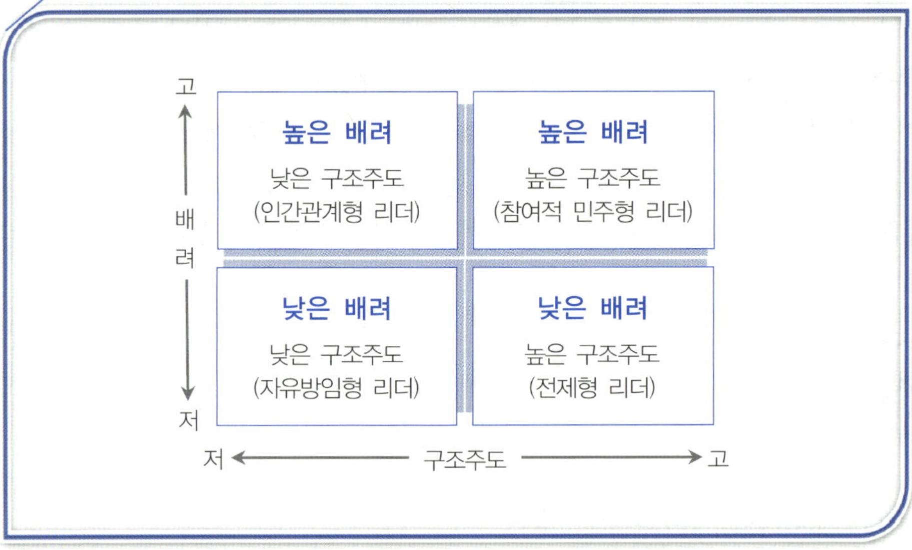

자료 : P. Hersey and Blanchard, Management of Organizational Behavior, Englewood Cliff, N. J. : Prentice-Hall Inc., 1982, p. 86, 신철우, 전게서, p. 392에서 재인용.

[그림 10-6]에서 직무도 철두철미 수행하면서 부하들은 신뢰와 인격으로 대하는 '1'형이 가장 바람직한 리더(지도자)인 반면, '4'형의 리더(지도자)는 기피해야 하

16) R.M. Stogdill and A. E. Coons(ed.), Leader Behavior:Its Description and Measurement, Research Monograph No.88(Columbus, Ohio: Bureau of Business Research, The Ohio State University, 1957). 정수영, 전게서, p. 524에서 재인용.

17) 김영규, 전게서, pp. 307~308에서 散見.

는 리더(지도자)이다. 그러나 구조라는 요소와 인간이라는 요소를 리더(지도자)가 동시에 해결하기 어려운 측면이 있기 때문에 대부분의 리더(지도자)는 '2'나 '3'형인 경우가 많다.

Ohio 주립대학의 리더십모형은 다음과 같은 취약점이 있다. 즉, 모형이 지나치게 단순하고, 일반화 시키고 어렵고, 리더십의 유효성을 측정하는 데 지나치게 설문조사에 의존한다는 점이다. 설문조사의 결과는 특히 모형의 타당성을 왜곡시키기 쉬운데, 그 이유는 리더(지도자)를 잘 알고 있는 부하들이 리더(지도자)에 관한 응답을 할 때 현저한 편의가 발생할 수 있기 때문이다. 또한 구조주도와 인간배려라는 단순요소가 큰 장점일 수 있으나 리더십의 유효성을 결정하는 데 중요한 역할을 하는 환경변수나 상황의 요소가 무시되는 약점이 있다.

(4) 관리격자(mangerial grid) 모형

관리격자이론은 1968년에 텍사스 대학의 블레이크와 모우톤(R.R. Blake and J.S. Mouton)에 의해 개발되었는데[18] 이는 Ohio 주립대 팀의 구조주도형과 인간배려형의 2차원적 기준에 의한 네 가지 리더십유형을 더욱 구체화 시켜 현재 리더(지도자)의 행동을 어떤 방향으로 개선해야 하는 것인가를 알려줄 수 있는 이론이다.

그들은 [그림 10-7]과 같이 관리격자를 만들어 리더(지도자)가 지향할 수 있는 방향을 생산과 인간에 대한 관심의 2차원으로 구분하였다. 그 다음에 각 차원을 관심의 정도에 따라 9등급으로 나누어 전체적으로 81개의 격자를 구성하였다. 이 때 다음의 다섯 가지 유형이 기본적인 리더십유형이 된다.

① (1.1) **무관심형**(impoverished: 무책임 · 방임형, 방관형) 생산과 인간에 대한 관심이 모두 무관심한 유형으로서 리더(지도자) 자신의 직분을 유지하는 데 필요한 최소의 노력만을 투입하는 유형이다.

② (9.1) **생산지향형**(task : 과업형, 권한순응형) 과업경영자형으로 인간에 대한 관심은 적고 생산에 대해 최대의 관심을 갖는 행동유형이다.

18) Robert R. Blake and J.S. Mouton, *The Managerial Grid*, Houston: Gulf Publishing Co., 1964, p. 10. 정수영, 전정판 경영학대사전, 박영사 2000. pp. 1099~1100에서 散見. 김영규, 전게서, pp. 307~308에서 散見. 신철우, 전게서, pp. 393~394에서 散見.

그림 10-7. 관리격자의 리더행동 유형

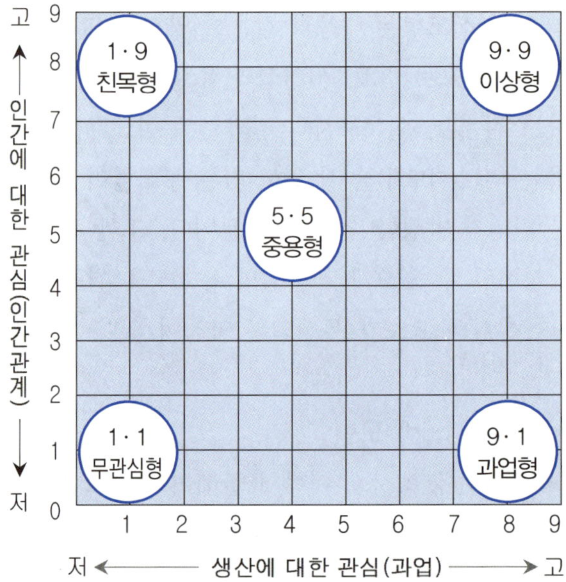

③ (1.9) **인간중심지향형**(country club : 친목형, 컨트리클럽형)　인간에 대한 관심이 매우 높고 생산에 대한 관심은 매우 낮아 구성원의 만족과 친밀한 분위기를 조성하는 데 노력하는 행동유형이다.

④ (5.5) **중용형**(middle of the road : 절충형, 중도형)　과업의 능률과 인간적 요소를 절충하여 적당한 수준의 성과를 지향하는 행동유형이다.

⑤ (9.9) **이상형**(team : 팀형)　인간과 생산에 모두 최대의 관심을 가지고 있는 최고의 리더십유형으로 구성원들과 조직체의 공동목표와 상로 의존관계를 강조하고 상로 신뢰적인 행동유형이다.

관리격자이론은 기업에서 경영자의 실제 리더십개발에 많이 적용되고 있다. 우선 격자개념에 의하여 경영자의 리더십유형을 측정하고, (9.9)의 이상형을 목표로 하여 체계적이고 단계적인 리더(지도자)행동개발 프로그램이 많이 활용되고 있다.

3) 상황론적 접근

상황론적 접근은 특성이론과 리더십 유형에 있어서의 일관되지 못한 연구결과를 설명하고자 하는 시도 하에서 출발하여 이론적 기반을 형성하였다. 특성이론에 있어서도 상황적 요소가 고려되어야 한다는 것을 인식하였듯이, 리더십 유형의 유효성 또한 상황에 따라 다르다는 것을 상황론적 접근에서는 가정하였다. 즉, 상황이 변화되면 상이한 리더십 유형이 유효성을 지니게 되는 것이다. 따라서 상황이론에 있어서 가장 핵심적인 부분은 상황이란 무엇인가라는 점과 리더십 유형이 유효성을 지니는 상황적 조건을 구체적으로 밝히고자 하는데 있었다.

지도자의 행동에 영향을 주는 상황변수는 지도자의 행동특성, 부하의 행동특성, 과업과 집단특성, 조직구조특성 등이 있다.

① **지도자의 행동특성** : 지도자 행동에 작용하는 지도자의 성격, 욕구, 동기, 과거의 경험, 강화작용 등을 포함.
② **부하의 행동특성** : 부하의 행동에 영향을 주는 성격, 욕구, 동기, 과거의 경험, 강화작용 등을 포함.
③ **과업과 집단특성** : 과업의 내용과 명료성, 집단의 규범, 구성원 간의 신분서열, 응집성 등 지도자의 행동과 효과에 영향을 주는 과업의 성격과 집단요소 포함.
④ **조직구조특성** : 지도자의 권력기반, 규율과 절차, 준거조직구조, 기술, 의사결정상의 시간적 압박 등 지도자의 행동과 효과에 영향을 주는 조직체요소.

상황이론에서는 이러한 환경요소를 중심으로 리더십 상황을 유형화 하고 리더십 과정에서 이들 요소의 역할과 리더십의 효과를 분석하고 있다.

한편 상황론적 리더십 이론은 레딘(Reddin)의 3-D 관리유형이론(3-D management style theory)을 바탕으로 하여 허시(Hersey)와 블랜챠드(Blanchard)에 의해 개발되었는데, 피들러(Fiedler)의 리더십 상황모델, 하우스(R.House)에 의해 제시된 목표-경로이론(Path-Goal Theory) 등이 상황이론의 대표적인 연구라 할 수 있다.

(1) 허시와 블랜차드의 상황이론(리더십의 수명주기이론)

효과적인 리더십은 부하의 욕구를 얼마나 잘 충족시켜주느냐에 달렸다는 전제하에 허시와 블랜차드(Hersey and Blanchard)는 지도자와 부하 간의 상호 조화관계를 중요시하고, 부하들의 성숙도에 따른 효과적인 리더십행동을 분석하여 리

더십의 수명주기이론을 발표하였다.[19]

그들은 지도자의 행위를 과업행위과 관계행위의 두 개의 차원으로 분류하고 여기에 상황요인으로서 구성원의 성숙도(maturity)를 추가하였다. 즉, 이들은 효과적인 리더가 되기 위해서는 여러 상황에 적응할 수 있는 리더십이 필요한데, 부하들의 발전과 성숙도가 리더십의 유효성에 대하여 결정적인 상황요인으로 작용한다는 것이다. 여기서 성숙도란 달성 가능한 목표를 설정할 수 있는 능력, 기꺼이 책임질 수 있는 능력, 교육수준과 경험 등으로 정의하고 있다.

이들의 상황이론은 과업행위, 관계행위 및 구성원의 성숙도의 세 차원으로 구성되는데, 리더십의 유효성과 성숙도와의 관계는 [그림 10-8]에서 보는 것과 같다.

그림 10-8. 허시와 블랜차드의 모델

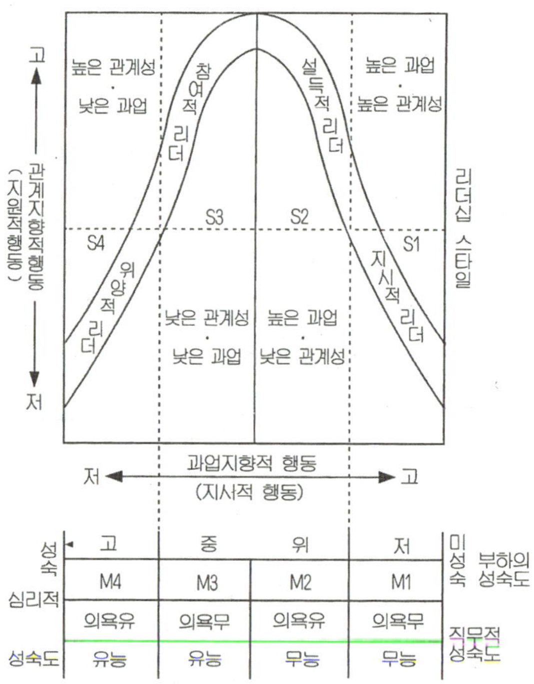

자료: P. Hersey, K. H. Blanchard, and R. K. Hambleton, *Contracting for Leadership Style*, in P. Hersey and J. Stinson, ed., *Perceptives in Leader Effectiveness*, 1980, Ohio University Press, p. 102. 신철우, 전게서, p. 401에서 재인용

19) Paul Hersy and Kenneth H. Blanchard, Management of Organizational Behavior, 4th ed.(Englewood Cliffs, NJ: Prentice-Hall, 1982).

[그림 10-8]에서 리더십 유형은 과업행위와 관계행위의 두 개의 차원을 축으로 한 4분면으로 분류하고 여기에 구성원의 성숙도를 그 발전정도에 따라 종모양의 곡선으로 표시하고 있는데, 이는 구성원들의 성숙수준이 미성숙상태에서 성숙상태로 발전되어감에 따라 거기에 적합한 리더십 유형도 그 곡선의 방향을 따라 변화하여 간다는 것을 나타낸다. 즉, 리더십 구성원의 성숙도가 $M_1 \rightarrow M_2 \rightarrow M_3 \rightarrow M_4$로 발전되어감에 따라 리더십 스타일도 구성원들의 성숙도에 적합하게 지시적→ 설득적→ 참여적→ 위임적으로 적응시켜 나갈 때 가장 효과적으로 된다는 것이다.

여기서 4가지 지도자의 행동유형은 다음과 같다.

① **지시적**(telling) : 지도자유형은 과업지향성은 높지만 관계지향성은 낮은 지도자로서 부하에 대해 구체적인 명령·지시를 내리고 업무수행을 면밀히 검토한다.

② **설득적**(selling) : 지도자유형은 과업지향성과 관계지향성 모두가 높은 지도자로서 정보교환 및 사회적 지원을 통하여 부하가 지도자의 지시를 심리적으로 저항없이 수용하도록 노력하게 된다.

③ **참여적**(participating) : 지도자유형은 관계지향성은 높지만 과업지향성은 낮은 지도자로서 부하들과의 원만한 관계와 부하들의 생각을 의사결정에 반영시키는 지도자를 말한다.

④ **위양적**(delegation) : 지도자유형은 과업지향성과 관계지향성 모두가 낮은 지도자로서 부하의 과업성숙도 및 심리적 성숙도가 가장 높은 단계이므로 지도자는 권한과 권한을 부하에게 대폭 위양하게 된다. 따라서 지도자는 지시도 지원도 거의 하지 않으며 부하 자신의 자율적 행동과 자기통제에 의존하게 된다.

(2) 피들러의 상황적합성이론(contingency theory)

일리노이 대학의 피들러(Fiedler)는 리더십은 상황요인에 따라 그 유형이 달라질 수 있으며, 리더십의 유효성은 지도자와 집단구성원이 처해 있는 상황의 적합성에 따라 결정된다고 주장하였다. 그의 이론은 지도자의 유형에 상황을 결합시킨 것으로서 성공적인 리더십은 리더십 유형과 상황이 적절하게 결합됨으로써 이루어질 수 있다는 것이다. 그는 리더십행동에 영향을 미치는 상황변수를 상황적 호의성(favorableness of situation)이라 부르고, 상황변수로서 다음의 세 가지를 들고 있다.

① **지도자와 구성원의 관계**(leader-member relation) : 이는 집단의 분위기를 의미하는 요소로서 집단구성원들이 지도자를 수용하는지의 여부, 또는 지도자가 집단구성원들에 의하여 받아들여지고 있는지의 여부를 나타낸다. 즉, 지도자가 구성원들과 좋은 관계를 갖느냐 나쁜 관계를 갖느냐 하는 상황이 지도자에게 호의적이냐 또는 비호의적이냐를 결정하는 중요한 요소가 된다는 것이다.

② **과업구조**(task structure) : 과업의 목표나 절차 또는 지침이 명확하게 규정된 정도를 의미한다. 과업의 구조화 정도는 목표의 명확성, 목표를 달성하는데 필요한 수단의 다양성, 의사결정의 타당성과 구체성(specificity) 등에 의해 결정되는데, 과업이 구조화 되어 있을수록 그 상황은 지도자에게 호의적이라고 할 수 있다. 왜냐하면 지도자가 무엇을, 무엇 때문에, 그리고 누구에 의해서 해야 하는가를 쉽게 결정할 수 있기 때문이다.

③ **지도자의 직위권력**(leader's position power) : 이는 지도자가 그의 직위를 통하여 구성원들에게 각종 권한을 행사할 수 있는 정도를 말한다. 지도자의 직위권한은 지도자의 공식적・합법적・강압적 권력 등에 의하여 결정되는데, 이러한 직위권한이 강하면 강할수록 그 상황은 지도자에게 호의적이라는 것이다.

이상의 세 가지 요소의 조합이 지도자에 대한 상황의 호의성을 결정하게 되는데 이러한 요소의 조합은 그 결합방법에 따라 상황이 지도자에게 가장 호의적인 데서부터 가장 비호의적인 데까지 모두 여덟 가지의 상황이 나올 수 있다.

또 피들러는 리더십 유형을 과업지향형(task-oriented)리더십과 인간관계지향적(human relations-oriented)리더십의 두 가지로 구분하고, 어떤 지도자가 과업지향적인가 또는 인간관계지향적인가를 결정하기 위하여 LPC(least preferred co-worker) 점수에 의하여 지도자의 리더십 특성을 분류하였다. LPC 점수는 지도자에게 가장 싫어하는 동료작업자에 대해 물어봄으로써 결정되는데 8점 척도로서 20개의 문항에 대한 점수를 집약하여 산출한다. LPC 점수가 낮은 지도자는 자기가 가장 싫어하는 동료작업자에 대해 부정적인 생각을 가지며 과업지향적일 가능성이 크다고 할 수 있다.

피들러는 이와 같이 상황과 리더십 특성을 분류한 후에 각 상황에 적합한 리더십을 발견해 내려 하였는데, 그 연구결과는 [그림 10-9]에서 보는 것과 같다. 즉, '과업지향적'인 지도자는 '가장 호의적인 상황'과 '가장 비호의적인 상황'에서 가장 효과적인 경향이 있다. 반면에 '관계지향적'인 지도자는 '호의성이 중간정도인 상황'에서 가장 효과적인 경향이 있다.

그림 10-9. 피들러의 리더십과 상황과의 관계

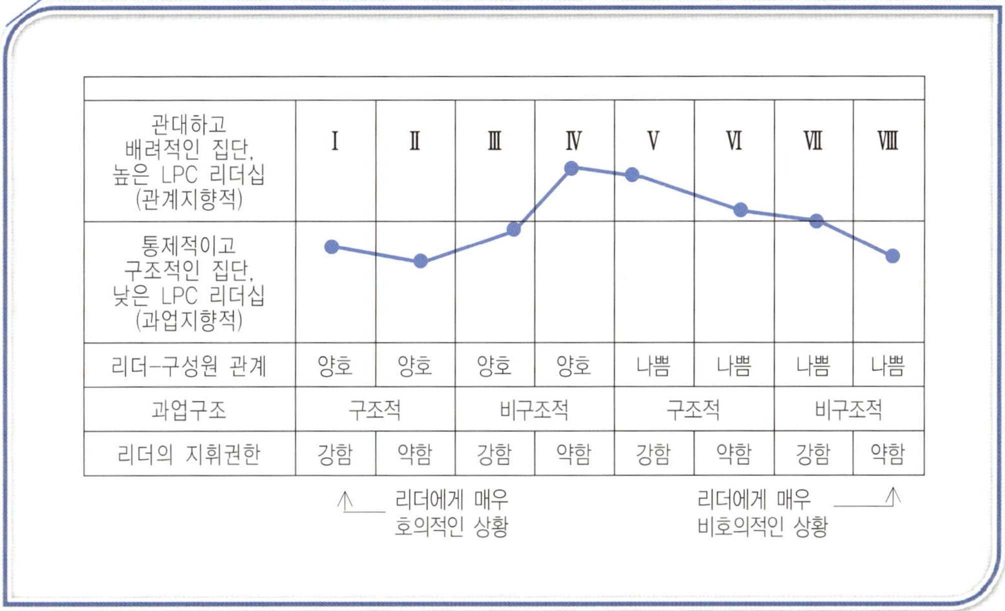

자료 : 정동섭 외 3인, 전게서, p. 379.

피들러의 이론에 따르면 어떠한 상황 하에서라도 모두 효과적으로 적용할 수 있는 리더십 스타일은 존재하지 않는다. 따라서 그러한 비효과적인 리더십 스타일을 효과적인 것이 되도록 하기 위해서는 상황을 바꾸는 일부터 시작해야 한다고 주장한다. 예컨대 지도자와 구성원의 관계, 과업구조, 지도자의 직위권력 등을 리더십 스타일에 맞도록 변화시키면 된다는 것이다. 그러나 피들러의 리더십 상황이론은 상황변수가 복잡하고 LPC 점수의 타당성 및 신뢰성에 대한 문제점을 중심으로 많은 비판을 받기도 한다.

(3) 하우스의 경로-목표이론

하우스(R. House)에 의해 개발된 경로-목표이론(Path-goal theory)은 부하들의 작업목표와 개인목표 그리고 목표달성에 대한 지각에 지도자가 어떻게 영향을 미치느냐 하는 측면에 초점을 두고 있다.

이 이론은 조직의 성과는 부하들에 의해 달성된다는 것을 기본 전제로 하고 있다. 따라서 효과적인 지도자란 부하들이 열심히 일하도록 동기부여시킬 수 있는 사람이어야 한다는 것을 강조한다. 그런데 지도자가 부하들을 동기부여시키기 위해서는 무엇인가 그들이 추구하고 있는 목표를 효과적으로 달성할 수 있도록 도움을 주어야 한다. 왜냐하면 부하들이 지도자의 행위가 그들의 목표달성에 도움이 된다고 지각할 경우에 한해서 그들은 지도자의 영향력을 잘 받아들이게 되며, 나아가 만족과 더불어 조직의 성과에 기여할 수 있기 때문이다. 즉, 하우스는 지도자의 역할은 부하들이 높은 목표를 세우고 자신감을 가지고 노력하여 성공적으로 과업을 수행함으로써 원하는 보상을 받을 수 있도록 경로를 명확히 해주는 것이라고 보았다.

한편 경로–목표이론의 상황요인으로 부하의 특성과 환경적 요인은 다음과 같다.

① **부하의 특성**

리더십 유형에 영향을 미치는 하급자의 특성 중에는 능력, 통제의 위치, 욕구 등을 대표적으로 들 수 있다.

첫째, 능력은 부하 자신이 자기의 능력을 어떻게 평가하느냐에 따라 지도자에 대한 태도가 달라진다는 것이다. 즉, 능력이 있다고 판단되는 부하들은 지시적 지도자보다는 성취지향적 지도자를 더 선호하게 된다.

둘째, 통제의 위치에서는, 내재론자들은 참여적 지도자에 호의적인 경향을 보이는데 비해 외재론자들은 지시적 지도자에 만족감을 보이는 경향이 있다.

셋째, 욕구에서는 친교욕구가 강한 부하들은 성취지향적 지도자에게 호의적인 경향을 나타낼 것이다.

② **환경적 특성**

리더십 유형에 영향을 미치는 환경적 요인에는 과업의 구조화 정도, 작업집단의 성격, 조직체 요소 등이 있다.

첫째, 과업의 구조화 정도로서, 부하의 과업이 구조적인 성격을 지니고 있을수록 후원적 또는 참여적 지도자행동이 만족스러울 것이고, 과업성격이 비구조적일수록 지시적인 지도자를 받아들일 것이다. 또한 과업내용과 부하와의 일치성도 리더십 유형의 선택에 영향을 미친다. 즉, 부하의 욕구동기와 과업이 잘 맞는 경우에는 성취지향적이고 참여적인 지도자행동이 만족스러울 것이며, 상호간에 마찰이 있는 경우에는 지시적인 지도자행동이 더 만족스러울 것이다.

둘째, 작업집단의 성격으로서, 집단이 형성 초기에는 비교적 지시적 지도자가 효과적이겠지만, 집단행동이 안정되고 상호간의 신분서열도 정착된 상태에서는 집단의 범위에 따라서 후원적이고 참여적인 지도자가 더 만족스러울 것이다.

셋째, 조직체 요소로서, 이는 방침, 규율, 절차, 시간적 압박, 불확실성 등 과업환경에 영향을 주는 요소들을 포함한다. 방침–규율–절차가 이미 명백하고 이에 따라서 모든 과업이 수행되는 경우에는 지시적 지도자가 요구되지 않는다. 그 반면에 비상사태나 시간적 압박이 클 때에는 참여적 지도자보다도 지시적 지도자행동이 요구된다. 그리고 불확실한 상황에서는 의사결정과정에 있어서 참여적 지도자행동이 더욱 많이 요구된다.

[그림 10–10]에서 보는 것과 같이 하우스의 경로–목표이론은 경로를 안내하는 과정에서 지도자가 부하들에게 보여줄 수 있는 네 가지의 리더십 유형을 제시하고 있는데, 이들 각각의 리더십 유형은 어느 것도 유효한 것이 될 수 있으며 그것은 두 가지 상황요인(부하의 특성과 환경적 요인)에 의해 좌우된다고 보고 있다. 즉, 효과적인 리더십은 지도자와 상황요인의 상호작용의 함수라는 가정에서 출발하고 있다.

① **지시적 리더십**(directive leadership) : 이는 지도자가 하급자의 활동을 계획·조직·통제하는 주도적 구조(initiation structure)의 리더십 스타일을 말한다. 이와 같은 스타일은 과업구조가 명확하지 않고 모호하거나, 부하들이 지도자에게 복종적이고 의존적인 욕구를 가질 경우, 그리고 지도자가 강력한 직위권력을 가지고 있을 경우에 효과적이라고 할 수 있다.

② **지원적 리더십**(supportive leadership) : 이는 부하들의 복지와 후생에 관심을 가지며 지원적 분위기 조성에 노력하는 리더십 스타일을 말한다. 이와 같은 스타일은 과업이 구조화 되어 있거나, 부하들이 높은 사회적 욕구를 지니고 있을 때, 그리고 부하들 간에 상호작용이 필요한 경우에 효과적이라고 할 수 있다.

③ **참여적 리더십**(participative leadership) : 이는 부하들에게 정보를 제공하

고 의사결정에 있어서 그들의 아이디어와 제안을 끌어내어 이를 진지하게 고려하는 리더십 스타일을 말한다. 이러한 스타일은 과업이 내재적 동기를 유발할 수 있는 특성을 가질 때, 부하들의 자존심과 성취욕구가 강할 때, 그리고 개인과 조직의 목표가 양립하는 경우에 효과적이라고 할 수 있다.

④ **성취지향적 리더십**(achievement oriented leadership) : 이는 지도자가 도전적인 목표를 설정하고 성과를 강조하며 부하들이 최대한의 능력을 발휘할 것을 기대하는 리더십 스타일을 말한다. 이러한 스타일이 효과적일 수 있는 상황은 참여적 리더십의 경우와 유사하다.

그림 10-10. 경로-목표 리더십과정

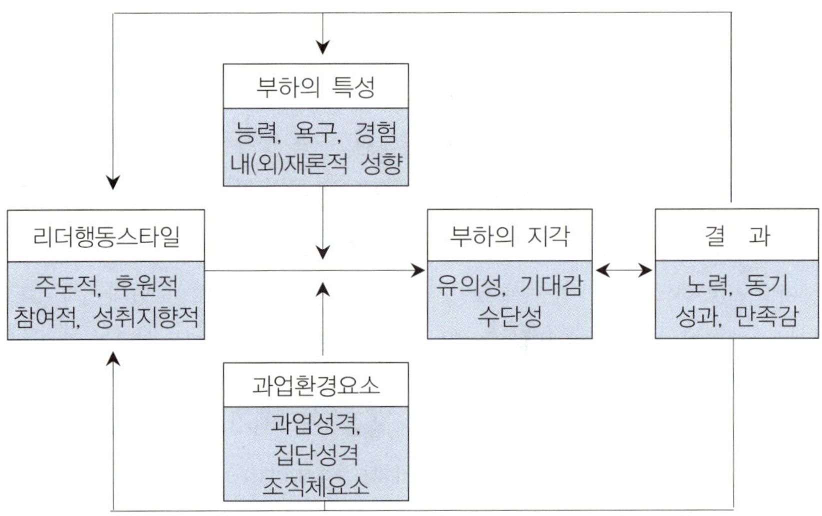

자료 : 정동섭 외, 전게서, p. 382.

경로-목표이론은 너무 복잡하여 완전한 검증이 어렵다는 지적을 받고 있으나, 어떠한 상황에서도 어떤 리더십 스타일이 '왜' 효과적인가 하는 이유를 밝혀주고 있다는 점에서 실무적으로 기여하는 바가 크다고 할 수 있다. 리더십에는 최선의 유일한 방법이 있는 것이 아니므로 지도자는 상황에 따라 리더십 유형과 행동을 결합시켜야 한다. 그러므로 부하들에게 그들이 추구하는 목표달성에 도움을 줄 수 있는 지도자일수록 더욱 큰 영향력을 행사할 수 있고 호의적으로 받아들여진다. 경로-목표이론은 리더십을 고정적으로 본 피들러의 상황이론과는 대조적이다.

4) 리더십 이론의 한계

지금까지 현재까지의 리더십 이론의 흐름을 크게 특성론적, 행위론적, 상황론적 차원에서 살펴보았다. 그러나 지금까지 살펴본 리더십 이론들은 각각의 시대적 상황에서 적절한 접근방법이 될 수 있었으나 각 이론들이 지니고 있는 한계점도 간과해서는 안 될 것이다.

특성이론의 경우 그와 관련된 많은 연구가 이루어졌음에도 불구하고 연구결과가 보편적인 타당성을 이끌어 내는데 실패하였으며, 나아가 지도자가 특정한 자질을 갖추었다고 한 경우에도 유효성이 발휘되지 못한 상황이 여러 곳에서 발견되는 한계를 극복하지 못하였다.

행위론적 리더십 또한 어떤 상황에서나 지도자가 특정한 행동을 보여주면 리더십의 효과가 높아진다는 보편성을 추구함으로써 상황적 변수의 역할을 간과하였으며, 상황이론은 리더십의 유효성에 대한 상황변수의 고려라는 유효한 개념의 도출을 이끌어냈음에도 불구하고 과연 그와 같은 상황으로 어떠한 변수들이 고려되어야 하는가 라는 부분에 있어서는 많은 한계와 과제를 내포하고 있다. 특히 행위론적 접근이나 상황론적 접근에서는 지도자가 모든 부하들에 대하여 보편적이고 평균적인 리더십 유형을 발휘한다고 가정함으로써 리더십이론 전개상의 또 다른 한계를 지니게 되었다.

이와 같은 부분은 우리가 지도자 행동의 비일관성을 일상생활에서 경험할 수 있는 상황과는 차이가 있는 것이며, 특히 한국적 상황 하에서의 전통적인 연고주의, 개인적인 친밀성에 의한 지도자-부하 간의 관계형성, 비공식적인 의사소통망의 활성화 등에 따라 지도자와 부하 간의 관계가 모든 상황에서 동질적으로 전개되리라고 가정하기에는 무리가 있을 수 있다.

4. 전략적 리더십

전략적 리더십은 조직의 긍정적인 미래를 창조하기 위하여 미래를 예측하고 구성원들에게 청사진을 심어주며, 전략적으로 사고하고, 변화를 이끌어내기 위하여 타인들의 힘을 하나로 모을 수 있도록 하는 능력을 의미한다.

전략적 리더십은 1987년 미국의 경영학자인 비드(Byrd)에 의해 체계적으로 정의가 내려졌다. 비드에 따르면 전략적 리더십은 "미래를 예견하고, 청사진을 만들고, 기업조직에 유연성을 유지시키며 또한 전략적 변화가 가능하도록 부하들을 임파워먼트시킬 수 있는 능력"이라고 정의할 수 있다.

우리에게 잘 알려진 GE사의 젝 웰치(J. Welch) 회장은 1981년 120억 달러에 불과하였던 GE사의 주식가치를 그가 재임하였던 동안 3,000억 달러까지 끌어올렸던 그야말로 성공신화를 창조한 인물로 유명하다. 그는 취임초기부터 모든 GE사의 사업단위가 산업 내에서 1위 또는 2위가 되어야만 한다는 점을 명확히 하도록 하기 위한 전략적 리더십을 전개하였다.

전략적 리더십을 다룰 때 가장 중요한 개념은 청사진의 개념이다. 청사진은 지도자에 의해 만들어진 미래에 대한 바람직하고 이상적인 목표로서 지도자는 그와 같은 청사진을 제시할 수 있는 리더십을 발휘할 수 있어야 한다는 것이다.

청사진을 제시하는 리더십은 조직구성원들을 동기부여시킬 수 있도록 미래에 대한 긍정적인 이미지를 창조하고, 미래의 계획과 목표설정에 대한 방향을 제공한다.

청사진제시와 관련된 리더십에는 카리스마 리더십과 변혁적 리더십 그리고 거래적 리더십이 있다.

1) 카리스마 리더십

카리스마 리더십은 조직의 청사진과 공유가치에 대해 조직구성원들의 강한 감정적 몰입을 개발함으로써 조직구성원들을 동기부여시키고 이끌어나가는 리더십을 의미한다. 카리스마라는 용어 자체는 "신으로부터의 선물"이라는 뜻을 지닌 희랍어로서 그들은 카리스마를 지닌 사람을 기적을 행하거나 예언하는 능력과 같은 하늘이 부여한 재능을 지닌 사람들로 보았다.

베버(Webe)r는 이와 같은 개념을 이용하여 지도자는 특별한 재능을 가지고 태어난다는 추종자들의 지각에 기초하는 지도자의 영향력의 형태를 기술하는데 사용하였다.

하우스(House)는 카리스마 리더십을 조직상황에 최초로 적용하면서 카리스마 지도자는 다음과 같은 지표의 정도에 의해 결정된다고 보았다.

① 지도자신념의 정당성에 대한 추종자들의 신뢰
② 지도자신념과 추종자 신념의 유사성
③ 추종자들의 무조건적인 지도자수용
④ 추종자들의 지도자에 대한 애정
⑤ 추종자들의 지도자에 대한 복종의지
⑥ 조직의 임무에 대한 추종자들의 정서적 몰입
⑦ 추종자들의 고양된 수행목표
⑧ 집단임무의 성공적인 달성에 기여할 수 있다는 추종자들의 신념

아울러 하우스는 카리스마적 지도자행동으로 호소력 있는 청사진의 설정, 과업의 이념적인 측면의 강조, 부하들의 성과에 대한 높은 기대감 전달, 부하들이 높은 성과를 달성할 수 있으리라는 확신의 표현, 지도자자신의 강한 자신감의 표출, 역할 모범적인 행동 등을 제시하였다.

2) 변혁적 리더십

최근에는 변혁적 리더십 이론이 지금까지 연구와는 다른 입장에서 리더십 이론을 전개함으로써 많은 관심의 대상이 되고 있다. 즉, 지금까지 앞서 살펴본 대부분의 이론들이 지도자와 부하 간의 대인적 상호작용에 초점을 맞춘 데 비하여, 변혁적 리더십 이론에서는 부하가 자신의 관심을 넘어 조직의 목표를 추구하도록 부하들을 변혁시키는 지도자로서의 역할을 강조하는 것이 특징이다.

변혁적 리더십 이론은 다운타운(Downtown)에 의해서 처음 제시되어, 번스(James MacGregor Burns)가 조직상황에 맞춰 구체화 함으로써 널리 알려졌다. 이 이론에서는 지금까지 다른 리더십 이론들이 지도자와 하급자 간의 교환관계에 기초한 거래적 리더십에 치중해 있다고 비판하면서 그 대안으로 변혁적 리더십을 제시하였다.

변혁적 리더십은 카리스마, 영감을 제공하는 동기부여, 지적 자극, 개별적 배려하는 4가지의 요소가 핵심을 이루고 있다.

① 카리스마(charisma)는 지도자가 부하에게 자부심, 신념, 존경을 주입시키고, 무엇이 정말로 중요한지를 볼 수 있는 재능을 갖고 있으며, 효과적으로 표현된 사명을 전달하는 요인을 의미한다.

② 영감을 제공하는 동기부여(inspirational motivation)은 변혁적 지도자는 부하들에게 자신들의 과업에 대한 의미와 도전감을 제공함으로써 부하들을 동기부여 시키고 영감을 불어 넣어줄 수 있어야 한다는 것을 의미한다.

③ 지적 자극(intellectual stimulation)은 새로운 방법으로 생각하도록 일깨우고, 문제해결과 행동하기 전 충분히 생각할 것을 강조하는 요인이다.

④ 개인적 배려는 지도자가 학습경험을 촉진시키기 위해 프로젝트를 맡기고, 코칭과 가르침을 제공하며, 추종자를 한 개인으로써 존중함을 의미한다.

따라서 변혁적 리더십을 발휘하는 지도자가 부하들의 조직에 대한 몰입을 유도하고 보통 이상의 노력과 성과를 거둘 수 있기 위해서는 부하들의 욕구체계를 개인적 욕구와 이해를 초월하는 수준으로 확대시킴과 아울러 고차원적인 욕구로 그 수준을 높여주어야 하며, 부하들에게 자신감을 심어줌으로써 부하가 지각하는 주관적인 성공확률을 제고시킬 수 있어야 한다. 또한 개인적인 이해보다는 조직의 이해를 추구하여야 하며 조직문화, 분위기혁신을 주도할 수 있어야 한다.

3) 거래적 리더십

한편 이와 같은 변혁적 리더십과 구분되는 개념으로 거래적 리더십이 있다. 변혁적 리더십이 부하들에게 영향을 미치기 위하여 청사진제시와 영감을 불어넣는 방법을 이용하는데 비하여, 거래적 리더십은 부하와의 교환과정에 기초한다. 즉, 훌륭한 성과에 대해서는 보상을, 낮은 성과에는 벌을 이용한다. 지도자가 보상을 공정하게 관리하고, 부하들이 원하는 보상을 제공하는 한 부하들에 대한 그와 같은 리더십은 효과를 지닐 수 있다.

따라서 거래적 리더십 하에서 상사는

첫째, 부하들이 원하는 보상을 얻기 위해 무엇을 해야 하는지 인식하고 부하들의 역할을 명확히 하여야 하며

둘째, 부하의 욕구를 인식하여 부하들이 노력을 기울일 때 그러한 욕구가 어떻게 충족될 것인지, 즉 어떠한 보상이 주어질 것인지를 명확히 인식시켜줄 수 있어야 한다.

그러나 거래적 리더십의 경영자는 기준에 부합하는 성과를 이끌어내기 위하여

규율과 위협에 지나치게 의존할 수 있어 장기적인 차원에서는 비효과적인 리더십이 되기 쉽다.

제4절 임파워먼트

1. 임파워먼트의 의의

임파워먼트(empowerment)는 종업원들로 하여금 스스로 자신들의 과업목표를 정하고, 의사결정을 내리며, 자신들의 책임과 권한의 범위 내에서 문제를 해결하도록 하는 과정이라고 할 수 있다. 즉, 임파워먼트는 종업원들이 자신들의 일에 의미를 부여하고 자신들을 유능하다고 여기며, 업무수행결과에 대한 영향력을 지니고 있으며, 자아결정감을 지니도록 만드는 내적 동기부여의 느낌이라 할 수 있다.

임파워먼트는 조직 내에서 전통적으로 활용되어 오던 단순한 권한위양의 단계를 넘어 임파워된 종업원은 경영자로부터 관련된 업무상의 의사결정권한과 책임을 완벽하게 소유하고 있음을 의미한다. 종업원들이 업무상의 의사결정권한과 책임을 완벽하게 소유하기 위해서는 회사가 종업원들에게 올바른 결정을 내릴 수 있는데 필요한 정보와 자원을 제공할 수 있어야 하며 종업원들의 개인적인 솔선수범에 대하여 보상을 제공할 수 있어야 하며, 이렇게 될 때 종업원들은 임파워먼트의 강한 느낌을 갖게 된다.

임파워먼트는 1980년대 중반 미국기업에 만연된 무력감을 해소하고 구성원으로 하여금 더욱 업무에 몰입하게 하며 변화와 성장을 추구토록 하여 기업의 혁신과 도약을 도모하는 수단으로서 등장하게 되었다.

임파워먼트는 조직 내에서의 권력의 개념을 포지티브섬(positive-sum)의 관점에서 접근한다. 즉, 기업조직 또는 한 구성원의 권력의 크기가 정해져 있다고 보는 것이 아니라 상호작용의 결과 서로의 권력이 원래보다 더 커질 수 있다는 관점이다.

2. 임파워먼트의 효과

실증연구들에 의하면 임파워먼트는 직무만족, 조직몰입, 생산성 향상, 고객만족, 혁신행위 등에 많은 긍정적 영향을 주는 것이 사실이다. 임파워된 사람들은 자기유능감이나 자율결정권을 인지하고 있기 때문에 심리적으로만 임파워먼트된 상태에 머무르지 않고 조직에 유익한 행동을 하려고 한다.

임파워먼트의 실행을 통해 기업은 다음과 같은 구체적인 효과를 얻을 수 있다.

첫째, 구성원의 보유 능력을 최대한 발휘하게 하고 그들의 직무 몰입을 극대화할 수 있다.

둘째, 업무수행 상의 문제점과 그 해결방안을 가장 잘 알고 있는 실무자들이 고객들에게 적절한 대응을 하게 됨으로써 품질과 서비스 수준을 제고할 수 있게 된다.

셋째, 고객접점에서의 시장대응이 보다 신속하고 탄력적으로 이루어진다.

넷째, 지시, 점검, 감독, 감시, 연락, 조정 등에 필요한 노력과 비용이 줄어들기 때문에 코스트가 절감된다

3. 임파워먼트의 장애요인과 촉진방안

1) 임파워먼트의 장애요인

임파워먼트의 취지와 효과가 아무리 바람직하다 할지라도 이를 실행에 옮기지 못하면 의미가 없다. 실제로 임파워먼트를 추진하고 있는 많은 조직체들이 어려움을 겪고 있는데, 그 주된 이유는 다음과 같다.

(1) 관료적 문화

관료적 문화를 가진 조직은 변화나 위험을 감수하고 새로운 아이디어를 장려하기보다는 현재의 상황을 유지하려는 경향이 강하다. 이러한 문화에 젖은 조직은 미래에 대한 명확한 청사진 제시나, 실질적 변화에 필요한 지원을 제대로 하지 못한다. 또한 장기적인 성과보다는 단기적 성과에 집착하는 경향이 강하며, 보상 시스템을 통해 현재 상황의 유지를 더욱 공고히 다지는 경우가 다반사이다.

따라서 이러한 문화 속에서 경영자가 아무리 임파워먼트를 외친다 할지라도 대부분의 조직구성원들은 오히려 현재의 구도 속에 안주하는 것이 더 바람직하다는 메시지를 얻게 되는 것이다.

(2) 갈등의 발생

상하 간 또는 부문 간 발생하는 갈등도 성공적인 임파워먼트의 실행을 가로막는 장애물이다. 대부분의 관리자들은 자신의 권한을 하위자에게 위임하는 것을 별로 달가워하지 않는다. 설사 위임을 하였다 할지라도 하위자가 자신의 의지에 반하는 의사결정을 하는 경우 그 구성원에게 불이익을 주는 경향이 있다. 때로는 관리자들이 임파워먼트를 자신들의 책임회피를 위한 수단으로 사용하는 경우도 있다. 즉, 과업이 성공했을 때는 그 열매를 같이 공유하지만, 실패 시에는 그 책임을 부하에게 전가하는 것이다. 이러한 경우 상하 간의 신뢰는 깨지게 되고 구성원들은 자신의 창의력을 발휘하고 소신 있는 의사결정을 내리기보다는 상사의 눈치를 보는 등 자기 보신에 더 신경을 쓰게 된다.

(3) 구성원들의 스킬 부족

업무부담이 너무 크거나 스킬 및 지식의 부족 등으로 인해 조직 구성원들이 주어진 일만 하기에도 시간이 부족한 경우가 있다. 이러한 작업환경 하에서 뭔가 새로운 아이디어를 생각해 내고 새로운 일을 주도적으로 추진한다는 것은 매우 힘든 일이다.

구성원들을 임파워먼트 시키기 위해서는 이러한 장애요인을 제거하여야 한다. 관리자들은 구성원에 대한 통제를 최소한으로 줄이고, 구성원들을 신뢰하고 어느 정도의 위험을 감수함으로써 그들의 잠재능력이 발휘될 수 있도록 하여야 한다. 그러나 많은 사람들이 동의하는 일이지만 통제를 포기한다는 것은 결코 쉽지 않은 일이다. 관리자들은 자신들이 임파워먼트 되기를 원하지만 다른 사람이 임파워먼트 되는 것을 원하지 않는 듯한 행동을 보이는 경우가 종종 있다.

2) 임파워먼트의 촉진방안

(1) 명확한 청사진과 원칙제시

임파워먼트가 성공적으로 실행되기 위해서는 조직의 청사진과 전략방향이 명확하게 제시되어야 한다. 또한 구성원들에게 임파워먼트의 의미를 명확하게 이해시켜야 한다. 조직구성원들은 이러한 이해를 바탕으로 상사의 허락이나 지침을 기다리지 않고 자기 스스로 업무를 수행하며 조직성과와 개인의 능력을 향상시킬 수 있다. 동시에 구성원들이 가지고 있는 재량권의 한계가 어디까지인가를 확실하게 인식시켜야 한다. 이러한 가이드라인이 없다면 구성원들은 임파워먼트 되기보다는 오히려 혼란을 느끼게 될 것이다.

(2) 인적 자산을 중시하는 조직문화 구축

조직은 구성원들이 조직체가 자신들을 임파워먼트 시키기 위해 노력하고 있다는 것을 느낄 수 있도록 인적 자산을 중시하는 문화를 구축하여야 한다. 구성원들은 그들의 직업과 조직에 대해서 긍지를 느껴야 하며, 다른 구성원들과 문제를 해결하기 위해 함께 일하고 있다는 동료애를 느껴야 한다. 또한 구성원들은 자신들이 존중받고 있으며, 자신들의 의견이 경청되고 있다는 것을 느낄 수 있어야 한다. 이런 감정을 느낄 수 있어야 개인은 자신이 맡은 일에 주인의식을 갖고 성과향상을 위해 열성을 다해 노력하게 된다.

(3) 실패에 대한 격려

임파워먼트는 새로운 아이디어를 생각해 내고 과거의 관행에 얽매이지 않고 새로운 행동방식을 실험해 나가는 것을 권장한다. 따라서 이에는 위험이 수반되기 마련이다. 조직은 구성원들이 이러한 위험을 감수하고 업무를 주도적으로 추진하는 동안 발생하는 실패에 대해서는 그것을 인정하고 격려하는 문화를 가져야 한다. 만약 업무수행 시 발생한 실수에 대해 강력한 제재가 가해진다면, 대부분의 조직구성원들은 상급자의 허락을 받기 전에는 새로운 업무를 수행하려고 하지 않을 것이다.

(4) 공정한 보상

임파워먼트된 구성원들은 그들의 책임감의 증가에 따라 보상이 이루어져야 한다. 성공에 대한 적절한 보상은 생산성을 향상시키고 조직에 대한 관심도 및 몰입도를 제고시킬 수 있는 방법이다. 공정하고 적절한 보상을 통해 조직은 구성원 모두가 자신의 능력개발을 위해 열심히 노력하고, 신바람 나게 일할 수 있는 조직 풍토를 구축할 수 있다.

모든 관리자들은 조직문화의 일부로서 이러한 환경이 확립될 수 있도록 해야 한다. 만약 이러한 환경이 조직의 기본으로 확립될 수 있다면 임파워먼트 실행의 성공 가능성은 매우 높을 것이다. 그러나 그것만으로는 충분하지 못하다.

(5) 역할 재정립의 마인드 개발

조직이 아무리 훌륭한 관리방식이나 시스템 구축을 통해 임파워먼트를 지원하는 환경을 구축한다고 해도 구성원들 스스로 임파워먼트 되기를 원하지 않는다면 아무런 소용이 없다.

결국 임파워먼트의 핵심은 조직의 구성원들이 얼마나 능동적으로 조직 내에서 자신의 역할수준을 재정립하고 이를 실행해 나가려고 하는 마인드를 확립하느냐 하는 데 있다. 아직도 많은 조직구성원들은 스스로 주도권을 쥐고 업무를 수행하기보다는 현실에 안주하는 위험회피적인 태도를 갖고 있는 경우가 대부분이다. 따라서 조직은 교육 등 다양한 방법을 통해 개인들이 다음과 같은 특성을 갖도록 하여야 한다.

① 전체적인 전략방향이 제시되면 조직구성원들은 그들의 업무목표 달성방법의 선택에 대한 재량권을 갖고 의사결정을 할 수 있어야 한다.

② 조직구성원들이 자신이 하는 일에 대해 주인의식을 갖고 열정을 바치도록 하여야 한다.

③ 담당과업을 제대로 수행할 수 있는 능력을 보유하고 있으며, 또한 자신들의 능력을 통해 업무목표를 달성할 수 있다는 자신감을 가질 수 있도록 하여야 한다.

④ 구성원들이 자신의 수행과업에 대해 영향력을 가지고 있으며, 상급자나 동료들이 자신의 의견을 존중하고 있다고 느낄 수 있어야 한다.

(6) 능력과 리더십의 조화

임파워먼트에 관한 많은 문제점들은 구성원들의 능력과 관리자들의 리더십 유형이 제대로 조화되지 못했기 때문에 발생한다. 따라서 임파워먼트가 성공적으로 실행되기 위해서는 구성원들의 능력 정도에 따라 적절한 리더십이 발휘되어야 한다.

만약 구성원들이 임파워먼트를 실행할 수 있는 능력이 전혀 갖추어지지 않는 상황이라고 판단되면 명령/지시 위주의 통제형 리더십이 성과를 달성하는데 더 바람직하다. 능력이 부족한 구성원들에게는 교육과 보다 밀접한 통제가 필요하다. 따라서 지도자는 부하들에게 전체 과업을 분담해 수행하도록 하며 업무 조정과 통제를 수행하여야 한다. 동시에 지속적인 교육을 통해 과업에 대한 주인의식과 고난이도의 과업을 수행할 수 있는 능력을 개발시켜 나가야 한다.

반면 어느 정도 능력이 갖추어진 구성원들에게는 재량권을 일부 부여하는 대신 구성원들이 취약한 부분에 대해서는 어느 정도의 의사결정권을 유지하는 참여적 리더십이 적절하다. 마지막으로 임파워먼트를 실행할 수 있는 충분한 능력을 구비하고 있는 구성원들에게는 조언과 폭넓은 가이드라인만 제공하고 모든 과업에 대한 재량권을 업무수행자에게 부여하는 코치형 리더십이 적절하다.

임파워먼트에 대한 준비가 전혀 되지 않은 구성원들에게 코치형 리더십을 적용한다면 효과보다는 오히려 부작용이 더 클 것이다. 마찬가지로 구성원들의 능력이 아무리 높다 할지라도 통제형 리더십을 적용한다면 임파워먼트가 발생될 수 없다. 조직은 구성원들의 능력에 따라 책임감의 정도를 적절하게 조정하고, 동시에 능력개발을 도모함으로써 결과적으로 구성원들이 임파워먼트 되어 스스로 업무를 처리할 수 있도록 만들어야 한다.

제11장 의사결정이론

제1절 의사결정의 의의와 의사결정유형 _ 353

제2절 의사결정의 모형 _ 357

제3절 집단의사결정 _ 359

제11장 의사결정이론

제1절 의사결정의 의의와 의사결정유형

1. 의사결정의 의의

의사결정은 의사결정자가 바람직한 상태를 달성하기 위해서 문제를 인식하고 이를 체계화 하여 문제해결에 필요한 정보를 수집하고 대체안들(alternatives)을 작성한 후 여러 가지의 대체적 행동과정 가운데서 특정상황에 비추어 가장 바람직한 행동과정을 선택하는 논리적 과정이라고 정의할 수 있다.

여기서 중요한 것은 의사결정이 선택으로 끝나는 것이 아니라 첫째로 행동의 전제조건이라는 점과 계속해서 평가와 통제 그리고 환류(feed back)라는 과정의 연속선상에 위치해 있다는 것이다.

의사결정의 과정을 살펴보면 다음과 같다.

① 문제의 인식
② 자료의 수집과 정리
③ 자료의 분석과 가공 그리고 대체안 작성
④ 대체안의 선택
⑤ 실행
⑥ 실행결과에 대한 평가 즉, 통제 및 환류

바나드는 이러한 의사결정으로서 전적으로 개인적인 관점에서 행하는 개인적인 의사결정과 조직의 관점에서 행하는 조직적 의사결정의 2종류가 있다고 하였다. 개인적 의사결정은 다른 사람에게 위임될 수 없는 반면 조직적 의사결정은 다른 사람에게 위임할 수 있다는 것이 다르다.

사이몬의 의사결정론은 인간은 제약된 합리성에 바탕을 두고 만족화의 원칙에 따라 행동하는 관리인이라는 가설에 입각하고 있다.

의사결정이란 일정한 목표를 설정하고 그 목표를 달성하기 위해서 일정한 방법과 원칙에 의해 대체안들을 작성하고 이 대체안들을 상호 비교하고 평가하여 가장 유리하고 실행가능한 대체안을 선택하는 인간의 행동이다. 즉, 의사결정은 현 시점에 있어서 과거 자료를 기초로 미래행동의 결과를 예측하는 행위로서 사실적 판단에 입각한 예견적 행위의 특성을 갖게 되는 것이다.

조직관리는 의사결정 과정의 연속이며 이와 같은 의사결정은 조직의 모든 계층에서 이루어진다. 중간관리층은 최고경영층의 결정사항을 단순히 집행만 하는 것이 아니라 그들 스스로 의사결정을 하기도 한다. 하위관리자들 또는 일선감독자들도 마찬가지이다.

이와 같은 의사결정에 영향을 미치는 요인들을 살펴보면 다음과 같다.

① 의사결정은 의사결정의 주체, 즉 의사결정자의 지적 · 기술적 능력 및 경험, 가치관, 개성 등의 영향을 받는다.
② 의사결정은 조직구조의 특성, 즉 조직의 목표 · 규범 · 역할 · 의사결정 경로 등의 영향을 받는다.
③ 의사결정은 조직이 처해 있는 환경, 즉 정치 · 경제 · 사회 · 문화 및 미래의 불확실성 정도에 영향을 받는다.
④ 의사결정은 수집된 정보의 내용에 의해 영향을 받는다.

2. 의사결정의 유형

의사결정의 유형은 여러 가지 관점에서 분류할 수 있다. 사이몬은 의사결정 대상의 성격에 따라서 정형적 결정과 비정형적 결정으로 구분하였고 앤소프(H. I.

Ansoff)는 의사결정 계층과 범위에 따라 전략적 의사결정, 관리적 의사결정, 업무적 의사결정의 세 가지로 구분하였으며 구텐베르크(Erich Gutenberg)는 의사결정이 내려지는 상황에 따라 확실성, 위험 및 불확실성 하의 의사결정으로 나누었다.

1) 정형적 의사결정과 비정형적 의사결정

(1) 정형적 의사결정

정형적 의사결정은 반복적으로 발생하는 일상적인 문제, 즉 구조화 된 문제에 관한 의사결정을 말한다. 대부분의 경우 의사결정을 위한 표준절차 및 방침이 조직의 내규 또는 규정 등에 문서로 기록되어 있다. 따라서 최고경영층보다는 주로 중하위 계층의 경영층에서 수행하는 의사결정이다.

(2) 비정형적 의사결정

비정형적 의사결정은 반복적이며, 구조화 되지 않은 문제에 관한 의사결정이다.

제반조건의 변화로 인하여 의사결정을 위한 절차를 표준화 하기는 어려우므로 비정형적 의사결정은 의사결정자의 직관(直觀), 판단력, 창의력에 의존하게 된다. 최근에는 경험적 방법에 의한 문제해결기법을 컴퓨터 프로그램화 한 방법이 개발되고 있다. 비정형적 의사결정은 최고경영층에서 주로 수행하는 의사결정 방법이다.

〈표 11-1〉 정형적 의사결정과 비정형적 의사결정의 특성

종류 요소	정형적 의사결정	비정형적 의사결정
문제의 독특성	일상적·보편적	독특하고 참신
해결안의 구체와 방식	조직정책이나 절차에 의해 사전 명시	문제가 정의된 후에 창의적으로 결정
의사결정계층	하위층	고위층
의사결정이 이루어지는 주요 조직형태	시장과 태크놀로지가 안정되고, 일상적? 구조화 된 문제해결이 많은 조직	구조화가 안되어 있고 결정사항이 비일상적이고 복잡한 조직

자료 : 상게서, p. 382.

2) 전략적 · 관리적 · 업무적 의사결정

(1) 전략적 의사결정

주로 기업의 외부문제, 즉 외부환경과의 관계에 관한 의사결정으로서, 기업의 성격을 기본적으로 좌우하는 의사결정이다. 예를 들면, 다각화에 관한 결정, 성장방식에 관한 결정 및 조직목표에 설정과 변경 등을 들 수 있다.

(2) 관리적 의사결정

전략적 의사결정을 구체화 하기 위한 전술적 의사결정으로써 조직의 제 자원을 조직화 하는 것과 관련된 의사결정이다. 예를 들면, 인력 및 원재료의 획득, 조직편성, 권한 및 책임관계의 정립, 유통경로 선정 등을 들 수가 있다.

(3) 업무적 의사결정

업무적 의사결정은 위의 두 가지 의사결정을 보다 구체화 하기 위하여 기업의 제 자원의 변화과정의 효율을 최적화하는 것과 관련된 의사결정이다. 예를 들면, 판매가격, 생산량의 결정, 생산의 일정계획 등을 들 수 있다.

3) 확실성, 위험 및 불확실성하의 의사결정

(1) 확실성 하의 의사결정

의사결정자가 주어진 각 대체안 중에서 어느 하나를 선택할 경우 어떤 결과가 나타날 것인가에 대하여 사전에 측정할 수 있고, 정확히 알 수 있는 상황을 말한다. 즉, 의사결정 결과에 따라 나타나게 될 유일하고도 확정적인 결과를 미리 알고 있는 상황으로, 확률적으로는 $p=0$ 또는 $p=1$을 의미한다.

(2) 위험하의 의사결정

각 대체안을 선택하였을 때 그 예측결과가 실현될 확률을 알고 있는 상황 하의 의사결정을 말한다. 위험의 정도는 그 위험이 객관적인 확률에 기초하고 있느냐 아니면 개인의 주관적인 확률에 기초하느냐에 좌우되게 된다. 중요한 의사결정에 있어 객관적인 확률이나 정보를 갖고 있지 않을 때가 많으므로 대개는 경영자의 주관적인 확률에 의존할 때가 많다.

확률적으로는 $0 < p < 1$인 경우를 의미한다.

(3) 불확실성 하의 의사결정

대체안의 결과의 일부 또는 전부에 대하여 알 수 있지만, 그 결과가 일어날 확률을 전혀 알 수 없는 상황 하의 의사결정을 말한다.

그러나 현대에서는 주관적인 확률에 기초할 수도 있고 컴퓨터에 의한 시뮬레이션이 가능하기 때문에 불확실성과 위험상황을 동일시한다.

4) 경영과학적과 행동과학적 의사결정[1)]

(1) 경영과학적 의사결정

경영과학적 의사결정이란 경영의 양적인 측면에 관한 의사결정으로서 경영관리와 관련된 문제해결에서 계량적인 접근방법을 통하여 과학적으로 해결하려고 하는 것이다.

(2) 행동과학적 의사결정

행동과학적 의사결정이란 경영의 질적인 측면에 관한 의사결정으로서 문제해결에서 인간행동의 과학적인 규칙성을 모색하는 것이다. 따라서 조직의 행동과학적 측면에서 개인과 집단의 가치체계를 분석하고 그것을 중심으로 행동과학적 의사결정에 관한 자료를 수집하여야 한다.

제2절 의사결정의 모형

의사결정자는 어떠한 관점에서 의사결정을 내리는가 하는 데 대한 이론적 모형, 즉 가정은 합리적 경제인모형과 관리인모형 또는 만족모형이 있다.

1. 합리적 경제인모형 또는 규범적 모형

합리적 경제인모형 또는 합리모형은 스미스(A. Smith)의 고전경제학사상, 즉

1) 조희영, 전게서, p. 210.

완전한 합리성에 기초하여 관리자가 의사결정을 한다는 가정이다. 합리적인 의사결정자는 이익을 극대화 하는 의사결정을 하려고 하고, 이를 달성하기 위해서 모든 가능한 대체안들을 체계적으로 탐색・평가한다.

1) 합리적 의사결정과정

합리적 경제 모형에 의한 의사결정과정은 다음과 같은 단계를 거쳐 이루어진다.

① 문제의 징후를 발견한다.
② 문제를 확인하고 달성목표를 정의한다.
③ 대체안들을 평가할 수 있는 기준을 개발한다.
④ 모든 행동대체안과 각 행동 대체안의 결과를 인식한다.
⑤ 평가기준에 따라 행동 대체안의 결과를 비교하고 이를 기초로 최적 대체안을 선택한다.
⑥ 결정안을 실행한다.

2) 합리적 의사결정에 대한 비판

이러한 일련의 단계에서 알 수 있는 바와 같이, 이는 이상적인 의사결정모형으로 인간의 전능성, 최적 대체안의 선택, 목표의 극대화 등을 전제로 하고 있다. 따라서 이 모형은 다음과 같은 점들을 간과하고 있다는 비판을 받고 있다.

① 인간의 주관적 가치판단을 고려하지 않고 있다.
② 의사결정자의 지적 능력에는 한계가 있다.
③ 결과에 대한 완전한 예측이 불가능하다.
④ 완전한 대체안의 선택에는 많은 비용이 소요된다.

합리적 경제인모형은 우리가 실제로 의사결정을 하는 과정을 설명한다기보다는 우리가 의사결정은 어떻게 해야만 한다고 하는 당위성을 설명해 주는 규범적 모형이라 할 수 있다.

2. 관리인모형 또는 만족모형

합리적 경제인모형을 비판하고 실제의 의사결정을 설명하기 위한 시도로서 사이몬(H. A. Simon)은 관리인모형을 제시하였다. 사이몬은 인간은 두뇌의 한계와 정보부족 등으로 실제로 합리적 기준보다는 제한된 합리성의 기준에 그리고 최적 대체안보다는 현실적으로 만족할 만한 만족대체안의 선택, 즉 만족스러운 의사결정을 한다는 만족모형을 제시하고 있다.

사이몬의 관리인모형은 현실의 의사결정을 설명하고 있다고 하여 기술적 모형(記述的模型, descriptive model)이라고도 한다. 그러나 이 모형은 현실적 만족에 집착한 나머지 창조적이고 혁신적인 대체안의 탐색을 포기하기 쉽다는 비판을 받고 있다.

제3절 집단의사결정

1. 집단의사결정의 의의

집단의사결정은 의사결정의 주체가 2인 이상인 경우를 말한다. 기업규모의 확대와 업무의 전문화로 인하여 구성원 개개인이 갖고 있는 지식으로는 기업이 요구하는 의사결정을 효율적으로 내릴 수가 없다. 따라서 집단의사결정(group decision making)이 개인의사결정보다는 우월하다는 기본가정 하에 집단의사결정의 중요성은 점점 증대되고 있다.

위원회, 회의, 연구팀, 태스크 포스(task force)등의 다양한 기업조직 속에서 집단의사결정의 형태를 볼 수 있으며, 실제 종업원들은 상당히 많은 시간을 집단의사결정을 하는데 소비한다. 집단의사결정의 특징을 정확성, 판단력과 문제해결, 창의성, 위험부담 등의 측면에서 개인의사결정과 비교하여 살펴보면 다음과 같다.

첫째, 정확성과 신속성에 있어 집단의사결정이 개인의사결정보다 시간을 더 소비하지만, 오류를 범할 가능성이 적다. 일반적으로 집단을 개인보다 정확하다고 하지만, 집단은 집단 속의 가장 우수한 개인보다는 덜 정확할 수 있다.

둘째, 판단력과 문제해결에 있어 집단은 개인보다 많은 정보와 경험, 아이디어, 비판적인 평가능력을 갖고 있으므로, 판단면이나 문제해결에서도 개인보다 앞선다고 생각되고 있다. 이 점에 대해새서는 타당성이 인정되고 있으나, 의사결정문제와 업무의 성격에 따라 집단의 우월성이 달라질 수 있다.

셋째, 창의성에 있어 집단은 개인보다 많은 생각과 상상력을 갖게 된다고 생각한다. 오늘날의 많은 조직에서 창의력개발을 위한 모임이나, 분임토의 방법이 널리 이용되고 있다.

넷째, 위험부담에 있어 전통적인 견해에 의하면, 집단은 인에 비해 위험스러운 일을 회피한다고 하였으나, 최근의 한 연구결과에 의하면, 집단이 개인보다 위험부담이 더 큰 방향으로 의사결정을 하는 것으로 나타났다.

2. 집단의사결정의 장단점

1) 집단의사결정의 장점

집단의사결정의 장점은 다음과 같다.

① 집단은 개인들의 집합체이므로 좋은 아이디어들을 모을 수 있다. 즉, 집단은 보다 많은 지식, 정보와 사실에 근거하므로 폭넓은 관점을 지닐 수 있다.
② 집단은 상호작용을 통하여 서로를 부추겨 주고 자극함으로써 시너지효과(synergy effect, 상승효과)를 볼 수 있다.
③ 전문화가 가능하다.
④ 집단의사결정에 참여한 사람들은 결정사항에 보다 만족하여, 이를 지지한다.
⑤ 집단의사결정은 중요한 커뮤니케이션기능도 수행한다.

2) 집단의사결정의 단점

그 반면, 다음과 같은 단점도 있다.

① 집단은 개인보다 더 많은 시간과 자원의 낭비가 있다.
② 어떤 구성원이나 소집단이 집단을 지배하여 구성원들이 자유스러운 의사결정을 방해할 수도 있다.
③ 집단이 최적안보다 못한 타협안을 내놓을 가능성도 있다.
④ 의사결정에 도달하는 과정에서 일어나는 의견의 불일치가 구성원들 간에 갈등을 유발할 가능성이 있다.
⑤ 집단의사결정에 지나치게 의존하다 보면 경영층의 신속하고 결단력 있는 행동이 방해를 받을 수 있다.
⑥ 집단 내 특정세력이 지배하게 되면 집단사고의 문제를 가져온다. 즉, 소수집단구성원들의 집단사고는 현실을 정확히 보지 못해 상식에서 벗어나는 비효과적이고 비효율적인 의사결정을 하는 경우가 있다.

집단사고(集團思考, group think)란 집단의사결정의 단점 중 하나로 응집력이 높은 집단에서 구성원 간의 합의에 대한 요구가 지나치게 커서 이 요구가 다른 대안의 모색을 저해하는 경향을 의미한다.

이같이 집단의사결정은 일반적으로 좋다든가 나쁘다든가 하기가 어렵다. 그러므로 집단의사결정의 유효성은 과업의 성격에 따라 다르다고 할 수 있다. 구조화가 잘된 과업(well-structured tasks), 즉 정형적인 결정의 경우는 개인보다는 집단의사결정이 효과적이다. 그리고 연구결과에 의하면 집단은 개인보다 훨씬 위험이 큰 의사결정을 내리는 것으로 나타났다. 예를 들면, 경력선택이나 투자결정을 내리는 데 있어 개인보다 집단으로 모여 있을 때 더 위험스러운 의사결정을 하였다.

3. 집단의사결정기법

집단의사결정에서의 집단은 엄밀하게 말해 상호작용집단(interacting group) 혹은 토론집단이라고 불리는 것이다. 즉, 의사결정에 관련된 사람들이 함께 모여 얼굴을 맞대고 문제를 토의하여 해결안을 내는 집단을 말한다.

집단의사결정방법에는 여러 가지가 있으나 여기에서는 일반적으로 널리 사용하는 상호작용집단법과 이의 한계성을 개선한 방법인 델파이법, 브레인 스토밍, 명목상 집단기법 그리고 전자회의을 살펴보기로 한다. 이들은 일상적인 문제를 대처하기보다는 창의적인 의사결정을 목표로 하는 까닭에 창의적 의사결정기법이라고도 한다.

1) 상호작용집단법

상호작용집단법(interacting group method)은 가장 널리 사용되는 집단 의사결정 방법으로서 집단의사결정이라 하면 이 방법을 지칭하는 것이다. 이는 집단구성원들로 하여금 얼굴을 서로 맞대고 상호작용함으로써 정보와 아이디어를 얻어 결정을 내리는 방법이다 상호작용집단법은 집단의사결정의 성격을 그대로 나타낸 것으로서 많은 장점을 가지고 있다.

첫째, 집단의 결정은 개인의 결정보다도 많은 사람이 관련되기 때문에 더 많은 정보와 아이디어가 나올 수 있고 개인노력이 합계가 될 수 있다.

둘째, 시너지효과로서 개인들의 상호작용을 통해 여러 견해들이 보완되고 수정됨에 따라 한 개인의 의사결정보다 더 나은 의사결정이 나올 수 있다.

그러나 상호작용집단법은 운영하는 방법에 따라서 집단사고(集團思考, group think)의 폐단을 가져올 수 있다.

2) 델파이법

델파이법(Delphi technique)은 미국의 유명한 랜드연구소(Rand Corporation)의 헬머(O. Helmer)가 개발한 의사결정기법이다. 델파이법은 얼굴을 맞대고 하는 집단토론을 거치지 않고 전문가들로부터 전문적인 견해를 얻어 내는 방법으로서 구체적으로 다음과 같은 절차를 통해서 이루어진다.

① 특정문제에 대한 견해나 아이디어를 끌어낼 수 있는 설문지를 작성해서 서로 간에 접촉이 없는 전문가들을 선정하여 그들에게 보낸다. 전문가들은 익명으로 응답한다.

② 접수된 설문지의 내용을 종합해서 이를 응답자에게 다시 보낸다. 이때 좀 더 명확히 해야 하는 사항과 고려해야 할 사항을 추가로 검토할 수 있도록 하는 2차 설문지를 동봉한다.

③ 응답자는 되돌려 받은 자료를 검토한 후 어느 하나를 선택하거나 각 대체안

들에 대해 자신의 관점에서 평가한다.

④ 이들 선택된 평가자료를 다시 수집하여 다수결원칙에 의해 어느 하나가 최종 선정되며 이 자료는 다시 응답자에게로 보내어진다. 이때 집단의 합의가 필요하다면 이러한 과정을 반복 시행한다.

이와 같은 방법은 2차 설문지에 동봉된 다른 사람의 의견을 참고로 하여 다시 생각을 하게 되므로 보다 나은 아이디어의 제시가 가능하며, 얼굴을 마주하지 않기 때문에 집단사고증상이 최소화 될 수 있는 장점이 있다.

반면에 시간과 비용이 많이 들고 참여자의 행위에 대한 통제가 어렵다는 단점이 있다.

델파이법의 효과적인 적용대상은 미래의 불확실성에 대한 의사결정 및 장기적인 예측에 관한 것을 들 수 있는데 이에 관한 가장 좋은 방법으로 인정을 받고 있다.

3) 브레인 스토밍

브레인 스로밍(brain storming)은 두뇌선풍, 영감법 또는 머리글을 따서 BS라고도 불리는 아이디어개발 방식이다.

적당한 수의 사람들이 모여서 집단회의를 열고 집단의 지도자가 제기한 문제에 대하여 참가자 각자가 생각나는 아이디어를 자연스럽고 자발적으로 제시하여 이것들로부터 유용한 아이디어를 가능한 한 많이 얻어 문제의 해결책을 찾으려는 것이다. 이 방법은 미국의 오스본(A. F. Osborn)에 의하여 창의된 것으로 창의성개발의 기법으로 널리 이용되고 있다.

브레인 스토밍은 창의성을 발휘하는 데 장애가 되는 장벽을 제거하고 잠재적인 아이디어를 많이 유발시키기 위하여

① 다른 사람의 아이디어에 대한 비판금지

② 자유분방

③ 질보다 양

④ 결합개선 등을 4원칙으로 하고 있다.

4) 명목상 집단기법

명목상 집단기법(nominal group technique)은 1968년 델베크(A. L. Delbecq)

와 반 데반(A. H. Van de Van)에 의해서 사회심리학의 연구에 필요한 의사결정 기법을 도출하는 과정에서 개발되었다.[2] 명목상 집단기법은 의사결정과정이 진행되는 동안 토론을 제한하는 것을 특징으로 한다. 즉, 명목상 집단기법은 전통적 위원회처럼 집단구성원 모두가 참여하기는 하지만 행동은 독립적으로 이루어지는 것으로서 다음과 같은 단계로 진행된다.

먼저 구성원은 집단으로 만나기는 하되 토론 전에 문제에 대한 아이디어를 개별적으로 서술한다. 각 구성원은 차례대로 아이디어를 집단에 제출하여 차트나 칠판에 기록하고, 이와 같은 과정은 모든 아이디어가 다 제시될 때까지 계속된다. 다음으로 아이디어를 명백히 하고 평가하기 위해 토론을 시작한다. 마지막으로 각 구성원이 개별적으로 아이디어에 순위를 부여하여 가장 높은 종합순위를 갖는 아이디어를 최종적으로 선택하는 방식이다.

5) 전자회의(electronic meeting)

전자회의는 명목상의 집단기법과 컴퓨터 네트워킹을 활용한 집단 의사결정기법으로 50명까지의 사람이 컴퓨터 터미널이 놓여 있는 말굽 모형의 책상에 앉아 회의를 시작한다. 참석자들이 컴퓨터 터미널을 이용하여 제시되는 문제에 대한 반응을 동시에 입력시키면 개별적인 언급뿐만 아니라 전체 투표결과가 회의실 영사면에 표시된다.

이 기법의 장점은 익명성, 정직성, 속도에 있다. 반면에 워드 속도가 느린 사람은 언어가 능숙한 사람보다 뛰어나지 못하며 가장 좋은 아이디어 제공자가 명성을 얻을 수 없고, 정보의 풍요성이 떨어진다는 단점이 있다.

---

2) 정동섭 외 3인, 전게서, p. 311.

제12장 의사소통

제1절 의사소통의 의의와 중요성 _ 367

제2절 의사소통의 과정 _ 372

제3절 의사소통의 장애요인과 극복방안 _ 374

제12장 의사소통

제1절 의사소통의 의의와 중요성

1. 의사소통의 의의

인간이 목적을 설정하고 이를 달성하기 위해 제일 먼저 해야 될 일이 조직의 구축이다. 그런데 조직 그 자체는 무생물이기 때문에 조직 스스로는 어떠한 행동도 할 수 없다. 조직이 살아있는 생물처럼 활동하기 위해서는 조직화의 과정을 거쳐 만들어진 어떤 직위에 사람이 참여하여 직무를 맡아 수행할 때만 가능하다. 조직에는 목적에 따라 수많은 직무가 존재하는데, 이런 직무들이 합목적적으로 일사불란하게 움직이기 위한 하나의 방편으로 의사소통이 필요하게 된다. 이처럼 의사소통은 집단행동에 있어서 구성원 사이를 연결해 주고 상호작용을 원활하게 하는데 가장 중추적인 역할을 하는 중요한 요소이다.

의사소통(意思疏通,communication)이란 송신자와 수신자 간에 생각이나 의견 등의 의사전달, 감정이입, 정보교환이라는 세 가지 요소를 효과적으로 전달하고 공유하는 과정이다. 따라서 의사소통은 동기부여 및 리더십과 함께 조직의 목표를 달성하기 위한 경영자의 역할로서 중요한 위치를 차지하고 있다.[1)]

1) 박상범 외 2인, 전게서, p. 377.

이상의 의의를 통하여 본 의사소통의 목적을 살펴보면

첫째, 조직 내 여러 활동의 조정,
둘째, 정보의 공유,
셋째, 감정의 표현이라고 할 수 있다.

한편, 의사소통이 원만히 이루어지기 위해서는 다음과 같은 준수사항이 지켜져야 한다.

① 의사전달의 채널은 분명하여야 한다.
② 조직에서 각 지위는 명확한 의사소통의 일정 선상에 위치해야 한다.
③ 의사소통의 라인은 가능한 한 직선적이어야 하고 또 짧아야 한다.
④ 의사소통은 허점없는 시스템으로 유지되기 위하여 능력있고 책임있는 시스템의 운영자가 있어야 한다.

2. 의사소통의 중요성

의사소통이란 다른 사람에게 정보를 전달하는 과정이다. 필요한 정보가 부족하기 때문에, 또 잘못된 정보로 인해 경영자의 활동이 제약받게 되는 것을 생각하면 의사소통의 중요성은 아무리 강조해도 지나치지 않는다. 그러므로 의사소통은 단순히 정보를 전달하는 데에 그치지 않고 전달자와 피전달자 간의 정보에 대한 이해가 일치해야 할 필요성이 있는 것이다. 이것을 효과적 의사소통이라고 한다.

의사소통의 중요성을 다음의 세 가지 측면에서 찾아볼 수 있다.[2)]

첫째, 경영자의 모든 기능, 즉 경영과정을 구성하고 있는 계획수립·조직화·지휘·통제 등의 모든 경영활동이 수행되는 과정에서 의사소통이 필수적으로 개입된다. 그러므로 경영자로서의 책임을 완수하는 것은 의사소통에 크게 달려 있다고도 할 수 있다.

둘째, 경영자의 모든 역할, 즉 대인적·정보적·의사결정적 역할을 실천하는 데 있어서도 의사소통은 필수적이다.

2) 김영규, 전게서, p. 327.

셋째, 실제 경영자가 시간을 어떻게 사용하는지를 조사해보아도 가장 많은 시간을 의사소통에 할애하고 있다는 점이다.

위와 같이 의사소통은 경영자의 모든 활동의 기본바탕이 되는 것이기 때문에 의사소통이 만약 정확·신속하게 이루어지지 않는다면 경영성과는 크게 기대할 수 없다. 효과적 의사소통의 중요성은 기업의 규모가 커지고 경영환경이 더욱 복잡해진 오늘날 더욱 크다고 할 수 있다.

3. 의사소통의 기능

의사소통은 조직을 관리하는 데 중요한 요소로 작용한다. 조직 내에서의 의사소통은 다양한 기능을 하지만 그 중에서 의사소통의 핵심적인 기능으로는 정보전달 기능, 동기유발 기능, 통제기능, 정서기능의 네 가지가 있다.[3]

1) 정보전달 기능

의사소통은 개인과 집단 또는 조직에 정보를 전달해 주는 기능을 함으로써 의사결정의 촉매제 역할을 한다. 의사소통은 여러 가지 대안을 파악하고 평가하는 데 필요한 정보를 제공해 줌으로써 의사결정을 원활히 이루어지게 한다.

2) 동기부여 기능

의사소통은 조직구성원들의 동기유발을 촉진시키는 데 사용된다. 조직구성원이 해야 할 일, 직무성과를 개선하고 달성하기 위해서 어떻게 해야 하는지, 다른 구성원들과 어떻게 협동해야 하는지 등을 구체적으로 알려 주는 매개체 역할을 하는 것이 의사소통이다. 조직구성원에게 구체적이고 명확한 목표를 설정해 주고 그러한 목표달성의 진척상황을 피드백하면서 바람직한 행동을 계속적으로 유지하도록 하는 것은 모티베이션의 기본적인 과정이라 할 수 있는데 이러한 과정에서 의사소통은 촉매제 역할을 하게 된다.

---

3) 유필화 외 4인, 전게서, pp. 437~438.

3) 통제기능

의사소통은 조직구성원의 행동을 조정 · 통제하는 기능을 한다. 즉, 의사소통은 조직구성원들의 행동이 특정한 방향으로 움직이도록 통제하는 기능을 한다.

4) 정서기능

의사소통은 조직구성원들이 자신의 감정을 표현하고 사회적 욕구를 충족시켜 주는 역할을 한다. 구성원들은 자신이 속한 집단이나 조직에서 이루어지는 자신의 고충이나 기쁨, 만족감이나 불쾌감 등을 토로하게 된다. 의사소통을 통하여 자신의 심정을 표출하고 다른 사람들과의 교류를 넓혀 나가는 것이다.[4)]

4. 의사소통의 유형

조직에 있어 의사소통은 조직 내의 공식적인 구조 또는 명령계통을 통하여 이루어지는 공식 의사소통과 구성원들 사이에 자연발생적 형태로 이루어지는 비공식 의사소통으로 분류된다.

1) 공식적 의사소통의 유형

공식적 의사소통이란 조직이 공식적으로 규정하는 바에 따라 이루어지는 의사소통이다. 조직은 그 목적을 효과적으로 달성하기 위하여 의사소통 경로, 방법, 절차, 기본적인 내용 등을 설계하여 규범적으로 정해 놓는다. 의사소통에 관해 이러한 공식적 규범을 정해놓지 않는다면 의사소통 과정의 혼란으로 조직의 질서를 유지할 수 없게 된다.

조직 내에서 이루어지는 의사소통은 그것이 이루어지는 방향에 따라 하향적 의사소통, 상향적 의사소통, 수평적 의사소통, 대각적 의사소통 등으로 구분된다.

(1) 하향적 의사소통

하향적 의사소통은 조직의 권한계층에 따라 상급자로부터 하급자에게 조직의 주

---

4) 신철우, 경영학원론, pp. 407~414.

요정책, 전략, 목표, 직무지침 등이 전달되는 것을 말한다. 경영자는 하급자들에게 직무기준이나 지침, 직무기대를 전달함으로써 부하들의 역할수행에 도움을 줄 수 있다.

(2) 상향적 의사소통

상향적 의사소통은 하급자로부터 상급자에게 업무결과 및 진척도의 보고, 필요한 자원의 지원요청 등의 메시지가 전달되는 것을 말한다. 상향적 의사소통은 개인 고충의 토로로부터 조직의 발전을 위한 제안까지 매우 광범위하게 이루어진다. 경영자는 직무나 조직에 관해 종업원이 어떠한 생각을 하고 있는가에 대한 충분한 정보를 얻음으로써 종업원과 관련되는 의사결정을 보다 정확히 내릴 수 있게 된다.

(3) 수평적 의사소통

수평적 의사소통은 조직 계층상 동일한 직위에 있는 구성원이나 부서 간에 이루어지는 의사소통이다. 공식적 경로를 통해서 이루어지는 가장 일반적인 수평적 의사소통의 주요 기능으로는 부서활동에 관한 정보교환, 조직구성원의 설득, 동료들과의 정서표현, 부문간 조정위원회 등이 있다.

(4) 대각적 의사소통

대각적 의사소통이란 조직 내의 서로 다른 계층과 기능을 가로질러 이루어지는 의사소통을 말한다. 즉, 구성원이 자신의 기능적 권한 이외의 각 계층의 구성원과 의사를 교환하는 것을 말한다.

2) 비공식 의사소통

조직구성원들은 여러 가지 필요에 의해 직종과 계층을 넘어 인간적인 관계를 갖고 의사소통을 하려고 한다. 따라서 공식적 의사소통 체계 외에 자연발생적으로 형성된 비공식 의사소통 체계가 존재하게 된다. 공식적 의사소통이 구조적이고 안정적인 반면에, 개인의 욕구에 따라 자생적으로 형성되는 비공식 의사소통은 전달경로가 불확실하고 내용도 모호하게 나타난다.

한편 조직 내에 있는 비공식 의사소통 체계를 우리는 흔히 '그레이프바인'(grapevine)이라고 부른다. 그레이프바인이라는 말은 미국 남북전쟁 당시 나무 사이에 걸려 있던 전신줄의 모양이 포도덩쿨을 닮았다 해서 붙여진 것이다. 그레이프바인은 정보의 내용이 경영자가 의도하지도 않은 루머의 형태로 잘못 전달되고 왜곡되어 조직의 부정적인 측면이 강조될 수 있으므로 이를 조직에서 완전히 제거해야 한다고 주장하는 학자도 있다. 더구나 우리나라처럼 혈연과 지연 등에 얽힌 비공식적 집단이 복잡한 조직풍토에서는 비공식적 의사소통 체계가 집단간의 벽을 높여 주고 분파의식을 조장할 우려가 크다는 점에서 더욱 그렇다. 그러나 그레이프바인은 조직에서 필연적이고 자연적인 현상이라는 것을 인정해야 할 것이다. 사실 동료나 가까운 사람들과 비공식적인 의사소통이 없다면 오히려 그것이 이상한 일이다. 따라서 그레이프바인과 관련된 경영자의 임무는 그것을 필연적인 조직현상으로 인식하고 그 역기능을 줄이며 장점을 이용하는 방안을 모색할 필요가 있다.

제2절 의사소통의 과정

의사소통 과정모형은 발신자, 기호화, 메시지, 매체, 수신자, 해석, 피드백, 잡음 등의 경로를 통하여 메시지가 수신자에게 전달되는 것으로 되어있다.[5)]

1) 발신자

발신자(sender)는 상대방에게 자신이 갖고 있는 생각이나 의사, 정보 등을 전달하고자 하는 개인이나 집단을 가리킨다.

2) 기호화 또는 암호화

기호화(encoding)는 발신자가 전달하고자 하는 생각이나 감성, 정보 등을 언어나 몸짓, 기호 등 특정한 형태의 체계화 된 메시지로 변환시키는 과정을 말한다. 메시지으는 기호화 자체가 명확·간결하고 구체화 되면서 정확할 때 원활한 의사소통이 이루어진다.

5) 신철우, 전게서, pp. 407~409.

3) 메시지

메시지(message)는 기호화 과정의 결과로 나타나는 것으로, 언어적인 것과 비언어적인 것이 있다. 언어적인 메시지는 조직생활에서 가장 빈번히 활용되고 있으며, 이는 다시 구두메시지와 문서메시지로 나뉜다. 구두메시지는 직접적인 말을 이용한 것이며, 문서메시지는 서류, 보고서, 편지 등 문서의 형태로 나타낸 것이다. 한편 비언어적인 메시지는 구두 또는 문서화 된 언어를 사용하지 않는 메시지로서, 예를 들면 표정, 자세, 음성의 고저, 눈짓, 몸짓 등을 들 수 있다.

4) 매체

매체(medium)는 메시지를 전달하는 수단을 말한다. 메시지를 전달하기 위해 채택될 수 있는 수단은 직접대화, 전화통화, 집단토의, 도표, 메모, 전자우편 등 매우 다양하다. 어떠한 매체를 선택할 것인가는 의사소통의 목적에 따라 결정된다.

5) 수신자

수신자(receivers)는 메시지를 받는 사람을 지칭한다. 수신자가 메시지에 대해 갖고 있는 지식, 발신자와 맺고 있는 관계, 성격 등 수신자 자신의 여러 가지 특성에 따라 메시지를 받아들이고 해석하는 방향이 크게 달라진다. 만일 발신자가 보낸 메시지를 수신자가 이해하지 못하거나 공감대를 갖지 못한다면 수신자는 그 메시지를 발신자가 의도한 대로 해독하기가 어렵다.

6) 해독

해독(decoding)은 자신에게 전달된 메시지를 수신자가 어떠한 개념이나 생각, 감정 등으로 변환시키는 사고과정을 말한다. 메시지를 전달받으면 수신자는 마음속에서 그 메시지가 자신에게 어떠한 의미를 주는 것으로 변환시키게 되는데, 이때 수신자는 자신의 과거경험과 준거의 틀에 비추어 메시지를 해석하게 된다. 그러므로 발신자는 항시 수신자의 입장을 고려한 수신자 지향적인 의사소통을 하도록 노력해야 할 것이다.

7) 환류

환류(feedback)는 수신자가 메시지에 대해 응답하는 것을 말한다. 의사소통에 대한 수신자의 반응이 다시 발신자에게 되돌아가는 과정이다. 일반적으로 일방적 의사소통보다는 쌍방적 의사소통이 정확한 의사교환을 보장해 준다.

8) 잡음

잡음(noise)은 의사소통 과정에서 메시지가 의도하는 바를 왜곡시킬 수 있는 요인 모두를 의미한다. 이러한 잡음은 의사소통의 모든 과정에서 발생할 수 있다. 예를 들면 발신자가 갖고 있는 태도, 인식, 전제 등은 암호화 과정에서 바람직하지 못한 영향을 미칠 수 있으며, 수신자는 발신자나 매체에 갖는 태도 또는 해독과정을 왜곡시킬 수 있다.

제3절 의사소통의 장애요인과 극복방안

1. 의사소통의 장애요인

의사소통의 장애가 되는 요인은 여러 가지가 있는데, 이들은 발신자에 관련된 요인과 수신자에 관련된 요인 그리고 상황과 관련된 요인 등 크게 세 가지 범주로 나누어진다.[6)]

1) 발신자의 장애요인

(1) 목적의식 부족

사람들이 의사를 전달할 때에는 어떠한 목적이나 목표를 가지고 커뮤니케이션에 임해야 한다. 발신자가 커뮤니케이션의 뚜렷한 목적의식을 갖고 있지 않으면 수신자에게 전달할 적절한 메시지를 마련할 수가 없다.

6) 상게서, pp. 411~414.

(2) 의사소통 기술의 부족

부적절한 단어선택, 문법상의 오류, 서투른 메시지 전달, 철자의 오기, 서투른 문장력이나 언변 등은 수신자로 하여금 발신자의 메시지를 이해하기 힘들게 한다.

(3) 타인에 대한 민감성 부족

다른 사람에 대한 민감성이 부족한 사람들은 메시지를 분명하고 정확하게 전달한다고 해도 수신자가 긍정적으로 반응하도록 동기를 부여하는 데 실패하기 때문에 기대하는 결과를 얻을 수 없다. 타인에 대해 민감하지 못한 사람은 상대방의 감정을 건드리는 표현을 함으로써 효과적인 의사전달에 실패하는 경우가 많다.

(4) 준거 틀의 차이

사람들은 각자의 경험에 비추어 저마다의 기준으로 사물을 인식하고 이해하려 하기 때문에 똑같은 상황을 놓고도 저마다 해석을 달리한다. 상대방의 준거의 틀을 파악하지 못하는 것은 효과적인 커뮤니케이션을 방해하는 가장 일반적인 요인이 된다.

(5) 발신자의 신뢰성 부족

발신자의 신뢰성이란 수신자가 갖는 발신자의 메시지에 대한 믿음이나 확신의 태도를 말한다. 발신자가 지니고 있는 전문지식, 신용, 의향, 진지성, 행동적 특성, 일반적인 평가 등은 발신자의 신뢰성에 영향을 미친다.

2) 수신자의 장애요인

(1) 평가적 경향

평가적 경향이란 수신자가 발신자로부터 메시지 전부를 다 전달받기 이전에 메시지의 전반적인 가치를 평가해 버리는 경향을 말한다. 예를 들면 수신자가 일단 "저 사람 말은 도무지 믿을 수가 없단 말이야" 라는 식의 생각을 한다면 그 다음부터는 메시지가 제대로 들리지 않게 된다.

(2) 선입견

메시지에 대한 수용과 해석은 수신자의 선입견에 영향을 받을 수 있다. 선입견은 수신자가 발신자의 말에 대해 즉흥적인 판단을 내리게 되고, 메시지가 수신자의 관점에 따라 해석되기 때문에 메시지의 원래 의도는 크게 상실된다.

(3) 선택적 청취

사람들은 자신들이 듣기 원하는 바는 듣고, 듣기 싫은 말은 듣지 않으려는 경향이 있다. 즉, 사람들은 자신의 욕구를 충족하거나 기존의 신념과 갈등을 일으키는 메시지에 대해서는 귀 기울이지 않는 경향이 있다.

(4) 반응적 피드백

발신자가 메시지를 보냈는데도 수신자가 아무런 반응을 보이지 않거나 부적절한 반응을 나타내면 발신자를 낙심시키는 결과를 초래한다.

3) 상황에 따른 장애요인

(1) 어의 상의 문제

어의 상의 문제란 언어를 부적절하게 사용함으로써 해석의 오류를 낳고 따라서 의사소통을 왜곡시키는 문제를 말한다. 조직에서 흔히 발견할 수 있는 문제에는 두 가지 종류가 있다. 하나는 전달자가 여러 가지 해석이 가능한 애매한 말을 사용하는 것이고, 다른 하나는 수신자에게 생소한 기술적 용어나 전문적 용어를 사용하는 것이다.

(2) 정보의 과중

정보의 과중은 수신자가 정보의 홍수에 쌓여 합리적인 의사소통을 하는데 애로를 겪는 것을 말한다.

(3) 시간의 압박

시간적 압박도 효과적인 의사소통의 장애요인으로 작용한다. 시간에 쫓기다 보면 당연히 포함돼야 할 사람을 의사소통 경로에서 제외시키는 현상이 발생한다.

(4) 지위차이

상급자와 하급자간의 차이로 하급자편에서 위협을 느끼는 경우 의사소통의 왜곡요인이 된다.

(5) 의사소통 분위기

신뢰와 개방적인 조직분위기에서 의사소통이 이루어진다면 수신자가 발신자의 메시지에 긍정적으로 반응할 것이다. 그러나 반대로 반목과 불신이 팽배된 조직분위기에서 의사소통이 이루어지게 되면 의도가 부정적으로 왜곡되어 해석되기 쉽다.

(6) 비언어적 메시지의 오용

비언어적 메시지를 잘못 활용하면 의사소통이 지장을 받는다. 대면의사소통에서 우리는 언어적 메시지와 비언어적 메시지를 함께 사용한다. 언어적 메시지와 비언어적 메시지가 일치할 때에는 의사소통의 유효성이 향상되지만 둘 사이에 모순이 있을 때에는 유효성이 감소된다.

2. 극복방안

의사소통의 장애요인을 극복하기 위해서는 두 단계를 거쳐야 한다.

첫 번째 단계는 장애요인의 본질이 무엇이며 어떤 형태의 것인지 파악하는 것이다.

두 번째 단계는 실제로 그 장애요인을 극복하는 것이다.

다음은 앞서 언급한 제 장애요인을 극복하는 방안이다.

1) 지각차이의 극복

같은 내용을 두고 서로 다르게 느끼는 지각의 차이를 극복하기 위해서는 전달하려는 메시지를 충분히 설명해야 하며, 가능한 한 대화를 나눌 당사자의 배경을 사전에 파악하는 것도 중요하다. 다른 사람의 입장에서 상황을 인지하고, 메시지의 내용이 애매할 때에는 타당한 정보가 고려되기 전에 섯불리 반응하지 않도록 해야 한다. 물론 내용이 불명확할 때는 주저없이 질문을 해야한다.

2) 언어차이의 극복

언어의 차이를 극복하기 위해서는 단순하며 직설적이고 자연적인 언어를 사용하여 이례적이거나 기술적인 부분의 진정한 의미를 설명할 수 있어야 한다. 수신자가 중요한 개념을 확실히 이해했는지 파악하기 위해서는 전달된 내용을 다시 한번 되뇌게 하는 것도 도움이 된다. 많은 사람들이 새로운 용어를 다루어야 할 때는 그 용어에 익숙해지도록 사전에 훈련을 가하는 것이 좋다.

3) 소음의 극복

소음이 효과적인 의사소통을 방해할 때는 그 소음의 발생원인을 제거하면 된다. 만약 기계의 굉음 때문에 대화가 힘들면 기계의 작동을 중단시키거나 다른 장소로 옮기면 된다. 가능한 한 소음이 발생될 소지가 있는 환경은 가급적 피하도록 한다.

4) 감정개입의 극복

감정개입문제를 극복하는 가장 좋은 방법은 감정개입을 의사소통의 일부분으로 간주하고 그것을 이해하도록 노력하는 것이다. 부하들이 공격적으로 되면 그들을 진정시킨 후에 궁극적으로 무엇을 원하고 있는지 주의를 기울여야한다. 일단 부하들의 반응이유를 알고 나면 자신의 행동변화를 통해 상황을 호전시킬 수 있다.

5) 구어적 의사소통과 비구어적 의사소통의 불일치 해결

의사소통의 수단이 다르기 때문에 야기되는 문제를 제거하기 위한 방법은 문제의 본질을 이해하여 그릇된 메시지를 보내지 않도록 유의해야 된다. 제스처 · 얼굴표정 · 복장 · 몸짓 등이 전달하려는 메시지와 일치되도록 신경을 써야한다.

6) 불신의 극복

불신을 극복한다는 것은 신뢰를 구축하는 과정을 뜻한다. 신뢰성은 송화자의 정직성 · 공정성 등이 다른 사람들로부터 꾸준히 인정될 때 서서히 생겨난다. 대화하려는 사람과의 좋은 관계는 하루 아침에 생성되지 않으며 일관성 있는 행동이나 언어가 전제되어야 한다.

7) 중복전달

메시지를 되풀이해서 전달하거나 다른 형태로 재차 언급하는 것을 중복전달이라 부르며, 이는 의사소통의 여러 장애요인을 극복하는 데 효과가 있다. 소음으로 인해 메시지전달이 애매모호할 때 내용을 반복하여 전달하면 도움이 된다. 또한 전달하려는 내용이 복잡할 때는 중요한 요점을 다양한 의사소통수단을 통해 반복해서 전달하면 큰 효과를 거둘 수 있다.

제13장 통 제

제1절 통제의 의의와 통제의 필요성 및 통제의 기능 _ 381
제2절 효율적인 통제시스템 _ 384
제3절 통제의 유형 _ 387
제4절 통제의 절차 _ 389
제5절 경영통제의 기법과 분야 _ 392

제13장 통　제

모든 경영활동은 계획에서부터 시작하지만 계획대로 이루어지는 것은 아니다. 그래서 그 계획을 수행할 때 계획과 목표에 맞는지 검토해야 하고 계획과 비교하여 잘못된 결과가 나오면 계획에 맞게 결과가 나올 수 있도록 통제를 해주어야 한다. 그러므로 경영통제는 경영활동에서 없어서는 안될 중요한 분야로 재무, 인적, 물적, 정보자원영역 등 모든 영역에서 이루어진다.

제1절 통제의 의의와 통제의 필요성 및 통제의 기능

1. 통제의 의의

통제(control)란 현재 조직의 목표를 달성하기 위해 수립한 계획이 달성되었는지를 확인하기 위해 경영성과를 측정하고 목표와 성과 간의 차이를 분석해 이 차이를 최소화할 목적으로 하는 활동을 말한다.

이러한 관점에서 통제에 대해 다음과 같이 정의할 수 있다.

첫째, 통제란 계획에 따라 기업의 목표가 달성될 수 있도록 어떤 조치를 취하는 과정이다.

둘째, 통제란 기업에서 수립한 목표가 제대로 달성되고 있는지 감시하는 과정이다.

셋째, 통제란 목표와 성과 간의 차이가 있을 때 이를 최소화 하여 조직의 목표달성의 효과성을 높이기 위하여 시정하는 과정이다.

한편 스테이너(G. Steiner)는 그의 경영계획모형에서 "통제란 계획을 수립하고 이의 실행단계 및 계획의 평가 단계뿐만 아니라 세부적인 계획의 수립단계에서도 정보를 반영하여 새로운 계획을 설정해야 한다."고 말하고 있다. 이는 통제 실행의 결과가 계획수립으로 다시 피드백 될 필요가 있다는 것을 말하고 있다.[1)]

2. 통제의 필요성 및 중요성

경영활동에서 통제가 중요한 이유는 대부분의 계획이 본래의 계획과는 다른 방향으로 실행되고 경영조직이 더욱 복잡해지면 그만큼 많은 조직구성원 및 부서 간의 조정활동이 필요하기 때문이다.

1) 기업 경영환경의 불확실성과 조직의 복잡성

기업의 경영환경은 언제나 유동적이다. 즉, 이러한 환경의 불확실성으로 기업으로 하여금 조정활동과 통제활동이 필요하게 하고, 목표수정 및 목표수단 까지도 변경하게 한다. 또한 기업규모의 증대로 인해 조직이 복잡하게 됨에 따라 통제활동이 필요하게 되었다.

2) 통제의 목적적합성과 실수에 대한 예방

가장 적합한 통제는 조직의 목적을 달성하기 위한 방향대로 목표와 성과가 이루어지고 있는지를 확신시켜준다. 이는 통제의 효율성을 결정하는 기준이 통제가 조직의 목적에 적합하여 얼마나 목적달성을 용이하게 하느냐에 있다. 또한 실수는 항상 존재하기 때문에 통제를 통해 실수와 과오가 더 악화되기 전에 탐지하여 수정하여야 한다.

---

1) 조희영, 전게서, p. 309.

3) 권한위양의 증대와 분권화

최근의 경영은 조직의 구성원을 경영활동에 참여시키는데 이는 권한을 위임하고 조직구성원으로 하여금 하나의 팀 차원에서 업무를 하도록 하는 데 있다. 권한을 위임함으로써 경영자의 책임이 감소되는 것은 아니며 경영통제과정에 있어서의 변화를 의미한다.

4) 성과의 확인 가능성

경영자는 원하는 성과수준을 달성할 수 있도록 경영계획을 수립할 수도 있고, 실행조직도 설계할 수 있으며, 종업원들을 동기부여시켜 성과달성을 할 수도 있다. 그러나 성과가 달성되고 있는지의 여부는 통제기능을 통해서만 확인가능하다.

5) 미래 의사결정에 영향

통제활동은 미래 의사결정을 위해 경영층에게 피드백하는 기능을 가지고 있고, 조직구성원에 대한 영향력과 보상을 통한 조직의 역동성을 억제하는데 도움이 될 수 있다.

3. 통제의 기능

통제의 경영활동에서의 기능은 감시기능, 비교기능 편차의 수정, 미래 의사결정에 영향 등이 있다.

1) 감시기능

통제시스템은 조직이 원하는 성과를 이룰 수 있도록 조직의 모든 활동을 감시하는 일을 하고 적절한 행동을 하고 있는가를 확인하는 기능을 한다.

2) 비교기능

실제성과와 표준성과 간의 일치 정도를 활동의 시작시점과 진행 중, 종료된 시점에서 비교하여 의사결정에 보고하는 기능을 갖는다. 이때 비교에서 중요한 것은 실제치와 표준치와의 편차의 정도를 파악하는 것으로 경영자는 편차의 범위를 정해야 한다.

3) 실제성과와 표준성과 편차의 시정조치

통제는 기준으로부터 떨어진 편차를 시정하는 기능을 가지고 있다. 이는 통제의 기본적 시정조치이다.

4) 피드백 기능

통제는 미래의 의사결정을 위해 최고경영층에 피드백하는 기능을 가지고 있다. 즉, 조직구성원에 대한 영향력과 보상을 통해 조직의 역동성 통제 및 구성원에 대한 동기부여의 정보를 제공해준다.

제2절 효율적인 통제시스템

1. 통제의 기본방침

1) 직무목적 적합성의 원칙

최고경영자에게 필요한 통제시스템과 권한의 위임을 받은 조직구성원이 직무를 위해서 필요한 통제시스템과는 그 성격과 내용이 달라야 한다는 의미이다. 분명히 각 부서 간의 통제는 그 성격이 다르며 또한 중소기업과 대기업과의 통제도 다르다.

예산, 손익분기분석, 각종의 재무비율분석, 재고자산의 감가상각 방법, 재무제표의 분석 등과 같은 통제기법은 많은 기업의 경영실태를 전반적으로 분석하는 데 이용되고 있다.

그러나 이렇게 광범위하게 사용되는 각각의 통제기법은 모든 특정 상황에 적용될 수 없는 경우가 많다. 따라서 경영자들은 조직의 목표와 집행을 실행하는 과정에서 이를 통제할 통제기법의 특성을 경영의 환경과 각각의 직무특성에 적합하도록 하여야 한다.

2) 계획반영의 원칙

통제는 기본적으로 수립된 계획이 얼마나 잘 실행되고 있는지를 파악하고 감시하는 과정이라고 할 수 있다. 따라서 재무적인 목표, 고객만족 성향, 경영혁신, 기업경쟁력 등에 대한 계획목표를 반영해야 한다.

3) 객관적 표준의 원칙

가장 이상적인 통제는 편차가 발생하기 전에 발생가능한 편차를 탐지할 수 있는 것을 의미 하지만 현실적인 통제는 설정된 계획치와 결과치를 분석, 구분할 수 있어야 하며 필요한 정보를 신속하게 제공하여야 한다. 통제의 기본인 시정조치는 편차에 의해서 가능하기 때문이다. 이를 위해서는 여러 가지 지표를 계량화 하여야 한다.

4) 미래지향적 통제

경영자는 앞으로 어떤 문제가 발생할 것인가를 미리 통찰함으로써 문제가 일어나기 전에 정확하게 시정할 수 있는 통제기법을 준비하고 있어야 하는데, 이는 경영자의 예측력에서 비롯될 수 있다.

5) 목표지향적 통제

통제가 목표실천을 위한 감시, 억제의 역할을 하기 때문에 통제는 항상 목표를 의식할 수 있어야 하며, 이러한 목표를 무시한 통제는 통제로서의 의미가 없다.

그리고 통제는 더욱 적극적으로 전제가 되는 목표를 수정하고 목표의 개선을 위한 오리엔테이션을 할 수 있는 특성을 갖출 수 있어야 한다.

6) 탄력성 원칙

통제는 여러 가지 예상치 못한 상황의 변화에 대비하기 위하여 항상 유동적이어야 한다. 이를 위해서는 여러 상황에 맞는 대체적 계획을 갖추고 있어야 여러 복잡한 상황에서도 목표가 잘 실현될 수 있다.

7) 객관적 통제의 원칙

계량화 되었다고 해서 객관적인 통제가 되었다고 볼 수 는 없으며 이를 위해서는 다수의 사람이 여러 번 측정할 수 있어야 하며 시행 전에는 반드시 비용과 효익을 따져봐야 한다.

2. 통제시스템의 요건

통제시스템이 갖추어야 할 요건은 다음과 같다.[2)]

1) 확실성(accuracy)

불확실한 정보에 의한 경영통제는 통제행위를 제대로 수행하지 못하고 문제점이 발생한 정보가 발생해도 반응하지 않는 등의 결과를 초래한다.

2) 적시성(timeliness)

목적적합한 통제는 적시성을 전제로 한다. 즉, 적시성이란 통제가 의사결정에 영향을 미칠 수 있는 능력을 상실하기 전에 정보를 제공하는 정도를 말한다.

3) 경제성(economy)

통제시스템의 운영 시 적절한 비용이 소요되어야 하는데 소요비용보다 효익이 더 초과되어야 한다.

4) 적응성(flexibility)

효과적인 통제시스템은 다양한 변화에 적응할 수 있고 새로운 기회를 탐지할 수 있도록 유연하게 설계되어야 한다.

5) 이해가능성(understandability)

통제가 이해가능하기 위해서는 통제 자체도 이해가능한 형태로 제공되어야 하고

---

2) S. P. Robins, & D. A. De Cenzo, Fundamentals of Management, Prentice-Hall, 1998.

이해할 수 없는 통제는 아무런 가치가 없으며 오히려 불필요한 실수가 발생한다. 단, 통제가 목적적합하여 이용되는 경우, 일부 이용자가 이해하기 곤란하다는 이유로 제외되어서는 안된다.

6) 합리적 표준(reasonable standard)

통제를 위한 표준은 합리적이고 쉽게 이용 가능하여야 하고 통제이용자의 동기부여 및 달성 가능한 표준을 설정해야 한다.

7) 전략적 배치(strategic placement)

경영상 발생하는 모든 문제를 통제할 수는 없다. 따라서 통제이용자 및 경영자들은 전략적으로 성과에 중요하게 영향을 미칠 수 있는 문제를 통제해야 한다.

8) 합리성(rationality)

통제수단을 결정시 각 부서의 통제시스템의 여건을 고려해야 하며 통제이용자들로부터 지지를 획득해야 한다.

9) 복수기준(multi-criteria)

한 가지의 기준이 결과의 모든 것을 보여줄 수 없기 때문에 여러 개의 기준을 적용해서 통제할 수 있어야 한다.

제3절 통제의 유형

1. 통제의 강조점에 따른 분류

1) 시장의 통제

시장의 통제는 외부 시장구조의 사용을 강조하는 통제접근법으로 대개 경쟁이 심한 상황에서 기업들이 주로 이 접근법을 채택하고 있다. 이런 상황에서 각각의 사업부들은 이익중심점의 역할을 수행하며 기업전체의 이익에 대한 공헌도, 즉 전체이익에 대한 비율에 따라 평가를 받는다. 이에 따른 통제기준으로는 경쟁사의 가격차이나 시장점유율 등이 사용된다.

2) 관료적 통제

관료적 통제는 조직차원에 대한 권위와 관리규칙, 규제정책 등에 중심을 두는 통제로 조직의 구성원들이 조직의 통제에 따라 올바른 행위를 수행하고 성과를 달성하는 것을 확신하기 위하여 사용된다. 이러한 유형의 통제는 행위의 표준화 정도와 직무기술서 및 예산과 같은 관리구조에 따라 평가하는 방법이다.

3) 공유에 의한 통제

공유에 의한 통제는 조직구성원의 행위가 공유된 가치, 전통, 규범, 신념 등의 규정을 받는 것을 강조하는 통제접근법으로 개인과 집단의 실체를 적합하고 기대되는 개인의 과업행위와 성과측정을 통한 청사진공유를 추구하는 매커니즘에 초점을 두고 있다. 팀제를 도입하고 있는 곳이나 기술이 급변하는 곳에서 주로 사용되며 최고경영자에서부터 말단 사원에 이르기까지 조직에서 중요한 것이 무엇인지를 알고 공유를 하고 있어야 한다.

2. 행위의 시간순서에 따른 분류

1) 사전통제

사전통제는 예측될 수 있는 문제점을 탐지하여 사전에 제거해 주고 통제가 행위에 앞서서 수행되므로 가장 이상적인 통제방법이다. 사전통제의 가장 중요한 핵심은 어떤 문제점이 발생하기 전에 경영조치를 취한다는 점이다. 종업원의 적절한 교육훈련이나 효과적인 내부통제시스템의 구축이 바람직하다.

2) 실행통제(동시통제)

어떤 행위가 실행 중일 때 이루어지는 통제방법으로 실행 중일 때 통제를 함으로써 사후에 발생하게 될 지도 모르는 문제점을 사전에 제거할 수 있다. 수정비용이 적게 들고, 지체없이 적시에 통제가 이루어지며 관리자가 직접 현장에서 업무를 감독할 수 있다. 적절한 경영정보 시스템이 필요하다.

3) 사후통제(피드백 통제)

가장 널리 사용되는 통제기법으로 이는 어떤 행위가 일어난 후에 통제가 되는 것으로 경영자 또는 조직구성원들이 문제에 대한 정보를 알았을 때는 이미 그 문제가 종료되어 있기 때문에 결과를 변경시키거나 새로운 결과를 생성시킬 수 없다는 한계점이 있지만 반면에 피드백을 통한 경영자들 자신의 계획의 효율성에 대한 정보를 알 수 있으며, 미래에 유사한 계획을 수립하는데 도움을 주며, 종업원 자신들의 과업수행 결과에 대한 동기부여를 할 수 있다는 장점도 가지고 있다. 그러므로 실제 많은 부문에서는 사후통제가 쉽게 활용되고 있다.

제4절 통제의 절차

통제의 절차는 통제시스템을 이용하는 데 있어 사전에 표준계획이 이미 설정되어 있는 가운데 성과측정, 차이분석, 평가 및 수정조치의 단계로 구성되어있다.

1. 표준계획 설정

표준계획은 경영통제가 적용될 수 있는 기초가 되므로 계획의 수립은 매우 중요하다고 볼 수 있다. 여기서 표준이란 성과를 측정하기 위하여 설정해 놓은 판단의 기준 또는 통제기준을 의미한다. 여기에는 산출기준과 투입기준이 있다.

1) 산출기준

양, 질, 비용 및 시간측면에서 산출의 결과인 성과를 측정하는 것을 말한다. 예를 들면 오차율, 단위기간 내 생산량, 예산초과액 등을 말한다.

2) 투입기준

성과를 달성하기 위해 투입된 자원의 이용정도를 말한다. 예를 들면 연구개발비, 1인당 교육훈련시간, 인력투입률 등을 말한다.

2. 성과측정

성과측정은 성과를 점검하고 측정하는 경영통제의 중심적 단계로 조직 내에서의 성과측정은 지속적으로 이루어지고 있으며 효과적인 통제를 위해서는 관련된 성과측정치가 타당하여야 하며 목적적합하여야 한다.

1) 경영자들의 성과측정방법

성과를 측정하기 위한 정보획득 수단에는 관찰, 통계보고서, 구두보고, 서면보고 등이 있으며 하나의 방법에 다른 방법을 중복해서 사용할 수도 있으며, 이는 경영자가 어떻게 활용하는가에 따라 달려 있다. 실제로 현장에 나가 종업원들의 활동과 성과를 관찰 또는 조사를 할 수 있으며 구두 또는 문서로 받은 보고 중에서 계수나 사실을 분석하여야 한다.

〈표 13-1〉 성과측정을 위한 정보획득 수단의 장·단점

정보의 원천	관 찰	통계보고서	구두보고	서면보고
장 점	가장 정확 즉각적 조치	객관적	즉각적 조치	대규모의 조직에 적합
단 점	대규모 조직에 불가능	조작 가능성	주관 개입	사실의 왜곡

2) 성과측정항목의 적합성

잘못된 평가기준을 설정하게 되면 여러 가지의 문제점을 초래하게 되며, 조직의 구성원들은 측정항목에 의해 행동하므로 오히려 성과측정방법보다는 성과측정지표가 더 중요할 수 있다. 대부분의 통제항목은 각 부문별로 구분되어 있으며 이를 구분하여 보면 다음과 같다.

(1) 생산부문

생산단위를 책임지고 있는 관리자의 경우에는 효율성에 관련된 부문에 중심을 두어야 하며 일일 생산 단위량, 불량률, 반송률, 1인당 생산량 등에 대한 항목을 측정해야 한다.

(2) 관리부문

관리 및 지원 부문의 관리자는 타 업무에 대한 지원과 협조, 종합적 서비스에 중점을 두어야 하며, 일일 보고서 수량, 시간당 처리건수, 타 부문의 협조사항 처리시간 등을 측정할 수 있다.

(3) 영업부문

영업부문의 관리자나 임원은 시장이나 고객과 관련되어 있는 부분에 대하여 초점을 두어야 하며 이들은 시장점유율, 판매 총가치, 영업인력 1인당 고객방문 횟수 등을 측정할 수 있다.

3) 계량화 하기 어려운 과업의 측정

모든 활동들에 대해서 결과 또는 성과를 측정하기란 어려움이 있다. 그러나 대부분의 활동은 세분화 될 수 있으며 측정가능한 목표로 전환할 수 있다. 만일 성과측정 지표를 계량화 할 수 없다면 관리자는 새로운 측정지표를 찾아야 하며 또한 측정지표를 개발해야 한다.

3. 차이분석

현실적으로 성과기준과 실제성과와의 차이는 존재한다. 측정되는 성과가 기준보다 높을 수도 있고, 낮을 수도 있으며, 동일할 수도 있다. 경영자는 이러한 차이를 분석하여 허용할 수 있는 차이를 어디까지 할 것인가를 결정하여야 한다. 차이분석을 하는 방법으로는 구두보고 또는 서면보고 중에서 분석하기도 하고, 실제 현장에서 종업원의 활동과 성과를 관찰 또는 조사를 할 수 있다.

4. 평가 및 수정조치

수정조치는 경영통제의 마지막 단계로 기준과 성과 간의 차이를 수정하고 평가하여 시정하는 것으로 업무집행의 결과와 목표의 기준이 맞지 않을 때, 즉 우발적인 작업조건의 변경, 종업원의 교육이나, 능력의 결여, 계획이나 기준설정의 부적절, 경영자의 리더십 결여 등일 때 이루어진다. 수정하는 방법으로는 내·외부환경조건의 수정, 종업원의 교육훈련의 수정, 경영자의 리더십 및 동기부여방법의 수정 등이 있다.

제5절 경영통제의 기법과 분야

경영통제를 위한 방법은 전통적 방법과 현대적 방법으로 구분할 수 있다.

그림 13-1. 경영통제의 구분

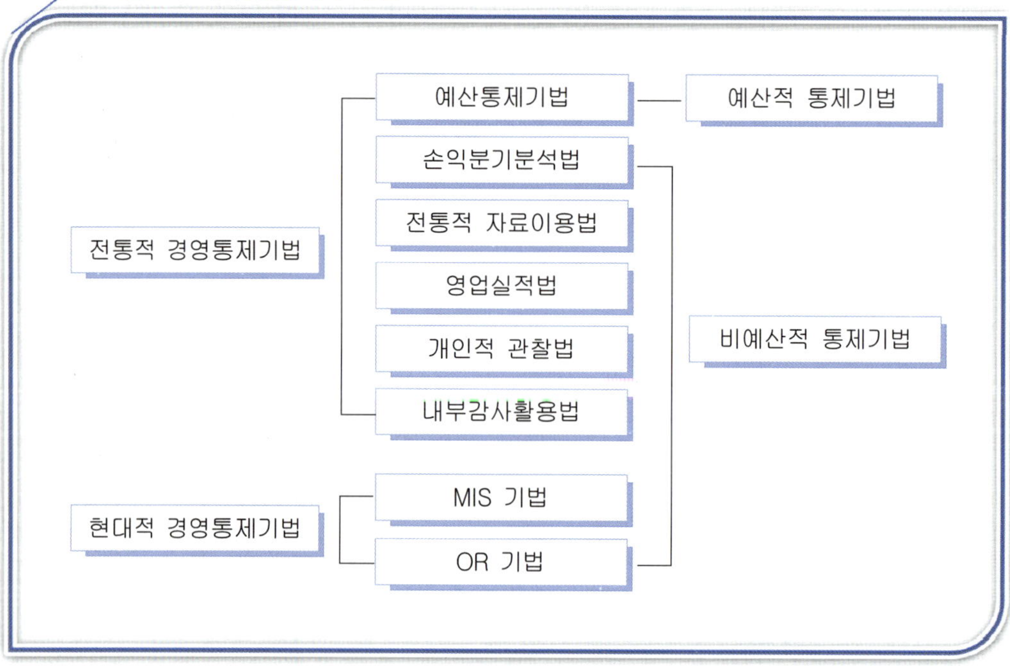

1. 전통적 경영통제기법

1) 예산통제법

예산통제란 예산을 기준으로 예산과 실제 업무성과의 차이를 분석하는 관리방법을 말한다.

한편, 예산이란 주어진 기간에 걸쳐 계획된 활동을 수행하기 위하여 작성된 수치화 된 계획으로 조직의 각 수준에서 계획을 수립하고 통제를 하기 위한 수단으로 이용된다.

이와 같이 예산이 통제수단으로 이용되는 중요한 이유로는 다음과 같다.

첫째, 예산은 화폐적 가치로 표시되기 때문에 조직의 활동을 위한 공통기준이 된다.

둘째, 예산은 확실한 성과기준을 제공하는 역할을 한다.

셋째, 예산은 자원활용의 향상을 위한 용도나 성과목표 달성과정의 사후통제수단으로 이용될 수 있다.

예산은 운영예산과 재무예산으로 나누어 질 수 있다.

운영예산이란, 예산기간동안 사용해야 할 것으로 예상되는 재화와 서비스를 나타내는 예산을 의미한다. 이는 다시 비용예산, 수익예산, 이익예산으로 세분화 할 수 있다.

〈표 13-2〉 운영예산의 비교

구 분	비용예산	수익예산	이익예산
비교	예산기간 내에 사용할 비용에 관한 예산으로 변동비와 고정비가 포함된다.	정상적인 영업을 통해 얻을 수 있는 수익에 관한 예산	수익에서 비용을 차감한 미래이익에 관한 예산

재무예산에는 현금흐름예산, 자본적 비용예산, 대차대조표 예산으로 나누어 질 수 있다.

〈표 13-3〉 재무예산의 비교

구 분	현금흐름예산	자본적 비용예산	대차대조표 예산
비교	조직이 영업활동을 위하여 필요하다고 예상한 현금수입과 지출에 관한 예산	신 기계, 토지구입 등과 같이 자본적 비용에 대한 예산	조직의 전체적인 자산, 자본 및 부채에 관한 대차대조표를 예측한 예산

2) 손익분기분석법

손익분기분석이란 생산비, 판매량, 판매가격이 변할 때 이익의 변화를 분석하는 것으로 비용, 매출액(량), 이익분석이라고도 한다(CVP; cost-volume-profit).

손익분기분석을 협의로 해석하는 경우에 손익분기점, 즉 수익과 비용이 일치하여 이익이 되는 판매량 또는 매출액을 분석하는 것을 의미하며 광의로 해석하는 경우는 비용, 매출액, 이익의 관계를 분석하는 것을 의미한다.

오늘날에는 기업의 경영계획이나 단기이익계획 등을 수립할 때에는 손익분기분석이 활발하게 활용되고 있고, 비용, 매출액, 이익을 분석함으로써 기업의 이익구조 및 기업의 안전도를 알 수 있어 경영관리에 공헌을 할 수 있다.

3) 통계자료이용법

기업경영활동의 수많은 측면을 분석하기 위하여 오늘날 여러 가지 통계자료를 동원하고 있다. 왜냐하면 경영통제를 하기 위한 가장 쉬운 방법인 각종 통계자료의 비교, 검토, 분석을 통해서 간단히 경영통제를 할 수 있기 때문이다. 따라서 통계적 자료의 정확한 수집, 분석, 평가가 바로 합리적인 경영통계의 결과와 직결되는 원인이 된다.

통계자료의 활용방법으로 여러 방법을 활용할 수 있으나, 도표에 의한 방법이 효과가 크다. 왜냐하면 경영자가 통계전문가가 아니더라도 통계적 수치를 도표로 표시함으로써 경영현상을 객관적으로 판단할 수 있기 때문이다. 특히, 표준과 실제 측정치의 경향, 즉 과거의 추세를 관찰하고 미래의 추세를 판단할 수 있으므로 도표에 의한 방법을 많이 활용한다.

4) 판매실적법

판매예측의 전형적인 방법으로 전기의 판매실적에 의한 현재와 미래의 판매량을 예측, 통제하는 방법으로서 전기의 통계자료를 이용한다는 점에서 통계적 자료이용법과 비슷한 성격을 갖는다.

5) 개인적 관찰법

예산과 통계자료이용 등과 같은 통제기법은 매우 실용적인 것은 사실이나 이러한 방법만으로는 완전한 경영통제를 달성하기는 힘들다. 앞의 판매실적, 통계자료이용과 같은 방법은 경영자의 계획대로 잘 실행되는가를 확인하는 데는 도움이 되지만, 아직도 통제의 마지막 관건은 인간의 행동을 측정하는 데 있다. 목표계획의 달성은 인적자원요소의 능력과 과학적 수단에 의해 좌우되고 있다고 하지만 인간의 행동을 이해하고 측정하여 통제하기는 쉽지 않다. 따라서 행동과학적인 방법을 이용하여 개인의 능력과 가능성 및 개성을 관찰한 자료를 통제수단으로 이용하는 방법이다.

6) 내부감사 활용법

내부감사에는 협의의 의미로 내부회계감사 외에도 넓은 의미로 정책, 권한의 행사, 경영진의 능력, 경영진의 경영방식의 효율성 등 경영 전반에 대한 정기적이고 독립적인 평가에 관한 내용을 포함하고 있기 때문에 경영자들, 즉 기업조직의 계획 및 정책을 직접 집행하는 경영자들은 내부감사에 의한 통제를 인정하지 않으려는 생각을 갖고 있다. 하지만 회계 및 자산관리자들은 대체로 내부감사자료의 활용을 인정을 하고 있다. 경영자들이 내부감사를 인정하고 받아들인다면 경영자들의 업무수행을 지원 해주는 내부자문의 역할을 할 수 있으며, 또한 효율적인 경영통제기법으로도 이용될 수도 있다.

2. 현대적 경영통제기법

오늘날 통제를 위하여 사용되는 기법에는 전통적 통제기법 이외에 경영정보시스템과 OR기법이 있다.

1) 경영정보시스템(MIS, management information system)

경영정보시스템은 하위경영층의 업무를 감독하고 통제하며, 최고경영층의 의사결정에 필요한 정보를 제공하는 중간경영층의 경영관리 업무를 지원하는 정보시스템이라 하는데, 이 정보시스템은 컴퓨터 하드웨어와 소프트웨어는 물론 분석, 통제 및 의사결정에 필요한 모형 및 데이터베이스 등이 이용된다.

경영정보시스템과 대비되는 개념으로 거래처리시스템이 있다. 이는 조직의 정보시스템을 구성하는 가장 기본적인 정보시스템으로서 일상적인 거래를 처리하며 거래처리로부터 발생하는 데이터를 저장, 관리하며 이 시스템의 목적은 주문의 수령, 상품의 판매, 매입채무의 지급 등의 많은 양의 데이터를 기록, 분류, 정리하여 신속하게 처리하는데 있으며 의사결정을 지원하는 것은 아니다.

〈표 13-4〉 TPS/MIS/EIS의 비교

구 분	기 능	지원업무의 정형화 정도	이용자
TPS	거래처리를 통해 발생되는 자료를 수집하고 저장	일상적인 업무로 표준화된 순서와 규정이 존재	거래처리실무자와 최하위경영층
MIS	경영통제에 필요한 정보를 제공	일상적인 성과 측정 등의 구조화 된 업무와 즉흥적인 정보요구와 비정형적인 업무도 지원	중간경영층
EIS	최고경영자의 전략 기획업무를 지원	전략수립, 새로운 사업의 타당성 조사 등과 같은 비정형화 된 업무를 지원	최고경영층

〈표 13-4〉에서와 같이 MIS는 TPS에 의하여 처리된 자료를 저장해 두었다가 이를 의사결정에 적합한 정보로 만들어 내는데, 이는 거래처리시스템이 개별업무를 중심으로 업무의 효율성증대를 목적으로 개발된 반면 경영정보시스템은 조직전체를 대상으로 효과적인 정보제공에 그 목적이 있기 때문이다. 여기서 자료란, 특정한 일에 사용될지도 모르는 객관적인 사실을 의미하므로 이를 이용한 이용자가 목적이나 용도에 적합하게 사용될 수 있어야만 의미가 있는 것이다.

2) OR기법(OR, operations research)

OR은 의사결정 환경의 문제해결을 수리적 방법으로 나타내어 해결하는 접근방법으로 다음의 조건이 갖추어져야 한다.

첫째, 문제를 수리적인 변수와 변수 간의 함수관계를 정의할 수 있어야 한다.
둘째, 모델의 지표가 실용적이고 충분한 정확성을 가지고 있어야 한다.
셋째, 수리적 기법에 대한 적합한 규정이 가능해야 한다.
넷째, 시간 및 비용 면에서 계산이 가능해야 한다.

3. 경영통제의 분야

경영활동의 통제 분야에는 경영활동의 분야인 재무분야, 생산분야, 경영관리분야 등이 있다.

1) 재무분야

재무관리의 재무통제의 기법에는 재무제표분석, 재무비율분석, 재무감사가 있다.

(1) 재무분석

기업 및 그 외의 경제주체들이 경제활동을 수행하는데 있어 한정된 자원을 효율적으로 배분할 수 있도록 유용한 회계정보를 제공하는 것을 재무제표라고 하는데, 우리나라에서는 대차대조표, 손익계산서, 이익잉여금처분계산서, 현금흐름표 등을 제시하고 있으나 일반적으로 재무제표라 함은 주석, 주기까지도 포함한다.

〈표 13-5〉 재무보고의 형태

<table>
<tr><th colspan="5">투자 및 신용제공 등 의사결정에 유용한 정보</th></tr>
<tr><th colspan="4">재무보고</th><th rowspan="4">기타
정보</th></tr>
<tr><th colspan="3">기업회계기준의 영역</th><th rowspan="3">기타재무
보고수단</th></tr>
<tr><th colspan="2">기본재무제표</th><th rowspan="2">부속명세서</th></tr>
<tr><th>재무제표</th><th>주석 및 주기</th></tr>
<tr><td>대차대조표
손익계산서
이익잉여금
처분계산서
현금흐름표</td><td>회사의 개황
회계처리방법
당기순이익
주당순손익</td><td>제조원가명세서
공사원가명세서
잉여금명세서
유가증권명세서</td><td>영업보고서
예측정보
결산서</td><td>대중매체
뉴스</td></tr>
</table>

이와 같이 재무제표를 분석하여 자료로 이용하는 것을 재무제표분석이라고 한다. 기업의 경영성과 및 자산, 자본, 부채 등의 재무상태는 기업이 작성하여 공표하는 재무제표에 나타나 있으나 처음 재무제표를 이용하고자 하는 이용자는 기업의 주요재무제표를 구성하는 항목이 많고 복잡하여 재무제표를 그대로 이용하기에는 많은 지식을 요구하는 경우가 많아 자신의 의사결정에 필요한 정보를 알기가 쉽지가 않다.

그래서 주요재무제표에 포함되어 있는 경제적 정보를 쉽게 파악할 수 있도록 하는 지표의 필요성이 대두되었는데 이것이 재무비율이다.

재무분석에 의한 재무비율은 주요재무제표를 구성하는 많은 요소 중에서 자기의 의사결정에 필요한 특정 항목만을 대응시켜 이용하기 때문에 수 없이 많을 수 있다. 그러나 실제로 경제적 의미가 있는 명확한 비율만을 실무에서 이용하고 있으므로 유동성비율, 레버리지비율, 안정성비율, 활동성비율, 수익성비율, 시장가치비율 등 몇 가지 범주로 분류될 수 있다. 기업의 재무관리자는 기업의 목표인 기업가치의 극대화를 위하여 투자결정, 자본조달 결정, 배당결정, 유동성관리의 효율성을 극대화 하여야 한다. 이렇게 하기 위해서는 재무분석이 선행되어야 한다. 이와 같이 재무분석은 재무적 정보를 분석할 뿐 아니라 이를 토대로 미래를 예측하는 데도 중요성이 있다.

(2) 재무비율분석

재무비율분석은 재무제표상의 항목을 서로 대응하는 항목으로 분류하여 그 총체적인 구성비나 개별항목 간의 연간비율을 산출하고, 이를 과거의 평균비율이나 표준비율과 비교함으로써 재무상태와 경영성과를 분석, 평가하는 것을 말한다. 여기에는 유동성비율, 레버리지비율, 안정성비율, 활동성비율, 수익성비율, 시장가치비율 등으로 나누어 볼 수 있다. 재무비율의 가장 기본이 되는 자기자본 순이익률은 자기자본을 얼마 투자하여 얼마의 당기순이익을 거두었냐 하는 것이 기업의 기본적인 정보이며 재무비율분석의 기본이므로 다음과 같이 분석할 수 있다.

$$\text{자기자본순이익율} = \frac{\text{순이익}}{\text{자기자본}}$$

$$= \underset{ⓐ}{\frac{\text{순이익}}{\text{매출액}}} \times \underset{ⓑ}{\frac{\text{매출액}}{\text{총자본}}} \times \underset{ⓒ}{\frac{\text{총자본}}{\text{자기자본}}}$$

$$= \frac{순이익}{매출액} \times \frac{매출액}{총자본} \times \left(1 + \frac{부채}{자기자본}\right)$$

위 식의 첫째 항은 매출액 순이익률이고, 두 번째 항은 총자본회전율이며, 세 번째 항은 부채레버리지비율을 의미한다.

이를 다시 분석하면

ⓐ 부분은 기업의 일정기간동안의 경영성과를 종합적으로 측정하는 비율인 수익성 분석을 위한 도구로 사용할 수 있다. 즉, 매출액 부분에 총자산을 대입하면 총자본이익률, 자기자본을 대입하면 자기자본이익률 등의 기업의 수익성을 나타내는 재무정보를 얻을 수 있다.

ⓑ 부분은 기업이 자산을 얼마나 효율적으로 활용하였는가를 나타내는 비율로 매 출액에 대한 주요자산의 회전율로 표시되는 활동성 분석을 위한 도구로서 이를 총자본 대신에 재고자산을 대입하면 재고자산 회전율, 매출채권(외상매출금+받을어음)을 대입하면 매출채권회전율, 고정자산을 대입하면 고정자산회전율 등의 기업의 활동성을 분석할 수 있다.

ⓒ 부분은 기업의 타인자본의존도 또는 장기부채에 대한 지급능력을 나타내는 비율로 부채성비율이라고도 하며, 이는 기업의 재무위험 정도를 분석하는 도구로 이용할 수 있다. 즉, 총자본 대신에 타인자본을 대입하면 부채비율을 고정 부채를 대입하면 고정부채비율 등을 분석할 수 있어 기업의 재무위험 정도를 파악할 수 있다.

그러나 재무비율 그 자체만으로는 모든 기업의 경영상태를 판단하기에는 어려움이 있기 때문에 비교 대조할 수 있는 기준이 필요하다. 이때 비교기준이 되는 비율을 표준비율이라 하는데 일반적으로 동종기업의 평균실적비율이 사용된다.

재무비율에 의한 분석을 보완하기 위하여 지수법(index method)과 원형도표분석법이 사용된다.

지수법은 분석목적에 따라 몇 가지의 주요비율을 선정하고 그 항목의 중요도에 따라 기업의 경영성과나 재무상태를 단일지수 또는 종합점수로 나타내어 기업경영의 양부를 종합적으로 평가하는 방법으로 월(A, Wall)지수법과 트랜트(Trant)지수법이 있다.

원형도표분석법이란 기업의 종합적인 경영상태의 변화를 분석하고 이를 기초로 하여 간략하게 원형에 시각적으로 알기 쉽게 표시하는 방법이다.

(3) 재무감사

조직의 회계, 재무, 운영 시스템을 평가하고 통제하는 방법으로 재무감사가 있다. 재무감사는 재무제표의 투명성과 공정성을 확인하는 재무통제방법이다.

재무감사에는 조직외부전문가인 공인회계사에 의해 수행하는 외부감사와 조직내부 감사요원에 의하여 수행되는 내부감사가 있다. 외부감사는 '일반적으로 인정된 회계원칙'(GAAP, generally accepted accounting principles)인 기업회계기준에 따라 자산과 부채를 평가했는가를 확인하고, 재무제표의 정확성과 투명성 및 조직운영에 있어서의 정직성을 평가하는 데 중요한 역할을 하는데, 우리나라에서는 주식회사의 외부감사에 관한 법률에 의거하여 직전 사업연도 말 현재 자산총계가 70억 원 이상인 주식회사들은 외부감사가 의무화 되어 있다.

내부감사는 재무적 구조의 정확성과 재무제표와 운영상의 효율성을 검토함으로써 통제시스템을 개선하는 데 이용하는 것으로 조직구성원이 해야 할 일을 정확히 그리고 효율적으로 수행했는가를 재무제표를 통해 검토하므로 운영통제라고도 한다.

2) 생산분야

(1) 품질관리 기법

품질관리는 소비자가 요구하는 품질의 제품이나 서비스를 경제적으로 산출하기 위한 모든 수단과 활동의 체계를 의미한다.

① **통계적 품질관리**(SQC, statistical quality control)

품질관리활동에는 통계적 관리기법이 가장 많이 사용되고 있다. 이는 품질관리에 통계학적 기법을 적용하여 고객에게 만족을 줄 수 있는 제품을 가장 경제적으로 생산할 수 있도록 생산의 모든 단계에 통계적 기법을 이용하여 품질을 관리하는 경우를 통계적 품질관리라고 한다. 이 방법은 합리적 비용지출로 최대의 검사를 가능하게 하며 소비자의 불만을 분석하고 이를 제조과정에 반영하여 품질의 균일성을 증가시키고 또한 검사비용과 불량률을 감소시켜 품질의 문제점과 설비능력을 파악하여 소비자와의 관계를 개선시킨다. 그리고 모든 품목을 전부 검사할 필요가 없게 하는 장점이 있으나 품질관리부라는 전문적인 부서에서 품질을 통제하는 단점이 있다. 통계적 품질관리에

흔히 이용되는 기법으로는 표본검사법, 관리도법, 도수분포법, 파레토법 등이 있다

(가) 표본검사법

표본검사(sampling inspection)란 검사대상 모집단에서 임의로 표본을 추출하여, 그 표본에 포함된 불량품의 수를 검사한 후, 그 불량품의 수가 허용된 표준수보다 적으면 모집단을 합격품으로 판정하여 받아들이고, 많으면 불합격품으로 거부 또는 전수조사를 하여 불량품을 제거하도록 하는 방법이다.

(나) 관리도법

관리도(control chart)는 품질에 영향을 미치는 공정을 대상으로 그 공정의 상태를 조사하여 일정한 범위에 있는가를 확인하고, 이 범위를 벗어난 경우 그 원인을 밝히고 이를 제거하여 대책을 강구하는 방법이다.

(다) 파레토법(pareto analysis)

파레토 분석이란 소수의 불량항목이 전체불량의 대부분을 차지한다는 파레토법칙에 근거하여 여러 가지 불량항목에 대한 자료를 수집하고, 이를 불량품의 수나 금액으로 표시된 도표로 나타냄으로써 시급히 해결해야 할 불량항목을 찾아내는 방법이다.

② **종합적 품질관리**(TQC, total quality control)

종합적이란 품질이 어느 한 부서에만 한정되어 있는 것이 아니라 기업의 전 부서와 종업원들에게까지 확대되는 것을 말한다. 그래서 TQC란 기업 내의 다양한 부문들이 품질을 개발하고, 유지, 개선하는 활동을 통합하는 효과적인 시스템으로 마케팅, 생산, 엔지니어링, 서비스부서 등 전 분야의 조정을 통하여 소비자만족을 가장 경제적으로 달성하도록 하는 것이다. 이와 같이 TQC는 품질과 경영관리의 양측을 결합시킨 것으로 종합적인 품질보증의 체계를 마련하여 고객만족향상이라는 경제적 수준의 생산을 위한 조직을 바탕으로 관리를 하는 형태이다. 그러므로 전반적인 부문까지 전사적인 관리형태의 품질의식으로 확산, 전개됨이 필요하다.

종합적 품질관리에는 완전 무결점 운동과 QC써클 등이 있다.

(가) ZD운동(ZD, zero defect)

종업원에게 계속적으로 동기부여를 함으로써 종업원 각자가 작업상의 결

점을 0(zero)으로 하고, 제품의 품질향상, 신뢰성 향상, 납기엄수, 원가절감을 달성하고자 하는 운동이다.

(나) QC써클(QC, quality control circle)

한 작업 단위인 10명 이내의 일선감독자 및 종업원들이 자발적으로 모여 제품의 질과 문제점을 분석하고 제안하는 것으로 품질향상 및 참여적 분위기를 조성함으로써 종업원의 사기 및 팀워크를 증진시키고자 하는 방법을 말한다.

(2) 재고관리기법

재고는 계획의 오차, 수요와 공급의 예상치 못한 불규칙적 변동 등에 대처하게 하고 생산활동과 판매활동을 원활하게 해준다. 그러므로 재고의 충분한 계획으로 기업의 수익성과 유동성을 발휘할 수 있게 해야 한다.

따라서 재고관리는 기업전반의 문제로 판매부서에서는 많은 재고를 원하고 재무부문은 적은 재고를 원하며, 생산부문은 원활한 생산과 고용수준의 안전을 위해 적절한 재고수준을 원하는 서로간의 상충된 문제를 갖고 있다.

그러므로 재고관리문제는 기업활동 과정에서 수요와 공급을 원활하고 합리적으로 유지함과 동시에 재고보유비용을 최소화 시킬 수 있도록 관리통제활동이 필요하며 재고에 대한 투자가 가장 적절하게 계획, 통제, 관리해야 한다.

일반적으로 재고관리의 목적으로는 다음과 같이 볼 수 있다.

① 기업의 적정재고는 경제적 손실의 감소와 연속적 생산량을 촉진시킨다.
② 초과재고로 인한 불필요한 비용 등을 절감할 수 있다.
③ 판매 및 조업수준의 조정 등을 통하여 노사관계를 향상시킨다.
④ 고객의 다양한 수요에 유연하게 대처할 수 있다.

① 고정주문량모형

고정주문량모형(fixed order quantity model)은 재고가 일정수준에 도달하면 사전에 결정한 주문량을 발주하는 기법이다. 여기서 일정수준에 도달하는 수준을 재주문이라 하는 데 재주문점이란 추가적인 재고자산이 필요하여 다시 주문해야 하는 재고수준을 의미한다. 이것은 발주량을 기준으로 하는 모형으로 주문점방식, 계속실사시스템, Q system이라고도 한다. 이 기법은 수요가 불확실하고 변동의 폭이 큰 재고관리에 많이 이용되고 재고수준을 수시로 조사, 파악해야 하는 단점이 있으며 저가격, 다품종인 재고자산의 경우 관리통제의 어려움이 있다. 그러나 고가격, 소품종과 재고파악이 쉬운 제품의 경우에는 매우 유리하다.

고정주문량모형에는 경제적 주문량, 경제적 생산량, 투빈 시스템 등이 있다.

② **고정주문기간모형**

고정주문기간모형(fixed order interval model)은 일정기간마다 재고를 조사하여 부족량을 주문하는 방법으로 주기적으로 조달되는 물품, 계속적으로 재고기록을 하지 않는 값싼 제품 등에 이용된다. 정기발주시스템, 정기실사 시스템이라고 하며, 고정주문량모형보다 더 많은 안전재고를 유지해야 하므로 높은 재고 유지비용이 발생한다.

고정주문기간모형은 수요가 일정한 재고에 대하여 유용하며 일정기간동안 정기적으로 실사해야 하는 단점이 있다.

③ **절충모형**

고정주문량모형과 고정주문기간모형을 결합한 모형으로 고정주문기간모형에서와 같이 재고수준이 정기적으로 검토되지만 사전에 결정된 재주문점 이하에 이를 때만 주문하는 방법으로 재고조사비용과 주문비용이 매우 클 때 유용한 방법이다.

〈표 13-6〉 고정주문량 모형과 고정주문기간 모형의 비교

비교사항	고정주문량 모형	고정주문기간 모형
주문시점	재고량이 재주문점에 도달시 주문(부정기적)	미리 정한 주문시점에 도달시 주문(정기적)
주 문 량	정량(경제적 주문량)	부정량(최대재고-현재재고)
수요정보	과거실적에 의존	미래의 예측정보에 의존
재고조사	계속실사	정기실사
적용품목	가격과 주요도가 낮은 품목 수요변동의 폭이 작은 품목(불확실성이 낮다)	가격과 중요도가 높은 품목 수요변동의 폭이 큰 품목 (불확실성이 높다)
안전재고	작다	크다

④ **ABC관리법**(ABC control method)

ABC관리법은 재고자산의 품목이 다양한 경우 이를 일률적으로 관리하기 위하여 ABC순으로 재고의 가치나 중요도에 따라 차별적으로 관리하는 방법으로 분류기준은 파레토분석에 의한다. 금액이 높은 자재부터 원가가 높고 수량아 적은 품목을 A, 원가가 낮고 수량이 많은 품목을 C, 그 중간을 B로 선정하여 중요도에 따라 재고관리를 한다. 이 중 중점관리대상은 원가가 높고 수량이 적은 A품목이고 이 A품목에 대해서는 재고를 계속적으로 검토하고 기록의 정확성을 기할 수 있는 통제방식을 사용한다.

⑤ **자재소요계획**

자재소요계획(MRP : material requirement planning)이란 그 자재보다 높은 계층에 있는 제품의 생산수량 및 생산일정을 기초로 그 제품의 생산에 필요한 원재료, 부품 등의 원료의 소요량 및 계획을 역산하여 자재조달계획을 수립함으로써, 일정관리와 더불어 효율적인 재고관리를 기하고자 하는 방법으로 종속적인 수요품을 위한 재고관리기법으로 자재에 대한 재고투자가 최소화 되며, 상황변화에 대하여 민감하게 변경할 수 있으며, 사전납기통제가 용이하다.

⑥ **적시관리시스템**(JIT : just in time)

JIT시스템은 일본 도요타 자동차회사에서 개발한 기법으로 재고가 생산의 비능률을 유발하는 원인이 되기 때문에 이를 없애야 한다는 사고방식에 의해 만들어진 기법으로 적시에 적량의 필요한 부품을 생산에 공급을 하고 작업자의 능률을 최대로 발휘하게 하는 생산 또는 재고관리 시스템이며, 무재고 시스템, 도요타 생산방식이라고도 한다. JIT는 적시에 부품이 조달되고, 기계 준비시간이 단축, 재고의 감소로 창고공간이 축소, 재고회전율이 커진다.

⑦ **단일기간 재고관리모형**

단일제고 관리모형(single period inventory control model)이란 최적 구입량을 결정하기 위한 재고관리모형을 말한다. 주로 식료품 등의 부패성 물품이나 유행성 제품, 크리스마스 트리, 신문처럼 사용기간이 제한된 물건의 관리에 주로 이용된다.

주문량보다 수요량이 많으면 재고부족비가 발생하여 품절로 인한 기회손실이 발생하고 그 반대이면 재고과잉비가 발생하여 초과재고로 인한 손실이 발생하므로 단일기간 재고관리모형에서는 재고부족비와 재고과잉비의 합이 최소가 되는 주문량 또는 재고수준을 결정하는 것이다.

4. 통제의 부작용

통제의 부작용은 통제가 목적에 적합하지 못하고 비합리적인 표준을 이용할 때 발생한다. 이 경우 통제이용자 및 조직의 종업원들은 회사 전체의 목표와 방향이 무엇인지 알 수 없게 된다. 그렇게 되면 조직이 통제에 의해 운영되는 결과를 초래한다. 그러나 통제시스템은 완전하지 않기 때문에 이로 인한 문제점은 발생하기 마련이므로 항상 통제의 부작용을 최소화 할 수 있는 방안을 마련해야 한다.

부작용이 나타날 수 있는 원인으로는 불완전한 성과측정, 잘못된 표준설정, 성공강조 또는 실패증거은폐를 위한 정보자료의 왜곡 등을 들 수 있다.

제14장 경영혁신기법

1. 스피드경영 _ 409
2. 학습조직 _ 410
3. 종합적 품질관리 _ 412
4. 리스트럭처링 _ 413
5. 리엔지니어링 _ 414
6. 다운사이징 _ 416
7. 벤치마킹 _ 417
8. 고객만족경영 _ 418
9. 아웃소싱 _ 419
10. 전략적 제휴 _ 420
11. 6시그마 _ 421
12. 지식경영 _ 422
13. 불루오션 _ 424

제14장 경영혁신기법[1)]

1. 스피드경영

극심한 환경변화, 점차 치열해지는 생존경쟁, 소비자 취향의 급변과 기술력의 발전에 기인한 제품 수명주기 단축, 그리고 인터넷의 발전으로 빠르게 전파되는 정보공유 등이 기업에게 스피드(speed)의 경쟁을 불러오고 있다. 이제는 경쟁자보다 항상 한 발짝 앞서서 시장을 선점하고 주도해야만 경쟁력을 확보할 수 있는 시대가 되었다. 즉, 스피드가 경쟁력이다.

스피드 경영하면 한국기업 할 정도로 우리는 알게 모르게 스피드경쟁에 익숙해져 있다. 납기가 중요한 건설공사에서 한국인의 열정과 근면을 바탕으로 납기를 앞당김으로써 경쟁력을 갖추고 고속성장을 해온 것은 세계적으로 알려진 일이다. 그러나 이제는 앞뒤 안가리고 무조건적으로 빨리 빨리를 외치는 고전적 스피드경쟁에서 벗어나 과학적이고 합리적인 그리고 디지털 환경에 맞는 새로운 의미의 스피드경영을 해야 할 때다.

기업경영의 스피드를 결정하는 것은 세 가지로 요약할 수 있다. 인식의 속도, 의사결정의 속도, 그리고 실행의 속도가 그것이다.

첫째, 인식의 속도는 외부 환경변화의 기회·위협요인을 재빨리 감지해서 기업이 이에 대처할 수 있는 태세를 갖추게 하는 경고신호를 감지하는 것이라 할 수 있다. 또한 내부 종업원들이 회사가 중점적으로 추진코자 하는 청사진과 핵심과제에 대한 이해와 인식을 같이하는 속도라 할 수 있다.

---

1) 박상범 외 2인, 전게서 pp. 66~82와 김용철, 경영혁신, 대경, 2007에서 散見.

둘째, 의사결정 속도는 말 그대로 최고경영자나 임원, 팀장급들의 의사결정에 관한 속도를 말하는 것이다.

셋째, 실행의 속도는 올바르게 의사결정된 것을 재빠르게 실행해서 성과로 만들어 내는 것을 말한다.

따라서 스피드경영을 실행하기 위해서는 상기 3가지 요소를 면밀히 분석하여 회사내부에서 어디에 문제가 있는지, 즉 병목이 발생하는 곳이 어딘가를 찾아내어 이를 제거해 주는 작업이 필요하다.

따라서 스피드경영은 급변하는 경영환경에 대한 대응력을 신속히 극대화 함으로써 고객이 만족하는 제품, 서비스를 남보다 빠르게 제공하는 시스템으로 제품개발부터 시장장악까지의 기간을 최소화 하자는 것이다. 즉, 스피드경영이란 시간과 시점을 중시하는 현대 고객의 특성을 고려하여 현재와 미래 고객이 원하는 상품과 서비스를 가장 빠르게 그리고 고객이 원하는 시점에 맞게 제공할 수 있도록 하는 제반 경영활동이다.

2. 학습조직

학습조직이란 지식창출과 지식이전 · 활용이 구성원들의 창조욕구와 주인의식에 의해 지속적으로 이루어지고 그 결과로서 조직 전체 차원에서 총체적인 경쟁역량이 증폭되는 기업, 아울러 구성원들의 강한 공동체의식과 연대감 하에서 끊임없이 변화, 발전하는 열린 기업을 말한다.

학습조직은 다음과 같은 특성을 갖고 있다.

첫째, 학습조직은 일종의 풍선과 같아서, 학습한 내용이 많은 학습조직이 되면 될수록 학습해야 할 영역 또한 증대되어 학습의 필요성을 더 절감하여 더욱 빨리 학습조직화 되는 반면에, 학습이 정체되면 될수록, 학습의 필요성도 적어져 점점 덜 학습조직적이 되어갈 것이다. 즉, 학습조직은 빈익빈 · 부익부와 같은 양성적 피드백(Positive Feedback)회로를 가진 시스템이다.

둘째, 학습조직은 습관적으로 학습을 반복해야 하고, 학습이라는 것 자체가 이제까지와는 다른 새로운 지식이나 행동능력을 보일 수 있느냐의 여부에 의해 판단되기 때문에 어느 시점에서 학습조직이 '완료' 되었다고 말할 수가 없다. 즉, 학습조직이란 앞서가는 자기 그림자 또는 신기루와 같아서 결코 잡을 수가 없는 이상적인 모델로서 존재할 따름이다. 물론 대부분의 관찰자가 어느 조직이 어느 조직보다 이제까지 더 학습적이었다고 말할 수는 있겠지만, 정작 학습조직 내의 조직원들은 앞서 언급된 풍선현상으로 인해 주관적으로 아직도 멀었다고 말할 가능성이 많다. 이렇게 볼 때 학습조직이란 우리가 끝없이 추구하고 가까이 갈 수 있을 다름이지 벤치마킹이나 비즈니스리엔지니어링처럼 그 목표를 달성하고 '끝낼 수 있는' 혁신기법이 아니다.

셋째, 학습조직은 이미 학습된 역량으로 말미암아 문제 자체를 소멸 또는 예방할 수 있다. 따라서 이미 발생된 문제를 해결하는 프로그램이나 기법들에 비해 그 효용성이 저평가될 가능성이 있어 학습조직 구축이 높은 우선순위를 차지하기가 힘들다. 그러나 학습조직에 일단 구축된 학습역량은 전 조직에 확산, 분산되어 있는 경향이 있으므로 그 효과는 지속적이며, 다른 조직들이 이를 단기간에 모방, 이식하기도 힘들다. 즉, 학습조직은 응급처방적인 양약(Quick Fix)이 아니라 한방적인 조직건강법이라고 할 수 있다.

넷째, 학습조직은 학습행위의 특수한 성격으로 말미암아 주체적, 자발적으로 구축될 수밖에 없다. 조직의 상층부에서 중심이 되어 하향식으로 전개될 수가 없고, 경영진에서 할 일은 학습풍토를 조성하고 학습역량이 구축될 수 있는 제반 기반구조를 조사해주는 일로 끝나야 한다. 학습조직의 주체적, 자발적 특성으로 말미암아 외부의 어떤 자문기관이나 집행부서가 일정기간 독자적으로 작업을 해서 학습조직을 구출할 수도 없다. 학습조직은 강제적으로, 일시에, 과격하게. 외부 주도적으로, top-down식으로 구축될 수 있는 것이 아니다. 학습조직 구축의 주도자나 집행부서는 어디까지나 지원자 내지는 촉진자적 역할에 머물러야 한다.

다섯째, 학습조직은 그 구축과정과 학습조직이라는 최종결과가 분리될 수 없다. 즉, 학습조직을 구축해 가는 그 과정 자체에서 학습조직도 구축되어간다고 볼 수 있다, 따라서 학습조직 구축을 위한 학습행위 자체가 학습조직이 될 수 있는 좋은 방법이고 자기조직 나름의 학습조직 구축을 위한 시행착오적 노력이 바로 학습조직이 되어 가는 과정이라고 할 수 있다.

여섯째, 학습조직이라는 비전의 내용을 초기에 어떻게 규정하였든지 간에 학습조직 구축과정을 통하여 새로운 학습이 일어나면 학습조직 그 규정 자체가 달라질 수도 있는 열린 개념이자 시스템이라는 특성을 있다.

학습조직의 구조적 특성은 상호교류성, 유연성, 그리고 긴밀한 네트워크이다. 조직 내 모든 경계선은 조직을 개방시키고 정보 흐름을 최대화 하기 위해 상호 교류할 수 있도록 열려 있어야 한다. 경영진과 종업원, 부서와 부서, 사원과 고객, 회사와 대리점, 심지어는 회사와 경쟁사 사이에도 경계선이 없어져야 한다. 조직구조는 단지 일을 배우기 위해 필요한 만큼만 만들면 된다. 그리고 구조를 설계하는 것도 그것을 필요로 하는 사람들의 손으로 직접 만들게 하면 된다. 따라서 욕구가 변하면 구조도 바뀔 것이다.

경영자. 종업원, 경쟁사, 고객, 지역사회-이들 사이의 공개적인 교류가 활발해질 때만 조직은 변화하는 사람들의 욕구에 계속적으로 맞춰나갈 수 있다.

배우는 정보가 단지 정확한 정보일 때만 학습조직이 효과적이라는 사실은 너무나 자명하다. 학습조직의 정보와 정보시스템은 그것을 사용하는 사람들에게나 그것을 사용하는 방식에 있어서나 정확하고 시기적절하며 사용가능한 것이어야 한다.

3. 종합적 품질관리

기업의 경쟁적 우위를 확보하기 위한 경영 패러다임으로 종합적 품질경영(Total Quality Management : TQM)이 등장한 것은 1980년대 후반이다.

TQM은 일본에 비해 열세를 보이고 있는 구미제국이 공업제품의 국제경쟁력을 향상시키기 위한 관리방식으로 품질위주의 기업문화를 창출함으로써 조직구성원의 의식을 개혁하고 궁극적으로 기업의 국제경쟁력을 제고하고자 하는 경영혁신운동이다.

TQM은 일본적 품질관리의 복사본이 아니며, 체계적인 경영이론을 바탕으로 재정비된 관리방식으로서, "품질의 문제는 결국 품질을 만들어 내는 인간의 문제이며, 처음부터 올바르게 한다는 것이며, 결함의 사전방지가 무엇보다 중요하다." 라는 크로스비(P. Crosby)의 철학이 가미된 것이다.

TQM에 대한 개념은 학자에 따라 약간 상이하다. 즉, 오클랜드(J. S. Oakland)는 "TQM이란 경영의 효율성과 탄력성을 전반적으로 향상시키기 위한 접근방법이며, 모든 부서 · 활동 · 수준의 구성원을 조직화 하고 참여시키는 방법이다"라고 정의한다. 또한 뱅크스(J. Banks)는 TQM을 "고객의 요구조건에 맞는 산출물을 창출하는 사람과 그 과정을 중시하는 모든 방법"이라고 정의한다. 한편, 핸드릭스(C. F. Hendricks)와 트리플랫트(A. Triplett)는 "고객의 욕구를 정확히 충족시킬 필요성과 작업을 처음부터 바르게 해야 하는 중요성을 강조하는 경영철학"이라고 정의하였다. 그 밖에도 TQM이란 "기업에서 가장 필요한 전략적 목표로서 세계적 수준의 성과와 고객만족을 성취하는데 있어 전사적으로 품질에 몰두하는 것"이라고 정의하기도 하며, 또한 TQM이란 "재화나 서비스를 전달하는데 연관되는 모든 사업과정을 계속적으로 향상 개선함으로써 고객을 만족스럽게 하는데 조직이 전체적으로 관여하는 것으로서, 모든 구성원으로 하여금 그 문제들을 처음부터 발생하지 않도록 하기 위해 더욱 더 잘 할 수 있는 방법을 계속적으로 추구하도록 하는 것이다."라고 정의하기도 한다.

이러한 TQM의 개념에는 다음과 같은 철학적 개념이 포함되어 있다.

첫째, 품질은 고객에 의해서 정해진다. 즉, 고객의 욕구에 의해 재화나 서비스의 특성이 정의되어야 하며, 이렇게 됨으로써 진정한 고객만족, 나아가서 고객의 기쁨까지 창출할 수 있다는 것이다.

둘째, 고객만족을 창출하는 재화나 서비스를 생산하는데 있어서의 과정을 중시하며, 인간위주의 경영시스템을 지향하는 것이다.

셋째, 전체 구성원의 노력이 조직체 자신이 아니라 고객에 집중되어야 한다는 것이다.

따라서, TQM에 대한 개념을 종합하면, 몇 가지의 프로그램을 집합한 것이 아니라, 일종의 경영시스템이며, TQM이 성공적으로 운영되어 측정 가능한 결과를 성취하기 위해서는 시간이 소요되며 또한 최고경영자로부터의 장기적인 열의와 몰입이 필수적임을 알 수 있다.

4. 리스트럭처링

리스트럭처링(restructuring)이란 1980년대부터 글로벌경쟁이 심화되면서 기업들이 자신의 조직, 전략, 경영관리시스템 등을 새로운 환경에 적응하도록 재구축하는 것을 말한다.

리스트럭처링의 가장 근본적인 목적은 수익성을 높이는 것이나, 많은 경우 이런 수익성을 높이는 행동은 비용을 절감함으로써 이루어진다.

리스트럭처링의 대표적인 방법은 다음과 같다.

① 기업의 유휴생산시설을 줄이거나 경쟁력이 없는 공장을 폐쇄함으로써 비용절감을 꾀한다.
② 일부부품과 서비스의 자체 조달을 지양하고 외주에 의존함으로써 비용을 절감하고 불필요한 인원을 감축함으로써 경영상의 효율을 높인다.
③ 경쟁우위를 갖지 못하는 사업부문을 매각 정리한다. 특히, 비관련 부문으로 다각화 하였던 사업을 정리하여 본업에 주력한다.
④ 조직구조개편을 통하여 조직을 단순화 하고 군살을 뺀다.

다시 말해서 리스트럭처링이란 부채가 높은 사업부를 정리하고 가능성이 있는 신규사업으로 진입하는 것과 같이 임기응변적인 대책이 아니라 장래의 주력사업을 선정하여 이 사업의 경쟁력강화를 위해 신규사업을 설정하고 이를 위해 기존의 어떠한 사업을 축소 · 철소 · 통폐합할 것인가, 그리고 주력사업과 지원사업들을 어떻게 연계시켜 통합화 할 것인가를 결정하는 것이다.

이러한 리스트럭처링을 통해서 기업은 미래지향적이고 경쟁력있는 사업구조를 가질 뿐 아니라 이를 통해 기업의 제한된 자원을 올바르게 배분할 수 있게 된다.

따라서 국내외의 경영환경변화, 즉 경쟁자의 동향, 기술혁신, 고객의 욕구변화 등을 고려해 볼 때 지금의 전략이나 기존업종으로는 성장이 어렵다고 판단될 때 리스트럭처링을 수행해야 한다.

5. 리엔지니어링

리엔지니어링(Business Process Reengineering: BPR)이란 "비용 · 품질 · 서비스 · 속도 등의 기업 핵심요소를 극적으로 향상시키기 위하여 업무처리 과정이나 절차를 근본적으로 다시 생각하고 과감하게 재설계하는 것"이다.

이 기법은 1990년 미국 MIT의 햄머(Michael Hammer) 교수와 그 동료들에 의해 제기되었으며, 그때까지 전 세계의 업계를 지배해 오던 일본식 전사적 품질경영 기법을 능가하는 반향을 불러일으켰다.

리엔지니어링의 개념에 대해 구체적으로 살펴보면 다음과 같은 개념이 내포되어 있다.

첫째, 극적인 향상을 이룬다는 개념은 BPR이 점진적 변화를 추구하는 것이 아니라, 업무성과를 극적으로 높이자는 것이다. 또한 점진적인 개선에서처럼 미세한 변화를 이루는 것이 아니라, 낡은 것을 버리고 새로운 것으로 과감하게 대처해야 한다는 뜻이다.

둘째, 근본적이라는 개념은 BPR을 실행함에 있어서 기존의 업무관행이 옳은지, 또는 과연 필요한지에 대해서도 심사숙고를 해보라는 뜻으로 백지상태에서 출발해서 혁신적으로 다시 설계하는 것을 의미한다.

셋째, 과감하게 설계한다는 개념은 현존하는 모든 구조와 절차를 버리고 완전히 새로운 업무처리 방법을 만들어 내는 것을 의미한다. 즉, 업무를 개선시키거나, 향상 혹은 변경시키는 것이 아니라 새롭게 만들어 내는 것이다.

넷째, 분석의 대상은 바로 '업무업무처리 과정이나 절차'이다. 프로세스(process)란 업무의 방식, 구조, 흐름의 개념으로서, 즉 " 하나 이상의 입력(input)을 받아들여 고객에게 가치 있는 결과(output)를 산출하는 행동들의 집합"으로 정의된다. 이 프로세스에서 불필요하거나 중복 또는 낭비적인 요소를 제거하지 않고서는 경영혁신이 이루어질 수 없다.

미국에서는 자동차·반도체·제조업은 물론이고, 백화점을 위시한 유통업과 신용카드회사 등의 서비스 업종에서도 리엔지니어링을 도입하여 새로운 경영방식이 확산되고 있다.

가히 '기업의 재창조'라고도 할 수 있는 리엔지니어링은 종래의 인원삭감이나 부서 또는 부문 폐쇄 등에 의존해 온 '리스트럭처링'과는 달리 무(無)의 개념에서 출발하여 기업전략에 맞추어 사업의 모든 업무과정을 프로세스를 중심으로 재설계하는 것을 주안점으로 하고 있다.

따라서 리엔지니어링은 기존의 기업가치관은 물론, 모든 경영원칙을 타파하고 업무 흐름의 혁신적 재구성을 통해 보다 적은 인원과 보다 적은 노력, 보다 적은 투자로 생산성과 품질, 서비스와 속도에 혁신을 가져오는 기업의 재창조를 위한 혁명이라고 할 수 있다.

6. 다운사이징

다운사이징(Downsizing) 혹은 감량경영은 "조직의 효율성을 향상시키기 위해 의도적으로 조직 내의 인력, 계층, 작업, 직무, 부서 등의 규모를 축소시키는 기법"으로 정의할 수 있다. '다운사이징'이라는 용어는 원래 IBM 왓슨 연구소 직원인 헨리 다운사이징(Henry Downsizing)에 의해 유래하였는데, 그 이유는 그가 1980년대 초에 메인프레임보다 더 작으면서도 우수하고 저렴하고 유연하고 신뢰성 있는 컴퓨터의 개발을 주창하였기 때문이다.

일반적으로 다운사이징은 어디에 초점을 두느냐에 따라 크게 인력감축(workforce reduction)과 조직재설계(organization redesign)의 두 가지 유형으로 나눌 수 있다.

인건비 절감을 통한 효율성 제고를 목표로 하는 인력감축은 해고, 퇴직, 전출 등을 통해 이루어지게 되고, 조직재설계는 직무와 업무수행 부서의 변화를 목표로 기능이나 계층의 축소, 직무재설계, 부서 통폐합 등을 시행하는 것을 의미한다.

한편 궁극적인 의미는 같지만, 다운사이징이라는 용어가 규모의 축소만을 지나치게 강조하는 듯한 인상을 준다는 이유로 라이트사이징(rightsizing), 즉 적정규모화라는 용어를 선호하는 사람들도 적지 않다.

미국기업의 입장에서 보면 1980년대 초 전반적인 경기침체 속에서 일본기업이 세계시장을 위협하고 신흥공업국이 급성장하는 등의 어려운 경영환경을 맞이하여, 그동안 거대화 된 조직을 선호하던 인식에 대한 수정이 불가피하게 되었다.

특히 최근 세계경기의 침체로 거대조직에서 보다 효율적이며 작고 빠른 조직으로 바꾸지 않으면 경쟁에서 살아남을 수 없게 되었다. 이러한 상황 하에서 다운사이징의 개념은 단기업적 지향적인 경영관리와 재무성과를 강조하는 미국기업의 풍토와 맞아떨어져서 더욱 급속히 확산되고 있다.

이러한 다운사이징의 특성을 요약하면 다음과 같다.

첫째, 다운사이징은 조직의 의도적인 행위이다. 이것이 환경변화에 적응하려는 조직의 의도적 행위라는 점에서 생산성 저하 등에 따른 조직쇠퇴와는 구분되어야 한다.

둘째, 대개 다운사이징은 인력의 감축을 수반하는 경우가 대부분이다.

셋째, 다운사이징은 조직의 효율성 증대를 강조하는 경영혁신기법이다. 그렇기 때문에 여기서는 그 주된 목표를 비용절감에 두는 경우가 많다.

넷째, 조직의 업무프로세스의 변화를 초래한다. 변화된 업무프로세스로 인해 때로는 생산성이나 속도의 증가와 같은 긍정적인 결과가 나오기도 하지만, 조직구성원의 업무부담 증대, 사기저하, 갈등의 증폭과 같은 부정적 측면이 나타나는 경우도 드물지 않다.

7. 벤치마킹

벤치마킹(benchmarking)이란 용어는 공학분야에서 관측용 푯대를 의미하는 벤치마크(benchmark)에서 유래된 것으로 기업혁신분야에서는 미국의 제록스(Xerox)사가 1982년에 실시한 경쟁적 벤치마킹이 효시이다.

벤치마킹은 자기회사(또는 조직)의 혁신대상분야에서 보다 뛰어난 성과를 보이는 기업(또는 조직)을 기준(벤치마크)으로 하여 자기 회사(또는 조직)의 수준을 비교 · 분석하고, 창조적 모방을 통해 그 차이(gap)를 극복하는(뛰어넘는) 전략을 수립하여 실행하는 운영활동과정을 말하는 것이다.

간단히 말해서, 벤치마킹이란 어느 특정 분야에서 우수한 기업을 찾아 성과차이를 확인하고, 이를 극복하기 위해 그들 선진기업의 뛰어난 운영프로세스를 배우면서 부단히 자기혁신을 추구하는 기법이다. 즉, 뛰어난 상대에게 배울 것은 배우자는 것이다.

벤치마킹을 수행하는 과정은 일반적으로 다음과 같다.

첫째, 벤치마킹 대상의 결정으로 벤치마킹 대상분야를 선정하고 벤치마킹의 특정 주제를 정하는 것이다.

둘째, 벤치마킹팀을 구성하는 것이다. 선발과 교육을 통하여 벤치마킹팀을 구성하고 구성원 전원에게 벤치마킹 활동과 관련된 역할과 업무를 명확하게 할당하고

관리하는 것이다.

셋째, 벤치마킹 정보의 원천을 확인하는 것이다. 분석가, 정부관계자, 업계보고서, 컴퓨터 데이터 베이스 등 벤치마킹 정보를 수집하는데 이용될 정보원천을 확인하는 것이다.

넷째, 벤치마킹 정보를 수집하고 분석하는 것이다. 확보한 정보원천으로부터 정보원천의 특성에 맞는 특수한 정보수집 기법을 이용하여 정보를 수집하고 분석하는 것이다.

다섯째, 수집된 정보자료를 조사 분석하고 분석결과를 단계적으로 실행하는 것이다.

8. 고객만족경영

고객만족경영(customer satisfaction management, CSM)이란 고객중심적 사고를 바탕으로 모든 경영활동을 전개해 나가는 새로운 경영조류이다. 즉, 고객만족경영은 시장점유율 확대나 원가절감이라는 종전의 경영목표 추구에서 벗어나 고객만족을 궁극적 경영목표로 삼음으로써 시장변화에 흔들리지 않는 안정적 수익 기반을 장기적 · 지속적으로 확보해나가려는 경영방식이다.

고객만족을 실천해 나가다 보면 자연히 고정고객층이 확보되고, 신규고객 개발도 가능해지기 때문에 기업이익이 향상되고 시장점유율도 늘어나게 된다는 기본원리를 갖고 있다.

이와 같은 고객만족경영은 고객을 만족시킬 수 있을 때 비로소 자기 자신을 만족시킬 수 있다는 것을 인식하는 데서 비롯되었다. 이때 고객이라 함은 비단 외부고객뿐만 아니라 같은 기업에서 일하면서 직능상으로 연계가 되어 있는 관련자들도 내부고객으로서 고객만족경영의 대상이 된다.

고객만족경영에는 외부고객이든, 내부고객이든 고객이 기업문화의 핵심으로 되어 있다.

최근 세계적 우량기업들이 21세기를 겨냥하여 경영목표를 시장점유율 확대에서 고객만족으로 바꾸고 있는 것도 이러한 새로운 경영사고의 틀 속에서 이해할 수 있다.

9. 아웃소싱

1) 기본개념

아웃소싱(outsourcing)이란 한마디로 계약에 의해 자사의 경영기능을 전문업자(vendor)에게 위탁하는 것을 말한다. 기업은 이러한 아웃소싱을 통해 충분한 기술력을 획득하고, 동시에 경영자원의 여유분을 기업 본업에 집중함으로써 경영의 효율성을 얻고자 한다. 이는 1989년 미국의 이스트맨 코닥(Eastman Kodak)사가 자사의 정보처리 업무를 IBM, DEC, Business Land사에 부분별로 위탁하면서 시작되었다.

아웃소싱은 크게 경영기능의 전부를 위탁하는 형태와 일부분만을 위탁하는 형태로 구분된다. 정보시스템 아웃소싱은 초기에는 기업의 전산부문에서 단순한 시스템 개발 또는 설비관리에 활용하는 정도로 국한되다가 정보시스템 기획, 개발, 운영 및 유지, 보수에 이르기까지 일괄 위탁하는 시스템통합 형태로 범위가 확대되었다. 이러한 정보시스템 위주의 활용은 현재는 기업의 고유영역으로까지 확대되어 가고 있는 추세이다.

2) 아웃소싱의 효과

조직의 아웃소싱은 몇 가지 위험을 가지고 있으나, 인소싱(insourcing, 내부화)에 있어서도 또한 위험과 비용이 따른다. 그래서 기업의 핵심능력과 아웃소싱전략이 적절하게 결합되어질 때, 자본수입과 유연성의 개선, 그리고 낮은 위험과 비용으로 고객의 요구에 효과적으로 대응할 수 있는 능력을 가지게 된다.

이와 같은 아웃소싱 전략을 수행할 때 다음의 네 가지 측면에서 기업의 자원가치를 증가시킬 수 있다.

첫째, 기업은 주요 업무영역에 초점을 맞추어 기존의 일상적인 업무로부터 인원을 절감할 수 있고, 발생하는 여유인력을 보다 전략적이고 핵심적인 활동에 투입하여 기업 가치활동에 보다 효과적으로 수행할 수 있게 한다.

둘째, 핵심업무의 전문화와 규모의 경제를 통해서 제품과 서비스의 품질을 높일 수 있고 기업들은 동일한 서비스나 가치를 내부조직에서 직접 조달하여 사용하는 것보다 적은 비용으로 조달할 수 있어 경제적이다.

셋째, 엄청나게 비싸거나 모방이 불가능한 외부 공급자의 투자, 혁신, 특화된 전문능력들을 효용의 극대화 점에서 공급받을 수 있다.

넷째, 아웃소싱을 이용한 전략적 제휴로 위험은 줄이면서 제품의 개발에서 생산, 판매 등에 이르기까지 기업의 제반 사이클 타임을 단축시키고, 또한 무리한 투자를 줄여 고객의 요구에 더 민첩하게 대응할 수 있게 된다.

10. 전략적 제휴

전략적 제휴(strategic alliance)란 경쟁관계에 있는 기업들 간에 특정 사업 및 업무분야에 걸쳐 협력관계를 맺는 것을 의미한다. 그러나 보다 넓은 의미로 보면, 전략적 제휴는 제휴기업 간의 상호 보완적인 제품・시설・기능 및 기술을 공유하고자 하는 목적을 갖는 일련의 생존적 연합이다.

기업은 성공적인 경영활동을 유지해 나가기 위해 지속적으로 축적된 기술과 노하우를 고도의 기술로 특화하는 노력을 기울여야 한다.

이와 같은 기술적 특화를 이루지 못한 부분에 대해서는 막대한 신규투자가 필요하게 되는데 이때 전략적 제휴가 활용된다. 또 전략적 제휴는 피인수기업의 강점과 약점을 모두 인수해야 하는 기업인수 및 합병(M&A)과는 달리 필요한 기술과 시설을 확보한 기업을 파트너로 삼아 상호간의 강점만을 살리는 것이다.

제휴의 방식으로는 다음과 같다

① **컨소시엄**(consortium)

차세대 전투기 개발, 인공위성 시스템 개발 등 대규모 사업을 추진하기 위하여 여러 업체들이 공동 참여하는 방식

② **제휴합작벤처**(alliance joint venture)

모기업으로부터 독립된 하나의 사업체를 제휴기업들이 만들어내는 방식

③ **업무제휴**(functional alliances)

연구개발, 생산, 마케팅, 유통 등 하나 또는 둘 이상의 업무분야에 걸쳐 협력관계를 맺는 방식

④ **지분참여 제휴**
특정 파트너를 찾아 지분의 일부를 취득하는 방식

⑤ **복합 제휴**
여러 분야에 걸쳐 복합적으로 이루어 지는 방식

11. 6시그마

6시그마 경영은 1997년 마이클 해리가 창안한 것으로 품질을 획기적으로 향상시키기 위해 통계지식을 활용하는 데서 출발하였다. 모토롤라에서 출발한 이 방법은 텍사스 인스트루먼트, ABB, GE, IBM, 소니 등에서 도입하였다. 국내에서도 삼성, 현대, LG 등 대기업은 물론 중견 · 중소기업과 공기업, 합작기업도 6시그마를 통한 경영혁신에 나서고 있다.

여기서 시그마(σ)라는 것은 통계학에서 표준편차를 의미하는 것으로 오류가 발생할 확률을 가르키는 용어이다. 과거에 시행하던 운동인 1백 PPM은 1백만 개당 1백 개 이하의 불량을 목표로 하였으나, 6시그마는 1백만 개당 불량품 2-3개를 목표로 하기 때문에 무려 20-30배가량 차이가 나는 수치이다.

그러나 6시그마 경영은 1백 PPM운동과 같은 단순한 품질개선 활동이 아니라 총체적인 경영혁신전략으로 기업문화 자체를 바꾸는 경영혁신운동으로 제품설계에서 출하까지의 모든 경영활동과정을 대상으로 하고 있다.

해리의 견해에 따르면 6시그마 경영은

첫째, 통계적 측정치로 객관적인 통계수치로 나타나기 때문에 제품이나 업종, 업무 및 생산프로세스가 다르더라도 비교할 수 있게 해주며

둘째, 기업전략으로 시그마 수준을 높이는 만큼 제품의 품질이 높아지고 원가는 떨어지므로 고객만족 경영을 달성할 수 있다.

셋째, 철학으로 6시그마는 기업의 사고방식을 바꿔준다.

6시그마는 QC, TQC, TQM 전통적 품질관리기법과는 큰 차이가 있다. 과거 품질관리기법이 대량생산시대에 부합하는 공장중심의 운동이었다면 6시그마는 정보화 사회에 알맞은 21세기형 전방위 경영혁신운동으로 요약할 수 있다. 즉, TQC와

TQM은 QC의 한계를 극복하기 위해 품질운동의 대상범위를 확대했으나 부분적인데 그쳤다. 반면 6시그마는 특정 부분의 '개선'이 아니라 경영전반을 대상으로 한 혁신활동이라 할 수 있다.

더욱 구체적으로 설명하면 과거의 품질운동과의 차이점은 제품이 모든 공정을 지나 최종제품에서의 품질을 전제로 했던 것과는 달리, 6시그마는 처음부터 끝까지 전 과정을 다시 말하면 설계, 자재구입단계에서 소비자에게 제품이 건너간 이후까지를 대상으로 한다고 할 수 있다.

이상을 종합하여 보면 6시그마는 다음과 같은 의미를 지닌다.

① 가장 좁은 의미로 6시그마는 기업이나 혹은 프로세스의 품질수준을 나타내는 지표이다.
② 6시그마는 프로세스의 문제점을 해결하고 고객만족을 이룩하는 활동 및 그 방법을 의미하기도 한다.
③ 6시그마는 의미는 경영혁신방법으로서의 기업전략을 의미하기도 한다.

한편 이러한 6시그마 경영을 기업에서 추진해야 하는 이유는 다음과 같이 파악된다.

① 6시그마는 기업경영의 최고의 덕목이다. 무한경쟁시대에서 기업이 생존하기 위해서는 제품의 제조품질이나 또는 서비스나 사무 간접부문의 품질을 불문하고 미스나 에러, 비효율 같은 것들은 기업경영의 적으로 간주하여야 한다.
② 6시그마는 기업의 품질비용을 효과적으로 절감할 수 있다.
③ 모든 분야의 기업에서 적은 비용으로 큰 효과를 볼 수 있다.
④ 6시그마 경영은 체계적이고 과학적인 품질혁신방법이다.
⑤ 6시그마 경영에 의해 새로운 기업문화가 정착된다.

12. 지식경영

1) 지식경영의 의의

지식경영(knowledge management)이란 회사가 갖고 있는 지적 자산뿐만 아니라 구성원 개개인의 지식이나 노하우를 체계적으로 발굴하여 조직 내부의 보편적인 지식으로 공유하고, 공유지식의 활용을 통해 조직 전체의 문제해결능력과 기업가치를 향상시키는 경영방식을 말한다.

오늘날 기업의 가치는 지식을 전략적으로 획득, 생성, 분배 및 적용할 수 있는 능력에 의해 좌우된다. 따라서 기업은 스스로의 조직의 목표달성을 위해 조직구성원들의 지식을 창출, 공유 및 활용을 지속적으로 배가시켜 나아가야 한다.

지식경영이란 지식들을 찾아내고, 발굴하며, 이를 지속적으로 개발하여 모든 조직원에게 공유하게 하여 비즈니스에 연결함으로써 고객의 가치이든, 주주의 가치이든, 아니면 사회적 가치이든 가치를 창출해내는 일련의 과정이다. 물론 여기에 그러한 지식들을 구축하고 공유하게 하고 학습할 수 있도록 하는 시스템의 구축도 포함된다.

선진기업들은 이러한 일련의 프로세스들을 추진하고 달성하기 위하여 별도의 담당자를 두고 있다. 즉, 새로운 개념의 CKO(Chief Knowledge Officer)와 CLO(Chief Learning Officer)가 등장하고 있는데(이외에도 Knowledge Engineers, Intellectual Capital Directors, Intellectual Controllers라는 표현도 쓰고 있다), 제일 먼저 이 개념을 도입한 미국기업이 바로 GE이다. 이 개념은 바로 학습조직과 인적자산(human capital)에서 유래되었는데, 기업의 모든 역량인 전 과정의 프로세스를 지식으로 바꾸어 구축하고 그 지식에 따라 경영한다는 지식경영을 말하고 있다.

2) 지식경영의 유형

지식경영은 활용수단과 활용목적에 따라 4가지 유형으로 나눌 수 있다. 어느 유형을 선택할 것인지는 지식전략뿐만 아니라 과거의 지식자산에 대한 태도 등 기업문화의 적합성과도 연관이 있기 때문에 신중하게 생각해야 한다.

① **베스트 프랙티스**(best practice, 공유형)
조직 내의 성공사례 연구, 일상 업무분석을 통해 지식을 공유, 이전하고 업무효율화 및 비용절감, 질적 향상 실현을 목적으로 한다.

② **전문지 네트워크형**
조직 내외의 전문지식 및 의사결정권을 갖는 사람을 글로벌한 네트워크 및 커뮤니티로 연결하여 과제해결 및 의사결정 지원을 목적으로 한다,

③ **지적 자본**형

특허 및 라이선스, 프로그램 등의 저작물, 브랜드 등의 지식자산을 사내외에서 활용하여 수익으로 연결시키는 것을 목적으로 한다. 중요한 것은 지적소유권 자체가 아닌 이를 활용하는 사내의 지식이다.

④ **고객지식 공유형**

고객과의 지식공유 및 지속적인 고객에 대한 지식제공에 초점을 맞춰 고객의 니즈를 파악하고 신규사업개발의 관건인 ' 성장기반 구축'을 목표로 한다.

13. 블루오션

1) 블루오션(Blue Ocean)의 의의

프랑스 유럽경영대학원 인시아드의 김위찬 교수와 르네 마보안(Renee Mauborgne) 교수가 1990년대 중반 가치혁신 이론과 함께 제창한 기업 경영전략론이다. 블루오션(푸른바다)이란 수많은 경쟁자들로 우글거리는 레드오션(red ocean)과 상반되는 개념으로, 경쟁자들이 없는 무경쟁시장을 의미한다.

이 경영전략은 『블루오션 전략』(Blue Ocean Strategy)으로 2005년 2월 미국에서 출간된 이후 한국내 정 · 재계에 '블루오션' 바람을 불러 일으켰고, 정 · 재계 지도자들이 탐독한다는 소식이 알려지면서 공무원들과 대기업 임직원들 사이에 화제가 되기도 했다. 블루오션전략의 핵심은 붉은 피를 흘려야 하는 경쟁시장에서 예전의 업종, 고객개념에 얽매이지 말고 경쟁이 없는 새로운 시장, 즉 푸른 바다와 같은 신시장을 개척하자는 메시지다. 여기서 시장은 레드오션과 블루오션이라는 단어로 분류하여 사용했다.

레드오션은 이미 잘 알려져 있는 시장, 즉 기존의 모든 산업을 말한다. 레드 오션에서 산업 경계가 이미 정의되고 있고 이를 수용하고 있어서 게임의 경쟁법칙이 잘 알려져 있다. 따라서 레드오션의 회사들은 기존시장수요의 점유율을 높이기 위해 경쟁사보다 우위에 서려고 노력한다.

그러므로 시장에 경쟁사들이 많아질수록, 수익과 성장에 대한 전망은 어두워진다. 결국 제품들은 일용품으로 전락하고, 무자비한 경쟁에 의해 시장은 핏물로 가득 찬 레드오션이 되어버리고 만다. 블루오션은 알려져 있지 않은 시장, 즉 현재 존재하지 않아서 경쟁에 의해 더렵혀지지 않은 모든 산업을 말한다.

블루오션에서 시장수요는 경쟁에 의해 얻어지는 것이 아니라 창조에 의해서 얻어진다. 이런 곳에는 높은 수익과 빠른 성장을 가능케 하는 엄청난 기회가 존재한다.

그리고 게임의 법칙이 아직 정해지지 않았기 때문에 경쟁은 무의미하다. 따라서 블루오션은 아직 시도된 적이 없는 광범위하고 깊은 잠재력을 가진 시장을 비유하는 표현이다. 다시 말해 블루오션은 높은 수익과 무한한 성장이 존재하는 활력이 넘치는 시장이다.

2) 블루오션전략

블루오션전략은 산업혁명 이래로 기업들이 끊임없이 거듭해온 경쟁의 원리에서 벗어나, 발상의 전환을 통해 고객이 모르던 전혀 새로운 시장을 창출해야 한다는 전략이다. 이 새로운 시장은 차별화와 저비용을 동시에 추구함으로써 기업과 고객 모두에게 가치의 비약적 증진을 제공하는 시장으로, 다른 기업과 경쟁할 필요가 없는 무한경쟁시장이다. 쉽게 말해 기존의 치열한 경쟁시장 속에서 시장점유율을 확보하기 위해 애쓰는 것이 아니라, 매력적인 제품과 서비스를 통해 자신만의 독특한 시장, 곧 싸우지 않고 이길 수 있는 시장을 만들어내는 전략을 말한다.

블루오션전략의 핵심은 붉은 피를 흘려야 하는 경쟁시장에서 예전의 업종이나 고객개념에 얽매이지 않고, 발상의 전환을 통해 그 해답을 제시하고 있는데 "경쟁자를 이기는 최선의 방법으로 경쟁하지 않고 경쟁자가 없는 새로운 시장을 창출해내자"는 것으로, 블루오션이란 신시장을 의미한다.

블루오션전략은 실행단계에서 공정한 절차가 매우 중요한데 3E로 표현되는 참여(Engagement), 설명(Explanation), 명확성에 대한 기대(Expectation clarity) 등으로 구성된다.

이러한 전략체계화 절차는 직원들의 태도를 신뢰와 자의적 참여정신으로 바꾸고 그들의 행동을 자발적 협조상태로 바꾸어 놓는다. 마지막으로 전략성과는 기대치를 초과하게 된다. 이러한 일련의 과정을 거쳐 직원들의 동기를 자극하고 경영리스크를 극복할 수 있다.

블루오션전략에는 기회를 최대화 하고 위험을 최소화 하는 6가지 원리가 있다.

첫 번째는 시장경계를 재구축하고,

두 번째는 수치가 아닌 보다 큰 그림에 초점을 맞추고,

세 번째는 새로운 것을 제공하기 위해 기존 수요를 뛰어넘고,

네 번째는 견고한 비즈니스 모델을 구축하기 위해서 전략적 순서를 올바르게 설정하고,

다섯 번째는 블루오션전략 실행의 조직적 장애를 넘어서고,

마지막으로 블루오션전략을 실행하는 사람들의 동기부여를 해야 한다. 또한 블루오션을 창 출하기 위해서는 '가치혁신'이 강조되고 있는데 새로운 가치를 제공하지 못하면 새로운 시장을 만들 수 없기 때문이다.

단지 커피만이 아닌 커피를 마시는 분위기를 파는 미국의 스타벅스, 어른을 위한 서커스로 대박을 터뜨린 캐나다의 시르크 뒤 솔레이유, 맥주애호가들을 위한 와인으로 성공한 호주의 카셀라 와인즈 등 모두가 전략적 발상전환으로 가치를 혁신하는데 성공한 기업들이다. 경영자들은 이와 같은 다양한 개념과 방법론을 통해서 현재의 시장을 새롭게 바라볼 수 있고, 또 이를 통해서 경쟁에 직면하지 않고 새로운 기회의 시장을 효과적으로 창출하는 전략을 구상해 볼 수 있을 것이다.

제15장 기업구조조정과 대리문제

제1절 기업구조조정 _ 429
제2절 대리이론 _ 434

제15장 기업구조조정과 대리문제

제1절 기업구조조정[1)]

1. 구조조정의 분류

기업경영은 성과경영을 목표로 한다. 성과경영의 글로벌 스탠더드는 가치창조경영인데, 기업이 부가가치 창출과정에 의사결정의 책임자가 책임경영을 할 수 있도록 법적·제도적으로 규범을 확립하여야 궁극적으로 가치창조경영의 성과를 이룰 수 있을 것이다.

기업가치의 극대화는 기업이 한국경제에 기여하는 부가가치 창출을 극대화 하는 것과 같다. 기업이 떳떳한 기업시민으로 자리매김을 받으려면 우선 시장경쟁에서 생존해야 하고 그 경쟁과정에서 정당한 부가가치를 창출한 능력을 갖추어야 하는 것이다.

기업구조조정이란 기업가치 극대화라는 궁극적 목표를 가장 효율적으로 달성하기 위하여 경영의 각 부문에 대한 혁신을 이룰 수 있는 방법들을 모두 포함하는 말이다. 그럼에도 불구하고 외환위기 때 위기를 극복하기 위해서 대부분의 기업들이 구조조정을 실행하였는데 그들은 인력감축이 구조조정의 전부인양 구조조정을 잘못 이해하고 있었다.

구조조정은 ① 사업구조 조정, ② 재무구조 조정, ③ 소유구조 조정, ④ 지배구조 조정, ⑤ 조직구조 조정, ⑥ 인력구조 조정, ⑦ 이익구조 조정, ⑧ 그리고 관리구조 조정으로 분류할 수 있다.

1) 강효석 외 3인, 기업구조조정론, 홍문사, 1999의 내용을 참조하여 요약, 정리하였음.

2. 구조조정의 내용

1) 사업구조 조정

사업구조 조정은 기업 가치를 높이기 위해 장기적 관점에서 기업의 자원배분구조를 바꾸는 것이다. 즉, 경쟁업체에 비해 더 잘할 수 있는 핵심역량을 식별하고 이에 집중적인 자원배분을 함으로써 경쟁력과 기업가치를 증대시키는 데 그 목적을 두고 있다. 그간 우리 기업들은 이러한 유한한 자원범위 안에서 경쟁역량을 구축하는 선택과 집중을 소홀히 해왔다. 내실보다는 외형을 중시하는 소유경영자들이 가치관에도 기인한 바 있지만 경쟁이 미약한 국내시장에서 상대적으로 규모가 큰 대기업을 모든 것을 잘 해낼 수 있다는 자만에 빠진 결과이기도 하다.

이러한 문제를 극복하기 위해 사업구조조정 전략의 수립을 위한 사업가치평가, 사업포트폴리오 분석, 자원·역량분석, 경쟁우위평가 등 일련의 분석과정을 거쳐야 한다. 이들 분석에 따라 핵심역량 관점의 사업구조조정 방안을 제시하는 것이 중요하다. 뿐만 아니라 실무적 유용성을 높이기 위해서 사업매각/축소, MBO, 기업분할, 아웃소싱 등 다양한 사업구조조정이 차치하는 전략적 무게에 비추어 볼 때 무엇보다 중요한 것은 경영자의 결단력과 구성원의 참여와 수용이다. 경영자와 기업구성원이 과거의 사고와 관행에 집착하여 사업 수를 줄이는 데 주저하거나 계속 양적인 규모에만 집착하면 그 기업은 결국 환경변화 압력에 압도당하고 궁극적으로는 생존기반을 상실하게 될 것이다.

2) 재무구조 조정

과거 우리나라의 대기업들은 대마불사의 논리에 따라 부채비율이 다소 높더라도 파산가능성에 대해 우려하지 않았지만 지금과 같은 위기상황에서는 파산비용의 증가로 인한 기업가치의 손실이 상당할 것으로 판단된다. 따라서 한국기업의 당면과제는 과도한 부채비율을 낮추어 평균자본비용을 최소화 함으로써 생존을 유지하고 나아가서 기업의 부가가치 창출을 이루는 것이다. 이를 위해서는 우선적으로 사업구조를 핵심역량 위주로 정비하여 한계사업이나 비수익자산을 정리, 매각함으로써 자금을 조달하고 이를 바탕으로 차입금을 상환해야 한다. 또한 지분매각을 통한 외자유치와 함께 기존 대출금의 출자전환에 주력해야 한다. 그리고 유상증자를 비롯해서 주식관련 신종유가증권을 투자자의 구미에 맞게 발행하여 국내외의 자본투자를 유치한다. 기업 내부적으로는 비용절감과 경영합리화로 이익 창출을 도모하고 이익의 내부유보를 통하여 자기자본을 장기적으로 확충한다.

구조조정의 원활한 추진을 위해서 계열사 간 상호지급보증을 해소하고 보유자산의 유동화 로 자금조달효과를 실현하는 한편 금리와 환율변동에 대한 합리적인 위험관리전략으로 병행해야 한다. 이러한 일련의 작업은 현재 진행 중인 워크아웃 작업과 기본적으로 방향을 같이한다.

3) 소유구조 조정

기업의 소유구조는 바로 기업의 주인이 누구인가를 밝혀주고, 기업의 지배권이나 경영권을 행사하게 해주는 정당성의 원천이 무엇인가를 설명해 주기 때문에 중요하다. 이와 같이 기업의 소유권, 지배권, 경영권에 대한 올바른 이해와 인식은 한국의 자본주의 발전방향을 가리켜주는 매우 중요한 주제이다. 기업가치 극대화를 위해 소유경영 자체가 더 바람직한가, 혹은 전문경영체제가 더 바람직한가에 대해서는 결정적인 결론을 내릴만한 실증 연구결과가 축적되지 못한 상황이다.

경영체제의 우월성에 대한 결론은 단기간 내에 관측된 몇 몇 개의 성공사례나 실패사례에서 단정적인 시사점을 얻기는 어렵다. 기업의 소유권과 지배권, 지배권과 경영권 간의 균형 잡힌 시스템의 구축이 한국기업의 기업가치 극대화에 필요한 요소임에는 틀림없으므로 기업소유구조의 조정전략도 기업의 지배구조 개혁과 맞물려 동시에 개혁되어야 할 것이다.

4) 지배구조 조정

기업의 지배구조는 기업의 소유구조와 밀접한 관계를 가지면서 형성된다. 왜냐하면 기업 지배권의 정당성이 기업의 소유권으로부터 나오기 때문이다. 기업지배구조는 기업경영에 관한 의사결정을 담당할 기업경영자의 임명과 해임권한을 누가 가지며 어떻게 그 권한을 행사하는가를 의미한다.

기업에 있어서 경영자와 주주, 그리고 대주주 경영자와 외부주주 간의 이해상충에 따라 많은 대리문제가 발생할 수 있다. 이러한 대리문제를 예방 혹은 완화하거나 또는 적절히 해소하기 위해서는 지나치게 관성적이고 비효율적인 경영전략에 대한 조기경보 및 변화의 촉진 등을 가능케 하는 기업지배구조에 관한 이해가 선결조건이다. 이를 위해서는 기업소유구조의 조정뿐 아니라 정당한 소유구조에 근거한 효율적인 기업지배구조 중의 하나가 주주가 경영자를 잘 임면하는 방법에 관한 것이다. 경영자의 임면은 기업사활이 걸려 있는 중대한 사항이다.

5) 조직구조 조정

조직구조 조정은 경영혁신의 중추적 역할을 담당한다. 조직구조가 어떻게 구축되느냐에 따라서 사업전략뿐만 아니라 각종 경영관리 시스템의 효과성이 크게 영향을 받기 때문이다. 그간 우리 기업들에서는 소유경영체제와 가부장적 전통문화의 영향에 의해 최고경영자 1인 중심의 중앙집권적인 조직운영방식이 지배적이었다. 이는 전문능력을 갖춘 여타의 경영자들과 구성원들의 성취동기와 이익동기를 충족시켜주지 못하여 고부가가치 창출에 걸림돌이 되어왔다.

분권형 책임경영체제를 구축하기 위해서는 사업부제 고도화와 더불어 소사장제와 아웃소싱, 네트워크 조직화, 그리고 수평조직설계가 강력한 도구이다. 학습조직화는 현대 지식경제사회의 가장 중요한 경쟁력의 원천인 지식과 정보를 끊임없이 활용하고 창조하는 조직을 일컫는다.

21세기를 열어가는 우리 기업들이 강력한 조직으로 거듭나기 위해서는 분권형 책임경영체제를 정착시키고, 조직슬림화/유연화 및 학습조직화에 매진해야 할 것이다.

6) 인력구조 조정

인력구조 조정은 기업의 고비용–저효율 구조를 타파하는데 중심적인 역할을 담당한다. 인력구조 조정이란 정리해고와 같은 양적 인력감축 뿐만 아니라 내부노동시장 유연화를 통한 효율적 인력활용, 전문역량을 강화시키는 인력개발 등에 의해 질적 고도화를 추구하는 것이다. 이를 통해 궁극적으로는 고효율, 전문화, 전략화 인력구조를 갖추는 것이다.

인력구조 조정을 효과적으로 수행하기 위해서는 회사의 전략목표, 사업전망과 사업계획, 핵심역량 등을 체계적으로 평가하고, 그에 따라 조정의 범위, 대상, 일정 등을 사전적으로 설계하는 것이 중요하다. 위기에 대한 임시적 미봉책으로서 인력구조 조정을 실시하는 경우 기업은 사기저하로 인한 저생산성-재조정이라는 악순환 고리로 빠져들 수 있다. 무엇보다도 중요한 것은 인력구조 조정의 필요성이 커졌을 때 그 원인에 대한 냉철한 진단에 입각하여 근본적 처방으로서 가장 적합한 방법을 선택하고 시행하여 미래지향의 인력구조를 구축하는 것이다.

7) 이익구조 조정

기업은 재무제표를 통하여 주주를 비롯한 여러 이해관계자들에게 경영상태를 알리는데 흔히 쓰는 이익분석의 기본 틀은 순이익/총자산으로 표시되는 투하자산수익률이다. 그러나 모든 자산이 사업에 사용되지 않으며 순이익에는 영업외 이익도 포함되어 있으므로 현금흐름을 중심으로 일부항목을 조정하고 소요된 자본의 기회비용을 공제한 개념의 EVA(Economic Value-Added; 경제적 부가가치)를 중심으로 새로운 이익구조의 분석 틀이 필요하게 되었다.

EVA를 중심으로 기업가치 창출을 위하여서는 우선적으로 ROIC(투하자본이익률)을 증가시켜야 한다. 그런데 EVA의 구성요소인 ROIC의 제고를 위해서는 단위매출당 수익성과 자본의 효율성을 동시에 고려해야 한다.

회계정보의 신뢰성에 바탕을 둔 경영의 투명성 제고는 일반 투자자를 보호한다는 측면도 있으나 기업의 자기자본 비용을 크게 낮추는 효과가 있어 결국 이익구조에 도움을 준다. 결합재무제표를 만들어 철저히 외부감사를 받아 신뢰할 만한 회계정보를 제공한다면 투자의 예상위험을 떨어뜨려 저비용으로 자기자본을 공급받을 수 있다.

경제적 부가가치란 기업이 본업을 통해 벌어들인 영업이익 중 세금을 뺀 금액에서 자본코스트를 공제한 금액을 말한다. 즉, 투자된 자본을 빼고 실제 얼마나 이익을 올렸나를 따지는 경영지표인데, 1980년대 후반 미국의 스턴 스튜어트(Stern Stewart)사에 의해 도입된 것으로 선진국에서는 기업의 재무적 가치와 경영자의 업적을 평가하는 데 있어 순이익이나 경상이익보다 훨씬 효율적인 지표로 활용되고 있다.

8) 관리구조 조정

경영관리는 기업목표를 보다 효율적으로 달성하기 위해 기업의 인적·물적 자원을 생산, 판매, 등의 본원적 활동과 재무, 인사, 연구개발 등 각종 지원업무활동에 배분 · 조정 · 통합하는 과정이다. 따라서 경영활동 기능이 제대로 작동하는지의 여부는 기업활동의 결과 진정으로 최대한의 성과가 달성되었는지에 따라 판단할 수 있다. 그러므로 사업계획을 수립하고, 경영성과를 측정하며, 목표와 실적을 비교하여 개선방안을 강구하는 일련의 경영관리활동을 수행하기 위해서는 사업추진 이후 수시로 업무담당자의 성과를 평가하는 일이 중요하다.

나아가 여기서 더 중요한 것은 사업활동으로부터 진정한 사업가치가 창조되었는가 하는 점이며 또한 사업가치 창출에 기여한 정도를 공정히 평가하여, 기여한 만큼 보상하는 것도 중요하다. 왜냐하면 창출된 사업가치에 따라 경영성과의 크기가 결정되고, 그에 따른 공정한 보상과 승진 등의 인센티브가 제공되어야 경영자, 근로자의 근로의욕이 확대 재생산될 수 있기 때문이다.

제2절 대리이론

개인의 권익을 중시하는 미국은 이를 보호하기 위한 제도가 잘 발달되어 있어 법률자문 및 소송대리인으로서의 변호사(lawyer)가 많다. 소송의뢰인(client)이 변호사에게 소송을 의뢰하면 변호사는 소송의뢰인의 입장에서 소송의뢰인의 이익을 위해 소송에 대해 최선을 다해야 함에도 불구하고 소송의뢰인을 위해 최선을 다하지 않고 적당한 선에서 소송을 종결시키고 마는 경우가 종종 있어 소송의뢰인이 보이지 않은 손해를 보아왔다. 이를 소송의뢰인들은 정보비대칭을 악용한 변호사의 도덕적 해이로 규정하였는데 이를 기화로 대리이론(agency theory)이 탄생하게 되었다.

젠센과 메클링(Jensen & Meckling, 1976)은 대리이론를 재무관리에 도입하여 재무이론을 더 한층 발전시켰다.

1. 주식회사에서의 대리문제

재무관리의 궁극적 목표는 기업이 사회적 책임을 다하면서 기업가치를 증대시키는 것인데 기업가치 증대란 곧 주주의 부의 증대를 말한다. 왜냐하면 오늘날은 대부분의 기업이 주식회사 형태를 취하고 있고 소유권을 의미하는 주식은 증권시장에서 매매거래 되고 있기 때문에 기업가치는 증권시장에서 투자자들이 합당하다고 인정한 주식의 가격, 즉 시가에 총 발행주식수를 곱하여 얻는다. 결국 주식의 시가는 주주의 기업에 대한 재산가치를 의미함으로 기업가치는 주식가격의 시세나 등락과 매우 밀접한 관계를 갖게 된다. 따라서 주가의 유지나 제고 등과 같은 기업가치 증대문제에 대해서 지금까지는 기업의 소유자인 주주와 기업경영을 담당하는 경영자가 동일인이거나 또는 별개의 사람이라 할지라도 기업경영에 관한 중요한 의사결정에 대해서 소유자의 영향력이 크게 작용할 때에는 대부분 별 문제가 없었다. 그러나 기업 소유자와 기업 경영자가 별개이면서 기업 소유자의 영향력이 미미할 때, 즉 소유와 경영이 분리된 경우에도 이러한 목표가 아무런 문제없이 순조롭게 추구될 수 있을 것인가에 대해서는 의문의 여지가 있다. 즉, 소유와 경영이 분리된 경우 당연히 전문경영자들은 소유자인 주주들의 이익을 위해서 최선을 다해줄 것이 요구되지만, 이 경우 누구나 쉽게 짐작할 수 있는 사실은 소유권과 경영 의사결정권이 동일인의 수중에 놓여 있지 않기 때문에 전문경영자의 행위가 반드시 기업가치증대라는 기준에 의해서만 좌우되지 않을 것이라는 사실이고 실제로 전문경영자들은 자신과 주주들과의 사이에 서로 상충되는 이해관계 속에서 고민하게 되는 경우가 많다. 또 이해의 대립은 주주와 경영자 사이에만 국한되지 않고 주주와 채권자, 원자재공급업자와 경영자, 주주와 종업원 등의 사이에도 존재한다.

2. 대리관계

현대의 많은 기업들 그 중에서도 특히 공개된 상장법인의 경우 소유자와 경영자가 동일인이 아닌 경우가 많은데 이는 회사경영을 위해 별도로 전문경영자를 영입하였기 때문이다. 그 이유는 먼저 오늘날 기업의 경영환경이 매우 복잡 다양해지고 고난도의 경영문제들이 산재해 있기 때문에 경영에 숙달된 전문경영자가 기업경영을 담당해야만 기업의 존속·발전이라는 대명제에 합당하게 경영을 할 수 있고 둘째, 경영 투명성에 대한 기업의지를 널리 알리는 효과가 있기 때문이다. 이때 전문경영자들에게는 주주들을 대신해서 경영에 관한 최고의사결정을 할 수 있는 권한이 주어지고 그에 상응하는 봉급과 다양한 혜택이 주주들로부터 부여된다. 이러한 관점에서 보면, 전문경영자는 주인인 주주를 위해 일을 하는 하나의 대리인인데 주인과 대리인 사이의 이러한 관계를 대리관계라 한다.

대리문제를 재무이론에 도입하는 데 크게 기여한 젠센과 맥클링은 대리관계를 "1인 이상의 사람(주인)이 다른 사람(대리인)에게 자신을 대신하여 의사결정을 할 수 있도록 권한을 위임하고 상응하는 보상을 약정한 계약관계"라고 정의하고 있다.

이와 같은 대리관계는 한마디로 정보 비대칭성(Information Asymmetry 또는 정보 불균형)과 도덕적 해이(Moral hazard 또는 도덕 불감증, 도덕성 상실)에 기인한다고 할 수 있다.

3. 대리인문제와 대리인 비용

우리가 이러한 대리관계를 중시해야 하는 이유는 의사결정권을 위임받은 대리자가 주인이 바라는 바와 전혀 다른 어떤 요인에 의해서 영향을 받아 의사결정을 함으로서 대리문제를 유발하게 되고, 이러한 대리문제는 최선이 아닌 차선의 의사결정을 하게 되어 자원의 비효율적인 배분을 초래하므로 결코 바람직스럽지 못한 결과를 초래하기 때문이다. 이러한 대리인의 비효율적인 행위는 결국 주인의 부를 감소시키는 비용을 초래하게 되는데 이를 대리인 비용이라 한다.

주주와 전문경영자 사이에 발생할 수 있는 갈등을 요약하면 다음과 같다.

첫째, 경영자들은 주주 부의 극대화 보다는 호화스러운 사무실이용, 최고급 승용차 구입, 유명 인사들과의 골프회동이나 만찬참석 등과 같은 자신의 특권적 소비를 위하여 기업재산을 사용하거나 기업의 외형적 확장에 열중할 수 있다.

둘째, 경영자의 재임기간은 주주들에 비해서 짧다. 그러므로 경영자들은 장기적인 이익보다 단기적인 이익에 더 치중하는 경향이 있다.

셋째, 경영자와 주주들의 위험에 대한 주관적인 평가가 서로 다를 수 있다. 경영자는 위험을 초래할 수 있는 투자안에 대해서 과민할 정도로 회피하려는 경향이 있다. 즉, 경영자는 무사안일주의에 빠져 자신의 직위에만 연연하는 경향이 있다.

이처럼 대리문제는 궁극적으로 모랄 해저드에 기인한다고 할 수 있다.

1) 대리(인)비용의 의의

주인과 대리인 모두는 그들 자신의 사적인 부를 증대시키려는 기본적 동기를 갖고 있다. 즉, 주인인 주주들은 대리인인 경영자가 항상 자신들의 부가 증대되도록 행동해 줄 것을 기대한다. 그러나 어떤 경우는 경영자들은 그들 자신의 부나 효용을 증대시키는 행위를 선택함으로서 주주들을 실망시킨다. 이렇게 대리관계에서 주인과 대리인 사이의 관심차이, 즉 추구하는 목표가 동일하지 않기 때문에 이를 해소하기 위하여 지출 또는 발생하는 비용을 대리(인)비용이라 한다. 젠센과 맥클링은 대리비용의 성격에 따라 다음과 같이 나누어 정의하고 있다.

① **감시비용이다.**

이는 대리인의 행위가 주인의 관심으로부터 이탈하지 못하도록 감시하는데 드는 비용을 말한다. 회사의 전반적인 경영활동을 감시하고 통제하기 위해 사내 감사를 두고 각종 위원회 및 이사회를 운영하는데 드는 비용 등이 이에 해당된다.

② **확증비용이다.**

이는 대리자가 주인을 위해 성실히 봉사하고 있고 주인에게 해로운 행위를 하고 있지 않음을 확증하는 과정에서 발생하는 비용을 말한다. 이에 관한 대표적인 예로는 공인된 회계사로부터 회계자료를 감사받아 재무제표를 공시하는 데 수반되는 비용을 들 수 있다.

③ **잔여손실이다.**

이는 주인의 관점에서 본 최적의 의사결정과 대리인으로서의 경영자의 의사결정 사이에 존재하는 괴리로 말미암아 가시적 또는 비가시적으로 발생되는 주주의 부의 감소를 말한다.

이와 같은 대리인비용들은 기업의 외부자금조달시에 발생하게 되는데 젠슨과 멕클링은 주식의 발행에 따른 대리인비용을 지분의 대리인비용(agency cost of equity)이라 하고, 사채의 발행에 따른 대리인비용을 부채의 대리인비용(agency cost of debt)이라 하였다.

2) 대리인비용의 유형

앞에서 언급한 바와 같이 기업의 소유권구조, 즉 소유경영자, 외부주주 그리고 채권자의 3자 관계에 의해서 발생하는 대리인비용은 [그림 15-1]과 같이 분류할 수 있다.

그림 15-1. 대리인비용의 유형

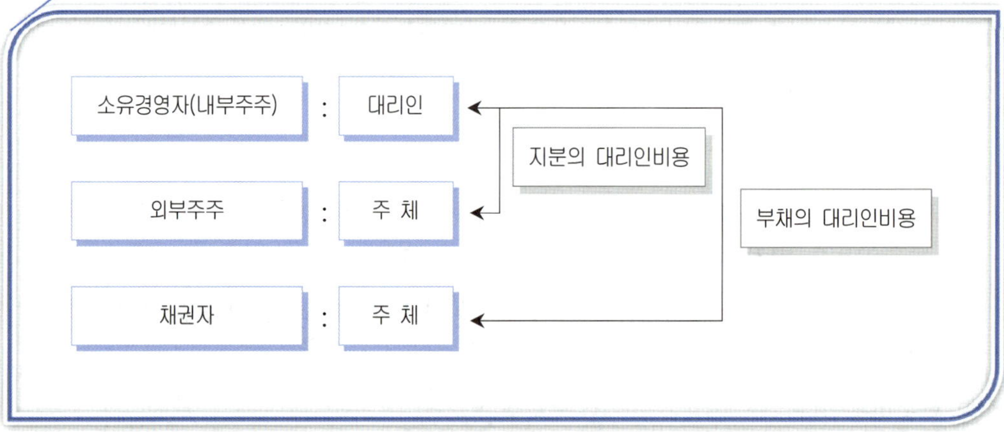

(1) 지분의 대리인비용

지분의 대리인비용은 다수의 외부주주인 주인과 대주주로서 경영에 참가한 소유경영자인 대리인 사이의 갈등에 따라 발생하는 대리인비용을 의미한다. 이에는 경영자의 과도한 특권적 소비, 정보의 비대칭(불균형), 투자시역, 위험회피, 이익의 과다유보 등의 문제들에서 비롯되는 비용이 해당된다.

① 경영자의 과도한 특권적 소비란 일명 비금전적 소비라고 하는데 일반적으로 인정된 수준을 상회하는 대우, 즉 넓고 호화로운 사무실과 고급승용차 및 매력적인 여비서 그리고 골프나 스포츠클럽 회원권 등을 더욱 선호함으로서 자신의 효용을 높이려 하는 데서 비롯되는 비용을 말한다.

② 정보의 비대칭(불균형) 문제란 기업경영자와 투자자 사이에 정보가 비대칭적으로 불균등하게 소유되어 있기 때문에 발생되는 문제를 말한다. 예를 들어 경영자는 충분한 내부정보를 토대로 기업의 미래를 밝게 전망하고 있다 할지라도 일반투자자들이 그러한 정보를 갖고 있지 못할 경우에 그 회사의 주가

는 주식시장에서 낮게 평가될 것이고 이때 낮은 가격으로 유상증자를 하여 자본조달을 하는 경우 유상증자에 참여하지 않은 기존 주주들은 그만큼 불리하게 된다. 또한 경영자가 알고 있는 것과 똑같은 사실이 주주들에게도 알려진 경우라면 위험이 크고 주주들에게 별로 도움이 되지 않기 때문에 주주들이 반대했을 어떤 투자안이 단지 경영자의 사적 동기에 의해서 추진된다면 그만큼 주주들은 불리하게 된다.

③ 투자시역(投資示域) 문제란 경영자가 자신의 재임기간 동안 이내에 결과가 나타나는 투자안을 선호함으로서 아주 수익적이지만 상당한 기간이 지난 후에야 결실을 볼 수 있는 투자안을 포기하는 데서 비롯되는 주주들의 불이익을 말한다.

④ 위험회피 문제란 경영자는 직업과 직위의 안정을 추구하려는 기본적인 동기를 갖기 때문에 비록 수익이 뛰어날지라도 위험스러운 투자를 회피하여 본직의 사퇴로까지 비화될지 모르는 말썽의 소지를 아예 제거하려는 데서 비롯되는 문제를 말한다.

⑤ 이익의 과다유보 문제란 위험회피문제와 유사한 것으로 기업의 유동성을 유지하여 지급불능상태를 방지하려는 경영자 개인의 동기 때문에 비록 세후이익이 많이 발생한 경우에도 가급적 현금배당을 늘리지 않고 사내에 많이 유보시키려는 경향을 갖는데서 비롯되는 문제를 말한다.

이러한 현상과 문제들은 모두 경영자의 사적인 동기에서 비롯되는 것으로 결국 주주에게 불리한 결과를 초래하게 된다. 즉, 이러한 현상은 주주와 경영자 사이의 대리관계로부터 비롯되는 대리비용을 만들고 이러한 비용은 결국 주주에게 전가되어 주주의 부를 감소시키게 된다.

(2) 부채의 대리인비용

주주와 채권자 사이의 대리관계로부터 비롯되는 현상으로 위험유인, 과소투자, 그리고 파산에 따르는 대리비용이 있다.

① 위험유인이란 타인자본에 대한 의존도가 클수록 기업소유주(주주)는 위험은 높지만 보다 수익적 이라면 그런 자산에 대한 투자를 더욱 선호한다는 것을 의미하며 이에 따라 비용이 발생하게 된다. 즉, 주주는 자기가 투자한 금액

에 대하여 유한책임을 지기 때문에 자기자본이 차지하는 비중이 극히 낮을수록 모험적인 사업을 선택함으로서 성공시 기대되는 큰 부를 독차지하려 한다는 것이다. 예를 들어 자기자본 1억 원과 타인자본 9억 원으로 모험적인 위험한 사업을 하는 경우, 주주의 입장에서는 사업이 잘되면(예를 들어 투자수익 100% : 10억 원), 타인자본에 약정한 이자(연15% : 1억 3천 5백만원)을 제외하고는 모두 자신의 몫(10억원-1억3천5백만원=8억 6천 5백만원)으로 되어 엄청나게 유리하지만, 최악의 경우에는 자신이 투자한 1억 원만을 날리면 된다. 이 경우 불리한 입장에 놓이게 되는 것은 채권자이고 주주는 그만큼 유리해 진다.

② 과소투자문제란 비록 순현가가 0보다 큰 경우일지라도 그 투자의 소요자금을 부채로 조달했을 경우에는 투자안의 순현재가치가 부채규모보다 큰 경우에만 투자하려 하는 주주들의 일반적 성향을 말한다. 그 결과 개인이나 사회전체적인 측면에서 과소투자현상이 나타나게 되며 수익적인 투자대상을 포기하는데서 비롯되는 기회비용을 발생한다. 뿐만 아니라 과소투자결과 기업의 지급능력이 그만큼 손상받게 되어 채권자가 불리하게 될 수 있다.

③ 파산이란 기업의 총자산가치가 총부채가치보다도 작아서 추호의 지급능력이 없을 뿐더러 이러한 지급불능상태를 벗어나기 어렵다고 판단한 채권자들의 요구에 따라 법원이 파산선고를 내리고, 이에 따라 기업이 해산되는 경우를 말한다. 이와 같이 지급불능상태로 인해 파산선고된 기업은 청산되거나 일정한 절차에 따라 정리되는데, 이 과정에서 여러 비용이 발생되며 이를 파산비용이라 한다.

④ 파산비용에는 법적 처리나 관리에 소요되는 직접적인 비용, 기업이미지 실추로 고객을 잃거나 판매가 위축되어 나타나는 간접적인 비용, 정상적인 영업활동에서 누릴 수 있는 지급이자와 감가상각비 등의 법인세 절세효과를 누리지 못하는 기회비용 등이 있다. 이러한 비용은 결국 채권자에게 전가되기 때문에 채권자의 부를 감소시킨다.

(3) 대리인비용과 최적자본구조

이렇게 기업의 주요 대리관계에서 비롯되는 대리비용 중 일부는 주주에게 전가되고 일부는 채권자에게 전가된다. 그러나 채권자에게 전가되는 대리비용도 만약 시장이 효율적이라면 결국 타인자본비용으로 흡수되어 주주에게 전가된 다. 여기서 우리는 주인과 대리인 모두에게 가장 유리한 상태가 어떤 경우인지를 논의할 필요가 있다. 이는 대리비용의 합이 최소가 되도록 주주와 대리인 사이에 상응하는 계약을 채결함으로써 가능하게 된다. 즉, 주주와 채권자에게 전가되는 대리비용을 극소화 시켜 주주와 채권자의 부의 합인 기업가치를 극대화 시키는 상태를 유지하는 것이다.

기업의 부채가 증가할수록 부채의 대리인비용은 증가하고, 반대로 부채대신에 외부주식의 비율이 증가하면 지분의 대리인비용이 증가한다. 그러므로 이와 같은 두 가지 대리인비용의 합, 즉 총대리인비용이 최소화가 되는 외부주식과 부채의 최적배합이 존재할 수 있으며, 이는 세금이 존재하지 않거나 파산비용이 아주 작은 사회에서도 대리인비용에 의해서 최적자본구조가 존재할 수 있음을 의미한다.

- 법인세와 파산비용 그리고 대리인비용을 모두 동시에 고려할 경우 부채를 사용하는 기업의 가치는 다음과 같다.

$$V_L = V_U + \tau_c B - PV(BC) - PV(AC)$$

여기서 $PV(BC)$ = 파산비용의 현가
$PV(AC)$ = 대리인비용의 현가

부채의 사용을 증가시킴에 따라 부채의 법인세 절감효과에 의해 기업의 가치가 증가하는 반면, 파산비용의 증가로 인하여 기업의 가치가 감소하고 동시에 대리인비용의 순효과(부채의 대리인비용의 증가로 인한 기업가치의 감소액에서 지분의 대리인비용의 감소로 인한 기업가치의 증가액을 차감한 것)만큼 기업의 가치는 감소할 있다. 이와 같은 부채의 사용은 기업의 가치에 상반된 영향을 미칠 수 있다. 이와 같은 관계를 구체적으로 도시하면 [그림 15-2]와 같다.

[그림 15-2]에서 볼 수 있는 바와 같이 부채의 증가에 따라 나타나는 상반효과에 의해서 최적자본구조가 존재할 수 있다. 최적자본구조는 이론적으로 부채사용으로 인한 한계이익(감세효과와 지분의 대리인비용의 감소로 인한 기업가치의 증가)과 한계비용(파산비용과 부채의 대리인비용의 증가로 인한 기업가치의 감소)이 같아지는 점에서 이루어진다. 그러나 파산비용 또는 대리인비용의 정확한 측정이 어려운 현실에 비추어 볼 때 정확하게 최적자본구조를 도출한다는 것은 어려운 일이다.

그림 15-2. 최적자본구조

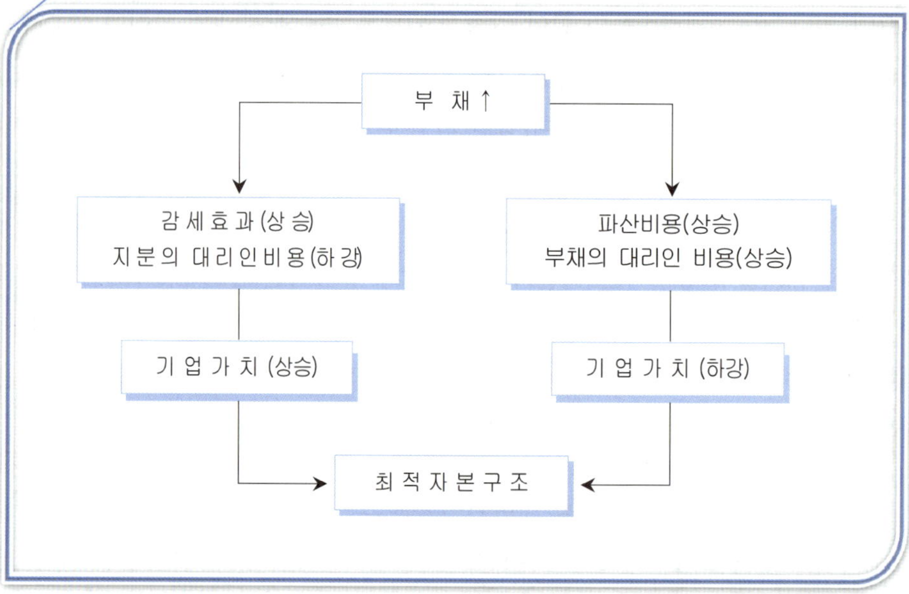

4. 대리문제의 해소방안

대리비용을 절약하여 대리문제의 피해를 해소할 수 있는 방안을 강구하는 문제는 기업의 입장에서나 사회전체로 볼 때 매우 중요하다. 대리비용의 감소방안은 크게 내적 방안과 외적 방안으로 나눌 수 있다.

1) 내적 방안

대리비용을 감소시킬 수 있는 내적 방안에는 합리적인 이사회의 운영, 회사의 정관이나 내규, 감사제도, 보상계약, 부채계약 등이 있다.

공개된 현대의 대기업 대부분은 소유와 경영이 분리되어 있다. 여기서 소유란 기업의 지배권을 말하는 주주의 권리를 지칭하며, 경영이란 주주들로부터 기업경영권을 위임받은 사장, 부사장, 전무, 이사 등 최고경영자의 지위를 말한다. 이렇게 소유와 경영이 분리된 구조에서도 대리문제가 억제될 수 있는 이유는 이사회의 설치와 그 역할 때문이다. 즉, 이사회의 구성원들은 자신들의 직업적 명성과 주주들로부터의 소송위험 때문에 주주들의 관심을 좇아 행동할 수밖에 없다. 더구나 이

사회의 구성원들은 대부분 사외인사로서 평소 주주들의 신망에 따라 주주들에 의해 선출되며, 주주들에게 이롭지 못한 의사결정을 하는 경영자를 감시하고, 그러한 행위를 거부할 수 있는 권리를 갖고 있다. 따라서 비록 소유와 경영이 분리된 구조일지라도 이사회의 합리적인 운영을 통해 대리문제를 해소시킬 수 있다.

뿐만 아니라 회사의 정관이나 내규를 통해서 최고경영자 및 일반관리자의 역할과 책임을 명시하고 이를 준수하도록 함으로써 부주의나 태만으로 비롯될 수 있는 대리비용을 억제할 수 있다. 그리고 정규업무에 대한 내부감사제도를 규정하고 공인된 회계사로 하여금 주기적으로 회계자료를 감사받아 대리인의 행위를 감시하고 확인함으로서 그렇게 하지 않은 경우보다 대리비용을 줄일 수 있다.

보상계약은 대리인에 대한 각종 보상계약을 통해 주인의 관심을 좇아 열심히 일하게 하는 동기를 부여함으로서 대리문제의 피해를 줄일 수 있다. 보상계약은 단기보상계약과 장기보상계약으로 나누어 설명할 수 있다. 단기보상계약은 연간급여와 보너스에 대한 계약이며 성과의 기준척도로 세후이익이 이용된다. 장기보상 계약은 성과급, 주식옵션, 제한된 주식지급, 경영자배당 등이 있다.

위의 제도들은 대부분 주주와 경영자 사이의 대리문제를 해소시킬 수 있는 방안들이다. 반면에 주주와 채권자 사이에서 기인되는 대리비용을 줄이기 위해 이용할 수 있는 방안은 부채계약을 통해서이다. 즉, 채권자는 부채계약 시 그 약관에 배당금지급에 대한 제한조항, 새로운 기채를 할 때 기존채권자의 동의를 요하는 조항, 투자대상에 대한 제한조항, 부채사용기간 동안 합병 등에 대한 제한조항 등을 설정함으로서 자신에 대해 불리한 의사결정을 못하게 함으로써 대리비용을 줄일 수 있다.

2) 외적 방안

대리비용을 줄일 수 있는 외적 방안으로는 자본시장과 경영자 노동시장을 통해서이다. 오늘날 자본시장의 발전과 더불어 나타난 현상 중의 하나는 원하는 목표기업 주식을 공개매수하여 기업의 지배권을 쟁취할 수 있는 제도이다. 기업지배를 위한 시장 또는 공개매수시장이라 불리는 이러한 시장에서는 기업의 지배권이 공개된 가운데 경쟁적으로 거래된다. 따라서 자원을 효율적으로 관리하지 못하는 기업의 지배권은 이를 보다 효율적으로 관리할 수 있는 경영자에게 합법적으로 넘어갈 수 있다. 이와 같은 제도는 자신의 사적 욕구만을 채우면서 적당히 안주하려는 경영자에게 큰 위협이 되기 때문에 대리비용을 줄이는 작용을 하게 된다.

경영자 노동시장은 직업적인 전문경영인력이 거래되는 시장이다. 이 시장을 통해서도 대리비용을 줄일 수 있다. 왜냐하면 전문경영자는 과거의 업적과 평판 등에 의해 시장에서 평가되어지고, 이에 따라 자신의 노동가치가 좌우되기 때문이다. 예를 들어 어떤 경영자가 사적 동기에 따라 방만한 경영을 해서 기업의 수익이 떨어지고 주가가 낮아졌다면 주주들은 이 경영자를 해고하려 할 것이다. 따라서 경영자 노동시장의 이러한 기능은 경영자로 하여금 적당히 안주할 수 없도록 만들어 대리비용을 줄이는데 기여할 것이다.

5. 발 전

젠센과 메클링(Jensen & Meckling, 1976)이 제시한 대리이론(agency theory)은 재무관리이론에서는 정보경제학(information economics)이 시발점이 되어 발전을 거듭하게 되었다. 정보경제학이란 정보가 시장구성원 모두에게 똑같이 주어져 있다는 완전자본시장의 비현실적인 가정을 완화시켜서 현실적 상황에서 나타나는 각종 재무현상을 연구하는 이론을 말하는데 최근에 관심을 받고 있는 분야이다.

참고문헌

강신규 외 4인, 경영학원론, 형설출판사, 2004.

강효석 외 3인, 기업구조조정론, 홍문사, 1999.

김석회, 21세기 교양경영학, 무역경영사, 2005.

김영규, 최신경영학원론, 박영사, 1996.

김용철, 경영혁신, 대경, 2007.

김원수, 이론경영학, 경문사, 1994.

——, 입문경영학원론, 경문사, 1992.

김원수 · 박오수, 증보개정판 경영학사, 문음사, 2000.

김종재 외 3인, 경영의 이해, 박영사, 2009.

노상채, 속담속의 경제학, 글누림출판사, 2008.

민경호, 신경영학, 무역경영사, 2005.

박상범 외 2인, 현대경영학원론, 탑북스, 2010.

박수웅 외 2인, 현대경영학원론, 삼영사, 2002.

배수진 외 2인, 신경영학의 이해, 두양사, 2006.

서민교 외 2인, 국제경제기구의 이해, 삼영사, 2006.

서성무 · 이지우, 경영학원론, 형설출판사, 1995.

서인덕 · 김윤상, 현대경영학, 문영사, 2004.

신철우, 경영과 사회, 삼영사, 2003.

——, 경영학원론, 삼영사, 2005.

여영현, "조직관리자의 이해관리자 인식과 경영활동 및 지배구조와의 상관성 실증분석 : 지방도시 개발공사를 중심으로", 연세대학교 대학원, 연세대 박사학위 논문, 2002.

오석홍, 조직이론, 박영사, 2011.

오종석 · 조영복, 경영학원론, 탑북스, 2011.

유필화 외 4인, 글로벌시대의 경영학, 오래, 2010.

이종영, 기업윤리, 탑북스, 2011.

임창희, 조직행동, 비앤엠북스, 2012.

장세진, 경영전략, 박영사, 2005.

——, 글로벌시대의 경영전략, 박영사, 2005.

정동섭 외 3인, 조직행동의 이해, 탑북스, 2011.

정수영, 경영학대사전, 박영사, 2000.

——, 신경영학원론 제8전정판, 박영사, 1997.

———, 전정판 경영학대사전, 박영사 2000.
조형래 · 안연식, 기업과 사회, 청목출판사, 2010.
조희영, 경영학원론, 민영사, 1996.
한희영, 개정판 경영학총론, 다산출판사, 1987.
황복주 외 2인, 경영학원론, 두남, 2000.

A. B. Caroll(1989), "A three-dementional conceptual model of corporate performance". Academy of Management Review, 4.
C. K. Prahalad and G. Hamel, "The Core Competences of the Corporation", Harvard Business Review, May-Jun 1990.
H. Mintzberg, "The manager's job: Folklore and fact", Havard Business Review, July-August 1975.
K. Lewin and R. Lippit, "An Experimental Approach to the Study of Autocracy and Democracy: A Preliminary Note", *Sociometry*, vol. 1, 1938.
Max Weber, The Theory of Social and Economic Organization, Trans. by A. M. Henderson and t. Parsons(New York, Free Press, 1947)
Michael Beer, "The Technology of Organization Developement", in Marvin D. Dunnette, ed., Handbook of Industrial and Organizational Psycholog y (Rand McNally, 1976.
P. G. Northouse, 김남현 역, 리더십 제4판, 경문사 2009.
Paul Hersy and Kenneth H. Blanchard, Management of Organizational Behavior, 4th ed.(Englewood Cliffs, NJ: Prentice-Hall, 1982).
R.M. Stogdill and A. E. Coons(ed.), Leader Behavior:Its Description and Measurement, Research Monograph No.88(Columbus, Ohio: Bureau of Business Research, The Ohio State University, 1957).
Rensis Likert, *New Patterns of Management*, New York: McGraw-Hill, 1961.
Robert L. Katz, "Skills of an effective administrator", Havard Business Review, September-October 1974.
Robert R. Blake and J.S. Mouton, *The Managerial Grid,* Houston: Gulf Publishing Co., 1964.
S. P. Robins, & D. A. De Cenzo, Fundamentals of Management, Prentice-Hall, 1998.

부 록

용어해설

1. 가계 : ① 국민경제를 구성하는 소비경제주체 중의 하나. 가계는 소득 중 일부는 현재 소비에 충당하고 일부는 미래 소비를 위해 저축함. ② 한 집안 살림의 수입과 지출상태를 뜻하는 말로 생계비 또는 생활비라고 한다.
2. 가내생산 : 생산자의 집에서 직접적으로 이루어진 경제적 생산을 말함.
3. 가업 : ① 대대로 물려받는 집안의 생업. ② 출자자가 1인인 개인사업체를 말함.
4. 가치사슬 경영 : 마이클 포터가 주장한 개념으로 원자재를 재화나 서비스로 전환하는 일련의 구체적인 연쇄활동을 의미. 즉, 기업이 원재료를 사서 가공・판매해 부가가치를 창출하는 일련의 과정을 말한다
5. 간트 : 테일러의 과학적 관리법을 발전시킨 인물 중 한명으로 간트차트를 창안함.
6. 감량경영 : 경제불황을 극복하기 위하여 경영규모를 축소시키는 전략으로 분리신설과 일부매각의 방법을 이용함.
7. 감사 : ① 사무나 업무의 집행 또는 재산의 상황, 회계의 진실성을 심사하여 그 정당성 여부를 조사하는 일. ② 회계 및 업무의 감사를 임무로 하는 주식회사의 필요적 상설기관.
8. 감사위원회 : 이사의 업무집행과 회계를 감사할 권한을 가진 이사회 내의 위원회의 하나로서 감사에 갈음하여 설치되는 필요적 상설기관.
9. 감시비용 : 대리인의 행위가 주인의 관심으로부터 이탈하지 못하도록 감시하는데 드는 비용으로 경영학에서는 주주와 전문경영자의 관계를 대리관계로 인식한다.
10. 강화이론 : 강화는 특정한 행동에 뒤따르는 결과를 변화시킴으로써 행동을 변화시키는 과정을 말함. 즉, 보상이나 처벌같은 외부 자극요인들의 적용을 통해 특정행동을 지속시키거나 감소 또는 근절시키는 과정을 말하는데, 강화방법으로 적극적 강화, 부정적 강화, 소거와 벌 등 4가지 방법이 제시되고 있다.
11. 개념적 기능 : 개념적 기능은 기업전체를 하나의 활동단위로 보고 각 문제를 전체상황과 관련시켜 파악하고 해결할 수 있는 의사결정 능력을 말함.
12. 개방 시스템 : 시스템끼리 서로 정보를 교환한다든지 의사소통이 이루어지고 있을 때 그 시스템을 개방시스템이라고 함.
13. 개별경제 : 자본주의체제 하의 국민경제 내에서 재정을 제외한 기타의 경제주체를 말함.
14. 개별경제학 : 주로 독일어권에서 발전한 경영학으로 경영의 경제적 측면을 개별경제적 관점에서 고찰한다는 신칸트학파의 인식론에서 출발하여 경영학이라는 명칭을 사용하지 않고 경영경제학이라고 함. 즉, 오늘날 기업으로 통칭되는 생산 및 분배의 역할을 담당하고 있는 경제주체와 이와 관련된 현상을 연구대상으로 하는 학문으로 빌진하어 초기에는 개별경제학 또는 사경제학 등의 명칭을 사용하다가 1920년경 경영경제학으로 그 명칭이 통일 됨. 개별경제학은 국민경제를 구성하는 개별경제단위를 인식대상으로 하는 경제학이라는 의미임.
15. 개별경제학의 핵심 : 곰베르그는 개별경제학의 핵심은 계산제도에 있다고 하였는데 계산제도란 부기와 원가계산 등 경영(개별경제)에 있어서 일체의 계산에 관한 이론과 실제, 즉 오늘날의 회계학을 일컫는데 이러한 계산제도가 경영의 인과연구, 즉 경영활동의 원인(비용)과 결과(손익)을 측정하는 기준이 된다고 본 것임.

16. 개인기업 : 기업운영에 필요한 자본 전액을 개인 또는 그 가족이 출자하고, 경영의 책임을 지는 기업형태
17. 개인상인 : 형식적으로 기업과 관계가 있는 권리・의무의 귀속자를 말하는데 반드시 실질적인 경영활동의 담당자가 되어야 하는 것은 아님. 개인기업의 경우 사업주가 상인이지만 회사는 법인격이 있기 때문에 회사 그 자체가 상인으로서 모든 권리・의무의 주체가 된다.
18. 개인적 관찰법 : 행동과학적인 방법을 이용하여 개인의 능력과 가능성 및 개성을 관찰한 자료를 통제수단으로 이용하는 방법
19. 결핍욕구 : 매슬로우의 결핍욕구는 생리적 욕구, 안전욕구, 사회적 욕구가 해당된다.
20. 결합기업 : 콤비나트라고 하는데 기술적인 관점에서 유기적으로 결합된 다수기업의 집단을 말함.
21. 경영 : 다음 세 가지 의미로 사용되고 있다. ① 기업체(개별경제)와 그 활동 ②모든 조직체와 그 활동 ③ 조직을 이용한 인간의 모든 의도적인 활동.
22. 경영의 경제적 측면 : 경영의 경제적 측면을 개별경제적 관점에서 고찰한다는 신칸트학파의 인식론에서 출발한 경영경제학의 인식대상을 말함.
23. 경영의 실천 : 드러커는 경영의 실천이란 저서에서 management를 다음과 같이 설명하고 있다. ① 매니지먼트는 하나의 학문이며, 또 적어도 학문이 될 수 있다. ② 매니지먼트는 경영학의 과제이며, 과제란 수행되려고 부과된 임무를 의미하고, 그것은 경영자가 수행해야 하는 일을 뜻한다. ③ 매니지먼트는 책임일 수밖에 없으며, 경영이 대규모적인 사회적 존재가 될수록 그 책임은 커진다.
24. 경영의 인과연구 : 계산제도가 경영활동의 원인(비용)과 결과(손익)를 측정하는 기준이 된다는 곰베르그의 연구.
25. 경영의 행동적(동태적) 의의 : 경영을 조직을 이용하여 수행하는 인간의 모든 의도적 활동으로 인식함.
26. 경영의 활동 : 목적달성을 위한 기본적 활동(기능)으로 ① 인사적 활동 ② 상업적 활동 ③ 재무적 활동 ④ 기술적 활동 ⑤ 보전적 활동 ⑥ 회계적 활동 ⑦ 정보적 활동 ⑧ 관리적 활동의 8가지가 있음.
27. 경영경제학 : 경영학의 독일식 명칭, 미국식은 경영관리학이다.
28. 경영경제학서론 : 경영이란 용어는 일본인 학자들이 독일어의 배트립스를 번역하여 만든 한자조어이다. 경영학의 학명은 1926년 일본경영학회가 창설되기 직전인 1925년에 경영경제학서론이 출판됨으로서 쓰여지기 시작하였다.
29. 경영과업, 책임, 실천 : 드러커의 이론으로 매니지먼트는 하나의 학문이며, 또 적어도 학문이 될 수 있다. 매니지먼트는 경영학의 과제이며, 과제란 수행되려고 부과된 임무를 의미하고, 그것은 경영자가 수행해야 하는 일을 뜻한다. 매니지먼트는 책임일 수밖에 없으며, 경영이 대규모적인 사회적 존재가 될수록 그 책임은 커진다.
30. 경영과학 : 경영문제를 수학적 모델을 통해서 분석하고 해답을 구하려는 접근방법
31. 경영관리 : 목적달성을 위해 실천해야만 하는 기법으로 PDS라는 순환과정으로 이루어짐.
32. 경영관리론 : 기업은 경영자의 관리활동에 의해서 비로소 활성화 되는데, 경영자의 제반 관리활동을 과정적으로 고찰하려는 것

33. 경영관리학 : 기업은 경영자의 관리활동에 의해서 비로소 활성화 되는데, 경영자의 제반관리활동을 과정적으로 고찰하려는 것이다.
34. 경영관리활동 : 조직체나 시스템 내부의 하위단위인 각 부문에서 수행되는 부문활동을 지칭
35. 경영기능 : 전문 경영자로서 특정한 경영직무를 수행할 수 있는 기술과 능력을 의미
36. 경영목적 : 경영체가 궁극적으로 달성하고자 하는 것 또는 달성해야만 하는 것을 일컬음.
37. 경영사 : 기업경영을 역사적 측면에서 고찰하려는 것이다. 즉, 기업의 생성과정 및 동태적 변천과정을 기술한다.
38. 경영이론 : 이론적 측면에서 기업경영을 밝히려는 것이다. 즉, 가치판단론적인 입장을 떠나 순수 이론적 입장에서 기업경영의 성격, 구조, 내용 나아가서는 특질, 원리, 원칙 등을 구명・정립하려는 것이다.
39. 경영이론의 밀림 : 쿤츠의 주장으로 1950년대 이후 경영문제에 관한 제 개념, 이론 및 기법의 성격을 설명하기 위한 많은 접근방법이 출현하였는데 이런 현상을 말함.
40. 경영자 : 기업경영에 관하여 최고의 의사결정을 내리고, 경영활동의 전체적 수행을 지휘・감독하는 사람이나 또는 기관을 말함.
41. 경영자의 기능 : 카츠는 경영자가 성공하기 위해서는 기술, 인간, 개념의 세 가지 분야에 있어서 각기 요구되는 수준의 기능을 갖추고 있어야 한다고 주장함.
42. 경영자의 역할 : 민쯔버그는 경영자의 역할을 ① 대인적 역할 ② 정보적 역할 ③ 의사결정적 역할의 세 분야로 제시함.
43. 경영자론 : 소유와 경영이 분리된 현대 경영에 있어서 경영자가 수행하는 기능은 무엇이며 경영자로서 자질은 어떠한 것인지 등에 관해 고찰하려는 이론.
44. 경영자본의 연구 : 경영경제학의 큰 특징은 자본문제를 중심으로 기업활동에 접근하고 있음. 즉, 경영경제학은 인플레이션을 배경으로 건전한 자본유지와 이에 수반되는 경영비용의 절감문제를 해소하기 위해 경영계산적 사고를 중요시한다는 것. 따라서 경영경제학은 자연스럽게 경영자본의 연구를 중심으로 하는 이론적 체계화가 역점분야로 발전하게 됨.
45. 경영자 지배론 : 현대의 대규모 주식회사의 실질적인 지배자는 주주가 아니라 실제 경영을 담당하고 있는 경영자라고 보는 견해. 자본과 경영의 분리경향을 예측한 것은 베블렌이 처음이었으나 대기업에 있어 소유와 경영의 분리현상이 실태조사에 의해 실증된 것은 1930년대 벌리와 민즈에 의해서다. 그들은 연구결과로부터 전문경영자의 출현을 명백히 하였는데 이를 경영자 지배론이라고 한다.
46. 경영자 혁명 : 미국의 정치・경제평론가 번햄이 1941년 그의 저서 《경영자혁명》에서 주장한 이론으로 그는 앞으로 전문경영자가 경영에 관한 전문 기술자로 등장하여 사회 가운데서 중요한 지위를 차지하게 되고, 궁극적으로 사회의 지배계급이 될 것이라고 예측하였다.
47. 경영전략 : 기업의 존속・발전에 영향을 미치는 환경변화와 관련된 가장 중요한 계획으로 기본적이며 장기계획의 성격을 띠고 있다.
48. 경영정보시스템 : 경영정보시스템(MIS, Management Information System)은 최근 정보통신과 인터넷 기술의 발달에 맞춘 정보경영학이라는 새로운 학문영역의 탄생

과 함께 등장한 경영정보의 체계.

49. 경영정책 : 최고경영자가 기업의 경영목표를 설정하고 미래의 경영활동에 대해 일정한 가치기준이 되며 기업의 방향과 성격을 규정하는 것.

50. 경영주체론 : 소유와 경영이 분리된 현대 경영에 있어서 경영자가 수행하는 기능은 무엇이며 경영자로서의 자질은 어떠한 것인지 등에 관하여 고찰하는 것.

51. 경영철학 : 경영자가 기업을 경영하는 데 가지는 기본적인 가치, 태도, 신념이나 행동기준을 말하는데 경영이념이라고 함.

52. 경영체 : 경영은 영리법인인 기업뿐만 아니라 비영리법인까지도 포함하는 모든 조직체를 의미하며 이를 경영체라고 한다.

53. 경영학 : 경영을 연구대상으로 하는 사회과학

54. 경영학의 성격 : 과학과 기술론으로서의 이중적 성격과 이론과학과 실천과학으로서의 성격을 갖는 양생적 학문임.

55. 경영학의 연구대상 : 경영현상.

56. 경영학의 위치 : 과학 > 경험과학 > 사회과학 > 경제과학 > 경영학

57. 경영학의 체계 : 연구대상 분야, 인식방법, 인식내용 등을 기준으로 나눠짐

58. 경영학방법론 : 경영학의 본질, 경영학의 체계, 경영학의 인접과학 또는 그것의 연구방법 등과 같은 기본 개념적인 문제를 다룬다.

59. 경영학 총론 : 모든 경영, 즉 경영일반에 공통된 경영현상을 연구대상으로 삼는 경영학

60. 경영현상 : 경영학의 연구대상

61. 경영활동 : 설정된 목적과 목표를 달성하기 위해 행해지는 8가지의 기본적인 기능을 말함.

62. 경영활동(기업활동)의 종류 : ① 인사적 활동 ② 상업적 활동 ③ 재무적 활동 ④기술적 활동 ⑤ 보전적 활동 ⑥ 회계적 활동 ⑦ 정보적 활동 ⑧ 관리적 활동의 8가지가 있음.

63. 경영활동의 4대원칙 : 조직화, 효과성, 효율성, 적시성의 원칙.

64. 경 제: 인간의 생활에 필요한 재화나 용역을 생산, 분배, 소비하는 모든 활동 및 그와 직접 관련되는 질서와 행위의 총체를 말함.

65. 경제계산 : 경제과정은 여러 생산자원의 각 용도에의 배분과 이에 의한 여러 재화의 생산, 분배, 소비의 과정으로 이루어진다. 이들 경제과정은 경제적 합리성에 입각하여 계획되고 실행되며 그것이 어느 정도 경제적 합리성과 합치하고 있는지를 산정하는 것을 경제계산이라 한다.

66. 경제성원칙 : 경영활동의 4대원칙 중 효율성의 원칙과 밀접한 관련이 있는 개념으로서, 즉 성과 내지 활동결과와 이를 얻기 위해 희생된 자원과의 비율관계를 말하는데 경제성원칙 또는 능률이라고도 한다. (생산량, 수익성 등으로 측정). (경제행위에서 가급적 가장 적은 비용 또는 동일한 비용으로 가장 큰 효과를 얻으려는 원칙.)

67. 경제성장률 : 국민경제가 일정기간 (보통1년)에 성장하는 비율, 즉 실질국민소득을 말하는 증가율을 말한다. 경제성장률은 실질액의 증가율이기 때문에 특히 실질성장률이라고도 한다. 보통성장률이라고 하면 장기에 걸친 평균증가율 뿐만 아니라 실질국민소득의 연간변동률로 포함된다. [1년간에 국민총생산(실질국민소득)이 얼마나

늘었는지 그 증가율을 뜻함.]

68. 경제인 가설 : 경제인 가설은 인간은 일하기 싫어하고, 일 자체보다는 그에 따른 보수에 관심이 크다는 등의 내용을 가정으로 한다. 따라서 관리자들은 노동능률을 높이기 위해 관리방식을 새로 만들거나 바꾸어야 한다. 종업원이 일정량 이상 과업을 달성했을 때 높은 임금을 지급하고, 그렇지 못할 때는 낮은 임금을 주는 차별성과급제도는 경제인 가설에 따른 것이라 할 수 있다.

69. 경제재 : 우리의 생존과 발전에 영향을 미치는 중요한 것이지만, 그 수량이 제한되어 있거나 생산하는 데 비용이 들기 때문에 이의 획득을 위해서는 식량이나 의복처럼 대가를 지불해야만 하는 것을 경제재라고 한다.

70. 경제적 생산량 : 생산의 경우, 생산량이 한꺼번에 이루어지라는 것이 아니라 생산이 이루어지는 동안 누적된다. 어떤 품목을 생산하기 위해서는 작업준비시간이 필요하고 이에 해당하는 비용이 작업준비비이다. 이처럼 재고유지비를 줄이려면 매번 조금씩만 생산하면 되겠지만, 작업횟수가 늘어나 작업준비비가 많이 발생한다. 따라서 재고유지비와 작업준비비의 합이 최소가 되는 경제적 생산량(EPQ) 또는 경제적 크기를 결정하여야 한다.

71. 경제적 주문량 : 경제적 주문량(EOQ)은 재고의 주문비와 재고유지비의 합을 최소화하는 최적의 주문량을 말한다. (주문비용과 재고유지비가 최소가 되게 하는 1회 주문량) (재고가 일정수준에 도달하면 사전에 결정한 주문량을 발주하는 것)

72. 경제적 책임 : Caroll의 사회적 책임모델 중 하나로, 경제적 책임은 기업활동을 위한 각종 경영전략, 기술혁신, 인사정책, 이익 최적화를 기한 활동 등을 말한다. 이것은 기업의 이익을 위한 윤리적 이기주의론에 근거한 것인데, 주주와 이해관계자가 기업경영자에게 요구하는 책임이다.

73. 경제적 환경 : 경제적 환경이란 기업활동에 직접적인 영향을 미치는 경제제도 전체를 의한다.

74. 경제정책상의 목적 : 국가가 국민경제의 안정・발전 및 산업의 육성・부흥을 도모하기 위하여 공기업을 설립하는 경우이다.

75. 경험과학 : 현실세계에 존재하는 대상을 오감을 통해 인식한 지식들의 체계. (경험적 사실을 바탕으로 하는 학문). (자연현상을 대상으로 하는지 아니면 사회현상을 대상으로 하는지 또는 인류의 정신적・문화적 소산을 대상으로 하는지에 따라 자연과학, 사회과학, 인문과학으로 분류한다.)

76. 경험적(사례)접근법 : 경험적(사례)접근법은 경영자의 실제 경험을 분석함으로 가장 유효한 관리기법의 적용을 학습할 수 있다는 전제하에 관리활동이나 방침을 사례연구에 의해서 검토하는데 그 특징이 있다.

77. 경험학파 : 경영의 경제현상을 객관적으로 설명하면서 거기에 내재(內在)하는 법칙성을 탐구하는 학파.

78. 계량분석 접근 : 최근에 독일의 경영경제학에 도입된 현대적 기법 중에 하나로서, 측정한 데이터 관측 및 실제 집계된 데이터를 분석하여 연구하는 것을 말한다.

79. 계량 경영학 : 경영학에 있어서 계량적 기법들이 어떻게 조직의 의사결정을 증진시키는지에 대해 연구 함. 경영학의 계량적 접근방식은 수학적 기법들이 경영의 의사결정과 문제해결에 유용하게 활용될 수 있다는 가정에 기초하고 있다.

80. 계량적 경영 접근방식 : 문제해결을 위해 여러 가지 수학적 기법을 경영에 접목시키는 방식을 말한다.
81. 계량적 분석 : 78참조.
82. 계산제도 : 계산제도란 부기와 원가계산 등 경영(개별경제)에 있어서 일체의 계산에 관한 이론과 실제, 즉 오늘날의 회계학을 일컫는데 이러한 계산제도가 경영의 인과 연구, 즉 경영활동의 원인가 결과를 측정하는 기준이 된다고 보는 것이다. [부기(簿記) · 원가계산 ·통계 등 그 범위는 넓다. 이것을 사전계산과 사후계산이라는 관점에서 크게 구별하면 일반적 재무회계(財務會計)를 목적으로 한 수치(數値)를 찾는 계산체계는 후자에 속하고, 경영의사를 결정하기 위한 여러 계산기술 등은 전자에 속한다. 또 물량계산과 가치계산이라는 관점에서, 원단위계산(原單位計算)과 각종 가치계산으로 나눌 수 있는데 이는 특수한 것이다.]
83. 계서제 : 계서제란 권한과 명령관계가 직선적으로 구축되는 가장 단순한 조직형태이다. 즉, 1인의 직속상사에 대하여 지휘와 감독을 받는 계층화에 의한 수직적 관계에 중점을 두는 단순한 조직형태를 말한다. (일정한 조직이나 체계 내에서 지위 따위가 높고 낮음에 따라 이루어진 질서. 또는 그 안에서의 서열)
84. 계선조직 : 계서제 조직의 다른 이름.
85. 계속기업 : 계속기업이란 기업이 원칙적으로 기업의 구성원이나 소유자의 기업가와는 별도로 계속적인 생명을 갖고 상품생산을 하는 조직체라고 보는 개념으로, 근대기업이 갖는 영속적 내지 자주적인 전체로서의 특성을 가리키는 말이다. 베블렌이 최초로 사용.
86. 계속실사시스템 : 고정주문량모형의 다른 말로서, 재고가 일정수준에 도달하면 사전에 결정한 주문량을 발주하는 기법, 시스템이다(재고가 일정 수준에 도달하면 사전에 결정한 주문량을 발주하는 기법).
87. 계장 : 경영계층 중에 하나로 일선감독층에 속하는 직위를 말한다. 다시 말해 경영계층을 최고경영, 중간관리, 일선감독으로 구분할 시 일선감독층에 최상위층에 속하는 것이 계장이다.
88. 계전기 조립작업 실험 : 호손실험의 하나로서 그 내용은 다음과 같다. 6명의 여공을 대상으로 종래의 작업능률 향상에 도움이 된다고 생각되는 조건들에 대하여 실험해 보았으나 결과는 조명실험과 마찬가지로 이들 조건과 생산성 향상과는 관계가 없었다. 따라서 이 결과 종업원의 사기나 부하에 대한 감독방법, 인간관계 등의 심리적 조건이 생산성 향상에 영향을 미친다는 결론을 얻게 되었다.
89. 계층구조의 원칙 : 계층구조의 원칙을 통해 조직은 공식적 의사소통체계를 명확히 함으로써 명령과 그 수용에 대한 혼선을 막고, 감독의 범위를 분명히 할 수 있게 된다. 고전적 조직론에 있어서는 일반적으로 피라미드형 계층구조의 원칙을 제시하고 있다.
90. 계층단축화의 원칙 : 계층구조의 원칙에서 더 나아간 개념으로, 조직의 능률을 높이기 위해서는 조직의 계층구조를 가능한 축소시켜야 한다는 견해가 있는데, 이를 계층단축화의 원칙이라고 한다. (조직계층을 적정하게 단축해야 한다는 원칙)
91. 계층성 : 계층성은 시스템적 사고에서 나온 용어로서, 시스템의 특성 중 하나이다. 즉, 계층성은 구성요인들 뿐만 아니라 시스템 자체도 위계질서 속에 있음을 뜻한다. 그래서 원소 < 부분 또는 하위 시스템 < 시스템 < 초 시스템의 관계이다.

92. 계획경제 : 계획경제는 공산주의 경제체제와 같은 말이다. 즉, 공산주의 경제체제는 시장경제와 사적소유를 불인정하고 있기 때문에 생산경제 주체는 국가가 출자하여 소유하며, 국가의 생산계획과 지시에 의해 생산활동만 수행하고 생산물의 분배는 국가가 담당하고 있다. 또 기업이라는 용어를 사용하지 않는다. (한 나라의 경제운영이 국가의 통일적 의사 밑에 계획적으로 시행되는 구조를 말한다)
93. 계획수립 : 94참조.
94. 계획화 : 계획하는 끊임없이 변화하는 환경적 여건하에서 조직이 설정한 목표를 향해 조직이 나아갈 수 있도록 하는 지속적인 기능이며, 그와 같은 목표에 도달하기 위해 요구되는 조직의 행동양식을 구체화 시키는 과정인 것이다.
95. 계획화의 과정 : 계획하는 과정은 크게 다섯 가지로 구분이 가능하다.
① 도달하고자 하는 목적 및 목표를 분명히 한다. (목적 및 목표의 설정)
② 목표와 관련해서 조직의 현 상황을 면밀히 분석한다. (환경분석)
③ 미래에 발생가능한 상황과 대처방안을 모색한다. (대체안작성, 즉 계획수립)
④ 조직의 행동대안을 분석하고 최적안을 선택한다. (의사결정과 비상사태 발생시의 대체안 마련)
⑤ 주기적 성과평가를 통하여 적절한 수정활동을 전개한다.
96. 계획화의 중요성 : 구체적으로 계획화 된 중요성을 정리하면 다음과 같다.
① 미래의 불확실성에 대한 준비
② 목표지향적(효과적)인 행동의 기초제공
③ 효율적인 조직운영의 기반제공
④ 체계적, 합리적 통제활동의 기반제공(조직목표가 성공적으로 달성될 수 있게 하기위하여)
97. 계획활동 : 경영활동의 종류 중 관리적 활동과 관련된 개념으로서 그 내용은 다음과 같다. 계획활동(plan)에서는 목적 및 목표설정, 조직화, 전략과 전술수립, 예산편성이 중심활동이다.
98. 고객만족경영 : 고객만족경영(CSM)이란 고객중심적 사고를 바탕으로 모든 경영활동을 전개해 나가는 새로운 경영조류이다. 즉, 고객만족경영은 시장점유율 확대나 원가절감이라는 종전의 경영목표의 추구에서 벗어나 고객만족을 궁극적 경영목표로 삼음으로써 시장변화에 흔들리지 않는 안정적 수익기반을 장기적・지속적으로 확보해나가려는 경영방식이다.
99. 고객지식 공유형 : 고객지식 공유형은 고객과의 지식공유 및 지속적인 고객에 대한 지식제공에 초점을 맞춰 고객의 니즈를 파악하고 신규사업개발의 관건인 '성장기반구축'을 목표로 하는 것이다.
100. 고용경영자 : 고용경영자는 기업규모가 확대되고 경영활동이 복잡성을 띠게 되면서 기업가 스스로 모든 경영기능을 감당할 수 없게 됨에 따라 경영기능의 일부를 위임받아 수행하게 되는 전문경영자이다. 즉, 이들은 경영상 완전히 독립을 하지 못하고 소유경영자에 고용되어 그의 지시를 받고 위임된 일부 경영분야만 책임을 하는 경영자이다.
101. 고용안정의 원칙 : 프랑스의 학자 페이욜은 6가지 경영활동을 뒷받침하고, 관리활동을 수행함에 있어서 따라야 할 일반적인 규율로서 14가지의 원칙을 제시하였으

며, 그 중 12번째 원칙이 고용안정의 원칙이다. (능률은 안정된 노동력에 의해서 증진될 수 있으므로 고용안정이 중요함을 강조.)

102. 고임금, 저노무비 : 테일러는 과학적 관리법의 내용으로 관리의 이념을 제시하였는데 이는 노동자에게는 높은 임금을 , 자본가에게는 높은 이윤을 제공하자는 "고임금, 저노무비"를 주장한 것이다. 이를 달성하기 위해 시간연구와 동작연구를 실시하고 이를 통해 과업을 설정하여 관리함으로서 생산성 향상을 꾀하였다. (노동자에게는 높은 임금을, 자본가에게는 높은 이윤을 제공)

103. 고전이론 : 19세기 20세기 초에 걸쳐 형성되었다. 고전이론은 대규모적이고, 복잡해진 조직을 운영할 수 있도록 공장시스템과 현대기업의 관리원칙을 제시하고 있다. 고전이론은 테일러의 과학적 관리법과 페이욜의 일반관리이론 (또는 관리과정론), 베버의 관료제이론 등으로 대별될 수 있다. (조직 구성원들은 주로 경제적으로 동기부여 된다는 것)

104. 고전적 경영학 : 20세기 프레드릭 테일러에 의해서 고전적 경영학이 성립되었다. 또한, 헨리포드를 비롯한 여러 학자들은 현대 경제의 뚜렷한 특징으로 대량생산을 꼽고 있다. 즉, 보편적 원리의 추구에 초점을 둔 고전적 경영학이라고 할 수 있다. (혁신적인 능률의 개선을 통한 이윤의 극대화)

105. 고정주문기간모형 : 고정주문기간모형은 일정기간마다 재고를 조사하여 부족량을 주문하는 방법으로 주기적으로 도달되는 물품, 계속적으로 재고기록을 하지 않는 값싼 제품 등에 이용된다. (더 많은 재고비용발생 有, 정기발주시스템으로 불리어짐)

106. 고정주문량모형 : 고정주문량모형은 재고가 일정 수준에 도달하면 사전에 결정한 주문량을 발주하는 기법이다. (고가격 소품종 재고파악 쉬운 것 유리, 재고수준 수시로 조사 단점)

107. 고차원적 욕구 : 매슬로우의 욕구단계이론 중 4~5단계, 성장욕구에 해당하는 욕구이다. 그 내용은 다음과 같다.

① 자존의 욕구 : 타인으로부터 존경을 받고 싶어하는 고차원적 욕구이다.

② 자아실현의 욕구 : 가장 고차원적인 욕구로 개인의 잠재능력을 최대한 실현한다거나 개인의 도덕이나 윤리를 바탕으로 지고지상한 목적이나 목표를 설정하여 이를 달성함으로써 인간으로 태어나서 느끼는 뿌듯한 자부심이나 성취감을 얻고자 하는 욕구

(순서는 변할 수 있으며 경우에 따라서는 좀 더 높은 목표를 충족시키려고 기본적 욕구까지도 무시될 수 있고, 또한 욕구의 출현과 소멸은 결핍과 충족의 과정을 통해 나타남)

108. 고체폐기물 : 기업과 밀접한 관련을 맺는 공해 중에 고체폐기물이 있다. 이 고체폐기물은 고체의 방사성 폐기물로 액체폐기물을 처리할 때 생긴 고방사성 침전물·방사성 핵종을 흡착한 점토·폐이온 교환수지·필터 등이 이에 해당된다.

109. 곰베르그 : 1903년에 '상업경영학과 개별 경제학'으로 현상논문에 당선된 스위스 사람. 곰베르그는 처음으로 개별경제학이라는 호칭을 사용하였고, 이를 다시 상업경영학과 공업경영학으로 나누었다. 그는 다음과 같은 주장을 하였다. "전체경제를 연구하는 학문은 경제학이며 개별경제학은 글자 그대로 개별경제학이 연구대상으로서 상업경영학과 공업경영학의 양대 산맥으로 구성되었다.

110. 공공정책상의 목적 : 공기업의 설립목적 중에 하나로, 공공정책상의 목적은 공익목적을 달성하기 위하여 공기업을 설립하는 경우를 말한다. 이에 여타산업 부분에 비하여 공익성이 강하며, 막대한 고정자본을 필요로 하며 독립적인 성질을 갖는 산업부문이다. (공익목적을 달성하기 위하여 공기업을 설립하는 경우)

111. 공기업 : 국가 또는 지방공공단체가 출자하여 설립한 기업.

112. 공기업의 설립목적 : 공기업의 설립목적은 크게 5가지로 구분된다. 이는 다음과 같다. ① 공공정책상목적 : 공익의 목적을 달성하기 위하여
② 경제정책상목적 : 국민경제의 안정・발전 및 산업의 육성・부흥을 도모하기 위한 것
③ 사회정책성의 목적 : 근로자의 생활안정, 불황시의 실업자구제 등의 사회 안정을 위한 정책적 목적에 의해
④ 재정정책상의 목적 : 국가가 재정적으로 필요한 자금을 조달하기 위해 공기업 설립
⑤ 기타 : 국가가 정치적・문화적・군사적 등의 가장 필요로 하는 재화와 용역의 생산에 있어서 사기업으로는 그 실효를 기대하기 곤란한 경우

113. 공기업의 종류 : 공기업의 종류는 크게 다섯 가지로 분류함이 대표적이다.
① 순수행정 기업 : 일반행정기관과 동일한 제약을 받고 인사・경영 등도 모두 공공단체에 종속되어 있는 공기업인 것이다.
② 독립 공기업 : 순수행정기업이 공공단체의 공법조직으로부터 분리되어 독립채산성과 경영활동의 자유를 어느 정도 인정받은 공기업의 종류이다.
③ 공공기업체형태 : 공기업 경영의 독립화와 자주적 활동을 더 높이기 위하여 행정기구로부터 완전히 분리시켜 독립된 사업체로 한 것
④ 사법형태의 공기업 : 국가 또는 공공단체가 출자를 하여 설립되기는 하나 주식회사와 같은 사법상의 형태를 취하는 것
⑤ 공사공동 기업 : 사기업과 공기업의 결점을 배제하고 장점만을 취하려는 의도로 국가 또는 지방 공공단체와 개인 또는 사적단체가 공동출자하여 공동으로 경영하는 기업을 의미함

114. 공기업의 형태 : 공기업의 형태는 크게 3가지로 분류할 수 있다.
① 공기업의 주체가 누구나 하는 주체의 소유관계에서 보는 입장이다 (공기업/공영사업)
② 기업목적이 어떠냐 하는 공공성의 유무에 의한 분류이다 (공기업/사기업)
③ 공기업의 조직형식이나 그 기구에 따라서 분류하려는 것이다 (행정기업/법인기업) (공법인 또는 특수법인의 법인체를 채용하여 완전한 자주적 경영체로 운영되는 형태)

115. 공동기업 : 기업의 출자자가 2인 이상인 기업.

116. 공동의 목적 : 공동의 목적은 공식조직의 성립조건 중 하나로 구성원과 조직의 목적이 같아야 함을 의미한다.

117. 공사공동기업 : 사기업과 공기업의 결점을 배제하고 장점만으로 취하려는 의도로 국가 또는 지방 공공단체와 개인 또는 사적단체가 공동출자하여 경영하는 기업을 말한다.

118. 공산주의 경제체제 : 공산주의 경제체제는 시장경제와 사적소유를 불인정하고 있기 때문에 생산경제주체는 국가가 출자하여 소유하며 국가의 생산계획과 지시에

의해 생산활동만 수행하고 분배는 국가가 담당하고 있는 것이다. 또 기업이라는 이름의 실체도 없다.

119. 공식조직 : ① 바나드는 먼저 공식조직의 정의를 "조직이란 2인 또는 그 이상의 활동 또는 세력을 의식적으로 조정하는 체계"라고 정의하고 모든 형태의 조직을 이 정의에 포함시켰다. ② 공식조직이란 집단의 목적을 달성하려고 만든 인위적인 단체로 법률이나 정관 또는 조직도의 직제에 의해 형성되는 사람과 사람의 관계를 특징으로 하며, 정부, 기업, 노동조합, 병원, 학교, 군대, 교회 등이 있다. 반대 개념으로 비공식조직이 있는데 비공식조직 또는 자생집단(自生集團)은 취미·학연·지연·혈연·경력 등의 인연을 바탕으로 하여 자연발생적으로 발생한 집단을 말한다.

120. 공식조직의 성립조건 : 공식조직이 성립하기 위해서는 다음의 세 가지 요건을 충족시켜야 한다.
① 구성원의 활동을 총괄할 공동의 목적이 있어야 한다.
② 구성원의 조직에 대한 공헌의욕이 있어야 한다.
③ 구성원 각각의 활동을 통일하기 위한 의사소통이 가능해야 한다.

121. 공업경영학 : 공업경영체의 구조나 형태, 그 안에서 일어나는 여러 가지 사상 및 기타 여러 경제주체와의 관계를 분석적으로 해명하고, 그 속에서 원리·원칙을 추출하여 보편타당한 논리와 의식을 체계화 하려는 과학이자 학문이다.

122. 공업단지 : 공업단지란 많은 공장들이 지역적으로 인접함으로써, 공해나 소음문제를 해소하고, 생산적, 기술적인 협력체제를 유지하기 위해 일정공업지역에 군집하는 것을 말한다.

123. 공업단지의 유형 : 공업단지 유형으로는 4개의 유형으로 구분이 가능한데, 이는 다음과 같다.
① **산지집단형** : 산지에 있어서 중소기업의 협업화를 꾀하기 위해서 중소기업을 군집화 한 것
② **도시계획형** : 도시계획의 일환책으로 많은 기업을 집단화 시키는 것으로 지자체가 이를 시행한다.
③ **하청계열형** : 대기업에 계열화 되어 있는 단수의 중소기업을 차령공장으로 한곳에 집중시키는 것으로서 전주공단 등이 있다
④ **집단소개형** : 중소기업 현대화 촉진책의 일환으로 이루어진 것인데, 일정지역내의 동업자를 집단화 한 것이다.

124. 공유형 : 고객과의 공유 및 지속적인 고객에 대한 다양한 공유와 제공에 초점을 맞춰 고객의 니즈를 파악하고 신규사업개발의 관건인 '성장기반구축'을 목표로 한다. (베스트 프렉티스 공유형, 고객지식 공유형)

125. 공익사업 : 공익사업은 생산주체가 정부부문이든 민간부문이든 지를 막론하고 생산되는 재화 또는 서비스가 국민생활에 필수불가결한 것으로 공공이익을 창출하는 사업을 지칭하는 것이다. (전기, 가스, 통신, 상하수도 등과 같이 일반 국민생활과 밀접하고 독점성이 높은 사업)

126. 공익성 : 일반적으로 공기업의 특성을 이야기 하면 기업성과 공익성으로 말할 수 있다. 여기서 공익성이란 영리를 목적으로 하지 않고 공공의 이익을 도모하는 성질로서 이러한 공익성을 보장하기 위한 제도적 장치가 바로 민주적·공익적 통제이

다. (공익을 증진시키는 것.)

127. 공장제 생산 : 초기 생산양식의 변화의 부문에서 그 내용을 찾아볼 수가 있으며, 가내생산의 다음 단계라고 생각하면 된다. 이로 인해 분업을 통한 생산이 등장하게 되었고, 생산성과 이윤의 극대화가 분업을 통해 이루어지게 된다. (이로 인해 새로운 생산관계가 정립되고, 노동규율 관련 문제가 발생하였다.)

128. 공장집단 : 공장집단 혹은 콤비나트는 기업집단의 대표적인 것으로서 기술적 관점에서 유기적으로 결합된 다수기업의 집단이다. 공장집단은 특히 지역적 집단화의 특성을 가짐으로써, 일정지역 내에서 자원을 개발하고, 자원을 공동으로 이용하여 생산의 지역적·공간적 결합을 시도하는 것이다.

129. 공정개발 : 효용과 관련된 생산적 활동으로서 공정개발은 다음과 같이 설명된다. 생산요구의 다양화에 따라 생산성을 향상시키기 위하여 공정순서를 결정하고, 설비투입에 다른 LOT구성계획을 작성하고 부적합 발생원인을 제거하기 위하여 공장실내의 온·습도 관리 계획을 작성, 공정변경에 따른 관리계획 변경시점을 확인하고 계획을 수집하는 능력이다. (개발의 흐름을 애플리케이션 기능의 분해와 통합의 프로세스로 분할한 공정. 각 공정마다 목표와 완료 조건을 설정한다)

130. 공정성의 원칙 : 페이욜이 주장한 관리활동을 수행함에 있어서 따라야 할 일반적인 규율 14가지의 원칙 중에 하나로 공정성의 원칙이 있다. 공정성의 원칙은 공평하고 올바르게, 균등한 적용의 모습을 갖는 원칙이라 할 수 있다. (학연, 지연, 혈연 등과 족벌, 친족 등을 배제하는 정실주의의 인사관행이 배제되어야 하는 것)

131. 공정성이론 : 조직구성원은 자신의 투입에 대한 결과의 비율을, 동일한 직무상황에 있는 준거인의 투입대 결과의 비율과 비교해 자신의 행동을 결정하게 된다는 애덤스의 동기이론을 말한다. (인간은 불공정성을 인식하면 이를 수정하려고 노력하는 소위 공정성회복과정을 일으키게 되는데 이를 공정성이론이라 한다.)

132. 공해문제 : 자연환경이 파괴, 오염되는 현상을 공해라고 하는데 미국에서는 환경파괴, 유엔에서는 환경오염이라고 하고 있다. 공해문제로는 다음과 같은 것들이 있다. 대기오염, 수질오염, 고체폐기물, 소음오염, 분진, 낙진, 먼지, 살충제 등 식품오염 등 (공공의 생활환경에 미치는 여러 가지 해에 관한 문제.)

133. 공해문제 해결 : 자연적 환경의 핵심은 자연보호와 공해문제 해결에 있다. 이 중 공해문제 해결로는 협약과 정책들로 전 인류가 공동의 자세로 되돌아가 최소화 내지 없앨 수 있게 해야 한다.

134. 공헌의욕 : 조직에 충성하고자 하는 의욕, 마음가짐.

135. 과소투자 : 주주와 채권자 사이의 대리관계로부터 발생. 과소투자(문제)란 비록 순현가가 0보다 큰 경우일지라도 그 투자의 소요자금을 부채로 조달했을 경우에는 투지안의 순현재가치가 부채규모보다 큰 경우에만 투자하려하는 주주들의 일반적 성향을 말한다.

136. 과업 : 테일러의 과학적 관리법에서는 숙련된 노동자의 하루 작업량을 말한다.

137. 과업중심 : 과업달성을 중심으로 임금 등을 결정하는 것.

138. 과업환경 : 과엽환경은 특정조직의 활동과정에서 직접적으로 상호 작용하는 이해관계자 집단과의 관계라고 할 수 있다.

139. 과점적 지배 : 기업집중의 역기능에 해당하는 내용의 하나로서, 소수의 거대기업이

시장을 대부분을 장악하게 되는 기업집중으로 기업이 결합되면서 소수의 기업이 시장을 지배하는 것을 말한다.

140. 과학 : 과학은 경험을 통해 특수한 대상에 관해 얻은 법칙이나 원리를 객관화 하고 보편화 하고 보편화 된 지식의 체계로 이론성 내지 합리성과 실증성을 갖추고 있어야 한다. 즉, 광의로는 학문과 같은 뜻이고 협의로는 철학 이외의 학문을 총칭하거나 또는 자연과학을 말한다.

141. 과학의 목적 : 과학의 목적은 이론과 법칙의 발견 내지 창출에 있는데 이는 궁극적으로 어떤 특정현상을 이해하고 설명하고 예측하며 제어하는데 있음을 뜻한다.

142. 과학의 성립조건 : 과학이 성립되기 위해서는 다음의 세 가지 조건을 충족해야 한다. ① 명확한 연구대상 또는 연구주체가 있어야 한다.
② 균제성 또는 일양성 및 규칙성의 존재로 이는 같은 모양의 반복적이고 규칙적인 현상이 존재하여야 한다
③ 과학적 방법에 의한 검증이 가능해야 한다. 여기서 과학적 방법이란 과학적 인식에 도달하는데 필요한 연구방법으로 상호 주관적확인의 생각을 바탕으로 대상을 아는 방법을 말한다.

143. 과학적 관리법 : 테일러에 의한 고유한 의미의 과학적 관리법은 종래의 근로자의 창의와 이에 대한 자극에 의존하던 작업관리를 경영자의 과학적인 과업설정이라는 계획적 관리로 전환시켜서 노동생산성을 높이고, 조직적 태업을 방지하며, 임금문제해결을 위하여 과학적 객관적인 표준작업량을 설정하여 고임금·저노무비를 이루어 노사쌍방이 만족하도록 하는 것이다. (근로자의 근로의욕을 높이고 능률을 증진하는 합리적인 작업관리의 방법. 작업과정의 능률을 최고로 높이기 위하여 시간연구와 동작연구를 기초로 노동의 표준량을 정하고, 임금을 작업량에 따라 지급하는 등, 여러 가지로 합리적인 방법을 연구한다. 이러한 과학적 관리법은 미국의 F.W.테일러에 의하여 처음으로 제창되어 오늘에 이르고 있다. 테일러 시스템이라고도 한다.)

144. 과학적 관리의 원칙 : 과학적 관리의 기본원리로 다음 4가지로 구분할 수 있다.
① 노동자의 관리를 위한 진정한 과학의 발전
② 노동자의 과학적인 선발과 능력발전
③ 과학과 과학적으로 선발되고 훈련된 노동자의 결합
④ 관리자와 노동자의 계속적이고 밀접한 협력 차별성과급제도, 작업지도표제도, 기획부제도, 직능별 감독제도

145. 과학적 방법 : 과학적 방법이란 과학적 인식에 도달하는데 필요한 연구방법으로 상호 주관적 확인의 생각을 바탕으로 대상을 아는 방법을 말한다.

146. 관계욕구 : 타인과의 관계를 유지하고자 하는 인간의 기본욕구를 말한다. 머슬로우의 친교욕구 또는 소속욕구와 존경욕구의 일부가 여기에 속한다. 앨더퍼는 머슬로우의 욕구단계설을 보완하여 개인의 욕구와 동기를 좀 더 현실적으로 설명한 ERG 이론을 발표하였다. 그는 인간의 욕구를 생존욕구, 관계욕구, 그리고 성장욕구의 3단계로 구분하고 이러한 욕구의 충족을 계층적 구조에 따라 순환적으로 이루어진다고 주장하였다. (인간이 인간답게 살기 위해서 타인과의 관계를 유지하고자 하는 욕구.)

147. 관료제 : 대규모 조직의 많은 업무를 단속하고 효율적으로 수행하기 위해서 미리 정해진 규정과 절차에 의하여 처리하는 서열화 되어 있는 전위구조를 관료제라고 한다. 관료제는 업무의 전문화, 권한과 책임의 서열화, 일의 절차와 규칙의 문서화, 연공서열의 중시 등을 특징으로 한다.

148. 관료제이론 : 관료제 이론은 19세기 말경에 독일의 사회학자인 베버에 의하여 발표가 되었으며, 대규모 조직을 관료제로 보는 베버의 입장과 정치권력의 관계를 통해서 보는 라스키의 입장 등이 있다. 관료제이론의 주요 내용을 요약하면 다음과 같다.
① 합법적인 직무배정과 직무수행
② 직무의 전문성과 능력에 의한 계약고용
③ 계층에 의한 관리
④ 규칙과 문서에 의한 경영관리
⑤ 경력의 보장
(베버M.Webber는 관료주의를 조직 효율성을 강화하는 합리적이고 이상적 설계로 믿고 있었다. 관료주의 조직의 기본 설계원리는 수단-목적 간 합리성이다.)

149. 관리 : 조직목표의 달성을 위해 조직의 협동적 노력을 지휘·조정하는 과정을 말한다. 관리는 조직목표를 설정하고, 계획을 세우며, 인적·물적 자원을 조직화 하고, 구성원의 활동을 지휘·조정·통제하는 과정을 통해 이루어진다. (어떤 일의 사무를 맡아 처리함)

150. 관리의 폭 : 한 사람의 장이 유효하게 지휘감독할 수 있게 한정된 직접부하의 수. 감독의 범위라는 문제는 계층구조의 원칙의 핵심을 이루는데, 이는 한 사람의 관리자가 능률적이고 효과적으로 통제할 수 있는 부하직원의 수가 과연 어느 정도가 효율적인가를 의미한다.

151. 관리과정 : 관리과정은 PDS로 축약될 수 있다. Plan → Do → See / Feedback 즉, 계획활동, 지휘활동, 통제활동, 피드백의 순서로 관리가 진행되어진다. (경영관리는 부문의 목적달성을 위해 계획, 실천, 확인 그리고 피드백이라는 골격을 가진 순환적 과정으로 이루어져 있다.)

152. 관리과정론 : 고전이론의 두 번째 지류가 바로 관리적 경영접근 방식이다. 기업전체의 입장에서 활동하는 기업활동과 부문활동의 하나의 요소로서 각 부문활동에 공통적으로 적용되는 관리에 연구의 초점을 두고 있다 (오늘날 미국경영학의 주류를 이룬다)

153. 관리기능 : 경영활동을 지휘, 감독하기 위한 기획·조직·명령·조정·통제 등의 기능을 말한다. (계획→조직→명령→조정→통제) (경영의 목적을 능률적으로 달성할 수 있도록 이미 결정된 기본정책에 입각하여 실시에 옮기는 기술적 과정)

154. 관리도법 : 관리도는 품질에 영향을 미치는 공정을 대상으로 그 공정의 상태를 조사하여 일정한 범위에 있는가를 확인하고, 이 범위를 벗어난 경우 그 원인을 밝히고 이를 제거하여 대책을 강구하는 방법이다. (일종의 품질의 그림도표 기록)

155. 관리방법의 합리화 : 미국의 경영관리학은 대체로 관리방법의 합리화를 중심과제로 하는 이른바 기술학적 성격이 두드러진다. 미국에서는 경영의 문제를 실천론적·방법론적으로 연구한 결과 각론적 부분에서 큰 성과를 올렸다.

156. 관리역할적 접근방법 : 관리역할적 접근방법은 새로운 접근방법으로 주목되고 있

으며, 경영자의 현실적 행위를 관찰하고 경영자의 실제적인 활동과 역할이 무엇인지를 결론지으려는 접근법이다.

157. 관리인 : 만족화의 원칙에 입각하여 의사결정을 하는 인간

158. 관리자 : 관리자란 우리나라에서는 중간관리층에 속하는 사람들로서 미국에서 말하는 'middle management'을 의미한다고 볼 수 있다. 이는 미국에서 중간관리층이란 용어는 사용하면서도 관리자란 말을 분리해 사용하지 않는 사실로 미루어 보아 짐작이 가능하다.

159. 관리적 결정 : 엔소프(I.Ansoff)는 기업의 의사결정을 크게 3가지로 나누어 전략적 결정, 관리적 결정, 운영적 결정으로 구분하였다. 이 중에서 관리적 결정은 "기업의 전략적 결정을 통하여 결정된 경영목표와 경영전략을 실행하기 위한 필요한 자원의 조달 및 그 조직화와 운용에 관한 결정"을 말한다. 중층관리는 주로 관리적 결정에 종사한다.

160. 관리적 의사결정 : 전략적 의사결정을 구체화 하기 위하여 조직의 제 자원을 조직화하는 것과 관련된 의사결정이다. 예를 들면, 인력 및 원재료의 획득, 조직편성, 권한 및 책임 관계의 정립, 유통경로의 선정 등을 들 수 있다.

161. 관리적 활동 : 관리적 활동은 PDS (plan,do,see), 즉 계획활동, 실천 또는 지휘활동, 확인 또는 통제활동을 통한 3단계로 이루어지는데 마지막 단계가 끝나고 나서 피드백을 실시하는 순환과정이다. (모든 경영활동에 공통적으로 적용되는 활동)

162. 관리학 : 관리에 관한 이론과 그것을 바탕으로 한 관리기술을 체계적으로 연구・발전시켜 조직체의 관리기능 향상을 도모하려는 학문. 관리론 또는 매니지먼트라고 한다.

163. 관리활동 : 경영조직 내의 부문적 차원에서 이루어지는 활동은 관리활동이라고 한다. 한국에서는 경영활동과 관리활동을 구별하여 사용하고 있다.

164. 관방학 : 관방학은 17~18세기 독일에서 발달한 학문체계 관방학파는 경제・행정・재정 등에 걸친 관료통치, 기술론적인 학문의 체계화, 영방의 정치적 경제적 통일, 군주의 부강, 국고의 충실을 지향하였다. 경영정책, 재정학 및 사경제학이 그 핵심을 이룬다.

165. 구텐베르그 : 구텐베르그는 기업의 연구대상을 기업의 자본과 비용에 한정시키지 않고, 생산, 판매, 가격, 재무문제를 이론적으로 발전시켰으며 순수이론적인 연구방법을 택하였다. 특히 구텐베르그는 독일의 경영경제학에 미국의 경영관리적 기능을 도입하여 업무에 대한 독일의 경영경제학에 미국의 경영관리적 기능을 도입하여 업무에 대한 계획 및 조직을 꾀하고 기업의 목표달성을 활성화 하려고 하였다.

166. 국민경제 : 국가를 단위로 하여 서로 밀접하게 관련된 경제활동의 총체를 말한다. 경제주체로서의 국가・지자체・기업・가계 등의 경제활동은 당연히 그와 같은 법률・제도에 따라 영위되며, 국가적 영역에서 서로 밀접하게 결합되고 있다. (소비경제주체인 가계, 재정과 생산경제주체인 기업으로 구성.)

167. 국부론 : 영국의 고전파 경제학의 시조인 A.스미스(1723~1790)가 1776년에 발간한 주요 저서로서, 책에서 스미스는 부의 원천은 노동이며, 부의 증진은 노동생산력의 개선으로 이루어진다고 주장하였다.

168. 국제경제기구 : 세계경제가 확대되고 교류가 증가함에 따라 각국 경제의 세계적인

상호의존성이 증대되었다. 이에 선진국이 주체가 되어 각국의 공통적인 경제문제를 해결하기 위해 국제경제기구를 창설함으로써 세계경제와 기업활동에 커다란 영향을 주고 있다. (경제를 위한, 혹은 경제를 중점으로 하는 국제적인 기구)

169. 국제적 환경 : 국제적 환경이란 국제적 관계의 변화, 각국의 정치·경제·사회·문화·법률 등 제도의 변화, 그리고 기술적 변화가 가져오는 환경요인을 가리킨다. 오늘날 경영자는 국내뿐만 아니라 국제를 무대로 경쟁하지 않으면 안된다. 그러기 위해서는 관리관행이 나라에 따라서 차이가 난다는 점에 유의하는 것이 중요하다.

170. 군사학 : 군사에 관한 기초적인 과학체계, 특히 군사훈련의 일부인 교육과정에서 배우는 일반이론

171. 권력 : 권력(power)은 타인의 행동에 영향을 미칠 수 있는 능력을 말한다. 권력은 개인뿐만 아니라 집단, 팀, 부서, 조직, 국가 등 다양한 수준에서 나타난다. (남을 복종시키거나 지배할 수 있는 공인된 권리와 힘. 특히 국가나 정부가 국민에 대하여 가지고 있는 강제력을 이른다.)

172. 권력욕구 : 권력욕구는 다른 사람들을 통제하고 그들의 행동에 영향을 미치거나 그들을 책임지려는 욕구이다. 권력욕구가 강한 사람은 다른 사람들에게 영향을 미치고 사람들의 관심을 끌고 인정을 받는 것을 중요시한다. (권력욕이란 자신의 영향력을 증대시키고자 하는 욕망으로 볼 때 정치인이나 기업인이나 종교인이나 학자나 모두 가지고 있는 것이다.)

173. 권리·의무의 주체 : 자연인은 그 자체로 권리의무의 주체이나 조직체는 법인격을 부여받음으로서 권리·의무의 주체가 될 수 있다.

174. 권한 : 권한은 조직에 의해 공식적으로 부여되고, 조직구성원들에 의해 올바르고 적절한 것으로 수용되는 합법적인 권력이다. 대표적인 예로 상사와 부하간의 관계이다.

175. 권한과 책임의 원칙 : 이는 조직에서 각 구성원의 책임과 권한의 상호관계를 직무에 따라 명확히 규정해야 한다는 것을 의미한다. 이 원칙은 조직의 고전적 원칙으로 조직에 명확한 질서와 체계를 부여하고 모든 직무를 통일적으로 수행하기 위해서는 가장 중요시 되었던 원칙이다. (직무에는 권한이 부여되어 상위계층은 하위계층에 대하여 명령과 지시의 권한이 있고 하위계층으로부터 복종을 요구할 수 있다.)

176. 권한의 유형 : 관료제이론은 근본적으로 권한구조에 관한 이론에 기초를 두고 있는데, 베버는 권한의 유형을 카리스마적 권한, 전통적 권한, 합법적 권한으로 분류하고 합법적 권한에 기초를 둔 관료제 모형이 근대사회의 대규모 조직을 설명하는데 가장 적합한 것이라고 하였다.

177. 권한 수용설 : 권한은 하부 직위로부터의 수용에 의하여 비로소 성립된다는 주장. 바나드는 권한은 경영자의 직위보다는 그것을 받아들이려고 하는 근로자의 의지에 달려 있다는 것.

178. 권한위양의 원칙 : 권한위양의 원칙은 직무에 따라 그에 맞는 권한을 부여하는 것을 의미한다. 따라서 이를 통해 합법적 권력을 소유한 사람은 상급자의 승인이 없이 결정권을 행사할 수 있으며, 하급자에 대해서도 영향력을 행사할 수 있다.

179. 귀납법 : 귀납법은 경험의 세계에서 관찰된 사실들이 모두 공통적인 유형으로 전개되는 것을 발견하여 이들 유형들을 객관적인 수준에서 증명하게 되는 것을 말한다. 즉, 특수한 사실을 전제로 하여 일반적인 진리 또는 원리로서 결론을 내리는 방법이다.

180. 규범학파 : 경영의 당위성을 주장하는 학파가 규범학파이다.
181. 규율의 원칙 : 페이욜은 관리활동을 수행함에 있어서 따라야 할 일반적인 규율을 14가지로 제시하였는데, 그 중 하나가 바로 규율의 원칙이다. 즉, 질서나 제도를 유지하기 위하여 정하여 놓은 원칙이 규율의 원칙이다. 행동의 준칙이 되는 본보기.
182. 규칙 : 조직 내에서의 계획은 정책, 규칙, 절차와 같이 반복적으로 사용되는 상설계획과 독특한 비반복적인 업무를 처리하기 위한 단일계획으로 구성이 되는데, 여기서 규칙은 여러 사람이 다 같이 지키기로 작정한 법칙 또는 제정된 질서를 말한다.
183. 규칙성 : 규칙에 맞는 성질. 또는 규칙이 있는 성질.
184. 균제성 : 균형이 잡히어 고루 가지런해 짐. (규칙에 맞는 성질. 또는 규칙이 있는 성질)
185. 그린라운드 : 환경보존을 주제로 한 다자간 국제협상. 제2의 우루과이라운드라고도 하며 환경문제를 국제간 협상의 주된 문제로 다룬다는 뜻에서 붙여진 이름이다. 환경보호문제를 다자간협상에 올려 국제적으로 합의된 환경기준을 만든 다음, 이에 미달하는 무역상품에 대해서는 상계관세부과 등 각종 제재조치를 가하라는 것이 내용이다.
186. 근대적 관리론 : 미국의 경영관리학은 그 특징에 따라 문헌사적으로 분류하면 크게 고전이론, 신고전이론, 근대적 관리론 등 3가지로 나눌 수 있다. 대표적으로 쿤쯔의 경영이론의 밀림, 피터드러커의 21c 경영철학 등이 근대적 관리론에 해당된다.
187. 기능배합 : 성공한 경영자를 대상으로 그들이 지닌 경영기능을 찾아내려는 연구들이 이루어져 왔다. 그 가운데 대표적 학자인 카츠는 경영자가 성공하기 위해서는 기술・인간・개념 등 세 가지 분야에 관한 기능을 갖추고 있어야 한다고 주장했는데, 이는 일명 경영자의 기능배합이라고도 불린다.
188. 기능식 조직 : 기능식 조직은 라인조직이 지니는 단점인 전문화의 결여를 시정하기 위해 테일러가 제시한 조직형태이다. 따라서 기능식 조직을 따를 경우 관리자가 담당하는 일을 전문화 하고 부문마다 다른 관리자를 둠으로써 작업자들을 전문적으로 지휘・감독할 수 있게 된다.
189. 기능자본가 : 자본가 또는 주주가 경영의 책임까지도 맡고 있을 때 이를 기업가라 하며 소유경영자라고도 한다. 이들은 또한 기능자본가라도 하는데 기업에 대하여 참여하는 기능이 경영면에까지 미치고 있는 것을 뜻한다. 이에 대하여 같은 자본가일지라도 경영에 그의 기능이 미치지 못하면 무기능 자본가라 하여 기업가와 구별된다. 이들은 주로 이윤분배에만 관심이 있다.
190. 기능적 부문화 : 기능적 부문화는 가장 일반적이면서도 보편적인 부분화의 방법이다. 즉, 기능적 부문화는 유사하거나 같은 작업활동들을 포함하는 직무들을 중심으로 집단화 하는 것이다.
191. 기능전략 : 기능전략은 사업전략을 구체화 하고, 재무, 생산, 인적자원관리, 마케팅, 회계 등과 같이 기업 내의 기능적 영역에서 개발하고 관리하는 전략을 의미한다.
192. 기대이론 : 기대이론은 개인이 다양한 행동대안 가운데 자신의 효용을 극대화 하는 행동대안을 선택하는 과정을 설명한 이론이다.
193. 기술 : 과학과는 달리 무엇인가를 만들어 내거나 또는 성취하는 방법. 보다 넓은 의미로 인간의 욕구나 욕망에 적합하도록 주어진 대상을 변화시키는 모든 인간적 행위를 말한다.

194. 기술개발 : 무엇인가를 만들어 내거나 성취하는 방법인 기술을 생산, 개발하는 것을 말한다. (기술(技術)의 새로운 것을 찾아내는 일)

195. 기술적 기능 : 기술적 기능은 조직 내에서 이루어지는 특정한 작업을 수행하거나 이해하기 위해 필요한 기능으로 용구, 설비, 작업방법 및 특정의 일을 다루는 기법 등을 활용할 수 있는 능력이다.

196. 기술적 환경 : 기술적 환경은 지난 70여 년간 가장 급속한 변화를 일으키면서 기업의 흥망성쇠에 심각한 영향을 미치는 매우 중요한 환경요소가 된다. 기업이 속해있는 사회의 기술수준과 정보전달체계는 경영활동을 수행함에 있어 결정적인 영향을 미치는 요인이 되는데 현대의 급변하는 기술환경은 사회변화를 초래할 뿐만 아니라 가치관까지 변화시킨다. (기술은 모든 황경요인 중에서 가장 동태적 성향을 띤 요인이므로 기업은 기술변화를 신속하게 파악하여 필요한 정보를 수집해서 지속적으로 적용하고 또 새로운 기술을 개발하여야 한다.)

197. 기술적 활동 : 효용의 창출. 즉 생산과 관련된 활동을 말한다. 즉, 기술개발, 공정개발, 제품개발 등을 말한다.

198. 기업 : 기업이란 시장경제체제 하의 국민경제 내지 세계경제 속에서 생산경제 주체로서 인간의 존속·발전에 필요한 재화와 용역에 대한 부가가치를 창출하여, 이를 실현하기 위해 대가를 받고 판매하는 사적 영리법인체를 말한다. (국민경제에서 필요로 하는 재화와 용역을 대가를 받고 생산하거나 이전하는 역할을 주로 한다.)

199. 기업의 의의 : 기업이란 시장경제체제 하의 국민경제 내지 세계경제 속에서 생산경제 주체로서 인간의 존속·발전에 필요한 재화와 용역에 대한 부가가치를 창출하여, 이를 실현하기 위해 대가를 받고 판매하는 사적 영리법인체를 말한다. (국민경제에서 필요로 하는 재화와 용역을 대가를 받고 생산하거나 이전하는 역할을 주로 한다.)

200. 기업의 형태 : 기업의 형태는 기업의 업종, 규모, 입지 등을 고려하여 살펴볼 수 있다. ① 규모에 따른 분류로 자본금, 매출액, 종업원의 수 등에 따라 대기업, 중견기업, 중소기업으로 구분할 수 있다.
② 출자성격에 따라 사기업, 공기업, 공사공동기업으로 구분할 수 있다.
③ 경제적 형태에 따라 단독출자의 개인기업과 2인 이상 출자의 공동기업으로 분류할 수 있고 업종에 따라서는 농·수산업, 공업, 광업, 상업, 금융업 등이 있고, 개인의 신용을 중심으로 한 인적기업과 자본중심, 자본기업
④ 법률적 형태에 따라 기업이 소유자로부터 완전히 독립된 법인격여부에 따라 개인기업과 공동기업이 있고, 기타 등이 있다.

201. 기업가 : 기업가란 기업책략을 가지고 이익을 얻을 목적으로 위험을 무릅쓰고 장업을 해서 경영을 하는 사람이다. 다시 말해서 기업가는 기업에 필요한 자본의 출자자인 동시에 경영활동을 참여하고, 거기에서 발생하는 결과 (이익과 손실)에 대해 스스로 모든 책임을 지는 사람을 지칭하므로 전문경영자와 구별되는 것이다.

202. 기업가의 특성 : 일반적인 기업가의 특성은 다음과 같다.
① 이들은 기업의 모든 위험을 부담해야 하는 위험부담자이기 때문에 기업과 운명을 같이해야 하는 존재이다
② 이들은 경영자로서의 자격을 구비하지 못하고도 경영을 수행하는 권리를 갖는다

는 것 등을 들 수 있다.

203. 기업가 정신 : 경제학자인 슘페터는 기업정신을 '창조적 파괴'로 정의한 바 있다. 다시 말해 기업가란 새로운 상품, 시장 및 생산, 경영방식을 개발하는 존재라고 하였으며, 자본주의의 발전도 바로 이러한 혁신을 추구하는 기업가 정신에서 비롯된다고 주장하였다. 결국 기업가 정신이란 '불확실한 미래 환경 속에서 기업을 창업하여 과감히 수익창출에 대한 모험을 감행하고자 하는 마음 자세 또는 정신'이라고 할 수 있다. (기업을 하려는 사람들이 갖추어야 할 정신자세.)

204. 기업결합 : 기업결합이란 2개 이상의 기업이 결합하여 보다 큰 기업으로 되는 것으로 기업집중 또는 자본집중이라고도 한다. 기업결합은 독점적 이익이나 기타 경영상의 이익을 위하여 조직적 또는 자본적 결합이나 상호협약을 통하여 사업활동의 일부를 제휴 또는 공동으로 행하거나 그 전부를 통합하는 과정 및 형태이다.

205. 기업경영 : 기업의 목적을 달성하기 위해 기업을 운영하는 것.

206. 기업계열화 : 기업간의 복합관계는 대기업 간에만 일어나는 것이 아니고 대기업과 중소기업간에도 나타난다. 이들이 종속관계를 유지하든, 그렇지 않든간에 밀접한 관련성 하에서 거래관계가 형성되어 있는 경우에 이를 기업계열화라 한다.

207. 기업구조조정 : 기업이 기존 사업구조나 조직구조의 기능 또는 효율을 보다 효과적으로 높이고자 실시하는 구조개혁작업을 말한다.

208. 기업다각화 : 기업다각화는 회사가 생산하는 제품 및 서비스 종류의 수나 회사가 활동하는 시장의 수를 늘리는 것을 말하는 것으로서 이는 매력있는 제품의 생산이나 수익성이 높은 새로운 사업에 진출함으로써 기업성장을 목적으로 한다.

209. 기업사 : 기업경영을 역사적 측면에서 고찰하려는 것이다. 즉, 기업의 생성과정 및 동태적 변천과정을 기술한다.

210. 기업성 : 기업은 공기업의 특성 중에 하나로서, 공기업이 정부가 출자하고 관리하는 사업을 수익위주에 충실한 사기업처럼 조직 운영하는 것을 말한다.

211. 기업성장론 : 기업은 어떻게 창설되며 또한 어떠한 과정을 거쳐 성장, 발전해 나가게 되는 가에 관하여 고찰하려는 것이 기업성장론이다.

212. 기업양심 : 경쟁조건을 유지하고 이윤과 능률의 연결을 확실하게 하기 위해 공정거래의 원칙을 지키도록 기업양심(corporate conscience)에 호소하게 된다. 이러한 양심적인 행동을 하는 것이 기업의 사회적인 책임이라고 하는 주장이다.

213. 기업연합 : 시장통제를 목적으로 동종 또는 유사업종 간에 협정을 통해 형성되는 기업집중 형태이다. 법률적으로나 경제적으로 자사의 독립성을 유지하면서 협정사항에 따라 결합한다.

214. 기업연휴 : 기업결합 가운데 서로 다른 업종에 속하는 다수의 대기업이 자본적으로 결합한 종합적인 기업그룹을 일컫는다. 기업연휴는 자본적인 결합체이기는 하지만 각 소속기업은 법률상으로 독립된 법인기업적 형태를 유지하고 있고, 이를 주식소유, 융자, 인적 결합 등의 방법으로 통괄하고 있다.

215. 기업윤리 : 기업윤리는 기업의사결정의 도덕적 가치 기준이며 경영행동의 옳고 그름에 대한 식별이다. 기업윤리는 종업원들이나 경영자들의 의사결정과 행동을 위한 지침이나 표준을 제공하고 있다. 기업이 일련의 위험요소를 피할 수 있는 방법은 기업윤리를 재정립하는 일이며, 기업의 사회적 책임은 한 차원 높은 기업윤리관

의 정립에 기초한다.

216. 기업이론 : 이론적 측면에서 기업경영을 밝히려는 것이다. 즉, 가치판단론적인 입장을 떠나 순수 이론적 입장에서 기업경영의 성격, 구조, 내용 나아가서는 특질, 원리, 원칙 등을 구명·정립하려는 것이 기업이론이다.

217. 기업전략 : 기업수준에서의 전략은 기업이 유지하고자 하는 사업유형을 구체화 시키는데 있어 전체 조직에 초점을 맞춘 것이다. 즉, 기업 전체의 차원에서 사업의 범위를 정하고 보유한 자원을 어떻게 배치할 것인지 등을 결정하는 것이다.

218. 기업정책 : 실천론적 및 가치판단론적인 측면에서 기업경영을 고찰하려는 것이다. 즉, 기업경영의 목적달성 및 방향제시에 관련된 합목적성을 구명하려는 것이 바로 기업정책이다.

219. 기업집단 : 기업집단화란 생산 관리적 측면에서 업무제휴, 기술원조 등의 제 수단을 통하여 경영상 기술상 공동이익을 추구하고자 상호 결합되는 것을 말한다. 이 경우 집단화의 대상이 되는 기업진단은 상호 독립성을 유지함으로써 지배와 종속의 관계를 떠나서 생산 기술적 내지 경영 기술적인 면에서 상호간의 보완적 역할을 협조한다.

220. 기업집중규제 : 기업집중은 필연적으로 독과점을 형성하게 되어 공정한 자유경쟁과 공공의 이익을 저해하고 중소기업 및 일반소비자에게 피해를 주게 된다. 이에 대해 각국 정부는 건전한 국민경제의 발전과 공정한 경쟁을 실현하기 위한 기업집중과 이에 수반된 독과점을 저지하기 위한 정책을 수행하여 각종의 규제를 가하고 있다.

221. 기업집중의 목적 : 기업집중의 목적은 크게 3가지로 살펴볼 수가 있다.

① 시장통제목적 : 기업의 규모가 확대되어 대량생산을 하게 되면 수요를 초과하는 과잉생산이 되기 쉬우므로 판매경쟁이 격화되고, 마침내는 출혈적 경쟁을 하게 되어 기업이 서로 피해를 입기 쉽다. 따라서 대규모기업들은 서로 협정을 맺고 불필요한 경쟁을 배제하고자 서로 집중·결합하게 되는 것이다

② 경영합리화목적 : 원료공급기업과 가공·제조업 및 판매업의 기업결합이며, 이것을 종단적 또는 수직적 결합이라 한다. 산업형 콘체른과 콤비나트는 이 목적으로 형성된다.

③ 재벌 또는 금융기업이 출자관계를 통하여 다른 기업을 지배하려는 목적으로 기업을 결합하려는 경우가 있다. 이와 같은 기업집중은 이종기업간 또는 생산·유통단계상 무관한 기업 간에도 행하여진다. 즉, 금융적 목적을 위한 결합으로서 금융자본의 지배라는 방식이다.

222. 기업집중의 의의 : 기업집중은 독점적 이익이나 기타 경영상 이익을 위하여 조직적 또는 자본적 결합이나 상호 협약을 통해서 사업활동의 일부를 제휴 또는 공동으로 행하거나 그 전부를 통합하는 과정 및 형태이다. (2개 이상의 기업이 결합하여 보다 큰 기업으로 되는 것으로 기업결합 또는 자본집중이라고 한다.)

223. 기업합병 : 기업합병이란 기업 상호간의 출자액을 결합하여 대자본을 기초로 하는 기업의 복합형태로서 시장독점과 경영합리화를 위해 자본적으로나 법률적으로 각 기업체는 독립성을 완전히 상실하고 결합한 기업집중형태이다.

224. 기업형태론 : 기업은 출자관계, 즉 자본의 제공자가 누구냐에 따라서 그 법제면에

서의 형태가 여러 가지로 달라지기 마련인데, 이러한 기업의 형태에 대해 고찰하려는 것이 곧 기업 형태론이다.

225. 기업환경 : 기업의 존속(생존) 발전(성장)에 영향을 미치는 모든 요인을 의미한다. 그러나 원래 환경은 기업을 둘러싸고 있는 울타리 밖의 모든 것, 즉 자연환경만을 의미했는데, 자연환경 이외에도 경영의 존속·발전에 직·간접적으로 영향을 미치는 요인들이 증가함에 따라 환경의 개념을 확대하여 사용하게 된 것이다.

226. 기업환경론 : 기업과 상호의존적 관계에 있는 제반환경에 대해 고찰하려는 것이 기업환경론이다.

227. 기초효용 : 기초효용은 효용의 6가지 분류 중에 하나로, 농림수산업이나 광업과 같은 것을 의미한다.

228. 기호화 : 기호화는 발신자가 전달하고자 하는 생각이나 감정, 정보 등을 언어나 몸짓, 기호 등 특정한 형태의 체계화 된 메시지로 변환시키는 과정을 말한다.

229. 기획부제도 : 기획부제도는 테일러의 과학적 관리법의 내용 중에 하나로, 그 내용은 다음과 같다. 테일러는 작업자가 작업계획이나 준비작업에 투입되는 것을 지양하여 관리(계획)와 작업을 명확히 구분하고자 기획부를 설치하여 기획부에서 생산공정 및 작업에 관한 계획 및 준비를 하게하고 작업자는 생산작업에만 종사하도록 하였다. 다시 말하면 공장은 경영자나 공장장 또는 직장이라는 사람이나, 단일의 직위에 의해서 관리되는 것이 아니라 여기서 말한 기획부에 의해서 관리되어야 한다는 것이다.

230. 기후변화협약 : 기후변화협약은 국제환경협약 중에 하나로 지구의 온난화를 규제·방지하기 위한 국제협약이다.

231. 길브레드부부 : 길브레드 부부는 관리수단으로서 동작연구를 강조하였다. 그들이 벽돌공을 대상으로 한 연구에서, 벽돌공의 동작의 횟수를 감소시킨 결과, 3배의 생산성이 증가되었다. 길브레드 부부의 이러한 연구들은 현대작업량에서도 여전히 활용되고 있는 모든 기법들, 즉 직무 단순화, 작업 표준화, 그리고 성과급제 등의 발전에 기초를 확립하는 계기가 되었다.

232. 김위찬 교수 : 프랑스 유럽경영대학원 인시아드의 김위찬 교수와 르네 마보안교수가 1990년대 중반 가치혁신이론과 함께 제창한 기업경영 전략론이 바로 블루오션(Blue ocean)이다. [김위찬(1951년)은 경남 진주에서 태어났으며, 현재 프랑스 인시아드 경영대학원의 석좌교수로 재직 중이다. 르네 마보안 교수와 함께 블루오션 전략 이론을 만들었으며, 이들은 함께 월스트리트저널, 뉴욕타임즈, 파이낸셜타임즈 등에 기고해왔고, 하버드 비즈니스스쿨 게재 논문은 50만부 이상 판매되었다. 세계적인 비즈니스 전략가 50인에 선정되었다.]

233. 내부감사 : 내부감사는 조직체의 운영에 가치를 부여하고 개선을 위해 실시되는 독립적이고도 객관적인 보증 및 컨설팅 활동이다.

234. 내부환경 : 기업의 내부환경은 기업내부에 존재하는 여러 가지 장점과 약점으로서 내부적으로 통제 가능한 환경요인을 말한다. 기업은 내부환경을 조정함으로써 기회와 위협에 적절히 대처해 갈 수 있으며 이 같은 내부환경은 외부환경의 변화속도가 심할수록 그 영향을 크게 받는다.

235. 내적환경 : 234와 같음.

236. 네트워크 모델 : 네트워크 모델은 경영과학의 기법 중 하나이다. 즉, 서로 관련 있는 세그먼트들이 그물처럼 얽혀 있어 전체 구조는 복잡한 편이지만, 이용하는 데이터 언어가 간단하여 계층모형과 대조를 이루는 것으로 데이터 베이스의 구성형태의 하나로서 계층모형에서 획일적인 트리구조 형성을 위한 제약사항을 탈피한 모형이다.

237. 네트워크조직 : 급변하는 경쟁환경으로 그동안 비대해진 조직구조로는 더 이상 경쟁환경을 극복하기 쉽지 않게 됨에 따라 조직을 슬림화 시켜서 유연하게 경영환경에 대처하기 위해 아웃소싱 한다던가 전략적 제휴를 하는데 필요한 조직형태가 바로 네트워크 조직이다.

238. 노동 : 사람이 생활에 필요한 물자를 얻기 위하여 육체적 노력이나 정신적 노력을 들이는 행위.

239. 노동생산력 : 어떤 생산부문 또는 어떤 생산자의 노동의 생산력이란 생산성은 일정 시간 내에 생산되는 생산물의 수량에 의하여 측정된다. 다만 이 경우 노동의 강도는 일정불변으로 가정한다. 노동의 생산력을 특히 규정하는 것은 노동자의 숙련의 평균정도, 과학 및 그 기술적인 응용가능성의 (발전)단계, 생산과정의 사회적 결합, 생산수단의 범위 및 작용능력 등이다. (productivity of labor, 부가가치/종업원 수로 산출된다.)

240. 노무비절감 : 제조활동과 관련된 인건비를 가리키는 말이다. 노무비는 임금과는 차이가 있다. 임금은 제품제조를 위한 노동력에 지급되는 대가인데 반해, 노무비는 매입한 노동력을 소비함으로써 생기는 원가 요소를 나타낸다. 테일러가 과학적 관리법을 통해 추구하고자 한 것이 "고임금과 노무비 절감"인데 노무비 절감은 인건비를 줄인다는 것이다.

241. 논리실증적 : 논리 실증주의로도 표기가 되는데, 이는 인간의 지각이나 관찰에 의해 파악할 수 있는 명제만을 의미있는 학문적 진리라고 보고 보통 기호와 규칙의 체계로서의 이상적 인공언어에 기초한 '여러 학문의 학제적 통일'을 목표로 한다.

242. 농업경영학 : 농업을 사경제적(私經濟的) 관점에서 다루는 학문. 농업경영학은 경영학의 연구대상 중에 하나로 농업생산에 활용되는 여러 농업자원(농지·농업노동·노동자본)을 농가소득을 높을 수 있도록 활용하기 위한 여러 방법과 기법을 주로 다룬다.

243. 능률 : 생산활동의 기술적 유효성을 나타내는 지표. 능률은 절대능률과 상대능률로 나타내어지는데, 전자는 산출량과 그 산출에 쓰인 투입량의 비로 정의하고, 후자는 특정기준의 투입량 표준에 대하여 실제로 투입된 양과의 비로 정의된다. (효율성원칙은 성과 내지 활동결과와 이를 얻기 위해 희생된 자원과의 비율관계를 말한다.)

244. 능률증진운동 : 노동에 대한 과학적 관리로 능률향상을 도모하여 생산성을 높이는 것. 노동자의 능률증진은 영양분의 섭취와 노동강도에 의존하며 생산성향상은 노동의 방법, 노동의 수단여하 등 생산과정의 질에 의존한다. 미국에서 인간작업의 능률화에 대한 문제가 1880년 이후의 능률증진운동으로 나타났다. 그 당시 능률증진운동의 과제는 조직적 태업의 배제에 있다고 하여 그 원인을 우선 자본가의 임률저하에 두고, 절하원인을 일반화 되었던 성과급제도에 있다고 보아 임금지급제도를 개선하여 새로운 능률급 제도를 고안하게 되었다.

245. 니클리쉬 : 규범학파의 수장으로서 2차 세계대전 이후 독일의 경영학의 체계적 발전에 공헌. 기업을 자본가·경영관리자·노동자가 각각 인간으로서 경영의 주체가 되는 경영공동체로서 파악한 독일의 경영경제학파이다. 규범론적 경영경제학의 전형적인 것으로 독일 경영경제학에 크게 기여하였다.
246. 다각적 결합공장 : 다각적 결합공장은 기업집단의 대표적인 것으로서, 기술적인 관점에서 유기적으로 결합된 다수기업의 집단이다. 다각적 결합공장은 특히 지역적 집단화의 특성을 가짐으로써, 일정지역 내에서 자원을 개발하고, 자원을 공동으로 이용하여 생산의 지역적·공간적 결합을 시도하는 것이므로, 생산 기술적인 입장에서 유기적으로 결합되어 다각적으로 행하여진다는 것에 그 특징이 있다.
247. 다운사이징 : 다운사이징 혹은 축소경영은 "조직의 효율성을 향상시키기 위해 의도적으로 조직내의 인력, 계층, 작업, 직무, 부서 등의 규모를 축소시키는 기법"으로 정의할 수 있다. 사물의 소형화(小型化), 기업의 축소경영을 통칭하는 일반 개념
248. 단기계획 : 단기계획은 1년 이하의 계획을 의미한다.
249. 단일계획 : 조직 내에서 계획은 상설계획과 단일계획으로 구분된다. 단일계획은 프로젝트와 같이 독특하고 비반복적인 업무를 처리하기 위한 것으로 예산, 프로젝트 등은 단일계획의 대표적인 유형이다.
250. 단일기간 재고관리모형 : 단일기간 최적구입량을 결정하기 위한 재고관리모형을 말한다. 주로 식료품 등의 부패성 물품이나 유행성 제품, 크리스마스 트리, 신문처럼 사용기간이 제한된 물건의 관리에 주로 이용된다.
251. 대기업 : 대규모의 생산자본과 팬매조직을 갖추고 있어서 경제뿐만 아니라, 일국의 사회·문화에도 크게 영향력을 미치는 대규모 기업을 말함.
252. 대기오염 : 인위적 발생원에서 배출된 물질이 생물이나 기물에 직접적으로 해를 끼칠 만큼 다량으로 대기 중에 존재하는 상태이다.
253. 대기행렬이론 : 고객의 도착 시간·서비스 시간·유휴 시간 등의 확률을 이용해 서비스 시설의 적정규모를 연구하는 이론을 말한다. 대기행렬(待機行列, queue or waiting line)은 서비스 제공 능력이 그 서비스를 받고자 하는 수요를 감당하지 못하기 때문에 발생하는 것으로, 이들 양자의 불균형으로 대기행렬이 생기거나 서비스시설이 유휴상태가 된다.
254. 대내적 균형 : 대내적 균형이란 유인 ≥ 공헌 관계를 말한다.
255. 대량생산 : 규격화 된 제품을 기술과 기계를 사용하여 대량으로 생산하는 체제. 포드 시스템에 의하여 처음으로 시작된 근대산업의 중요한 특징이다. 생산의 표준화와 콘베이어 시스템 등을 이용한 이동식 조립방법이 고안되었기 때문에 대량생산을 가능하게 되었다.
256. 대리 : 일선감독층에 속한 일선감독자의 직위 중 하나.
257. 대리관계 : 위임자가 의사결정권한을 대리인에게 위임한 계약관계를 대리관계라 한다. 국민과 대통령, 국민과 국회의원, 국민과 공무원의 관계도 대리관계다.
258. 대리문제의 해소방안 : 대리비용을 감소시킬 수 있는 내적 방안에는 합리적인 이사회의 운영, 회사의 정관이나 내규, 감사제도, 보상계약, 부채계약 등이 있다. 대리비용을 줄일 수 있는 외적 방안으로는 자본시장과 경영과 노동시장을 통해서이다.
259. 대리이론 : 젠센과 멕클링이 제시한 자본구조이론을 말한다.

260. 대리인 비용 : 대리관계에서 주인과 대리인 사이의 관심차이, 즉 추구하는 목표가 동일하지 않기 때문에 이를 해소하기 위하여 지출하는 비용을 대리(인)비용이라 한다.
261. 대변인 : 경영자의 역할에서 대변인으로서의 역할은 조직의 계획, 정책, 행동, 결과 등 조직과 관련해 수집한 정보의 일부를 기업외부의 사람들에게 전달(언론기관에 정보제공)해주는 역할이다. (어떤 사람이나 단체를 대신하여 의견이나 태도를 표하는 일을 맡은 사람)
262. 대외적 균형 : 조직의 환경변화에 대한 적응
263. 대인적 기능 : 경영자에게는 개인이든 집단이든 상대방과 의사소통하고 이해하며 동기를 부여하는 기능이 대인적 기능이다.
264. 대인적 역할 :
① **외형적 대표자** : 상징적인 대표자로서 법률적 내지 사교적 성질의 정형적 임무 수행
② **지도자** : 종업원과 관련된 모든 활동을 수행
③ **연락자로서의 역할** : 정보제공자와 수평적 외부접촉을 통해 자기개발과 네트워크유지
265. 대주주 : 한 회사의 주식 가운데 많은 몫을 가지고 있는 주주. 주식회사에서 가장 많은 주식을 소유하고 있는 주주로서 실질적으로 기업을 소유하고 있거나 지배하고 있는 주주
266. 대차대조표 : 기업이 결산할 때 재정상태를 한눈에 볼 수 있게 도식화 한 표. 즉, 일정시점에서의 기업의 재정상태를 나타낸 것으로 손익계산서와 함께 재무제표의 중심을 이룬다.
267. 대표이사 : 대표이사는 대내적으로는 업무를 집행하고 대외적으로는 회사를 대표하는 주식회사의 필요적 상설기관이다.
268. 대표적 물적회사 : 사원의 수가 많고 그 개성이 희박하며 회사재산이라는 회사의 물적 요소를 강조하는 회사. (주식회사는 사람과의 유대감은 전혀 없고 오로지 자본적 결합에 의해 회사가 이루어졌다 하여 대표적 물적회사라 한다.)
269. 대표적 인적회사 : 합명회사가 있다. 사원의 수가 적고 그 개성이 짙으며, 사원이 누구인가 하는 회사의 인적요소를 강조하는 회사를 물적회사라 한다.
270. 델베크 : 명목상 집단기법을 연구했던 한 사람으로, 그는 사회심리학의 연구에 필요한 의사결정 기법을 도출하는 과정에서 명목상 집단기법을 개발하였다.
271. 델파이법 : 델파이법은 미국의 유명한 랜드연구소에서 개발한 의사결정기법이다. 델파이법은 얼굴을 맞대고 하는 집단토론을 거치지 않고 전문가들로부터 전문적인 견해를 얻어 내는 방법이다.
272. 독립채산제 : 독립채산제란 분권화의 한 형태로서 독자의 수지계산제도이며 독자의 이익책임을 갖는 자주적인 경영단위에 대하여 분권화를 하고 이익을 경영관리의 기준과 자원배분의 기준으로 하는 경영관리제도를 말한다. (사기업에 있어 공장·지점·영업소 등을 분권화 하고 이 분권화 단위에서 경제적 계산제도를 자주적으로 계획적으로 행하는 관리를 독립채산제라고 한다.)
273. 독립채산제의 원칙 :
① **수지적합의 원칙** : 모든 지출비용은 수입한계 내에서 충당되도록 하며 경영재산

발취

② **자본의 자주적 조달의 원칙** : 자본조달의 자주성 보장

③ **이익의 자주적 원칙** : 자본에 관한 자기충실의 원칙을 지키도록 보장

274. 독일경영학 : 독일경영학은 이론적, 방법론적, 학자 위주로 발전하였으며 미국경영학보다 오랜 역사를 갖고 있다. 미국에서 경영학은 관리론의 대상을 공・사기업은 물론 행정・교육・군대・교회・노동조합 등 갖가지 조직으로 확장시키려 하는데 비하여, 독일에서는 처음부터 사기업(주식회사)만을 대상으로 삼았던 것이 그 특징이다. 경영경제학이라는 이름이 널리 쓰이게 된 것은 1920년대 이후이며, 그 이전에는 상업경영학・사경제학・기업경제학 등으로 불렸다.

275. 독일상업교육협회 : 19세기 말엽 산업혁명이 완료되어, 유능한 경영자들이 점차 필요해짐에 따라 1895년 독일상업교육협회가 창립되었다. (공업・상업 등 실무에 적합한 교육을 실시하고 있다. 김나지움은 9년제의 고등학교로서, 19세기 전반부터 라틴어・그리스어 등의 고전적 교양을 부여하는 독일의 대표적인 중등교육기관이다)

276. 독점규제 및 공정거래에 관한 법률 : 이 법은 사업자의 시장지배적 지위의 남용과 과도한 경제력의 집중을 방지하고, 부당한 공정행위 및 불공정성 거래행위를 규제하여 공정하고 자유로운 경쟁의 촉진함으로써 소비자를 보호함과 동시에 국민경제의 균형적인 발전을 목적으로 1980년 12월 31일 제정・공포됨.(금지사항은 독점력 행사의 금지, 독점화의 금지, 경쟁제한행위의 금지, 불공정거래행위 금지, 국제계약체결의 제한 등이다.)

277. 독점금지법 : 1980년 7월 2일 제정・공포 된 최초의 독점금지법으로 불법적 거래를 제한하고, 독점으로부터 거래 및 상업을 보호하기 위한 법률이다. (한 측면에 있어서는 기업의 행동 중에서 바람직하지 못한 독점적 행동들을 금지시킴으로써 그 기능을 수행해 주고 있으며, 다른 한 측면에 있어서는 바람직한 시장행동과 시장성과를 자동적으로 가져다 줄 수 있는 경쟁적인 시장구조를 형성시켜 줌으로서 그 기능을 수행하고 있다.)

278. 동기부여 : 어떤 생활체를 활동하도록 자극하여 의도하는 목표로 향하게 하는 것

279. 동기부여의 과정 : 욕구결핍 → 욕구충족을 위한 방법탐색->목표지향적 행동선택 → 추구행동 → 보상 또는 벌 → 욕구결핍의 재평가 반복

280. 동기부여의 의의 : 조직목표에 공헌하기 위한 자발적인 노력이 중요하며, 경영자는 이를 사방전후에서 밀어주고 끌어주기 위한 적절한 조치를 취해야 하는데, 이를 동기부여라 한다. (인간을 포함한 생활체로 하여금 행동을 하게끔 만드는 일)

281. 동기요인 : 사람들로 하여금 업무수행을 보다 효과적으로 수행할 수 있도록 동기부여하는 효과가 있기 때문에 이를 동기요인이라고 한다. [인간의 욕구 가운데 조직구성원에 만족을 주고 동기를 유발하는 작용을 하는 요인을 말하며 만족요인(satisfier)이라고도 한다.]

282. 동기유발 : 어떤 일이나 행동을 일으키게 하는 계기를 유발시키다. [동인(動因)을 포함한 행동을 제어하는 내적 요인]

283. 동시관리 : 작업조직의 철저한 합리화로써 각종 작업의 동시적 진행을 가능하도록 하고, 작업물의 중간정체를 배제하여 생산을 능률화 하는 일. (포드 시스템에서 컨베이어 벨트에 의한 유동작업조직을 시행함으로써 각 부품의 조립작업이 동시에

진행되도록 하여 종합적으로 관리하였는데 이것을 동시관리라 한다)

284. 동인도회사 : 동인도회사는 영국, 프랑스, 네덜란드 등이 동양에 대한 독점무역을 경영하기 위하여 동인도에 설립한 무역독점회사로, 이 회사는 서유럽 식민제국의 경제적・정치적 활동기관으로, 상업자본의 집중형태를 띠었다. (17~19세기에 교역을 할 목적으로 동양제국에 설립된 회사의 총칭)

285. 동작연구 : 작업수행상의 불필요한 동작을 제거하고 동작의 표준화를 꾀하기 위해 각 작업의 동작을 분석하고 요소별 동작에 대한 단위 시간을 측정하는 등 동작의 개량작업을 연구하는 것을 말한다. 시간 및 동작연구라고도 한다. [동작연구란 작업동작을 최소의 요소단위(要素單位)로 분해하여, 그 각 단위의 변이를 측정해서 표준작업방법을 알아내기 위한 연구로서, 시동연구(時動硏究)라고도 한다.]

286. 동태 대차대조표론 : 독일의 경영경제학자이며 근대 회계학의 기초를 마련한 오이겐 슈말렌바하(경험학파)의 학문적 업적의 하나로 경영계산제도에 동태적 대차대조표를 이론을 도입하여 근대회계학의 기초를 확립하였다.

287. 두뇌선풍 : 적당한 수의 사람들이 모여서 집단회의를 열고 집단의 지도자가 제기한 문제에 대하여 참가자 각자가 생각나는 아이디어를 자연스럽고 자발적으로 제시하여 이것들로부터 유용한 아이디어를 가능한 한 많이 얻어 문제의 해결책을 찾으려는 것이 두뇌선풍이다. (brain storming, 새롭고 창의적인 아이디어를 활발히 낳게 하는 것에 그 특색이 있다.)

288. 드러커 : 미국의 대표적 경영학자이자 현대 경영학의 아버지라고 불리우는 사람이다.

289. 디베스티쳐 : 디베스터쳐란 수익성이 맞지 않고 경영성과가 부진한 생산라인을 매각하여 기업의 체질을 개선하려는 일종의 감량경영전략이다. (일종의 기업구조조정 전략의 하나로 매출이 부진한 생산라인을 매각하거나 합병하여 기업의 수익성 개선 도모.)

290. 라인 : 기업에서 구매, 제조, 운반, 판매 따위의 활동을 나누어 수행하고 있는 부문. 조직의 목표달성에 직접적인 책임을 지는 기본적인 기능부문.

291. 라인 앤드 스탭 조직 : 라인 & 스탭 조직은 에머슨에 의해서 제창된 관리조직으로 기능별 조직의 전문화의 원칙과 라인 조직의 명령일원화의 원칙을 결부시켜 경영의 대규모화, 즉 경영관리기능의 복잡화에 대응할 수 있도록 만들어진 오늘날 가장 보편화 된 조직형태이다.

292. Line조직 : (조직구성원) 1인의 직속상사로부터 지휘명령을 받고 그에 따라 활동하며 또 그 상사에 대해서만 책임을 지는 조직이다. 즉, 1인의 직속상사에 대하여 지휘와 감독을 받는 계층화에 의한 수직적 관계에 중점을 두는 단순한 조직형태이다. (권한과 명령관계가 직선적으로 구축되는 가장 단순한 조직형태이다.)

293. 레드오션 : 이미 잘 알려진 시장, 즉 기존의 모든 사업을 뜻한다. 블루 오션과 반대적 개념이다. 산업의 경계가 이미 정의되어 있고, 게임의 법칙이 적용되고 있다. 경쟁자들이 많을수록 전망이 어둡다는 것이다. 치열한 경쟁이 이루어지는 시장공간.

294. 로버트 오웬 : 협동조합의 원류는 19세기 초 영국의 로버트 오웬(Owen, Robert, 협동이념의 선구자)의 협동이념에서 찾는다.

295. 로빈슨법 : 독점거래금지법 중에 하나로, 로빈슨 법이 있다(1963). 이 법은 불법적 거래 제한하고, 독점으로부터 거래 및 상업을 보호하기 위한 법률이다.

296. 로이크스 : 상업경영을 체계화 하는데 큰 공헌을 한 관방학자들 중 한 사람. 그는 ≪완전한 상업학≫을 출판하여 상업학 자체를 사적 상업학과 국가 상업학으로 체계화 하는데 기여하였다.

297. 뢰스리스버거 : 뢰스리스버거 교수는 호만스 교수 등과 함께 참여한 하버드 대학의 산업조사부에 의해 노동자의 작업능률과 그것에 영향을 미치는 객관적 및 주관적인 제 조건과의 관계를 연구하려는 대규모적인 조사와 실험, 즉 호손실험을 실시하였다.

298. 루도비치 : 상업혁명을 체계화 하는데 큰 공헌을 한 관방학자. 루도비치는 독일에서 가장 완벽한 상인사전으로 평가받는 ≪상인대학≫을 저술하였는데, 사바리의 「완전한 상인」의 실천・경험적 체계를 논리적으로 체계화하여 이론화를 시도한 최초의 학자이다.

299. 루카파치오리 : 1494년 ≪산술, 기하, 비례≫를 저술. 이는 복식부기원리의 창시로 평가받고 있다.

300. 르네 마보안 : 프랑스 유럽경영대학원 인시아드의 교수로서 1990년대 중반 가치혁신 이론과 함께 블루오션이란 이론을 제창한 기업경영전략이 블루오션이다. 즉, 르네 마보안 교수와 김위찬 교수가 블루오션을 주장하였다.

301. 리거 : 제 2차 방법논쟁의 계기가 바로 리거의 '사경제학 입문'이다. 이 계기가 되어 슈말렌바하와 이론과학과 응용과학에 대해서 논쟁함

302. 리더십 : 목적을 효과적으로 이루기 위하여 단체의 행동을 통솔하는 능력을 말한다. (참신한 생각과 청사진을 개발하고, 그와 같은 참신한 생각과 청사진을 지지하는 가치에 의해 생활하며, 타인들로 하여금 자신들의 행동에 그와 같은 참신한 생각과 청사진이 스며들 수 있도록 영향력을 미치고, 인적 및 기타 자원에 관한 어려운 의사결정을 시행하는 과정)

303. 리스트럭처링 : 리스트럭처링이란 1980년대부터 글로벌경쟁이 심화되면서 기업들이 자신의 조직, 전략, 경영관리시스템 등을 새로운 환경에 적응하도록 재구성, 재구축하는 것을 말한다. (기업 비전을 구체화 하기 위해 계획되고 의도된 급진적 사업 구조조정 전략을 말한다)

304. 리엔지니어링 : BPR이란 "비용・품질・서비스・속도 등의 기업핵심요소를 극적으로 향상시키기 위하여 업무처리 과정이나 절차를 근본적으로 다시 생각하고 과감하게 재설계하는 것" (기업의 체질 및 구조와 경영방식을 근본적으로 재설계하여 경쟁력을 확보하는 경영혁신기법)

305. 마르페거 : 독일 최초의 상업학자로 독일에 ≪완전한 상인≫을 소개 하고, 상업학을 보급함.

306. 마이클 포터 : 마이클 포터는 가치사슬 경영이론을 훨씬 정교한 분석틀로 발전시킨 인물이다. (마이클 유진 포터(Michael Eugene Porter)는 경영학과 경제학을 주로 연구하는 미국의 학자)

307. 마이클 해리 : 6시그마 경영을 1997년에 창안한 인물. (품질을 획기적으로 향상시키기 위해 통계지식을 활용하는데서 출발) (마이클 해리 박사(Mikel Harry)는 1994년 6시그마 아카데미의 창업자이면서 현재 6시그마 경영연구소(Six Sigma Management Institute)의 CEO이다)

308. 만족화 원칙 : 사이몬 교수가 창안한 원칙으로 만족함에 중심을 둔 원칙. (만족스러운 대체안을 선택하기 위한 결정 룰)
309. 매니저 : 회사나 호텔 따위의 경영자나 책임자 '감독','관리인','지배인'으로 순화. 기업경영에 관하여 최고의 의사결정을 내리고, 경영활동의 전체적 수행을 지휘·감독하는 사람이나 또는 기관. (사업체, 상점, 한 부서의 관리자·운영자. 부하 직원들의 교육, 작업할당 등의 관리를 하며 책임을 지는 직책)
310. 매니지먼트 : 드럭커에 의하면 매니지먼트는 하나의 학문이며, 또 적어도 학문이 될 수 있다. 상식도 아니고 경험의 기호화도 아니다. 매니지먼트는 경영학의 과제이며, 과제란 수행되려고 부과된 임무를 의미하고, 그것은 경영자가 수행해야 하는 일을 뜻한다. 매니지먼트는 책임이다. 매니지먼트는 실천이다.[본질보다 실행·관리(管理)·영리적 상품생산의 조직체로서의 자본주의 경영]
311. 매슬로우 : 미국의 심리학자로서 욕구단계이론을 창안한 인물이다. 이는 동기부여에 대한 내용이론 중에 하나로서, 5단계 이루어진 욕구단계를 설정하였다. 저차→고차, 인간의 욕구 (건강인(健康人)의 연구를 통해 독자적인 유기체이론을 전개했음)
312. 매시 : 경영이론의 밀림현상을 정리분류로 시도한 학자들 중에 한명이다.
313. 매체 : 매체는 메시지를 전달하는 수단을 말한다. (어떤 작용을 한쪽에서 다른 쪽으로 전달하는 물체. 또는 그런 수단)
314. 맥그리거 : X/Y이론(조직에서의 인간완성과 자기실현의 가능성을 주장)을 창안한 인물. 미국의 사회심리학자·경영학자
315. 맥클레란드 : 맥클레란드는 인간의 욕구를 사회문화적으로 학습되는 것이라고 규정하고 작업상황과 관련된 동기를 성취욕구, 권력욕구, 친교욕구를 제시하였다. (성취동기이론으로 유명한 미국의 심리학자다)
316. 맥킨지 : Business system을 창안한 인물이자 컨설팅사 이름 (컨설팅 전문업체, 경영 프랙티스, 산업 지식, 출판, 연설, 기업경영 아이디어 제공)
317. 메시지 : 기호화 과정의 결과로 나타나는 것으로, 언어적인 것과 비언어적인 것이 있다. (어떤 사실을 알리거나 주장하거나 경고하기 위하여 보내는 전언(傳言).)
318. 메이요 : 호손연구의 창시자(사회인가설). 미국의 임상심리학자. 오스트레일리아의 아델레이드 출생
319. 멜레로비쯔 : 원가계산론과 비용론 등을 사고하는 방법으로서 경영경제학에 계산적 사고, 조직적 사고, 공동경제적 사고의 개념을 도입하였다. 뿐만 아니라 경영을 실천적 도구로 파악하여 실천적 이론과학으로 정립하여 이론과 실제의 양생적 성격을 갖는 개념으로 설명하였다. (독일의 경영경제학자. 독일을 대표하는 원가계산의 연구자이며, 전통적 경영비용론의 완성자이다)
320. 면접조사 : 호손실험의 내용 중에 하나로 '면접조사'가 있다. 종업원들의 불만에 대한 면접조사를 실시한 결과, 물리적 조건이 근로자의 생산성에 영향을 미친다는 종래의 학설과는 달리 작업량의 사회적 조건과 근로자의 심리적 조건이 근로자의 태도와 생산성에 영향을 미친다는 결론을 얻었다. (연구자와 응답자간의 언어적 상호작용을 통하여 자료를 수집하는 방법)
321. 명령일원화 : 부하는 직속의 상하관계에 따라 1인의 상사로부터만 명령을 받고, 명확한 보고관계를 지닐 수 있도록 하여야 한다는 이론.

322. 명령일원화의 원칙 : 명령일원화의 원칙은 부하는 직속의 상하관계에 따라 1인의 상사로부터만 명령을 받고 명확한 보고관계를 지닐수 있도록 하여야 한다는 것을 의미한다.

323. 명목상 집단기법 : 명목상 집단기법은 전통적 위원회처럼 집단구성원 모두가 참여하는 것이지만 행동은 독립적으로 이루어지는 것이다. (의사결정과정이 진행되는 동안 토론을 제한하는 것을 특징으로 한다)

324. 모니터 : 경영자의 역할구분, 정보적 역할에서 모니터로서의 역할은 조직과 환경의 이해를 도모하기 위해 다양하고 광범위하게 정보를 탐색하여 경영활동을 수행하는 과정에서 유리하게 활용할 수 있는 정보를 꾸준히 탐색하는 신경망 센터로서 활동하는 것이다.

325. 모델 : 본보기가 되는 대상이나 모범, 즉 추상적이고 표상이라고 할 수 있다. (작품을 만들기 전에 미리 만든 물건. 또는 완성된 작품의 대표적인 보기)

326. 모의실험 : 어떤 현상의 실험을 할 수 없거나 또는 곤란한 경우에 그 수학적 모델을 만들어 컴퓨터 시스템으로 실험을 하는 것, 즉 모의로 실험을 하는 것이다. (체계 또는 장치의 구조와 거기서 일어나는 현상을 알아내기 위하여 그 모형을 만들고 계산과 실험을 하는 수법)

327. 모토롤라 : 세계적 기업, 6시그마 경영을 처음도입·출발한 기업이다. (휴대전화 등을 생산하는 미국의 전자기업.)

328. 목적변생의 원리 : 최일선의 목적 그 자체를 최고의 목적인 양 인식하여 이를 달성하고자 행동하게 되는데, 이를 목적변생의 원리라고 한다.

329. 목표설정이론 : 개인의 목표달성 의지가 동기부여에 있어 중요한 요인이라는 이론이다. 보다 명확한 목표일수록 성과를 증진시키며, 만약 받아들여지기만 한다면 달성하기 어려운 목표일수록 달성하기 쉬운 목표에 비하여 보다 높은 성과를 가져온다는 것이다.

330. 몬트리올 의정서 : 몬트리올에서 맺은 국제 환경협약으로 몬트리올 의정서가 있는데 이는 다음과 같다.
관련협약 : 몬트리올 의정서
규제대상 : CFC, 할론, 메탈브로마이드 등
국내산업에 영향 : *제조공정의 냉매. 세정제. 발포제로 CFC를 대량생산으로 사용하는 자동차, 전기 등에 영향 * 소화제인 할론, 살균제인 메틸브로마이드 등을 사용하는 관련산업의 원료수급 비용증가
오존층 파괴물질의 규제에 관한 국제협약

331. 무기능자본 : 같은 자본가일지라도 경영에 그의 기능이 미치지 못하면 무기능자본가라 하여 기업가와 구별된다. 이들은 주로 이윤분배에만 관심이 있다.

332. 무액면주제도 : 주식의 액면가액이 기재되어 있지 않고 회사 총자산에 대한 비율만 표시하도록 하는 제도이다. (주식을 무액면주라고 한다)

333. 무한책임사원 : 기능자본가 역할을 담당하는 1인 이상의 무한책임사원, 즉 회사채무에 대하여 직접·무제한·연대책임을 지고 있는 사원을 말한다.

334. 문화 : 문화란 자연에 대비되는 용어로, 역사가 경과하면서 인간사회에 의해서 만들어진 것으로, 즉 사회에 의해서 만들어진 물질적·정신적으로 가치가 있는 것을

말하는데 , 이것은 이것을 만들기 위해 사용되는 수단, 또 그것을 전하기 위한 수단도 포함된다. 다시 말하면 문화란 어떤 집단의 구성원이 지닌 사유, 정보교환, 행동, 생활 등 그 집단에서 습득하여 계승해 온 양식을 말한다.

335. 물가안정 및 공정거래에 관한 규칙 : 우리나라에서는 1967년에 「물가안정 및 공정거래에 관한 규칙」이 제정되었다
① 공정하고 자유로운 경쟁의 촉진
② 창의적 기업활동의 조장, 소비자보호
③ 국민경제의 균형적 발전

336. 물가안정 및 공정거래에 관한 법률 : 이 법은 물가의 안정을 기하고, 공정하고 자유로운 거래질서를 확립함으로써 소비자의 권익을 보호하고 국민경제의 안정 및 발전에 기여할 목적으로 1975년 12월에 제정되었다.

337. 물적자원 : 물적자원은 인적자원과 대조적으로 자본이나 공장, 사무실, 원료와 재료, 제품 등을 말한다. 토지, 물, 광물 등의 무기물 자원과 동물이나 식물 등의 생물자원을 일컬음.

338. 미국경영학 : 미국경영학은 실용적이며 실무중심이다. 독일 경영학보다 역사가 짧다. 주된 연구대상으로 삼는 것이 경영관리이다. (미국의 전통적 경영관리학과 제도파(制度派) 경영학 및 행동과학적 경영학의 총칭)

339. 미국식 경영이론 : 기업을 주된 연구대상으로 하되, 미국의 기업특성은 7가지로 정리된다.
① 단기고용
② 개인의사결정
③ 개인책임
④ 단기적 평가 및 승진
⑤ 명확한 통재기구
⑥ 경력의 전문화
⑦ 종업원으로서의 종업원에 대한 부분적 관심
(불확실성하에서 결정과정을 어떻게 개선할 것인가에 관심을 가지는 경영의 이론)

340. 민쯔버그 : 5명의 사장을 대상으로 경영자 역할에 대한 실증연구를 수행한 인물이 민쯔버그이다. 경영자로서 마땅히 맡아서 해야 할 행위 또는 성격에 초점을 두고 경영자들의 직무를 연구하는 방법을 제시하였다. (경영관리 계층의 역할에 대한 전통적인 접근방법이 비현실적이라고 비판함)

341. 바나드 : 벨(Bell)전화회사의 사장이며 록펠러 재단 이사장이었던 버나드는 1938년 ≪경영자의 역할(기능)≫에서 협동체계로서의 공식조직에 대한 이론을 제시하는 한편 권한은 경영자의 직위보다는 그것을 받아들이려고 하는 근로자의 의리에 달려있다는 권한수용설을 주장하였다. (미국의 기업가이자 경영학자이다)

342. 바젤협약 : 바젤협약은 국제환경협약 중의 하나로 그 내용은 다음과 같다.
관련협약 : 바젤협약
규제대상 : 47개종 폐기물
국내 산업에 대한 영향 : 재생용 플라스틱, 고무, 고철을 활용하는 산업에 영향
(유해폐기물의 국가 간 이동 및 처리에 관한 국제협약.)

343. 반 데반 : 델베크와 함께 명목상 집단기법을 1968년에 사회심리학의 연구에 필요한 의사결정기법을 도출하는 과정에서 개발한 인물이다.
344. 반장 : 어떤 일을 함께 하는 소규모 조직체인 반(班)을 대표하여 일을 맡아보는 사람이 반장이다.
345. 발기인 : 주식회사의 설립에 관하여 정관(定款)에 서명한 사람. 발기인은 '설립중의 회사'의 집행기관으로서 정관의 작성 등 회사의 설립에 필요한 모든 행위를 할 권한을 가진다.
346. 발신자 : 상대방에게 자신이 갖고 있는 생각이나 의사, 정보를 전달하고자 하는 개인이나 집단을 발신자라고 한다. (수신자에게 메시지를 보내는 실체 또는 부인 방지 서비스를 제공하는 메시지를 송신하는 실체.)
347. 발신자의 장애요인 : 발신장애의 목적으로는 5가지로 구분할 수 있다.
① 목적의식 부족
② 의사소통 기술의 부족
③ 타인에 대한 민감성 부족
④ 준거들의 차이
⑤ 발신자의 신뢰성 부족
348. 방법논쟁 : 사경제학간에 학자들이 사경제학의 과학성문제를 둘러싼 방법논쟁을 말한다. 독일 경영경제학의 형성과 방법논쟁은 큰 관련성을 갖는다.
① 1차, 과학론인가? 기술론이가?
② 2차, 이론과학인가? 응용과학인가?
③ 3차, 방법론적 이론연구와 경험론적 가설이 귀납적 도달
(1880년대에 신역사학파(新歷史學派)의 거두인 G.슈몰러와 오스트리아학파의 창시자인 C.멩거 사이에 시작되어 20세기 초까지 계속된 경제학의 방법에 관한 논쟁)
349. 뱅크배선작업 관찰 : 호손실험의 내용의 하나로, "뱅크배선작업 관찰"이 있다. 이는 생산현장에 있어서 비공식조직이 구성원들의 집단행동에 어떠한 영향을 미치는지를 조사하기 위한 실험인데, 그 결과, 회사가 정한 공식조직과는 별도로 자연발생적으로 형성된 비공식조직의 존재를 알게 되었고 더불어 비공식조직이 구성원들의 생산성향상에 큰 영향을 미친다는 것도 알게 되었다. 이것이 "뱅크배선작업 관찰"이다.
350. 버얼리와 민즈 : 대기업에 있어서의 소유와 경영의 분리현상의 실태조사에 의해 실증된 것은 1930년대의 버얼리와 민즈에 이르러서이다.
351. 버틀란피 : 시스템이론의 창시자이다. 원래 시스템이론은 생물학자인 버틀란피가 동물들이 어떻게 먹이를 먹고, 어떻게 배설물을 발생시켜 균형상태를 유지하는가를 설명하기 위한 이론의 효시였는데 이를 경영학에 도입하여 유용하게 활용하고 있다.
352. 번햄 : 번햄(J.Burngam)은 1941년 그의 저서인 ≪경영자혁명≫에서 앞으로 경영자가 지배계급으로 군림하게 되는 사회를 경영자사회라 규정하였다.
353. 벌리 : 기업의 사회적 책임을 주장한 학자들 중 한명이다.
354. 법률적 · 정치적 환경 : 모든 기업은 법률적, 정치적 환경 속에서 생존의 기회를 얻기 위해 노력한다. 기업에게 직 · 간접적인 영향을 미치기 때문에 기업의 주요관심

사가 아니라 할 수 없다. 이에 유연하게 변화에 적응할 시간을 구축해야 한다.

355. 법인체 : 법인의 체제 또는 법인으로서의 주체. (자연인이 아니면서 법에 의하여 권리 능력이 부여되는 사단과 재단)

356. 법적 책임 : 법적 책임은 공리론에 입각한 행위인데 사회적 가치관의 최저수준을 말하며 지키지 아니하면 처벌을 받게 되는 경제적 책임이다. (법이 정한 사회질서에 대한 책임)

357. 베버 : 독일의 사회학자로 관료제 이론을 창시한 인물.

358. 베블렌 : 기업을 되풀이되는 통일적이며 획일적인 경제적 실체로 파악하고 이를 영구기업 또는 계속기업이라고 칭한 인물이다.

359. 베스트 프렉티스 : 조직 내의 성공사례 연구, 일상 업무분석을 통해 지식을 공유, 이전하고 업무효율화 및 비용절감, 질적 향상 실현을 목적으로 이루어지는게 베스트 프렉티스이다.

360. 벤치마킹 : 자기회사의 혁신 대상분야에서 보다 뛰어난 성과를 보이는 기업을 기준으로 하여 자기 회사의 수준을 비교·분석하고, 창조적 모방을 통해 그 차이(gap)을 극복하여 뛰어넘는 전략을 수립하여 실행하는 운영활동과정을 벤치마킹라고 한다. (어느 특정분야에서 우수한 상대를 표적으로 삼아 자기 기업과의 성과 차이를 비교하고, 이를 극복하기 위해 그들의 뛰어난 운영 프로세스를 배우면서 부단히 자기혁신을 추구하는 경영기법이다)

361. 보상의 원칙 : 국가 또는 단체가 적법한 행위에 의하여 국민이나 주민에게 가한 재산상의 손실을 책임져주는 원칙을 보상의 원칙이라고 한다. (이 원칙은 가치판단으로부터 독립하여 어떤 정책시행의 타당성을 판정하기 위한 기준을 제시하는 것이다)

362. 보스톤 컨설팅 그룹 : BCG매트릭스를 창안한 컨설팅 그룹이다. BCG매트릭스는 1970년대 초반에 미국의 경영자문회사인 보스톤 컨설팅 그룹이 다양한 사업을 전개하는 대기업을 위하여 전략수립을 위한 모델을 개발한 것이다. (미국의 경영자문회사.)

363. 보전적 활동 : 기계장치 등 설비의 멸실, 훼손, 고장 등을 방지하고 자원을 준비하여 바로 사용할 수 있도록 하는 것을 보전적 활동이라 한다. (인적, 물적자원을 다음 활동단계에서 즉시, 사용할 수 있는 상태로 유지, 정리, 정돈, 보전하는 것)

364. 보통주 : 이익배당이나 잔여재산분배에 대하여 특별한 권리 내용이 실려있지 아니한 보통의 주식을 보통주라고 한다. (이익배당상의 순위에 따라 상대적으로 분류된 주식)

365. 복식부기원리 : 단식부기에 대응되는 개념으로 일관된 원리·원칙에 의하여 조직적으로 기록하여 자산의 부채와 변동뿐만 아니라 자본의 변동과 비용, 수익의 발생원인에 관한 과목도 기록계산하는 것이 복식부기원리이다. (동시에 기입함으로써 대차변의 각 합계가 일치되어 대차평균의 원리)

366. 복합제휴 : 전략적 제휴 중에 하나로 복합제휴는 여러 분야에 걸쳐 복합적으로 이루어지는 방식을 말한다.

367. 부가가치 : 개개의 기업 또는 산업이 생산과정에서 새로이 부가(附加)한 가치. 부가가치는 기업이 만들어낸 가치이므로 그 기업의 임금이나 이윤의 원천이다.

368. 부당경쟁방지법 : 우리나라에서 1961년대 건전한 상거래의 질서를 유지하기 위해

제정된 법이 부당경쟁방지법이다. [부정경쟁방지법(不正競爭防止法)이란 대한민국 법률로 부정한 수단에 의하여 동종 영업을 하는 자의 이익을 해치는 경쟁행위를 방지하기 위하여 제정된 법률이다.]

369. 부문관리론 : 인사관리, 생산관리, 재무관리, 마케팅관리 등과 같이 각 부문별관리를 고찰하는 것이 부문관리론이다.
370. 부문관리층 : 경영자계층에서 중간관리층을 말한다. 이들은 최고경영층이 설정한 경영목표 및 전략과 정책 등을 집행하기 위해 전사적인 방침에 따라 기업 내에서 각 부문에서 활동을 전개한다.
371. 부문화 : 조직이 보다 효과적으로 운영되기 위해서는 구성원들이 맡은 임무가 유사하거나 관계가 깊은 사람들을 집단화 하여 관리하여야 한는데 이를 부문화라고 한다. (조직구조를 설계할 때 분화된 여러 활동을 수평적으로 분류해 유사한 직무끼리 집단화 하는 것을 말한다)
372. 부의 원천 : 아담스미스는 부의원천을 노동이라고 정의하였다.
373. 부의 증진 : 아담스미스는 부의 증진을 노동생산력의 개선으로 이루어진다고 하였다.
374. 부재주주 : 오늘날은 경영참여에는 관심이 없고 주식투자수익률에만 매달리는 주주인 부재주주들의 존재가 큰 비중을 차지하고 있다. 이들의 관심은 오로지 매일매일의 주가의 움직임에 있다.
375. 부존능력 : 환경관련 주요 용어 중에 하나. 부존능력이란 미래에 적정한 자원사용량을 감축하지 않고도 특별한 시점에 특별한 장소에서 지속적으로 사용할 수 있는 자원의 양이나 강도를 말하는 것으로, 자원의 부존능력은 계속적인 사용에 대하여 한계를 갖는다. (미래에 적정한 자원사용량을 감축하지 않고도 특별한 시점에 특별한 장소에서 지속적으로 사용할 수 있는 자원의 양이나 강도를 말하는 것으로, 자원의 부존능력은 계속적인 사용에 대하여 한계를 갖는다.)
376. 부채의 대리인비용 : 대리인비용들은 기업의 외부자금조달시에 발생하게 되는데 젠슨과 맥클링은 주식의 발행에 따른 대리인비용을 지분의 대리인비용이라 하고, 사태의 발행에 따른 대리인비용을 부채의 대리인비용이라 하였다.
377. 부패방지 라운드 : 세계 각국은 국제 상거래에 '공정하고 투명한 경쟁규칙'을 적용하기 위하여 국제 경제기구인 WTO, OECD, ICC 등을 주축으로 '부패방지라운드'를 추진하고 있다.
378. 북미자유무역연합 : 1994년 1월 1일에 공식 출범한 NAFTA는 미국, 캐나다, 멕시코 등 북미 3국간에 광범위한 자유무역을 추진하기 위해 체결된 연합이다.
379. 북미자유무역협정 : 1994년 1월 1일에 공식 출범한 NAFTA는 미국, 캐나다, 멕시코 등 북미 3국간에 광범위한 자유무역을 추진하기 위해 체결된 협정이다.
380. 분리신설 : 기업의 분리신설은 기업을 분할하여 각기 독립된 기업으로 신설하고 기존 주주에게는 소유주식의 비율에 따라 신설된 각 기업의 주식을 발행 하는 것을 말한다.
381. 분업의 원칙 : 업무를 그 종류와 성질별로 나누어 조직구성원에게 가능한 한 한 가지의 주된 업무를 분담시킴으로써 조직의 능률을 향상시키려는 원칙을 말한다. (조직체 내의 업무를 세분화 하고, 구성원 각자에게 세분화 된 직무를 배정함으로서 조직의 능률과 생산성이 향상되고 따라서 사회도 발전할 수 있다는 것을 강조)

382. 분업의 이점 : 구성원 각자에게 세분화 된 직무를 배정함으로써 조직의 능률과 생산성이 향상되고 따라서 조직내외의 모습과 환경이 발전될 수 있다. (분업과 이에 수반하는 기계의 채용을 위해서는 자본의 축적이 필요하며, 자유경쟁에 의해서 자본축적을 꾀하는 것이 국부증진의 정도)
383. 분쟁해결자 : 파업, 고객파산, 계약위반 등 기업 내・외에서 발생하는 각종 애로사항에 대해 적극적인 해결방안을 모색하는 사람을 말한다.
384. 분진 : 공기・가스 속에 존재하는 고체미립자
낙진 : 핵폭발 후에 대기권을 통해 떨어지는 입자 상태의 방사능물질
먼지 : 모래보다 미소한 고체물질
[분진은 분쇄, 연삭, 취급, 급격한 충격, 폭발, 천공(穿孔) 및 가열파쇄 등에 의해서 발생하는 0.1~100μ의 고체입자, 낙진은 방사성 낙진을 일상적으로 이르는 말, 먼지는 가늘고 보드라운 티끌.]
385. 불개변성 : 환경조건을 어떤 기간 내에 이전의 상태로 회복시킬 수 없는 인간이나 자연의 무능력함을 불개변성이라고 한다. 돌이킬 수 없는 인간의 환경관련 행동은 열대우림지대 또는 환경보전지역의 파괴이며 종의 전멸이다.
386. 불확실성하의 의사결정 : 대체안의 결과의 일부 또는 전부에 대하여 알 수 있지만, 그 결과가 일어날 확률을 전혀 알 수 없는 상황하의 의사결정을 말한다.
387. 브레인 스토밍 : 적당한 수의 사람들이 모여서 집단회의를 열고 집단의 지도자가 제기한 문제에 대하여 참가자 각자가 생각나는 아이디어를 자연스럽고 자발적으로 제시하여 이것들로부터 유용한 아이디어를 가능한 한 많이 얻어 문제의 해결책을 찾는 방법을 브레인스토밍 이라한다.
388. 브렌타노 : 독일의 경제학자로 사경제학을 이윤추구학으로 낙인찍고 방법논쟁의 중심에 섰던 인물.
389. 블루오션 : 경쟁자들이 없는 무경쟁 시장. (레드오션과 반대)
390. 블루오션전략 : 산업혁명 이래로 기업들이 끊임없이 거듭해온 경쟁의 원리에서 벗어나, 발상의 전환을 통해 고객이 모르던 전혀 새로운 시장을 창출해야 한다는 전략.
391. 비공식조직 : 공식집단에 공식조직에 대응하는 말이다. 이는 공식적인 집단이나 조직 내에 사적인 상호관계에 의하여 이루어지는 집단을 말한다. [조직 내에서 구성원 간의 면접적(面接的)인 관계를 통해서 이루어지는 표면화 되지 않은 자연발생적 조직]
392. BCG 매트릭스 : 'BCG 매트릭스'는 보스턴컨설팅그룹(Boston Consulting Group)에 의해 1970년대 초반 개발된 것으로, 다양한 사업을 전개하는 대기업들을 위하여 전략수립을 위한 모델로 개발한 것. 기업의 경영전략 수립에 있어 하나의 기본적인 분석도구로 활용되는 사업포트폴리오(Business Portfolio)분석기법이다.
393. 비정형적 의사결정 : 비정형적 의사결정은 반복적이며, 구조화 되지 않은 문제에 관한 의사결정이다.
394. 비즈니스 리엔지니어링 : 비즈니스 리엔지니어링(BR)은 비용, 품질, 서비스와 같은 핵심적인 경영요소를 획기적으로 향상시킬 수 있도록 경영과정과 지원시스템을 근본적으로 재설계하는 기법을 말한다
395. 사경제학 : 경제주체와 이와 관련된 현상을 연구대상으로 하는 학문을 초기에 사경

제학이라 칭했다. (영리를 목적으로 한 기업을 연구대상으로 하는 학문)

396. 사경제학과 국민경제학 : 웨이어만과 셰니츠는 사경제학이란 국민경제의 한 분파로서 사적이고 자립적인 경제주체가 일정한 수익획득에 힘쓰는 활동내용을 사경제의 입장에서 개개 경제주체별로 구분하여 고찰하는 것이 바람직하다고 했다. 국민경제학은 말 그대로 국민경제를 연구대상으로 하는 경제학 분야의 학문이다.

397. 사경제학 연구 : 곰베르그의 논문발표 이후 독일에서는 많은 교수와 학자들에 의해 상업학이 근대적 경영경제학으로 체계화가 시작되었다.

398. 사기업 : 공기업과 대립되는 개념으로, 자본주의 사회에서 가장 전형적인 기업형태이다. 즉, 출자관계가 한 개인으로부터 이윤추구를 목적으로 출자한 기업을 사기업이라고 한다.

399. 사명 : 맡겨진 임무. 사명이란 조직의 기본 목적, 존재이유, 철학, 이념, 가치관, 기업정신 등을 포괄하는 개념으로 조직이 현재 추구하고 있는 목적의 총합을 말한다.

400. 사바리 : 상업경영의 최초의 저서 ≪완전한 상인≫의 저자. 그는 상업학의 학문적 체계화를 이루는데 기여하였음.

401. 사업구조조정 : 사업구조조정은 기업가치를 높이기 위해 장기적 관점에서 기업의 자원배분구조를 바꾸는 것이다. 경쟁업체에 비해 더 잘할 수 있는 핵심 역량을 식별하고 이에 집중적인 자원배분을 함으로써 경쟁력과 기업가치를 증대시키는데 목적이 있다. 즉, 사업구조조정이란 자원배분의 최적화를 추구하기 위해 사업영역을 재구축하고 사업규모를 조정하는 것이다.

402. 사업부제 조직 : 기업의 경영활동을 제품별· 지역별 또는 고객별로 분화한 후, 사업부의 책임자에게 해당 사업부문의 모든 권한과 책임을 위양함으로써 자주적인 운영이 이루어지도록 하는 형태를 사업부체 조직이라 한다. (부문화의 방법에는 기능, 제품, 지역 등의 기준을 사용할 수 있는데, 이와 같은 원리를 조직형태에 적용하여 나타난 조직)

403. 사업전략 : 사업전략은 특정시장에서 경쟁하기 위한 최적의 전략으로 제품이나 서비스제공 상의 경쟁적 우위를 확보하기 위한 방법이다.

404. 사외이사 : 사내이사와 대응하는 개념으로서, 해당회사의 상무에 종사하지 아니하면서 보통의 이사와 동일한 직무권한을 가지고 동일한 의무와 책임을 부담하는 자를 사외이사라고 한다.

405. 사원 : 일반적으로 기업에 참여하기 위하여 자본을 납입한 주체를 자본가라 하는데, 법률적으로는 기업의 출자자를 사원이라고 한다. (사단법인의 구성원)

406. 사이몬 : 1987년도 노벨경제학상 수상자인 카네기 메론 대학의 사이몬 교수는 의사결정론에 입각한 조직론을 제시하고 더불어 '만족화 원칙'에 입각하여 활동하는 '관리인 모델'을 제시했다.

407. 사회과학 : 사회현상을 대상으로 하는 경험과학을 사회과학이라고 한다. (인간의 사회적 현상에 관한 모든 과학적 연구를 총칭하는 말)

408. 사회기술시스템 접근법 : 이 접근법은 관리의 모든 면을 포함하지는 못하나, 공장이나 사무소 등의 기술스템이 인간활동과 긴밀히 결합된 장소를 중심으로 하고 있어 산업공학에 접근하려는 경향으로 지적된다.

409. 사회인 가설 : 사람이란 임금과 같은 금전적인 조건뿐만 아니라 근무의욕이나 작업

환경과 같은 심리적이며 사회적인 조건에 의해서도 그 행동이 영향을 받게 되는 다면적 존재라는 가설이 사회인 가설이다.

410. 사회적 책임 : 기업의 사회적 책임이란 기업이 사회의 목적이나 가치에 비추어 스스로 바람직한 정책을 세우고, 결정을 하며, 행동을 하는 것으로 정의할 수 있다.

411. 사회적 책임의 내용 : 경영자의 사회적 책임이란 그의 의사결정과정에서 모든 이해관계자집단에 끼치게 될 의사결정의 영향력을 고려하고, 그 이해관계자집단에게 최선의 결과가 주어질 수 있는 의사결정을 내리기 위한 노력이라고 할 수 있다

412. 사회적 책임의 반대론 : 사회적 책임은 정의론에 입각하여 사회적 약자를 돕자는 취지인데 사회의 일반적인 가치관에 따라서 기업이 그런 활동을 해주기를 사회가 바라는 것이기는 하지만 기업이 반드시 지켜야 할 책임은 아니고 기업은 본래의 이익추구목적 달성에 충실해야 한다는 입장.

413. 사회적 책임의 이론적 근거 : 사회적 책임의 이론적 근거로는 다음과 같은 것들이 있다.

① 시장의 불완전성과 시장실패

② 외부불경제

③ 최저시민권 보장

414. 사회적·문화적 환경 : 사회적·문화적 현상이란 사회나 집단을 구성하고 있는 개인이나 집단의 행동에 영향을 미치는 지식, 신념, 가치관, 생활양식, 전통, 관습, 규범, 사회제도 등을 말한다. (문화란 자연에 대비되는 용어로, 역사가 경과하면서 인간사회에 의해서 만들어진 것으로, 즉 사회에 의해서 만들어진 물질적, 정신적으로 가치가 있는 것을 말함.)

415. 사회적 욕구 : 사회적 욕구는 소속감과 애정욕구라고도 하는데, 다른 사람과 사랑을 나누고 우정을 나누며 또 다른 사람들과 함께 어울려서 생활하는, 생활하고 싶어 하는 욕구를 말한다. (인간의 기본 욕구 가운데 집단에 귀속하고 싶은 소속욕구 및 사람과 사귀고자 하는 친교욕구)

416. 사회정책상의 목적 : 사회정책상의 목적은 근로자의 생활안정, 불황시의 실업자 구제 등의 사회안정을 위한 정책적 목적에 의해서 공기업이 설립되는 경우이다

417. 산술·기하·비례 : 1494년 베니스의 루카파치오리가 쓴 책이며 이는 복식부기의 창시로 평가 받고 있다.

418. 산업 및 일반관리 : 프랑스 사람 페이욜이 펴낸 책이다. (기업이 사용할 수 있는 모든 자원을 최대한 활용하게끔 노력함으로써 다시 말하면 여섯 가지 기본적 직능의 원활한 기능을 확보하도록 노력함으로써 기업을 목적실현의 방향으로 이끌어간다는 통합적, 총체적 직능으로서 경영의 개념을 확부하여 하였던 것)

419. 산업공학 : 과학적 관리법은 근로자를 돈만 많이 주면 열심히 일하는 '경제인가설'에 입각하여 봄으로서 이는 후일 노동조합의 비난의 대상이 되어 산업공학으로 명칭을 변경하였다. (생산활동에서 인력·자재·설비·기술·자금 등의 종합적 시스템의 설계·개선 및 설정에 관한 문제를 다루는 기술 또는 개념의 체계)

420. 산업혁명 : 거대한 사회적 변화를 야기했고, 섬유재나 소비재의 제조에 중요한 도약의 계기가 된 혁명이 산업혁명이다. (18세기 중엽 영국에서 시작된 기술혁신과 이에 수반하여 일어난 사회·경제 구조의 변혁)

421. 살충제 : 모기나 파리 등 사람에게 유해한 벌레들을 죽일 때 사용되는 물건이다. 이는 곧 공해문제에 해당이 된다.
422. 삼동기이론 : 멕클레란드가 주장한 동기부여에 관한 이론.
423. 삼성 : 대한민국의 최고의 기업으로, 국내에서 출자하여(고 이병철 회장) 세계적인 글로벌 기업으로, 대기업으로 번창한 기업이다. [삼성물산(주)을 모기업으로 하는 대규모 기업집단이다. 무역 · 기계 · 조선 · 건설 · 전자 · 화학섬유 · 제지 · 유통 · 호텔·광고대행 등 모든 분야에 걸쳐 영업기반을 구축하고 있다.]
424. 3s : 대량생산에 의한 비용감소효과를 실현하기 위하여 제품의 표준화, 부품의 규격화, 기계나 공구의 특수화, 작업의 단순화를 제기했는데 이는 오늘날의 3S, 즉 표준화, 단순화, 전문화로 발전이 되었다. [21세기형 경제 3대 화두 SPEED(속도) SMART(지능) SIZE(크기)]
425. 3e : 블루오션전략은 실행단계에서 공정한 절차가 매우 중요한데 3E로 표현되는 참여, 설명, 정확성에 대한 기대 등으로 구성된다. (기업에서 효율적인 관리를 위해 벌이는 새로운 라이프스타일)
426. 상과대학 설립운동 : 19세기 독일에서 상과대학을 설립해야 한다고 주장하는 사람들이 모여서 일으킨 운동이다.
427. 상사적 활동 : 상사적 활동이란 경영활동에 필요한 자산의 매입과 매각 그리고 상품의 매매와 관련된 활동을 말한다.
428. 상설계획 : 조직 내에서 계획을 규칙, 절차와 같이 반복적으로 사용되는 상설계획이 있다. 이는 문제해결의 일종의 지침과 같은 역할을 수행한다. 정책, 규칙, 절차와 같이 반복적으로 사용되는 계획
429. 상업경영 : 상품을 사고 팔아 생산자와 소비자 사이에서 재화를 전환시키며 이익을 얻는 일.
430. 상업경영학 : 상업을 연구대상으로 하는 경영학이다. (상업 관리운영의 구체적인 형태와 방법을 연구하는 학문)
431. 상업경영학과 개별경제학 : 1903년 독일상업교육협회의 현상논문으로 당선된 스위스 사람 곰베르그의 논문제목으로, 상업 관리운영의 구체적인 형태와 방법을 연구하는 학문과 국민경제를 구성하는 개별경제단위를 인식대상으로 하는 경제학을 말함.
432. 상업적 활동 : 이윤획득을 목적으로 물건이나 재화를 사고 파는 행위.
433. 상업학 : 상업에 관한 사상(事象)을 체계적 · 이론적으로 파악하려는 학문.
434. 상인대학 : 상업경영을 체계화 하는데 큰 공헌을 한 학자 중 한 사람인 루도비치가 독일에서 가장 완벽한 상인사전으로 평가받는 ≪상인대학(1754-1758)≫을 저술하였다. (의식혁신, 고객관리, 판매기법, 상품진열 등 상인 교육지원사업이다)
435. 상호작용집단법 : 상호작용집단법은 집단구성원으로 하여금 얼굴을 서로 맞대고 상호작용함으로써 정보와 아이디어를 얻어 결정을 내리는 방법이다. (집단에 관계시켜 그와 집단회원간의 관계를 말하며, 다른 하나는 집단 내의 회원들 간의 인간관계의 측면이다)
436. 상황에 따른 장애요인 : 상황에 따른 장애요인으로는 다음의 6가지로 구분이 가능하다.

① **어의 상의 문제** : 해석의 오류→의사소통왜곡
② **정보의 과중** : 정보의 홍수
③ **시간의 압박** : 시간에 쫓겨
④ **지위차이** : 상급자와 하급자
⑤ **의사소통 분위기** : 개방적, 폐쇄적
⑥ **비언어적 메시지의 오용**

437. 상황이론 : 상황이론은 환경 또는 상황요인을 조건변수로 하고 조직의 내부 특성변수와 조직의 성과와의 관계를 특정화하려는 이론이다. 즉, 상황이론은 조직성과에 영향을 미치는 유일한 최선의 방법은 존재하지 않으며, 그때그때 상황에 따라 다르게 대응해야 함을 강조하고 있다. (모든 상황에 적합한 유일・최적의 조직은 없다는 전제 하에 구체적 상황에 따른 효과적인 조직구조나 관리방법을 찾아내고자 하는 연구방법)

438. 상황이론의 특징 : 상황이론의 특징은 다음과 같다.
① 객관적 결과의 중시
② 조직의 환경적응을 중시
③ 조직을 분석단위로 하는 분석
④ 중범위 이론의 지향
상황이론은 조직의 목적 내지 기능, 조직구성원들의 지도자에 대한 인식, 집단의 성격, 업무의 특성, 지도자 개인의 특성 등 상황을 구성하는 모든 요소를 파악하고, 그것들과 지도자와의 관계를 밝히려는 이론이다. 즉, 상황이론은 한 조직이 처한 상황 속에서 그것에 알맞는 지도자가 등장하고 리더십이 발휘되는 것을 파악하는 입장이다. 이러한 이론으로 가장 널리 알려진 것은 피들러(Fred E. Fiedler)의 상황모형과 하우스(Robert J. House)의 경로목표이론이라 말할 수 있다.

439. 상황적합이론 : 상황이론을 보다 일반적인 차원에서 환경 또는 상황요인을 조건변수로 하고 조직의 내부 특성변수와 성과와의 관계를 특정화하는 이론이라고 할 수 있다.

440. 상황적합적 사고방식 : 역동적이고 복잡한 환경을 적절히 고려하는 사고방식이다.

441. 생리적 욕구 : 생리적 욕구는 가장 저차원적인 욕구로 호흡, 의・식・주, 휴식, 성욕, 배설 등이 여기에 속한다.

442. 생물다양성협약 : 생물다양성협약은 국제환경협약 중에 하나로 그 내용은 다음과 같다.
관련협약 : 생물다양성 협약
규제대상 : 생물・유진자원
국내산업에 대한 영향 : 농업・축산업・의약업 등에 영향, 유전자원의 접근성 제약, 유전공학적 안전성에 의한 무역규제 예상
(지구상의 생물종을 보호하기 위해 마련된 협약이다)

443. 생산 : 효용가치를 창출하는 부가가치활동을 말한다. (인간이 생활하는 데 필요한 각종 물건을 만들어 냄)

444. 생산의 기초 : 아담스미스는 생산의 기초를 "분업"이라고 보았다 [생산요소(투입물)를 유/무형의 경제제(산출물)로 변환시킴으로서 효용을 생산하는 과정]

445. 생산경제 주체 : 국민경제의 생산경제주체는 기업이다

446. 생산기능 : 효용가치를 창출하는 일을 수행하는 기능. (재화의 용역을 이용하거나 소비함으로써 얻어지는 주관적인 만족도)

447. 생산성 : 생산성은 "생산량/투입량 x100"으로 나타낼 수 있다. 즉, 일련의 효용가치를 만드는 모든 활동의 능률이라고 할 수 있다. (투입된 생산요소의 양에 대한 산출물의 산출량을 말한다)

448. 생산성 향상 : 효용가치를 만들어내는 생산적인 능률의 발전 또는 향상을 생산성 향상이라고 한다. (투입에서 변화가 없는데 생산이 늘어난 경우 '생산성이 향상되었다'라고 한다)

449. 생산양식 : 효용가치를 만들어내는 일련의 방법 및 원칙을 생산양식이라고 한다. [인간의 생존에 필요한 물질적 재화(의·식·주, 연료, 생산용구 등)를 획득하는 양식]

450. 생태계 : 생태계는 특별한 장소에서 생물이나 무생물이 존재하는 것을 말하는 것으로 이들이 흔히 다른 것들과 상호작용을 한다. (어떤 환경 안의 생물군 및 이를 유지하게 하는 환경이 포함된 복합적 체계)

451. 생태범위 : 생태범위는 자연계에서 유기체가 생존하기 위해서 먹고, 조건화하는 등의 역할 수행을 말하는 것으로서, 서식지와 생태범위는 상관된 개념이다

452. 샤르 : 샤르는 '일반상업경영학'을 발표하였고 이로부터 상과대학 중심의 교과목이 상업경영으로 변화하기 시작하였다. 특히 샤르는 상업학에 속해있던 계정론 위주의 교과목을 탈피하면서, 상업을 국민경제의 중요한 기능으로 이해하고 이윤의 획득을 2차적 개념으로 규정하였다.

453. 선형계획법 : 이는 오퍼레이션의 리서치의 한 방법으로 지니어 프로그래밍이라고도 한다. (사회적인 현상 등을 직선적인 경향으로 치환하여 수학적으로 문제 해결을 꾀하는 방법)

454. 성숙, 미성숙 이론 : 성숙한 인간과 미성숙한 인간은 서로 다른 태도와 행동을 갖게 된다고 주장하면서 그의 저서 「조직과 서프낼리터」에서 X이론적 인간관을 미성숙한 유아적 인간관으로 규정하고 X이론으로부터 Y이론으로의 연속적 발전에 대하여 건전한 성인으로 성장해 가는 인간의 성숙과정이라고 설명하고 있다. (조직에서의 인사관리 방법이 개인의 행동이나 성장에 미치는 영향을 연구한 행동과학자 크리스 아지리스(Chris Argyris)의 이론)

455. 성장욕구 : 성장욕구는 개인의 성장을 위해 한 사람이 투여하는 노력과 관련된 모든 욕구라고 할 수 있으며, 매슬로우 이론에서는 자존의 욕구와 자아실현의 욕구가 이에 해당한다. (자신의 성장과 발전을 도모하고자 하는 인간의 기본 욕구를 말한다)

456. 성취동기모형 : 맥클레란드는 인간의 욕구를 사회문화적으로 학습되는 것이라고 규정하고 작업상황과 관련된 동기를 성취욕구, 권력욕구, 친교욕구로 제시하였다.

457. 성취욕구 : 성취욕구는 복잡한 과제의 숙달, 문제의 해결 등을 위해 무엇인가를 더 잘하려는 욕구이다 (높은 성과를 얻기 위해 도전적인 목표를 설정하고 이를 달성하고자 하는 욕구를 말한다)

458. 세계무역기구 : 1990년대에 초반, 우루과이 라운드(UR)에 의해 설립된 단체로서 "WTO"라고 한다. 부패방지라운드 중에 하나로 국제 상거래에 공정하고 투명한 경쟁규칙을 적요하는 단체이다. (국제무역 확대, 회원국 간의 통상분쟁 해결, 세계교

역 및 새로운 통상 논점에 관한 연구를 위하여 설립된 국제기구(World Trade Organization, WTO).)

459. 세계상업학의 체계 : 1910년 헬라우어가 발표한 저서(논문)로 "세계상업학의 체계"이다. 이로부터 상과대학 중심 교과목이 상업경영으로 변화하기 시작하였다.

460. 셔먼법 : 셔먼법은 1890년 7월 2일 제정·공포된 최초의 독점금지법으로 불법적 거래를 제한하고, 독점으로부터 거래 및 상업을 보호하기 위한 법률이다. (미국 연방의회에서 각 주 간 또는 국제거래에서의 독점 및 거래제한을 금지하기 위하여 제정된 법률)

461. 셰니츠 : 1912년 웨이어만과 셰니츠는 '과학적 사경제학의 기본과 체계 및 대학에서의 교육'을 발표하여 국민경제학 연구에 대해 국민경제적 관점과 사경제적 관점의 차이를 설명하였다.

462. 소니 : 일본의 전자기기 제조회사 중 하나로 6시그마를 활용 .일본의 글로벌 브랜드 중 가장 먼저 세계에 알려진 기업.

463. 소비경제 주체 : 국민경제의 소비경제의 주체는 가계와 재정이다.

464. 소비자 보호법 : 건전한 상거래의 질서유지 및 안정을 위한 법률로 우리나라에서 1980년도에 제정된 것이 「소비자 보호법」이다. (소비자의 권익을 보호하기 위하여 제정된 법률)

465. 소유경영자 : 자본가 또는 주주가 경영의 책임까지도 맡고 있을 때, 이를 기업가라고 하며 소유경영자라고도 한다.

466. 소유구조 조정 : 기업의 주인이 누구인가를 밝혀주고, 기업의 지배권이나 경영권을 행사하게 해주는 정당성의 원천이 무엇인가를 설명해 주는 것이 소유구조 조정이다.

467. 소유와 경영의 분리 : 기업은 기업의 소유자로서의 기업가와는 상관없이 영속성을 가지는 독립된(적) 조직체이므로 장기적 안목에 의한 경영관리가 필수적이다. 즉, 기업의 소유자와 전문경영자의 역할을 분리하라는 것이다. (기업가는 자본가가 되어 기업경영에는 직접 참여하지 않고 전문적인 경영능력과 지식을 갖춘 전문경영자가 경영활동을 전담)

468. 소유효용 : 소유효용은 상업(도매업, 소매업 등)을 말한다. (소비자가 그 제품을 소유하거나, 사용하거나, 또는 그 제품을 통해서 즐거움을 얻을 수 있도록 만드는 효용)

469. 소음오염 : 소음오염은 시끄러워서 불쾌함을 느끼게 만드는 소리에 의해 오염된 것을 말한다. (각종 소리에서 유래되는 공해로 피해를 받는 경우를 지칭함)

470. 소키에타스 : 중세 이탈리아와 독일의 도시에서 행해졌던 공동상속에 의한 가족공동체를 '소키에타스'라고 한다. 소키에타스에 의해 합명회사가 유래하였다.

471. 손익계산서 : 기업의 경영성과를 밝히기 위하여 일정기간 내에 발생한 모든 수익과 비용을 대비시켜 당해 기간의 순이익을 계산·확정하는 보고서를 손익계산서라고 한다.

472. 손익분기분석법 : 손익분석이란 생산비, 판매량, 판매가격이 변할 때 이익의 변화를 분석하는 것으로 비용, 매출액, 이익분석이라고도 한다

473. 수권자본제도 : 수권자본제도란 주식회사에서 정관에 기재한 발행예정 주식 총수 중에 일부는 회사를 설립한 뒤, 나머지는 회사설립 후에 필요에 따라 이사회가 발행하는 것을 인정하는 자본제도를 말한다.

474. 수단-목적의 연쇄 : 하나의 목적은 그 밑에 여러 가지의 수단과 방법을 거느리며, 동시에 상위의 여러 가지 목적들의 수단과 방법이 되는데, 이를 수단-목적의 연쇄라고 한다.

475. 수리적 또는 경영과학적 접근법 : 관리활동을 수학적 모형 및 수학적 과정의 체계로서 이해하고자 하는 접근방법을 수리적 또는 경영과학적 접근법이라고 한다. (OR연구자나 MS분석가가 이를 행한다)

476. 수메르 : 바빌로니아 남부에 위치하며 세계 최고(最古)의 문명이 발생한 지역으로 이 지역의 민족을 수메르인, 수메르 족이라 한다. (또는 그 문명의 명칭)

477. 수신자 : 수신자는 메시지를 받는 사람을 지칭한다. [메시지 통신 처리 시스템(MHS)에서, 메시지를 전달받거나 발신한 메시지에 대한 전달 결과 보고를 전달받는 사용자]

478. 수신자의 장애요인 : 수신자의 장애요인으로는 4가지가 있다. 이는 다음과 같다.
① 평가적 경향
② 선입견
③ 선택적 청취
④ **반응적 피드백** : 아무런 반응을 보이지 않거나 부적절한 반응

479. 수익성 : 수익성은 "이익/자본 X100"으로 측정이 가능하고, 실질적으로 수익을 거둘 수 있는 정도를 말한다.

480. 수질오염 : 공해문제 중에 하나로 자연수역의 수질이 폐물질의 유입 때문에 오염되는 일을 수질오염이라 한다.

481. 순수과학 : 말 그래도 순수한 이론적인 과학을 순수과학이라고 한다. (엄밀한 뜻의 자연과학을 응용과학에 대응해서 쓰는 말)

482. 순환활동 : 순환활동은 물, 공기, 영양소(질소, 인, 유황 등)들이 환경을 통하여 계속적인 순환을 말하는 것으로서, 그러한 순환활동은 인간의 환경오염이나 자원고갈에 의해 손상이 가능하다. (서식지와 생태범위는 상관된 개념이다)

483. 슈말렌바하 : 제2차 세계대전 이후 경험학파인 슈말렌바하는 동태 대차대조표론의 연구를 발전시켰다. 제1차 방법논쟁에서 웨이어만과 세니츠와 논쟁을 벌인 인물이다.

484. 스키너 : 스키너는 강화이론을 최초로 제시한 인물이다. 효과의 법칙을 이용하여 강화이론을 설명한다. (미국의 행동주의 심리학자)

485. 스탠더드 석유트러스트 : 독점적 대기업을 형성하는 기업활동으로 독점적으로 석유를 차지하려는 대기업들을 스탠더드 석유트러스트라고 한다. (석유회사의 임원선임과 경영관리를 통일적으로 할 수 있게 되었으며, 석유제품의 판매가격통제, 공급량 제한 등을 독점적으로 지배)

486. 스탭의 종류 : 스탭은 맡은바 업무의 성격이나 내용에 따라 또는 조직상의 위치에 따라 여러 가지로 나누어 지는데, 크게 개인스탭, 전문스탭 및 관리스탭으로 나누어진다.
① **개인스탭** : 모든 스탭기능, 즉 자문적·통제적 및 계획적 스탭기능의 전부를 완전히 통일화·조직화하여 그 스탭활동을 조정한다.
② **전문스탭** : 어느 특정의 경영자나 관리자만을 위해서가 아니라 라인 또는 다른

스탭부문에 대하여 그 전문적 기능에 속하는 사항에 관해 조언 및 조력을 제공하는 권한과 책임을 가지고 있는 스탭을 말한다.

③ **관리스탭** : 개인스탭이란 경영관리자의 직무행사를 돕기 위해 경여관리자에게 조언 및 조력을 제공하는 보좌직위, 즉 보조자로서 그 것의 특징은 한 사람의 관리자에게만 봉사한다는데 있다.

487. 스탭부문 : 스탭부문은 라인부문에 대해 조언이나 지원의 형태로 관여하지 지휘·명령의 권한은 없다. (총무, 경리, 인사, 감사 등처럼 라인조직의 업무가 원활히 이루어질 수 있도록 지원하거나 협력 또는 조언을 하는 부문.)

488. 스토즈 : 페이욜의 이론을 영역. 번역서에서 경영을 administration으로 관리를 management로 번역함)

489. 스피드경영 : 경쟁자보다 항상 한 발짝 앞서서 시장을 선점하고 주도해야만 경쟁력을 확보할 수 있는 시대가 되었다. 따라서 스피드가 경쟁력이 되었다.

490. 시간연구 : 차별급성과제도와 관련하여 테일러가 실험하였던 연구 중 하나가 시간연구이다. 다른 하나는 동작연구이다. (근로자의 하루 작업량을 공정하게 설정하기 위해, 근로자가 수행하는 개개 작업을 분석해 각각의 기본동작에 드는 요소시간을 조사하는 것을 말한다)

491. 시간효용 : 시간효용은 보관업 등을 말한다. (편리한 시간에 언제든지 소비자가 구매를 가능하게 함으로써 얻을 수 있는 효용.)

492. 시그마 : 시그마라는 것은 통계학에서 표준편차를 의미하는 것으로 오류가 발생할 확률을 가르키는 용어이다.

493. 시스템 : 시스템이란 공동의 목표를 달성하기 위해서 함께 작용하는 상호관련된 부분들의 조합이다. (체계, 조직, 제도 등 요소의 집합이나 요소와 요소 간의 집합)

494. 시스템이론 : 시스템이론이란 조직의 부분적 이해보다는 부분들 간의 상호관련성 속에서 전체를 파악하려는 이론이다. [하나의 시스템(체계)은 각 요소들의 단순한 집합체도 아니고, 각 요소들을 초월한 추상적 총체도 아니며, 상호 연관되는 각 요소들에 의해 구성된 통일체라고 보는 입장]

495. 시스템적 접근 : 조직을 시스템적 관점으로 인식.

496. 시스템적 접근방식 : 상동.

497. 시스템적 접근법 : 물리적 혹은 생물적 시스템에 관한 연구의 축적이 관리이론에 유효하게 될 것 이라는 데에서 초점을 맞춘 접근법이 시스템적 접근법이다. (관리에 있어 여러 활동의 상호작용과 그 효과를 아는데 있어 유익하며 시스템 혹은 시스템적 사고는 관리자에 있어 결코 새로운 문제가 아니라는 것)

498. 시장경제 : 시장을 통한 재화나 용역의 거래를 중심으로 하여 성립하는 경제. 즉, 자본주의 경제체제라고도 한다. (자유경쟁의 원칙에 의해 시장에서 가격이 형성되는 경제)

499. 시장성장률 : 특정시장에서 상품 혹은 상품군이나 서비스 등의 판매에 대한 증가율.

500. 시장실패 : 시장의 불완전성 때문에 독점이나 과점 또는 동업자끼리의 기업집중현상이 나타나고, 시장의 자동조절기능이 약화되어 결과적으로 소비자에게 불이익한 결과가 나타난다는 것이다. (시장이 제 기능을 발휘하지 못해 자원이 효율적으로 배분되지 못하고, 소득분배가 고르게 이루어지지 않는 등 경제질서가 무너진 상태

를 말한다)

501. 시장의 불완전성 : 경쟁의 정도에 따른 것으로 완전경쟁이 성립하지 않는 모든 경우에 시장의 불완전성이 존재한다라고 할 수 있다.

502. 시장점유율 : 시장점유율은 전체 시장규모에서 차지하는 판매액의 비율을 나타내는 것으로 사업단위의 상대적 힘을 나타낸다. (특정업종의 제품시장에서 취급되는 전체 거래량 중에서 특정기업이 차지하는 비율)

503. 식품오염 : 이는 식품이 자연적이지 않은 인공적인 것들로 인해 더렵혀지거나 오염된 것을 말한다. (병원체의 감수성 있는 숙주로의 감염이 식품에 의한 경구감염인 경우를 말한다)

504. 신고전이론 : 미국경영학을 세 갈래로 나누면 고전이론, 신고전이론, 근대적관리론으로 생각할 수 있다. 경영학의 고전이론이 기계론적 접근으로 인간의 인격성을 간과하고, 조직의 생산성이나 능률에 치우친 비판이 제기되면서 신고전이론이 모습을 나타냈다. (고전이론이 가지고 있는 많은 문제점 때문에 그 반대급부로 등장하게 된 것)

505. 신디케이트 : 고도로 발달된 판매 카르텔로 동일시장 내의 여러 기업들이 출자하여 공동판매회사를 설립, 일원적으로 판매하는 조직을 신디케이트라고 한다.

506. 신칸트학파의 인식론 : 경영의 경제적 측면을 개별경제적 관점에서 고찰한다는 인식론을 신 칸트학파의 인식론이라고 한다. (칸트는 합리론과 경험론의 쟁점이 된 여러 문제를 깊이 고찰해서 근세의 인식문제의 해석으로서는 결정적이라고 할 수 있는 긴밀한 이론체계)

507. 신학 : 신이 인간과 세계에 대하여 맺고 있는 관계와 신을 연구하는 학문이며, 어떤 종교나 신앙의 교의를 심도있게 성찰하며 체계적으로 진술하는 일을 말한다. (어떤 종교나 신앙의 교의(敎儀)를 심도 있게 성찰하며 체계적으로 진술하는 일)

508. 실용주의 : 19세기 말부터 20세기 전반까지 미국철학의 주류가 된 사고방식이다. 즉, 행동과 실천을 중시하는 철학이다 (영국의 경험론 전통을 계승) (지식의 가치를 행동의 결과로 판단하는 입장)

509. 심리효용 : 심리효용은 이미지 효용, 정보효용, 지각효용, 가치효용이라고도 하는데 신문, 방송업, 통신업, 광고업, 정보처리업 등을 말한다

510. 십장 : 십장은 일꾼들을 감독・지시하는 우두머리를 말한다.

511. 아담스미스 : 아담스미스는 ≪국부론≫에서 분업의 이점을 언급하였으며, 시장에 대해서는 '보이지 않는손'에 의한 자유방임을 강조하였다. 스코틀랜드 커콜디 출생의 고전경제학의 창시자이다.

512. 아담스 : 공정성이론을 개발한 인물. 그는 개인의 욕구에 초점을 맞추기보다는 사회적 교환관계에서 얻어진 결과에 의한 정서적 및 행동반경에 관심을 갖자고 주장하였다.

513. 아담적 욕구 : 아담적 욕구라 하는 것은 불쾌한 것을 회피하려는 욕구로써 이것이 충족되지 못할 경우에는 불만족을 느끼지만, 충족되었다고 해서 만족을 느끼지도 못한다는 것이다.

514. 아브라함적 욕구 : 아브라함적 욕구는 정신적인 성장을 통해 자신의 잠재능력을 키워 나가고자 하는 욕구로써 이것이 충족되지 못할 경우에도 불만은 없지만 충족될

경우에는 만족을 느낀다.

515. 아웃사이더 : 카르텔에 가입하지 않은 기업.

516. 아지리스 : 아지리스는 성숙·미성숙 이론의 창시자로, 매슬로우와 맥그리거에 의한 발전된 인간의 본성에 대한 연구를 한층 더 진일보시켰다. (미국의 행동과학자, 경영학자)

517. 안전욕구 : 안전의 욕구는 외부의 물리적 위협이나 위험과 심리적 공포로부터 탈피하거나 보호를 받고자 하는 욕구를 말한다.

518. 암호화 : 암호화란 발신자가 전달하고자 하는 생각이나 감정, 정보 등을 언어나 몸짓, 기호 등 특정한 형태의 체계화된 메시지로 변환시키는 과정을 말한다. (수학적 알고리즘을 사용하여 기록을 구성하는 디지털 숫자열을 변형함으로써 암호를 풀 수 있는 인증 키를 가진 사람만이 기록을 볼 수 있도록 변환하는 과정)

519. 액면주 제도 : 액면주 제도란 주식전면에 그 주식의 액면가액이 기재되어 있는 주식을 말함.

520. 앨더퍼 : 앨더퍼는 매슬로의 이론이 지닌 이론적인 한계를 극복하고자 실제 조직에 대한 현장조사를 통해 요인분석을 하여 인간의 욕구를 존재욕구, 관계욕구, 성장욕구로 구분하여 제시.

521. 양생적 성격 : 두 가지 성격.

522. 양생적 학문 : 두 가지의 성격(A,B)을 가지고 있는 학문이 양생적 학문이다. (이론과학과 실천과학으로서의 성격)

523. 양키시티조사 : 양키시티조사란 시카고 대학의 인류학자인 워너(M. L. Warner)를 중심으로 한 연구진에 의해 1930년~1935년간에 걸쳐 실시된 인간관계론적 조사를 말한다. (양키시티조사는 1930년에서 1935년에 걸쳐 미국의 뉴잉글랜드주에 있는 뉴베리포트(new berry port)에서 스트라이크를 둘러싸고 행해졌다)

524. 어프로치 : Approach, 일종의 ~접근법을 말한다. 즉, 학문연구 등의 입문(入門)·지침(指針), 연구의 핵심에 이르는 길잡이 및 방법이다

525. 업무적 계획 : 업무적 계획은 일상적인 업무를 수행하는데 필요한 계획을 말한다.

526. 업무적 의사결정 : 업무적 의사결정은 기업의 제 자원의 변화과정의 효율을 최적화하는 것과 관련된 의사결정이다. (일정한 목표를 설정하고 그 목표를 달성하기 위해 가장 유리하고 실행가능한 대체안을 선택하는 인간의 행동)

527. 업무제휴 : 업무제휴는 제휴의 방식 중 하나로 연구개발, 생산, 마케팅, 유통 등 하나 또는 둘 이상의 업무분야에 걸쳐 협력관계를 맺는 방식을 말한다. (생산·기술·판매 등에 관하여 기업 간에 이루어지는 제휴)

528. 업무집행 이시 : 이시는 이시회의 구성원으로서 이사회의 의사결정에 침어할 뿐인데, 업무를 담당하는 업무집행권이 부여된 이사를 말함.

529. 에머슨 : 과학적 관리에 대한 테일러의 연구를 계승받아 발전시킨 인물 중 한 사람으로 에머슨이 있다. 그는 또 라인&스탭 조직을 제창하기도 했다. (간트와 함께 과학적 관리에 대한 연구를 계승 발전시켰다.)

530. SWOT분석 : 조직 내·외의 환경분석과 관련하여 가장 널리 알려지고 일반적으로 제시되고 있는 기법으로 SWOT분석은 조직의 외부환경이 제공하는 기회와 위협요인과 관련하여 조직내부의 강점과 약점을 인식할 수 있도록 하는 전략적 계획수립

의 도구이다. (기업의 내부환경과 외부환경을 분석하여 강점(strength), 약점(weakness), 기회(opportunity), 위협(threat) 요인을 규정하고 이를 토대로 경영 전략을 수립하는 기법)

531. ABC관리법 : 재고자산의 품목이 다양한 경우 이를 일률적으로 관리하기 위하여 ABC순으로 재고의 가치나 중요도에 따라 차별적으로 관리하는 방법으로 분류기준은 피레토분석에 의한다.

532. A이론 : A타입의 미국식 기업특성은 다음과 같다.
① 단기고용
② 개인의사결정
③ 개인책임
④ 단기적 평가 및 승진
⑤ 정확한 통제기구
⑥ 경력의 전문화
⑦ 종업원으로서의 종업원에 대한 부분적 관심
(단기고용, 단기평가, 개인주의, 능력주의)

533. X/Y이론 : 맥그리거는 경영자들이 인간에 대하여 지니고 있는 가정을 두 가지 범주로 나누어 X이론적 인간관과 Y이론적 인간관으로 구분하고 있다.

534. X이론적 인간관 : X이론적 인간관은 인간의 부정적 측면을 강조하는 이론을 말한다.

535. 엔소프 : 기업의 의사결정을 크게 3가지로 나누어 기업의 의사결정을 전략적 결정, 관리적 결정, 운영적 결정으로 구분하면서 기업과 환경과의 관계를 확립하는 결정이 전략적 결정이라고 제시한 인물.

536. 엔트로피 : 엔트로피란 에너지의 재생 불가능성을 나타내는 에너지 장애 측정치로서, 에너지가 일단 사용됨으로써 품질이 낮아지는 경향을 말한다. (물질계의 열적 상태를 나타내는 물리량의 하나이다)

537. 엘빈 토플러 : 엘빈 토플러는 미국 미래학자이며, 그는 미래의 충격에서 신기술의 발명・활용・확산에의 박차를 서술하였는데 대표작으로는 ≪제 3의 물결≫, ≪미래의 충격≫ 등이 있다. (문명 비평가. 뉴욕대 졸업. 코넬대 교수. 록펠러재단 미래연구소・과학발전협회원(현). AT & T 고문)

538. 연결계층의 원칙 : 조직체는 위에서 아래까지 구성원 모두가 수직적 권한으로 연결되어 계층구조를 형성해야 하고, 상하로 연결된 계층구조에 따라서 권한이 발휘되고 정보가 흐름으로써 의사결정이 질서 있게 행해질 수 있다는 원칙을 연결계층의 원칙이라고 한다.

539. 연구대상 : 연구를 목표로 하는 대상을 연구대상이라고 한다.

540. 연구주제 : 연구를 하는데 있어서 방향이나 목적을 연구주제라고 한다. (연구하기 위한 주제)

541. 연구활동 : 연구를 실시하는 행위를 말한다.

542. 연락자 : 연락자로서의 역할은 정보를 제공하는 정보제공자와 수평적 외부접촉을 통해 자기개발과 네트워크를 유지하는 것이다.

543. 연역법 : 연역법은 가설-조직화-관찰-검증을 거치는 방법이다. 즉, 일반적인 것으로부터 특수한 것을 추론해 내는 방법이다. (이미 증명된 하나 또는 둘 이상의 명

제를 전제로 하여 새로운 명제를 결론으로 이끌어내는 것을 연역(演繹, deduction)이라 하며, 이러한 연역적 추리의 방법과 절차를 논리적으로 체계화한 것을 연역법이라 한다)

544. 영감법 : 브레인스토밍을 영감법이라고도 부른다. 즉, 아이디어 개발 방식이다. 적당한 수의 사람들이 모여서 집단회의를 열고 집단의 지도자가 제기한 문제에 대하여 참가자 각자가 생각나는 아이디어를 자연스럽고 자발적으로 제시하여 이것들로부터 유용한 아이디어를 가능한 한 많이 얻어 문제의 해결책을 찾는 것

545. 영구기업 : 기업을 되풀이되는 통일적이며 획일적인 경제적 실체로서 파악하고 있는 사람은 베블렌이었고, 그는 영구기업 또는 계속기업이라 일컬었다. 기업은 영속적으로 존재하고, 그 기업의 경영활동도 계속될 것이라고 가정하는 공준에 따라 기업을 영구(계속)기업이라 부른다

546. 영리법인체 : 상인이 되어 상행위를 수행함으로서 이익창출 활동을 할 수 있도록 하고 있는데 이를 영리법인체라고 한다. (영리를 추구하는 법인체)

547. 영리조직체 : 경영활동의 목적이 부가가치창출인 조직체를 영리조직체라고 한다. (영리를 추구하는 조직체)

548. 영업적 활동 : 경영활동에 필요한 자산의 매입과 매각 그리고 상품(제품)의 매매와 관련된 활동

549. 예산 : 예산은 특정한 프로그램이나 프로젝트, 조직 내의 각 부문에 할당된 자원이나 자금을 목록화한 재무적 계획이라 할 수 있다. (필요한 비용을 미리 헤아려 계산함)

550. 예산통제법 : 전통적 경영통제기법 중 하나인 예산통제법은 예산을 기준으로 예산과 실제 업무성과의 차이를 분석하는 관리방법을 말한다. (기업이 설정한 목표이익을 달성하기 위하여 기업 전체의 입장에서 장래의 일정기간에 걸친 예산을 편성하고, 이를 바탕으로 하여 경영활동을 종합적으로 통제하는 경영관리의 수단)

551. 오스본 : 브레인 스토밍을 창안한 사람, 브레인 스토밍은 창의성 개발의 기법으로 널리 이용되고 있다

552. OR기법 : 의사결정 환경의 문제해결을 수리적 방법으로 나타내어 해결하는 접근방법(4가지 조건을 충족해야 함)

553. 오염 : 변형과정을 통해 생성된 원자재나 에너지가 특정한 시점에 특정한 장소에서 불필요하고 가치없는 것으로 지각되는 존재물을 말한다. (더럽게 물듦. 또는 더럽게 물들게 함)

554. 오우치 : 일본을 이길라면 일본식 경영을 도입해야 한다고 주장하며, 일본식 경영에 대하여 연구를 실시한 인물. 1980년도 미국식 기업의 장점과 일본식 기업의 장점을 통합한 Z이론을 창시하였다.

555. OECD국제상거래뇌물방지협약 : 우리나라가 가입한 OECD에서는 1987년 “OECD 국제 상거래 뇌물방지협약”을 통하여 국제상거래 과정에서 뇌물을 범죄행위로 규정하고, 그와 같은 범죄에 연루된 직원과 법인의 형사처벌을 권고하고 있다. (약한 점을 시정하기 위해 제정된 협약이다. 정식 명칭은 ‘국제상거래에 있어서 외국공무원에 대한 뇌물제공행위 방지를 위한 협약’)

556. Y이론적 인간관 : 인간의 긍정적 측면을 강조하는 이론이다. 인간을 능동적인 존재

로 인식하는 성향이 강하다.

557. 완전한 상업학 : 로이크스는 ≪완전한 상업학≫을 출판하여 상업학 자체를 사적 상업학과 국가 상업학으로 체계화하는데 기여하였다.

558. 완전한 상인 : 1675년에 발간된 프랑스인 사바리의 상업학에 관한 최초의 저서.

559. 외부불경제 : 외부불경제는 시장경제 속에서 각 기업이 이윤의 극대화를 목표로 행동함으로써 시장 내부에서 해를 끼치는 경우도 있는데 이것을 외부불경제라고도 한다. (생활에 영향을 미치는 것을 외부경제 효과라고 하는데, 그 영향이 이익이면 외부경제, 손해면 외부불경제라고 한다)

560. 외적환경 : 기업은 언제나 환경 속에서 생존하고 환경과 상호작용하면서 성장· 발전 하게 된다. 즉, 기업경영에 있어서 환경이 중요한 역할을 하는데 그 중에서 비록 간접적이기는 하나 기업에 미치는 영향이 큰 환경을 외적환경이라고 한다. (물질이나 겉모습에 관한 그런 것의 상태)

561. 외형적 대표자 : 방문객의 영접, 법적서류 서명 등 상징적인 대표자로서 법률적 내지 사교적 성질의 정형적 임무수행

562. 욕구5단계설 :

⑤ 자아실현의 욕구
④ 존경의 욕구
③ 소속 및 애정의 욕구
② 안전의 욕구
① 생리적 욕구

인간의 욕구는 타고난 것이며 욕구를 강도와 중요성에 따라 5단계로 분류한 아브라함 매슬로(Abraham H. Maslow)의 이론이다. 하위단계에서 상위단계로 계층적으로 배열되어 하위단계의 욕구가 충족되어야 그 다음 단계의 욕구가 발생한다.

563. 욕구단계이론 : 매슬로우는 인간의 욕구를 5단계로 분류하고, 욕구는 순차적으로 가장 저차원적 욕구로부터 가장 고차원적 욕구로 서열화 되어 있으며 이전 단계의 욕구가 충족되어야만 그 다음 단계의 욕구가 의식을 지배하여 동기유발을 한다고 주장하였다. 개인의 능력을 발휘하고자 하는 동기를 강조하는 자아발달(self-development)이론

564. 용역 : 서비스라고도 하는데 인간노력의 생산물로 재화가 유형임에 반해 용역은 무형의 재화로 높은 부가가치를 창출할 수 있는 경제재의 성격이 강하다. [물질적 재화의 생산 이외의 생산이나 소비에 필요한 노무(勞務)]

565. 우량기업 : 수익과 배당이 높은 일류기업, 건실한 기업을 말한다. (환경변화에 적절하게 대응하며 새로운 사업기회를 지속함으로써 성장과 발전을 계속하는 기업)

566. 우루과이 라운드 : 우루과이 라운드는 관세 및 무역에 관한 일반 협정의 제 8차 다자간 무역질서 구축을 위한 국가 간 협상

567. 우주공간적 환경 : 기업환경 중의 하나로, 우주, 태양계에 존재하고 있는 것은 모두 우주로부터 나왔으며, 그 우주는 너무나 크기 때문에 무수히 많은 수수께끼가 존재한다. 즉, 이러한 우주공간적 환경이 우리 모두의 존속 · 발전에 직 · 간접적으로 영향을 미치고 있다는 것이다.

568. 운영계획 : 전략적 계획과 목표를 달성하기 위하여 조직 내의 특정한 부서나 부문

차원에서 이루어져야 할 것으로 요구되는 계획을 의미한다.

569. 운영적 결정 : 엔소프가 기업의 의사결정을 크게 3가지로 나누었는데 그 중 하나가 바로 운영적 결정이다. (일상적이며 반복적인 기업활동에 관한 의사결정.)

570. 운영적 관리법 : 관리활동의 능동적 실천을 가능하게 해주는 개념, 원리, 그리고 기법들을 실무에 적용함으로써 관리에 관한 적절한 지식을 얻으려 한다는 점에서 운영과학적 특징을 지니고 있다

571. 울타리의 존재 : 시스템의 특성 중 하나로, 그 내용은 다음과 같다.
"시스템 안과 밖을 구별해 주는 경계선"

572. 원가우위 전략 : 자사 상품이 경쟁기업의 같은 품질의 상품과 비교하여 가격 상 우위를 목표로 하는 전략을 의미한다.

573. 웨스턴전기회사 : 호손연구가 진행된 호손공장의 법인이다. 즉, 호손연구의 장소인 호손공장의 실소유주/법인이 웨스턴전기회사이다. (미국 일리노이주 소재)

574. 웨이어만 : 셰나츠와 함께 1912년에 '과학적 사경제학의 기본과 체계 및 대학에서의 교육'을 발표한 인물.

575. 위계질서 : 관등(官等)이나 직책의 상하 관계에서 마땅히 있어야 하는 차례와 순서

576. 위생요인 : 허즈버그는 자신의 논리에 대한 추가적인 연구를 통해서 아담적 욕구의 대부분이 작업환경에 관한 것이고 직무상의 불만족을 예방하는 기능을 담당하고 있기 때문에 이를 '위생요인'이라고 한다. (직무에 불만이 있는 종업원은 직무환경에 관심을 가지고 있는데, 임금, 감독, 작업조건, 회사의 정책 등 직무에 불만을 주는 요인)

577. 위생이론 : 허즈버그가 전개한 행동과학의 동기유발 위생이론 (인간에게는 고통으로부터 벗어나려는 동물과 같은 욕구와 심리적으로 성장하려는 욕구 등 두 종류의 이질적 욕구가 있으며 이들이 행동에 영향을 미치는 방법에도 차이가 있다는 이론.

578. 위험유인 : 타인자본에 대한 의존도가 클수록 기업소유주는 위험은 높지만 보다 수익적이라면 그런 자산에 대한 투자를 더욱 선호한다는 것을 의미하며 이에 따라 비용이 발생.

579. 위험하의 의사결정 : 각 대체안을 선택하였을 때 그 예측결과가 실현될 확률을 알고 있는 상황하의 의사결정

580. 위험회피 : 경영자는 직업과 직위의 안정을 추구하려는 기본적인 동기를 갖기 때문에 비록 수익이 뛰어날지라도 위험스러운 투자를 회피하여 본직의 사퇴까지도 비화될지 모르는 말썽의 소리를 아예 제거하려는 데서 비롯되는 문제를 말한다. (미래에 불확실하게 실현되는 현금흐름 또는 부에 대해 객관적, 평균적으로 기대할 수 있는 기대가치와 어느 투자자에 의해 주관적으로 평가되는 확실성등가를 비교하여 확실성등가를 평균기대치보다 적게 평가)

581. 월슨관세법 : 1894년에 수입무역에 있어서의 거래제한을 금지하기 위하여 윌슨관세법을 제정

582. 유기적 관련성 : 원소와 원소, 원소와 부분 시스템 그리고 이들과 독립된 실체로서의 완성체와는 서로 어떤 유기적 관계를 맺고 작용하고 있음을 의미

583. 유기적인 관계 : 서로 어떤 상호연관성의 관계를 갖고있는 것을 유기적인 관계라고 한다. (전체를 구성하고 있는 각 부분이 서로 밀접하게 관련을 가지고 있는 관계)

584. 유럽연합 : 유럽연합은 1992년 2월 마스트리히트조약에 의하여 출현했다. 점차 참여국이 확대되면서 유럽연합의 영향력은 더 커지게 되었다. 인구만 해도 4억 5천만에 달한다. 하나의 시장이 형성되어 여행과 고용, 투자와 무역에 아무런 장벽이 없다. 유럽의 국가들을 이렇게 협력하게 만든 동기는 미국과 일본의 강력한 시장 경제력에 대항하기 위한 것이다. [유럽경제공동체(ECC)를 계승한 유럽 국가들의 연합기구]

585. 유한책임사원 : 합자회사의 구성요소 중 하나로 지분자본가 역할을 담당하는 1인 이상의 유한책임사원을 유한책임사원이라 한다. (회사의 채무에 대하여 회사채권자에게 출자가액을 한도로 책임을 지는 사원)

586. 유한책임회사 : 회사에 대하여 출자금을 한도로 하는 유한책임만을 지고 회사채권자에 대하여는 아무런 책임을 지지 않는 사원만으로 구성된 회사를 말한다. [유한책임회사(Limited Liability Company)는 회사의 주주들이 채권자에 대하여 자기의 투자액의 한도 내에서 법적인 책임을 부담하는 회사]

587. 유한회사 : 상법상의 회사. 1892년 독일에서 주식회사의 장점을 따서 만든 회사 형태로 50인 이하의 유한책임사원으로 구성되어 있다. (사원이 회사에 대하여 출자금액을 한도로 책임을 질 뿐, 회사채권자에 대하여 아무 책임도 지지 않는 사원으로 구성된 회사)

588. 6시그마 : 6시그마는 정보화 사회에 알맞은 21세기형 전방위 경영혁신운동이라고 요약할 수 있다. 단순한 품질개선 활동이 아니라 통제적인 경영혁신 전략으로 기업문화 자체를 바꾸는 경영혁신운동으로 제품설계에서 출하까지의 모든 경영활동과정을 대상으로 하고 있다. (잭 웰치가 도입한 폭넓은 품질관리 프로그램)

589. 윤리경영 : 더 이상 대기업이나 소수의 몇 개 기업에 한정된 문제라기보다는 현대기업으로서의 당연히 취해야 할 경영패러다임으로 등장하고 있다. (기업경영이라는 상황에서 나타나는 행동과 태도의 옳고 그름이나 선과 악을 체계적으로 구분하는 판단기준, 또는 이를 연구하는 것을 의미)

590. 윤리규범 : 다양한 기업의 경영활동 상황에서 조직구성원들의 바람직한 행동을 유인하기 위해서 체결된 기업윤리의 공식적인 진술서이다.

591. 윤리 라운드 : 미국을 중심으로 비윤리적 기업의 제품(서비스)은 국제거래에서 규제하라는 것이 윤리라운드인데, 최근에 시작을 하고 있다. (윤리 라운드란 경제활동의 윤리적 환경과 조건을 각 나라마다 표준화하려는 국제적인 움직임)

592. 윤리적 책임 : 의무론에 입각하여 사회의 보편적인 가치관에 합당하게 기업이 해주기를 사회가 기대하는 것으로, 의무적으로 강요하는 것은 아니지만 지키지 않으면 기업의 이미지에 해가 된다. (환경보호, 인권존중, 신뢰, 투명한 거래, 정직한 판매활동 등 기업윤리에서 취급하는 문제들이 여기에 속한다)

593. 응용과학 : 공학・농학・의학 등 인간생활의 응용을 목적으로 하는 과학

594. 의사결정 : 특정의 문제를 해결하기 위한 여러 가지의 대체적 행동과정 가운데서 특정상황에 비추어 가장 바람직한 행동과정을 선택하는 논리적 과정이라고 정의할 수 있다.

595. 의사결정론 : 목표 달성을 위해 여러 가지 대안의 비용-편익, 이해득실 등 장단점을 체계적으로 분석·검토함으로써 최선의 대안을 선택하는 과정에 관한 이론

596. 의사결정이론 : 경영자의 주된 임무를 의사결정이라고 인식하고 관리이론은 이 문제를 중심으로 구축된다는 신념에 기초를 두고 있다.
597. 의사결정적 역할 : 민쯔버그는 경영자들이 선택을 행하는 의사결정과 관련된 활동에 주목하였다. 왜냐하면 이와 같은 의사결정을 통해 전략이 형성되고, 행동으로 옮겨지기 때문이다. 의사결정 역할은 기업가, 분쟁해결자, 자원배분자, 협상자로의 역할 등 네 가지로 분류할 수 있다.
598. 의사소통 : 송신자와 수신자간에 생각이나 의견 등의 의사전달, 감정이입, 정보교환이라는 요소를 효과적으로 전달하고 공유하는 과정이다. 사람들 간에 생각이나 감정 등을 교환하는 총제적인 행위
599. 의사소통의 기능 : 조직을 관리하는 데 중요한 요소로 작용함. 정보전달, 동기유발, 통제, 정서기능 등이 있다.
600. 의사소통의 의의 : 송신자와 수신자간에 생각이나 의견 등의 의사전달, 감정이입, 정보교환이라는 세 가지 요소를 효과적으로 전달하고 공유하는 것.
601. 의사소통의 중요성 : 의사소통의 중요성은 다음의 3가지 측면에서 찾아 볼 수 있다.
① 경영자의 모든 기능, 즉 경영과정을 구성하고 있는 계획수립・조직화・지휘・통제 등의 모든 경영활동의 수행되는 과정에서 의사소통이 필수적으로 개입된다.
② 경영자의 모든 역할, 즉 대인적・정보적・의결정적 역할을 실천하는 데 있어서도 의사소통은 필수적이다.
③ 실제 경영자가 시간을 어떻게 사용하는지를 조사해보아도 가장 많은 시간을 의사소통에 할애하고 있다는 점이다.
단순히 정보를 전달하는데 그치지 않고 전달자와 피전달자간의 정보에 대한 이해가 일치해야 함
602. 이동조립선 : 자동적인 기계의 움직임 등을 통해 생산의 중단이 없는 흐름을 유지하는 생산시스템을 말한다.
603. 이사 : 이사회의 구성원으로서 경영의사결정과 대표이사 등의 업무집행을 감독할 뿐 대표이사가 아니면 회사기관의 지위를 갖지 못한다.
604. 이사의 임기 : 이사의 복무기간을 말하는데 보통 3년을 초과할 수 없다
605. 이사들 : 이사회를 구성하는 구성원
606. 이사회 : 이사에 의하여 구성되어 회사의 업무집행에 관한 사항을 결정하는 회사기관
607. 이스트맨 코닥 : 미국의 사진관계용품 제조・판매하는 회사.
608. ERG이론 : 앨더퍼는 매슬로우의 이론이 지닌 이론적인 한계를 극복하고자 실제 조직에 대한 현장조사를 통해 요인분석을 해본 결과, 인간의 욕구는 존재욕구, 관계욕구, 성장욕구로 구분할 수 있다고 하였는데 이를 ERG이론이라고 한다. [동기유발에 대한 클레이턴 알더퍼(Clayton P. Alderfer)의 이론]
609. 2요인 이론 : 허즈버그는 미국 피츠버그 지방의 11개 산업체에서 선정한 약 200여 명의 기술자들과 회계사들에 대한 연구를 토대로 인간에게는 상호 독립적인 두 가지의 욕구범주가 있음을 제시했는데 그것이 아담적 욕구와 아브라함적 욕구이다. 이게 2요인 이론이다. [인간의 욕구 가운데는 동기요인과 위생요인의 두 가지가 있으며, 이 두 요인은 상호 독립되어 있다는 허즈버그(Frederick Herzberg)의 욕구이론]
610. 이윤 : 기업의 총수입에서 일체의 생산비, 곧 지대(地代)・임금 및 이자 등을 공제

한 잉여소득

611. 이윤의 극대화 : 기업의 총수입에서 임대, 지대, 이자, 감가상각비 따위를 빼고 남은 순이익을 극대화하는게 이윤의 극대화이며, 기업은 수입과 비용의 차액인 이윤을 극대화하는 것을 행동원리로 한다고 하는 원칙은 이윤극대화의 원칙이라고 한다. [다른 생산활동에서 얻을 수 있었던 이윤(기회비용)을 공제해야 한다]

612. 이익구조 조정 : 기업에서 재무제표를 통하여 주주를 비롯한 여러 이해관계자들에게 경영상태를 알리는데 흔히 쓰이는 이익분석의 기본들로서 순이익/총자산으로 표시되는 투하자산 수익률이다. (재무제표를 통하여 주주를 비롯한 여러 이해관계자들에게 경영상태를 알리는데 흔히 쓰는 이익분석의 기본틀은 순이익/총자산으로 표시되는 투하자산 수익률)

613. 이익의 과다유보 : 위험회피문제와 유사한 것으로 기업의 유동성을 유지하여 지급불능상태를 방지하려는 경영과 개인의 동기 때문에 비록 세후이익이 많이 발생한 경우에도 가급적 현금배당을 늘리지 않고 사내에 많이 유보시키려는 경향을 갖는데서 배당을 늘리지 않고 사내에 많이 유보시키려는 경향을 갖는데서 비롯되는 문제를 말한다. (기업의 유동성을 유지하여 지급불능상태를 방지하려는 경영자 개인의 동기 때문에 비록 세후이익이 많이 발생한 경우에도 가급적 현금배당을 늘리지 않고 사내에 많이 유보시키려는 경향을 갖는데서 비록되는 문제)

614. 이익책임경영 : 기업은 새삼스럽게 그 사회적인 책임을 의식하지 않아도 되고, 다만 최대이윤을 추구하고 있으면 자연히 사회적 책임을 수행한 것으로 보는 것이 이익책임경영이다. [맡겨져 있으므로 원가책임 단위나 수익책임 단위에 그치지 않고 이익(판매 수입-제조 비용) 센터(이익 책임 단위)가 된다]

615. 이중적 성격 : 한 주체에 두 가지 성격을 갖게 되는 것을 이중적 성격이라고 한다.

616. 이해관계자집단 : 기업에 대하여 이해관계를 갖는 개인 또는 그룹을 말하며 주주나 사채권자 외에도 노동자, 소비자, 하청업체 등도 기업의 이해관계자임.

617. 이해자관계자집단 : 1930년대의 세계 경제대공황 이후에는 정부, 노동조합, 출자자 및 소비자와 같은 여러 개의 이해를 달리하는 집단세력이 등장함으로써 형성된 하나의 개념인 이해자 관계자집단이 나타나게 되었다. (정부, 노동조합, 출자자 및 소비자와 같은 여러 개의 이해를 달리하는 집단세력이 등장함으로써 형성된 하나의 개념)

618. 이해조정책임 : 서로 간의 의견이나 주장을 조정・중계 해주려는 책임감을 말한다. (경영자는 주주에 대한 배당지급, 채권자에 대한 확실한 원금과 이자의 지급, 노동자에 대한 좋은 노동조건의 제공, 소비자에 대한 제품과 서비스의 제공, 지역사회에 대한 협력 등을 통하여 이들의 요구에 대응해 나가는 사회적 책임)

619. 익명조합 : 당사자의 일방이 상대방의 영업을 위하여 출자하고 상대방은 그 영업으로 인한 이익을 분배할 것을 약정하는 계약을 말한다. (무한책임을 지는 영업자와 유한책임을 지는 익명의 조합원으로 구성되는 조합)

620. 인간관계론 : 노동자의 작업능률과 그것에 영향을 미치는 객관적 및 주관적인 제조건과의 관계를 나타내는 이론을 말한다. (종업원의 개성이나 사회관계가 기업의 생산과정의 단순업무 성과에도 중요한 영향을 미치며, 생산량의 증대는 기술의 조직보다 오히려 인간관계 조직에 힘입고 있다는 이론)

621. 인간관계론적 관리론 : 인간적 환경과 관점에 관한 강조가 논의되기 시작하면서 탄생을 하게 된다. 즉, 작업장에서의 인간적 관점을 강조하는 것이다.
622. 인간관계론적 관리론 및 조직론적 관리론 시대 : 미국의 경영학을 3분류 할 때, 신고전이론에 해당한다.
623. 인간관계의 2대조사 : 인간관계론적 관리론을 연구하고자 생긴 조사이며, 대표적으로 양키시티조사와 호손연구가 있다.
624. 인간상호간 접근법 : "사람들을 통해서 무엇인가를 하게 하는 활동"이므로 관리에 관한 연구는 인간 상호관계 지향적이어야 하며, 사회, 심리적 존재로서의 개인의 행동이나 그 동기를 중요시 한다
625. 인간의 심리적 요인 : 감정이나 태도
626. 인간의 욕구 : 미국의 심리학자 매슬로우는 욕구란 인간이 충족하고 싶어 하는 생리학적이고 심리학적인 결핍이고 따라서 욕구는 인간의 작업태도와 행동에 영향을 미친다는 것이다. (생리적 욕구, 안전욕구, 사회적 욕구, 존경욕구, 자아실현 욕구)
627. 인력구조 조정 : 정리해고와 같은 양적 인력감축 뿐만 아니라 내부 노동시장 유연화를 통한 효율적 인력활용, 전문역량을 강화시키는 인력개발 등에 의해 질적 고도화를 추구하는 것이다. (순기능과 역기능이 오늘날 치열한 경쟁환경 하에서 기업들은 생존과 성장을 위하여 끊임없이 혁신하고 있으며, 혁신의 한 방법으로 채택하고 있는 것)
628. 인문과학 : 인간과 인간의 문화에 관심을 갖는 학문분야. 정치·경제·역사·학예 등 인간과 인류문화에 관한 정신과학을 통틀어 이르는 말
629. 인사적 활동 : 경영활동에 필요한 인재를 선발하거나 또는 사람을 교육시켜서 경영체에 필요한 인재로 육성하거나 하여 적재적소에 배치하여 업무를 수행하도록 하는 등 인재의 채용, 육성, 활용 등에 관한 활동
630. 인수 : 한 기업이 다른 기업의 자산을 사들이고 그 기업의 부채를 인수하는 것을 말한다.
631. 인수 · 합병 : 한 기업의 경영진이 다른 주인의 이익을 대리하는 새로운 경영진에 의해 교체되는 행위, 즉 경영진의 거래 또는 경영권시장을 말한다. 또한 기업의 확장전략과 관련한 외적 성장의 일환으로 일정한 법률적 절차에 따라 두 개 이상의 기업이 하나의 기업으로 결합하는 경영전략이다.
632. 인적자원 : 지식 · 기술 · 노동력과 같은 사람의 능력들과 관련된 자원을 말한다 (한 사회, 또는 국민경제가 필요로 하는 재화와 용역의 생산에 투입될 수 있는 인간의 노동력)
633. 인적회사 : 회사의 신인도 보다는 출자자인 사원 개인의 신용에 더 거래의 비중을 두고 있기 때문에 대표적인 인적회사라고 한다.
634. 일관작업방식 : 불필요한 노동량을 최소화하고 노동량을 유효적절하게 활용하기 위해 컨베이어의 도입으로 이루어진 작업방식이다. (원료로부터 제품이 완전하게 나올 때까지 한 공장에서 여러 과정을 멈추지 않고 거쳐 완료하는 방법)
635. 일반경영학 : 경영일반에 공통된 경영현상을 연구대상으로 삼는 경영학을 일반경영학이라고 한다. [조직체 일반(기업 · 관청 · 학교 · 교회 · 노동조합 · 군대 등)을 연구하는 넓은 의미의 경영학]

636. 일반관리이론 : 일반이론은 고전이론의 두 번째 지류로서, 페이욜이 창안하였다. 이는 기업 전체의 입장에서 활동하는 경영활동과 부문활동의 하나의 요소로서 각 부문활동에 공통적으로 적용되는 관리의 연구에 초점을 두고 있다.
637. 일반상업경영학 : 샤르의 저서. 이로부터 상과대학 중심 교과목이 상업경영으로 변화하기 시작하였다.
638. 일반전략모형 : 마이클 포터 교수가 사업수준의 경쟁우위전략으로 제시한 전략모형으로 산업 내의 경쟁정도는 다음의 5가지 요인에 의한 것이라고 주장하였다.
① 산업경쟁
② 새로운 진입자
③ 공급자
④ 고객
⑤ 대체품
639. 일본식 경영이론 : 일본식 경영이론은 J이론이라고 한다. 그 특징은 다음과 같다.
① 종신고용
② 집단의사결정
③ 집단책임
④ 장기적 평가 및 승진
⑤ 불명확한 통제기구
⑥ 경력의 비전문화
⑦ 사람으로서의 종업원에 대한 전반적 관심
640. 일부매각 : 수익성이 낮의 기업의 일부를 분할하여 매각 처분하는 것
641. 일선감독자 : 계장, 대리, 반장, 십장, 팀장 등과 같은 직급인물들을 말한다. (현장에서 실제로 작업을 하는 노동자나 일반 사무원을 직접 지휘·감독하고 자신에게 부여된 업무도 추진하는 관리인)
642. 일선감독층 : 현장에서 실제로 작업을 하는 노동자나 일반 사무원을 직접 지휘·감독하고 자신에게 부여된 업무도 추진하는 경영층을 말한다. (계장, 대리, 반장, 십장, 팀장)
643. 일양성 : 한결같은 모양으로 계속있는 능력을 일양성이라고 한다 (같은 모양의 반복적이고 규칙적인 현상이 존재해야 한다는 것)
644. 임파워먼트 : 종업원들로 하여금 스스로 자신들의 과업목표를 정하고, 의사결정을 내리며, 자신들의 책임과 권한의 범위 내에서 문제를 해결하도록 하는 과정이라고 할 수 있다.
645. 자본불변의 원칙 : 이는 일단 확정된 자본은 법으로 정한 엄격한 절차에 의하지 않고는 감소시킬 수 없는 것을 말한다.
646. 자본유지의 원칙 : 주식회사는 그의 존속 중에 언제나 기업의 유지와 회사채권자 및 장래의 주식취득자의 보호를 위하여 회사의 자본에 상당하는 재산을 확보하고 있어야 한다는 원칙
647. 자본의 3원칙 : 자본확정 원칙, 자본유지 원칙, 자본불변 원칙
648. 자본의 증권화 제도 : 자본을 증거가 되는 문서나 서류로 변경시키는 제도 (특징은 가격변동성과 대차성, 그리고 수익성이 있다는 데 있다)

649. 자본의 축척 : 생산요소의 결합 및 생산의 확대를 위해 자본을 축적하는 것을 말하며, 이는 주어진 소득 가운데 현재의 소비를 억제하여 저축을 함으로써 이루어진다.

650. 자본주의 경제체제 : 시장경제를 바탕으로 사적소유가 인정된다. 따라서 생산경제 주체는 기업이라 하는데 기업은 자기책임 하에 독자적으로 재화와 용역을 생산하여 대가를 받고 이를 소비자에게 판매함으로서 이익을 얻고자 한다.

651. 자본주의체제 : 상동.

652. 자본준비금 : 주식회사·유한회사에서 매결산기의 이익 이외의 이익을 재원으로 하여 적립하는 법정준비금

653. 자본집적 : 기업이 이익을 기업내부에 유보하여 크게 성장해 나가는 것을 말한다. [실물적인 자본의 추가 또는 기업이윤의 자본으로의 전화(轉化)로 인한 자본의 증가. 자본형성이라고도 한다.]

654. 자본집중 : 2개 이상의 기업이 결합하여 보다 큰 기업으로 되는 것을 기업결합 또는 자본집중이라고 한다.

655. 자아실현욕구 : 가장 고차원적인 욕구로 개인의 잠재능력을 최대한 실현한다거나 개인이 도덕이나 윤리를 바탕으로 지고지상한 목적이나 목표를 설정하여 이를 달성함으로써 인간으로 태어나서 느끼는 뿌듯한 자부감이나 성취감을 얻고자 하는 욕구를 말한다. (인간의 기본욕구 가운데 최고급 욕구로, 자신의 잠재적 능력을 최대한 개발해 이를 구현하고자 하는 욕구)

656. 자연과학 : 자연현상을 연구대상으로 하는 과학으로 일반적으로 과학이라고도 한다

657. 자연보호 : 자연환경을 보호하는 것. (자연이 파괴되지 않도록 지키고 더 좋은 환경으로 만드는 데에 이바지하는 일)

658. 자연적 환경 : 기업을 둘러싸고 있는 자연자원은 물론 대기나 일기 및 기후 등과 같은 자연환경조건, 즉 실체적 환경과 생태적 환경을 말한다. (자연적 환경에는 기후, 대기, 물 등의 물리적·화학적 환경과, 동식물을 중심으로 하는 생물학적 환경이 있다)

659. 자원배분자 : 기업의 인적·물적·금전적 자원을 어떻게 그리고 누구에게 배분될 것인지를 결정하는 것이다. (사용자간에 서로 다른 용도에 따라 자원을 배분해주는 자)

660. 자원의 희소성 : 유한한 자원이 인간의 물질적 욕구에 비하여 그 충족수단이 질적·양적으로 제한되어 있거나 부족한 상태이다. (자원은 사람의 필요에 따라 귀해지거나 쓸모가 없어진다는 뜻)

661. 자원전쟁 : 이는 유한한(한정된) 자원으로 인해 나라 간의 전쟁이 일어나는 것이다. (석유와 같은 한정된 자원을 천부적으로 독점한 국가들이 이를 무기로 내세워 정치적인 목적을 달성하려는 데서 빚어지는 극도의 긴장상태)

662. 자유경쟁 : 강제적인 제약을 받지 않고 각자가 자유롭게 경쟁하는 일, 특히 국가에 의한 제약이나 간섭없이 각 개인이 이윤을 얻기 위해 서로 경쟁하는 제도의 이념을 '자유경쟁'이라고 한다.

663. 자유기업체제의 방어 : 자유기업의 옹호자 하이에크는 기업에 대해 사회적 책임이 강요되고 국가에 의한 기업통제가 증대되면 결국 자유기업체제의 붕괴를 가져오고야 말 것이라고 지적하였다. 사회적 책임이 붕괴를 가져오므로, 방어를 해야 한다는 것이다.

664. 자유방임 : 개인의 경제활동의 자유를 최대한으로 보장하고, 이에 대한 국가의 간섭을 가능한 한 배제하려는 경제사상 및 정책이다. 이것이 “자유방임”이다. (정부의 활동은 법과 치안의 유지에만 한정되고 거래와 민간경제활동에 관한 정부의 모든 법적 제한은 제거되어야 한다는 사상)

665. 자유재 : 물과 공기처럼 그 존재량이 너무 많아서 대가없이 자유로이 쓸 수 있는 것을 자유재라고 한다.

666. 자율적 책임 : 기업이 사회적 책임에서 관한 피라미드식 모델에서 “선량한 기업시민 삶의 질 향상” 최고위층을 말한다.

667. 자재소요계획 : 제품을 생산함에 있어서 부품이 투입될 시점과 투입되는 양을 관리하기 위한 시스템을 말한다. 즉, 컴퓨터를 이용하여 최종제품의 생산계획에 맞추어 그에 필요한 부품이나 자재의 소요량 흐름을 종합적으로 관리하는 생산관리 시스템이다. (그 자재보다 높은 계층에 있는 제품의 생산수량 및 생산일정을 기초로 그 제품의 생산에 필요한 원재료, 부품 등의 원료의 소요량 및 계획을 역산하여 자재조달계획을 수립함으로서, 일정관리와 더불어 효율적인 재고관리를 기하고자 하는 방법)

668. 자주적 협동체 : 분업에 기초한 자주적 협동체

669. 자회사 : 모회사의 지배하에 있는 회사를 말하는 것으로 상법에서는 주식회사가 다른 주식회사 또는 유한회사의 기발행 주식수 또는 출자액의 40% 이상을 소유하고 있을 때 그 회사를 모회사라고 하며 그 회사에 주식 또는 출자를 소유당하고 있는 회사를 자회사라고 규정하고 있다.

670. 작업관리 : 생산현장에서 작업능률을 올리려고 일선책임자를 두어 관리하는 것. (생산현장에서 실시되는 작업을 개선·표준화하여 원가절감을 꾀하기 위해 행해지는 각종 관리의 총칭이다)

671. 작업지도표제도 : 테일러의 과학적 관리법 내용 중 하나로 당시는 근로자들이 대부분 미숙련자들이었기 때문에 이들이 작업에 익숙해지도록 작업을 분담하여 관리하는 직능적 일선감독자들은 작업방법에 관한 중요사항을 작업지도카드에 기록하여 지시하고, 작업지도카드에 의하여 과업을 관리하고 통제하였다. (효율적·계획적 생산활동의 실현을 위하여 기업이 실시하는 작업관리의 한 방법)

672. 잔액인수 : 그 증권의 전부 또는 일부에 대하여 이를 취득하는 자가 없을 때 그 나머지를 취득하는 것을 내용으로 하는 계약을 체결하는 것. (유가증권 인수방법의 한 형태로서 발행기관이 발행자로부터 위탁받은 증권의 발행사무를 담당하고 만약 모집기간 중에 소화시키지 못한 발행증권의 잔량이 있으면 그 잔량을 발행기관이 인수하는 것으로 청부모집이라고도 한다. 이 잔액인수는 발행자의 입장에서 보면 잔액인수계약이 성립된 시점에서부터 사실상 모집이 달성된 것이나 다름없기 때문에 발행자는 발행된 증권 전액에 대하여 인수수수료와 모집수수료를 발행기관에 지급하여야 한다)

673. 잔여손실 : 주인의 관점에서 본 최적의 의사결정과 대리인으로서의 경영자와 의사결정 사이에 존재하는 괴리로 말미암아 가시적 또는 비가시적으로 발생되는 주주의 부의 감소를 말한다.

674. 잡음 : 의사소통 과정에서 메시지가 의도하는 바를 왜곡시킬 수 있는 요인 모두를

말한다. (필요한 신호파에 혼입되어 그 정상적인 수신 또는 처리를 방해하는 전기적 난파.)

675. 장기계획 : 통상 5년 이상의 기간을 요구하는 계획. 그리고 조직의 궁극적인 목표 및 조직의 전략적 계획과 밀접한 관련이 있으며 기업조직에 있어서의 최고 경영층에 의해 그 방향과 중심적인 과업이 설정된다.

676. 장소효용 : 운송업을 말한다.

677. 재고관리기법 : 능률적이고 계속적인 생산활동을 위해 필요한 원재료・반제품・제품 등의 최적보유량을 계획・통제・조직하는 기능 (원재료, 부품, 재공품 및 제품 등의 형태로서 기업 내에 존재하고 있는 재고품의 양과 질을 최적으로 유지함으로써 생산활동이 원활하게 진행되어 기업의 수익성이 높아짐과 아울러 재고투자가 적정화되도록 계획, 통제하는 관리기법.)

678. 재무감사 : 조직의 회계, 재무, 운영 시스템을 평가하고 통제하는 방법으로서 재무감사는 재무제표의 투명성과 공정성을 확인하는 재무통제방법이다. 기업이 작성한 재무제표에 대하여 기업 외부에서 맡아 하는 감사

679. 재무구조조정 : 사업구조를 핵심역량위조로 정비하여 한계사업이나 비수익자산을 정리. 매각함으로써 자금을 조달하고 이를 바탕으로 차입금을 상환하는 것 등을 말하며, 과도한 부채비율을 낮추어 평균자본비용을 최소화하는 것을 말한다 (부채비율을 낮추어 평균자본비용을 최소화함으로서 생존을 유지하고 나아가서 기업의 부가가치 창출을 이루는 것)

680. 재무비율분석 : 재무제표상의 항목을 서로 대응하는 항목으로 분류하여 그 총체적인 구성비와 개별항목간의 연간비율을 산출하고, 이를 과거의 평균비율이나 표준비율과 비교함으로써 재무상태와 경영성과를 분석, 평가하는 것을 말한다. (비율분석은 재무제표 등과 같은 수치화된 자료를 이용하여 항목 사이의 비율을 산출, 기준이 되는 비율이나 과거의 실적, 그리고 다른 기업과의 비교 등을 통해 그 의미나 특징, 추세 등을 분석・평가하는 것이다)

681. 재무적 활동 : 경영활동에 필요한 자금의 조달과 운용에 관한 활동

682. 재무제표 : 회계실체의 일정기간(회계기간) 동안의 경제적 사건과 그 기간 말에 있어서의 경제적 상태를 나타내기 위한 일련의 회계보고서

683. 재무제표분석 : 경제적 상태를 나타낸 회계보고서를 분석하는 것을 재무제표 분석이라 한다. (경제적 의미와 이론적인 관계성이 분명한 두 항목의 상대적 비율을 구하여 이해하기 쉬운 지표로 나타낸 것)

684. 재벌 : 여러 개의 기업을 거느리며 막강한 재력과 거대한 자본을 가지고 있는 자본가를 말한다. 다시 말해, 거대자본을 가진 동족으로 이루어진 혈연적 기업체군을 말한다. (재계에서 큰 세력을 가진 독점적 자본가나 기업가의 무리, 또는 일가나 친척으로 구성된 대자본가의 집단)

685. 재정 : 국가 및 지방공공단체의 경제활동을 말한다. 넓게는 개인・가계 등 경제 주체의 재산 및 수지의 관리를 포함하며, 이를 사재정(私財政)이라고 한다

686. 재정정책상의 목적 : 국가가 재정적으로 필요한 자금을 조달하기 위하여 공기업을 설립하여 경영하는 경우

687. 재정학 : 국가 및 지방공공단체의 경제인 재정현상을 연구대상으로 하는 응용경제

학의 한 분야

688. 재화 : 사람에게 효용을 주는 실체적 물건으로 우리의 생존과 발전에 영향을 미치는 중요한 것이다. (인간의 복지에 도움이 되는 수단으로서 효용(效用)을 가지고 있는 모든 물체와 물질.)

689. 저차원적 욕구 : 매슬로우의 욕구단계이론에서 생리적욕구, 안전의 욕구, 사회적 욕구가 이에 해당한다. (욕구는 순차적으로 가장 저차원적 욕구로부터 가장 고차원적 욕구로 서열화 되어 있음. 생리적욕구, 안전의욕구, 사회적욕구, 자존의욕구, 자아실현의욕구.)

690. 적시관리시스템 : JIT시스템은 일본 도요타 자동차 회사에서 개발한 기법으로 재고가 생산의 비능률을 유발하는 원인이 되기 때문에 이를 없애야 한다는 사고방식에 의해 만들어진 기법이다. (정보의 투입, 처리, 계획, 결정, 전달 등의 단계를 갖는 시스템을 말하는 것으로 생산, 운송, 수리, 보관 등의 각 관리 시스템 외에 원가관리, 품질관리, 자재관리 등을 말한다)

691. 적시성 원칙 : 어떤 일이나 활동이 때와 순서에 맞게 이루어져야 한다는 원칙.

692. 적시적 : 어떤 일이나 활동이 때와 순서에 맞게 이루어져야함을 의미

693. 전략적 결정 : 기업과 환경과의 관계를 확립하는 결정

694. 전략적 계획 : 환경변화와 관련된 계획으로서 목적과 목표를 결정하고 그와 같은 목적과 목표달성에 요구되는 조직구조 및 조직 내의 자원의 효과적인 배분과 행동방향을 결정하는 것이다. (조직 전체적 차원에서 환경과 관련된 장기적이며 기본적인 계획)

695. 전략적 사업단위 : BCG매트릭스에서 대기업이 취급하고 있는 여러 가지의 사업

696. 전략적 의사결정 : 주로 기업의 외부문제, 즉 외부환경과의 관계에 관한 의사결정으로서 기업의 성격을 기본적으로 좌우하는 의사결정

697. 전략적 제휴 : 경쟁관계에 있는 기업들 간에 특정 사업 및 업무분야에 걸쳐 협력관계를 맺는 것을 의미

698. 전문경영자 : 경영의 규모가 커지고 복잡해짐에 따라 자본의 출자와는 관계없이 오로지 경영에 관한 지식, 기술 및 풍부한 경영정보 등과 같은 자질과 능력에 따라 영입되어 주주의 지시를 받지 않고 독립적으로 경영활동을 수행하는 경영자.

699. 전문직 네트워크형 : 조직 내외의 전문지식 및 의사결정권을 갖는 사람을 글로벌한 네트워크 및 커뮤니티로 연결하여 과제해결 및 의사결정 지원을 목적으로 한다

700. 전반 관리층 : 최고 경영층. 기업의 장기적 목표와 전략 등을 결정하고 혁신기능과 함께 기업의 사회적 책임을 지는 경영층으로서 장기적이며 전반적으로 영향을 미치는 의사결정 주로 한다.

701. 전사적 품질관리 : 고객의 요구에 부응하는 품질달성을 최우선의 목표로 담고, 서비스 품질과 업무수행 방법의 지속적 개선을 위해 조직구성원의 폭넓은 관리와 참여가 효과적인 의사소통에 기초한 관리개선기법을 말한다. (가치사슬을 구성하는 주 활동의 모든 노력)

702. 전술적 계획 : 조직의 존속・발전에 직・간접적인 영향을 미치는 환경적인 요인을 감안하여 수집하는 전략적 계획을 수행하기 위한 실천계획으로 수단, 방법, 도구, 절차, 예산편성 등의 내용 포함

703. 전자회의 : 명목상의 집단기법과 컴퓨터 네트워킹을 활용한 집단의사결정기법이다. (개인 컴퓨터 통신의 기능 중 하나로, 정보를 전달하는 서비스)

704. 전체성 : 시스템의 특성 중에 하나로 전체성은 단순히 구성요소와 부분들이 모여서 이루어진 집합체가 아니라 특성을 갖춘 독립된 완성체를 말한다. (여러 사물이 전체적으로 하나의 유기적인 체계를 이루고 있는 성질)

705. 전통적 관리론시대 : 대규모적이고 복잡해진 조직을 운영할 수 있도록 공장시스템과 현대기업의 관리원칙을 제시하는 고전이론. (경영의 고전적 관점은 19세기에서 20세기 초에 걸쳐 형성. 대규모적이고, 복잡해진 조직을 운영할 수 있도록 공장시스템과 현대기업의 관리원칙을 제시함.)

706. 전통적 권한 : 베버는 관료제 이론에서 권한의 유형을 카리스마적 권한, 전통적 권한, 합법적 권한 세 가지로 나눔.

707. 전파자 : 전파자로서의 역할은 외부 또는 종업원들로부터 받은 사실 또는 해석이 포함된 필요한 정보를 조직구성원에게 전달해주는 역할을 한다.

708. 절차 : 반복적으로 사용되는 상설계획 중에 하나로 일을 치르는 데 거쳐야 하는 순서나 방법

709. 절충모형 : 재고관리기법 중 하나. 고정주문량모형과 고정주문기간모형을 결합한 모형으로 고정주문기간모형에서와 같이 재고수준이 정기적으로 검토되지만 사전에 결정된 재주문점 이하에 이를 때만 주문하는 방법으로 재고조사비용과 주문비용이 매우 클 때 유용한 방법이다. (사전에 결정된 재주문점 이하에 이를 때만 주문하는 방법으로 재고조사비용과 주문비용이 매우 클 때 유용한 방법)

710. 정보경제학 : 정보가 시장구성원 모두에게 똑같이 주어져 있다는 완전자본시장의 비현실적인 가정을 완화시켜서 현실적 상황에서 나타나는 각종 재무현상을 연구하는 이론을 말한다. (정보가 갖는 경제적 의미를 분석하는 것을 주요 내용으로 하는 경제학의 한 분야다)

711. 정보의 비대칭 : 기업경영자와 투자자 사이에 정보가 비대칭적으로 불균등하게 소유되어 있기 때문에 발생되는 문제이다. (주인-대리인 관계에서 대리인이 주인보다 관련 사안에 대해 더 많은 지식과 정보를 갖고 있는 상황 등을 말한다)

712. 정보이론 : 최대한 많은 데이터를 매체에 저장하거나 채널을 통해 통신하기 위해 데이터를 정량화하는 이론을 말한다. [물리계·생체 또는 그 양자를 포함하는 계(系)에서의 정보의 전달 및 처리에 관한 이론]

713. 정보적 역할 : 경영자라는 조직의 혈액이라고 할 수 있는 자금이나 정보와 관련된 활동을 수행한다는 점에서 중요하다. 즉, 정보의 중앙처리역할을 한다. (모든 경영자는 주어진 과제와 관련된 정보를 받거나 수집하여 다양한 형태로 활용하는 정보의 중앙처리장치 역할)

714. 정보적 활동 : 경영활동에 필요한 자료의 수집, 정리, 분석 그리고 가공을 통한 정보화와 조직 내 의사소통 경로의 확보를 말한다.

715. 정보화 : 어떤 지역이나 분야가 정보를 중시하는 방향으로 변화하는 과정을 말한다. [정보가 중심이 되어 가치를 만들어 내는 사회경제(정보화 사회)를 행하는 활동이나 경향을 가리킨다.]

716. 정부재정지원기관 : 재정지원기관은 정부가 소유하거나 지배하는 공기업의 영역에

해당하지 않으며 단지, 정부가 보조금, 지원금 지급 등을 통해 보호 또는 지원해 주는 기관

717. 정부출연기관 : 정부가 소유하거나 출자하여 설립한 기관이라는 점에서는 양자가 동일하다. 그러나 공기업은 시장성 또는 기업성을 확보하고 있으나, 정부출연기관은 시장성 또는 기업성을 배제하려는 비영리공익법인이다. 정부가 출연금 예산으로 운영비와 사업비를 지원하는 기관을 말한다.

718. 정수계획법 : 오퍼레이션즈 리서치(operations research) 분야의 최적 계획법의 하나, 즉 변수의 값이 정수로 제한된 최적화 문제를 다루는 프로그램을 말한다.

719. 정책 : 어떤 특정한 목적을 실현하기 위한 지침을 말한다. (정치적 목적을 실현하기 위한 방책)

720. 정치적 · 법률적 환경 : 법률의 제정, 개정 및 폐지는 물론 정권교체가 있을 때는 기업에 직·간접적인 영향을 미치기 때문에 법률적·정치적 환경은 기업의 주요 관심사가 아닐 수 없다.

721. 정형적 의사결정 : 반복적으로 발생하는 일상적인 문제, 즉 구조화된 문제에 관한 의사결정

722. 제1차 방법논쟁 : 1912년경 웨이어만과 셰니츠에 의해 유발되어 슈말렌바하와 논쟁이 벌어진 것을 말한다. '과학론인가 기술론이가?'에 관한 논쟁

723. 제2차 방법논쟁 : 1928년 리커의 '사경제학 입문'이 계기가 되어 슈말렌바하와 논쟁이 벌어진 것을 말한다. '이론과학인가 응용과학인가?'에 대한 논쟁

724. 제3섹터 : 민관 공동출자산업을 말하는데, 민간부문이 가진 우수한 정보·기술과 풍부한 자본을 공공부문에 도입해 공동출자 형식으로 행하는 지역개발사업

725. 제3차 방법논쟁 : 구텐베르그와 멜레로비쯔에 의해 생산요소들의 최적 결합관계라는 방법론적 이론연구와 경험론적 가설에 귀납적으로 도달한다는 실천적 이론의 주장

726. 제록스 : 1892년에 실시한 경쟁적 벤치마킹을 처음 시작한 기업. 미국에 본사를 둔 세계적인 문서관리회사 1906년 설립된 핼로이드사(The Haloid Company)에서 출발했다. 뉴욕 증권거래소 상장기업이다.

727. J이론 : 일본식 경영이론으로 종신고용제도, 장기평가, 집단주의, 연공주의 등의 특징을 가지고 있다.

728. ZD운동 : 종업원에게 계속적으로 동기부여를 함으로서 종업원 각자가 작업상의 결점을 0(zero)으로 하고, 제품의 품질향상, 신뢰성 향상, 납기엄수, 원가절감을 달성하고자 하는 운동을 말한다. (1962년 미국의 마틴사의 핼빈에 의해 제창된 운동이며, 작업의 결점이나 잘못의 감소를 목표로 하는 경영관리기법이다)

729. ZD, zero defect : 종업원에게 계속적으로 동기부여를 함으로써 종업원 각자가 작업상의 결점을 0(zero)으로 하고, 품질향상, 신뢰성 향상, 납기엄수, 원가절감을 달성하고자 하는 운동을 말한다. (제품 내에 결점이 하나도 없는 상태)

730. Z이론 : 미국식 기업의 장점과 일본식 기업의 장점을 통합한 새로운 이론이다. [Y이론의 한걸음 더 발전한 형태로, 윌리엄 오우치(William Ouchi)가 일본 경영자들의 호의적 Y이론을 Z이론이라고 불렀다.]

731. Z이론 기업 : 바람직한 기업경영의 특성은 다음과 같다.

① 장기고용
② 모두가 참여하는 합의제 의사결정
③ 개인책임
④ 장기적 평가 및 승진
⑤ 공식적 조처의 비공식적, 불명확한 통제기구
⑥ 어느 정도 전문화된 경력
⑦ 가족을 포함한 전반적 관심

732. 제품개발 : 효용을 창출하는 생산적 활동 중에 제품개발을 들 수 있는데 이는 제품의 품질을 향상시키는 활동이다. (제조업자에 있어서 상품기획에 포함되는 것으로서, 주로 신제품의 개발과 제품의 개량 등을 말한다)

733. 제품별 부문화 : 기능적 부문화와 달리 제품이나 제품군을 중심으로 부문화 하는 것

734. 제휴합작벤처 : 모기업으로부터 독립된 하나의 사업체를 제휴기업들이 만들어 내는 방식

735. 젠센과 메클링 : 대리이론을 재무관리에 도입하여 발전시킨 인물이 젠센과 메클링이다.

736. 조립 라인 방식 : 포드시스템을 확립시키는데 도움을 준 기계화 방식을 말한다. 제조업을 위한 혁명적인 시스템을 발명하다. 랜섬 앨리 올즈(1864~1950)는 자신이 보유한 아이디어(조립 라인)로 제조 산업에 혁명을 불러 일으켰다.

737. 조명실험 : 조명의 질과 양이 노동자의 능률에 미치는 관계를 알아보려고 하였는데, 결과는 예상과 반대로 조명도, 임금지급방법, 휴식시간 등이 작업능률에 별다른 영향을 미치지 않는 것으로 나타났다.

738. 조정 : 조직 내에 존재하는 하위부문들이 취하는 목표가 궁극적으로 조직이 달성하고자 하는 조직유효성을 따르기보다는 능률의 원칙을 따르기 때문에 발생한다. (어떤 기준이나 실정에 맞게 정돈함)

739. 조정의 필요성 : 각 부서나 구성원들이 담당하는 업무간의 상호의존 때문, 이질성 때문에 필요.

740. 조직 : 둘 이상의 사람들이 공통의 목적을 달성하기 위하여 유기적으로 힘을 합친 상태 또는 모습을 조직이라 한다. (어떤 기능을 수행하도록 협동해나가는 체계. 즉, 개개의 요소가 일정한 질서를 유지하면서 결합하여 일체적인 것을 이루고 있는 형태)

741. 조직개발의 의의 : 행동과학적 지식을 이용하여 조직문화를 보다 효과적으로 진단하고 관리함으로써 조직의 문제해결능력을 향상시키기 위한 최고경영자에 의해 지지된 전체적이며 장기적인 노력.

742. 조직구조 조정 : 경영혁신의 중추적 역할담당 조직구조가 어떻게 구축되느냐에 따라서 사업전략 뿐만 아니라 각종 경영관리 시스템의 효과성이 크게 영향을 받기 때문이다.

743. 조직구조의 결정요인
① 기술 : 조직이 투입요소를 산출물로 변화시키는 과정
② 규모 : 조직구성원의 총수
③ 환경 : 환경에 대한 적응여부가 조직의 생존력에 영향을 미쳐
④ 조직구성원 : 조직구성원들 간의 권력이나 정략 등과 같은 정치적 변수들이 영향

⑤ 전략 : 전략의 정도에 따른

744. 조직균형 : 조직간의 균형. 어느 한쪽으로도 치우치지 않은 그러한 것을 말한다. (조직의 존속과 발전을 위해 필요)

745. 조직체 : 체계적이고 일정한 틀로 짜여있는 체제나 단체를 말한다. [조직체(組織體)는 한 생물 개체의 장기 안의 조직에서 모든 세포 및 조직에 특화된 유전자 및 단백질의 총체를 말한다.]

746. 조직화 : 경영목적을 달성하기 위해서 자원들을 효과적이고 효율적으로 활용할 수 있도록, 또 분업을 통한 협동체계의 틀을 구상하여 이 조직 속에서 경영활동에 필요한 인적·물적 자원을 배치하는 것을 말한다.

747. 조직화의 과정 : 조직화의 과정은 다음과 같다.

① 조직의 목표달성에 필요한 전체업무를 어떠한 원칙과 방법에 의해 분할할 것인가를 결정

② 나름대로의 원칙과 기준에 의해 나누어진 업무들 간의 관계를 효과적으로 조정하여 조직목표를 달성할 수 있도록 효과적으로 결합시켜야 한다

748. 조직화의 의의 : 기업이 달성하고자 하는 목표, 목표달성에 영향을 미칠 가능성이 있는 환경적 제약 및 기회, 목표의 달성을 위한 절차가 분명히 되면 그 다음으로는 그러한 계획을 효과적으로 달성하는데 필요한 직무의 내용을 명확히 하고, 아울러 직무수행에 필요한 권한과 직위 및 책임을 기준으로 체계를 갖출 필요가 있는데, 이러한 과정을 조직화라 한다.

749. 조직화 원칙 : 경영활동의 4대원칙 중에 하나로서 분업을 통한 유기적 협동체인 조직을 구성하여 경영활동이 이루어져야 함을 말한다. 조직화의 원칙이 최우선 과제이다.

750. 조합 : 민법상의 조합은 민법의 규정에 따라 2인 이상의 당사자가 조합계산을 맺고 서로 출자하여 공동사업을 영위하는 형태이다. [서로 다른 n개 중에서 r개($n \geq r$) 취하여 조를 만들 때, 이 하나하나의 조를 n개 중에서 r개 취한 조합이라고 한다.]

751. 존경 욕구 : 타인으로부터 존경을 받고 싶어하는 고차원적인 욕구로서 자존심과, 성취욕, 능력욕, 독립욕, 명예욕 등을 말한다.

752. 존재욕구 : 매슬로우의 이론에 비추어 볼 때 생리적 욕구와 안전욕구에 해당하는 욕구로서 이 욕구가 충족되지 못하면 인간의 생존이 위협받게 된다.

753. 종합적 품질관리 : 일본에 비해 열세를 보이고 있던 구미제국이 공업제품의 국제경쟁력을 향상시키기 위해 고안한 관리방식으로 품질위주의 기업문화를 창출함으로써 조직구성원의 의식을 개혁하고 궁극적으로 기업의 국제경쟁력을 제고하고자 하는 경영혁신운동이다. (제조현장의 품질관리에만 그치지 아니하고, 영업·기획·개발·총무·경리 따위의 모든 비제조부문의 업무수행의 질까지 높임으로써 생산공정 모두에 걸쳐 품질을 향상시키려는 방법)

754. 주문점 방식 : 고정주문량모형의 하나로, 즉 발주량을 기준으로 하는 모형으로 이는 수요가 불확실하고 변동의 폭이 큰 재고관리에 많이 이용되고 재고수준을 수시로 조사·파악해야 하는 단점은 있으나 고가격·소품종과 재고파악이 쉬운 제품에는 유리하다.

755. 주식 : 자본금의 구성분자인 금액을 의미하고, 권리발생의 기초인 독립된 사원의

지위 또는 자격을 의미한다. (주식회사의 자본을 구성하는 단위)

756. 주식발행초과금 : 주식발행초과금이라 함은 주식의 액면금액을 초과하여 발행한 경우 발행금액과 액면금액의 차액을 말한다. 발행가액이 액면가액을 초과하는 부분으로 주주가 회사에 납입한 것이기 때문에 실질적으로 자본금과 다를 바가 없는 전형적인 자본잉여금이다.

757. 주식회사 : 자본이 주식으로 분할되어 주식의 인수를 통해 출자하거나 기발행 주식을 취득함으로써 출자자인 주주가 되며 주주는 주식의 인수가액의 한도에서 출자의무를 질 뿐 회사채무에 대해서는 직접책임을지지 않는 유한책임형태의 회사를 말한다. (주식의 발행으로 설립된 회사)

758. 주식회사의 기관 : 주주회사의 기관은 다음의 4개의 기관이 있다.

① 주주총회

② 대표이사

③ 이사회

④ 감사 또는 감사위원회

759. 주주 : 주식회사의 사원인 지위(주주권)로서의 주식의 귀속자. 실질적으로 기업의 소유자로서 회사의 최고의사결정 기관인 주주총회를 구성하는 구성원.

760. 주주총회 : 주주에 의해 구성되는 주식회사 최고의 의사결정기관으로 그 권한은 상법과 정관에 정해져 있다. (주주가 모여서 회사의 의사를 결정하는 필요기관)

761. 중간관리자 : 중간관리층인 각 부문의 장. 즉, 부장・차장・과장을 말한다.

762. 중간관리층 : 부문관리층이라고도 하는데 최고경영층이 설정한 경영목표 및 전략과 정책 등을 집행하기 위해 전사적 방침에 따라 기업 내에서 각 부문의 활동을 전술적으로 수행한다. [기업의 최고관리자층(top management)과 현장감독자층(lower management)의 중간에 위치하여 직능부문 운영에 책임을 맡은 중간관리자층]

763. 중견기업 : 중소기업 규모보다는 크지만 대기업이라 보기에는 작은 기업을 지칭한다. 매출액이 1,500억 원 이상으로 대기업에 해당되지 않은 기업.

764. 중성미립자의 영향 : 우주공간적 환경에서 우리 모두의 존속・발전에 직・간접적으로 영향을 미치는 요인 중에 중성미립자의 영향이 있다.

765. 중소기업 : 대체로 기업의 규모가 작으면 중소기업이라고 한다. 매출액이 1,500억 원 이하인 기업을 통칭하는 말.

766. 증권대위 : 자기 회사의 주식 또는 사채를 발행, 매각하여 마련한 자금으로 다른 회사의 주식을 취득함으로써 그 기업을 지배하게 되는 경우, 결과적으로 자기 회사의 증권과 타회사의 증권을 교체한 결과가 되므로, 이것을 증권대위라고 한다. 지주회사는 이 같은 증권대위로 이루어진다. (자기회사의 주식이나 채권을 발행하여 얻은 돈으로 다른 회사의 주식이나 채권을 사는 행위)

767. 지도자 : 지도자로서의 역할은 직무가 적절히 수행되도록 종업원의 채용, 배치, 훈련, 동기부여와 활성화 등과 같은 종업원과 관련된 모든 활동을 수행한다. (집단의 통일을 유지하고 성원이 행동하는 데 있어 방향을 제시하는 역할을 하는 인물)

768. 지리적 환경 : 공장, 사무실 및 판매량 등의 입지를 결정할 때 고려하여야 하는 요인이다. (객관적・물리적으로 주어진 환경)

769. 지배 : 어떤 사람이나 집단, 조직, 사물 등을 자기의 의사대로 복종하게 하여 다스

리는 것을 지배라고 한다. (사회적 상호작용의 한 유형으로 지배자의 구조·기능 또는 목적이, 피지배자의 구조·기능 또는 목적 등을 결정하는 유형)

770. 지배구조 조정 : 기업경영에 관한 의사결정을 담당할 기업경영자의 임명과 해임권한을 누가 가지며 어떻게 그 권한을 행사하는가를 의미.

771. 지분의 대리인비용 : 다수의 외부주주인 주인과 대주주로서 경영에 참가한 소유경영자인 대리인 사이의 갈등에 따라 발생하는 대리인비용을 의미.

772. 지분자본가 : 이는 회사의 경영에는 참여하지 않고 단지 기능자본가에 출자하고 경영성과의 분배에만 참여하는 인원을 말한다. (유한책임사원)

773. 지분참여 제휴 : 제휴의 방식 중에 하나로 특정 파트너를 찾아 지분의 일부를 취득하는 방식.

774. 지속가능성 : 경제시스템이나 환경시스템이 장기간 생존하고 번영할 수 있는 능력에 관계되는 특정을 말한다. (지속가능성이란 일반적으로 특정한 과정이나 상태를 유지할 수 있는 능력을 의미한다)

775. 지식경영 : 지식경영이란 조직구성원 개개인의 지식이나 노하우를 체계적으로 발굴하여 조직 내 보편적인 지식으로 공유함으로써, 조직 전체의 문제해결 능력을 비약적으로 향상시키는 경영방식.

776. 지식의 체계 : 지식이 시스템을 이루어 체계적으로 변하는 것을 의미. (과학을 포함한 모든 분야에 있는 학문)

777. 지역무역동맹 : 이는 WTO 체제가 출범한 이후에 와서 급속도로 증가가 되었는데, 국가 간이 아닌 지역적 블록화에 따른 동맹인 것이다. 이에 따른 배경으로는 경제통합의 역내 회원국들에게 무역창출을 비롯하여 투자유인 그리고 경제촉진을 통한 효율성 제고 등의 실질적 혜택을 가져다주기 때문이다. (세계무역과 경쟁은 지금 지역 간 무역협정이 늘어남에 따라 지역 간 경쟁으로 변화하고 있다)

778. 지역별 부문화 : 지리적 영역이나 지역을 중심으로 직무를 집단화 하는 방법으로 특정 지역 내에서 발생하는 모든 업무나 작업활동들이 한 부서 내에서 이루어질 수 있도록 조직을 설계하는 것을 의미한다.

779. GE비즈니스 스크린 : GE비즈니스 스크린에 있어서 가장 핵심적인 차원은 강점이다. 그리고 산업의 매력도라는 개념이다. 각각의 영역은 SWOT분석과 같이 복수의 요인에 의해 분석된다. 즉, 승자·미지수·평균사업·이익창출자·패자 등으로 명명되고 그에 따라 각각의 사업단위를 분류하는 매트릭스이다. (사업의 강점과 산업의 매력도라는 개념)

780. 지적 자본형 : 지식경영의 유형 중 하나. 이는 특허 및 라이선스, 프로그램 등의 저작물, 브랜드 등의 지식자산을 사내외에서 활용하여 수익으로 연결시키는 것을 목적으로 한다. 중요한 것은 지적 소유권 자체가 아닌 이를 활용하는 사내의 지식이다.

781. 지적탐구활동 : 학습활동과 연구활동이 있는데, 전자는 남은 아는데 나만 모르기 때문에 지적탐구활동을 말하고, 후자는 나도 모르고 남도 모르는 것을 탐구하는 지적활동을 말한다.

782. 지주회사 : 자회사의 과반수의 주식 또는 지배에 필요한 비율의 주식을 취득함으로써 산하회사에 대한 기업지배권을 획득하는 기업집중형태이다. (다른 회사의 주식을 소유함으로써, 사업활동을 지배하는 것을 주된 사업으로 하는 회사)

783. 지휘통일의 원칙 : 통일된 명령계통과 통일된 계획에 의하여 모든 업무수행이 되어야 한다는 것이 지휘통일의 원칙이다. (조직 내의 업무는 통일된 명령과 지시에 의하여 수행되어야 한다. 따라서 통일된 명령계통과 통일된 계획에 의하여 모든 업무활동이 수행되어야 한다는 것)

784. 지휘활동 : 목적을 효과적으로 이루기 위하여 단체의 행동을 통솔하는 활동이다. (의사결정, 의사소통, 동기부여, 리더십, 경영철학이 중심활동)

785. 직계식 조직 : 1인의 직속상사에 대하여 지휘와 감독을 받는 계층화에 의한 수직적 관계에 중점을 두는 단순한 조직형태를 직계식 조직이라고 한다. (명령관계가 직선적으로 구축되는 가장 단순한 조직형태)

786. 직능별 감독제도 : 테일러의 과학적 관리법의 내용 중 하나. 작업조건에 관한 준비나 작업방법을 작업자에게 지도하는 책임을 감독자인 직장에게 분담시키기 위해 전문분야별, 즉 직능별 책임자가 작업에 대하여 분업적 지도를 하게 한 것을 말한다.

787. 직무의 삼면등가의 법칙 : 직무란 각 지위에 배정된 업무, 즉 일을 말하는데 직무에는 그 수행과 관련하여 권한, 책임, 의무가 주어진다. 이와 같은 권한, 책임, 의무의 3자는 모두 같은 중요도를 갖는다 하여 이를 직무의 삼면등가의 법칙이라 한다.

788. 직무전문화 : 조직화의 첫 번째 단계인 직무전문화는 조직의 전체적인 과업을 보다 작은 요소로 분할하고 나누는 것을 의미한다. 그리고 분할은 생산성의 향상과 밀접한 관련이 있다.

789. 직선식 조직 : 1인의 직속상사에 대하여 지휘와 감독을 받는 계층화에 의한 수직적 관계에 중점을 두는 단순한 조직형태. (명령관계가 직선적으로 구축되는 가장 단순한 조직형태)

790. 직위 : 각 구성원들에게 할당된 과업의 집합을 의미한다. 즉, 각 조직의 구성원이 맡고 있는 여러 과업이 합쳐져서 하나의 직위가 된다. 따라서 직위와 구성원의 수는 일대일의 대응관계에 있다. [직책상의 지위나 분담. 종업원 개인에게 할당된 '일 내지 과업'의 집합체를 말하며 지위(地位)라고도 한다.]

791. 질서의 원칙 : 조직체의 자원은 질서정연하게 정돈되어야 하고, 특히 구성원의 경우에는 각자의 직무내용이 분명히 설정되어 상호간의 연결이 잘 되어야 하고, 이것이 조직도표에 표시되어 모든 활동이 질서있게 전개되어야 한다는 것이 질서의 원칙이다

792. 집단의사결정 : 의사결정의 주체가 2인 이상인 경우를 말한다. 그리고 집단의사결정이 개인의사결정보다는 우월하다는 기본 가정 하에 집단의사결정의 중요성은 점점 더 증대되고 있다. 조직이 당면한 문제에 대한 해결방안을 개인이 아닌 집단에 의하여 이루어지는 의사결정

793. 집단의사결정기법 : 일반적으로 널리 사용하는 상호작용집단법과 이의 한계성을 개선한 방법인 델파이법, 브레인스토밍, 명목상 집단기법 그리고 전자회의가 있다.

794. 집단행동 접근법 : 집단으로서의 인간행동을 중시하여 사회심리학・사회학・인류학적 지식을 대집단의 행동특성에 관한 연구가 포함되어 그 연구대상이 다양화되고 있으며 때로는 조직행동이라 부르기도 한다. (집단구성원이 일치해서 동일한 행동을 취하는 경우와, 집단구성원인 개인이 집단의 목적을 실현하기 위해 취하는 행동도 이에 속한다.)

795. 집중화 전략 : 집중화 전략이란 특정 고객・제품・지역 등 특정한 세분시장에 집중하여 기업의 자원을 투입하는 전략을 말한다.
796. 차별성과급제도 : 시간연구와 동작연구를 통해 숙련된 노동자가 하루에 할 수 있는 작업의 량을 과업으로 설정한 후 임금산정의 기본이 되는 임률에 대해 높은 임률과 낮은 임률의 두 가지를 정하여 두고, 과업을 달성하였을 때는 높은 임률을 적용하고, 실패하였을 때는 낮은 임률을 적용하여 임금을 산출하는 방식
797. 차별화 전략 : 기업이 제공하는 제품 또는 서비스에 있어서의 경쟁사의 제품 또는 서비스와의 달리 확실히 구분되는 독특한 그 무엇인가를 제공하는 것을 의미. (제조업자가 특정한 시장에서 강한 정체성을 확립하기 위하여 사용하는 마케팅 전략의 하나)
798. 찬성론 : 사회적 책임에서 기업이 윤리적 책임과 기업의 장기적 이익추구를 위한 사회참여를 근거로 사회적 책임에 대해 찬성하는 이론이다.
799. 체계화된 지식 : 단계적으로 잘 나열, 정리되어 있는 지식을 말한다. (과학을 포함한 모든 분야에 있어서 축적된 학문)
800. 총액인수 : 이는 제3자에게 그 증권을 취득시킬 목적으로 그 증권의 전부를 취득하는 것을 말한다.
801. 최고경영자 : 최정상에서 기업을 운영하는 경영자를 말하고 대표적으로 대표이사가 있다. (기업의 최고 의사결정권자. 원래는 최고지휘관을 뜻하는 군사용어이지만 미국 기업에서 최고 의사결정권자)
802. 최고경영층 : 전반관리경영층이라고도 하는데 기업의 장기적 목표와 전략 등을 결정하고 혁신기능과 함께 기업의 사회적 책임을 지는 경영층으로서 기업전체에 장기적이며 전반적으로 영향을 미치는 의사결정을 주로 한다. (기업의 최상층부에서 경영계획의 의사결정 및 경영의 전반적 통할, 경영부문 간의 조정 등을 수행하는 사람, 기관 또는 기능)
803. 최고 고위경영자 : 경영의 최고방침을 정하며 경영체를 대표하는 자격을 지닌 대표이사 회장, 또는 대표이사 사장을 말한다. (기업에서 최고의 결정권을 가진 사람을 말하며, 단체나 기관에서도 최고의 경영권을 가진 사람을 말한다)
804. 최저시민권 : 모든 사람이 하나의 시민으로서 최저임금과 여가, 의료, 복지, 교육, 주택, 도로, 교통 등의 생활환경에 있어서 그 최저의 복지수준이 보장되어야 한다는 것
805. 최저시민권의 보장 : 모든 사람이 하나의 시민으로서 최저임금과 여가, 의료, 복지, 교육, 주택, 도로, 교통 등의 생활환경에 있어서 그 최저의 복지수준이 보장되어야 한다는 것
806. 최적자본구조 : 이론적으로 부채사용으로 인한 한계이익과 한계비용이 같아지는 점에서 이루어진다. [기업은 기업가치의 극대화를 위해 가중평균자본비용(WACC)이 가장 적게 되는 수준에서 자본구조를 선택하게 되는데 이때 자본비용을 최소로 하는 자기자본과 부채의 최적결합을 최적자본구조라 한다.]
807. 출자 : 사업을 영위하기 위한 자본으로 금전 기타의 재산・신용・노무를 조합・회사 기타 법인에게 출연(出捐)하는 일
808. 친교욕구 : 다른 사람들과 따뜻하고 우호적인 관계를 만들고 유지하려는 욕구이다.

이 욕구가 강한 사람은 대인관계와 의사전달의 기회를 중요시한다. (가족·친구·직장 동료·이웃 등과 친교를 맺고, 원하는 집단에 귀속되어 귀속감을 느끼고 싶어 하는 소속욕구를 말한다)

809. 카르텔 : 시장통제를 목적으로 동종 또는 유사업종 간에 협정을 통해 형성되는 기업집중형태이다. (기업 상호간의 경쟁의 제한이나 완화를 목적으로, 동종 또는 유사산업 분야의 기업 간에 결성되는 기업담합형태)

810. 카리스마적 권한 : 카리스마적 성격상의 특성을 통하여 영향력을 확보할 수 있는 능력을 말한다. (개인의 초인적 힘이나 자질, 즉 카리스마에 의해 정당화되는 권한을 말한다)

811. Caroll의 사회적 책임모델 :
경제적 책임
법적 책임
윤리적 책임
자율적 책임

812. 컨글로메리트 : 합병 또는 매수에 의해서 상호관련이 없는 이종기업을 결합하는 기업집중형태로서 1960년대부터 주로 미국을 중심으로 급속하게 발전되었다. 복합기업. 일렉트로닉스와 식품과 같이 전혀 관련이 없는 부문을 많이 그 지배 아래 두고 있는 기업

813. 컨소시엄 : 제휴의 방식중 하나인 컨소시엄은 차세대 전투기 개발, 인공위성 시스템 개발 등 대규모 프로젝트를 추진하기 위하여 여러 업체들이 공동 참여하는 방식이다. (컨소시엄은 공통의 목적을 위한 협회나 조합)

814. 컨턴전시 또는 상황적 접근법 : 이는 경영자의 경영활동이 주어진 환경 내지 상황에 의존한다는 접근방법으로서, 경영자가 각 상황의 특징을 분석하여 자신의 의사결정에 반영해야 한다는 것을 중시하고 있다.

815. 케인즈 : 관리통화제를 제창하고 금본위제도를 반대했으며 항상 시사에 관한 의견을 제시하였다. 영국경제학의 대표자.

816. 코멘다 : 이탈리아 등의 지중해 연안에서 행하여진 기업가와 자본가의 조합을 코멘다라고 한다.

817. 콘체른 : 기업결합 가운데 서로 다른 업종에 속하는 다수의 대기업이 자본적으로 결합된 종합적인 기업그룹을 일컫는다. (법률적으로 독립하고 있는 몇 개의 기업이 출자 등의 자본적 연휴를 기초로 하는 지배·종속 관계에 의해 형성되는 기업결합체)

818. 콤비나트 : 기술적인 관점에서 유기적으로 결합된 다수기업의 집단이다. 콤비나트는 특히 지역적 집단화의 특성을 가짐으로써, 일정 지역 내에서 자원을 개발하고, 자원을 공동으로 이용하여 생산의 지역적·공간적 결합을 시도한 것이다. (기술적 연관이 있는 여러 생산부문이 근접 입지하여 형성된 기업의 지역적 결합체)

819. 쿤쯔 : 경영이론의 밀림을 지적한 이가 바로 쿤쯔이며, 그는 경영관리 이론의 통일화를 위해 ≪통일적 관리이론을 향하여≫ 경영관리 이론의 통일화를 실현하기 위해 1964년에 발간

820. QC써클 : 한 직업 단위인 10명 이내의 일선감독자 및 종업원들이 자발적으로 모여 제품의 질과 문제점을 분석하고 제안하는 것으로 품질향상 및 참여적 분위기를 조

성함으로써 종업원의 사기 및 팀워크를 증진시키고자 하는 방법을 말한다. [현장 근로자가 소집단(QC circle)을 편성하여 집단의 책임으로 품질관리를 행하고 그 결과를 경합하는 운동이다.]

821. 클레이튼법 : 미국의 독점금지법으로 가격차별, 배타적 거래, 주식취득, 임원겸임 등을 제한하는 법

822. 테일러 : 공장에 근무하던 시절에 노동자의 쟁의 행위(단체행동)와 공장의 경영난을 목격하고 과학을 바탕으로 하는 작업관리의 필요성을 느꼈다. 그리하여 그는 과학적인 방법에 의해 전 생산과정을 최소단위로 분해하여 각 요소동작의 형태, 순서, 소요시간 등을 시간연구와 동작연구에 의하여 표준화하고 차별 능률급제를 채용하는 등 이른바 과학적 관리법이라는 새로운 관리법을 개발하였다. 과학적 관리의 원칙을 주장한 미국 경영학의 아버지.

823. 테크니션 : 전문기술자(엔지니어)를 보좌하는 현장 기술자를 말한다.

824. 텍사스 인스트루먼트 : 6시그마법을 도입한 기업 중에 미국의 텍사스 인스트루먼트라는 전자공업회사가 있다. 텍사스 인스트루먼트(Texas Instruments, NYSE : TXN)는 전자산업에서 TI로 잘 알려져 있다

825. 통계자료이용법 : 기업경영활동의 수많은 측면을 분석하기 위해서 오늘날 여러 가지 통계자료를 동원하고 있다. 왜냐하면 경영통제를 하기 위한 가장 쉬운 방법인 각종 통계자료의 비교, 검토, 분석을 통해서 간단히 경영통제를 할 수 있기 때문이다. 즉, 각종 통계자료의 비교, 검토, 분석을 통해서 간단히 경영통제 기법을 말한다.

826. 통계적 품질관리 : 품질관리에 통계학적 기법을 적용하여 고객에게 만족을 줄 수 있는 제품을 가장 경제적으로 생산할 수 있도록 생산의 모든 단계에 통계적 기법을 이용하는 것.

827. 통솔력 : 공동의 일을 달성하기 위하여 한 사람이 다른 사람들의 지지와 도움을 얻는 사회적 영향의 과정이다

828. 통제의 기능 : 감시기능, 비교기능, 실제성과 표준성과 편차의 시정조치, 피드백 기능이 있다.

829. 통제의 의의 : 현재조직의 목표를 달성하기 위해 수립한 계획이 달성되었는지를 확인하기 위해 경영성과를 특정하고 목표와 성과간의 차이를 분석해 이 차이를 최소화할 목적으로 하는 활동을 말한다. 일정한 방침이나 목적에 따라 행위를 제한하거나 제약함

830. 통제의 절차 : 표준계획 설정->성과측정->차이분석->평가 및 수정조치

831. 통제의 폭 : 감독의 범위라는 문제는 계층구조의 원칙의 핵심을 이루는데, 이는 한 사람의 관리자가 능률적이고 효과적으로 통제할 수 있는 부하직원의 수가 과연 어느 정도 효율적인가를 의미.

832. 통제의 필요성 : 경영활동에서 통제가 중요한 이유는 대부분의 계획이 본래의 계획과는 다른 방향으로 실행되고 경영조직이 더욱 복잡해지면 그 만큼 많은 조직구성원 및 부서간의 조정활동이 필요하기 때문이다.

① 기업 경영환경의 불확실성과 조직의 복잡성

② 통제의 목적적합성과 실수에 대한 예방

③ 권한위양의 증대와 분권화

④ 성과의 확인 가능성
⑤ 미래 의사결정에 영향

833. 통제활동 : 차이분석을 통하여 편차를 수정하는 활동과 감찰활동이 중심이 된다.
834. 투빈시스템 : 고정주문량모형의 종류 중에 하나로 가장 오래된 재고관리방법이고, 가격이 저렴하고 사용빈도가 높다. 투 빈 시스템, 더블 빈 법.[재고관리법의 하나로 2개의 bin(상자 · 선반)에 같은 상품을 같은 수량 장치하여 넣어, 한쪽 선반이 비게 되면 1 bin분을 발주함과 동시에 제2 bin의 출고로 바꾸는 방법]
835. 투자시역 : 지분의 대리인 비용과 관련된 문제 중에 하나로 투자시역이 있는데, 경영자가 자신의 재임기간 동안에 결과가 나타나는 투자안을 선호함으로서 아주 수익적이지만 상당한 기간이 지난 후에야 결실을 볼 수 있는 투자안을 포기하는 데서 비롯되는 주주들의 불이익을 말한다.
836. 트러스트 : 기업 상호간의 출자액을 결합하여 대자본을 기초로 하는 기업의 복합형태로서 시장독점과 경영합리화를 위해 자본적으로나 법률적으로 각 기업체는 독립성을 완전히 상실하고 결합한 기업집중형태이다. 같은 업종의 기업이 경쟁을 피하고 보다 많은 이익을 얻을 목적으로 자본에 의하여 결합한 독점 형태. 가입 기업의 개별 독립성은 없어진다.
837. 특권적 소비 : 지분의 대리인 비용과 관련된 문제 중에 하나로 특권적 소비문제가 있는데, 일명 비금전적 소비라고 하는데 일반적으로 인정된 수준을 상회하는 대우, 즉 넓고 호화로운 사무실과 고급승용차 및 매력적인 여비서 그리고 골프나 스포츠클럽 회원권 등을 더욱 선호함으로서 자신의 효용을 높이려 하는데서 비롯되는 비용.
838. 특수 경영학 : 어느 특정 업종에 속하는 조직체에 특유한 경영현상을 연구하는 경영학을 말한다. 각종 개별조직체를 따로따로 연구함.
839. 팀장 : 일선감독층에 하나로, 같은 일에 종사하는 한 팀의 책임자
840. 팀제조직 : 의사결정구조를 보다 단순하게 단축시키고 급속히 변화하는 기술혁신을 보다 신속히 수용할 수 있는 조직체계.
841. 파레토법 : 이는 품질관리기법 중에 하나로 파레토법은 소수의 불량항목이 전체불량의 대부분을 차지한다는 파레토법칙에 근거하여 여러 가지 불량항목에 대한 자료를 수집하고, 이를 불량품의 수나 금액으로 표시된 도표로 나타냄으로써 시급히 해결해야 할 불량항목을 찾아내는 방법이다. 로잔학파에 속하는 이탈리아의 경제학자 파레토에 의해 발표된 소득분포의 불평등도에 관한 법칙. 소수의 불량항목이 전체불량의 대부분을 차지한다는 파레토법칙에 근거하여 여러 가지 불량항목에 대한 자료를 수집하고 이를 불량품의 수와 금액으로 표시된 도표로 나타냄으로서 시급히 해결해야 할 불량항목을 찾아내는 방법.
842. 파산 : 기업의 총자산가치가 총부채가치보다도 작아서 추후의 지급능력이 없을뿐더러 이러한 지급불능상태를 벗어나기 어렵다고 판단한 채권자들의 요구에 따라 법원이 파산선고를 내리고, 이에 따라 기업이 해산되는 경우를 말한다. (채무자가 경제적으로 파탄상태에 빠졌을 때 그 총재산으로 총채권자에게 공평한 만족을 주는 재판상 절차)
843. 판매 실적법 : 판매예측의 전형적인 방법으로 전기의 판매실적에 의한 현재와 미래의 판매량을 예측, 통제하는 방법으로 전기의 통계자료를 이용한다는 점에서 통계

적 자료이용법과 비슷한 성격을 갖는다

844. 페고로티 : 독일 경영경제학의 1기에 나온 인물로, 플로렌스의 상인이다. 1335 ~1345 까지 여러 나라의 상거래 관습과 도량형, 화폐, 관세 등을 기록함

845. 페이욜 : 고전이론의 두 번째 지류인 관리적 접근방식으로 논리를 주장하였다. 이를 일반관리이론이라고 한다. 일반관리이론은 기업 전체의 입장에서 활동하는 기업활동과 부문활동의 하나의 요소로서 각 부문활동에 공통적으로 적용되는 관리의 연구에 초점을 두고 있다. 1916년에 저술한 ≪산업 및 일반관리≫는 관리자인 관리원칙을 잘 설명해주고 있다. (콘스탄티노플에서 출생, 1860년 상데디엔의 광산대학을 졸업하고 광산기사로 출발해 최고경영자의 지위까지 오른 프랑스의 관리학자)

846. 폐쇄시스템 : 시스템끼리 서로 정보를 교환하지 않고, 의사소통이 아주 미미하거나 이루어지지 않는 시스템을 폐쇄시스템이라 한다. (밀폐 용기 내에서 일어나는 화학반응과 같이 주위환경과 에너지, 정보 및 물적 유통이 없는 시스템)

847. 포드시스템 : 테일러 시스템을 바탕으로 개발된 포드시스템은 능률향상을 시간연구나 성과통제같은 인위적인 방식에만 의존하는 것이 아니라, 자동적인 기계의 움직임을 종합적으로 연구함으로서 능률향상과 직결된 이동조립선에 의한 일관작업방식을 말한다. (1903년에 설립된 포드자동차회사에서 포드에 의해 실시된 대량생산 시스템)

848. 표본검사법 : 검사대상 모집단에서 임의로 표본을 추출하여 그 표본에 포함된 불량품의 수를 검사한 후, 그 불량품의 수가 허용된 표준수보다 적으면 모집단을 합격품으로 판정하여 받아들이고, 많으면 불합격품으로 거부 또는 전수조사를 하여 불량품을 제거하도록 하는 방식이다. 표본을 만들어 검사하는 방법

849. 표준편차 : 시그마라는 것은 통계학에서 표준편차를 의미하는 것으로 오류가 발생할 확률을 가르키는 용어이다. 다른 의미로는 통계집단의 단위의 계량적 특성 값에 관한 산포도를 나타내는 도수 특성 값.

850. 품질관리 기법 : 소비자가 요구하는 품질의 제품이나 서비스를 경제적으로 산출하기 위한 모든 수단과 활동의 체계를 의미한다. 기법으로는 SQC/TQC가 있으며, 그 중 SQC로는 표본검사법, 관리도법, 파레토법 등이 있다. (사용자의 요구에 맞춘 품질의 제품 또는 서비스를 경제적으로 만들어 내기 위한 수단의 체계)

851. 프레드릭 테일러 : 테일러는 과학적 관리법을 통하여 생산성과 능률성을 향상하는데 관심이 많았다. 즉, "고임금, 저노무비"를 제시하고, 생산성향상을 위해 과학적 관리법을 창안한 인물이 프레드릭 테일러이다. 미국의 기술자로 과학적 관리법의 창시자. 필라델피아 출생

852. 프로젝트 : 특정한 과업을 달성하기 위한 단일계획으로서 조직에서는 프로젝트 과업을 수행하기 위한 별도의 수행 팀을 구성하기도 한다. (어느 특정의 목표를 효과적으로 달성하기 위한 사업 내지는 과정계획을 말한다)

853. 프로젝트조직 : 하나의 명확한 조직구조가 가시화되기 보다는 기업이 직면한 특수한 여건 하에서 형성되는 일시적인 조직형태이다. (특정한 사업목표를 달성하기 위하여 일시적으로 조직 내의 인적 물적 자원을 결합하는 조직형태를 말한다)

854. 프리드먼 : "기업의 사회적 책임은 이익을 올리는 것이다."라고 하였는데 이 주장에 따르면, 기업의 본질적 사회적 책임이라는 것은 사회가 필요로 하는 용역이나

재화를 생산하고 분배한다는 경제적 역할을 능률적으로 수행하는 것이 된다. 시카고학파의 수장으로 자유경제주의 신봉자.

855. 피드백 : 환류는 어느 체제 모형에서 투입-과정-산출의 과정을 거친 다음 환경에서 산출의 결과를 평가하여 반영하는 형식으로 재투입되는 과정을 말한다. 곧, 이는 평가와 재투입의 과정이며, 끊임없는 상호작용에 필수적이다. (입력과 출력을 갖춘 시스템에서 출력에 의하여 입력을 변화시키는 일)

856. 하이드스 : 밀림현상을 정리분류한 학자.

857. 하이에크 : 자유기업의 옹호자. 하이에크는 기업에 대해 사회적 책임이 강요되고 국가에 의한 기업통제가 증대되면 결국 자유기업체제의 붕괴를 가져오고야 말 것이라고 지적하였다. (오스트리아 태생의 영국 경제학자. 화폐적 경기론과 중립적 화폐론을 전개하였고, 신자유주의의 입장에서 모든 계획경제에 반대)

858. 학문 : 학문이란 과학을 포함한 모든 분야에 있어서 축적된 지식의 체계 또는 체계화된 지식을 말한다. (학자들이 연구활동을 한 결과를 축적해 놓은 지식체계)

859. 학습조직 : 학습조직이란 지식창출과 지식이전・활용이 구성원들이 창조욕구와 주인의식에 의해 지속적으로 이루어지고 그 결과로서 조직 전체 차원에서 총체적인 경쟁역량이 증폭되는 기업, 아울러 구성원들의 강한 공동체의식과 연대감 하에서 끊임없이 변화, 발전하는 열린 기업을 말한다. (학습조직이란 급변하는 경영환경 속에서 승자로 살아남기 위해서는 조직원이 학습할 수 있도록 기업이 모든 기회와 자원을 제공하고 학습결과에 따라 지속적 변화를 이루어 조직)

860. 학습활동 : 남은 아는데 나만 모르기 때문에 하는 지적탐구활동을 말한다. (학습의 목표를 달성하기 위한 학습자의 활동)

861. 합명회사 : 합명회사는 회사의 채무에 관해 직접, 연대, 무한책임을 지는 2인 이상의 무한책임사원만으로 구성되는 회사

862. 합목적적 : 목적에 맞는. 또는 그런 것.

863. 합법적 권한 : 법령이나 규범에 맞는 권한. (관료제이론의 첫째 원리는 조직구성원의 직무에 관한 것이다. 구성원 각자의 직무는 조직의 규정에 의하여 합법적으로 설정되어야 하고 이에 따라 권한과 책임 그리고 임무가 분명히 주어져야 하며, 이와 같이 배정된 직무는 그대로 정확히 수행되어야 한다는 것이다. 따라서 베버는 조직체의 각 구성원들이 배정된 직무를 정확히 수행하고 조직의 규율을 잘 지키도록 하기 위하여 이에 대한 상벌의 권한이 상위관리자에게 주어져야 한다고 하였다)

864. 합병 : 두 개의 기업을 통합하여 하나의 기업으로 만드는 과정. 법률적으로나 실질적으로 두 개 이상의 기업들이 하나의 기업으로 합하는 것

865. 합자회사 : 기능자본가 역할을 담당하는 1인 이상의 무한책임사원과 지분자본가역할을 담당하는 1인 이상의 유한책임사원으로 구성. 외국기업과 국내기업의 공동출자로 설립・경영되는 회사.

866. 합작투자 : 조인트 벤처라 하는데 기업의 국제화 과정에서 자본적으로 부족한 전망산업을 설립하고자 시도할 때에 외국의 자본가와 공동출자자가 되어 공동투자기업을 설립하는 것을 의미. (2개국 이상의 기업・개인・정부기관이 특정기업체 운영에 공동으로 참여하는 해외투자방식)

867. 해독 : 자신에게 전달된 메시지를 수신자가 어떠한 개념이나 생각, 감정 등으로 변

환시키는 사고과정. 어려운 문구 따위를 읽어 이해하거나 해석함

868. 해외부패방지법 : 국제간 거래에서 외국관리에게 뇌물제공을 엄격히 금지하는 법

869. 해인스 : 경영이론의 밀림현상을 정리분류한 학자들 중 한명. 매시, 하이드스와 같이 밀림현상을 정리분류를 시도한 학자

870. 핵심역량 : 학자들 마다 그 정의가 다른데, 그 내용은 다음과 같다.
김언수 : 기업이 소비자들에게 특별한 효용을 제공할 수 있게 하는 기술이나 지식의 묶음
장세린 : 경쟁우위를 가져다주는 기업의 능력
프라할자드/함멜 : 고객에게 가치를 높이거나 그 가치가 전달되는 과정에서 더 효율적으로 할 수 있는 특정한 방법의 능력을 나타냄
결국 핵심역량은 여타 경쟁기업에 비해서 지속적으로 경쟁우위를 확보해나가는 능력으로서 모든 경영체가 전략계획을 성공적으로 수행하기 위해 갖추어야 할 필수적인 요인이라 할 수 있다. 기업내부의 조직구성원들이 보유하고 있는 총체적인 기술・지식・문화 등 기업의 핵심을 이루는 능력

871. 행동과학 : 인간행동의 일반법칙을 체계적으로 규명하여, 그 법칙성을 정립함으로써 사회의 계획적인 제어나 관리를 위한 기술을 개발하고자 하는 과학적 동향의 총칭

872. 행동과학적 접근 : 인간의 행동과 조직의 관계를 정립하여 조직의 생산성을 향상시키려는 이론

873. 행동과학적 접근방식 : 인간의 욕구에 관심을 두고 있는 행동과학적 양식. 인간의 행동과 조직의 관계를 정립하여 조직의 생산성을 향상 시키려는 이론

874. 행렬조직 : 조직이 전문적 기술을 필요로 하고 제품라인의 혁신을 계속적으로 추구하여야만 하는 불확실한 환경 하에 있을 경우에는 각 기능활동과 제품라인을 동일한 비중 하에서 관리할 필요가 있는데, 이러한 요건 하에서 생겨난 것이 행렬조직이다. 전통적인 기능적 구조에 프로젝트 조직을 결합시킴으로써 수직적 구조와 수평적 구조가 혼합된 동태적 조직의 형태

875. 허즈버그 : 미국 피트버그 지방의 11개 산업체에서 선정한 약 200여명의 기술자들과 회계사들에 대한 연구를 토대로 인간에게는 상호 독립적인 두 가지의 욕구범주가 있음을 제시했는데 그것이 아담적 욕구와 아브라함적 욕구이다. 동기위생이론 또는 2요인이론으로 유명한 조직이론가로, 직무설계 특히 직무다양화의 개념화에 큰 영향을 미쳤다

876. 헨리 다운사이징 : 원래 IMB왓슨연구소 직원인 헨리 다운사이징에 의해 유래했는데, 그 이유는 그가 1980년대 초에 메인프레임보다 더 작으면서도 우수하고 저렴하고 유연하고 신뢰성 있는 컴퓨터의 개발을 주창하였기 때문이다. 조직의 효율성을 향상시키기 위해 의도적으로 조직 내의 인력, 계층, 작업, 직무, 부서 등의 규모를 축소시키는 기법.

877. 헨리포드 : 자동차 왕으로 불리는 미국의 자동차 회사 '포드'의 창설자이다. 조립라인 방식에 의한 양산체제인 포드시스템을 확립하였으며 합리적 경영방식을 도입해 포드를 미국 최대의 자동차 제조업체로 키워냈다. 미국의 기술자이자 사업자로, 자동차 회사 '포드'의 창설자

878. 헬라우어 : 1910년 '세계상업학의 체계' 를 발표하였다. 이로부터 상과대학 중심

교과목이 상업경영으로 변화하기 시작하였다.

879. 헬머 : 집단의사결정기법 중 하나인 델파이기법을 개발한 사람이 바로 미국의 유명한 랜드연구소의 헬머이다. 미국의 유명한 랜드연구소에서 델파이법을 개발하였다.

880. 현대 : 현대는 1946년 4월 설립한 현대자동차공업사와 1947년 5월 설립한 현대토건사를 모체로 성장. 이후 현대건설, 현대자동차, 현대중공업 등을 중심으로 사세를 확장하여 1990년대까지 건설, 조선, 자동차, 철도차량, 제철, 금융 등 각 분야를 망라하는 한국의 대표적인 기업집단이다. 현대엘리베이터(주)를 지주회사로 하는 대규모 기업집단이다

881. 현장경영층 : 현장에서 실제로 작업을 하는 노동자나 일반사무원을 직접 지휘・감독하고 자신에게 부여된 업무로 추진하는 경영층을 말한다. 의사결정권을 가진 지도자(경영층)가 직접 현장을 방문하여 업무수행의 진척도, 중요한 과제 해결을 위한 의사결정을 3현주의(현장에서, 현물을 보고, 현상을 파악하여)에 의하여 빠르게 처리하는 사람들.

882. 현장관리 : 테일러의 이론에서 나오는 말로 생산현장이나 작업현장을 직접 지휘・통제・감독하는 것을 의미한다. 공사청부자가 하는 공사관리 중 공사현장에서 행하여지는 부분. 품질관리, 공정관리, 노무관리, 원가관리 등으로 이루어진다.

883. 협동사회시스템 접근법 : 인간상호간 접근법과 집단행동 접근법의 수정을 시도하면서 약간의 행동과학자들은 협동적 사회시스템연구에 초점을 맞추고 있다. 그 대표적인 사람은 바나드이고, 그는 관리직능 탐구에서 협동사회시스템의 작동과 유지를 중요하게 생각했으며, 이 방법이 확대된 것을 조직이론이라 부르게 되었다

884. 협동조합 : 주식회사와 같은 형태는 아니지만 다수공동기업의 형태를 갖추고 있는 조합. 경제적으로 약소한 처지에 있는 농민이나 중・소 상공업자, 일반 소비대중들이 상부상조의 정신으로 경제적 이익을 추구하기 위하여, 물자 등의 구매・생산・판매・소비 등의 일부 또는 전부를 협동으로 영위하는 조직단체.

885. 협동체계 : 서로서로 협동해가며 도와주는 시스템. 경영목적을 달성하기 위해서 자원들을 효과적이고 효율적으로 활용할 수 있도록 또, 맡은바 역할을 제대로 수행할 수 있도록 분업

886. 협상자 : 협상자의 역할은 조직에 유리한 결과가 나타나도록 공급업자와의 계약체결 또는 노동조합과의 견해차이 조정과 같은 활동을 말한다. 협상하는 사람

887. 형식과학 : 수학이나 논리학처럼 머릿속에서 사유를 통해 현상을 인식하고 이것을 체계화시킨 지식을 말한다. 경험적 사실이나 경험적 개념을 대상으로 하지 않는 과학

888. 형태효용 : 제조업을 말한다.

889. 호만스 : 노동자의 작업능률과 그것에 영향을 미치는 관계를 실험한 인물 중 한 사람. 하버드 대학의 산업조사부에 의해 노동자의 작업능률과 그것에 영향을 미치는 객관적 및 주관적인 제 조건과의 관계를 연구하려 함.

890. 호손실험 : 행동론적 경영이론을 체계화하는데 단서를 제공한 실험
① 조명실험
② 계전기 조립작업 실험
③ 면접조사
④ 뱅크배선작업 관찰

G. E. 메이요 교수 및 연구팀이 호손전기회사 공장에서 일하는 근로자를 대상으로 하여 작업능률 향상에 대한 연구를 하였는데 이것을 호손실험 또는 호손연구라고 한다

891. 호손연구 : 노동자의 작업능률과 그것에 영향을 미치는 객관적·주관적인 제 조건과의 관계를 연구한 학문. 호손실험이라고도 함. 1930년을 전후하여 메이요(E. Mayo) 등이 호손공장의 근로자들을 대상으로 작업조건과 능률성의 관계를 파악하기 위하여 장기간에 걸쳐 실시한 실험이다

892. 호손효과 : 경영자들이 자신들의 복지에 신경을 쓰고 있다고 생각하면 생산성은 작업조건의 변화와 상관없이 증가한다는 사실이 호손효과. 사회조사에서 종종 나타나는 것으로, 실험대상자들이 지켜보고 있다는 사실을 의식함으로써 그들의 전형적인 것과 다르게 행동하는 현상을 의미한다

893. 호즈라스초트 : 독립채산제의 용어이자 유래. 경제계산. 경제현상과 과정의 실태와 전망을 파악하기 위하여 숫자적으로 관찰·기록하고 가공·분석하는 사업.

894. 홈즈 : 기업의 사회적 책임수행은 기업에 대한 사회적 기대에 부응함으로써 오히려 장기적 안목으로 보아 이익을 가져다준다고 주장한 이가 홈즈. 기업은 단기적 또는 장기적 이윤이 없다 하더라도 사회적 문제를 해결하는데 협력해야 한다고 주장.

895. 확실성하의 의사결정 : 의사결정자가 주어진 각 대체안 중에서 어느 하나를 선택할 경우 어떤 결과가 나타날 것인가에 대하여 사전에 측정할 수 있고, 정확히 알 수 있는 상황을 말한다.

896. 확정의 원칙 : 주식회사의 정관에는 자본총액을 기재하여야 하며, 회사의 설립 시에는 이 자본액의 전부에 대한 주식의 인수가 확정되어 있어야 한다는 것이다.

897. 확증비용 : 대리자가 주인을 위해 성실히 봉사하고 있고 주인에게 해로운 행위를 하고 있지 않음을 확증하는 과정에서 발생하는 비용.

898. 환경 : 광범위한 내부적·외부적 어떤 실체를 말하는 것으로서, 인류에 대한 환경은 살고, 일하며, 노는 외부적 공간과 천연자원, 그리고 내부의 육체적·정신적·정서적 상태를 포함한다. 생물을 둘러싸고 있으며 생물에게 직·간접적으로 영향을 끼치는 자연적·사회적인 조건이나 상황을 말한다.

899. 환경보호에 관한 협약 및 규제 : 공해를 중심으로 한 환경오염이 심화됨에 따라 전술한 바와 같이 공해방지에 관한 역할을 기업에게만 맡기거나 소극적으로 보상을 받는 것에 그치지 않고 더 나아가 이의 개선을 촉구하는 압력이 여러 계층에서 가해지고 있다.

900. 환경오염 : 자원개발로 인한 자연의 파괴와 각종 교통기관이나 공장에서 배출하는 가스나 폐수 또는 농약 따위로 동식물이나 인간의 생활환경이 더럽혀지는 일을 말한다. 인간활동에 의해 발생하는 대기·수질·토양 오염 및 소음 ·진동 등으로 자연환경이나 생활환경을 손상시키는 현상

901. 환류 : 수신자가 메시지에 대해 응집하는 것을 말한다. 의사소통에 대한 수신자의 반응이 다시 발신자에게 되돌아가는 과정. 어떤 흐름이 진행되다가 다시 원 상태로 되돌아와 흐르는 현상

902. 환시세 : 자국의 화폐와 외국의 화폐와의 교환비율로서 환율이라고도 하는데, 이는 자국의 통화로서 외국상품 및 용역을 구매할 수 있는 구매력으로 표시된다. 자기

나라 돈과 다른 나라 돈의 교환 비율.

903. 환율 : 자국의 화폐와 외국의 화폐와의 교환비율로서 환율이라고도 하는데, 이는 자국의 통화로서 외국상품 및 용역을 구매할 수 있는 구매력으로 표시된다. 1국 통화와 타국 통화와의 교환비율. 외국환 시세(rate of foreign exchange) 또는 외환 시세라고도 한다.

904. 회계적 활동 : 대차대조표에 관한 사항과 손익계산서에 관한 사항 등 재무제표와 관련된 사항의 기록과 작성, 회계정보제공, 경제계산 등을 말한다.

905. 회계정보 제공 : 이는 회계정보인 재무제표, 손익계산서 등을 제공하는 것을 말한다. 대차대조표에 관한 사항과 손익계산서에 관한 사항 등 재무제표와 관련된 사항의 기록과 작성, 회계정보제공, 경제계산 등을 말한다.

906. 회계학 : 관찰대상으로서의 회계현상, 즉 회계의 산출물(output), 회계담당자의 행위, 회계의 요소 등에 관한 일반적인 원리 및 체계를 연구하는 일, 또는 학문.

907. 회사기업 : 기업이 소유자로부터 완전히 독립된 법인격을 갖는가의 여부에 따라 개인상인과 회사기업으로서의 공동기업이 있다. 합명회사, 합자회사, 유한책임회사, 유한회사, 주식회사의 다섯 종류가 있다.

908. 효과성 원칙 : 달성하고자 하는 목적과 이루어진 성과, 즉 활동결과와의 비율 관계를 말하는데 합목적성 원칙 또는 목적지향성 원칙이라고도 한다.

909. 효과의 법칙 : 즐겁고, 긍정적인 효과를 가져오는 행동은 좀 더 반복적이 될 수 있고, 즐겁지 못하고, 부정적인 결과를 가져오는 행동은 덜 반복적이 되어야 한다는 것.

910. 효용 : 재화와 용역을 이용하거나 소비함으로써 얻어지는 주관적인 만족도를 말하는데 경제학에서는 매우 중요한 개념 중 하나이다. 소비자가 재화를 소비함으로써 얻는 개인의 주관적 만족의 정도를 말한다.

911. 효율성 원칙 : 성과 내지 활동의 결과와 이를 얻기 위해 희생된 자원과의 비율관계를 말하는데 경제성원칙 또는 능률이라고도 한다.

912. 효율적 : 들인 노력에 비하여 얻는 결과가 큰. 또는 그런 것의 의미로 주어진 양의 투입요인으로부터 생산을 극대화하는 것 또는 주어진 생산량을 최소의 투입량으로 생산하는 것을 말함.

찾아보기

ㄱ

가계 21
가내생산 49
가치사슬 경영 85
각국 환경규제와 국내산업 213
감량경영 155
감사 140
감사위원회 140
강압적 권력 318
강화이론 314
개 241
개념적 기능 97
개방시스템과 폐쇄시스템 80
개별경제 50
개별경제학 52
————의 핵심 52
개인기업 132
개인스탭 278
개인적 관찰법 395
거래적 리더십 344
경영 27, 28, 29, 132
——의 실천 75
——의 행동적 의의 29
——의 활동 59
경영경제학 49, 50
————의 전사 50
————의 큰 특징 54
경영과업 75
경영과학 77
경영과학적 의사결정 357
경영관리 49
경영관리계층 90
경영관리 5요소 60
경영이론의 밀림 72
경영자 70, 89
———의 과도한 특권적 소비 438
———의 기능 97
———의 역할 70, 94
경영자 성격의 변천 91
경영자 지배론 93
경영자 혁명 93
경영자 혁명론 94
경영전략 233
———의 실행 249
———의 유형 236
———의 의의 233
———의 의의와 의사결정 233
———의 중요성 234
경영정보시스템 396
경영체 28
경영통제의 기법과 분야 392
———의 분야 397
경영학의 성격 42
경영학의 위치 42
경영학의 체계 42
경영혁신기법 409
경영활동 35
경영활동(관리활동)의 단계 34
경영활동(기업활동)의 종류 32
경제 20
경제규모 24
경제성장 24
경제인 가설 58
경제재 20
경제적 책임 104
경제적 환경 189
————의 의의 189
경제적 활동 19
경제정책상의 목적 171
경제지표 24
경제침체 24
경제후퇴 24
경험과학 41
경험적(사례)접근법 73
계산제도 52
계서제 275
계선조직 275
계층구조의 원칙 261
계층성 36, 79
계획 60
——의 계층적 구조 230
——의 종착역 35
계획경제 22
계획단계 35
계획수립 225
———의 유형 227
———의 의의 225
———의 중요성 226

계획화의 과정 231
계획활동 34
고객만족경영 418
고객별 조직구조 274
고령화 사회 76
고용경영자 92
고전이론시대 56
곰베르그 52
공공기업체 형태 174
공공정책상의 목적 170
공기업 169
———과 유사개념의 구분 180
———의 설립목적 170
———의 설립배경 169
———의 장단점 178
———의 종류 173
———의 특성 169
———의 형태 172
공사공동기업 175
공산주의 경제체제 21
공식적 의사소통의 유형 370
공식조직 70
———의 성립조건 70
공업단지 150
———의 유형 150
———의 의의 150
공유에 의한 통제 388
공익사업 180
공장제 생산 49
공정성이론 311
공해문제 211
과소투자 439
과업관리 56
과업을 설정 57
과업환경 214
과점적 지배 143
과학의 목적 41
——의 성립조건 39
과학적 관리법의 비판 58
———의 의의 56
과학적 관리의 원칙 56
과학적 방법 39, 40
관계욕구 307
관료적 통제 388
관료제이론의 주요 내용 64
관리 28
관리격자(mangerial grid) 모형 331
관리과정론 59
관리구조 조정 433
관리역할적 접근방법 74
관리인 모델 71
관리인모형 359
관리자 89
관리적 의사결정 234, 356
관리적 활동 34
관리직능 225
관리활동 35
관방학 51
관중 19
관포지교 19
구조적 원천 319
구조조정의 내용 430
구조주도(initiating structure)행동 330
구텐베르그 54
국민경제 21
국부론 48
국제경제기구 205
국제적 환경 202
국제화 진전과 New Round 209
국제환경협약의 영향 212
권력 316
——의 원천 316
——의 행사와 수용과정 320
권력욕구 309
권한과 책임의 원칙 62, 262
——의 배분 262
권한수용설 70
권한위양의 원칙 262
귀납법 40
규범적 모형 357
극복방안 377
근대적 관리론시대 72
금융투자업자 141
기능배합 97
기능별 조직구조 273
기능자본가 134
기능적 부문화 259
기능전략 237
기능조직 276
기대이론 312
기술 268
기술변화 속도의 가속화와 기술혁신 196
기술적 기능 98
기술적 모형 359
기술적 변화에 대한 규제 197
기술적 환경의 의의 195
기술적 활동 33
기업 21

——의 경제적 환경 189
——의 기술적 환경 195
——의 법률적·정치적 환경 198
——의 사회적 책임 99
——의 사회적 책임의 내용 108
——의 사회적 책임의 이론적 근거 100
——의 윤리적 책임 102
——의 의의 127
——의 장기적 이익추구를 위한 사회참여 102
——의 특성 23
——의 형태 129
기업가의 개념과 역할 119
———의 자질과 능력 120
기업가(사업가)의 특성 92
기업가정신 120
————의 구성 122
————의 역할 123
기업경영학 20
기업계열화 151
————의 목적 151
————의 의의 151
————의 형태 151
기업구조조정 429
기업다각화 150
기업복합화 152
기업연합 145
기업연휴 146
기업윤리 109
———의 성공적 관리 113
기업전략 236
기업지배구조 133
기업집단 148
———의 의의 148
기업집중 143
———에 관한 법적 규제 156
———의 규제 및 제한 155
———의 목적 143
———의 의의 143
———의 형태 144
기업집중 규제의 의의 155
기업집중 형태의 비교 147
기업합동 145
기업합병 145
기업환경 185
———의 분류 188
———의 분석과 대응 220
———의 의의 185
———의 중요성 187
기업활동을 규제하고 있는 법률 199
기초효용 23
기타의 목적 172
기타형 160
기획부제도 57

ㄴ

내부감사 활용법 395
내부환경 218
내부환경분석 231
내용이론 간의 관계 310
네트워크 320
네트워크모델 78
네트워크조직 286
능률의 개선 49
능률증진운동 55
니클리쉬 54

ㄷ

다수공동기업 134
다운사이징 416
대각적 의사소통 371
대기업 130
대기행렬이론 78
대내적 균형 71
대량생산 49
대량생산원칙 59
대리(인)비용의 의의 437
대리관계 435
대리문제의 해소방안 442
대리이론 434
대리인문제와 대리인 비용 436
대리인비용과 최적자본구조 440
대리인비용의 유형 438
대외적 균형 71
대인적 기능 98
대인적 역할 95
대인적 원천 317
대체안(代替案, alternatives) 작성 232
대표이사 140
대표적 물적 회사 138
대표적 인적 회사 138
WTO 205
델파이법 362
도입기 241
독립 공기업 174
독립채산제 176
————의 원칙 178
————의 의의 176

독일경영학 49
독일의 경영경제학 50
동기부여 38, 299, 302
———에 대한 과정이론 311
———에 대한 내용이론 303
———에 대한 이론 302
———의 과정 300
———의 의의 299
동기요인 308
동시관리 58
동인도회사 138
동작연구 57
동태적 개념 29
드러커 63, 75

ㄹ

라인보조자 278
Line조직 275
로우리스의 Z이론 84
로이크스 51
루도비치 51
루카파치오리 50
룬드스텟의 Z이론 84
르윈 327
리더십 38, 89, 322
———의 성격 324
———의 의의 322
리더십 이론 325
———의 한계 341
리스트럭처링 413
리엔지니어링 414
리커트 328
립피트와 화이트 327

ㅁ

마르페거 51
마이클 포터 85
만족모형 359
만족화 원칙 71
매슬로우의 욕구단계이론 303
매체 373
맥그리거의 X·Y이론 304
메시지 373
멜레로비쯔 55
명령 60
명령일원화의 원칙 62, 261
명목상 집단기법 363
모의실험 78
목적 및 목표의 설정 231
목적지향성원칙 31
목표설정이론 313
몽상적 방법 40
무관심형 331
무체물 21
무한책임사원 134
미국경영관리학의 특징 55
미국경영학 49
미국식 기업특성 83
미국의 경영관리론 55
미래의 성장산업·침체산업 197
미시간(Michigan) 대학모형 328
미지수 241
민법상의 조합과 익명조합 135
민쯔버그의 실증연구 94

ㅂ

바나드 70, 79
바람직한 기업경영 특성 83
반대론 101
발신자의 장애요인 374
방법논쟁 53
배려(consideration)행동 330
배트립스 비르트샤프츠레러 27
버얼리와 민즈 93
버틀란피 78
번햄 94
법률적·정치적 환경과 기업환경과의 관계 198
법률적·정치적 환경의 의의 198
법적 책임 104
베버 29
——의 관료제이론 63
베블렌 93
벤치마킹 417
변혁적 리더십 343
변화에 대한 저항과 관리 290
별 241
보상적 권력 317
보스톤 컨설팅 그룹 239
보전적 활동 33, 38
복합 제휴 421
본원적 전략모형(포터의 산업분석 모형) 237
부가가치 20, 23
부가가치세법 21
부문화 259
부재주주 132
부정적 강화 315
부존자원의 부족과 편재성 192

부채의 대리인비용 439
부처형 예비사회적 기업 165
북미자유무역협정 204
분권적 재무관리 원리 176
분권화와 집권화 263
분업의 원칙 61
——의 이점 48
불레이크와 모우톤 331
불확실성 하의 의사결정 357
브레인 스토밍 363
블루오션(Blue Ocean) 424
————————의 의의 424
블루오션전략 425
비공식 의사소통 371
비공식조직의 존재확인 68
비공식집단 68
BCG 매트릭스 239
BIS 206
비정형적 의사결정 355

ㅅ

사경제학 50, 51, 53
사경제학 연구 52
사명(使命,mission)과 조직목적의 설정 243
사바리 50
사법형태의 공기업 174
사업구조 조정 430
사업부제 조직 280
사업전략 236
사원(社員) 134
사적소유 21
사전통제 388
사회과학 41
사회기술시스템 접근법 73
사회봉사기관 58
사회서비스 제공형 160
사회의 목적 99
사회인 가설 70
사회적 기업 157
————과 예비사회적 기업의 차이점 166
————의 의의 158
————의 인증 요건 161
————의 특징 159
사회적 기업 종류 159
사회적 목적 158
사회적 목적 실현 163
사회적 욕구 304
사회적 책임 22, 76
————의 내용 105
————의 반대론과 찬성론 101
사회적 협동조합 158
사회적·문화적 환경 201
사회정책상의 목적 171
사후통제(피드백 통제) 389
산술·기하·비례 50
산업 및 일반관리 27, 59
산업공학 58
산업구조 193
산업혁명 48
산출기준 389
상사적 활동 33
상설계획과 단일계획 229
상업경영학과 개별경제학 52
상업학 50
———의 쇠퇴기 51
상인 133
상인대학 51
상향적 의사소통 371
상호작용집단법 362
상황론적 접근 333
상황에 따른 장애요인 376
상황이론 80
———의 비판 82
———의 특징 81
상황적합이론 80
상황적합적 사고 80
새로운 상업학의 성립기 52
생리적 욕구 304
생산 23
생산경제주체 21
생산단위 28
생산성 31
생산지향 329
생산지향형 331
선형계획법 78
성과측정 390
성숙기 241
성읍국가 20
성장기 241
성장욕구 307
성취동기모형 309
성취욕구 309
성취지향적 리더십 340
소멸과 처벌 315
소비경제주체 21
소수공동기업 134
소유경영자 91
소유구조 조정 431

소유단위 28
소유와 경영의 분리 93
소유효용 23
소키에타스 134
손익분기분석법 394
쇠퇴기 241
수권자본제도 142
수단-목적의 연쇄 37
수리적 또는 경영과학적 접근법 74
수신자 373
——의 장애요인 375
수익성 31
수지적합의 원칙 178
수직적 구조 273
수평적 구조 273
수평적 의사소통 371
순수행정기업 173
슈말렌바하 54
슘페터 120
스탭(참모)의 종류 278
스탭보조자 278
스탭의 권한 278
스토즈 28
스피드경영 409
시간연구 57
시간효용 23
시스템 78, 79
시스템 이론 78
시스템적 접근법 74
시스템적(체계론적) 사고 78
시장경제 21
시장의 불완전성과 시장 실패 100
——의 통제 387
신칸트학파의 인식론 50
실천 75
실행통제(동시통제) 388
심리효용 23

ㅇ

아담 스미스 48
아담적 욕구 308
아브라함적 욕구 308
아웃소싱 419
IMF 205
아이오와 대학모형 327
Iowa 대학 아동복지연구소의 실험 327
아지리스의 성숙·미성숙 이론 306
안전의 욕구 304
앨더퍼의 ERG이론 306
양생적 학문 42
양키시티조사 67
업무단위형 팀조직 285
업무적 계획 35
업무적 의사결정 356
업무제휴 420
A타입 83
APEC 207
엔소프 234
여론선도자들 241
연결계층의 원칙 61
연구대상 39
연구대상 분야에 따른 체계 42
연구주제 39
연구활동 39
연금사회 76
연역법 40
영구기업 93
영업적 활동 33
영업활동을 통한 수입 164
예비사회적 기업 165
예산통제법 393
예산편성 37
오다 노부나가라 250
OR기법 396
OECD 206
오하이오(Ohio) 주립대학모형 329
완전한 상업학 51
완전한 상인 50
외부불경제 100
외부환경분석 232
욕구 5단계의 내용 303
용역 19
우주공간적 환경 214
운영적 관리법 74
운영적 의사결정 234
울타리의 존재 80
위생요인 308
위원회 조직 280
위험유인 439
위험하의 의사결정 356
위험회피 438
유급근로자 고용 162
유기적 관련성 80
유기적 조직구조와 기계적 조직구조 271
유럽연합 204
유체물 21
유클 323
유한책임사원 134

유한책임회사 135
유한회사 135
6시그마 421
육하원칙 35
윤리경영 22, 110
윤리적 책임 104
의도적 활동 29
의미학상의 혼란 75
의사결정 320
———의 모형 357
———의 유형 354
———의 의의 353
의사결정이론 74, 353
의사결정적 역할 96
의사소통 367
———의 기능 369
———의 유형 370
———의 의의 367
———의 장애요인 374
———의 중요성 368
의사소통 경로(보고관계)의 구축 261
이동조립선 59
이사회 139
이상형 332
이윤의 사회적 목적 재투자 164
이익구조 조정 433
이익의 과다유보 438
——의 자주적 처분의 원칙 178
이익책임경영 101
이중적 성격 42
이해관계자(Stakeholders) 집단 214
이해관계자가 참여하는 의사결정 구조 163
이해관계자자본주의 133
이해관계자집단 105
인간관계론 67, 70
인간관계론적 관리론 66
인간관계의 2대 조사 67
인간상호간 접근법 73
인간중심지향형 332
인구와 국민소득 190
인력구조 조정 432
인문과학 41
인사적 활동 33
인수·합병의 개념 152
————의 유형 153
————의 장단점 154
인식내용에 따른 체계 43
인식방법에 따른 체계 43
일관생산방식 59
일관작업방식 59
일반관리이론 59
일반적 환경 189
일본식 기업특성 83
일선감독층 90
일자리 제공형 159
임파워먼트 345
————의 의의 345
————의 장애요인 346
————의 촉진방안 347
————의 효과 346

ㅈ

자료들의 수집과 정리 231, 245
자료의 분석, 가공을 통한 대체안 작성 248
자본불변의 원칙 142
자본유지의 원칙 142
자본의 3원칙 142
——의 자주적 조달의 원칙 178
자본주의 경제체제 21
자본집적 143
자본축적 48
자본확정의 원칙 142
자아실현의 욕구 304
자연과학 41
자연적 환경 210
————의 의의 210
자연환경 22
자원 319
——의 희소성 20
자원전쟁 20
자유경쟁 48
자유기업체제의 방어 101
자유재 20
자율적 책임 104
자존의 욕구 304
자주적 협동체 30
작업관리 56
작업중심점 28
작업지도표제도 57
잡음 374
장기계획과 단기계획 228
장소효용 23
재무구조 조정 430
재무적 활동 33
재벌 146
재정 21
재정금융정책 194
재정정책상의 목적 171

재화 19
적극적 강화 315
적시성(適時性, timeliness) 원칙 31
전략 272
——의 범위에 따른 분류 236
——의 통제와 평가 251
전략계획의 수립과정 243
전략수립의 영향에 따른 분류 237
전략적 계획 35
————과 운영(전술적)계획 229
전략적 리더십 341
전략적 의사결정 234, 356
전략적 제휴 420
전문경영자 92
전문스탭 278
전문적 권력 319
전반관리스탭 279
전사적 품질관리 85
전술계획 37
전술적 계획 35
전자회의 364
전체성 79
전통적 경영통제기법 393
전통적 관리론시대 56
정관/규약 164
정보의 비대칭(불균형) 438
정보적 역할 95
정보적 활동 33
정부재정지원기관 180
정부출연기관 180
정수계획법 78
정태적(조직체) 개념 28, 47
정형적 의사결정 355
제1차 방법논쟁 53
제2차 방법논쟁 53
제3섹터 180
제3차 방법논쟁 54
제너럴스탭(general staff) 279
J타입 83
Z이론 기업 83
Z이론의 내용 82
제품별 부문화 260
제품별 조직구조 274
제품의 수명주기 241
제휴합작벤처 420
조정 60
——의 방법 265
——의 의의 264
——의 필요성 264
조정활동 264
조직 30, 60
조직개발 37, 292
————의 기법 294
————의 의의 292
조직개혁 37
조직구성원(인적자원) 272
조직구조의 결정요인 268
————의 설계(구축) 255
————의 형태 272
조직구조 조정 432
조직규모 270
조직론적 관리론 70
조직목표의 개발 244
조직변화 287
조직변화과정의 단계 288
조직의 내·외부 환경분석(SWOT분석) 245
조직형태 161
조직화 37, 255
———에 대한 두 가지 관점 266
———와 조직구조 255
———의 과정 256
———의 관점과 조직구조의 결정요인 266
———의 방법 258
———의 의의 255
———의 의의와 과정 255
조직화(組織化, organizing) 원칙 31
존재욕구 306
종업원의 최대번영 56
종업원지향 329
종합적 품질관리 412
주관적인 만족도 23
주기적 성과평가와 적절한 수정활동(통제) 232
주식회사 137
————의 기관 139
————의 의의 137
————의 특성 139
주주 134
주주자본주의 133
주주총회 139
준거적 권력 318
중간관리층 90
중견기업 130
중국식 사회주의 22
중국식 자본주의 22
중소기업 129
중용형 332
지도력 322
지도자의 행동유형 327

지도자행동기술질문표 329
지리적 환경 202
지배 132
지배구조 조정 431
지분의 대리인비용 438
지분자본가 134
지분참여 제휴 421
지시적 리더십 339
지식 319
지식경영 422
———의 유형 423
———의 의의 422
지역무역동맹 203
지역별 부문화 260
지역별 조직구조 274
지역사회 공헌형 160
지역형 예비사회적 기업 165
지원적 리더십 339
지원제도 165
GE 비즈니스 스크린 242
지적탐구활동 39
지주회사 147
지휘 36, 299
지휘 단계 37
지휘력 322
지휘 통일의 원칙 62
지휘활동 34
직계조직 275
직계참모조직 277
—————의 의의 277
직관적 방법 40
직능별 감독제도 58
직능식 직장조직 276
직무 255
——의 삼면등가의 법칙 255
직무전문화 258
직선식 조직 275
직위 255
질서의 원칙 62
집권화의 원칙 62
집단의사결정 359
—————의 의의 359
—————의 장단점 360
집단의사결정기법 361
집단행동 접근법 73

ㅊ

차별성과급제도 57
차이분석 391
찬성론 102
참여적 리더십 339
책임 75
챈들러 233
최고경영층 90
최저시민권의 보장 100
최적안의 선택 및 비상사태 발생 시의 대체안 마련 232
춘추시대 19
출자 132
친화욕구 309

ㅋ

Caroll의 사회적 책임모델 104
카르텔 145
카리스마 리더십 342
카츠 97
컨글로메리트 148
컨소시엄 420
컨틴전시 또는 상황적 접근법 74
컨틴전시이론 80
코멘다 134
콘체른 146
———이 형성되는 방식 146
콤비나트 149
————의 의의 149
————의 장·단점 149
쿤쯔 72

ㅌ

테네시 계곡개발공사 176
테일러 49, 56
———의 과학적 관리법 56
테일러 시스템 56
통계자료이용법 394
통솔력 322
통제 60, 381
——의 강조점에 따른 분류 387
——의 기능 383
——의 기본방침 384
——의 단계 38
——의 부작용 405
——의 유형 387
——의 의의 381
——의 절차 389
——의 필요성 및 중요성 382
통제단계 36
통제시스템의 요건 386

통제활동 34
투자시역 438
특성 79
특성론적 접근 325
특수경영 29
팀제 조직 284

ㅍ

파산에 따르는 대리비용 439
판매실적법 395
페고로티 50
페이욜 27, 59
평가 및 수정조치 392
포드 49
포드시스템 49, 58
표준계획 설정 389
프로젝트조직 281
프로젝트형 팀조직 285
피드백 34
피들러의 상황적합성이론 335
PDS 34
필요상설기관 141

ㅎ

하우스의 경로-목표이론 337
하향적 의사소통 370
학문 39
학습된 욕구에 관한 이론 309
학습조직 410
학습활동 39
한국기업의 윤리경영 111
합리적 경제인모형 357
합리적 의사결정과정 358
합리적 의사결정에 대한 비판 358
합명회사 134
합목적성원칙 31
합법적 권력 318
합자회사 134
합작투자 148
해독 373
핵심역량 249
핼핀과 위너 329
행동과학적 의사결정 357
행동적 개념 47
행렬조직 283
행위론적 접근 327
행위의 시간순서에 따른 분류 388
허시와 블랜차드의 상황이론(리더십의 수명주기이론) 333
허쯔버그의 2요인 이론 307
현금소 241
현대적 경영통제기법 395
현장관리 56
협동사회시스템 접근법 73
협동조합 136
형식과학 41
형태효용 23
호손실험 66
———의 내용 67
———의 비판 68
호손 연구 67
———의 영향 69
호손 효과 68
호즈라스초트 176
혼합형 160
확실성 하의 의사결정 356
환경 270
환경관련 중요용어의 정의 186
환경보호에 관한 협약 및 규제 212
환류 34, 36, 374
환율 195
회계적 활동 33
효과성(效果性, effectiveness) 원칙 31
효용 20, 23
효율성(效率性, efficiency) 원칙 31

저자약력

李 輸 宰 教授

조선대학교 대학원 경영학과 박사과정 수료(경영학 박사)
조선대학교 대학원 경영학과 주임교수 역임
조선대학교 경영경제연구소 소장 역임
조선대학교 교육과정운영위원회 위원 역임
조선대학교 전공과정운영위원회 위원 역임
조선대학교 경영학부 학부장 역임
한국 경영학회 이사 역임
한국 재무관리학회 이사 역임
한국 재무학회 상임이사 역임
대한 경영학회 상임이사 역임
한국 산업경제학회 부회장 역임
한국 산업경제학회 회장 역임
한국전문경영인학회 상임이사 역임
광주지방노동청 고용안정심사평가위원 역임
광주지방노동청 2007년도 사회적일자리
추진위원회 위원 역임
「광주、전남고용포럼」 운영협의회 위원역임
현) 조선대학교 경영학부 교수
현) 한국 산업경제학회 고문
현) 화순군 투자심사위원회 위원

〈저서〉

경영학원론(단독, 탑북스, 2012)
한국의 자본시장(공저, 신영사, 2011)
글로벌시대의 증권시장론(공저, 오래, 2010)
동아시아인을 위한 경영의 이해(단독, 조선대출판국, 2010)
새로운 기업과 사회(공저, 보림, 2007)
2008 ERP Exam Review 생산(공저, 조선대출판국, 2008)
경영의 이해(공저, 박영사, 2006)
새로운 경영학(공저, 보림, 2005)
경영학원론(공저, 박영사, 2004)
알기쉬운 경영학의 이해(공저, 박영사, 1999)

〈논문〉

주가동조화와 환율변동이 투자집단의 의사결정에 미치는 영향
글로벌 경제위기 하의 환율과 주가와의 관계
장기기억효과에 의한 중국상하이 A주식시장에서 투자전략-DFA방법을 중심으로
한국 주식시장에서 발행주식의 기대수익률에 대한 예측력
유동성과 주식수익률의 자기상관관계
시장수익률과 기대수익률의 결정요인-한국 주식시장에서의 실증분석-
이익과 손실의 주가반응
비정상수익률을 이용한 투자전략에 관한 연구
과거 시장수익률과 반대 투자전략
거래량을 이용한 계속투자전략과 반전효과
중국주식시장에서 A, B주식의 교차자기상관에 관한 연구
기관투자자의 주식지분율과 비정상수익률간의 관계
중국자본시장에 대한 연구 등 다수

경영학원론 [제2판]

2012년 2월 15일 1판 1쇄 발행
2014년 1월 20일 2판 1쇄 발행
2015년 2월 5일 2판 2쇄 발행

저 자 이 한 재
발행인 김 광 식
조 판 아 람 기 획

121-856
발행처 서울특별시 마포구 토정로 222 B동 208호
도서출판 탑 북 스
등 록 2009.12.21 제 2013-000101 호
전 화 02)365-2223 팩스 02)365-2224

정가 27,000 원
ISBN 978-89-97519-94-1-93320